书山有路勤为径,优质资源伴你行
注册世纪波学院会员,享精品图书增值服务

创新与研发管理系列丛书

新产品管理
（第12版）

New Products Management

Twelfth Edition

[美] C. 默尔·克劳福德(C. Merle Crawford)
[美] C. 安东尼·迪·贝尼迪托(C. Anthony Di Benedetto) 著

刘 立 译

电子工业出版社
Publishing House of Electronics Industry
北京·BEIJING

ISBN: 9781260575088

Copyright © 2021 by McGraw-Hill Education..

All Rights reserved. No part of this publication may be reproduced or transmitted in any form or by any means, electronic or mechanical, including without limitation photocopying, recording, taping, or any database, information or retrieval system, without the prior written permission of the publisher.

This authorized Chinese translation edition is published by Publishing House of Electronics Industry Co., Ltd. in arrangement with McGraw-Hill Education (Singapore) Pte. Ltd. This edition is authorized for sale in the People's Republic of China, excluding Hong Kong, Macao SAR and Taiwan.

Translation Copyright © 2023 by McGraw-Hill Education (Singapore) Pte Ltd and Publishing House of Electronics Industry Co., Ltd.

版权所有。未经出版人事先书面许可，对本出版物的任何部分不得以任何方式或途径复制或传播，包括但不限于复印、录制、录音，或通过任何数据库、信息或可检索的系统。

本授权中文简体字翻译版由电子工业出版社和麦格劳-希尔（新加坡）教育出版公司合作出版。此版本经授权仅限在中华人民共和国大陆（不包括香港特别行政区、澳门特别行政区和台湾地区）销售。

翻译版权© 2023 由麦格劳-希尔（新加坡）教育出版公司与电子工业出版社所有。

本书封面贴有 McGraw-Hill 公司防伪标签，无标签者不得销售。

版权贸易合同登记号　图字：01-2021-5314

图书在版编目（CIP）数据

新产品管理：第 12 版 /（美）C.默尔·克劳福德（C. Merle Crawford），（美）C.安东尼·迪·贝尼迪托（C. Anthony Di Benedetto）著；刘立译. —北京：电子工业出版社，2024.2
书名原文：New Products Management (Twelfth Edition)
ISBN 978-7-121-46655-7

Ⅰ.①新… Ⅱ.①C… ②C… ③刘… Ⅲ.①产品管理 Ⅳ.①F273.2

中国国家版本馆 CIP 数据核字（2023）第 242243 号

责任编辑：刘琳琳
印　　刷：北京建宏印刷有限公司
装　　订：北京建宏印刷有限公司
出版发行：电子工业出版社
　　　　　北京市海淀区万寿路 173 信箱　邮编 100036
开　　本：880×1230　1/16　印张：23.5　字数：606 千字
版　　次：2018 年 1 月第 1 版（原著第 11 版）
　　　　　2024 年 2 月第 2 版（原著第 12 版）
印　　次：2025 年 8 月第 4 次印刷
定　　价：129.00 元

凡所购买电子工业出版社图书有缺损问题，请向购买书店调换。若书店售缺，请与本社发行部联系，联系及邮购电话：（010）88254888，88258888。

质量投诉请发邮件至 zlts@phei.com.cn，盗版侵权举报请发邮件至 dbqq@phei.com.cn。

本书咨询联系方式：（010）88254199，sjb@phei.com.cn。

赞　誉

对处在持续变革环境中的中国企业而言,《新产品管理(第 12 版)》中文版就像一场及时雨,依照书中所详细阐述的流程来构建产品创新体系,一定能够对原本发散和无序的创新种子进行遴选、破壳和培育,使之成长为创造客户价值并富有竞争力的卓越产品。阅读这本即将出版的经典著作,更加钦佩刘立教授在产品创新理论上的深厚造诣,字里行间都体现出力求精准解读原著的努力和对产品创新事业的激情,相信读者们都能受益匪浅。

——柏翔　万为瞻卓企业管理咨询创始合伙人

新产品的开发和上市是一个既激动人心又充满不确定性的旅程,大部分参与这件事的人都没有真正系统性地学习过新产品管理的方法论。所幸《新产品管理(第 12 版)》即将上市,无论你是在大企业从事新产品开发管理工作,还是自己创业,正在开发自己的新产品,都可以从中学到系统性的理念和方法,帮助你实现"从实践中来,到实践中去"。

——伍晖　百度前副总裁,人才与创新独立研究者

时代的钟摆越来越快,技术以接近指数曲线的速度发展并影响我们生活的方方面面。创新就是带来增量变化的主要因素,在各个领域以不同形式展开。产品创新给生活带来了直接变化,让人类感受科技的魅力。刘立教授翻译本书不仅让我们以母语便捷地理解原著的理论与案例、思想与流程,而翻译本身也是对创新的有力诠释。这也使《新产品管理(第 12 版)》在本领域具有里程碑的意义,让读者的产品管理与思维进入全新的领地,撒播创新的种子,体会日新月异的意义!

——武文光　Polytalent 私董会创始人,中科创达执行总裁,《福布斯》杂志自由撰稿人

正因为产品如此之重要,正因为产品创新如此之艰难,所以我们需要研究、探索和学习"产品创新之路"。我想,这本《新产品管理(第 12 版)》可以作为企业走上产品创新光明大道的一盏路灯。

——董大海　中国大连高级经理学院常务副院长、教授

中国企业走上创新驱动道路,产品开发是研发获利实现持续发展的关键路径。本书是一本经典著作,包含大量跨国公司最佳实践和产品管理系统方法,在各大商学院使用 30 余年。欣喜刘立教授将本书译成简体中文,应能为创新创业学界及业界带来特别的震撼,值得大家期待!

——徐作圣　台湾交通大学科技管理与科技政策研究所教授

推荐序一

陈　劲　清华大学技术创新研究中心主任、《清华管理评论》执行主编

创新是企业持续成长的根本源泉，是中国企业提高在全球价值链中地位的根本保障。自实施创新驱动发展战略以来，国家创新体系不断完善，企业创新能力不断提高。由互联网驱动的商业模式创新和由基础设施驱动的工程科技创新，成为中国创新的两大亮点。

然而，创新的核心还是产品或服务的创新，新产品的开发及管理是企业创新工作的重中之重。在我国的科学论文发表和专利申请数量达到国际先进水平的基础上，产生改变世界的新产品或新服务体系的能力将成为我国创新工作的重点。

我国企业比较重视项目管理、技术管理等工作，但是对新产品的管理还缺乏足够的重视，许多企业缺乏产品的战略规划、新旧产品的战略组合。在高校的理论研究体系中，对新产品开发和管理也缺乏相应的学科及人才培养的有力支撑。新产品开发的视野被过多地从研发的角度而非从市场营销的角度给予系统的关注，我国的新产品管理工作还十分薄弱，急需引进海外的研究成果。

本书是密歇根大学名誉教授、著名营销学教授和新产品开发专家 C. 默尔·克劳福德所著的《新产品管理》的最新版，是美国产品创新领域的经典和最新成果。本书从新产品机会识别与机会选择、概念生成、概念/项目评估、开发、上市环节，体系化地论述了新产品创新的系统、新产品创新的管理要点和管理方法，是国际上权威的新产品管理教材，对我国高校科学地培养产品创新管理人才和系统地提升企业的产品创新能力、产品管理水平具有重要意义。

刘立教授在创新与创业管理、产品管理方面具有深厚的学术积累，是我国产品创新方面的知名学者，由他负责翻译的《新产品管理（第12版）》具有较高的品质和较大的推广应用价值。相信本书的出版对推动企业产品创新具有巨大的贡献。

推荐序二

董大海　大连理工大学教授、博士生导师

企业始于产品，产品是企业的基石。每家公司在创业之初，都是围绕一个产品而展开经营活动的，无论是苹果公司早期简陋的 Apple I，还是华为公司创业起家的 BH03 用户交换机，可以说，没有产品就没有企业。

产品是竞争优势的源泉，企业竞争力主要凝聚在产品竞争力上。20 世纪 70 年代，苹果公司以 Apple II 产品开辟个人计算机蓝海市场，加之风投的支持，苹果公司只用 5 年的时间就从一家车库小作坊成长为美国制造业公司 500 强之一，是美国制造业历史上用最短的时间成长为制造业 500 强的公司。但是，天有不测风云，正当苹果公司发展如日中天的时候，IBM 公司突然杀出，通过开源推出了性能更好的产品，苹果公司的业绩随之急转直下，乔布斯被赶出了公司。12 年后，乔布斯重回苹果公司，苹果公司相继推出 iPod、iPhone 和 iPad，广受欢迎，公司再创辉煌。所以，技术竞争力、人才竞争力，甚至资金财力等最后都要凝聚为产品竞争力。得产品者得天下。

产品是客户价值的载体，企业以产品体现社会价值。德鲁克说，企业的使命只有两个：创新和创造客户。我的理解是，创新特别是产品创新，也是为了满足客户。中国高铁是产品，更是满足广大消费者美好出行愿望的载体；微信是产品，更是满足广大人民群众沟通、交往需求的工具。所以，研发出好产品、经营好产品，就是企业为社会提供的服务，就是履行社会责任。

然而，知易行难。我们的创业者、企业家不是不明白这些浅显的道理，而是难以把这些道理落实到企业的实践之中。不必说千千万万创业企业遇到挫折，就是全球最耀眼的企业之星也常常折戟沉沙，如柯达、诺基亚、摩托罗拉，比比皆是。不创新产品等死，创新产品则很可能找死。据统计，产品创新的成功率只有 1/7，也就是说，占大部分的产品创新投入，包括人力、物力、时间、精力等最后都因为失败而被浪费掉了。而且远不止这些，被浪费掉的还包括参与其中的领导与员工的工作激情，以及我们对产品创新的信念。

正因为产品如此重要，产品创新如此艰难，所以我们需要研究、探索和学习"产品创新之路"。我想，本书可以作为企业走上产品创新光明大道的一盏引路灯。

中国已经由站起来、富起来到强起来，人民对美好生活的向往愈发强烈。强起来的一个题中之义就是要有越来越多的强产品、强企业、强行业，进而实现中国的强经济；满足人民对美好生活的向往需要更多更加美好的产品和服务。所以，习近平总书记说，我们要"深化供给侧结构性改革"[1]。他还说，我们

---

[1] 中共中央宣传部，国家发展和改革委员会. 习近平经济思想学习纲要[M]. 北京：人民出版社、学习出版社，2022，第 66 页。

要实现三个转变"推动中国制造向中国创造转变、中国速度向中国质量转变、中国产品向中国品牌转变[①]"。创造新产品关乎企业生存，创造新产品关乎企业发展，创造新产品关乎祖国富强，创造新产品关乎美好生活。

开放带来进步，封闭必然落后。本书由两位美国大学教授执笔撰写，由美国产品开发与管理协会倾力推荐，历经40年持续更新完善，目前已经是第12版了，可以说是一本很成熟的产品创新与管理的教材、工具书和工作指南。但是，我也想提醒读者注意，"江南为橘，江北为枳"。中国企业管理的文化根基、组织管理机制、思维方式、人口及其社会需求模式有别于以美国为代表的西方发达国家；同时要特别注意以互联网为代表的新科技产品研发的特点在很大程度上有别于传统意义上的有形产品研发。笔者期盼，广大中国企业家和学者能够在学习与借鉴这本著作精髓的基础上，探索出一条适合中国企业特点的新产品创新与管理之路。

遵好友刘立院长嘱，是为序。

[①] 中共中央文献研究室. 习近平关于社会主义经济建设论述摘编[M]. 北京：中央文献出版社，2017，第183页。

推荐序三

路江涌　北京大学光华管理学院组织与战略管理系教授，
　　　　国家自然科学基金杰出青年获得者

从《新产品管理》（第 1 版）发行的 1983 年算起，至今已经 40 年了。1983 年，苹果公司推出以 CEO 史蒂夫·乔布斯女儿的名字命名的新型计算机 Apple Lisa，这是全球首款将图形用户界面和鼠标结合起来的个人计算机，是一款具有划时代意义的计算机。实际上，1983 年，苹果公司的设计师还设计了一款苹果电话概念机，上面有一个触摸屏，有应用、虚拟键盘，甚至还有一个在乔布斯眼里很"无聊"的手写笔（见图 0.1）。

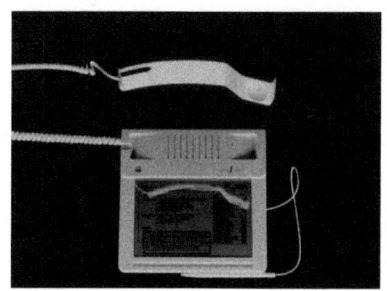

图 0.1　苹果公司设计的电话概念机

时间来到 2023 年，从苹果公司发布第一代 iPhone 算起，已经有 16 年时间了。16 年间，苹果公司推出了 17 个版本的 iPhone。2023 年，《新产品管理》已经出到第 12 版了。时光荏苒，岁月如梭，苹果公司不再是 1983 年的那个苹果公司了，《新产品管理》这本书也在 1983 年第 1 版的基础上经过了许多次迭代。

读罢刘立教授主持翻译的这本书，我不禁为作者严谨缜密的理论体系和与时俱进的实践案例而感叹，也为刘立教授把这本佳作呈给中文读者所做的努力表示赞赏。这本书重点讲了新产品管理中的三个重要方面：一是新产品管理的体系；二是新产品的开发循环；三是新产品的市场路径。

新产品管理的体系

本书第 1 章开宗明义，讨论了新产品开发的战略要素。新产品管理涉及的对象包括人和事，涉及的范围包括企业内部和企业外部。我们把新产品开发的战略要素按照企业边界（内部和外部）及管理对象（人和事）两个维度进行分析，得到图 0.2：外部的人是"用户"，内部的人是"团队"；外部的事是"市场"，内部的事是"产品"。新产品开发就是一个从用户需求到团队创意,再到市场验证,最后到产品上市的过程。

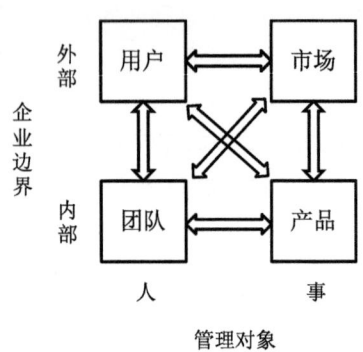

图 0.2 新产品管理的要素体系

新产品管理的起点是用户需求,这一点在本书中论述得非常明确。按照本书的逻辑体系,我们可以把新产品管理分为四个步骤,分别是需求调查、产品设计、产品开发和市场推广。运用图 0.2 中的新产品管理的要素体系,我们看到新产品管理四个步骤对各个要素有不同的侧重。如图 3(a)所示,在需求调查阶段,企业的需求调查团队根据用户需求和市场供给状况,发现用户需求。接下来,如图 3(b)所示,在需求调查的基础上,企业的产品设计团队结合用户需求设计产品。再接下来,如图 3(c)所示,企业的产品开发团队在开发过程中不断通过市场验证,检验设计出的产品在市场上是否有竞争力。最后一步,如图 3(d)所示,企业的市场推广团队通过市场,让产品和用户之间产生联系。当然,在新产品管理的不同步骤中,各个要素之间都会产生互动,但最主要的还是图 0.3 中黑色实心箭头所标示的关系。

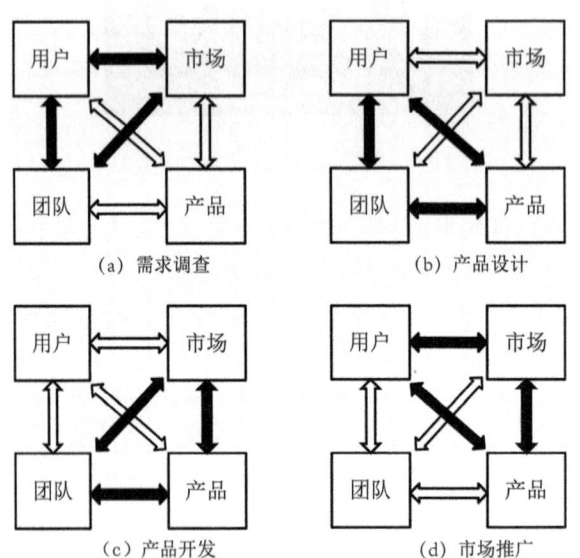

图 0.3 新产品管理的四个步骤

新产品的开发循环

除了向读者呈现完整的新产品开发体系,本书还融合了精益创新的观念,提出了新产品的开发循环的概念。在作者阐述的基础上，我把新产品的开发循环总结为图 0.4。新产品的开发循环包括五个对象和五个行为，换句话说，有五个名词和五个动词。五个对象是市场、机会、概念、项目和产品，五个行为是识别、学习、评估、开发和互动。新产品的开发循环的逻辑和精益创新循环的逻辑非常相似，图 0.4 可以顺时针看，也可以逆时针看。

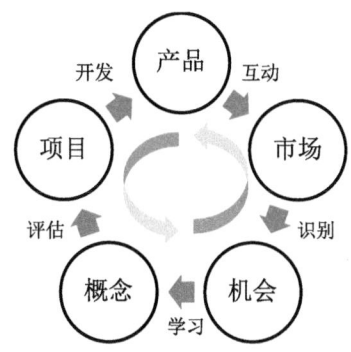

图 0.4 新产品的开发循环

顺时针看的表述如下：企业从市场中识别机会，从机会中学习概念，评估概念以获得项目，通过开发项目得到产品，通过产品和市场的互动识别新的机会，进而循环往复。逆时针看的表述如下：企业评估创新项目的目的是学习创新概念，学习创新概念的目的是识别创新机会，识别创新机会的手段是观察产品和市场的互动，而互动所基于的产品是通过项目开发得来的。

新产品的市场路径

本书中还有一个重要概念值得创新者学习，这个概念就是 A-T-A-R 模型。作者用这个模型描述用户知晓、试用、可购和复购产品的过程，非常具有实操性。本书中涉及 A-T-A-R 模型的篇幅较多，如果简要总结，则可以得出图 0.5。

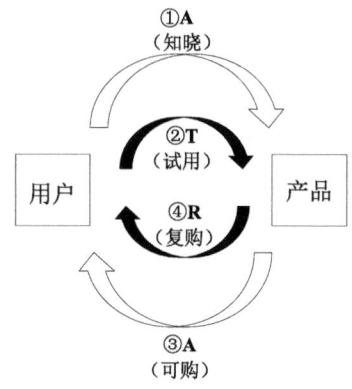

图 0.5 新产品的市场路径

首先，用户通过各种媒介知晓（Aware）产品；其次，企业通过产品推广方式引发用户试用（Trail）产品；再次，企业为用户提供可购（Available）产品的渠道；最后，用户被产品本身吸引，复购（Repeat）产品。这个模型非常简洁，但描述了企业从吸引客户到获取客户，再到锁定客户的全过程。知晓、试用、可购、复购四个环节分别代表了产品知名度、用户好奇度、渠道渗透度和用户忠诚度等重要指标。

"立地顶天"

本书从新产品管理的实践出发，总结实践中的规律和方法，为新产品开发者、新产品推广者、创业者和企业家等关心新产品管理的读者提供了一个"立地顶天"的新产品管理思维和实践框架。

所谓"立地顶天"，说的是本书下接鲜活的创新实践，上接创新管理的理论前沿。本书的作者之一 C. 默尔·克劳福德教授是美国产品开发与管理协会（Product Development & Management Association，PDMA）的创始人之一，他在创新管理方面有非常丰富的教学经验。本书是企业实践和理论前沿有机结合的产物。经过 12 个版本的迭代，本书不是一本创新方面的快餐式畅销书，也不是一本死板的教材，而是一本常读常新的创新方面的宝典。

中国的创新实践非常丰富，经过几十年的发展，中国企业的创新已经从"中国模仿"（copy to China）的所谓"逆向创新"阶段发展到了"中国创造"（copyright in China）的"逆袭创新"阶段。基于中国企业的创新实践，总结有指导意义的创新规律，是中国创新的实践者和学者不可逃避的使命。期待不久的将来，有类似《新产品管理》的、基于中国创新实践的鸿篇巨制问世。

中文版序

本书第 1 版出版于 1983 年，是由第一作者 C. 默尔·克劳福德撰写的。1999 年，我应邀成为本书第 6 版的合著者。本书已经成为全球商学院新产品开发领域的一本标准参考书。我为本书多年来广受欢迎而自豪。

我很高兴本书第 12 版的中文版将在中国出版。近年来，中国已经成为全球市场的重要参与者。中国的企业，比如联想、海尔、华为、小米等，已经在各自的产业领域占据显著的市场地位；技术型企业，比如阿里巴巴、百度等，已经在全球市场留下足迹。中国企业正在进入全球市场的很多行业并成为主流，如汽车、媒体服务、食品饮料等。当然，中国企业在全球市场的重要性还将继续提高。

你将在本书中读到全球公司都在采用的产品开发原则。这些原则适用于各种公司，不管是生产工业品的，还是生产快速消费品的；不管是提供商业服务的，还是提供消费者服务的。你将了解产品管理的战略要素：新产品流程、新产品战略、新产品组合。你将知道到哪里发现新产品创意，如何将这些创意转换成产品概念，开发出原型，进行客户测试，然后推向市场。你还将了解不同类型的测试应用于流程的不同阶段，从而最大限度地降低不确定性。此外，你将学到使用这个流程的所有方式。重要的是，新产品团队的所有成员（涉及营销、研发、设计、工程、生产等环节）一起工作，以实现共同的目标。所有这些活动都将提高进入市场的产品成功达到或超过财务预期的可能性。

我希望你会发现，本书的内容对于你了解产品开发的流程和战略是非常有帮助的。祝愿你为全球市场开发出最好的产品和服务！

C. 安东尼·迪·贝尼迪托

译者序

创新是人类文明和进化的原动力。在众多创新类型中，产品创新是技术创新、流程创新、设计创新走向商业化的载体，是战略创新、商业模式创新、营销创新得以实现的核心，是企业生存、发展和持续进行价值创造的基础。产品无处不在。正如营销大师科特勒先生所定义的，产品是任何一种能被提供给市场以满足需要或欲望的东西，包括有形产品、服务、体验、事件、人物、地点、财产、组织、信息和创意等。因此，多元的产品创新成就了多彩的世界。当下，产业和技术变革一浪接着一浪奔涌而来，产品创新成为企业开辟第二曲线、提高用户体验、争夺场景连接、建立新入口的利器。

产品管理可以追溯到 90 多年前。大约 1927 年，美国宝洁公司设立了产品经理职位，当时这一角色主要侧重于品牌和销售管理方面。随着创新日益重要、产品生命周期日趋缩短、市场驱动力与技术驱动力愈加融合，产品管理的内涵更加丰富，逐渐形成了跨职能的、端到端的、敏捷的、国际化的一套管理体系。产品经理的战略作用不断增强，很多企业设立了首席产品官，其被称为"迷你 CEO"。产品创新管理体系既包括"做正确的事"，也包括"正确地做事"，具有很强的实践性和综合性，是学术界、咨询界、企业界长期讨论、联合创新的成果。在这一过程中，本书第一作者克劳福德先生，以及他在 1976 年作为发起人之一创立的美国产品开发与管理协会（PDMA）发挥了很大的推动作用。本书第 1 版于 1983 年问世，至今已出到第 12 版，见证了新产品管理体系的不断成熟。本书第二作者贝尼迪托教授确保本书与时俱进，不断将最新的观点纳入其中。

本书的论述框架与产品经理国际资格认证（NPDP）知识体系指南有所不同。它不是用战略、组合、流程、工具、市场研究、文化、团队等模块将产品管理知识拆解开来，而是通过一个基本的新产品开发流程，将新产品管理的思想、概念、工具、方法、经验集成一体，更贴近实战，也更易于理解。当然，产品管理即便仅包括机会识别与机会选择、概念生成、概念/项目评估、开发、上市五个阶段的最基本流程，也并不是线性的、标准的，而是交叉的、迭代的、试错的，需要结合企业实际情况进行二次设计和运用。

国内的产品管理著作很多，但本书在众多著作中仍能凸显其经典和厚重价值，本书中关于管理思想、最佳实践的论述让人拍案叫绝、掩卷深思。新产品管理体系十分庞大，本书对一些重要产品方法和工具的详细介绍是独家的，比如，A-T-A-R 模型、概念和评估周期、三大测试（概念测试、产品使用测试、市场测试）、属性分析（感知缺口图、联合分析、多维尺度分析、因子分析等）、产品协议、战略假设、全球产品开发管理最佳实践和新产品管理职业道德等。本书论证十分扎实，很多观点来自跨国公司的最佳实践及调查分析，以及美国产品开发与管理协会自 1990 年开始进行至今的多次比较绩效评估研究（Comparative Performance Assessment Study，CPAS）。本书内容持续更新，其中对螺旋式开发、客户声音、开放式创新、用户工具箱、社交媒体、众包、联合分析、设计驱动型创新、连续创新者、可持续性设计等当前业界密切关注的议题均进行了讨论。可以说，本书既是资深产品经理案头的常备指南，也是新产品管理者入门的必读教材。

我很开心受邀翻译这部著作的第 11 版、第 12 版，有机会深入阅读英文原版，逐字逐句体会作者的思想。当然我也十分惶恐，担心无法准确、完整地将作者的思想表达出来，因为书中的术语的专业跨度很大，而且有些是探索性的，业内尚无确定的中文对应词语，所以我在翻译时只有力求达意。非常希望与读者开展更多交流以便改进，有关建议可发邮件至 liuli@dlufl.edu.cn。

本书自翻译开始至今日付梓印刷，历时一年多，感谢陈劲教授、路江涌教授、董大海教授以及很多好友在翻译过程中对我的鼓励和支持，同时还要感谢电子工业出版社付豫波总经理为本书尽早出版所做的大量工作。要特别感谢我的妻子温晓杰、双胞胎女儿刘雯珺和刘雯璐，她们为了支持我，积极加入翻译团队，对我的关心和做出的奉献良多。

译者简介

刘立　管理学博士、大连外国语大学商学院教授。通过产品经理国际资格认证（NPDP）及国际注册首席创新官（CCIO）、注册高级咨询顾问（CSC）、注册资产评估师（CPV）认证。拥有超过 20 年政府、跨国企业、民营企业中层和高层管理经验，超过 20 年投资咨询、产业咨询、创新创业咨询和研究经验。在《管理世界》《科研管理》等多个刊物发表论文几十篇。专著有《创新型企业及其成长》等，译著有《新产品管理（第 11 版）》《新产品开发流程管理（第 5 版）》《敏捷产品管理》等。受聘在东北大学、大连海事大学等担任客座教授，兼任混沌学园创新领教、大连新兴产业规划研究院院长。从 2022 年起担任中国民主建国会辽宁省委员会副主任委员。

纪念 C. 默尔·克劳福德博士（1924—2012 年）

　　C. 默尔·克劳福德教授（密歇根大学）是本书的作者，也是本书前 5 版的独立作者（前 5 版分别发行于 1983 年、1987 年、1991 年、1994 年和 1997 年）。在撰写第 6 版的前夕，他邀请 C. 安东尼·迪·贝尼迪托加入。随着人们对新产品管理方法认知需求的日益增加，本书不停地修订再版，且深受广大管理者和学生的喜爱，现已成为这个新兴行业的基本指南。1965 年，克劳福德就职于密歇根大学，任市场营销专业副教授。在此之前，他担任美赞臣公司市场总监，且在该公司工作的 10 年里相继担任多种职务。1992 年，他从密歇根大学退休，并把就职的最后一年作为离职休假年。丰富的产业工作经验及学术教学阅历使他见解独到、卓尔不群。正因如此，1976 年，他成为创办美国产品开发与管理协会（PDMA）的核心人物。简单地说，克劳福德认为，在管理领袖面临挑战时，学术研究者可以发挥巨大作用，这样，管理领袖将在与学术领袖的对话中受益良多。克劳福德为 PDMA 呕心沥血：创会初期，他担任两年（1977—1978 年）会长；之后的 4 年一直任财务秘书长，负责应付款收缴和不定期信息发布；从 PDMA 成立起到 1984 年，他一直以大学教授和志愿者的身份负责运营协会，身兼数职，包括研究负责人（1984 年和 1985 年）、发行负责人（1989 年），并且在接下来的 8 年里有 7 年的时间担任理事会理事（1987—1988 年和 1990—1994 年）。在此期间，克劳福德资助很多伙伴加入他的队伍，以协助他把 PDMA 打造为新产品开发专业领域的世界级领导者。在他作为会长的最后一个任期的收官之日，PDMA 会员数量超过 1700 人。

　　克劳福德在一所美国大学创办了第一门正规的有关新产品管理的高级经理人发展课程（Executive Development Programs, EDA），并在 PDMA、密歇根大学和其他一些大学招募项目伙伴。1979 年，项目正式启动，当时不过是一个为期 3 天的小项目，按季度上课。但是由于课程备受欢迎，在推出不久后，上课时间便延长为 5 天，而且，这个项目一做就做了 20 多年。正是这门课程加上后来 PDMA 的发展，给了克劳福德信心，促使他撰写《新产品管理》（第 1 版），并于 1983 年出版。第 1 版是许多经理和总裁在培训课程上的参考用书，得益于此，整个项目俨然变成了一个实验室，克劳福德在书中的想法能够被运用到现实中。克劳福德的研究记录了从 1979 年开始公布的实际的新产品失败率，打破了"大多数新产品都会失败"的魔咒。在与项目成员和同事的讨论中，他不断改善原有的产品创新概念，创造了产品概念陈述与产品协议陈述的模板。他在书中将这些模板定义为工具，它们现已成为许多专家掌握的基本技能。在后续的几个版本中，克劳福德一直在不断改进内容。他对新产品领域的另一个不朽的贡献，就是对新产品术语的汇总。术语汇总表最早发布在第 3 版中，现已被译为 3 种语言并展示在 PDMA 的官网上。

　　克劳福德是受人尊敬的 PDMA 创始人，也是创新领域的领军人物。1991 年，他在克劳福德创新大赛中获奖，成为该大赛的第一位获奖者，在 5 名同时被提名的佼佼者中脱颖而出，这绝对是至高无上的荣耀。

　　克劳福德还很擅长将来自不同背景的新产品专家联系在一起。他在第 1 版的概述部分写道："……新产品开发过程既是一门科学也是一门艺术。这个过程既需要创造力和情感上的共鸣，也需要周密的、复杂的分析。在新产品开发过程中，这两个方面都需要被重视。"这段话深入浅出，为今天的专业发展奠定了基础。但是，有一件事可能会让克劳福德失望，他曾经包容地定义了"新产品"，其中包括有形的商品和无形的服务。然而，现在"产品"这个词通常仅限于有形的商品，人们将它与"服务"区分开来。所以，当大部分人通过观察实际位置、可用网址，还有能够传递的形式和技术支持元素时会意识到，一般有形的商品包含重要的无形的服务成分（包括客户支持），无形的服务包含有形的成分，克劳福德可能就会嘲笑人们的自相矛盾了。

克劳福德教授于 2012 年 11 月 11 日溘然长逝。他是我们的良师益友，也是创新领域的领军人物。他为人类做出的杰出贡献，我们无以为报。

托马斯·哈斯泰德（Thomas Hustad）

前　言

新产品是在学术界和企业界都非常热门的话题。大学层次的以新产品管理为主题的教育在20世纪50年代就开始了，直到90年代，新产品管理的一些基本原则逐渐演化形成。目前，PDMA在世界50多个国家拥有超过3000名会员，仅在美国就有20多个地方分会，在其他10多个国家设有办事处。超过300所大学开设了与新产品相关的课程，这一领域的杂志《产品创新管理》已发行了30多年。新产品经理或新产品总监这样的头衔出现于15年或20年前，现在变得越来越普遍。我们也看到，这个领域出现了更高阶的职位以建立职业生涯。现在，PDMA开始颁发职业证书（New Product Development Professional, NPDP，产品经理国际资格认证），并设立了杰出创新企业奖（OCI, Outstanding Corporate Innovator），以表彰那些产品开发做得最好的企业。PDMA还在做很多全新的尝试，将教授和从业者的思想与活动融合在一起。更多关于PDMA的信息可登录官方网站查询。

本书是如何理解新产品管理的

新产品的爆发式发展意味着我们可以围绕新产品这个主题，采用多套方法论来培养人才——营销、技术、创新、设计等方面的人才。本书采用管理学的方法论，并带有营销的视角。在每个组织，包括工业组织、零售业组织、政府部门、非营利组织、任何其他形式的机构，总会有某一个人或某一群人，不论是有意的还是无意的，都在努力把新产品和新服务推向市场。如今，这个人群的规模越来越大，他们可能是新产品经理，可能是项目经理，也可能是团队负责人。他们以总经理的视角领导一个跨职能的团队，就像在运作一个"公司中的公司"。他们必须完成全面的任务——战略、组织、概念生成、评估、技术开发、营销等。只要新产品未实现目标，他们的工作就不能结束，而这个目标是公司赋予团队的——常常是某个销售或利润目标，当然，这也意味着，即使新产品已经完工且进入库房，团队的工作仍需继续进行。

要尽可能避免以职能为中心的狭隘观点。如今，我们已经很少听到"市场部告诉每个人应该做什么"或者"研发部负责我们的新产品活动"。职能部门的专家当被任命为新产品团队的负责人时，必须学会以总经理的视角思考问题，而且最好以职能成员的身份在新产品团队中取得成绩，否则很难在新产品团队负责人岗位上做得很棒。营销人员，无论是作为团队成员还是担任团队负责人，都离不开本书的知识。

指导本书写作的一些基本理念

使用过本书前11版的读者，知道本书对这个领域有一些独到的见解。这里先向新读者介绍一下指导本书写作的一些基本理念。

（1）产品创新在组织中是一个独立的运营体系。产品创新有很多分项工作，如战略、团队、计划等，但分项仅仅是分项，产品创新是一个整体。任何分项工作如果单独开展都将失去整体的力量。

前　言

（2）本领域仍属于新兴领域，缺少一套系统性的术语。新入门者学起来会比较难，因为他们已经习惯于将一个术语对应一件事情并仅代表该事情。在本书中，我们努力保持术语的一致性，并要求读者运用这些术语。当然，新术语往往"来去匆匆"，有的一直被使用至今，有的则消失了。

正因为术语问题出现在一个快速发展的领域，所以，对每个术语的定义都是一次大胆的尝试。本书没有包含术语表，但你可以在PDMA网站上搜索到一份很有价值的术语表。

（3）如果只是学了一种思想而不去实践，那么它将只是你的大脑中一闪而过的念头。如果你想真正掌握这种思想，就要将其运用到实践中，不管是大事还是小事。基于此，本书提供了众多的短案例，你可以运用所学的概念去思考这些案例。商业世界有很多故事，本书各个主题参考的都是最新的案例。

（4）关于标准流程，尽管我们非常喜欢也一直想找到一个标准流程，但我们确信，不论是对于产品创新者来说，还是对于日用消费品、耐用消费品、工业品、服务等的制造商和供应商来说，都没有一套通用的或针对具体行业的标准流程可供遵循。就像营销计划一样，每个具体情景都有与之相对应的最佳计划。管理者必须审视这个具体情景，然后组合出一套适合该情景的工具和运营体系。所有大公司都运用多套不同的方法论，而不是一套。

（5）光环效应，这是新产品领域的又一个问题。下面这段陈述体现的就是光环效应："苹果公司这样做了，通用电气公司和本田公司也这样做了，那么我们也要这样做。"这些公司都非常优秀，但是它们之所以优秀，是因为它们花费了大量时间和金钱向其他公司学习。它们在产品创新方面有庞大的培训计划，让每一位来公司的专家都贡献出他们的新产品管理理念。它们假设自己做的每件事情都是错的并且是需要改进的。你也应该这么假设。本书就是这样假设的。本书引用著名公司的活动并仅仅将其作为案例，而不是作为建议。这些公司都有许多事业部，总是有数以百计的新产品正在被开发。这些公司的管理者都在照章办事，不知道甚至也不关心其他管理者在做什么。每个团队都想优化自己的处境，环顾四周，看看类似处境的其他团队（公司内的或者公司外的）都在做什么，然后选一个适合自己情景的做法。因此，对这种情况可以进行一定程度的归纳，比如，在什么情景下应当制定一个战略，在阅读本书的过程中，这些内容就会凸显出来。但到底是什么战略以及如何决策，则要视具体情景而定。

（6）有一个观点：新产品战略建立的基础要么是技术，要么是市场，必须选择其中的一个。对于到底选择哪一个的争论已经存在了很多年。对于大部分企业，两者都选，即采取双轮驱动战略。当然，根据上文的观点，在情景合适的情况下，企业可以选择或者基于技术，或者基于市场。

（7）建议读者仔细思考在本书中出现的概念。本书罗列了不同时代的理论观点，但对这些理论观点的罗列仅仅是为了启发读者思考。要做到上文所说的具体问题具体分析，最好的方法就是分析、思考、讨论并且运用。企业家采用多种多样的方法论，不是在证明他们的无知，而是在证明需要先思考再行动。面对当前存在的大量问题，智者能够静下来，并拿出全然不同的观点。决策也遵循同样的道理，在确定的那一刻，这些决策并非绝对正确或者绝对错误。管理者在做出某个决策后，会加倍努力地证明这个决策是对的。执行的质量远比决策的质量重要。

（8）要持续对两件事情进行开发——产品以及营销计划。这两个开发流程是协同进行的，营销战略的制定在一开始就进行了，之后它与技术工作同步进行，并在技术开发完成后继续进行。

第12版的改进之处

之前用过本书的读者会发现,这一版较之前几版做了很多改进。几乎每章都有一些改动,以下是主要改进之处。

(1) 对案例进行了补充和更新,使大家读到的案例更丰富,更贴近当下。新案例包括 Oculus Rift VR 头显、阿迪达斯 Ultraboost X Parley、谷歌眼镜、Indiegogo 众筹平台、特斯拉、Chipotle 连锁餐厅、福来鸡、星巴克的企业社会责任等。和以往一样,我们的目的是提供包含高科技产品、消费品和服务的案例组合。

(2) 我们尽可能更新整个文本中的例子。尽可能利用能引起当今读者共鸣的例证。当然,我们欢迎读者进行评论和提出改进建议。

(3) 新产品研究不断有新进展,我们努力把新的相关主题加入本书。读者将看到投资组合管理、价值曲线创建、TRIZ 方法、众包、众筹、观察研究、开放式创新、组织结构、3D 建模、Beta 测试、可持续产品开发和节俭创新等主题的新的或扩展的内容。

(4) 我们继续引用相关网站的内容,如添加了几个视频网站的资源。

读过前几版的读者会发现,本书精简到了 18 章。我们试图简化内容,专注对新产品经理来说最重要和最感兴趣的主题。我们仍然使用分析模型整合新产品流程的各个阶段。与之前的版本一样,感知图是在新产品流程的早期概念生成阶段引入的,但其分析结果可被用于指导联合分析中的属性选择,并可能在以后被用于进行利益细分和产品定位。联合分析结果可用于进行概念生成或评估,并可为质量屋开发提供一组客户期望的属性。三个智能手机竞品分析案例说明分析模型如何将新产品流程各阶段结合在一起。与前几版一样,另一些概念——产品创新章程、A-T-A-R 模型、评估技术、新产品的多职能管理也是贯穿全书的主题。

由于本书聚焦产品管理,并不断再版,因此对正在一线的新产品经理十分有用。本书已被广泛用于各种高级管理教育项目中。本书作者费了很多心血介绍了行业的最佳实践,并提供了相关商业参考文献。

一如既往,我们努力的目标是让本书越来越贴近客户。我们将新版本视为一个"新产品",这有助于我们更好地以客户为导向。学术界的同事基于以前版本总结的经验提出了许多值得深思熟虑的建议,这是本版改进的推动力。我们衷心感谢所有为本次修订提供大量意见和建议的审稿人,以及所有联系我们并向我们提出建议和纠正相关错误的教师与学生。特别是,天普大学的学生马特·伯克维茨(Matt Bokovitz)和雅格布·吉赛伯劳(Jacob Cheesebrough)在提供研究支持和案例研究方面做的出色工作,这使我们能够做出实质性的改进和更新,读者将在本书中看到这些内容。真诚地感谢你们!

我们对本版感到兴奋。它已经经过大量更新和简化,超过一半内容是全新的。我们为本版中的所有变化感到骄傲,并真诚地希望本版能满足您的需求!

献词

本版献给密歇根大学荣誉退休教授 C. 默尔·克劳福德(1924—2012 年),他是本书前 5 版的唯一作者,是 PDMA 的共同创始人。我努力忠诚于多年前克劳福德教授写本书第 1 版时的初心。他一直激励着所有教授新产品内容的人和进行新产品管理的人。

C. 安东尼·迪·贝尼迪托

目 录

第 I 篇 机会识别与机会选择

第 1 章 新产品开发的战略要素 3
- 1.1 引言 3
- 1.2 新产品开发的重要性 4
- 1.3 全球化和新产品开发 6
- 1.4 新产品开发的独特之处 7
- 1.5 新产品的类型和成功因素 9
- 1.6 新产品领域的专业术语 11
- 1.7 新产品领域的职业生涯 11
- 1.8 新产品开发的战略要素 12
- 1.9 基本的新产品流程 13
- 1.10 其他战略要素 15
- 1.11 产品开发行动 15
- 本章小结 16

第 2 章 新产品流程 17
- 2.1 引言 17
- 2.2 乐高集团的新产品传奇 17
- 2.3 新产品流程的阶段 20
- 2.4 贯穿新产品流程的评估工作 24
- 2.5 敏捷产品开发 26
- 2.6 加速产品上市 27
- 2.7 关于新服务 31
- 2.8 世界级新产品 33
- 2.9 颠覆式创新 34
- 2.10 连续创新者的作用 35
- 2.11 螺旋式开发与原型的作用 36
- 2.12 新产品流程的补充思考 37
- 本章小结 37

- 案例 Oculus Rift VR 头显 38
- 案例 Levacor 心室辅助器 39

第 3 章 新产品战略规划 41
- 3.1 引言 41
- 3.2 "公司中的公司"与产品战略 41
- 3.3 战略输入和机会识别 42
- 3.4 产品创新章程 47
- 3.5 产品创新章程的内容 50
- 3.6 如何制定产品创新章程 54
- 3.7 产品组合分析 55
- 本章小结 58
- 案例 阿迪达斯 Ultraboost X Parley 59
- 案例 本田公司的 Element 60

第 II 篇 概念生成

第 4 章 产品概念与创意来源 65
- 4.1 引言 65
- 4.2 概念生成的条件 65
- 4.3 产品概念 70
- 4.4 概念生成方法 74
- 4.5 现成的创意是重要来源 74
- 本章小结 82
- 案例 谷歌眼镜 82
- 案例 Indiegogo 众筹平台 83
- 案例 Aquafresh 美白牙托 84

第 5 章 创意：问题发现和解决方法 86
- 5.1 引言 86
- 5.2 基于问题的概念生成体系 86

5.3 收集问题 87
5.4 解决问题 96
5.5 概念生成的其他方法 99
本章小结 100
案例 创造性解决客户问题 100

第6章 新产品创意：属性分析方法 102
6.1 引言 102
6.2 客户为什么会购买某个产品 102
6.3 缺口分析 104
6.4 权衡分析 107
6.5 定性方法 110
本章小结 115
案例 智能手机竞品分析（A） 116
案例 雷朋太阳镜 117
案例 乐柏美公司 117

第Ⅲ篇 概念/项目评估

第7章 概念评估和概念测试 121
7.1 引言 121
7.2 新产品流程的本质 121
7.3 累计支出曲线 124
7.4 评估系统的设计 126
7.5 A-T-A-R 模型 129
7.6 概念评估：与产品创新章程相匹配 132
7.7 概念测试 132
7.8 概念测试的要点 134
7.9 概念测试结果分析 139
7.10 概念测试中的联合分析 141
7.11 结论 141
本章小结 142
案例 亚马逊如何做概念评估 142
案例 达美乐比萨 143
案例 智能手机竞品分析（B） 144

第8章 综合评审 146
8.1 引言 146
8.2 综合评审的目的 146
8.3 评分模型 148
8.4 层次分析法 154
8.5 评分模型的要点 156
本章小结 157
案例 特斯拉（A） 157

第9章 销售预测和财务分析 159
9.1 引言 159
9.2 新产品销售预测 159
9.3 销售预测的传统方法 161
9.4 销售预测的购买意愿法 162
9.5 销售预测的 A-T-A-R 模型 162
9.6 预测产品扩散的方法 164
9.7 对预测模型的思考 165
9.8 销售预测存在的问题 166
9.9 管理者如何解决这些问题 167
9.10 回到产品创新章程 172
本章小结 174
案例 Bay City 电子公司 174
案例 奔驰公司 179

第10章 产品协议 181
10.1 引言 181
10.2 什么是产品协议 181
10.3 协议的目的 183
10.4 协议的具体内容 185
10.5 协议与客户声音 189
10.6 协议与质量功能展开 192
10.7 协议的注意事项 196
本章小结 197
案例 创业者的产品协议 197
案例 杜邦公司 198

第Ⅳ篇 开发

第 11 章 设计 204
- 11.1 引言 204
- 11.2 什么是设计 204
- 11.3 设计驱动的创新 205
- 11.4 设计在新产品流程中的作用 206
- 11.5 产品架构 209
- 11.6 工业设计的评价因素 211
- 11.7 原型开发 212
- 11.8 设计流程中的接口管理 212
- 11.9 设计流程中的接口改进 214
- 11.10 计算机辅助设计和可制造性设计 ... 215
- 11.11 设计的持续改进 216
- 本章小结 217
- 案例 创意大奖 217

第 12 章 开发团队管理 219
- 12.1 引言 219
- 12.2 什么是团队 219
- 12.3 团队的组织结构 220
- 12.4 组建团队 223
- 12.5 团队管理 226
- 12.6 虚拟团队 230
- 12.7 管理全球分布式团队 231
- 本章小结 232
- 案例 普罗沃工艺公司 232
- 案例 福特富绅 233

第 13 章 产品使用测试 235
- 13.1 引言 235
- 13.2 营销在开发阶段的作用 236
- 13.3 为什么要做产品使用测试 237
- 13.4 产品使用测试真的有必要吗 237
- 13.5 产品使用测试可获得哪些知识 ... 240
- 13.6 产品使用测试的要点 242

- 本章小结 248
- 案例 Chipotle 连锁餐厅 248
- 案例 新的非耐用消费品的使用测试 ... 249

第Ⅴ篇 上市

第 14 章 上市战略规划 254
- 14.1 引言 254
- 14.2 战略前提 255
- 14.3 回顾战略目标 255
- 14.4 平台性战略决策 256
- 14.5 目标市场选择决策 258
- 14.6 产品定位 263
- 14.7 品牌和品牌管理 265
- 14.8 包装 273
- 本章小结 274
- 案例 特斯拉（B） 274
- 案例 智能手机竞品分析（C） 275

第 15 章 战略规划的实施 276
- 15.1 引言 276
- 15.2 上市周期 276
- 15.3 精益上市与上市时机 279
- 15.4 上市战术 280
- 15.5 联盟 283
- 15.6 A-T-A-R 要求 283
- 本章小结 288
- 案例 可口可乐生活 289

第 16 章 市场测试 291
- 16.1 引言 291
- 16.2 市场测试决策 291
- 16.3 市场测试的方法 295
- 16.4 虚拟销售方法 296
- 16.5 受控销售方法 299
- 16.6 全面销售方法 303
- 16.7 市场测试方法综述 308

本章小结 309
　　案例　福来鸡 309

第17章　上市管理 310
　　17.1　引言 310
　　17.2　上市管理管什么 310
　　17.3　上市管理系统 311
　　17.4　创新度量 318
　　17.5　上市管理计划的范例 320
　　17.6　上市管理和知识创造 321
　　17.7　产品失败 322
　　本章小结 324
　　案例　吉列 324

第18章　公共议题 327
　　18.1　引言 327
　　18.2　公众关注周期 327
　　18.3　对待产品问题的商业态度 329
　　18.4　产品责任 329
　　18.5　产品召回 331
　　18.6　可持续性和环境要求 332
　　18.7　产品盗版 335
　　18.8　为新兴市场设计产品 335
　　18.9　其他问题 338
　　本章小结 338
　　案例　高乐氏公司的 Green Works ... 338
　　案例　可持续发展与时尚产业 340
　　案例　星巴克的企业社会责任 341

附录A　创意的来源 343

附录B　创意生成的其他方法 347

第 I 篇

机会识别与机会选择

本书分为5篇：第Ⅰ篇"机会识别与机会选择"、第Ⅱ篇"概念生成"、第Ⅲ篇"概念/项目评估"、第Ⅳ篇"开发"、第Ⅴ篇"上市"。这五篇与通常的新产品流程相吻合（见图 1.1），但稍后就将看到，流程中的各阶段并不是按顺序排列的，各个步骤也不是独立的，这些阶段的顺序会经常变动并且存在交叉重叠的情况。

本书在每篇的开头都有针对该篇的概述和一个框图（见图 I.1）。概述简要地说明接下来的章节中所包含的新产品流程的重点内容；框图呈现了新产品流程各个阶段的详细信息，并展示各个阶段之间的衔接情况。例如，图 I.1 详细陈述了机会识别与机会选择流程，并把产品创新章程作为该流程的结尾，而产品创新章程是第3章的重要主题。这样，本书5篇中的框图（见图 I.1、图 II.1、图 III.1、图 IV.1、图 V.1）就可以组成一个长而详尽的新产品流程（见图 1.1 中的简单说明）。

在讨论机会识别与机会选择之前，第Ⅰ篇有两章概述性内容。第1章讨论新产品开发的三大战略要素：新产品流程、产品创新章程及产品组合。第1章给出了一个非常简单的流程，目的是对全书起导引作用。第1章还回答了几个最基本的问题，界定了几个最基本的概念，比如，到底什么能被准确地算作一个新产品？新产品成功的概率到底有多大？公司如何实现产品开发的全球化？第2章深入讨论新产品流程，讨论一些重要概念——突破性创新、新服务开发、加快上市速度，并分析这些概念是如何影响新产品流程的。

第3章是本书概述部分的收尾，主要讨论机会识别与机会选择、产品创新章程。首先讨论机会识别与机会选择。战略规划是新产品工作的基石，战略规划对新产品团队的指导作用与公司战略或事业部战略的整体指导作用是一样的。图 I.1 给出了机会识别的流程。其次讨论产品创新章程。产品创新章程是指导新产品开发团队工作的一个战略陈述：指明新产品开发团队的工作领域、总体目标和具体目标，以及其他考虑因素。第3章最后一部分讨论的是产品组合。能转化为具有高潜力的新产品的机会的创意有多种来源，但不论这个创意是怎么来的，都必须对其与企业产品创新战略的一致性进行评估。这就是组合管理：在评估任何一个潜在的新产品时，公司必须考虑它的技术可能性（我们能做出来吗？）、市场可行性（消费者会买吗？）。很多企业还有更多的评判标准，既包括财务方面的，也包括战略方面的。

如图 I.1 所示，产品创新章程一旦得以确定，下一步就是生成产品概念，第 II 篇讨论概念生成。

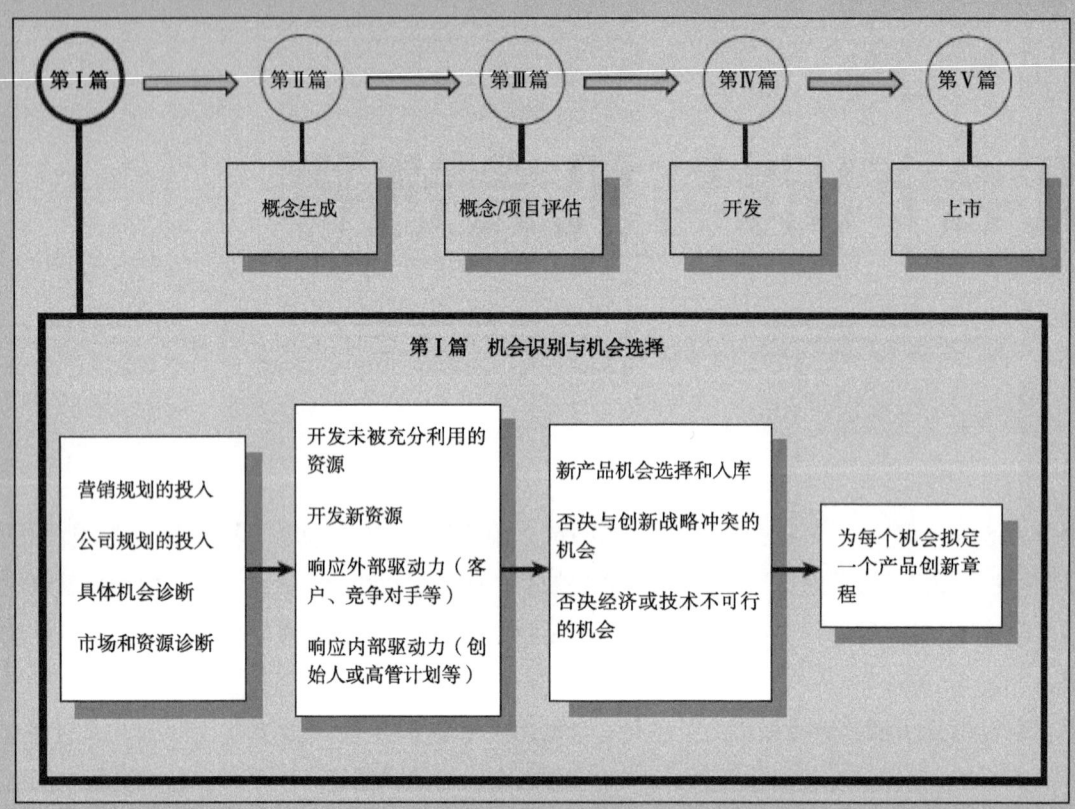

图 I.1 机会识别与机会选择

第1章

新产品开发的战略要素

1.1 引言

提到新产品，人们总会想到技术——苹果手机、在线购物、智能手表、自动驾驶汽车、虚拟现实（virtual reality）等，但大多数新产品更简单——低卡路里可乐、新电影、新歌星、快餐、新口味冷冻酸奶等。新产品涵盖了从尖端科技到最新样式圆珠笔等几乎所有领域，既包括有形产品也包括服务，可以针对消费品市场、B2B市场，或者两者兼备。

当你决定学习如何进行新产品开发和管理时，往往马上会想到这些新产品源于一个规范的流程，这个流程是由一批有经验的熟知产品创新的人来管理的。但有时如此，有时并非如此。很多年前，亚特·富莱（Art Fry）因为Post-it便利贴的创意而名声大噪，就是由于他的书签总是从书里掉出来，但当时他在劝说3M同事这个创意值得市场化时，着实费了一番功夫，后来这个产品迅速在办公用品行业成为出货量排名最靠前的产品之一。再看看詹姆斯·戴森（James Dyson），作为一名工业设计师，他对市场上吸尘器的性能不是很满意，决定开发出一款更好的产品。经过了5年时间和大约5000次原型设计之后，他发明了Dual Cyclone无滤网真空吸尘器。但在这之后的8年里，他的发明竟无法引起真空吸尘器制造商和风险投资人的兴趣！因为大家都认为他是一名设计师，怎么可能懂制造和营销。直到1985年，戴森几乎快要破产了，终于遇到了一位对此感兴趣的日本投资人，1993年，戴森在英国设立了Dyson Appliances。从那时起至今，Dyson Appliances在全球创下了超过20亿美元的销售额。

读到这里，你可能会对本书提到的诸多不确定性产生困惑。若是这样，那么欢迎你来到这个充满探索和创意的天地。对于我们将在本书里讨论的活动，有人称为**产品创新管理**（product innovation management），有人称为**产品规划**（product planning），甚至有人偏颇地称为研发（Research & Development，R&D）和营销。本书采用了大家最常用的词语——**新产品管理**（new product management），我们采纳了营销经理的观点，即营销在整个新产品开发任务中有特殊作用。

1.2 新产品开发的重要性

新产品是一门大生意。每年仅对技术开发这一个阶段投入的资金就超过1000亿美元。每年上市的新产品远不止几千个，如果新网站也被计入新产品，则将突破百万个。成千上万的人依赖生产和销售新产品生存。大部分管理者已经意识到突破性创新（radical innovation）对于企业的生存和未来发展至关重要。在本书中，我们将突破性创新定义为：一种替代或淘汰现有产品并且（或者）创造出全新产品类别的创新。产业研究所认为，"创新加速""创新驱动的增长"是技术领先企业最大的挑战。著名商业评论家加里·哈默尔（Gary Hamel）认为突破性创新是"当今时代最重要的商业议题"。

企业之所以在新产品开发方面投入巨资，是因为新产品能够解决大多数企业面临的最大难题。竞争带来伤害往往是由于：① 产品差异性过小导致削价竞争从而夺走了行业中每个企业的利润；② 竞争企业有令人期望的新产品而其他企业没有。因此，一个成功的新产品为企业带来的好处胜过其他一切。企业生存的核心理由，就在于为他人创造价值并获得回报。这意味着在竞争的世界，企业所提供的不论是实体商品还是服务必须比竞争对手的更好（至少在一段时间内）。这适用于所有组织，包括医院、教会、大学。考察一下那些在某个领域成功的组织，试着找出哪些组织受欢迎并具有成长性。

研究新产品开发的一个重要原因是新产品开发相当难。一个产品的开发可能有数百人参加，几乎每个人都来自不同的部门，如营销部、工程部、制造部等，每个人都有自己的日常工作。当一个产品轰然失败，不仅会让生产者十分懊恼，而且往往会引发很多公开报道。这有很多例子：New Coke、谷歌眼镜、亚马逊 Fire 智能手机、失败的大片等。这些报道带来的结果是，人们认为新产品失败率相当高，超过了它的实际数据。新产品的确可能失败，不论实体产品还是服务，失败率大约为40%，而不是传闻的90%。优秀的产品开发企业可以大大提高这个概率：同样产出一个成功的新产品，它们只需要大约4个创意，而其他企业则需要9个乃至更多的创意。主要原因是这些优秀企业能通过评审更早地去掉较差的创意。经过多年研究，我们已经找出了产品失败的大部分原因：没有真正理解用户，研发项目的经费不足，开发前端的工作不充分，不重视质量，缺少高管支持，目标漂移（第3章将讨论目标漂移，比如产品规格不稳定、范围蔓延等）。

大部分企业并不一定要将新产品失败率降到零。因为，新产品失败率过低往往意味着该企业在创新时过于保守，主要采用既有技术，从而错失掉进行突破性创新的机会（尽管突破性创新有风险）。所谓失败率"过低"，也与所在行业以及产品本身的开发风险有关。我们的目的是最大限度地降低新产品失败带来的财务损失（至少不能因此导致公司破产吧！）并从失败中获得经验。不管实际失败率到底是多少，新产品开发所下的赌注和失败风险的确是很大的。

多年来，新产品成功率一直引人关注。美国产品开发与管理协会（Product Development & Management Association，PDMA）在2012年进行的"比较绩效评估研究"（Comparative Performance Assessment Study，CPAS）指出，每100个新产品创意中只有不到70个能通过初始评审，不到50个能通过概念评估和测试并进入开发阶段，30多个能通过开发阶段，大约30个能通过测试，约25个能进入商业化阶段，约15个能开发成功（约60%能上市）。有趣的是，各品类新产品成功率之间的差距并不是很大，新产品开发的成功率从 51%（日用消费类商品）到 65%（健康护理类商品）。我们进一步将 CPAS 样本分为"最佳企业（所有企业的前 25%）"和"其他企业（所有企业的后 75%）"两组进行比较就可以发现，2012 年最佳企业的成功率超过 80%，远高于其他企业的约 50%。

表 1.1 显示，对于最佳企业，不仅新产品成功率高，而且新产品（这里所说的新产品是上市时间小于等于 5 年的产品）销售额比例和利润比例几乎是其他企业的两倍。同时，最佳企业在开发成功的产品时更有效率：仅需 4.5 个创意就能产生一个成功新产品，其他企业则需要 11.4 个创意。此外，对于每个成功项目的开发成本，最佳企业是其他企业的一半。

表 1.1　最佳企业与其他企业的新产品开发绩效比较　　　　　　　　　　　单位：%，个

指　　标	最佳企业（所有企业的前 25%）	其他企业（所有企业的后 75%）
新产品成功率	82.2	52.9
新产品销售额比例	47.9	25.4
新产品利润比例	48.5	25.0
产生成功新产品的创意数量	4.5	11.4

资料来源：Stephen K.Markham, Hyunjung Lee, "Product Development and Management Association's 2012 Comparative Performance Assessment Study," *Journal of Product Management*, 30(3), 2013, pp.408-429。

2012 年的 CPAS 显示，最佳企业的新产品开发流程与其他企业是不同的。总体上，在实施本书后面提到的大量新产品流程的概念和原则等方面，最佳企业的表现比其他企业好。具体包括以下几个方面。

- 建立了有效的新产品流程，以做更少的项目，但在每个项目上投入更多的资源（见第 2 章）。
- 更多地运用市场研究工具，如创意方法（creativity session，见第 5 章）、权衡分析（trade-off，见第 6 章）、概念测试（concept test，见第 7 章）、客户声音（voice of the customer，见第 10 章）、Alpha 测试和 Beta 测试（见第 13 章）以及市场测试（见第 16 章）。
- 更多地采用组合分析来进行产品选择（见第 3 章）。
- 更多地制定全球市场和运营战略（见第 3、第 12 章）。
- 更倾向于使用社交媒体和在线社区收集信息和数据（见第 5 章）。
- 采用正式的流程进行创意生成（见第 5 章）和概念开发（见第 8 章）。
- 采用开放式创新方法（见第 5 章）。
- 让高层管理者参与决策（见第 10、第 12 章）。
- 使用设计工具和工程化工具（见第 11 章）。
- 有效地运用跨职能团队（见第 12 章）。
- 有效地运用团队支持和团队激励方法（见第 12 章）。

总体上，本书采用的新产品管理理念已经被那些顶尖的创新型企业所广泛采用，这些企业也因新产品而成就卓越。

1.3 全球化和新产品开发

在**全球化**的推动下，新产品开发与现代商业的各个方面一样，越来越富有挑战性。为争取全球性的商机并提高创新的效率和效果，企业前所未有地把新产品开发拓展为一个全球性流程（global process）。根据博思咨询公司（Booz & Company）在2007年的研究，顶尖全球企业在海外的研发（R&D）支出已经占到55%。美国排名前80的研发企业的1460亿美元研发投入中有801亿美元用于进行海外投资，欧洲和日本的研发企业也拥有相似比例。博思咨询公司的研究表明，海外研发投入比例越高，投资回报率、整体股东回报等重要绩效指标的表现越好。

此外，这个研究发现，企业致力于进行全球研发有很多原因。很多国家的研发工程师的薪酬低于美国、西欧国家和日本。但是这个差距现在越来越小，尤其训练有素的工程师和科学家更是如此。如今，很多企业寻求进行海外发展并不是因为劳动力廉价，而是因为要挖掘该市场区域的人才和创意。像印度、中国这样的巨大市场同样是工程师的密集区，而且这两个区域的特点有很大的不同：印度有众多的自动化工程师，而中国有众多的电子工程师。

研发全球化的另一个原因，是创新型企业自身的全球化。例如，汽车厂商为进入中国或印度等市场，有必要就近布置更多的设计业务而不是在美国密歇根或者德国巴伐利亚进行设计。此外，由于面临越来越大的缩短产品开发周期以及强烈的市场竞争的压力，企业必须妥善地运用全球资源进行新产品开发。

很多跨国公司寻求建立**全球新产品团队**（global new product team），以从不同子公司获得产品开发技术，并获得竞争优势。大型企业可能在德国研发技术，在亚洲生产制造，而供应商在其他地区，但是这些企业未必知晓如何在全球进行运营。有效地协调这么多国家的研发团队以成功推出新产品是一项巨大挑战。很多决策会影响全球产品开发的绩效：子公司应该拥有多大的自主权？如何奖励子公司？子公司内部和子公司之间如何进行合作？此外，还有一种方式是，通过与全球伙伴建立战略联盟，将某些新产品能力外包，这样就需要管理并协调全球供应商以及分销商网络，以改进全球性产品开发和全球性产品上市流程。全球新产品团队需要考虑全体成员间的语言文化差异，比起单一文化背景，此时选择最佳组织架构要困难很多。在产品上市时还需制定更多的决策，考虑以下问题：产品在全球各地适用一个定位吗？由当地决定产品的定位、品牌和包装吗？有的企业把对流程的定义更清晰、更正式以应对挑战，有的企业会让新产品流程尽量非结构化、更具适应性并根据产品或者环境进行调整。

有关这个议题，权威研究成果指出，具备全球创新文化的企业最能有效地执行新产品开发计划。所谓具备全球创新文化，指的是企业对于全球市场持开放态度，留意客户需求和偏好的差异，并尊重不同国家的文化与商业环境。只有具备这种文化的公司，才有能力发现全球所有子公司拥有的专业化技术、资源和创意。事实上，这些公司的运营战略（不仅仅涉及新产品开发）都是依据国际市场的实际情况制定的。具备全球创新文化的企业更擅长整合全球知识，也能更好地管理与新产品流程相关的任务，并在推动全球性新产品上市方面具有优势。所有这些因素都有助于改善全球新产品绩效。本书会介绍一些立足全球进行创新的企业，以及它们是如何管理虚拟且高度差异化的全球产品开发团队的。例1.1列出了一些高度重视全球产品开发的企业。

 例 1.1　新产品开发是一个全球性的过程

　　宝洁公司：根据宝洁公司网站资料，该公司以一种在全球研发项目的方式进行产品开发。宝洁在全球 13 个国家有 22 个研发中心以获取更多的专业人才。速易洁（Swiffer）静电除尘拖把就是一个全球性产品的范例，宝洁在美国和法国的研发中心进行了这个产品的市场研究和测试。

　　苹果公司：在 iPod 开发过程中，苹果公司与全球数十家公司和独立外包商合作，在美国和日本同时进行产品设计和客户需求定义工作。

　　宜家公司：这家瑞典家具零售商认为它的目标市场（中产阶级）遍布世界各国，因此其进行全球化经营依据简单时尚的原则。宜家公司在发现一个未满足的客户需求（比如某一既定价格下的特定风格的桌子）时，就会邀请内部和外部设计师竞标以获取最佳设计方案，由其全球制造商伙伴竞标生产权并进行生产，卓越的全球物流体系使其完成了对客户的价值交付。

　　福特公司：这家汽车制造商建立了一个全球新产品流程（GPDS），基于这个流程，来自全球的各个团队针对一个汽车系统完成开发任务并使其在全球共享。比如，一个团队为全球的所有车型开发尾气系统，另一个团队开发驾驶系统，等等。该流程运行第一年就将汽车上市时间缩短了 25%~40%，将工程成本降低了 60%。这一系统得以成功的前提是全球汽车用户的需求是相近的（燃油经济性、安全、可持续性、吸引人的设计、一套好的娱乐系统等）。

　　资料来源：Loida Rosario, "Borderless Innovation: The Impact of Globalization on NPD Planning in Three Industries," *Visions*, June 2006。

　　现今，建立全球新产品团队已经成为很多企业的基本操作。第 12 章会介绍这些团队面临的挑战并重点介绍全球新产品开发团队、企业如何克服重重困难去利用那些隐藏于全球各个角落的产品知识。第 14 章会讨论产品的全球定位和品牌决策。

1.4　新产品开发的独特之处

　　本书中的新产品开发与商学院营销课程中的新产品开发，以及工程培训或技术创新管理课程中涉及的新产品开发有所不同。本书中的新产品开发更强调产品开发的基本原则：团队合作。新产品开发团队是跨职能的，由来自营销、研发、工程、制造、产品、设计等各个职能部门的人员组成。本书与其他著作的第一个不同之处是，用大量篇幅介绍如何与其他领域的专业人士互动：团队成员如何一起工作、如何加强沟通，什么是共同的目标等。不论你学的是什么专业，不论你目前研究什么领域，需要牢记的是，在产品开发流程中，你在大部分时间里要与来自不同职能部门、领域的人协同合作。产品开发是共同努力的结果。

　　新产品开发团队的所有成员对新产品开发都有重大作用。因此，我们必须清楚地了解并避免狭隘的职能观。营销人员要学会与科学家、工程师、律师、产品部主管等一同工作。成员可能来自营销部门，并且在开发项目结束后返回原来的工作岗位，但是现在既然已经成为新产品开发团队的一员，就应该与其他部门的人员一同工作并摒弃主观偏见。比如，某位营销人员可能不欣赏某位科学家的严谨态度，而该科学家可能不欣赏这位营销人员的热情。有时营销人员的行为会让科学家认为结论过于草率和不可靠，这时，他们需要像总经理那样去思考。

进行新产品开发需要做出大量的创造性努力。难点不在于创造一个新产品概念，这对很多公司来说相当容易。难点在于如何将这个创意更好地开发出来并销售出去，包括如何制定可行的概念测试方法以评选出全新的创意、如何使工程师齐心协力、如何定位一个新产品以创造一个新品类、如何利用已有的设备生产新产品、如何命名新产品以与客户沟通并避免其困惑等。本书不会给出这些问题的答案，因为我们无法得知某个人的决策是否正确（但我们知道整个决策是否有效）。

创造力在没有路标的道路发展。大多数决策是根据粗略且不充分的信息做出的。并非我们不想去了解事实或清楚如何进行评估，只是我们没有充裕的时间或金钱。最糟的是，当我们已经在准备新产品上市时，我们在1月看到的事情到了6月就全变了。因此，我们总是把别人搞得很紧张。有时，我们会运用**启发法**（heuristics）——运用企业发现的行之有效的经验法则（rules of thumb）："30%的人在听到新产品后会选择试用"或"当研发部产品工程师与制造部流程工程师的意见不一致时，应该听取制造部流程工程师的意见"。启发法有时让我们备受责难，但要是缺少经验法则项目就无法快速推进。有时，我们会运用**直觉**（intuition）——凭借我们的预感，这也是为何上级要求新产品开发人员在着手进行新的产品开发工作之前必须把手头工作做完的原因。

本书与其他著作的第二个不同之处是，讨论人们如何在高压下处理人际关系，在不可能的条件下做出艰难的决策。有一个经典案例：亚马逊Fire智能手机的开发和上市过程。亚马逊做这款手机的战略意图是抢占智能手机市场的份额，并带动消费者前往亚马逊在线商店。从技术角度来看，在屏幕尺寸和内存等重要属性方面，这款手机相比竞争对手已经足够好了。但是，在苹果和安卓手机主导的市场中获得吸引力，足够好是不行的，它需要更好。最终，在尽了最大努力、投入了大量人力和财力之后，这款手机推出后不久就宣布失败了。在研究战略引导团队完成项目、企业缩短新产品市场测试时间并在各区域同步推出时，要承受上述决策压力。

你一定很想知道流程创新与产品创新的区别。流程创新通常涉及某个职能部门，尤其是制造流程或分销流程的创新，每个新产品均受益于此类创新。产品创新则需要通过所有部门的运营来创造并销售新产品，也即包含所有职能部门的流程创新。

本书与其他著作的第三个不同之处体现在运用上。新产品成功看似偶然或机缘巧合（见例1.2），但记住，俗话说"机会总是垂青有准备的人"。在亚历山大·弗莱明（Alexander Fleming）发现盘尼西林（Penicillin）之前，至少有24位科学家已观察到微菌抑制细菌繁殖的现象。辉瑞公司（Pfizer）的研究人员注意到在心绞痛新药测试中，新药对于受测的多位男性心绞痛症状的治疗效果并不好，但他们身体的其他部位出现意想不到的成效。很快辉瑞公司就推出了万艾可（Viagra）这个拳头产品，产品市场潜力很大而引来很多竞争者。因此我们必须不断实践，虽然学会了属性分析（attribute analysis）、缺口分析（gap analysis），但并不能掌握如何开发新产品概念，你必须试着去做。产品使用测试、定位、应急计划（contingency planning）等也同样如此。为此，本书每章最后都提供了简短的真实市场情景下的案例。

第 1 章　新产品开发的战略要素

例 1.2　并非所有新产品都是规划出来的

雷神公司（Raytheon Company）的一位工程师在进行雷达实验时，发现巧克力在他的衬衫口袋里融化了。然后，他依样"烹饪"了些爆米花。这家公司后来开发出了第一台商用微波炉。

医药企业 G. D. Searle 的一位化学家在翻书时会舔一下手指。一次他感觉到了甜甜的味道，这时他想起来可能做实验时溅出的一些液体留在了手指上。他继续验证这个发现，并最终发明了人造甜味剂——阿斯巴甜。

3M 公司的一位研究员不小心弄倒一杯工业用混合液体后发现其鞋子被溅到的部分依然相当干净，后来，其开发了思高洁织物保护剂［也称斯科奇加德防油防水剂（Scotch Gard fabric protector）］。

杜邦公司的一位化学家为一种实验冷却剂困扰，因为这种冷却剂不溶于一般溶剂而且在高低温下都没有反应。公司为此又做了一系列实验，最终发明了特氟龙（Teflon）。

还有一位科学家在把塑料铸成汽车部件时一直无法做到均匀混合。由于异常烦恼，晚上离开实验室时，他随手把一块钢丝清洁刷丢入这堆部件中。后来，他发现钢纤维能迅速把液体的热度传导出来，使液体均匀冷却并依旧混合良好。Bendix 公司因为这个新材料发明了不少新产品，其中包括刹车片。

此外，类似的例子还有 Gore-Tex、炸药、小麦泡芙、麦芽糖、迷幻药 LSD、盘尼西林、晕船药、X 光、脉冲射电源等。

资料来源：DuPont, Bendix Cases, *The Innovators* (New York：Dow Jones, 1968); Raytheon, Searle, 3M Cases, Kenneth Labrich, "The Innovators," *Fortune*, June 6,1998, p.56。

1.5　新产品的类型和成功因素

新产品一词对不同人的含义是不同的。例 1.3 显示新产品可以包括**世界级新产品**，也可以包括涉及重新定位以及成本降低这些很小变化的产品。例 1.3 包含一些你会忽略的要点，比如，可否通过重新定位一个旧产品而产生一个新产品（告知客户那是一种别的商品）？Arm&Hammer 公司已经做到了很多次，该公司把小苏打（baking soda）开发成冰箱除臭剂、地毯清洁剂、排水管除臭剂等新产品，甚至采用同样的包装和同样的品牌。这些产品仅仅具备新用途，但是该公司仍然有一个新产品发现和开发的流程。新用途可能出现在另一个完全不同的部门，尤其是工业行业。比如，杜邦公司将纤维这个基础材料用在很多技术性和消费性产品上，财务公司将其通用数据库用于不同市场。同样，品牌名称也经常被作为产品线延伸的平台。联合利华公司的多芬（Dove）这一品牌名称已经延伸出至少 24 种香皂和沐浴乳产品。

例 1.3　新产品的类型

新产品可以依据新的程度进行分类，这种"新"可以是相对于世界的，也可以是相对于公司本身的。

（1）**世界级新产品**（New to the world product, really new product）。这些产品往往是新发明的产品，可以创造一个全新的市场。比如，宝丽来相机、iPod 和 iPad、惠普的激光打印机等。

（2）**公司级新产品或新产品线**（new to the firm, new product line）。这指公司导入新品类的产品，

9

虽然对世界来说不是新的，但对公司而言是全新的。比如，宝洁的第一款香波或者咖啡、Hallmark 公司的礼品系列、AT&T 公司的全球信用卡、佳能公司的激光打印机等。

（3）已有产品线延伸型产品（Additions to existing product line）。这指副品牌或延伸型产品，以充实企业已有市场的产品线。比如，宝洁的汰渍液态洗洁剂。

（4）已有产品改进和完善型产品（Improvement and revisions to existing product）。这指把现有产品改得更好的产品。比如，宝洁的 Ivory 香皂和汰渍洗衣粉都被改进很多次。

（5）重新定位型产品（Repositioning）。这指出现新用途或有新的应用方式的产品。比如，阿司匹林被重新定位为预防心脏病药，万宝路香烟被从女士香烟重新定位为男士香烟。

（6）成本降低型产品（Cost reduction）。这指以同等效果和较低价格提供的新产品，以取代产品线现有产品。设计与生产"更多新产品"比营销更能降低成本。

资料来源：Booz, Auen & Hamilton Inc. *New Product Management for the 1980* (New York: Booz, Auen & Hamilton Inc., 1982); Robert G. Cooper, *Winning at New Products: Auelerating the Process from Idea to Launch,* 3rd ed (Cambridge, MA: Perseus Publications, 2001)。

例 1.3 中的所有类型均可以被视为新产品，但很清楚，各类型之间的风险和不确定性是不一样的，管理方式也是不一样的。一般而言，如果一种产品属于世界级或公司级新产品（第 1、2 种产品类型），公司所面临的风险与不确定性较高，相应地，开发与上市成本也随之提高。例如，吉列公司开发的全新剃须产品系列比改进之前的风速 3 系列（比如采用相同技术开发女性专用版，称其为维纳斯）的花费要多得多。使最具创新性的产品成功上市，公司通常要投入更多的人力与财务资源。

另外，需要注意的是，例 1.3 中所有的新产品类型并非都源于必须做的创新。产品线延伸型产品，就像上述多芬香皂或新口味奥利奥饼干，有可能是公司想要增加陈列和货架展示空间的结果。产品线延伸不应该与真正的创新混为一谈，高层管理者应当意识到，那些真正能给客户带来附加值的创新才是企业长期的竞争优势。

世界级新产品是指革命性改变现有产品的类别，或全新定义的一种产品。这种创新需要消费者学习并接纳一项全新的技术。拥有文字处理软件的台式计算机作为一个新产品品类，彻底淘汰了电子和手动打字机，同时，这需要那些以打字为生的人重新学习。惠普激光打印机在打印机品类里也有相同的故事。CD 机的上市需要零售店内的布置和相关部件（如 CD 播放器）的分销都做出改变。其他例子还有特斯拉电动汽车、智能电视、基于蓝牙技术的智能手表等，这说明世界级新产品都运用了新技术。制造商必须克服潜在风险、固有经验、消费者接纳等的障碍（更多内容参见第 14 章）。

上市一个世界级新产品意味着风险——从高层管理者到整个企业都要有勇气承担风险。在高度创新型企业，如英特尔公司和吉列公司（现在是宝洁的子公司），高层管理者甚至取消了季度盈利预测，以确保新产品事业部能够聚焦创新以及实现其他长期战略目标。

新产品线涉及模仿类产品（直接抄袭市场已有的产品）。假定某企业推出一款淡啤酒，对其来说，这是新的，但对于市场而言，已有类似淡啤酒，它们是相似的，那么它是新产品吗？是！对企业来说是新的，这同样需要新产品流程。佳能公司不是首家激光打印机制造商，可口可乐公司不是首家橙汁罐装商，宝洁公司不是咖啡行业的首家公司，但这些产品对于这些公司而言是新产品，其要将其作为新产品来管理。

大部分新产品是已有产品线延伸型产品，或已有产品改进和完善型产品。许多产品线延伸型产品很成功，比如多芬男士护理系列、汰渍液态洗洁剂、百威淡爽、苹果 iMac 计算机。但研究表明产品的创新度越高，成功率就越高。根据某项统计，两个创新度最高的新产品类别虽然只占上市产品的 30%，却占最成功产品的 60%（行业不同，占比不同，高科技产业中新产品创新度都较高）。我们发现，创新度与成功率之间存在 U 形关系：在财务指标、投资回报率与市场占有率方面，创新度最高的产品类别和创新度最低的产品类别（如重新定位型与成本降低型产品）都比创新度中等的产品类别要好！这是因为中度创新的产品既没有足够新以打动新客户，也没有足够大差异来打动已有客户。这提示企业在进行项目决策时，应重新思考新产品的重要性和潜在贡献。在第 3 章中，我们将讨论如何在众多新产品类别中，建立平衡的产品战略组合。

即使最佳企业也有产品开发失败的经历。本书讲述如何成功开发新产品，回答"新产品成功有哪些因素"这个问题并不容易。不过，近年来，很多研究结论一致认为：成功的首要因素是**一个独特又卓越的产品**，失败的原因则包括"产品没有需求"或"有需求但产品没有满足这个需求"，也就是说，产品既不独特也不卓越。相比产品购买和使用成本，新产品未提供充足的**附加值**。在新产品开发过程中，附加值这个概念要牢记心中。

1.6 新产品领域的专业术语

新产品开发有很多独特的术语。原因之一是这个领域正在拓展中，有很多新的任务和新的工作方式；原因之二是这是一个融合的领域，科学家、律师、营销人员、会计师、生产人员、企业战略规划师等来自各行各业的人员采用各自的词语，而用不同词语讨论同一个问题会带来很多沟通问题。

比如，对**发明**（invention）与**创新**（innovation）就有很多不同的理解。对管理者而言，发明是某事物的独特形式、结构与功能，通常能申请专利。创新则是将一项发明成果转换成能销售并获得利润的产品的整个过程。发明需要的时间可能较短，数量也比创新多。一般人会认为产品创意、产品概念、产品原型甚至产品本身是同一个概念。本书对上述名词给出了特殊明确的定义，这些词语不能互相替代。

比如，人们对"**设计**"一词就有很多困惑。其可能指工业设计和工程设计（制造前），可能指外观和美学的创意设计，可能指从初始规格到出货都包含在内的整个技术创造职能，甚至可能指整个产品创新职能。在本书中，我们采用工业设计视角，考虑产品的功能、人体工程学以及外观，并探索设计本身如何成为创新的驱动力。

有问题时，你在 PDMA 网站可以找到完整的新产品术语集。

1.7 新产品领域的职业生涯

新产品领域有很多职业生涯机会，当然，没有多少职位是提供给刚毕业的大学生的。高层管理者要求新产品开发人员了解行业（比如理解客户需求）以及企业的各种运营活动（比如多层面、协调的工作），因此，大多数负责新产品工作的新产品经理是从某个职能部门的某个岗位开始做起的。如科学家发现与营销和制造人员共事相当有趣，市场研究人员擅长进行利益细分，销售人员能提出好的新产品概念，这些人都可能适合有关新产品的全职工作。

新产品开发方面有三类专门岗位。其一是团队里的**职能部门代表**（functional representative），有些是全职的，大多是兼职的，比如市场研究员或生产规划师，这些人可能在多个团队或一个团队担任代表；其二是**项目经理**（project manager）或**团队领导**（team leader），这个角色可以体现所肩负的职能；其三是**新产品流程经理**（new products process manager），其负责协助项目经理开发并使用新产品流程。

上述三类专门岗位的特点如下。

- 应具备多个职能而非单一职能（专长）。换言之，应具备多个职能（营销、制造等）部门的经验。
- 应能够承担风险，愿意为推动产品上市做任何事情，包括面对同事的愤怒。
- 应能像总经理一样思考，这正如科学家和营销经理只有摒弃单一的科学家与营销经理角色，才能领导新产品团队一样。
- 应同时具备乐观、务实、进取、合群的态度，既能领导也能服从。
- 应培养创造技能，以生成新产品概念并创新性地做事。
- 应能在混乱与困境中自我调适。学会与抑郁的人、愉悦的人或没特别情绪的人共事。

越来越多的主管具备上述特质。希望大家能成为出色的新产品管理人才。

1.8 新产品开发的战略要素

本书涵盖了从机会识别到产品上市前后的主要内容，基础是三个**战略要素**（strategic element）。这些战略要素为管理层构建了一个指引新产品开发的基础架构，使管理层能够专注最重要之处。全球顶尖产品开发专家罗伯特·库珀（Robert Cooper）先生提出了一个任何规模的企业都可以采用的架构来指引产品开发。关键点就在于这三个战略要素必须真正到位且彼此协同支持。这三个战略要素是：**新产品流程**（new products process）、**产品创新章程**（product innovation charter）、**产品组合**（product portfolio）。

新产品流程涉及从产品创意到概念评估、产品开发、上市及上市后的整个过程。这个过程可分解为多个阶段，对每个阶段要进行评估，在后面章节你会发现这个流程并不是直线推进的。产品创新章程本质上就是新产品战略，应确保新产品团队开发的产品与企业战略和目标保持一致并与市场机会相匹配。产品组合有助于企业评估该新产品在既定财务和战略目标下是否最适合现有产品线。本章介绍第一个战略要素——新产品流程，并在第2章进行深入讨论，本书后续内容将建立在这个基础架构上。第3章介绍另外两个要素——产品创新章程和产品组合。

1.9 基本的新产品流程

图1.1展示的是一个简单的产品开发流程,包括各阶段的名称和任务。研究表明,约有70%的企业在运用某种正式的、跨职能的、阶段性的新产品流程,而大约47%的公司在完成各阶段后有明确的评估指标。至少有40%的企业会安排一位流程经理来管理这些阶段性的新产品流程。许多进行新产品开发的企业已建立了这种阶段性的新产品流程。

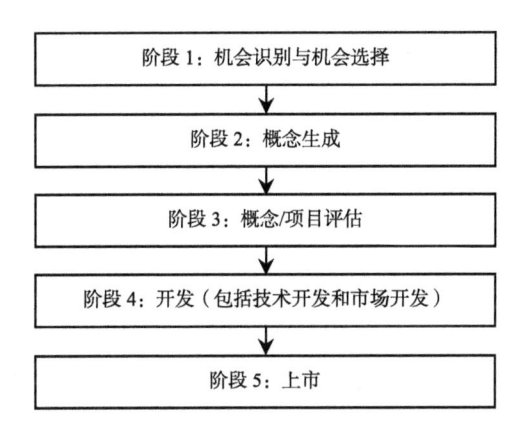

```
阶段1:机会识别与机会选择
       ↓
阶段2:概念生成
       ↓
阶段3:概念/项目评估
       ↓
阶段4:开发(包括技术开发和市场开发)
       ↓
阶段5:上市
```

图1.1 基本的新产品流程

实践中运行的阶段性的新产品流程绝不是标准化的。不同公司的阶段性的新产品流程的数量可能不同。流程的第一部分是开发前阶段,也被称为创新前端,包括机会识别、创意生成和评审、概念开发和定义、评估概念的财务和战略潜力,然后决定将哪些概念投入开发。开发前阶段对应图1.1中的前三个阶段。接下来是开发阶段,包括技术开发和为即将到来的上市制订营销计划。最后一个阶段,即上市阶段,从产品上市时开始,进行产品上市后的管理,以引导其成功实现目标。简言之,无论有多少个阶段,其都包括开发前、开发和上市的基本过程。

阶段涉及新产品团队需要执行的各种活动。对各个阶段需进行评估,这被称为决策点。在这些决策点需要做出严格的通过/不通过决策(是否有足够的信心让项目进入下一个阶段)。本书后续章节会讨论为项目评估收集信息的各类测试(概念测试、产品使用测试、市场测试)。

新产品流程的目标,就是通过管理降低新产品从创意生成到上市各阶段的风险和不确定性,在这个流程中伴随着的是各种阶段性评估。一家企业可能得到数百个创意,不好的立刻被淘汰,较好的则被提炼成产品概念(这里的概念是指"更完整的创意",我们将在第4章讨论创意和概念的清晰区别)。随后,只有那些最佳的产品概念能够通过并进入开发阶段。产品在开发阶段继续被不断锤炼,如果产品使用测试结果不佳,其仍可能在上市前被淘汰。产品直到上市阶段才有较高的成功概率(前面提及过60%的成功概率)。通过管理降低不确定性十分重要,因为每增加一个阶段就意味着要投入巨大的资金和人力。公司采用新产品流程改进产品团队,减少返工,提高产品成功率,提早确认失败的可能性,改进产品上市流程而使周期缩短30%。并不是所有企业都很好地实施了流程,许多宣称拥有新产品流程的公司,要么流程制定得不好,要么流程实施得不好，改进空间很大。

必须强调，像图 1.1 那样的整齐、线性、依序的过程并非放之四海而皆准。实际情况是，工作并非依序的而是相互交叉重叠的。新产品流程并不像传递接力棒的接力赛那样在下一个阶段工作开始前必须完成前一个阶段的工作。实际上，交叉重叠是被鼓励的。企业面临**加快上市时间**（accelerate time to market）的巨大压力，一定程度的交叉重叠是加快上市时间的重要手段。当然，这需要来自不同职能（营销、研发、制造、设计、工程）部门的产品开发团队成员进行非常有效的沟通。产品开发需要所有职能人员（甚至包括客户）在一个**跨职能团队**（cross-functional team）共同完成任务，具有鲜明的多职能（multifunctional）特征。本书第 12 章讨论跨职能团队的组织和管理，虽然本书讨论这方面内容的时间较晚，但请记住，在新产品开发流程中，跨职能团队越早介入越好。团队领导的职责是让正确的人做正确的事，应加强团队内部、团队与高管、团队与客户之间的沟通。有效的团队领导必须知道如何处理好权力冲突，以及应对技术复杂性。

还有一种方法帮助公司避免延迟上市、实现加速上市，这就是简化评估工作。强生（Johnson & Johnson）公司的书面评估报告曾经长达 30～90 页，现在已经简化成一个标准模板，只需一页简短摘要及几张幻灯片，就足以向高管提示做出决策需要了解的相关风险及评价。这种方式能减少准备时间（好几个星期）。

图 1.1 隐含了在每一个阶段后都跟随着的通过/淘汰决策，其实不只有通过与淘汰两种选择。如果进行决策时某种关键信息依然缺失，这时就出现了第三种选择，即"待决"（on decision），项目可以继续推进（"有条件通过"），但必须继续收集缺失的信息，项目仍可能在下一个阶段被淘汰。这种"有条件通过"决策被称为**模糊关口**（fuzzy gate）。比如，一种采用新包装的食品在进行概念测试时可能相当不错，但管理层可能会等到产品使用测试（让客户真正试吃产品）后，才确认产品能否上市。"待决"意味着产品虽然已经被批准进行开发，但必须通过使用测试，否则还会中止。模糊关口加速了流程，时间没有被消耗在决策制定前的信息收集上。根据 CPAS，这种情况很普遍，大约 50%的项目是在"有条件通过"决策下进行的。但是，一旦取得所需信息，必须坚定地做出决策，换句话说，模糊关口最终还是需要一个强制决策。还有一种情况，虽然做出"通过"决策，却没有进行资源投入，这就是常说的虚设关口（hollow-gate），这个问题导致许多项目在途、成本超支、上市延迟。还有，执行官偏好的项目或幕后推手影响决策的项目，可能永远无法接受严格的评估。因此，缺乏强制决策的模糊关口、虚设关口、高管特殊关照或幕后推手都会影响新产品流程的有效性，一旦发现这些状况就要尽量避免。

渐进性新产品（incremental new product）与世界级产品或**突破性产品**（breakthrough product）的新产品流程截然不同。宝洁公司对于低风险项目（如新洗洁剂）会采用简化的新产品流程，合并甚至跳过流程的某些阶段。CPAS 指出，大约 40%的突破性项目会跳过或省略某个阶段，大约 59% 的渐进性项目会整个跳过或完全省略某些阶段。对于世界级新产品（如 Fetaeze 或 Dryel），宝洁公司会因为风险与成本均较高而细致地执行完整的流程。企业可以把图 1.1 所示流程作为一个基本框架或准则，但必须知道新产品流程具有很大的弹性。实际上，前述特性（跳过某个阶段、模糊关口与灵活性）是所谓**第三代新产品流程**（third-generation new products process）的特点，这是很多企业对图 1.1 中的流程的进一步解读。

不要被图 1.1 中的阶段名称误导。阶段名称不指职能或部门。技术开发由技术人员负责，但是市场研究、设计等部门成员也会参与其中。上市听起来是营销部门的工作，但大部分营销工作在之前阶段已经完成。本书将在第 13 章详细讨论"市场提升"（marketing ramp-up）。此外，在上市阶段，制造人员忙于建立生产能力，法务人员忙于厘清品牌名称，研发人员忙于测试第一批上市产品。如前文所述，新产品开发依赖组织完善、高效率的跨职能团队才能顺利完成。

不同企业的新产品开发活动的组织方式不同。新产品流程没有绝对确定的阶段数量，不要将流程理解为一些互不相关的阶段的集合，而应该将眼光放远，放在更大的、进化的、整体目标的运作上。本书将流程分解为 5 个阶段的原因是为了讨论新产品开发工作的细节。不同企业对于上述流程的分解大不相同。第 2 章将深入讨论新产品流程。

1.10 其他战略要素

图 1.1 所示流程是企业新产品战略的一部分，但它留下了一些有待回答的问题。企业新产品的底层战略是什么？企业寻求什么样的市场或技术机会？企业竞争的战略领域如何界定？管理层希望进行什么程度的创新？缺乏新产品战略，企业新产品开发将无法聚焦。没有清晰的边界，任何市场或技术机会看起来都是对的，这导致一大批产品虽然在开发但缺乏资金支持。本书将新产品战略称为"**产品创新章程**"。产品创新章程由高层管理者制定，是所有职能部门参与创新的指南，它界定了新产品开发的工作范围，以便产品团队在边界内发现机会并明确工作重点。这种方式下会有很少的项目被执行，但留下的都是对企业有价值的项目。产品创新章程的优点是显而易见的：根据罗伯特·库伯的研究，明确的新产品战略（目标明确、产品创新与整体业务目标匹配、战略重点清晰、产品路线图到位）与新产品绩效密切相关。

许多新产品概念在技术上和市场上似乎可行。但是，管理层在权衡将稀缺的资金与人力资源投入哪里时，还需要考虑该新产品是否符合企业整体战略：是为现有产品加分还是造成现有产品线失衡？这个问题是产品组合管理关注的。所有企业在批准新产品开发项目时都会考虑财务指标，如预期销售收入和利润。最佳企业还会平衡财务指标与战略的关系，比如是否符合企业长期目标，未来能否形成可靠的新产品流。

第 3 章将讨论产品创新章程、产品组合等相关议题。

1.11 产品开发行动

如果你想进一步了解商业界最好的新产品开发人员当前正在进行的努力，请登录 PDMA 网站。其中，PDMA 赞助了一项"杰出创新企业奖"。这个奖项并不是为某个卓越的新产品而设置的，而是为表彰促成过去 5 年新产品成功的持续的项目计划而设置的。该奖项要求项目持续的时间超过 5 年，得奖者必须告诉 PDMA 的年度与会者自己是如何成功的。就像我们之前提到的，创新是可以传授的，来自顶尖公司的创新经理就在扮演指导老师的角色。在大多数案例中，他们在公司内部设计如本书所述的正确的新产品管理体系。获奖者来自康宁（Corning）、皇家帝斯曼（Royal DSM）、Merck、惠普（Hewlett-Packard）、Dow Chemical、Maytag、博士伦（Bausch & Lomb）、Harley-Davidson 等。

PDMA 网站提供了其学术期刊《产品创新管理期刊》的链接，以及专门针对实务界人士出版的新闻通讯刊物《视野》，还展示了上面提到的专业术语。当阅读本书时，你可以去查阅一下这些出版物。在阅读新产品开发与创新领域的最新文章时，你可以从中找到新产品开发专业人士当前关心的问题。

本章小结

本章对新产品管理进行了总体介绍。你可以看到新产品管理在所有组织（不仅仅是商业组织）是如何运作的。你可以看到这门课程与其他课程之间的关系，到底什么是新产品，服务与商品包括的内容，而不仅仅是蛋糕、电话和汽车。你还可以了解新产品管理包括的领域、新产品活动的特征、与新产品有关的术语、职业生涯等。第 2 章将讨论新产品流程。

第 2 章

新产品流程

2.1 引言

第 1 章总体上介绍了新产品流程——一个阶段性和评估性工作,如果实施得好,就能产出大量的组织需要的新产品。图 1.1 的流程是本书的基本架构。正如第Ⅰ篇的概述所描述的,本书的 5 个篇章就是图 1.1 中的 5 个阶段,每篇都详细说明了新产品流程每个阶段的工作。本章将深入讨论图 1.1 流程的各个阶段,包括每个阶段需要执行哪些任务以及谁来负责这些任务;之后,讨论对产品经理至关重要的几个议题:(在不牺牲产品质量或增加预算的前提下)如何加快新产品流程?如何使流程适用于开发新服务?如何发展突破性创新?如何利用企业外部技术和资源来改善新产品流程?

本章先用一个简短的新产品案例说明新产品流程的关键活动,然后深入讨论新产品流程及其管理。这个案例说明,新产品流程与产品创新章程和产品组合是密不可分的,也说明跨职能团队与有效的团队管理在实施新产品流程中的重要作用。

2.2 乐高集团的新产品传奇

乐高集团于 1932 年由奥立·柯克·克里斯汀森(Ole Kirk Christiansen)在丹麦成立,生产深受全世界儿童欢迎的塑料积木。乐高一词是丹麦语中"leg goet"或"玩得好"的缩写,但巧合的是,它在拉丁语中还有"我拼接"的意思,想象不出还有什么比乐高更合适的名字来形容这些小拼接积木。乐高集团在成立的最初几年主要制造木制玩具,1947 年,克里斯汀森购买了一台注塑成型机,所以,集团到 1958 年时已经成为人们熟悉的塑料积木生产商。1958~1978 年,集团的全球销售额稳步增长至大约 1.8 亿美元。1978 年,乐高集团已经上市了城堡、太空、Fabuland 游戏主题和技术建筑系统。在这些产品创新的推动下,乐高集团的销售业绩大幅增长,营业额每五年翻一番直到大约 1993 年。

20 世纪 90 年代初,乐高集团的销售速度开始放缓。为应对这一形势,乐高集团开始扩张产品线,SKUs (Stock-Keeping Units)扩大了 3 倍,但这些新产品影响了集团已有产品的销售。集团总销售额并未提高,产品开发蚕食公司的利润。1998 年,乐高集团首次出现亏损,裁员 1000 人。

乐高集团通过消费者研究和行业分析发现了销量和利润下滑的几个原因。首先，上一代儿童玩乐高的年龄可以达到10岁或11岁，但到20世纪90年代末，儿童对乐高玩具失去兴趣的时间提前了。此外，很多儿童包括很小的孩子，早早就开始接触视频和电子游戏，他们更喜欢这些而不是积木。这一消费趋势不太可能在短期内发生改变。其次，行业层面也在发生变革，大部分行业竞争对手选择在中国制造，而乐高集团仍在成本高很多的欧洲地区制造。玩具和游戏行业的话语权正逐渐从制造商转移到大型零售商手中。此时，乐高集团塑料积木的专利权也即将到期，这些因素将乐高集团逼到"要么变革，要么死亡"的境地。

2000年，乐高集团提出新的愿景："到2005年成为全球有小孩家庭中的最强品牌。"乐高集团希望借助这一使命陈述来激发创新。为了践行这一使命，激发创新，乐高集团邀请了最好的商业顾问和学者并采纳了他们提出的建议。其中几项重要建议如下。

- 设立"概念实验室"，以作为新产品中心，从全球（意大利、日本和美国）聘请富有创造力的人才，力图通过增强多元化来激发创造力。
- 尝试进行各种形式的创新，包括设立乐高乐园、乐高教育中心，并开设乐高零售店。
- 与电影制片人合作，推出哈利·波特系列和星球大战系列乐高套装，以及史蒂文·斯皮尔伯格电影系列玩具。
- 推出新式电子玩具，如Galidor、Bionicle和Mindstorms。Galidor与同期的同名电视节目联名，Bionicle与一部电影联名。此外，乐高集团还专门为幼龄儿童设计了Explore电子玩具。
- 推出数字设计师，儿童可以在计算机上用虚拟乐高积木设计作品。

遗憾的是，这些努力都没有效果。到2003年，乐高集团的亏损额达到3亿美元，其濒临破产，很可能在一年内被卖掉。

乐高集团看似实施了一个好战略：激发创造力、寻找创新合作伙伴、寻找颠覆性机会、建立创新文化。这一战略落地在对创新"引擎"的巨大投入上，凭借这个"引擎"，乐高集团新产品开发速度加快了，但成功率并没有提高。"概念实验室"负责开发新产品，却不负责确保产品是否足够新或足够好（导致已有的足够宽的乐高人物产品线又增加了第7系列）。电影授权业务仅在《哈利·波特》或《星球大战》电影上映的那几年赚到了钱，乐高集团无法控制盈利模式。看来，其还需要做一些事情。

2003年初的巨大转型挽救了乐高集团。其卖掉了大部分乐高乐园，甚至卖掉了总部大楼，积木生产外包到成本更低的墨西哥和捷克等国。SKUs削减到一半，这是因为很多玩具几乎雷同（比如，同时存在的7条乐高人物产品线，仅在脸部有细微差别）。乐高集团在一年内凑足了运营资金，避免了短期的倒闭危机，但仍急需一个长期的计划。

2.2.1 产品创新章程

扭转局面首先要有一个明确的产品创新章程，产品创新章程始于一个客观的现状评估和机会识别。沃顿商学院的戴维·罗伯特森（David Robertson）教授认为，乐高集团缺乏一个指导创新的体系："乐高集团的创新引擎像一辆没有方向盘的火箭车，能高速行驶却没有能力在前方弯道上转弯。结局注定是灾难性的。"当然，乐高集团也有过成功，比如著名的Mindstorms产品，其可以去复制这种成功，但要从根本上提高成功率，必须建立更加有效的创新体系。罗伯特森教授认为，这个体系要解决三大问题：你在哪里？想去哪里？如何到达那里？

乐高集团创新战略的聚焦点不是制造玩具，而是"创造乐高集团未有过的新体验"。支撑这一新战略需要进行组织上的变革：概念实验室从产品开发部门拆分出来，成为一个独立的利润中心，这样，概念实验室的设计师就可以聚焦更少的SKUs，乐高集团鼓励他们遵循"少即是多"（less is more）的原则，用熟悉的元素创造出与众不同的新组合。这对设计师很有吸引力，而乐高集团自身恰恰就具有这种体验：用简单的积木拼搭体系以创造具有无限创意的模型。

你在第3章将学到更多关于产品创新章程的知识。这里需要强调，产品创新章程是管理者制定新产品战略的一个系统方法，管理者需要考虑产品创新目标及其是否符合整体经营战略，并确定战略重点（瞄准哪个目标市场和目标技术）。任何无法清晰证明有助于乐高集团实现目标的机会都不被考虑。

2.2.2 新产品流程

新产品流程，即新产品从创意到上市以及上市后的整个周期。乐高集团建立了一个新的流程，它是一个正式的分阶段流程，包括多个评估节点和截止节点。流程的起点是收集来自客户、供应商和外部来源的各种建议。2月，乐高集团举办一场为期两天的工作坊，洞察市场趋势，识别内部和外部创意，并规划一个两年期的产品创新路线图。6月，新产品团队展示其发现的趋势和主题，提出一堆概念；通过概念评审选出最佳概念并进行深度思考。9月，概念更加完善，商业计划和销售预测已经完成，早期原型（如草图）已经准备好并进行展示。最有潜力的概念获批并不断完善。12月，完成综合评审，产品团队选出进入开发阶段的概念，更加全面的设计原型（真实的模型、设计创意包）被创造出来并被评估，商业计划得到最终确认，资源需求规划也完成了。次年1月，概念进入开发阶段，计划在年末上市新产品（正好赶上11~12月的购物高峰季）。在这个产品完成之后，一个新的周期又开始了。正式的流程有助于进行评审并淘汰不靠谱的创意，使乐高集团专注于最有潜力的概念，始终保持两年的创新周期。

2.2.3 新产品组合

有了运转良好的流程还不够，还要确保开发的是正确的产品，这源于产品组合。乐高集团管理层制订一个计划以用于判断新产品团队在做的创新类别，并找出那些需要重点关注的类别。管理层定义了三大创新类别：改进型创新是对已有产品品类的延续性改进，主要基于经验和观察；重新配置型创新是创造新的和更好的价值解决方案，主要基于对客户需求和市场变化的研究；重新定义型创新是提出"无中生有"的解决方案，着眼于未来的新战略方向，主要基于对社会、文化以及行业趋势的理解。

乐高集团的产品发布会展示了其正在实施的新产品组合。乐高集团扭亏为盈的一个关键产品是Mindstorms NXT，该产品是对Mindstorms机器人系列的延伸。乐高集团与敬业的Mindstorms爱好者开展合作，这些爱好者热心地就潜在应用和新组件提出许多有用的建议。用乐高集团管理层的话来说，爱好者"想出了我们做梦也想不到的点子"。Mindstorms NXT具有强大的编程功能和可视化界面，于2006年1月在消费电子展上市，通过乐高教育集团销售给消费者和教育工作者，成为乐高集团历史上最赚钱的产品之一。

同时，乐高集团没有忽视传统的积木玩具系列。乐高集团对消费者的研究发现，已有的乐高套装主要受男孩欢迎，于是乐高集团开始开发专门针对女孩的玩具套装。乐高朋友系列于2011年底推出，以逼真的游戏人物、场景和故事情节为特色，吸引很多女孩。此外，乐高集团还弄懂了电影授权的盈利模式，并进入这一业务领域，于2014年发行《乐高电影》，且在此之后发行了其他影片。

2.2.4 传奇是如何发生的?

我们刚才用了几分钟时间看完了一个值得用几年时间去研究的新产品开发案例：从乐高集团面临运营困境开始，到管理者有效运用战略要素解决问题结束。我们从中看到，取得最高层管理者特别是首席执行官的支持是多么重要。

这个案例的典型性在于，它说明新产品流程不总是始于新产品创意。传说中的某人在梦中的突发奇想的事情可能会发生，但新产品的成功不能建立在这种飘忽不定的希望之上。乐高集团这一案例告诉我们，新产品开发常常是从战略开始的。在高层管理者的支持下，在有效执行三个战略要素的背景下，乐高集团得以重启创新之旅并重回正轨。

还应看到，新产品开发不是在实验室里闭门造出来的。在创新的路上，乐高集团的创意人员与热情的业余爱好者、教育工作者、其他合作伙伴一起工作。此外，营销也不能等到产品开发完成才开始，而是在流程的最早期就介入。案例中的营销人员为制定产品创新章程提供了关键信息。

最后，新产品流程在产品上市后并没有结束，而是在产品圆满成功时告一段落。其间往往需要进行多次产品修正。乐高集团密切追踪新产品的销售、利润和市场份额情况，并根据是否达到中期目标随时采取矫正措施。

接下来，我们深入讨论新产品流程的阶段。

2.3 新产品流程的阶段

图2.1是一个更详细的**新产品流程**。下面我们逐一讨论各个阶段，以理解其基本原理。

阶段1：机会识别与机会选择

阶段1实质上是一个战略过程，这个阶段的成功完成将形成对新产品团队的战略指南，为后续阶段的创意生成及所有工作提供指导。

新产品战略至少受三种主要业务流的影响。

- **当前的营销计划**。比如，某CD-ROM产品线的年度营销计划要求延伸产品线，以应对一个新竞争对手的价格竞争。
- **当前的公司规划**。比如，公司高层管理者提出一个战略，即要么称霸市场（市场占有率排第一或第二），要么放弃这个市场。这就要求针对所有公司当前市场地位不高的那些领域进行新产品开发。
- **特定的机会分析**。在安排一个人或多个人（来自公司内或咨询公司）对公司资源（人员、设备、声誉等）进行清查时，比如，某汽车零件企业在对制造生产线进行审计时，发现大家都忽视或不重视制造工艺工程，这便会引发一个新产品项目。

阶段 1：机会识别与机会选择（见图 I.1）
新产品机会，是企业正在进行中的商业运作、新产品建议、营销计划变更、资源变更、市场新需求的一种溢出。应将其作为机会而不是概念进行研究、评估、验证、排序。对重要机会提出初步的战略以指导开展下一步工作

↓

阶段 2：概念生成（见图 II.1）
选出一个更有潜力/更具紧迫性的机会，让客户参与进来。收集那些匹配这个机会的新产品概念并同时生成一些新的产品概念

↓

阶段 3：概念/项目评估（见图 III.1）
及时评估新产品概念，评估依据是技术、营销、财务评判指标。对概念进行排序并选出 2~3 个最好的概念。在明确产品定义、团队、预算、开发计划框架并完成产品创新章程之后，申报项目以获得授权

↓

阶段 4：开发（见图 IV.1）
A. 技术工作
详细列出开发流程及其交付物。进行原型设计，根据协议测试并验证原型，设计和验证产品流程以选出最佳原型，逐步实现产品规模化，并在必要时进行产品和市场测试
B. 营销工作
制订营销计划，明确战略、战术和上市营销细节，准备商业计划书并争取获批，确立产品附加要素（服务、包装、品牌）并为其做好准备

↓

阶段 5：上市（见图 V.1）
将开发阶段的计划和原型商业化。开始批发和零售新产品（可能是在一个有限的范围内）。管理产品上市计划以达成产品创新章程里提出的长期和具体目标（已在最终的商业计划中进行修订）

图 2.1 新产流程的阶段

基于上述主要业务流，我们把可能发现的机会分为 4 种类型。

- **冗余资源**。某个瓶装产品生产线、某个很棒的特许经营权、某个制造工艺工程部门。
- **新资源**。比如，杜邦公司发现一种叫 Surlyn 的材料，这种材料有上百种潜在的商业应用场景。
- **外部驱动力**。一系列外部挑战，包括市场萧条、竞争威胁、客户需求变化等，都会促使企业寻求新机会，正如乐高集团案例所展示的那样。
- **内部驱动力**。企业长期规划确定的销售目标达成时间一般不少于 5 年，新产品人员的任务就是要补齐销售现况和销售目标之间的差距。这一差距被称为**产品创新差距**（product innovation gap）。来自高层管理者的愿望也是一种内部驱动力。例如，史蒂夫·乔布斯在 iPhone 项目中表达了"重新发明手机"的目标。

创造性地认知这些机会的过程被称为**机会识别**（opportunity identification）。企业需要将这些机会仔细地、全面地描绘出来，然后分析这些机会以确认是否存在真实的市场潜力。在乐高集团案例中，乐高集团认识到基于机器人的建筑玩具可能是一个可行的商业方向，并意识到需要一个正式的新产品流程支持这种

类型的新产品。机会无处不在，像康宁公司设立了专门的岗位，名称为"机会侦察员"（opportunity scout）和"技术侦察员"（tech scout），职责是与外部技术专家和商业领袖网络合作，以发掘有价值的机会。

当然，并非所有机会都值得企业去搜索，有的机会明显好，有的机会与企业技术不匹配，有的机会风险太大，有的机会所需资金超出了企业的投资能力。因此，很多企业将产品创新纳入**动态战略**（ongoing strategy）。比如，沃特福德（Waterford）公司的战略是不让新产品影响公司的光辉形象。吉列公司和索尼公司选择的是能保持领先地位的创新战略。

某个机会一旦获得批准，管理者就会转向更具体的层面，指导新产品团队进行进一步的探索。这时我们就需要产品创新章程，本书将在第3章详细讨论。

阶段2：概念生成

有时，仅仅依靠机会识别就能搞清楚需求（比如，机会是为旅行者提供小型除臭剂）。但机会阶段的需求在大多数情况下并不清晰，这时需要采用更多的创意生成工具，以创造出可行的**产品概念**，这个过程看似有趣，但是相关工作是艰苦甚至有时是令人沮丧的。

最有效的创意生成方法是发现个人或企业面临的问题并提出解决方案。比如，假设某个机会聚焦"要长途搬家的人群"，那么创意生成的第一步就是研究这类人群，发现他们遇到的问题，这是一个**问题发现—问题解决**的过程。

在基于问题的创意生成过程中，大量创意会通过电话、邮件、信件等方式涌现进来，如老客户或潜在客户、销售员工、技术员工、运营员工以及任何可以想象的来源。在收到这些创意后，无论是谁都要先对其进行简单的审阅，判断其是否与公司业务及战略相关。然后，这些创意与公司基于问题解决活动生成的创意一起被纳入公司的创意库。

第Ⅱ篇（第4~6章）将详细介绍概念生成。

阶段3：概念/项目评估

新创意在进入开发阶段之前，需要被评估、评审、分类。相关活动通常被称为**评审**（screening）**或技术前评估**（pretechnical evaluation）。很多企业会考虑先进行快速评审，之后采用现金流折现和净现值评估等方法。由于新产品概念规模往往十分庞大，很容易就达到几千个，因此进行快速评审十分必要。

快速评审结束之后，就进行第一次正式评估。由于创意不同，评估方法可以是最终用户评审，可以是技术评审，也可以是二者兼而有之。对于评估，有时工作量很大不容易完成，有时可能只需拨打几个电话、发几个电子邮件就大功告成。在乐高集团的案例中，有些新产品创意是由"概念实验室"的人员提出的，必须经过**概念测试**，观察潜在用户对创意的看法。所有评审结论最终将被汇集到一起，然后进行**综合评审**（full screen），综合评审通常采用评分模型，做出创意是否通过并进入开发阶段的决策。

如果综合评审通过了，就要进行**项目评估**（project evaluation），项目评估的对象不再是创意本身，而是创意的投资计划书。该计划书包括对产品开发要求的陈述，有的企业用**质量功能展开**（Quality Function Deployment，QFD，在第10章讨论）在客户需求的第一张表中列示，有的企业通过**产品说明**（product description）**或产品定义**（product definition）列示。在本书中，我们称之为**产品协议**（product protocol）。

采用协议一词，是为了强调参与新产品开发的各方在技术工作全面开展之前要达成一致意见。协议重在强调新产品的利益而不是特性。

由于缺乏准确优质的信息，技术前评估变得复杂化。事实上，前三个阶段（战略规划、概念生成，尤其是概念/项目评估）构成了我们经常在新产品流程中提到的**模糊前端**（fuzzy front end）或前端。虽然大多数模糊内容在项目收尾时会消除，但此时此刻，我们不能因信息的局限性而裹足不前，必须大胆前行。第Ⅲ篇的第 7~10 章将讨论技术前评估。

阶段 4：开发

本阶段的产品有一个确定的形式——有形的商品或无形的服务（资源和活动的特定排序）。本阶段还需要制订**营销计划**（marketing plan）。不同行业的不同企业的开发活动的差异巨大，但通常包含如下内容。

1. 资源准备

新产品经理常常忽略**资源准备**这个步骤。对产品改进和进行一些产品线的延伸来说，忽略资源准备不会造成大的影响，因为企业已经建立和运营的模式与该新产品是匹配的。企业文化是正确的，市场数据是可靠的，现任管理者已做好有关这项工作的准备。但如果产品创新章程远远偏离企业已熟知的领域，就会引发匹配性问题。如果企业推出世界级产品，团队就需要做好充分的准备，包括相关的培训、新的奖励制度、对企业项目评审制度的有关内容进行改版、特殊的许可等。

2. 开发的主要工作

开发要完成的不是一件事情，而是三件事情，分别涉及产品或服务本身、营销计划、待批准的商业计划或财务计划。产品流（概念流）包含工业设计、试验台工作（有形商品）或系统设计（服务）、原型、产品规格等。最后到达产品开发的终点，并实现开发者的预期目标——制造出来了，测试过了，钱也花光了。

在进行技术开发的同时，营销计划人员忙于进行定期的市场监测（追踪外部市场的变化）并尽早做出营销决策：先是战略决策，后是战术决策。营销决策与技术决策交叉且密不可分，包括包装设计、品牌名称选择、制定营销预算等。技术开发如果失败了，包装设计、品牌名称选择等所有营销工作都将停业。对此，我们必须接受这个代价，不能等上一个阶段有结果了才进入下一个阶段。

在这个过程中，概念评估还要延续下来。之前说过，概念评估要做得足够好才能进入开发阶段，因此，我们还需要对技术工作和营销计划的成果进行评估。所以，这时的评估重点是原型评估，目的是确认在研技术是否符合客户的需求与期望并创造价值，是否能在商业方面盈利。在本阶段快结束时，我们还要确认新产品是否真正解决了启动时面临的问题。

3. 综合商业分析

即便已完成新产品开发，客户也喜欢这个产品，有的公司还会在上市前进行一次综合商业分析。此时，财务分析虽然仍有不扎实的地方，却足以帮助管理层确认项目是否值得。在上市阶段，财务会逐渐吃紧，此时到了真正的通过/淘汰决策点，具体节点因行业而异。食品行业在电视广告合约签订前才批准新产品；化学行业应提早批准新产品，因为需要新的制造设备；制药行业在新产品开发已经着手 10 年并投入 5000

万美元研发费用之后，才决定是否批准上市。第Ⅳ篇的第 11～13 章将详细讨论开发阶段。

阶段 5：上市

传统上，上市或商业化一词是指企业决定销售该产品的时间点或决策点（通过/不通过）。上市决策关系到是否建设一座新工厂，或是否授权经销商开展价值几百万美元的广告活动。

实际上，上市远比上文说得复杂。上市不是某个时间点，不是所谓"发布之夜"，而是一个阶段，包括产品上市前和上市后的邻近几周或几个月。在这个阶段，产品团队成员的日子就像进入快车道（或高压锅）一样。制造部门在不断提高产量，营销策划人员则因为看好最终目标市场与机会，开始深入拟定许多上市战术细节。本阶段最关键的步骤是**市场测试**（market test），就像一次上市前的彩排，管理者希望把在彩排时发现的问题在上市前夜彻底解决掉，如果做不到的话，则产品只能延期发布。我们将在第 16 章讨论市场测试方法。

无论这些准备活动进行得快还是慢，新产品迟早都会通过广告、推销电话等促销手段公开发布。虽然有人把发布叫作上市，但现在大多数企业会用至少几周的时间逐步完成上市导入。其间，供货商开始上线产品、培训销售队伍，分销商开始进货和进行培训，更多的相关市场支持人员（专栏作家、科学家与政府人员等）开始接受教育。

此时，有一件事常被忽略，即制订**上市管理计划**（launch management）。航天飞机发射前，早已备妥追踪计划。控制中心在发射过程中实施追踪计划，在发射过程中随时发现故障，随时解决故障。新产品经理也会采用同样的方法，只是有时正式些，有时非正式些。

第Ⅴ篇（第 14～18 章）将详细介绍上市阶段。

2.4 贯穿新产品流程的评估工作

表 2.1 展示了新产品开发流程中评估工作的具体内容。不同阶段需要评估不同的问题。比如，在概念生成后进行初步评审时，需要提出的问题是：这个创意能通过初步评审进入概念开发阶段吗？在概念/项目评估阶段，需要进行仔细评审，因为一旦概念进入开发阶段就会产生大额成本支出。在开发阶段，需要提出的问题是：我们结束开发了吗？如果没有，还继续开发吗？这些问题需要在进度报告中回答。在最后的上市阶段，主要考虑的问题是：与目标相比我们做得怎么样？本书稍后将继续讨论表 2.1，并在第 7 章深入讨论每一个新产品流程点最有效的评估方法。

现在，你可能已经注意到，新产品流程的价值在于，将机会（真正的开始）转变为利润流（真正完成）。流程始于机会，而不是产品；终于利润，而不是产品。

我们一直拥有的其实是一个**进化中产品**（evolving product），或者一个进化中概念，这个概念一旦成功就会成为一个新产品。新产品发布其实就是在告知世界一个新概念，产品即便幸运地成功了，也只是处于一种暂时状态，有一个力量一直在旁边观察何时推出新版本，任何风吹草动都会带来调整。

表 2.1　新产品流程中的评估工作

新产品流程阶段	评估工作
机会识别与机会选择	方向： 我们应该去哪里
概念生成	初步评审： 这个创意能通过初步评审进入概念开发阶段吗
概念/项目评估	综合评审： 我们应该开发这个产品吗
开发	技术问题： 我们结束开发了吗？如果没有，还继续开发吗 营销问题： 我们应该开始销售这个产品吗？如何销售
上市	上市后评估： 与目标相比我们做得怎么样

这个概念进化是与新产品流程的各个阶段相对应的。图 2.2 以某脱脂牛奶新产品为例，展示了流程各阶段的概念。

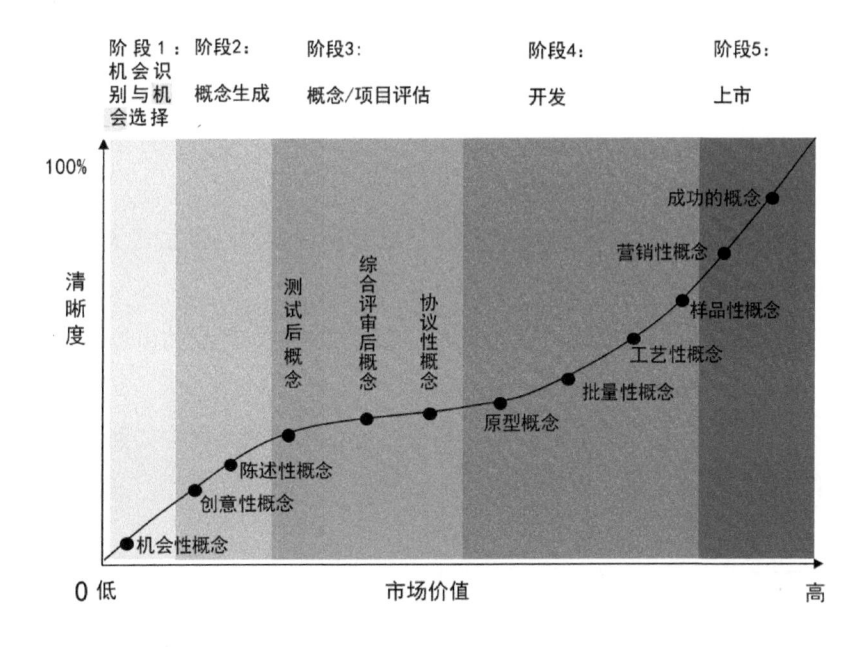

图 2.2　从概念到新产品的评估

阶段 1：机会识别与机会选择

- 机会性概念：企业的某个技术、某个资源、某个客户的某个问题。比如，脱脂牛奶消费者喜欢这款牛奶，但不喜欢那种水水的感觉。

阶段 2：概念生成

- 创意性概念：初次出现的新创意。比如，也许我们可以改变牛奶的外观……

- **陈述性概念**：一种形式或一种技术，加上一个清晰的利益陈述（参见第 4 章）。比如，公司拥有的蛋白质破坏专利可能会使牛奶由稀变稠，注意这里强调的是"可能"。

阶段 3：概念/项目评估

- **测试后概念**：最终用户的概念测试获得通过，需求得到确认。比如，客户说非常喜欢这款牛奶，也觉得这项技术不错。
- **综合评审后概念**：通过了企业状况匹配性测试。
- **协议性概念**：一个产品定义，包括预期用户、感知到的问题、脱脂牛奶的好处，以及必须有的其他产品特性。比如，新产品的口感必须与现有脱脂牛奶一样或者更好，营养价值必须完全相同。

阶段 4：开发

- **原型概念**：一个实验性的实体产品或服务系统，包括特性和利益。比如，少量脱脂牛奶新产品样品，可供消费但尚未量产。
- **批量性概念**：首次对可制造性进行的全面匹配性测试，以达到可制造程度。产品规格说明书能准确地描述该产品，包括特性、个性及标准。比如，脱脂牛奶包括维生素 A、脂肪、膳食纤维等成分。
- **工艺性概念**：完整的制造工艺已经形成。
- **样品性概念**：小批量生产的新产品，数量能满足最终用户现场测试的需要。

阶段 5：上市

- **营销性概念**：小批量生产之后开始大规模生产，数量能满足市场测试或大规模上市的需要。比如，牛奶已经在市场上销售。
- **成功的概念**：达到项目最初确定的目标。比如，新的脱脂牛奶产品的市场占有率达到 24%，获利颇丰，竞争者正在谈判以获得技术授权。

新产品不可能像鸡从蛋中孵出那样横空出世。本书讨论在新产品流程中如何运用分析工具，涉及从早期创意生成和概念评估到评审、定位、市场测试及上市管理。

2.5 敏捷产品开发

阶段性新产品流程的一个补充性流程是**敏捷产品开发**。由于软件开发过程具有持续性和增量性的特点，敏捷产品开发变得越来越流行。敏捷产品开发的目标是通过持续的软件改进和交付让客户满意。为实现这个目标，软件开发人员需要坚持敏捷宣言，支持个人、客户协作，并在整个流程中响应不断变化的需求。

敏捷产品开发需要对产品团队组织进行一些改变，以具备灵活性。这个流程被描述为"scrum"（想象一下美式橄榄球中的 scrum），在流程中，团队通过一系列冲刺持续开发和交付软件。其中有一名产品责任人（product owner，职责是确保客户需求在每次迭代中得到满足、参与冲刺计划并保持产品不断发展）。团队成员（软件工程师、程序员和架构师等）在敏捷专家（scrum master）的支持下一起工作，不断冲刺。团队在实现每个冲刺目标上有很大的自主权。

尽管敏捷产品开发起源于软件行业，但有证据表明它的原则也适用于制造业，尤其是在具有高度不确定性和客户大量参与的情况下。**敏捷门径管理**（Agile-Stage-Gate）是在敏捷产品开发与传统新产品流程融合的背景下产生的，已成功应用于计算机硬件和其他制造业部门。拥有敬业、自主产品团队的 Scrum，似乎是敏捷产品开发的一大特征，已经在制造业中流行起来。例如，康宁公司在其最关键的项目中使用了敏捷门径管理和敬业团队——约占所有项目的 20%。

乐高教育的几乎所有新产品都使用敏捷门径管理。2011 年，乐高教育开始针对小学市场开发 Story Starter 产品。Story Starter 在乐高教育被视为一个具有突破性的、不确定性的项目，大量客户的交互减缓了项目进度。在乐高数字解决方案部门（另一个已经熟悉敏捷产品开发的乐高部门）的帮助下，乐高教育决定采用敏捷门径混合流程来管理 Story Starter （冲刺、每日"扭夺"、计划会议以及与 50 多所学校的试点测试）。Story Starter 仅用 12 个月时间就成功上市。随后，乐高教育很快成功地推出了另一款新的教育产品 More to Math。

2.6 加速产品上市

当前讨论最多的产品开发管理目标就是**加速产品开发**（Accelerated Product Development，APD）或加速产品上市。加速产品上市能带给企业许多好处，例如，如果产品生命周期较长，则可以在早期吸引客户注意，阻止竞争者稍后推出类似产品，建立或提高企业商誉等。第 1 章提到，企业实施三大战略要素（新产品流程、产品创新章程及产品组合）有利于缩短开发周期。新产品开发专家罗伯特·库珀先生提出了加速产品上市的五种方法。

- 清晰的产品创新章程。做好机会发现工作，建立清晰的产品定义。效果是：形成更好的产品设计规格，减少返工（在返回流程的早期阶段修正错误）造成的时间浪费。
- 运用第三代新产品流程，即允许各阶段重叠或并行，从而在更短的时间内完成更多的工作，还可以通过精简评估工作以减少时间浪费。
- 运用组合管理。避免企业把有限的人力和财务资源分散于太多的项目上，造成捉襟见肘的情况。做好项目选择，确保企业高效地利用有限的资源。
- 高质量地完成每个阶段。这可以弥补产品创新章程的不足，遵循"第一次就把事情做对"的原则，避免不必要的返工。
- 对跨职能团队进行赋能。在早期阶段就组建包括营销、研发、制造等职能部门人员的跨职能团队，开展项目工作，支持并行流程（Parallel Processing）、淘汰"骑墙"（over-the-wall）项目（如产品技术开发已完成，但营销或生产部门尚未介入的项目）。

注意，前三种方法涉及三大战略要素，后两种方法（关注质量和跨职能开发团队）涉及企业执行战略要素。

有充足的证据表明，这些方法有益于加快产品上市速度。软件开发的特点就是有一系列密集的"关键时间"，这是因为其经常面临项目最后期限的挑战。软件行业的很多企业依赖小型、高凝聚力的跨职能团队，在保证质量的前提下达成目标。并行流程常被用于汽车制造业：在车身设计工作开始之前，传动系统设计工作已经完成了70%或80%（但不是100%），然后一个早期的汽车原型（不是最终产品）可能被做出来并且相关部门做好了受控试驾准备。采用并行流程是日本汽车制造商能在全球市场脱颖而出的一个关键因素。例2.1给出了一些缩短项目周期时间的方法。

例2.1　加快新产品项目进度的一些方法

组织层面

（1）使用专业的跨职能团队。

（2）采用小组模式或其他方法以杜绝官僚主义。

（3）赋能团队，激励团队，奖励团队，保护团队。

（4）消除地盘划分与地域观念。

（5）确保支持部门随时应召。

（6）培养有效的团队领导。

（7）鼓励组织进行学习，项目间加强知识转移。

有力的资源保证

（1）整合供应商，必要时减少供应商数量。

（2）整合其他技术资源。

（3）整合经销商，必要时减少经销商数量。

（4）让客户早期参与，听取客户之声。

（5）使用并行或同步工程。

（6）让供应商参与，通过联盟、合资等形式与其建立长期合作关系。

加速设计

（1）采用计算机辅助设计等方法实现快速成型。

（2）设计辅助制造，减少零件数量，注意制造流程。

（3）在产品族之间使用通用零部件。

（4）产品要易于测试。

（5）设计时将质量纳入考虑范围，以快速试用，具有比较优势。

（6）运用有效设计，减少新产品流程后期进行的成本高昂的设计变更。

做好加速制造的准备

（1）简化文档。

（2）采用标准化流程规划。

（3）采用计算机辅助制造技术。

(4）实施原材料和零部件供货的及时制（弹性制造）。

(5）整合并尽早启动产品使用测试。

做好加速营销的准备

(1）将试销改为首发。

(2）在营销前建立公司商誉。

(3）采取能快速取得市场知名度的促销方法。

(4）尽量让客户能够方便地进行试用性购买。

(5）确保客户服务能力在客户产生需求之前到位，并进行测试。

资料来源：Pinar Cankurtaran, Fred Langerak, Abbie Groffin, "Consequences of New Product Development Speed: A Meta-Analysis," *Journal of Product Innovation Management*, 30(3), 2013, pp.465-486。

周期时间度量（cycle time metric）是指管理层衡量新产品上市速度或上市时间（time to market）的方式，即如何更快地让创意变成可交付上市的产品，前提是技术开发（也就是研发中的"研"）已顺利完成。但从技术开发的观点来看，上市不仅涉及产品满足交付所需的时间，还涉及产品上市交付之后提供服务的速度，例如，企业服务（如法律与环境）是否到位？相同地，如果企业衡量的是成功实现的时间，而不是交付上市的时间，那么营销对于缩短周期时间就更重要。营销能加快上市之前的速度（比如，快速测试营销计划，通过联盟加快市场覆盖的速度），也能加快上市之后的速度（比如，加快赠券兑现或让销售代表更快进入市场）。

第一心智份额（first to mindshare）的价值远比第一上市更重要。企业在某特定产品类别采取第一心智份额战略，是指目标客户看到该类别产品就会联想到该公司，并且建立标准迫使竞争对手也得达到（比如，英特尔的微处理器、特斯拉电动汽车或苹果手机的标准）。那些致力于获得第一心智份额的企业，考虑的不是如何加快产品开发或进入市场的速度，而是如何在客户心中占据一个重要位置。

最后，公司高管在加速产品上市中的作用不可忽视。公司高管只是简单地说"现在要求缩短50%的周期时间"是不够的，员工可能把这句空泛的话理解为一种要求付出双倍努力的命令。公司高管还须保证将资源真正用于缩短周期时间。缩短周期时间的专家普雷斯顿·史密斯（Preston Smith）指出，许多企业期望流程快速简单。执行官常常要求为缩短周期时间开设1~2天的培训课，认为这样就可以解决问题。缩短周期时间并不是要跳过某些新产品流程的关键步骤，而是要在保证质量的前提下快速完成流程。

公司高管还应懂得战略联盟对于获得技术和营销资源以及相关支持的重要意义。联盟对象可能是上游供应商、下游经销商和客户，甚至竞争对手。例如，苹果公司曾求助索尼公司以加速开发PowerBook笔记本电脑。

加速上市的风险与准则

加速产品上市有很多好处。如果产品推出的时间早，在产品淘汰前就会有较长的市场生命周期。如果产品延迟6个月才上市，那么企业不仅会少赚6个月的钱，还会给竞争对手产品抢先上市、建立正面商誉提供机会。

加速上市会产生很多成本，虽然这些成本可能并不明显，但有时可能会带来致命影响。面对日趋激烈的竞争、日新月异的技术变革及快速改变的人口结构，企业可能会通过专注那些容易的、渐进式的产品开发项目，甚至砍掉新产品流程的关键步骤来缩短周期时间。如果偷工减料，技术类产品开发可能会牺牲质量，激怒客户和经销商。如果企业的早期流程仓促进行，后期就会发现产品质量低劣，这会延误上市进程，不仅会激怒经销商，还会促使客户转而购买竞争对手的产品。另外，盲目加速产品上市，可能造成营销人员忽视关键营销工作，疏于做好有关产品上市的准备，导致赢了上市时间却最终输了产品。

企业必须抵制走得太快的诱惑，这样就不会错误地忽视一个新机会、错过关键客户信息、开发劣质产品。面对高度动荡的环境，较好的办法就是尽量保持产品开发灵活性：直到最后一刻都不要冻结产品概念，让新产品流程后续阶段的工作与概念开发保持同步。这就是延迟原则（the principle of postponement），我们会在第15章深入讨论。

加速上市还会导致尚有瑕疵的产品过早进入市场。公司需要权衡机会成本和开发风险。缩短开发周期非常适合高机会成本加低开发风险的情况。如果是像波音公司开发并上市一款新飞机的情况，机会成本就相对较低（直接竞争对手较少），但开发风险较高，在这种情况下，确保产品"100%无差错"是最合适的目标。加速上市的其他风险还有管理层过于专注快速、渐进式的创新，对世界级新产品的开发不积极，使新产品开发活动失去战略层面的平衡。

缩短开发周期的其他考虑事项简要列于例2.2中。

例2.2 缩短开发周期的其他考虑事项

- **在第一时间把工作做好**。早期阶段只需花费少量时间就可节省后续阶段返工需要的大量时间。
- **追求"铂金"平台的积累，而不是寄希望于一颗"银弹"**。这意味着要关注每个步骤、每个行动、每次会议，将点滴节省的时间积累起来。
- **对每位参与者进行培训**。对那些不熟悉自己的工作、缺乏岗位技能、不懂得如何加速的人进行培训。
- **沟通**。大量的延迟可以追溯到某个人、某个地点、对某个片段信息的等待等方面。电子邮件和互联网使协作更容易、更快捷，使沟通更顺畅。
- **保持灵活性**。使用可做很多工作的设备，招聘能适应岗位变化的员工，寻求备选供应商等。另外，还要拥有良好的心态，一个新产品的出现离不开一个思想开放的设计师。
- **快速决策**。管理者知道，人们有时做得越多受到的批评越多。要想推动人们按理应的速度尽快做出决策、以不破坏意愿的方式进行管理，加速计划实施十分关键。
- **聪明地削减事项**。平均削减10%的工作内容以实现削减10%的预算目标，这是常用的官僚手法。最好的办法是削减50%的非关键步骤，而关键步骤一点也不削减。既然风险无处不在，为什么不多承担较小的风险？

宝洁公司通过采用上述方法，成功地将一款药品的开发时间缩短了80%，同时将质量提高了60%。公司新产品人员仔细记录产品开发中所有的工作，并为缩短时间设定了较高的目标，他们认为，将时间缩减50%是一个不需要进行太多改进就能实现的目标，因而可以提高目标，如缩减75%的时间或第一年缩减50%

的时间且第二年进一步缩减50%的时间。他们还采用其他方法缩减时间，如通过设定清晰的目标、授权、奖励机制、高层管理者承诺等激励团队，进而缩减时间。

第14章将介绍更多的加速上市的度量工具，比如现金回收矩阵（cash-to-cash metric）。这些工具不仅能用来度量产品上市的速度，也能度量产品盈亏平衡所需要的时间；不仅有助于管理上市那一刻，还有助于管理整个上市阶段。

2.7 关于新服务

服务和商品通常这样排列：① 纯粹的服务；② 以服务为主，以商品为辅；③ 以商品为主，以服务为辅；④ 纯粹的商品。如果要举例，则依次为咨询服务、保险、汽车、糖果。只有第一类的产品提供者没有任何有形实体来做研发，这类情况很少。即便是纯粹的服务或者以服务为主的产品，也需要设计和生产有形的部分，如广告、保修证明、保险单、说明书等。对于服务与商品组合的例子，我们可以用智能手机来说明，它是有形商品，但提供服务：通信、娱乐（如音乐、游戏）、信息（地图）等各种应用。

创造服务产品，可以参照实体商品开发体系。产品创新章程、新产品流程和产品组合等战略要素都适用于服务产品开发。这些战略要素必须被创造性地运用，当然它们的原理是相同的。研究表明，那些成功开发出新服务的企业，都采用系统的、全面的新服务开发流程，都具有定义明确的阶段并进行定期的评估。根据 CPAS，新服务开发流程与本书前面讨论的新产品开发流程非常类似，仅有少量关键差异，可以适应图 2.1，但平均而言，不论是突破性服务创新还是渐进性服务创新，新服务开发所需的时间明显较少。例如，一项有关突破性创新的有形产品的平均开发时间约需 122 周，但有关突破性创新的新服务的开发可能需要 55 周。在其他指标上，服务与实体产品的差异不大。

新产品流程需要稍加改进，才能在服务产品开发过程中发挥最大功效，因为服务和实体商品在性质上存在差异。服务是个性化的，对应的是客户的个性化需求；实体商品是批量生产的，个性化特征不明显。服务通过服务提供商与客户之间的互动完成，因此，成功的服务提供商往往是能向每位客户提供个性化体验的企业。服务是无形的，这意味着服务的关键在于客户的体验。因此，服务提供商与客户之间最重要的是人际互动。服务提供商必须努力满足客户的期望，并给客户留下好印象。服务提供商与客户互动时，客户实时并持续地对服务进行评估，因此服务提供商需要在获得客户反馈后立即行动，以持续改进绩效。最后，客户往往对服务各个部分的总和进行评估。例如，一家人在回顾一次主题乐园之旅时，整体上会从机场换乘的便利性、停车的便利性、游乐设施及活动与票价相比是否物有所值、游乐园的清洁度、园区服务人员的亲切程度等多个方面来考虑。任何一个方面表现不佳都会降低其对整个旅程的评价。服务和实体商品间的性质差异给服务提供商带来了挑战，不过他们仍可采用相同的新产品流程来解决这些问题。

本书接下来回顾 JetBlue 航空公司是如何设法在激烈竞争的市场中崛起并成为杰出航空公司的。不同于竞争对手采用的低成本战略，JetBlue 航空公司把重点放在提供个性化体验上，为每位旅客提供专属电视、舒适的座椅、亲切的空服人员、简单易用的在线服务。JetBlue 航空公司率先采用一系列保证安全的措施，如无纸化座舱（paperless cockpit）飞行技术、在客舱里安装摄像头等，这些对乘客十分重要的安全措施使

JetBlue 航空公司的服务与竞争对手有了显著的差异。另外，JetBlue 航空公司还想方设法收集客户对全服务流程的意见，包括客户在登录公司网站时、客户在售票柜台时、客户在飞机上时的意见。JetBlue 航空公司根据这些有关客户满意与否的信息，找出问题并逐项改进，以提升客户对公司整体服务的满意度。JetBlue 航空公司的创始人和执行官戴维·内德曼（David Nedeman）表示，该公司的原则是"找回飞行旅行中的人情味"。显然，JetBlue 航空公司相当清楚与客户互动的重要性。

鉴于与客户互动对服务的成功如此重要，在新服务开发中确保客户的早期参与也是十分必要的。服务是一对一提供的，服务人员在与客户接触、获得客户反馈、处理客户投诉的过程中，往往最能够发现客户未被满足的需求，他们是概念生成阶段的关键角色。因此，在新产品开发流程早期就让服务人员参与，可以激发他们开发新服务的动力和激情，从而产生更热诚的服务交付，以让客户更满意。新服务通过开发阶段之后，可以将最佳的概念原型展示给客户并进行产品使用测试。然而，服务提供商往往不会好好地做原型测试，这是因为服务定义无法获得专利保护，很容易被竞争对手复制，所以企业只能在正式上市前尽量将新服务"调整"到让客户满意。原型测试是做这类"调整"的理想时机。

新服务在上市阶段特别具有挑战性。首先，服务提供商必须持续监测，以确保新服务能有效满足客户的需求和期望，这就是卓越的服务提供商（不论是餐厅、饭店还是医院）要持续获得客户反馈的原因。其次，新服务的成功上市依赖对服务人员的培训。比如，可口可乐公司的员工很少与最终用户互动，而银行柜员、饭店服务员、美发师、理财顾问则直接服务客户。为服务人员提供优质的培训，是每个服务行业的企业留住客户的关键。除了基础内容，培训课程还应包括优质服务对公司的战略重要性、危机管理、问题排除等内容。

联邦快递公司是新服务开发的绝佳范例。该公司将客户体验置于新产品开发流程的核心，客户以合作创新者的身份在流程的早期就参与进来，使公司能够较早地发现客户的需求。联邦快递公司还设立了由高管、业务人员、销售人员以及法务人员等组成的市场委员会，其拜访关键客户并向他们学习。公司采用人种学研究方法（ethnographic study，或称民俗志研究方法，第 5 章会讨论其中的观察技术）理解客户新需求的精髓。有一个经典的案例，联邦快递公司意识到，如果公司提供更多的接触点和更多的数字化服务，客户的体验就将进一步提高。于是，联邦快递公司在 2004 年收购了 Kinko's 在线服务公司，在增加出货点的同时，扩大服务范围，增加影印、传真、装订、打印等服务项目。随着客户需求的持续进化（特别是小企业客户的进化），联邦快递公司与客户同步成长。

联邦快递公司新产品成功的一个关键因素，就是建立了一个**组合管理团队**（Portfolio Management Team，PMT），该团队由一群事业部和职能部门的高管组成。组合管理团队负责制定战略方向、进行新产品流程中的评估等工作，并负责保持项目组合的平衡。联邦快递公司认为，分阶段的新产品流程有助于控制风险，这样到了成本高昂的开发和上市阶段就能大幅降低风险，使公司对新服务会成功上市并取得预期投资回报有信心。联邦快递公司因卓越的新服务开发计划获得了 2007 年 PDMA 颁发的杰出企业创新奖。

服务提供商可因创造一项新服务带来的竞争优势获得巨大成功。Walgreen 公司注意到客户使用多种语言而推出一项 Dial-A-Pharmacist 服务，让不说英语的客户使用公司的电话与会说相同语言的药剂师沟通。使用公司这项服务的电话在每个月大约有 1000 个，这有效降低了病人的沟通错误并提高了客户满意度。服务的核心利益是无形的，其目标是改进客户的整体体验，Netflx 公司基于这一点推出了 DVD 服务，客户非常喜欢其简单易用的网络服务及便利的邮件系统。亚马逊公司的 Kindle 能够脱颖而出，也是因为用户买的不只是阅读器，而是整套服务，这正是 Kindle 得以成功的原因。Kindle 不仅提供了大量著作以供用户选择，还提供了简单易用的网络服务，其可以与用户的计算机或其他设备保持内容同步。

2.8 世界级新产品

新产品包括世界级新产品、已有产品线延伸型产品，或介于两者之间的产品。这样的话，图 2.1 的分阶段流程可能无法适用于世界级新产品。已有研究表明，对于最早将世界级新产品上市的企业，其长期市场存活率明显低于那些较晚上市的企业。虽然世界级新产品的存活率低，但相关损失可以由其获得的高额利润所弥补，这类产品的市场空间往往较大，利润比较高。管理者被以下这些成功案例，比如，康宁公司的光纤、通用电气公司的 CT 扫描仪、苹果公司的 iPhone 等吸引过来，他们准备接受有关世界级新产品的风险教育。

世界级新产品具有高失败率的部分原因是它们的确很难管理。世界级新产品（比如，第一部手机或第一台个人计算机）有时需要进行多次不连续性测试才能成功。一个好案例就是个人计算机的上市过程。促成个人计算机迅速被使用，要归功于技术［计算机公司（包括新创计算机公司）必须设计出实质上全新的计算机］、市场（不仅大企业采购计算机，个人、家庭与小企业也会购买计算机）、组织（个人计算机不是通过专业销售员销售而是在电子商店和百货商店被销售）以及社会（数百万人认为需要一台计算机）。基于此，许多学者在研究高度不确定性、高度模糊性环境下的管理流程。

我们还有很长的路要走，一个好的起点就是认识到世界级新产品离不开孵化。大部分机会是自动涌现出来的，尽管有的机会看起来很有希望，但是结果往往具有不确定性。市场测试可以评估这些机会，甚至可能发现新机会。我们的目标是将创新与发现的机会结合起来考虑，并构建一个既能提供客户价值又为公司赚钱的新商业模式。这可能是一个昂贵的价值主张，管理层不可能立刻就进行决策，这是由于涉及不确定性，因此公司需要开展尽职调查。这个过程听起来就像一个商业实验室的运作过程，我们称之为**孵化期**（incubation stage）。知名创新专家吉娜·奥康纳（Gina O'Connor）说：许多公司并没有意识到如果没有进行巨额的资金投入以及很多前沿试验，那么突破性技术是无法形成突破性业务的。

为了正确地进行孵化，必须容忍失败，并从失败中学习，这样才能确保企业不断朝着成功的方向迈进。需要注意的是，孵化并不是业务拓展（寻找新客户、处理并购等）。业务拓展的周期一般为 1～2 年，这通常只需要营销或管理人员就能完成。孵化的重点是在不确定性环境下进行具有突破性创新的商业模式开发，孵化的周期一般为 3～5 年，这包括技术开发以及客户和市场互动。

进行突破性创新需要一个能确认未知和不确定性的规划方法，这一方法被称为**探索驱动型规划**（discovery-driven planning）。这种方法要求管理者对未来状况做出假设，以便进行预测、确定目标，这些假设可能是错误的。随着获得的信息逐渐增加，目标被重新考虑，预测被调整，规划也发生变动。这与针对不确定性较低的市场采取的根据过去结果推测未来的方法十分不同。探索驱动型规划的一个原则是"逆向损益表"，就是从表底部的预期利润反推预期收入和成本支出。公司还应追求实物期权的投资取向。公司可以进行低成本的测试性投资，以收集关于该技术及其市场潜力的信息。这种测试性投资可以被视为购买了一个继续进行突破性创新开发的期权。如果这些小型投资测试表明有巨大的市场潜力，项目就进入下一个阶段；如果不是，项目就终止。

正如公司高层所表达的，突破性创新与公司的战略愿景之间应该有明确的关联。离开高层的激励，进行产品开发的业务部门往往会把重点放在改善运营效率上，而不愿意接受突破性的新产品项目，因此，当环境巨变乃至动荡时，新产品开发人员应当参与制定公司战略规划。为了推动有前景的突破性创新项目，有些公司高层会设立**转型管理团队**（transition management），其负责将研发创新项目转变为业务运营状态。转型管理团队既得到了资金支持，也得到了来自公司高层的支持和关注。

显然，对世界级新产品而言，尽早将**客户声音**纳入新产品流程是十分必要的，最好是在流程一开始就这么做。客户声音的重点是找到正确的客户。比如，某医疗器械制造商计划开发新一代诊断机，希望与顶尖的研究型医院合作，以确定新产品应具备哪些性能。此时，这些医院的研究人员对现有产品并不满意，可能已经开始自行开发一个简单的原型产品。设备制造商从中能获得什么启示？找到这类客户并与之合作是**领先用户分析**（lead user analysis）的核心，我们在第5章将深入讨论这个问题，并在第10章正式讨论客户声音。

2.9 颠覆式创新

某些创新被描述为颠覆式创新，这一术语是由哈佛大学教授克莱顿·克里斯坦森（Clayton Christensen）最先使用的。颠覆式创新创造了一个新的市场或价值网络。颠覆式创新通常由一家资源有限的小公司发起，目标市场是那些老牌公司忽视的领域。颠覆者以较低的价格提供满足目标市场需求的产品，为该细分市场创造价值，即使该产品在某些方面不如现有产品。老牌公司可能不会立即意识到或应对这种威胁。随着时间的推移，颠覆者改进了功能，走向"高端市场"，并赢得了主流客户的信任。

颠覆式创新的一个经典案例是台式复印机。早期的复印机生产公司如施乐，向企业销售昂贵的大型复印机。这些机器不能满足小企业主、在家办公的人和学生的需求。这些客户想要价格合理的复印机（可以放在办公桌上），不太在乎页面是否制作缓慢或打印分辨率是否完美。其需要打印几十份，而不是几千份，所以每页的成本并不那么重要。理光、佳能和其他公司针对这些客户推出了最早的台式复印机，虽然打印速度较慢，每页的成本较高，但体积小，价格实惠。在这个目标市场站稳脚跟后，台式复印机制造商开始向高端市场迁移，成为大型办公复印机企业的竞争对手。其他案例有，亚马逊撼动了零售行业（包括实体和在线竞争对手），Neiflix 彻底改变了客户获取电影和其他娱乐活动的方式（并让像百视达这样的电影租赁公司破产），还有，数码摄影彻底颠覆了传统的胶卷摄影业务。

新产品开发人员和规划者应该注意，颠覆式创新不一定是突破性技术发展的结果。在这些案例中，唯有数码摄影与传统胶卷摄影在技术上是彻底背离的，亚马逊和台式复印机制造商都没有用突破性技术颠覆市场。颠覆可能来自**商业模式创新**，也可能来自技术创新，或者二者兼而有之。

有人认为，优步（Uber）和来福车（Lyft）等拼车公司是出租车行业的颠覆式创新者，大多数出租车车队运营商可能会同意这一说法。但是，它们并不完全符合克里斯坦森对颠覆式创新的定义，因为它们并没有通过服务于一个被忽视的目标群体获得吸引力。它们专注于已有的出租车乘坐群体，本质上是提供了一个简单可靠的乘车共享应用程序，为乘客提供一个传统出租车服务的替代方案。结果是一样的：具有创新商业模式的新竞争者能够在已有的行业站稳脚跟，并从已经根深蒂固的市场中获得可观的份额。

有的创新的确颠覆了所在的行业，但并没有采用经典的颠覆式创新模型。其展示了高端技术的颠覆性，这类创新的特点是竞争对手从一开始就很难模仿。如高端干扰器并没有像经典干扰器那样，随着时间的推移而逐渐提高性能，颠覆者采用新技术推动单位性能成本不断降低。与经典干扰器不同，高端干扰器一开始就以高价销售，瞄准对价格不敏感的客户，这样销售主要是因为高端干扰器在重要的性能属性上优于现有产品；后来，高端干扰器降价，进入主流市场。还有很多案例：iPod 是优于 Walkman 的产品；星巴克通过高价格战略向全球扩张；戴森吸尘器等一开始销售的价格就极高，现在，其更将这一价格作为主流价格进行竞争。

2.10 连续创新者的作用

对新产品流程的最新研究表明，公司想要持续让世界级新产品成功，就应该对传统流程进行一些反思。虽然许多公司能够成功实现一次突破性创新，但似乎很少有公司能够在很长一段时间内重复地这样做。那些能够做到的公司（苹果、宝洁、卡特皮勒、英特尔等）都有一个共性——**连续创新者**（serial innovator）。这些人通常是中层技术员工，他们以不同的方式思考与工作，并遵循新产品流程。公司高层主管面临的一个挑战就是找出这些数量不多的连续创新者（估计在每 100 位甚至每 500 位技术员工中才能找到 1 位），而一旦找到，公司就一定要对他们进行适当的管理和奖励。

很多公司在进行突破性创新时会面临一个问题，技术驱动的创新虽然看起来非常好，但并不能真正解决客户面临的问题，因此无法被应用到市场上。在第 3 章中，我们将讨论产品创新章程如何确保技术与市场相匹配。另外，一项好的技术可能缺乏一位组织内部的**产品捍卫者**（product champion），以确保推动该技术进入开发流程（对这个角色的讨论参见第 12 章）。连续创新者之所以擅长进行突破性创新，就是因为他们知道如何在技术与市场之间的鸿沟上架起桥梁。他们以迭代的方式解决问题。通常，连续创新者会从发现并理解客户的问题开始，然后针对问题寻找可行的技术解决方案，并在客户需求与技术解决方案间反复摇摆。随着时间的推移，连续创新者对潜在客户解决方案的了解越来越多，更多的市场信息被发现，其开始思考相关技术在走向市场时，有足够大的市场需求来支撑吗？

连续创新者遵循的"流程"不是通常意义上的流程，不是一系列的步骤及固定的顺序。虽然许多工作需要完成，但不是必须遵循某个特定的顺序，而是涉及更多的循环和复盘，具体包括以下几个方面。

- 找到对客户重要的问题，估测潜在的市场规模及收入流量。
- 理解该问题，这涉及技术、目前能找到的解决方案、竞争及客户要求。
- 确定该问题能否让足够多的客户愿意付费，是否符合公司的产品战略。
- 针对该问题创造性地提出一个解决方案，测试客户对原型的接受度。

- 确保产品进入开发阶段，然后让市场接受这个产品。

循环可以在很多地方发生：如果客户不接受该产品原型，就可能需要做进一步的工作，以更好地理解该问题，甚至可以通过复盘来确认正在解决的问题是不是一个正确的问题。

很明显，连续创新者与其他技术员工是有很大区别的。他们对客户、公司产品战略、决策过程有更深刻的理解，他们可以扮演产品捍卫者的角色。他们不仅关注如何解决客户面临的问题，而且从更多角度理解环境，从而找到解决客户面临的问题的最佳方法。连续创新者可以发现、发明并上市新产品，其对公司来说是无价之宝，帮助公司在突破性创新方面持续取得成功。

所以，公司如何聘用或从现有员工中找出连续创新者？新产品专家阿比·格里芬（Abbie Griffin）建议公司根据五个先天特征来寻找。

- 系统思维（将无关联的信息联系起来）。
- 高创造力（有趣的是，其并不一定非常高）。
- 对多领域保持好奇心。
- 有基于专业的直觉。
- 有解决客户面临的问题的真诚愿望。

2.11 螺旋式开发与原型的作用

进行突破性产品创新时，一个流畅的、敏捷的新产品流程能够带来更有创造性的产品。如果尚不知道产品的最终形式，那么公司可以快速连续地尝试多个原型以向客户展示并获得反馈，进而修改原型，并再次向客户展示且获得反馈，反复进行这个过程直到确定一个客户能接受的形式。这一过程被称为**螺旋式开发**（spiral development），指公司与客户间的多次迭代。螺旋式开发可以被描述为"构建—测试—反馈—修改"的过程。

- 产品的早期非工作版本称为**焦点原型**（focused prototype）。比如，在初期用木头、泡沫材料制成的一款手机，或一个外形像真的但没有实际功能的塑料原型。
- 对该原型进行客户测试：其喜欢还是不喜欢以及购买意愿如何。
- 获得客户对该原型需要修改的反馈。
- 根据反馈准备下一个原型，继续进行下一个循环。

请注意，螺旋式开发流程允许新产品开发的各个阶段无序进行，所以早期原型在客户规格确定之前就做出来了！这样可能会有很多原型被同步构建出来并进行连续的测试，直到最终找到那个理想的原型。

螺旋式开发过程也被称为**探索和学习**（probe-and-learn）：通过与客户的互动，设计师受到启发，进行探索、实验和即兴创作，结果可能会推出一款世界级新产品。这种迭代过程有时被称为新产品创意—原型（lickety-stick）开发团队基于几十种不同的新产品创意（lickety）开发原型，最终确定一个客户喜欢的原型（stick）。正如国家仪器公司的迈克·桑托里（Mike Santori）所说，早期阶段的目标不是确定如何降低成本，而是发现客户在寻找什么功能。快速高效地推出多个原型，"能让你在尝试不同创意、测试不同客户群时更具灵活性"。

通用电气公司的 CT 扫描仪的案例，展示了其在客户声音的帮助下开发世界级新产品的过程。该设备起初是一个头部扫描仪，后来的版本陆续增加了胸部扫描仪和全身扫描仪，但医师始终认为该产品不合适。在进行第 4 次尝试时，其开发出了 8800 全身扫描仪，这款扫描仪上市后大获成功，市场占有率达到 68%。通用电气公司并不是简单地针对某个问题提出一个创造性的解决方案（这意味着没有战略）。通用电气公司的战略是：为医疗诊断应用开发一项具有突破性的医用扫描仪技术，并在早期试用中了解哪些应用对医生与患者最有价值。

2.12 新产品流程的补充思考

正如我们在第 1 章讨论的，许多公司采用的新产品流程与本章阐述的极为相似，当然细节部分有所不同。CPAS 表明，大多数最佳企业执行新产品流程，并因此在新产品开发上大获成功。

汽车制造行业有一些激动人心的产品开发案例。最近一项调查显示，近半数汽车工程师认为所在公司采用的是传统的新产品流程，约 1/3 认为所在公司采用的是改进流程，使用改进流程使这些公司在不牺牲产品新颖性的前提下提高了效率，在保持新产品质量和新颖性的同时将上市时间缩短 50%。

高层管理者的作用不容忽视，特别是在突破性新产品项目中。埃克森美孚公司研发部前副总裁阿尔·洛佩兹（Al Lopez）在 PDMA 的一场演讲中提到，该公司有许多突破性新产品（技术），包括用于石油管线的高强度钢、低硫燃料油处理工艺、改良催化剂等。高层管理者通过几个关键举措提高研发效率：识别并建立公司核心技术能力、鼓励全公司的内部和外部知识流动、制定有效又简化的工作流程、明确将基础研究和应用研究连接起来、建立奖励员工取得的成就的令人激动的工作环境等。

有人可能会问，一家公司能否做到左右开弓——同时擅长开发世界级新产品和渐进式新产品？左右开弓的阻力很大，涉及品牌淡化、渠道冲突乃至"我们一直是这样做的"文化。此外，资源配置也是一个问题：将投资用于提升进行突破性创新的开发能力上，会导致有限的资源不再支持提升现有的能力。这些都是创新型企业管理层十分关注的问题。为避免产生这些问题，企业往往会拆分出一个高度项目化的新组织，其独立运作并进行突破性创新。我们将在第 12 章深入讨论这个问题。

本章小结

本章讨论新产品开发和营销的体系，包括流程中的各个阶段和活动。我们看到了乐高集团应用这个体系的简化版本，这些阶段和活动如何与乐高集团的产品组合、产品创新章程相衔接。接着，我们逐阶段介绍这个基本流程。注意：新产品流程并不像石头一般僵硬，它是一个指南，是一种集成，而不是一种束缚。

在第 3 章，我们将继续讨论另外两个战略要素：产品创新章程和产品组合。第 3 章会先介绍流程中的五个主要阶段的第一个——机会识别和机会选择，其中包含用于指导对各种机会进行评估的各种战略。这有助于我们为研究概念生成做好准备。

案例 Oculus Rift VR 头显

帕尔默·卢克（Palmer Luckey）是一位充满激情的虚拟现实（VR）爱好者和收藏家，他在 2012 年 7 月与三位合作伙伴成立了 Oculus VR 公司，打算开发并销售虚拟现实产品。该公司很快公布了其打算做的第一款产品——Rift，这是一款视频游戏 VR 头显。2012 年 8 月，公司发起了一项面向开发人员制作头显的在线众筹活动，目标是筹集 25 万美元；结果这项活动筹集了近目标 10 倍的资金（240 万美元）。其向开发者发布的第一个试制模型是 Oculus VR DK1，随后很快就推出了 Oculus VR DK2。最终，Rift 在 2016 年在消费者市场上市。Oculus VR 公司已被 Facebook 公司于 2014 年 3 月收购。对于这次收购，Facebook 支付了现金和股票，价值 230 万美元。

当时，虚拟现实是一种新技术，其潜力才刚刚被发现。游戏玩家组建了一个直接的市场，因为它将提供一个现实和娱乐相结合的体验。除了游戏行业，虚拟现实还有许多应用场景，它使用户获得对许多现实生活场景的交互体验，例如虚拟教育、虚拟旅游、虚拟电影和其他视觉娱乐活动。事实上，Oculus Rift 是第一款被成功投放到消费市场的虚拟现实产品。

Oculus VR DK1 工具包是一个非常早期的试制工具包，主要面向开发人员和早期采用者，定价为 350 美元，它有一个低分辨率的屏幕，没有位置追踪功能。改进后的 Oculus VR DK2 提供了更高分辨率的屏幕，并通过采用 OLED 技术克服了 Oculus VR DK1 遇到的问题（一些用户有头晕的经历）。Oculus VR DK2 还配备了外部摄像头，具备位置追踪功能，售价没有变。这两款试制产品在上市时都允许开发者制作内容，这样，当 Rift 上市时，这些内容就能提供给消费者。

正式上市的第一个版本的产品采用多种技术来改善用户的观看体验，这包括以下几个方面。

- 360 度低延迟头部跟踪：根据精确的头部跟踪功能，可以做到立即对头部运动做出反应，用户在虚拟世界能够看到非常真实的视图。
- 3D 立体视图：通过两眼的细微视觉差异可以看到逼真的三维视图。
- 开阔的视野：Rift 提供了 100 度的视野，这意味着它模仿甚至超越了人类视觉的范围。开阔的视野叠加前面所说的两点，让观众真正沉浸在虚拟世界中，而不仅仅看到有限的屏幕。
- 可穿戴性：Rift 设计得十分轻巧舒适，这样用户能够长时间佩戴。

2015 年 5 月，该公司针对这一产品举行了消费者发布会，预购一直持续到 2016 年 1 月，最初价格为 600 美元；公司从 2016 年 3 月开始向消费者出货。这款产品对 Oculus VR DK2 采用的技术予以改进，具有更高的分辨率、更好的位置追踪功能、更好的音频，且公司基于人体工程学原理改进了外观。2017 年 6 月，商用版本的 Rift 的售价为 900 美元。该版本的产品包括 Rift、触摸控制器和其他外围设备，并改进了保修和客户服务。

Rift 是一款世界级新产品。公司面临哪些挑战和不确定性，尤其是在被 Facebook 收购之前的初创时期和公司创始人开始众筹资金的时候？根据你在案例中看到的内容以及外界对该产品的研究，该公司是如何减少这些不确定性的？在线搜索最新版本的 Rift 后，你如何描述该公司的新产品战略？

案例　Levacor 心室辅助器

1982 年，第一颗人工心脏（Jarvik-7）被成功地移植到巴尼·克拉克的身体里，从那时起，许多医疗器械公司一直努力改善心脏衰竭患者的健康状况，以帮助患者能独立地正常生活。在克拉克的手术完成后，人工心脏必须连接到身体外部的一台大型机器上，以便为这颗机械心脏提供动力，但这只成功地延长了他 112 天的生命。今天，医疗器械工程师的目标是让人工心脏尽可能地轻薄，以便于移入人体内并让患者日后能够正常活动。鉴于超薄智能手机和其他类似产品已经投入市场，医疗器械工程师渴望使用类似的技术开发支持心脏功能的超薄设备。

根据美国心脏协会的数据，美国大约有 8000 万名成人患有这样或那样的心血管疾病，大约有 500 万人有心脏衰竭问题。市场急需这种能辅助心脏的医疗装置，尤其是"婴儿潮一代"已进入老年时期。"这代人想要过一种富足、丰富的生活……现在，他们是我们的用户，这是一个 20 年前根本不存在的市场"，产品设计师阿兰·卡梅隆注意到，这一目标人群肯定乐于接受一种设备以让其长期保持自由、独立的生活，即使其患有心脏方面的重大疾病。事实上，这使心脏起搏器行业实现了持续的盈利。2005 年，心脏起搏器制造商苏拉泰克的 HeartMate XVE 产品的销售额达到 2.01 亿美元。市场分析师认为，在医疗保险宣布增加允许植入心脏起搏器的医院数量后，这个市场具有更广阔的发展前景。

近期研发的重点是开发植入式心脏起搏器来支持患者的心脏，而不是用人工设备替换患者心脏。其中前景最被看好的是位于加利福尼亚州奥克兰的 WorldHeart 公司在 2006 年下半年开发的 Levacor 心室辅助器。当时，该公司在欧洲针对 Levacor 心室辅助器进行了几个月的可行性实验，但其在美国进行临床试验以及最终获得 FDA 批准仍遥遥无期。这个心室辅助器最显著的特色是运用磁悬浮旋转技术为起搏器提供动力。

Levacor 心室辅助器的出现始于 20 世纪 90 年代初期一家名为 MedQuest 的公司（后来被 WorldHeart 并购）。在 MedQuest 公司，普拉塔普·汉威尔康（Pratap Khanwilkar）与其团队研究了当时的心脏起搏器并发现了一些问题。一个问题是产品尺寸限制了其效用：适合一名大体形男人身体的心脏起搏器未必能用在体形小的成人、青少年或孩童身上。另一个问题是寿命问题，心脏起搏器的寿命短，必须经常更换，这使患者面临一再进行手术的压力和风险，尤其对于不得不依赖心脏起搏器的年轻患者。对此，医疗界将永久无须更换植入物称为"目的地治疗"（destination therapy）。还有一个问题涉及心脏起搏器实际功能的发挥：移入者的动作要足够轻缓，避免尽可能小的震动，以免造成血细胞破裂（虽然其不需要太多的动力运行）。

MedQuest 公司的相关团队最后决定把磁悬浮技术作为解决方案。磁悬浮技术运用一个磁场的平衡来悬置转子，使其在接触其他部位的情况下移动。实际上，其是悬浮的。因此，这样不会摩擦生热，没有磨损造成的侵蚀，从而延长了寿命。这个技术已经在一些大型机器上（如动力涡轮机）使用过，但从未在小型器械（尤其是心脏设备）上尝试过。MedQuest 公司与 LaunchPoint 工程公司合力开发出一种小型的、专门的磁悬浮系统，其可以把血液从心脏泵到全身各处。这个"悬浮在空气中"的转子应用在心脏起搏器上有一大优点，即由于阻碍血液循环的力量较小，这样就不太可能生成危及生命的凝块。开发团队运用计算机辅助设计（CAD）设计出了一个 3D 心脏起搏器，运用快速成型技术制作了一个真实尺寸的透明塑料原型，并利用血液的替代物模拟液体在这个原型中流动的情形。

到了 2006 年年初，一个用钛合金制作的工作原型问世了，大小类似冰球，只有 WorldHeart 之前型号的产品（没有采用磁悬浮技术）的 1/4。这个装置具有完整的机动性：起搏器本身植入患者腹部，外接一个小型的电池组和控制器，绑在患者身上。第一位植入此装置的患者是一名 67 岁的希腊男子，在手术结束后的第 50 天，他就能够爬楼梯了，不久出院并过上了正常的生活。此时，WorldHeart 公司和 LaunchPoint 工程公司着手开发婴儿专用的更小型的装置。

2007 年年初，虽然磁悬浮心脏起搏器技术能否成为行业标准还并不清晰，不过汉威尔康（现在已是 WorldHeart 转子系统与事业开发部的副总裁）对此持乐观态度。

请根据本案例的描述，讨论 WorldHeart 公司正在进行的新产品流程，并与本章所述的流程做比较。两者有哪些相似之处或不同之处？当然，在本案例发生时，该产品距离上市还有相当长一段时间。该公司在产品上市时可能面临哪些问题？就此案例发生的时间来说，哪些不确定因素仍然存在？该公司现在应如何管理这些不确定因素？

第 3 章

新产品战略规划

3.1 引言

第 1 章讨论了新产品开发的战略要素以及其中的第一个要素——新产品流程。第 2 章详细讨论了这个流程,包括从机会生成到产品上市的各个阶段。本章详细讨论机会分析和战略规划,并介绍另两个战略要素:产品创新章程和产品组合。这两个战略要素都是第一阶段的重要内容。

我们将详细讨论第 I 篇引言中图 I.1 中的流程。首先,本章讨论产品战略规划的重要性,特别是产品平台的作用和机会识别的过程。其次,本章讨论产品创新章程,它是产品团队最需要的新产品战略,被视为新产品管理的基础,还是整合新产品开发中所有人力和资源的一个宽松的约束。本章讨论团队需要一个什么样的战略陈述,看看这个战略陈述需要有什么输入:公司战略、平台战略,以及其他方面的输入。接着讨论产品创新章程的组成部分:驱动因素、总体目标与具体目标、运作准则等。最后,本章讨论新产品组合战略:组合战略的重要性,好的组合是由什么组成的,顶尖公司如何开发产品组合。

3.2 "公司中的公司"与产品战略

负责某个新产品开发的一组人被视为"公司中的公司"(a company within a company)。他们可能在某委员会的一次会议后被随意地组织起来,也可能是臭鼬工厂(skunkwork)的全职管理者(被派遣去负责某项困难的任务)。不管其具体形式是怎样的,这组人都扮演相当重要的角色。领导这组人的是小组负责人、团队经理或项目经理。作为一个团队,他们做的基本上是一个公司整体上会做的所有事情:制定并分配预算、进行财务分析与预测、分配并实施任务和承担责任等。

新产品战略对这组人有多个作用。它指明了团队的方向:该朝着哪个方向走以及不该朝着哪个方向走,确立团队的总体目标、具体目标和运作规则。正如新产品专家彼得·科恩(Peter Koen)所言,最佳产品创新公司的经理往往会问:我们应该玩一个什么样的沙盒?因此,在考虑特定产品之前,优秀的风险投资人会先问:应该进入哪个市场拓展业务?我们首先讨论新产品战略的输入,并将其定义为**产品创新章程**,

然后详细讨论产品创新章程由什么组成以及如何制定。

3.3 战略输入和机会识别

公司领导者有很多种战略陈述。例 3.1 列举了一些这类陈述。从中可以看出，这些陈述对新产品团队极其重要。高水平的战略陈述能够指引公司的整体方向，其甚至被称为**使命陈述**（mission statement）。充分重视新产品的作用对组织的成功至关重要。根据罗伯特·库珀的研究，绩效卓越的公司中有 59% 的管理者表示新产品是公司核心经营目标之一，而绩效差的公司中只有 3% 的管理者重视新产品战略。

例 3.1　公司优势

以下陈述展示了公司管理者如何思考公司的竞争优势并要求其新产品走差异化路线。该陈述可以用来完成这个句子：公司的新产品将……

技术方面

Herman Miller：出于我们优秀的家具设计师之手

博朗（Braun）：在每件产品中运用创新设计

奥的斯电梯（Otis Elevator）：通过更好的服务提供核心利益

可口可乐（CoCa Cola）：通过装瓶系统获取价值

White Consolidated：用自己的组装线制造

准则方面

雷克萨斯（Lexus）：提供卓越的价值

Cooper：不做市场先驱者

博士伦（Bausch&Lomb）：只采用自主研发的技术

希悦尔（Sealed Air）：用更少的材料提供更多的保护

Argo：模仿 Deere 的产品，但价格更低

市场方面

嘉宝（Gerber）：用于婴儿并只用于婴儿

耐克（Nike）：做所有服务于运动的产品，而不只是鞋子

IBM：针对所有计算机用户，而不只是技术专家

Budd：专门为福特设计师创造并满足其要求

3.3.1　产品平台规划

越来越多的公司，特别是那些在高科技环境中运营的公司，开始从**产品平台战略**（product platform strategy）角度进行思考。这是一些基本的或"核心"的技术以及其他共性要素，基于这些要素，许多新产品可以随着时间的推移被高效地开发出来。众所周知，汽车行业广泛地使用产品平台。汽车平台的开发成

本十分高昂，汽车制造商在若干年里用一个平台来开发多款车型，这样就可以将该平台的成本分摊到多款汽车上。克莱斯勒公司的克莱斯勒、道奇和吉普三个品牌共享一个平台；大众和奥迪同样如此。软件行业也在运用平台战略。谷歌在其平台上增加了 YouTube、Gmail、谷歌文档等功能；同样，亚马逊和苹果也把早期的一个产品逐步扩展为全平台产品。

模块化（modularization）就是将复杂的系统分解成子系统或模块，这也是很多公司正在采用的手段。比如，一辆汽车可以分解为发动机—变速器组合、内饰、车身、仪表板等子系统，克莱斯勒和大众基于同一个平台，将这些子系统组合成**模块化产品**（modular product）。这些子系统组合成模块化产品的过程与产品的体系结构有关，我们将在第 11 章进一步讨论。

平台也可以用来获得全球竞争优势。一般而言，企业针对多国市场开发新产品比只针对本国市场开发的效果好。产品在国际市场营销有许多战略。如果客户需求差异不大，则可以在全球销售一种产品（如吉列刮胡刀或佳能照相机）。如果客户需求有差异，企业就会借助平台战略。这样既能达到标准化并实现规模经济效益，也能满足个性化需求。企业可以生产一款"全球本地化"（glocal）产品，即一个平台上有许多满足本地需求的不同产品，如福特平台，既用于为欧洲生产手动挡汽车，也用于为北美生产配备自动变速杆与标准空调的车型，还可生产多款"全球本地化"产品，如大众汽车在欧洲与北美销售多款车，在亚洲则有另外的产品线。更多例子如下。

- 宝洁公司针对欧洲、美国及日本市场分别开发了液态碧浪、液态汰渍及液态 Cheer 等洗衣液，这些产品的成分是相同的。
- 本田公司的全球汽车平台用于进行针对北美、欧洲及日本市场的雅阁车型的生产，仅根据市场偏好在车子大小上进行细微的调整。本田还利用同一个平台生产小型厢形车、SUV 以及豪华的讴歌（Acura）车型。

当然，选择哪种战略取决于具体情况，需要把在每个海外市场进行的概念测试与产品测试作为依据。只在本国进行市场测试是有风险的，最好能在国际市场测试。同时，组建全球化产品团队很有意义，团队应由来自各个国家的成员组成。

许多公司采用平台规划取得满意的结果。例如，百得（Black & Decker）公司将电动工具组重新设计成产品家族，从而可以使用更多的通用部件。过去的消费型电动工具使用 120 种不同的马达，现在则使用 1 种通用的马达。结果是该公司的产品成本降低了 50%，产品市场占有率在行业最高。IBM 曾经使所有 ThinkPad 产品使用一套标准的子组件，结果是所需的零件数量和基本制造成本降低了一半。

上述案例说明，开发一个产品平台可以采用不同的方式。百得公司采取自下而上（bottom-up）的方法，在现有产品家族的基础上，设法使用通用的部件以取得规模经济效益。相反，索尼公司与本田公司采取自上而下（top-down）的方法，一开始就设计产品平台，并在未来很多年将其作为整个产品家族的基础。管理者应该采用自上而下的方法开发产品平台，而不是开发单一产品。尽管这会增加很多成本，花费更多时间，但好处也是显而易见的，成本和时间的节约将体现在未来基于统一平台开发的产品上，并将提高公司的竞争优势。百得公司在进行以平台为基础的设计而成功转型之后，通过重复利用平台开发出了更多的产品，其进行产品设计时也变为采用自上而下的方法。

平台在服务业与制造业一样可行。基于一个健康护理服务的管理平台，服务提供商能衍生出一系列保险产品：个人险、团体险、额外险等。

这里涉及一个权衡：细分市场的消费者想要的是个性化的产品，但是通用产品最具生产成本效益。制造商找到一个最佳平衡点，就要决定通用性达到什么程度，即哪个设计或哪个流程需要标准化，哪个需要定制化。我们假设某个产品团队正在为一条新的汽车产品线设计仪表板，仪表板要具备的属性无疑取决于所设计的汽车类型，运动型汽车购买者可能会喜欢像跑车那样的仪表板，但家庭房车购买者会倾向于具有功能性外观的仪表板。一旦确认了关键属性，团队就需要考虑制作仪表板所需的零件，如HVAC（通风空调）、电气设备、转向系统、收音机、绝缘体等，并思考有哪些共用的可能性。电气设备和收音机的设计可以考虑共用，某些HVAC部分的零件也可以共用（可能只需要调整空调输送管的末端）。为了让两款新车有所差异，转向系统和隔音系统就需要完全不同。某种隔音系统是专门为跑车设计的，因为其可以让这款车跑起来发出轰轰的声音！

品牌平台（brand platforms）因具有战略重要性而被广泛运用。品牌可能价值上亿美元，很多品牌平台是由首席执行官负责运作的。品牌可作为许多产品上市的跳板，这是因为产品可以共享同一品牌，这适用于该品牌的所有战略。家乐氏（Kellogg）将公司名字作为品牌平台，延伸出了Special K品牌：逐渐从只生产单一的谷物食品拓展为生产一系列与食品相关的产品。还应注意，任何使用品牌平台的团队一定要符合该品牌的战略，沃特福德水晶玻璃公司要求，所有产品都必须保持高品质，无一例外。

一个知名品牌的价值称为**品牌资产**（brand equity）。通过市场调查可以测算出任何品牌在任何市场的价值［例如，金霸王电池（Duracell），假设把该品牌放在一条重工业用电池产品线，情况将如何］。这种测算能真实地评估出使用该品牌的新产品基于品牌资产所获得的免费促销及增值的效益。但有时会面临很大的挑战，一个糟糕的产品概念只依靠好的品牌是不会成功的，甚至还会损害品牌资产。我们会在第14章继续讨论品牌资产管理问题。

另一个通用平台是**品类平台**（category platform），涵盖产品品类和客户品类。现在大部分营销工作是在品类层次上运作的，如针对蛋糕组合、DIY工具箱、大学财务课程的某个整合营销计划工作。例如，杜邦公司在汽车行业、船舶行业及家具行业都有特定的完整的平台。任何一个战略变化都会影响品类下的所有新产品的开发。

3.3.2 机会识别

许多公司设立专职岗位以负责搜索新机会，这个岗位的工作就是评估公司的发展状况及公司的发展环境。员工会在工作过程中发现新机会，如销售人员知晓消费者正在向某个新市场迁移，科学家发现复合物具有未料到的功能，财务高管留意到基础利率下跌，董事要求员工关注政府环保部门的行动——某个新法规可能限制基于石油的合成材料的使用，与此同时，首席执行官要求所有部门搜寻新产品机会来主动适应这个法规。

如图I.1所示，新机会有很多来源：冗余资源或新资源、外部驱动力（比如新的监管要求）、内部驱动力（比如公司新领导的要求）。例3.2给出了一些建议，公司可以采取多种方式发现新的市场并为客户创造新的价值以实现新的增长。

例 3.2 发现绿地市场

（1）发现新区位或新场地。虽然麦当劳公司在美国已占有传统快餐店的最佳地点，但它仍然继续在沃尔玛、运动场等开店。星巴克公司则通过在超市卖咖啡豆和冰激凌来增加销售额。

（2）借助已有优势进入新的竞争领域。耐克公司最近进入高尔夫和曲棍球市场，霍尼韦尔公司正在寻找涉足赌场的机会。

（3）发现快速成长的需求，并调整自己的产品来满足这个需求。惠普公司根据"全面的信息解决方案"开发出了可用于世界杯及其他赛事的计算机和通信产品。

（4）发现一个"对自己而言是新的"产业：宝洁公司的药品业务、通用电气公司的广播（NBC）业务、迪士尼公司的邮轮业务、乐柏美（Rubbermaid）公司的园艺产品——通过联盟、收购或内部开发来实现。

针对机会搜寻的建议

（1）发现新兴趋势。比如，日益增长的全球化货物运输，对联邦快递公司来说意味着更多的全球化机会。

（2）发现那些正在变成主流的边缘市场。精致咖啡、极限运动、家用一氧化碳测试都是能为企业带来商机的市场。

（3）发现交易流程中的瓶颈，并尝试解决这些问题。对医院病例的检索使得 3M 公司开发了健康信息系统（Health Information System）。

（4）发现商机中的"波及效应"（ripple effect）。市场针对"实时"需求开发产品，如电子银行和 24 小时营业的餐厅；人们对健康的关注产生了减肥产品、维生素及座谈会等方面的商机。

资料来源：Auen J.Magrath, "Envisinin Greenfield Markets," *Across the Board*, May 1998, pp.26-30。

未来学家主张研究社会新趋势，以及基于这些趋势衍生出来的产品机会。Social Technologies 咨询公司的专家指出 6 个社会新趋势。

- 生活实时化（Just-in-time life）：人们喜欢根据实时信息做出冲动决定。
- 消费者敏感化（Sensing consumer）：人们比以前更能敏感地观察环境情况，对某些人来说"过量"的信息对其他人来说可能非常重要。
- 个人透明化（The transparentself）：与以前的情况相比，产品管理者能取得更丰富的消费者信息。
- 知足常乐（Enoughness）：越来越多的消费者开始接受简约的生活方式，减少对物质的需求，重视生活质量。
- 虚拟即现实（Virtual made real）：随着越来越多的人习惯虚拟空间，虚拟空间和现实世界的边界越来越模糊。
- 共创（Co-creation）：由于电子商务和在线社区的增加，消费者之间更容易沟通、合作并分享信息。

表 3.1 中的每个趋势都为新产品开发提供了商机。例如，特雷蒙特电气公司（Tremont Electric）开发出 nPower PEG——一种"个人能源产生器"（Personal Energy Generator），其可以把人走路或跑步时产生的动能直接转换成电力。用户可以把这个装置放在口袋里。其直接插入移动电话或其他电子产品后即可充电。

特雷蒙特电气公司的产品开发人员当时想到的应该就是"生活实时化"这一趋势。如果有人在旅行的前一晚忘了给手机充电,这个产品马上就能派上用场,无须再找插座。这个产品不仅能够节省成本,也是环保充电器。

表3.1 6个社会趋势及从中得出的相关产品机会

趋 势	相关产品机会
趋势1:生活实时化	• PhillyCarShare 或 Zipcar:可计时的汽车共享租赁系统 • 推特(Twitter)或相关服务可立即更新友人信息 • 提供实时人口追踪服务,如 Loopt
趋势2:消费者敏感化	• 可在家测试孩子的胆固醇、过敏原等 • 让父母随时掌握孩子位置的科技产品 • 消费者可参与的环境测试网
趋势3:个人透明化	• GyPSii 能够显示朋友的位置 • 可提供有关个人数据(如银行账户信息)的服务 • 23andme——家用 DNA 测试(2009年度最佳发明)
趋势4:知足常乐	• 有环保意识的产品 • 与"慢饮食"和"慢生活"等相关的产品 • 支持休闲运动的产品
趋势5:虚拟即现实	• 与虚拟经济相关的产品和服务 • 提供虚拟城际社交的网站 • 虚拟夜店和相似活动
趋势6:共创	• iPhone 的 App 已达数万个并在持续增长中 • 乐高集团建立了在线工厂以让访问者制作乐高玩具 • 耐克 ID 用于鞋的定制,其他类似产品还有"配置器"

资料来源:Andy Hines, Josh Calder, Don Abraham, "Six Catalysts Shaping the Future of Product Development," *Vision*, 33(3), October 2009, pp.20-23。

机会无止境,每个机会都将带来新产品机会。当然,每个机会都需要拿出时间和金钱去研究,我们无法随心所欲地探索所有的机会。

3.3.3 非公司层级战略规划

战略规划是自上而下制定的(如公司战略和平台战略),大部分战略规划出自职能部门负责人之手——营销、技术、制造、财务等职能部门主管及供货商、客户等,这个群体有能力影响与新产品相关的工作。例如,造纸需要大型而昂贵的机器,所以常有这样的战略陈述:与纸张有关的所有新产品,必须能用现有生产线制造出来。财务状况也会带来很多限制因素,例如,"新产品的资本投入不能超过300万美元"。大的原料供应商(如化学制品或金属制造商)会迫使那些较小的公司采购其产品。但对战略规划影响最大的职能部门是技术部门,特别是那些技术驱动型或供应商驱动型公司,还有营销部门,这是因为战略规划既需要考虑新技术,也需要考虑明确的市场焦点和定位。图 3.1 展示了传统的**产品市场矩阵**(product-market matrix)的变形。公司推出新的产品品类或技术(最上排的"运营或营销模式的改变"),与在营销中用户的"购买/使用模式的改变"(处于下排左边)相比,各个单元格显示不同创新程度的战略风险不同。例如,简单的味道改变（产品改进）带来的风险可能只涉及少数人或者根本没有，但在医疗领域运用电子交易取代面对面议价（电子商务企业的多元化），对服务提供者就有较大的风险（技术和使用模式有重大改变）。

风险		运营或营销模式的改变		
		没有	一些	很大
购买/使用模式的改变	没有	低	低	中
	一些	低	中	高
	很大	中	高	危险

图 3.1　不同创新程度的不同战略风险

注：这个矩阵曾经有很多名称：产品/市场、技术/应用，市场新颖度/企业新颖度。在所有案例中，讨论主题是创新风险。我们对用户风险和企业风险的关心程度是一样的。每个新产品都能在这张图中找到定位，当产品被批准为项目时，这个定位相当重要。选择一个最合适的定位是战略制定的重点。

3.3.4　其他来源

公司战略和平台战略采用自上而下的输入方法，职能战略采用的是水平输入的方法，不同的是，还有一些输入是自下而上的。新产品一旦获得成功，就会促使整个公司战略改变。例如，某制药厂有一款新专利产品无意间实现了热销，结果是其成立新的事业部（以便将消费性广告与其他部门的广告区分开）并制定新战略以有效利用这个机会。还有一点，几乎没有人意识到，公司里缓慢而逐渐推进的业务重组会影响新产品战略。例如，服务产品经理在增加服务中的有形要素时，实体产品经理也在增加服务要素。前者如联邦快递公司和美国联合包裹运送服务（UPS）公司提供印有自己品牌的包装材料，甚至要求司机保持仪容整洁；后者如提供汽车保修计划。

3.4　产品创新章程

上述的所有输入（公司使命、平台规划、战略匹配等）都将用于制定公司新产品战略。这项工作将推动后续所有产品开发工作，由于其具有重要性，我们将该战略定名为**产品创新章程**。通常，产品创新章程是一份由高层管理者准备的文件，是业务单元（business unit）进行创新的指南。产品创新章程提醒我们，战略是针对产品而非流程或其他活动的，是服务于创新的。作为一份章程，其明确了企业运作的前提条件。产品创新章程也可以被当作一种使命陈述，但仅限于企业微观层面并结合新产品活动进行调整。在议定的活动范围内，产品创新章程进行授权、批准融资、安排员工任务（见图 3.2）。对于将踏入未知领域的新产品团队来说，其是无价之宝。

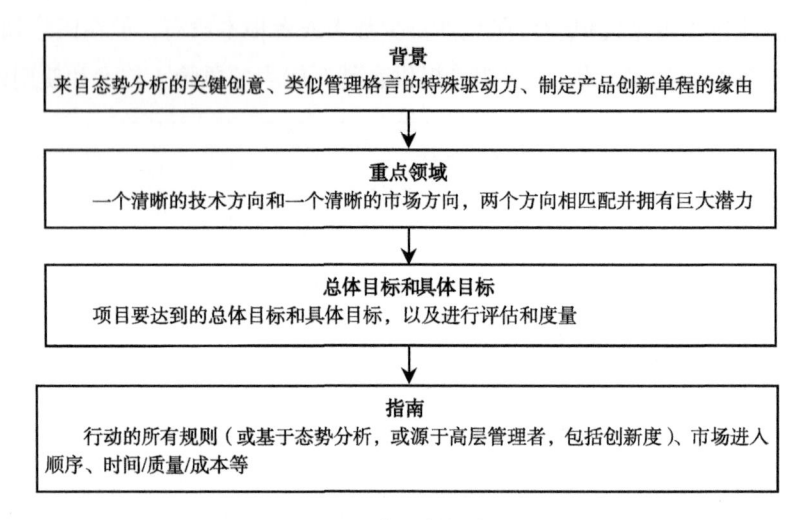

```
┌─────────────────────────────────────────────────────────┐
│ 背景                                                     │
│ 来自态势分析的关键创意、类似管理格言的特殊驱动力、制定产品创新单程的缘由 │
└─────────────────────────────────────────────────────────┘
                             ↓
┌─────────────────────────────────────────────────────────┐
│ 重点领域                                                  │
│ 一个清晰的技术方向和一个清晰的市场方向，两个方向相匹配并拥有巨大潜力         │
└─────────────────────────────────────────────────────────┘
                             ↓
┌─────────────────────────────────────────────────────────┐
│ 总体目标和具体目标                                         │
│ 项目要达到的总体目标和具体目标，以及进行评估和度量              │
└─────────────────────────────────────────────────────────┘
                             ↓
┌─────────────────────────────────────────────────────────┐
│ 指南                                                     │
│ 行动的所有规则（或基于态势分析，或源于高层管理者，包括创新度）、市场进入 │
│ 顺序、时间/质量/成本等                                     │
└─────────────────────────────────────────────────────────┘
```

图 3.2　产品创新章程

大多数公司有产品创新章程，当然，提法可能不尽相同。有的公司表示不制定战略，但依然需要描绘对有关项目的管理方法，而这其实就是战略！根据 PDMA 的实证研究，75% 的公司有某种形式的新产品政策（不完整的产品创新章程），29% 的公司有正式的、书面的产品创新章程。一项对首席执行官的调查发现，一个详细、具体、得到公司认可的产品创新章程将大幅提高创新成功率。产品创新章程里的公司使命越具体、展示的高层管理者的战略方向越清晰，公司新产品开发的绩效就越好。产品创新章程的价值在第 1 章的 CPAS 中已提到，86% 的最佳公司有产品创新章程，69% 的一般公司有产品创新章程。

产品创新章程的组成内容见图 3.2。根据 PDMA 的研究，超过 80% 的公司已将产品创新章程的一部分内容标准化。为确保产品创新章程发挥效力，高层管理者应将其尽早实施并持续介入，而不是简单地通过授权实施。例 3.3 是一个生产降噪耳机的小公司 Orosound 有关产品创新单程的例子。

例 3.3　Orosound 的产品创新章程

Orosound 是一家于 2015 年成立的法国公司，业务是开发和制造降噪耳机。公司创始人皮埃尔·吉乌（Pierre Guiu）和埃里克·本海姆（Eric Benhaim）发现工作场所的噪声污染十分严重，所以决定开发一款高品质的耳机来解决这个问题。2016 年年中，该公司已经有了产品原型，决定发起一次众筹活动并最终募集到了 8 万欧元。产品品牌名称为 Tilde，其从 2017 年开始大规模生产。初始目标用户是法国和日本的公司以及参与众筹的消费者。

Tilde 的独特设计在于管理用户所处环境的噪声。佩戴者可以有选择性地听到与其说话的人的声音，同时过滤掉周围的噪声。这项技术对头戴式耳机是一次革命，之前，使用者必须完全摘掉耳机才能听清楚说话人的声音。另一个应用是听高保真歌曲。Orosound 发现这里潜藏着巨大的商机，包括工作场所等场景和个人娱乐等场景。

背景：周边持续性的噪声污染引发了一个市场机会，公司高度重视员工工作时的健康状态，屏蔽噪声能够使员工的工作环境满意度提高。当前市面上存在的各种竞品降噪耳机都无法达到 Tilde 的效果。

重点领域：Orosound 拥有技术和研发优势并拥有多项声学领域的专利，这使其能够开发出 Tilde 这样的产品。市场侧，Tilde 针对办公空间的一个尚未满足的需求——通过高效、可选择、可控的声音屏蔽来改善员工的工作状态——提供了解决方案。随着协作型办公空间的增长，在屏蔽周边噪声的同时保持正常交谈是一个确定性的需求。

总体目标和具体目标：Orosound 的第一目标市场是法国和日本，因为这两个国家对该产品表现出了强烈的兴趣。其可以通过对这两个市场接受度的评估，精准预测未来全球市场的潜力。个人消费市场为第二目标市场。

指南：Orosound 希望抓住协作型办公空间增长的机会，由于 Tilde 与该市场具有完美的匹配度，并能使工作空间成为一个更高效、更愉悦的地方，因此，它将成为所有办公空间不可或缺的一部分。

稍后我们继续探讨产品创新章程，这里首先讨论帮助管理者做出战略决策的各种输入。

有多少个制定战略的公司，就有多少种战略陈述的形式，战略陈述的结构大部分与图3.2类似。产品创新章程可以是针对公司整体的（如果公司非常小），也可以是针对大公司现有平台的（例如，百得公司的工具品牌），还可以是针对一个特定项目的（例如，惠普的最新激光打印机）。总体上，产品创新章程告诉我们的是一个机会（重点领域），而不是一个待开发的具体产品。当然，如果产品非常复杂（新车平台、亚洲区航空快递服务，或某个国家新的健康计划），就必须由整个团队来处理。

产品创新章程应该书面化，并且应该提供给所有参与者，虽然由于种种原因，公司常常做不到。这很遗憾，如果把战略当成秘密暗藏在心中，一个包含几十人的团队如何去执行它？

为什么要制定产品创新章程

回顾一下本章稍早提到的彼得·科恩的"沙盒"。你会发现，新产品开发机会随处可见，但如果没有战略，就很容易失去重点，从而花费时间和资源追逐错误的机会。产品创新章程指出了开发团队应该关注的一个或多个方向，界定了重点领域——团队已经在哪些领域，团队正打算进入哪些领域，团队不打算进入哪些领域。如果没有界定重点领域的规模和类型，那么任何一个机会看着都像好机会。

举例而言，某个团队在开发一种小型便携式计算机打印机，其中一名团队成员想采用一种将电池作为电源的新技术，而其他团队成员则关注那些在墙壁上有插座的环境中工作的潜在客户。市场研究人员计划进行广泛的产品开发前测试，而制造工程师则认为时间紧迫，在项目启动的一开始就进行了最终产品的设计。团队选定的走纸齿轮组供应商几乎天天都与团队领导进行检查，因为团队尚未确定打印机的确切功能和目标用户！团队按照销售部的要求进行开发，而销售部只拜访了小公司，实际上，大公司和政府部门才是最大的潜在用户。流程如此混乱，全因为团队没有制定战略。

团队指南与公司或业务单元指南都源于战略，目的都一样：聚焦、整合团队资源并授权。博士伦一度几乎失去市场地位，就是因为管理层长期过度专注对老产品的改进，结果是其几乎错失了像长效隐形眼镜（extended wear contact lenses）这样的产品机会。该公司不得不重新审视其战略，发现并抓住了很多新机会（如一次性隐形眼镜）。

新产品团队的工作如果缺乏聚焦和整合，就很可能出现范围蔓延（scope creep）和产品规格不稳定（unstable product specification）的问题。对重点领域没有定义或定义模糊，就容易产生这两种问题。范围蔓延是指产品定义一改再改：项目究竟是针对特定用户、大众用户还是新产品线的平台？产品规格不稳定是指产品要求或性能要求随产品开发的推进一变再变。两者中的任一种情况，都会使团队追逐一个难以捉摸的目标（库珀先生称之为"移动的球门"），陷入浪费时间和资源的无底洞。一个明确的产品创新章程能够统筹新产品流程，最大限度地降低成本并缩短开发时间。通力协作、共同制定产品创新章程，必能获得等值的回报。通力协作还能促进参与者做出高水平的承诺，针对总体目标和具体目标以及实现目标的路径达成共识。研究表明，最具创新性的企业都有明确的产品创新章程，也都有令人满意的产品创新章程制定流程；70%的高绩效公司有具体的产品创新章程，51%的低绩效公司有产品创新章程。

3.5 产品创新章程的内容

产品创新章程是公司新产品开发中的一个初始的倡议性的规划，该章程为所有参与新产品开发的人员提供了明确的目标和共同的语言，界定了所有参与者在整个新产品流程中的角色。一个有效的产品创新章程能让产品团队成员明白，他们的努力是如何被纳入整个公司的蓝图的。

3.5.1 背景

本部分主要回答这个问题：我们为什么制定这个战略？如果有必要的话，那么之后可以进行扼要的分析，包括态势分析（涉及优势、劣势、机会和威胁，运用SWOT分析方法）以及其他相关管理要素的输入。

3.5.2 重点领域

在激烈的市场竞争中，需要集中力量才能有效释放创新的潜力。激光能用于无害的照明，也能转换成致命的射线。一项承诺也具有这样的效能，比如，比萨外送业务或互联网业务可以将有限的资源转变成强大的竞争优势。正如某位开发者所说：我们希望抓住前方的风口。

这些年，我们时常谈到一个词——**核心竞争力**（core competency），它是界定产品创新章程中竞争领域的最佳起点。营销人员采用市场细分、目标市场定位等方法缩窄聚焦范围，受制于时间、工具设备和资金的技术人员则往往很难做到。但是，有一个产品重点领域或竞争领域是十分必要的。要实现聚焦，可以通过借助4种优势或杠杆能力：技术［如金佰利公司（kimberly-Clark）的纸处理技术］、产品经验［如安海斯-布希公司（Anheuser-Busch）专注于啤酒业务］、客户特许资产［如斯坦利工具公司（Stanley Tools）对木工的支持］，以及最终用户经验［如大通曼哈顿银行（Chase Manhattan）设立国际部］。通过**授权**（licensing）或**收购**（acquisition）获得技术或市场优势是战略选项中的一种公平游戏。《星球大战》导演乔治·卢卡斯在策划《星球大战前传1：幽灵的威胁》时，让玩具制造商竞标该影片，授权金额高达10亿美元。

仅仅依靠某一项技术是有风险的，因为没人知道基于这项技术的产品是不是客户想要的。例如，谷歌眼镜、铱星电话等都是基于新技术但没有流行起来的产品案例。同样，根据客户陈述的需求来创新产品也未必成功，除非市场上有一个大量未满足的需求，而且竞争对手反应迟缓。一项报告指出了两个计算机制造商在新产品驱动力上的不同：富士通公司赌技术失败了，而日本电气股份公司（NEC）赌客户需求成功了。这样的赌注即使在今天也是代价高昂的。非多利（Frito-Lay）公司与宝洁公司都是做消费品的，但拥有实验室和一流的研究设备，由技术驱动的惠普公司宣称新产品计划将遵循需求导向，这说明企业家已经意识到，最佳的选择是一个平衡的或**双轮驱动**（dual-drive）的战略。下面分别讨论技术驱动力、市场驱动力以及两者结合的价值。

1. 技术驱动力

最常用的获得技术优势的方法就是建立实验室。康宁公司曾经提出，只开发那些采用本公司先进玻璃技术的产品。现今的全球竞争加上技术定义越来越宽泛，使康宁公司维持这个技术优势地位愈加困难。

企业有时还会发现，自己拥有一项极具价值的非实验室技术。雅芳公司有一项高效处理小批量订单的技术。其他运营方面的技术如软饮料瓶装分销系统、统一高效的白色家电生产线。大型商业咨询公司围绕对金融信息的分析和对财务信息的解读能力提供新服务。具备卓越技术的公司，如果采用双轮驱动的战略，则意味着需要根据市场需求把技术规格转变为产品特性。试想，一家制造半导体的公司已能制造更小、更高效、更高电阻（技术规格）的半导体，虽然这种规格本身对客户或最终用户来说意义不大，但可以提升相关产品的性能，比如电池寿命更长，产品可在更低温环境下运行，生产与维护成本较低等，这能带给用户很大的利益。首先，这家公司必须思考的是，基于这项技术能开发出什么产品？例如，芯片可应用在智能手机、笔记本电脑或电动马达上等。其次，这家公司要思考哪些细分市场对这些产品感兴趣。这里要注意的是，产品必须与细分市场未被满足的需求相匹配，以使相关产品特性和利益能满足市场的需求。智能手机、笔记本电脑用户需要的是寿命更长、更可靠的电池，电动马达用户需要的是体型轻巧、花费更少并可以在更低温环境下运行的机型。我们将技术规格转换为产品特性和利益以满足市场需求的过程称为**技术—产品—市场联动**（T-P-M linkage）。

营销领域的技术比较鲜见，比如，某商品包装企业将产品管理部门视为技术部门。其他示例包括物流系统、客户技术服务部门、广告创意部门等。

2. 市场驱动力

双轮驱动的战略的另一半有两大来源：**客户群体**（customer group）和**最终用途**（end-use）。最佳的新产品创意是基于客户问题生成的，这些问题是概念生成流程的核心。此部分内容将在第4章讨论。

胡伟（Hoover）公司计划针对已拥有真空吸尘器的客户开发新真空吸尘器，提出了双真空的家用吸尘器概念。有的公司则聚焦人口统计结构，专注于为年轻夫妇的第一个家提供服务，或者针对他们的特殊需求提供服务。以下是抽象例子，贺曼（Hallmark）公司聚焦"用心关怀才会得到最好的"。一家生产医师办公室与医院专用的高科技医疗仪器的制造商伟伦（Welch Allyn）公司曾表示："不开玩笑，如果你有蛀牙，我们就治好它；如果你没有蛀牙但想要一颗，我们也能满足你。"也正是因为这个战略的后一句话，该公司开发出了无创胆囊癌细胞移除设备。

聚焦市场端的第一种方法是关注某个特定的客户群体。提供服务的公司发现以客户为中心对自己的好处是巨大的，因为服务需要客户参与，所以客户实际上成为服务的**共同生产者**（coproducer）。这种逻辑已经让许多服务型公司在新产品开发流程中将客户发展成合作伙伴。

有些公司会专注于某一客户，比如，汽车零件公司可能只为福特公司或通用汽车公司制造新零件。聚焦单一客户的另一个形式是**大规模定制**（mass customization），也就是面向所有客户提供针对个人选择的单件产品。例如，万豪（Marriott）酒店旗下的万怡（Courtyard）酒店在汽车旅馆领域相当成功。我们在后续章节将进一步探讨大规模定制。

聚焦市场端的第二种方法是关注某个特定的最终用途，如滑雪运动。举例来说，为滑雪客户或滑雪运动提供新装备，但滑雪运动可进一步衍生出新营地、新旅行服务或针对营地负责人（他可能不是一个滑雪爱好者）的服务项目。工业企业需要充分利用最终用途。你可能会说，我们怎么知道何时把重心放在客户上？何时放在最终用途上？你可以在前面进行的机会分析中找到答案——你研究过的市场、涉及的人以及他们的活动。如果你选择了一个已有机会，那是因为你认为该需求是与公司的能力相匹配的。

市场驱动力的其他来源是分销商——生产者开发新产品是为了满足零售商的需求或为了投资零售商的特许权。例如，贺曼公司的小礼物产品线用来帮助卡片零售店赚更多的钱。

3. 组合：双轮驱动

将市场驱动力和技术驱动力结合在一起，就会形成一个清晰而精准的竞争领域。如大学微胶卷国际公司（University Microfilms International，UMI）曾经将微缩胶卷技术和市场教育活动作为核心能力，后来增加了针对学校的复印业务以及针对律师事务所的微缩胶卷读取业务。佩恩球拍体育（Penn Racquet Sports）改变市场类型，运用已有的网球生产技术开辟出一条针对小狗的球玩具产品线；托罗（Toro）公司则在全球卫星技术与高尔夫球场监视设备两个项目上成功发展。

信诺（Signode）公司开创了一系列新产品业务，要求每个团队选择与公司战略相匹配的一项技术和一个市场机会，某个团队选择了塑料挤出技术（信诺公司的主力业务）和食品制造市场，该团队生产的第一件新产品是可使用微波炉加热的塑料盘（用于盛放食物）。

3.5.3 总体目标和具体目标

任何进行产品创新的人都应该知道新产品开发的目的，因为一旦目的改变，工作就会随之改变。产品创新章程使用标准定义，即**总体目标**（goal）是长期的、总体的活动方向；**具体目标**（objective）是短期的、具体的成果度量。比如，一个产品创新章程的总体目标是取得市场优势地位，具体目标是第一年的市场占有率为25%。

总体目标和具体目标都有三种类型：① 利润，可以用一种或多种形式描述；② 增长，通常是具有控制性的，但有时会用章程来让企业维持增长或减缓衰退趋势；③ 市场地位，通常指提高市场占有率。许多高层管理者坚持让新产品团队有计划地主导即将涉足的新市场。虽然许多人抨击取得市场地位这一目标，但该指标仍旧是业界普遍的目标。温迪、汉堡王、邓肯甜甜圈、星巴克等公司近年来都推出了早餐服务，以抢占多年来由麦当劳主导的巨大的早餐市场。

3.5.4 特殊指南

至此为止，我们已讲完产品创新章程的三大内容。我们知道了团队的重点领域（竞技场），也知道了团队应该在那里完成的内容。研究表明，几乎每个新产品战略都有第四部分：一些实施指南或准则，这或者是上级要求的，或者是团队成员达成的共识。第四部分当然具有战略意义。没有研究说这类指南应该是什么样子，但有很多研究指明这部分应该包括的内容，不论其是对的还是错的。

1. 创新程度

管理部门希望团队的创新达到什么程度？选择范围包括率先上市（无论是合成纤维还是飞盘）到完全模仿等。

第一种创新程度是**率先上市**（first-to-market），是一种风险型战略，还有很多其他提法，比如，开拓性产品战略。其有三种实现方式。第一种方式是先进技术突破，制药企业多采取这种方式。其他例子包括记忆棉、心律调节器、光驱和电视等。大部分率先上市产品并不追求技术的先进性，而是以新的方式运用该技术。第二种方式是创造力杠杆（leveraged creativity），大部分率先上市产品属于此类。例如，杜邦公司的研究人员在发现了合成原料沙林（Surlyn）和凯芙拉（Kevlar）的特殊性能（耐用性、耐油性、耐脂性）之后，创造性地将沙林的耐脂性应用于肉类包装行业。第三种方式是工程化应用（applications engineering），技术没有发生任何改变，但用途是全新的。例如，乐泰（Loctite）公司已经这样做了几十次，比如用胶水代替电子和汽车产品中的金属紧固件。

第二种创新程度是**适应性产品战略**（adaptive product），比开拓性产品战略更常用。适应性产品战略是指采用某种方式对竞争对手的开拓性产品进行改进，也称快速跟随（fast-follower）战略或者跟随最佳（second but best）战略。美泰克（Maytag）公司一直实行这一战略，经常对竞争产品进行重大改进。哈里斯（Harris）公司正相反，跟随率先上市企业进入新开拓的市场，其运用技术诀窍仅做微小改进就可以创建一个利基市场。该公司的董事会主席说，哈里斯公司努力增强技术优势并择机推出产品。

仅进行适应也存在风险。开拓者往往能获得长期稳定的优势。如果其他条件不变，那么率先上市产品的市场占有率平均约为30%；如果第二家企业的适应性产品明显更好，就能抢下整个产品市场。但大部分时候追随率先上市企业的企业会模仿采用成功模式，只进行创新性程度较低的适应性改良或直接进行模仿，这就给了竞争对手机会。

第三种创新程度是**模仿**（imitation）或效仿（emulation）。像库珀轮胎与橡胶（Cooper Tire&Rubber）公司、松下（Matsushita）公司、怀特电器（White Consolidated）公司等，故意等待胜利者从开拓者或最早的适应者中脱颖而出。模仿也有风险，企业不会等太久就进入市场，那时，率先上市企业已建立良好、忠诚的客户基础，并且与供货商、经销渠道配合默契，而且率先上市企业可能会以创新者身份控告后进企业侵犯专利、商标或版权（我们将在第14章讨论商标保护）。总之，率先上市企业或快速跟随企业比后来的跟随者更具有竞争优势。这一发现得到了CPAS结果的支持：研究发现最好的公司更可能采用前两种策略，而不是成为模仿者。

2. 指南的其他杂项

在产品创新章程中可以找到各种各样的特定指导方针。一些公司可能会在R&D上投入巨资，目的是率先上市；一些公司可能更喜欢采用快速跟随战略。有些指导方针的出现是因为管理层认识到了公司劣势，要求必须克服这些劣势。比如，某大型采矿设备生产企业要求产品创新人员开发不需要大力营销的产品，因为管理层发现这是企业的劣势并且不打算在这方面进行投入。一家制药企业的管理人员表示："新产品必须有专利。"某小型计算机公司认为新产品必须是系统的一部分，但另一家更小的计算机公司表示："不一定要自成系统！"某食品企业要求："不要把菲多利（Frito-Lay）袋装产品改成罐装。"有的指南涉及**产品完整性**（product integrity），即产品的各方面都要保持内在一致性。举例来说，本田汽车公司把新四轮转向系统导入跑车型双门房车上时，取得了成功；马自达公司把同样的系统导入强调安全、耐用的五门掀背车型上时，却失败了。

3.6 如何制定产品创新章程

制定产品创新章程的流程是围绕思考产品创新章程内容展开的。第一步，我们需要在企业内部或外部寻找机会。每一个战略都能追溯到企业的某个优势上，没有哪家企业能在所有领域都强大。第二步，我们要对这些机会进行评估、打分和排序。第三步，我们需要在产品创新章程里填入竞争领域、总体目标、指南等。每项都包括很多建议，这与市场环境分析没有什么不同。

首先进行机会识别。发现潜在的技术或市场机会似乎并不容易，其实，它们就在我们身边。表 3.2 中的每个机会都可以作为团队开启新产品工作的基础。

表3.2　市场机会和技术机会

市场机会	技术机会
用户（自身的类别）	产品类型
用户（产品的类别）	特殊产品
客户（购买者）	初级包装
影响者	次级包装
潜在用户	设计流程
非用户	生产流程
人口统计	分销流程
心理描绘	包装流程
地理区域	专利
零售商	科学
批发商	材料
代理商	个人
用途	管理系统
应用	信息系统
活动	分析技能
经销权	专家系统
区位	项目控制
竞争对手	品质达成情况
法规	项目设计

其次对机会进行评估和排序，这项工作的难度比较大。产品创新中最有价值的创造方法就是，善于观察某个建筑、某个生产作业、某个人或某部门，并发挥想象力看看能否采取一种新的方式来使用它。这种

方法是可以培养的，也是可以训练的。评估时没有现成的定量评价工具，比如，评价一家小型制药厂的化学药品部门的优势时需要考虑该厂的政策，这是因为有人员方面的介入。遗憾的是，很多人往往在事后才能看清这是一个机会。以亚马逊公司为例，许多人会说大家都能想到在网上卖书，但在该公司单位股价为10美元时，这些人在哪儿？

3.7 产品组合分析

新产品经理写出一个产品创新章程就大功告成了吗？完全没有，它必须获得高层管理者的批准。重要的是，纳入章程的新产品必须与公司的整体经营战略相匹配，在为新产品配置稀缺的财务资源之前，还应使其与其他现有产品取得适当的平衡。许多公司使用产品组合方法，管理者根据战略要素和其他财务要素为研发新产品配置稀缺的资源。

如第1章所述，企业在选择把产品加入产品组合时，都会考虑财务评判指标。最佳绩效企业在进行评估时还会考虑战略性评判指标。这时问题会变得比较棘手：产品团队能找到标准的会计指标，如投资回报率、回收期、净现值等，但找不到一个绝对（唯一）正确的战略评估标准，因为这取决于产品创新章程中的优先级目标。下面是常用的战略性评判指标。

- 战略目标（维护现有产品基础，还是延伸这个基础）。
- 项目类型（基础研究、流程改进、维持型项目，在它们之间取得平衡）。
- 短期项目还是长期项目。
- 高风险项目还是低风险项目。
- 市场熟悉度（已有市场、已有市场延伸，还是全新市场）。
- 技术熟悉度（已有平台、已有平台延伸，还是全新平台）。
- 市场地理区（北美、欧洲、亚洲，平衡它们的销售额或利润）。

实践中可能存在各种各样的战略评判指标。我们要了解各产品类别的当前支出，并与预期支出进行比较（用总金额或百分比表示），再进行调整。因此，当存在一个风险大但潜在回报更大的项目且被认为在战略上更明智时，公司不会把资金配置给一个与已有产品相似、价值低的项目。

不论采用哪些评判指标，产品组合要达到的目标是一样的。

- 战略一致性。确保产品组合反映产品创新章程，这是最重要的。任何新项目应该是"基于战略的"（组合要支持企业创新战略并且/或者对战略十分重要）。
- 组合价值。必须进行项目选择以保证产品的商业价值最大化。可以采用熟悉的度量指标，如净现值或投资回报率。
- 项目平衡。产品组合应选择易于与现有产品线互补的项目。举例来说，在高风险项目较多时，可选择一些低风险项目加以平衡。应该有一个好的产品组合，如生产世界级新产品、改进与改版的产品时，选择降低成本的创新等。
- 项目数量。企业应该平衡正在开发的产品的数量，因为一旦承诺过多的项目，由于资源有限，企业必然会出现资金不足的问题。资源需求应当与资源供给在总量上保持平衡。

关于项目平衡有一个有趣的例子：科瑞格（Keurig）公司的家用咖啡系统。1998年，科瑞格公司首次推出这一系统时，科瑞格咖啡机和咖啡产品是基于B2B设计的。该公司在进行市场研究时发现了一个巨大的待开发市场：家庭咖啡饮用者。2003年，科瑞格公司推出一个价格更低、操作更简单的家用（咖啡）系统；2006年，该公司被绿山咖啡烘焙公司收购，其通过百货公司的零售渠道实现了更大规模的增长，并加快推动在家庭用户市场首发。科瑞格公司通过增加面向消费者的新咖啡机和咖啡产品，从最初的以B2B为重点进一步扩展产品组合，取得了更好的盈利结果。

战略性地管理产品组合，以确保产品稳定、持续地创造现金流，是企业的现实选择。在制药、农用化学品或其他被高度监管的行业，产品经理面临诸多挑战：成功的可能性低、开发和监管成本高、财力和人力资源有限，甚至构思出一个好的新产品创意都非常困难！此外，其还需要根据市场需求情况安排产品上市时机。所以，这些行业的产品经理往往会借助复杂的决策模型来管理产品组合。

罗伯特·库珀认为，组合分析的重要性在于它为产品项目选择提供了战略方向。他建议在进行项目选择时遵循三个目标。

- 战略匹配性：提议的项目是否符合产品创新章程中规定的技术和/或市场重点？项目是否符合新产品战略？
- 战略贡献度：提议的项目是否对前面列出的任何战略标准有贡献（如扩大现有产品基础、进入新市场或开发全新的技术平台）？
- 战略优先级：提议的项目是否符合产品创新章程中列出的指导方针（管理层希望公司成为技术领导者还是快速跟随者）？

许多公司使用**战略桶**（strategic bucket）方法进行新产品组合分析。表3.3显示了埃克森化学（Exxon Chemical）公司的一个战略业务单元（SBU）应用这种方法的情况。该业务部门定义了两个战略维度（产品新颖度和市场新颖度），基于这两个维度决定产品组合的资源配置比例。表3.3显示了配置给六个战略领域的资源的理想比例。如果目前对现有产品改进的资金总额远远超过预期的35%，那么另一个这种类型的产品项目就不太可能获得资助。业务单元宁愿投资一个具有更高产品和/或市场新颖度的项目。伊斯曼化学公司和道康宁公司也使用相似的产品和市场新颖度来定义战略类别。另一个例子是，联合信号公司有3个战略类型——平台项目、新产品、次要项目，并且每个战略类型内部还有一个组合。

表3.3 埃克森化学公司某战略事业部门的战略组合模型

	低市场新颖度	高市场新颖度
低产品新颖度	现有产品改进（35%）	现有产品线延伸（20%）
中产品新颖度	成本降低（20%）	新产品线（15%）
高产品新颖度	重新定位（6%）	世界级新产品（4%）

资料来源：Robert G. Cooper, Scott J. Edgett, Elko J. Kleinschmidt, *Protfolio Management for New Products*, McMaster University, Hamilton, Ontario, Canada, 1997, p.63。

高级管理层还用气泡图来审核产品组合战略是否保持平衡。可以使用各种各样的维度来构建气泡图，如图3.3所示，（类似于惠普的一个部门）使用了产品变化程度和流程变化程度两个维度，这两个维度的小幅变化就产生改进性产品，两个维度的重大变化就产生突破性产品（或世界级新产品）。图 3.3 还展示了下一代新产品/平台。如果过多的产品集中在图中的某个区域，就代表不均衡，必须予以纠正。

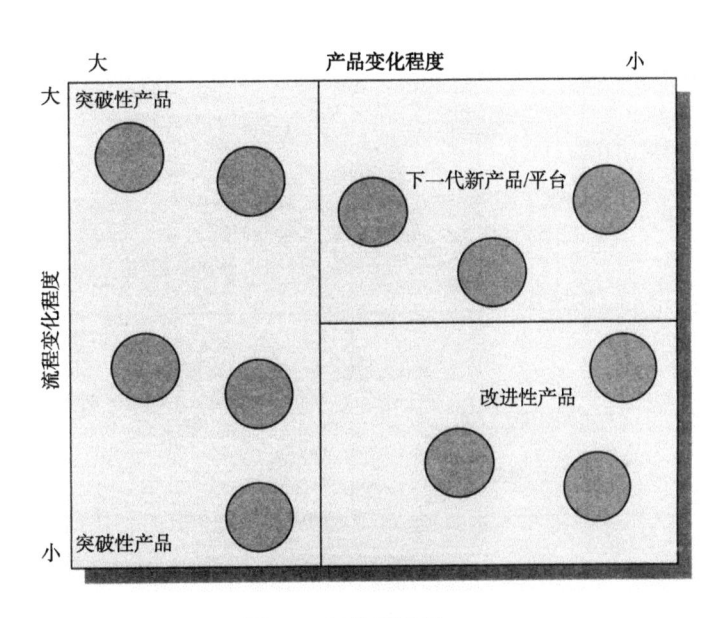

图 3.3 气泡图示例

资料来源：Randall L. Englund, Robert J. Graham, "From Experience:Linking Projects to Strategy," *Journal of Product Innovation Management*, 16(1), January 1999, pp.52-64。

另一个例子如图 3.4 所示，这是战略决策集团（Strategic Decision Group，SDG）提出的一个产品组合评估模型。其使用预期商业价值（Expected Commercial Value，ECV，类似净现值，用未来收益现值和技术概率来度量）。图 3.4 展示了 4 种项目类别。图 3.4 的左边是预期商业价值高的项目，即"牡蛎"与"珍珠"。其中，珍珠的技术成功概率较高，是最值得开发的项目类别。牡蛎的技术成功概率较低，但获利潜力很大，如果能够追加更多的投资，那么公司可以将一些牡蛎"培养"成珍珠。图 3.4 的右边是预期商业价值较低的项目。"奶油与面包"的技术成功概率高，预期商业价值较低，通常是那些技术风险低的渐进式创新（只做小修改）项目，如衍生型产品或改进型产品。"白象"的预期商业价值低，技术成功概率也低，因此属于应该避免的。这个产品组合模型着重在 3 种值得开发的新产品项目类别之间进行平衡。和其他产品组合评估模型一样，SDG 提醒企业注意是否投资了太多的"奶油与面包"这种渐进式产品项目，或者是否承担了太多的"牡蛎"这种高风险项目。

表 3.4 显示的是产品组合专家斯科特·埃吉特（Scott Edgett）提出的多目标产品组合模型。这个模型是表 3.3 模型的延伸，因为它包括项目选择时需要考虑的额外目标。在表 3.4 中，假设某战略业务单元将 18% 的资源分配给破坏性创新项目，这些项目的数量占所有项目数量的 10%，可以带来 22% 的销售增量。也就是说，破坏性创新项目的成本比平均值高，销售方面的回报也比平均值高。正如对表 3.3 的解释，这些比重是战略业务单元在进行项目选择决策时的目标。如果进入产品开发阶段的破坏性创新项目的数量的占比低于 10%，就应该优先选择这类项目。

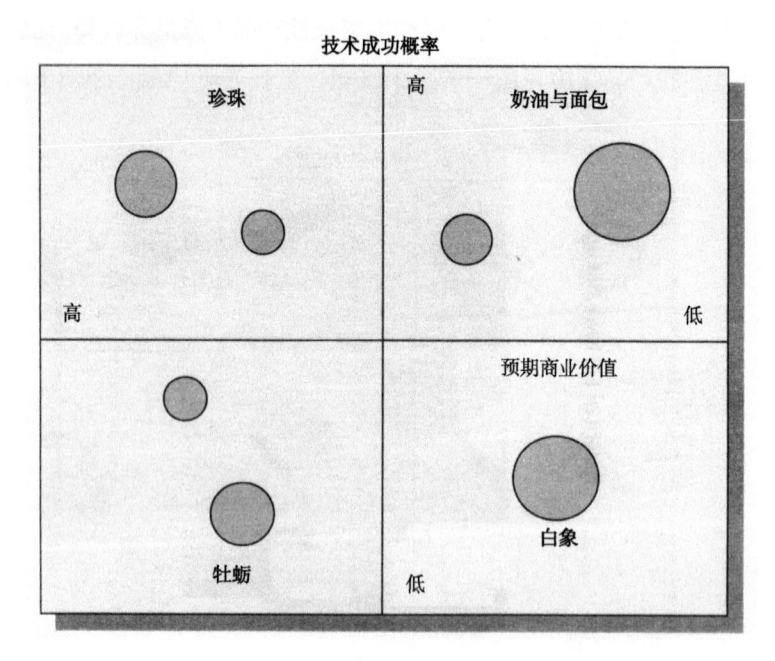

图 3.4 战略决策集团的产品组合评估模型

表 3.4 多目标产品组合模型

	破坏性创新（世界级或公司级新产品）	技术更新（下一代产品）	产品线延伸（对产品线的补充）	渐进式创新（对现有产品的改进）
项目数量	10%	12%	32%	46%
资源配置	18%	22%	25%	35%
销售增量	22%	40%	15%	23%

资料来源：Scott Edgett, "Portfolio Management for Product Innovation,"in K.B.Kahn, S.E. Kay, R.J. Slotegraaf, S. Uban, eds.,*The PDMA Handbook of New Product Development* (Hoboken, NJ:John Wiley), 2013, p.162。

坚持运用产品组合方法必定会得到回报。许多公司没有实实在在地执行产品组合战略，而错误地把重心放在渐进式产品上，从而无法有效分配资源。

本章小结

第 3 章讨论的是整个新产品流程中最重要且最困难的一步：制定一个合理的战略来指导"公司中的公司"（负责创造新产品的团队和资源）。战略将一个小群体变成一个小公司——一个整体公司的缩影。我们首先讨论这个战略指南（我们称之为产品创新章程）；接着讨论产品创新章程形成所需的机会和要求，以及各种产品创新章程的不同；最后讨论新产品战略经常涉及的一些重要问题。

我们将在第Ⅱ篇的 3 章里讨论概念生成。

案例 阿迪达斯 Ultraboost X Parley

当今世界的一个主要环境问题是，大量塑料排入海洋威胁生物多样性。解决这个日益严重的问题的举措之一是从海洋回收塑料，并进一步将其制成可使用的纤维。

Parley for the ocean（Parley）是一个非政府组织（NGO），致力于提高人们对海洋污染的认识水平，该组织发起了一系列项目来对抗对海洋的破坏。Parley 在开发由海滩和海岸社区的循环废物制成的塑料方面一直处于领先地位。其产品 Parley 海洋塑料纤维可以制成一种塑料线。

德国运动鞋制造商阿迪达斯是 Parley 的合作伙伴和创始成员。阿迪达斯拥有良好的社会责任文化，致力于履行社会义务。在与 Parley 的合作过程中，阿迪达斯产生了在运动鞋制造过程中使用海洋塑料纤维的想法。阿迪达斯 Ultraboost X Parley 于 2016 年年底宣布上市，这是双方合作开发的第一款产品，其中包含 Parley 海洋塑料纤维和回收聚酯。

阿迪达斯致力于对海洋塑料的回收和再利用。海鸟、鲸鱼和其他海洋野生动物可能误吃海洋中的塑料，或者被塑料碎片缠住。阿迪达斯管理层认为回收海洋塑料是一项事业，可以支持这项事业，这会产生积极的环境影响。

阿迪达斯 Ultraboost X Parley 系列的推出对双方来说都是双赢的。阿迪达斯在设计和制造运动鞋、运动服方面拥有数十年的经验，是全球公认的品牌。Parley 可以获得从海洋回收的原始塑料，并有能力生产其所需的塑料纤维。回收的材料从马尔代夫等地收集，然后被运往中国台湾的供应商处，它们被转化为纱线纤维。

阿迪达斯并未将此次产品发布视为一次性活动，而视为长期致力于开发基于回收塑料和聚酯的鞋子和运动服项目的第一步，这可确立其在环保运动产品领域的领先地位。目前，还没有其他大型运动品牌推出环保运动鞋和运动服，这成为阿迪达斯非常理想的一个长期机会。阿迪达斯的目标是在头几年每年销售 500 万双使用回收材料的鞋子，并最终用回收材料制造所有鞋子。

可持续发展是阿迪达斯战略的重要组成部分。阿迪达斯首席执行官赫尔伯特·海纳在该公司的《2015 年可持续发展报告》中指出，阿迪达斯不仅致力于实现服装制造领域的可持续发展，还致力于实现零售层面的可持续发展（比如，消除塑料袋）以及其他方面的可持续发展（减少用水、减少纸张使用等）。

有关 Parley 的更多背景信息，请访问其官方网站。

根据你在本案例中读到的内容，以及对阿迪达斯及其竞争对手的了解，撰写阿迪达斯在 Ultraboost X Parley 开发过程中遵循的产品创新章程；做一个简短的战略评估，并将其总结成背景陈述；描述战略重点，（包括技术和营销两个部分），说明技术和营销是如何匹配以使产品具有良好潜力的。阿迪达斯的目标是什么？试着推断一些可能驱动该产品的指南。

最后，假设阿迪达斯在 Ultraboost X Parley 上取得成功，你会建议其接下来追逐哪些新产品机会？请证明你的建议。

案例　本田公司的 Element

本田公司和大多数汽车制造商一样，十分擅长运用产品平台。本案例带你领略新产品流程的各个阶段，最精彩的部分是本田公司应用产品平台开发出一款极具成本效益的新型卡车，车名是 Element，这款卡车对于目标市场具有很强的吸引力。

Element 的开发始于 1998 年本田公司对新款轻型卡车的想法。当时，本田公司已经有多条轻型卡车和 SUV 产品线，如 CR-V、Pilot SUV 和奥德赛（Odyssey）休旅车。一个新的跨职能团队被委派负责开发新款轻型卡车来丰富产品线，该产品线的目标市场具有一个不同的客户细分和使用场景，主要对象是年龄为 19~29 岁初次购车的 Y 世代男性。Y 世代是一个极具获利空间的潜在大市场，规模与婴儿潮一代（1946~1964 年出生）几乎相同，大约 52% 的首次购车者属于这个消费群体。根据 CR-V 在北美年销售 10 万辆推测，Element 第一年的销售量能达到 5 万辆。

本田公司高级销售人员意识到，该公司有好几款轿车和轻型卡车深受年轻女性和家庭消费者喜爱，但还没有一款能够吸引年轻男性的车。本田公司知道，很多竞争对手针对这个 2 万美元左右价位的细分市场都有 SUV。抓住年轻客户的品牌忠诚度是汽车制造商的惯用战略，因为其期望客户在变得更富裕时会换购同品牌更贵、更高档的车。举例来说，一位 Element 的购买者可能会换购讴歌（Accord），然后再换成奥德赛。显然，本田公司以人口结构统计变量为基础进行分析，找到了一个具有高成长潜力的细分市场。

起初，这个产品团队的任务是开发出一款既能吸引目标用户又价格实惠的全新车型。因此，首要工作就是去了解这个不熟悉的细分市场的核心价值观和信念。他们选择对极限运动赛进行"人种学"观察，描绘赛事中的极限项目，如热狗（hot-dog）滑雪、单板滑雪、越野摩托车赛等。研究者用录像机录下观众和参赛者在赛前、赛中和赛后的情况。事后录像分析勾勒出一个目标市场年轻男性的清晰画像：他们表现出很强的群体认同感，支持社会和环保活动，受过良好的教育，事业心不如较年长消费群体那么强。这些观察为本田公司的汽车设计师提供了很多线索，让其知道需要哪些产品特性可以吸引这个目标群体。比如，这个群体的典型用户需要的是一辆具有灵活性的车：既可以轻松搭载运动装备和家具，也能搭载多位好友，还能在周末旅行时充当睡觉的地方。

产品规划人员发现，目前，公司产品线上的几款轻型卡车都有清晰的定位陈述：CR-V 针对单身、活跃的个人或小家庭；Pilot SUV 适合大家庭；奥德赛吸引的对象是稳定家庭。Element 填补了定位图上的一个缺口——适合单身、非传统生活方式者的轻型卡车。

设计师意识到，必须在 Element 的设计元素中充分考虑灵活性，其需要有一个独特的外形，让车主拥有有趣的驾驶体验。总的来说，设计师为 Element 确定了四个设计主题：适应性/模块化、真实性、功能性、态度/表达。这四个主题加上本田公司所有汽车开发都遵循的 3 个基本设计主题（性能、安全和价格）产生了 7 个设计主题，以指导设计师和工程师开发 Element。

接下来的一系列工作是同时进行的。设计师画了几个新颖又大胆的外观设计草图；工程师开始构建适应性模型，通过折叠式座椅设计确保有宽敞的空间用于装货或者让人睡觉。独特的侧门设计使人员进出很方便，尾门采用双扇门（clamshell）对开设计以便人员出入或装卸货物。可移动天窗设计可方便载运又长又高的家具。团队成员（工程师和营销人员）带着设计草图拜访了很多男大学生，在得到反馈后，团队随即调整设计草图，快速改进。

为了获得高层对 Element 的支持，产品团队邀请本田公司高管与几名 Y 世代大学生一起，到加利福尼亚州的 San Onofre 海边进行周末露营之旅，共同讨论 Y 世代的生活方式以及有关汽车的议题。产品团队觉得如果高管与目标消费者一起"生活一整天"，应该就会支持这个项目。这招确实有效，高管认同 Element 对本田车系的价值，批准了此项目，并决定在 2003 年下半年推出 Element。

项目一经批准，团队成员立即开始更新设计草图，建造了多个 1/4 实际车体大小的黏土模型，最后制作出实际车体大小的原型，并提交给高管。同时，他们从目标年龄市场挑选了 30 位住在本田在加利福尼亚州的 Torrance 设计中心附近的男性，让其看设计草图和原型，最终确立了用户群最感兴趣的设计。

下面讨论本田公司是如何运用汽车平台的。新汽车产品开发通常被分解为几个子系统，以 Element 为例，有 4 个子系统：外装子系统、内装子系统、悬架系统、动力传动系统。每个系统都有设计战略，工作进度随着高管的定期审查而推进。外装子系统包含车架、保险杠、挡风玻璃、天窗、尾门等。许多零部件是专门为 Element 目标客户设计的，如独特的侧门和对开双扇尾门，外板也被设计得十分耐用。可以说，Element 因独特的外观设计而与大部分本田车十分不一样，很多设计是从头开始的。同样，Element 的内装设计也十分独特，其中一个重要原则就是座舱的灵活性，座椅能轻易折叠收纳或整体拆除。由于预料到沙土或泥很容易跑进座舱区，因此设计时必须考虑到容易清洁。车内地板采用了防水的聚氨酯涂层，电子装置都设在地板上部的高处或被放进防水屏障里，就连座椅也采用防水材质。

另外，产品团队认为没必要为 Element 开发一个完全独一无二的悬架系统。驾驶需要兼具机动性、运动感和趣味性，已有的 CR-V 悬架系统无法满足要求，于是，本田公司的工程师将基本的 CR-V 经典悬架系统与用在 CR-V、MDX 和 Pilot SUV 上的助力转向变速箱结合起来，使 Element 的底盘更宽、更低，并采用宽轮胎，从而解决了这一问题。动力传动系统采用已有的 2.4 升 VTEC（可变气门正时和气门升程电子控制系统）发动机，其可在 5500 转速下提供 160 马力（1 马力=0.7 千瓦）的功率，这对于目标用户来说足够了，并符合加利福尼亚州的所有排放标准。传动系统的成本占每辆汽车成本的 20%～30%，由于本田公司早期投资并制造出了非常优秀的动力系统，可以说，Element 产品团队实际上没有被授权设计新的动力系统，而是与本田公司的中央动力传动系统集团合作进行。同样的发动机还被用在 2002 年的 CR-V、Acura RSX 及 2003 年的 Accord 车型上。加上 Element，共有 4 款车型使用同一款发动机，当然，如果本田公司的中央动力传动系统集团有任何新的研发改良，这四款车都会同步受益。

2003 年夏季，本田公司开始生产并向各经销商提供 Element 第一版。营销部门根据用户座谈会、购买者感知调查，确定用户最喜欢把 Element 作为这款车的名字。因为 Y 世代人厌恶传统广告，所以传播方式必须十分慎重，本田公司选择了一些比较草根的传播方式，在车迷群体、车展和大学校园炒热话题，赞助多所大学的冲浪活动和足球赛，这对一个汽车制造商来说是非同寻常的。此外，本田公司在传统电视广告里用一个生活方式主题展示了 Y 世代年轻人在海滩或派对上的休闲生活。

产品团队的努力得到了回报。Element 被《车主杂志》（*Automobile Magazine*）评选为 2003 年度小型 SUV 车，而且销售情况非常棒，2004 年达到 75000 辆，远超预期。最大的惊喜是，Element 在所有年龄群体都十分畅销：40% 的购车者在 35 岁左右，婴儿潮一代也大量购买 Element。不过，大部分购买者仍然是男性，比 Civic 的典型用户更热爱户外活动。年龄大的购买者也喜爱这款车，恰恰是因为 Element 是针对年轻人的车。

请评价 Element 的成功因素，其中包含本田公司的平台战略以及新产品流程的各个方面。请试着描述 Element 的产品创新章程。企业从客户声音中获得了哪些切实的好处？汽车制造业以外其他行业的企业可以从这个案例中学到什么？

第 II 篇

概念生成

我们在第 1 章和第 2 章综述了新产品流程。流程第一阶段的主要任务是制定战略规划，其底层逻辑是企业必须找到最适合的新产品。

创意生成是持续不断地进行的。每家企业都有很多员工在提出新产品创意。创造力是一种艺术，我们永远无法将其框进某个程式中。但创造力又有很多共性，我们要做的就是管理这些共性。

从左往右看图 II.1，我们先看到的是为创意生成做准备，这是第 4 章的主题。如果没"准备"好，就无法激发公司内外人员的想象力。如果将任务分配给具有超强创造力的人，就将事半功倍。在流程早期，我们要聚焦问题和需求，运用一种或多种方法发现并厘清众多具体问题以使创造力活动有所聚焦。第 5 章将讨论问题发现情况以及解决这些问题的创造性方法。第 II 篇的大部分内容围绕这个主题展开，当然，还有很多自由职业性的创意生成方法。

如图 II.1 所示，新产品团队发现，通过对已有的产品属性进行调整可以找到"令人惊讶"的产品。这是我们在第 6 章讨论的主题。当然，这些产品并非来源于某个问题，所以新产品团队必须找出是否某人的某个问题匹配解决方案。在进行这些工作时，所有人都在叙述想法，如整个组织的员工、他们的家人，甚至完全陌生的人。相关建议将成为概念的另一个来源，在图 II.1 中被定义为"现成"（Ready-made）概念。上述活动的最终结果都会汇集到一个概念池中，从第 4 章到第 6 章，我们将讨论如何填满这个概念池。本书的第 III 篇将讨论如何评估和提炼这些概念。

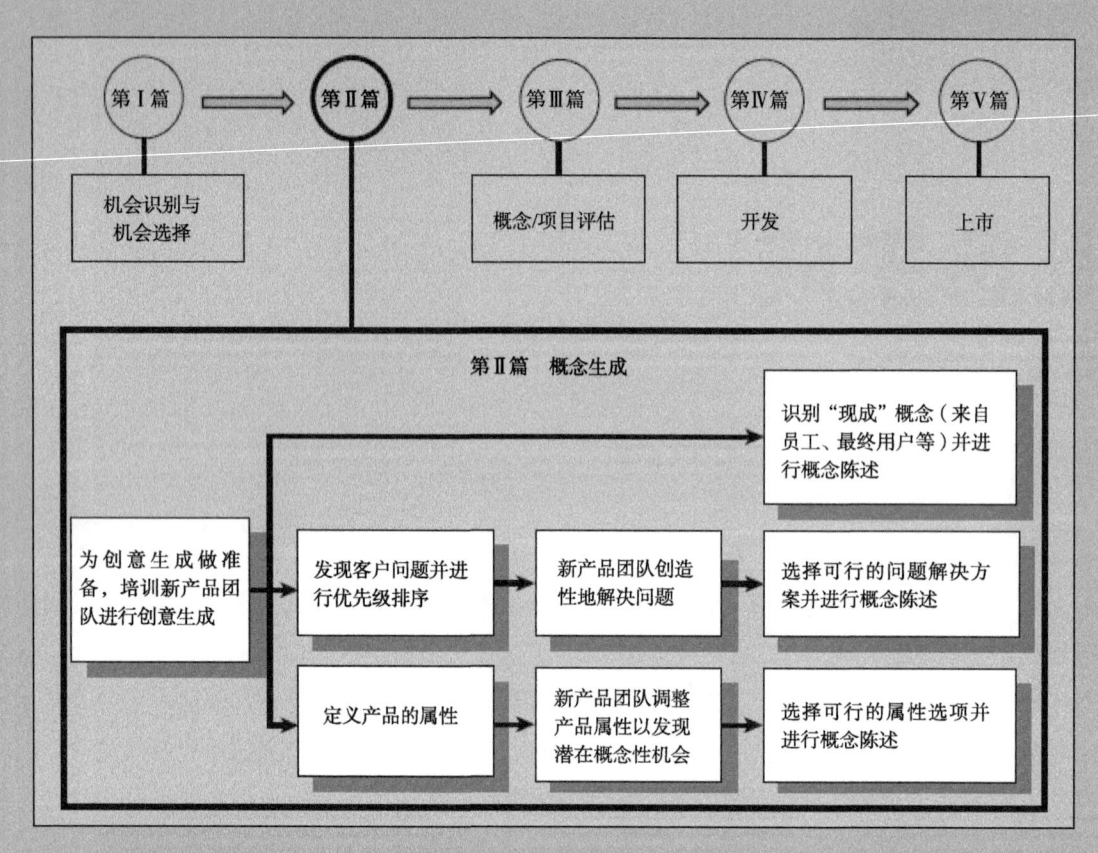

图 Ⅱ.1　概念生成

第 4 章

产品概念与创意来源

4.1 引言

在本章，我们将讨论多个主题。第一，管理者的任务是让公司做好创意生成的准备，即图Ⅱ.1 的第一个步骤。在这个步骤，我们要找到恰当的人并将其安排在恰当的环境中，让其为进入创意生成流程做好准备。第二，创意人员需要明白其正在找的东西，即知道什么是一个概念，如何发现概念和识别概念。第三，需要建立一个主动的（非被动的）包括一系列有效方法的概念生成体系。该体系的一部分——通过员工和非员工去搜索"现成"创意，将在本章讨论，其他部分将在第 5 章、第 6 章讨论。

4.2 概念生成的条件

许多人认为产品创新始于新产品创意，但在第 3 章中我们已经指出，进行创新之前需要先选择一个重点领域并制定一些规则（一个战略）。

4.2.1 产品创新章程

下面是一个假想的生产浴缸的企业的产品创新章程的一些条款。
- 我们的新产品概念应该对身体残障人士和老年人有帮助。
- 基于这些概念生产的新产品，应该发挥公司强大的设计能力并且必须是铜制品。

好的产品创新章程能让任何一个想提出新浴缸创意的人，很好地了解公司的战略，以免产生大量有问题的创意。产品创新章程的意义正在于此。

4.2.2 创造力和创新

宝洁公司的一位高管克雷格·怀内特（Craig Wynett）将创造力描述为："执着于将看似没有联系的事物联系起来。"宝洁公司不仅以产品创新闻名，也因拥有一批极富创造力的人才闻名，这些人能产生一批原创并具有高应用价值的点子。强力胶（氰基丙烯酸酯胶粘剂）的发明人哈利·库弗（Harry Coover）就是一位极富创造力的人。库弗长期研究用来制造枪支精密瞄准器的塑料材料，他制造出来的这些塑料可以黏在任何东西上，甚至可以毁坏用于研究的折射器。库弗是第一个想到强力胶可以被医生用于人体组织的人。这个案例表明，原创性和实用性是创造力的两大特征。

创造力和创新具有相关性，但两者不是同义词。创造力通常被认为涉及个体层面的活动，就像上一段提到的库弗先生的发现那样。创新通常涉及在团队或组织层面产生的新产品或新技术。创新可以基于没有那么有创造力但在某种程度上更优秀的想法产生。例如，网上银行系统基于现成的互联网技术产生，既不出乎意料，也没有创造性，但被认为是"创新"，因为它改变了银行业。个体层面的创造力不一定会带来创新，但是创新的主要驱动力，并最终影响公司为客户创造价值的能力。

大部分人的思维属于复制性思维，善于用解决过去的问题的有效方法解决现在的问题。富有创造力的天才的思维更讲求成效性，善于反思如何将问题可视化。诺贝尔物理学奖得主理查德·费曼（Richard Feyrnnan）将其称为"开启新思维"。举例来说，13 的一半是多少？大部分人会说是 6.5，但如果重新定义这个问题，就会得到其他答案。

- "thirteen" 的一半是 "thir"。
- "13" 的一半是 "1"。
- 将 XIII 水平地从中间切分，得到的是 VIII。

你还能想出更多方法吗？关键点在于，即使你已经发现了一个解决方法，也仍然会持续地搜寻！那些一生都在创造的天才普遍有几种思维策略（见例 4.1）。

有创造力的人给我们的印象常常是古怪的，但这其实并不是事实，有创造力的人通过一生的创造性活动来展示自己。他们像小孩子一样有无穷的创意，这是我们的最低要求，因为我们可以通过评价一个人的经历来考虑是否让其加入新产品开发团队。

例 4.1 天才的思维策略

（1）善于从多个不同视角看同一个问题。爱因斯坦和达·芬奇在这方面就很出名。

（2）善于将他们的想法可视化。达·芬奇的著名的画作以及伽利略绘制的行星图，都在帮助他们将信息可视化，让他们的思维脱离对数字分析的依赖。

（3）勤于动手。爱迪生每 10 天就会有一项发明。虽然莫扎特的生命短暂，但作品众多。

（4）善于创造新组合。爱因斯坦发现了物质能量、质量和光速之间的关系（$E=mc^2$）。

（5）善于进行强关联。他们能在别人想不到的对象之间建立关联。科学家奥古斯特·凯库勒梦到一条蛇咬着自己的尾巴，受此启发，他推断出正在研究的苯的分子形状是环形的。

（6）善于运用逆向思维。通过联想形成一个新观点。物理学家波尔认为光线既是波束，也是粒子。

（7）善于运用类比思维。拜尔想到与耳朵构造类似的可振动钢圈膜，进而发明了耳机。

（8）善于为机会做好准备。弗莱明并不是第一个看见盆栽上的霉菌的人，却是最先研究霉菌并发现盘尼西林的人。

资料来源：Michael Michalko, "Thinking like a Genius," *The Futurist*, May 1998, pp.21-25.

4.2.3 管理层对创造力的作用

管理层的作用就是让公司的"创意人才"发挥作用。通用电气公司真诚地拥抱新创意，将其视为公司的首创精神，组织学习小组，更重要的是，坚守这个新创意，而不是跳到"下一个重大项目"。对创新的强调，使通用电气公司比那些只关注财务指标的公司获得了更大的竞争优势。有关大型公司创意生成的研究表明，高层管理者应持续关注创新项目，并放手让员工尽可能地做。简言之，高层管理者必须持续参与创新，只有参与创新设计的管理者才能采纳这些创意。

新诞生的创意是极其脆弱的，与少数几个强有力的、无法遏止的产品概念不同，新产品流程中大约80%的创意无法保留下来。现实中，许多创意的背后有一个或几个"有力度"的人。因此，如果我们对创意人才过于严苛，对其创意不赞赏或进行鼓励，这些人就不再重视创意，并发誓"永远不再将我的好点子浪费在这些智障者身上"。例4.2列出了公司影响创意生成的一系列内部障碍：对客户不了解，对客户需求缺乏同理心，喜欢大家都赞同但并不是真正具有创造力的创意等。

例4.2 影响创意生成的内部障碍

（1）从众思维：我们认为自己是有创造力的，而现实中我们只想那些大家都接受的创意。记住，我们不应该去寻找那些"保守的智慧"，而应该去寻找那些具有原创性的创意。

（2）选错目标市场：我们总是回到与之前相同的简单的人口统计目标（如35岁以下或50岁以下人口）。结果是错过了具有较大市场的机会。

（3）贫乏的客户知识：尽管大公司在市场调查上投入了很多钱，但其实它们对于潜在客户还是一知半解。巨额调查费用并不意味着会产生好结果。

（4）过于复杂：企业的创意人员（包括高管）都常认为创意越复杂越好（越高明越容易被接受）。然而，过于复杂是客户接纳新产品时面临的一个主要障碍（参见第8章的讨论）。

（5）缺乏同理心：管理者的共性是，接受过良好的教育，收入水平高，并习惯高级的生活方式，他们无法了解"典型"客户——销售的对象。

（6）人多嘴杂：一个小型新产品团队可以顺利运作。但由于大公司在忙于进行有关权力和影响力的内部竞争，这对于处于早期阶段的新产品开发来说，是一种很糟糕的氛围。

资料来源：Jerry W. Thomas, "In Tough Times, 'Hyper-Creatives' Provide an Advantage," *Visions*, 33(3), October 2009, pp.24-26。

因此，管理者可以开展两个方面的工作：一方面是设计一套激发创造力的机制，另一方面是消除那些影响创意的障碍。管理者可以基于对失败的态度，激发有创造力的人的兴奋感。有创造力的人能够在不怕失败的环境中工作；如果失败了，他们会从失败中吸取教训，继续前进。

4.2.4 激发创造力的行动

管理者应该意识到，创新者往往与众不同，需要特殊对待：不是让创新者随意违反规则，而是承认他们的个性，容忍他们的失常，并在其有压力时给予支持。同时，管理者应允许创新者自由地与从事相似工作的人交流。这里所谓的自由，不仅涉及公司内部的所有职能部门，也涉及公司外部的机构，要善于打破封闭的空间。管理者还应邀请创新者来帮助选择拟开发项目，尽管这通常在操作上有困难。要给创新者分配有挑战性的工作任务。创新者向来自信，事实上，他们经常认为手头的工作浪费时间。这就是说，创新者会判定工作是否值得，而不是等别人告诉他们答案。

一个案例是谷歌为研究人员提供**自由时间**（free time）以让他们做任何创造性项目，谷歌的 Gmail 服务是一个源于自由时间的创新产品。另一个案例是 3M 的便利贴（Post-It Note）。3M 公司长期坚持给员工自由时间。一位 3M 公司前董事长曾说，"我们希望错误是经营企业的正常部分，当然，我们期望我们的错误具有独创性。"**弹性工时**是一个类似的办法，它意味着可以让员工把工作带回家，当然如果他们愿意的话也可以留在工作场所通宵工作。轮岗也是一个好办法，有创造力的人喜欢新奇的事物，偶尔会想改变工作环境。

IDEO 是位于美国加利福尼亚州帕洛阿尔托（Palo Alto），旧金山附近城市的一家非常有创造力的设计公司，该公司采用一些特别的方式建立一种富有创造力和创新的文化。它招募热爱产品设计的创意人才，并在芝加哥、旧金山、波士顿和东京等能够吸引创意人才的城市设立办公室，允许员工自由变动岗位和工作地点。IDEO 以"**深潜**"（deep dive）的思维方式闻名。在这种方式中，来自各种背景的人员一起工作，以更好地理解一个问题，生成多个解决方案，创建早期工作原型，获得客户反馈，返工并重建原型。这种迭代和混合的过程一直持续到针对最初的问题获得具有高度创造性的解决方案。有一段视频记录了 IDEO 重新设计购物车的过程，这解决了现有购物车的许多问题，如耐用性、可操作性、儿童安全性、商店使用便利性等，并为购物者创造了非常不同的体验。有很多意想不到的方法可以被用来改良购物车！

富有创造力的公司常常使用**电子数据库**或"**创意库**"来储存或记录那些早期的、未进行验证的新产品创意，以便以后再次使用。这些创意可能来自市场研究或进行市场测试的结果、审计项目、设计计划、工程记录等。为了助力转化这些信息，项目早期阶段的管理者会被指派负责能重复使用这些创意的项目。吉尼斯啤酒厂（Guinness Breweries）定期检查创意库，并将其视为新产品流程中概念生成阶段的一个重要元素。一家计算机配件制造商 Oce 公司称这个数据库为"创意冰箱"。通常情况下，创造力活动应该在有益于创意交流的地方进行：办公室的布置应该让人感到舒适，并尽量减少分散注意力的因素。互联网公司 Idealab 及 IDEO 公司在进行办公室布置时都考虑到员工要能够听见彼此的问题，尽量员工之间的促进互动。

企业可以与创新中心合作来获得客户数据。天猫创新中心（TMIC）是由阿里巴巴创始人马云发起的天猫（原淘宝商城）的研发和创新部门。TMIC 可以使用阿里巴巴的 6 亿名客户的数据，以及物流和配送数据。包括宝洁、强生和三星在内的数十家公司已经与 TMIC 合作，以获得客户信息和洞察市场，进行产品开发。TMIC 还与全球市场研究公司（包括尼尔森和欧睿国际）合作。据报道，TMIC 的合作伙伴大幅缩短了上市时间。举个例子，由于与 TMIC 的合作，玛氏公司专门为中国市场开发了一款辣味士力架。

4.2.5 特别奖励

毫无疑问，创造性成就的价值必须得到承认。但是有创造力的人通常对集体奖励不感兴趣。他们认为在团队里做出的贡献永远是不平等的，尤其如果团队成员是公司员工，那么他们中的许多人对创意会非常不屑。这是不对的，因为现在很多取得成功的创意来自团队，而且我们已经掌握了很多种评估团队成员贡献的方法。但是，创新者确实喜欢获得个人荣誉，最好是直接奖励。IBM 公司著名的托马斯·沃森（Thomas Watson）先生常常随身带着一些现金，以便在听到好的创意时随时给予奖励。金宝汤（Campbell Soup）公司设立了卓越总裁奖。很多公司举办年度晚餐会表扬在该年度获得专利的员工。IDEO 公司没有组织结构图和岗位头衔，该公司用合伙人或奖品而不是职位升迁来奖励优秀者。丰田汽车和本田汽车公司拥有最激动人心的奖励制度，让"产品冠军"随新产品一起离开研发部门，接手并负责管理新产品。

4.2.6 消除障碍

正如例 4.2 所示，企业内部的确存在障碍。它们阻碍了新产品创意活动。管理者会说，这个概念"根本行不通"，或者说"这违反公司政策"，或者说"我们不用这种方式做事"。这些陈述虽然是善意的，但精准地描述了现实中发生的情况，这的确会严重打击那些"脆弱"的创意。管理者只有通过进行有意识的努力，才能避免把创意"吓跑"。

有些公司采用一种叫作**分项应答**（itemized response）的方法，让所有接受培训的人进行练习。当一个创意出现时，听到的人首先应说出这个创意的所有优点，然后指出缺点，但只能以正面的、积极的方式指出。比如使用这样的语句："好的，现在来看看，什么是这个问题的最佳解决方案。"必须注意，这是一种具有建设性的评价，假设问题能解决，听众的作用就是帮助解决问题。一些公司故意鼓励制造冲突，把不同领域的员工放在同一个团队，比如，把不切实际但有创意的人和务实的人放在同一个小组。这种方法被称为**创造力摩擦**（creative abrasion）。

这里有一个底线，就是管理者必须清楚地了解群体创造力面临的障碍。根据定义，新产品团队是跨职能团队，这意味着会有很多不同的视角，也意味着要制定一个所有人都接受的解决方案是很难的。此外，如果团队成员间的关系过于密切，就可能导致缺乏创造力摩擦，团队成员达成的只是友好性共识。例 4.3 中的障碍可以看作在激发群体创造力时必须克服的一些障碍。

例 4.3 企业创造力面临的障碍

（1）**跨职能的多样性**：一个多元化的团队意味着有更广泛的观点并能激发更大的创造力，但也可能导致难以解决的问题以及信息过载。

（2）**对本职能部门的忠诚**：团队成员必须有归属感，并意识到自己与团队之间是利益攸关的，否则团队成员只会忠诚于所在的职能部门而不是团队。

（3）**社会凝聚力**：如果团队成员间的关系过于密切，就可能会为维持和谐的关系而不进行真诚的辩论，从而无法产生新颖的创意。

（4）**高层管理者的作用**：假如高层管理者强调持续改进，则团队可能执着于对所熟悉的产品实施开发战略，这仅能产生渐进式改变。高层管理者应鼓励团队勇于冒险，尝试新创意。

资料来源：Rajesh Sethi, Daniel C. Smith, C. Whan Park, "How to Kill a Team's Creativity," August 2002。

4.3 产品概念

在拥有了富有创意和激情的人才之后，一个新问题出现了：我们希望团队创造什么？如何用被我们称为概念的东西去描述它？概念与新产品有什么不同？概念在什么时候产生？

我们从最后一个环节，即新产品的成功营销开始考察。一个新产品真正成为事实的时间是其成功之时。也就是说，只有完成了产品创新章程中确立的总体目标和具体目标，其才能真正被称为新产品。在产品上市时，它仍然只是一个暂定的形式，因为一个新产品走向成功，仍然需要做非常多的改变。因此，我们说，它仍然是一个概念，是一个尚未实现的创意。

进一步回溯，在技术性工作完成前，这个产品仅仅是一个概念。回想一下图 2.3，它追溯了从概念到产品的演变过程。在很早的时候，我们就有了"创意概念"（或者简称"创意"），我们可能有成百上千个这样的创意，第 4 章到第 6 章讨论产生这些创意的方法。简单地说，这些只是起点，其中许多方法不会引起任何人的兴趣——不符合产品创新章程，不够新颖，不可行，需要专门的知识而公司却不具备，等等。其中许多创意很快就因为未通过评审而被淘汰了。最有前途的创意被进一步开发成概念，我们可以向潜在客户描述它们，并且对概念的可行性进行早期评估。回到第 1 章，我们注意到概念是更完整的创意。我们将在本章的后面更精确地定义概念和产品概念陈述。

概念生成需要考虑三个维度。

- **形式**。形式指创造出的物理实体，或者从服务角度来说，其是一连串服务步骤。例如，一种新的合金钢的形式是以实体方式存在的材料棒或材料条。一种新的移动电话服务的形式是拨出或接听一个电话所需要的元素，包括硬件、软件、人、作业程序等。
- **技术**。技术是产生形式的源泉。例如，对于一种新的合金钢，技术涉及钢本身、其他用来铸钢的化学原料、冶金技术、产品成型机、切割机等。在产品创新中，技术被定义为工作的动力。在大多数情况下，每个创新一定会把一项明确的技术作为基础，这项技术就是产品创新章程中重点领域的技术。
- **需求/利益**。一个产品只有当提供了客户所需要或期望的利益时，才有价值。

从总体上看，技术使我们能开发出一种形式以满足客户的需求。创新流程可以从上述三个维度中的任何一个开始，之后的顺序可能会不一样（见图 4.1）。下面是三种主要的顺序（参见后面的低因咖啡案例）。

- 客户有一项"需求"，公司发现后，利用"技术"生产出一种"形式"，以销售给客户。
- 公司拥有一项"技术"，适合某个特定市场群体，接着找出该群体的"需求"，并用一种特定产品"形式"来满足。
- 公司想象出一种产品"形式"，采用一项"技术"创造出来，并将其交付给客户来观察是否有任何"利益"。

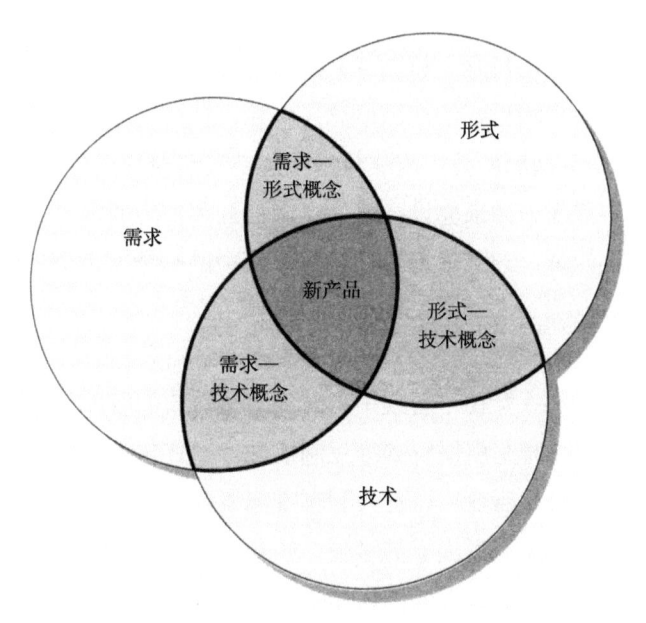

图 4.1　新产品概念

"需求""技术""形式"中的任何一个都能启动新产品流程。而且，要素后面跟随的可以是任意一个要素。或许你会问：有什么区别？区别就在于成功或失败。把利益放在最后是很危险的，因为其隐藏的含义是：有了解决方案之后再去发现问题。谷歌在谷歌眼镜（一种眼镜形式的可穿戴智能设备）上投入了"技术"这一要素，尽管这项技术可能会在未来的一些产品中使用，但最初的概念从未超越原型，并于 2015 年年初终止。尽管它像承诺的那样起作用，但潜在客户并没有看到额外的利益，尤其是考虑到 1500 美元的零售价。因此，我们常常把利益放在第一位。即使技术驱动的科学家实际上在大多数情况下也把利益放在第一位，因为他们对需求有一些想法，为此他们非常努力。举例来说，一位药物化学家正在寻找一种新的降血压的复合药，他知道这是一个相当普遍的想法。

以马桶清洁刷为例。老式刷子有一定用处，但想象一下，也许某个人，如一位愿意思考的客户，或者一位洗涤剂公司的首席化学家，有了一个新的、改进马桶刷的创意，能使马桶清洁更简单，这个"创意"在市场上可能大卖。注意，我们这里说的是"创意"，而不是"概念"，因为到目前为止只有需求：一个新的使用起来更方便的刷子。这到底有什么含义？是更长的手柄，还是一次性的刷毛？可能都不是。一把含有清洁剂的刷子怎么样？这种刷子可填充清洁剂，客户很容易就能更换清洁剂。现在，我们就有了一个和产品概念非常类似的简单的东西，我们有了一个需求（方便的刷子）并且其基于一项技术（适合擦洗马桶的清洁剂）。几年前，至少 3 家公司几乎同时想到了这个概念，但是这些公司开发并上市的产品的形式大不相同。科洁时（Reckitt Benckiser）集团生产的 Lysol Ready 刷子，安装喷雾式清洁剂罐，清洁剂用完时可以更换罐子，而且刷子不是一次性的；庄臣（SC Johnson）公司的刷子则是一种产生擦洗泡沫的刷子，刷子末端有一块附有擦洗泡沫清洁剂的一次性衬垫；高乐氏（Clorox Toilet Wand）公司的刷子和庄臣公司的很像，区别是用圆形、一次性的海绵代替了一次性衬垫。仔细想一想，这个过程有点像翻译：创意在每种情况下都被开发成了概念，概念被翻译成了 3 种形式，产生了 3 种不同的产品，但提供给客户的利益几乎相同。

这个简单的例子表明，产品概念非常灵活，尤其是现在处于创新过程的前端。通过改变需求、形式或技术，任何一个概念都可以产生新的概念。将图 4.1 所示的组件视为构建模块，用一个模块替换另一个模块，可能会创建一个甚至比原始模块更好的产品概念。例如，从产生擦洗泡沫的刷子开始，改变形式（用海绵代替衬垫），你就有了克洛克斯厕所棒。改变技术（用空气清新剂代替海绵中的清洁剂），你就有了一把可以执行不同任务的刷子。或者，如果你设计了一个刷浴缸和瓷砖的刷子，而不是刷马桶的刷子，那么你将满足不同的客户的需求。这样，通过替换这些构建模块中的一个或多个，就可以生成更多的概念。

4.3.1 低因咖啡案例

许多年前，咖啡就是咖啡。某人会在早餐或午餐时间去最喜欢的餐厅、路边餐车，点一杯便宜的"普通"咖啡。通常，在北美销售的咖啡是由便宜咖啡豆制成的冲泡式咖啡，仅此而已。随着星巴克和众多竞争者的出现，北美咖啡文化突然发生巨变。以意大利咖啡吧模式为基础的精致咖啡吧，如雨后春笋般地在各地出现，意大利式浓缩咖啡突然间受到大家的喜爱，如卡布奇诺和拿铁这种调和式浓缩咖啡的售价通常是普通餐厅咖啡的 3~4 倍，而且销量非常好。想象一下，我们目前在一家大型咖啡烘焙公司工作，再想象一下，在一周内的不同时间，有 3 个不同的人走进新产品办公室，提出了各自的新产品创意，他们不知道其他人曾经来过。

第一个人说，我们最新的客户满意度报告指出，客户想要一种低因咖啡，这种咖啡和普通咖啡的口感一样，但拥有香浓的卡布奇诺味道。目前没有哪种低因咖啡具有这种口感。第二个人是产品经理，他说，上周我一直在比较我们和竞争对手的产品，发现产品的颜色和浓度大致相同。我想我们是否可以生产一种浓度比较大、颜色比较深，像土耳其咖啡那样（形式）的浓缩咖啡。第三个人是刚从技术研讨会回来的科学家，他说，我听到有一种新型萃取工艺，这种新工艺可以有效并低价地从食物中分离及提取出某些化学成分，或许可以将其应用到咖啡萃取过程中。

当中，每个人都萌生了一个创意，但是作为概念，每个人的建议都并非真正有用。第一个人的创意，跟癌症治疗一样，有利益，但没有确切的制作方法。产品经理不知道客户是否喜欢颜色较深、浓度较大的咖啡，也不知道该如何制作。科学家并不清楚新工艺在咖啡萃取中是否有效，或者客户是否想要进行这种改变。

如果第一个人遇到的是第二个人或第三个人，一个新产品概念就会产生。如果遇到的是产品经理，他们就会去问实验室是否有一种技术能达到所想要的形式和利益。如果遇到的是科学家，他们可能会走进实验室，找出这项新工艺的准确形式。比如，咖啡应该全部萃取还是部分萃取？颜色深一些还是浓度大一些？多深？多浓？对于一个概念，总结从创意生成直到形成新产品的过程，正如一位经理人所说：不要浪费你的时间去寻找一个伟大的新产品创意，我们的工作是把一个非常普通的创意变成一个成功的新产品。

4.3.2 概念陈述

图 4.1 显示，形式、需求、技术三个维度中的任何两个都可以组合形成一个概念、一个潜在的产品。三个维度的组合可能会产生一个新产品，这或许会成功，或许会失败。成功与失败之间的差别其实很小。举例来说，一个极端情况是，发明家经常带着产品原型拜访企业。这是一个实际已经形成的概念——有某

种形式、基于某项技术，而且发明家一定知道其能带来某种利益。当然，潜在客户根据过去的经验，很清楚发明家夸大了其利益，技术也存在缺陷，产品难以在工厂中实际生产，从粗糙的、工具简陋的、布置凌乱的工作室中出来的形式是非常"脆弱"的。

另一个极端情况是，一个新产品最初的创意可能相当不完整，以至于无法做出任何东西。举例来说，科学家从研讨会带回来的只有能力，对于这家咖啡烘焙公司来说不具有任何价值。

因此，创意和概念之间的关键区别是，概念需要达到可以被潜在客户测试的程度。我们将在第 7 章探讨概念测试，测试的前提是要有产品概念陈述（product concept statement）。技术人员和有购买意愿的客户要告诉我们这个概念是否值得开发。只有当这个概念为他们进行决策提供充足的信息时，他们对概念进行评估并做出决策。如果一个产品概念陈述只具备三个维度中的两个，那么产品概念陈述必须经过评审。

如果有人问："你喜欢零卡路里冰激凌吗？"你常常无法回答。你可能会想，那个冰激凌是什么口味的？用什么做成的？有什么卖点？为了进行概念测试，我们需要一个能满足这些信息要求的产品概念陈述。如果你想设计一把叉子，以降低吃饭速度、减少胃反流等消化问题并（最重要的是）有助于减肥，那么客户会怎么看？此时，虽然我们只有一个概念，但是由于我们已经有了形式（叉子）和客户利益（减肥、保健），如果再有一个客户兴趣点，就可以进一步增加技术要素：研发人员开发技术规格并开始制作原型。在这种情况下，需要开发一个软件来跟踪人的饮食习惯（还有其他指标，如运动或睡眠时间），并设置一个指示灯，人一吃得快，这个灯就闪烁。技术开发往往面临巨大的挑战并且成本高昂，所以，必须在早期阶段知道这个概念是否受欢迎，以免浪费时间和精力，这十分必要。

因此，产品概念陈述是一个有关客户价值主张的提议。它采用口头和/或原型表达的方式，描述需求、形式和技术（至少其中两个），以及客户如何获得（和失去）利益。它应该清楚地将产品的特性（形式和技术）与提供给客户的利益联系起来。该陈述可以是简单的书面描述，也可以包括草图、图片或概念的 3D 打印模型。在早期，产品信息相当不完整，但是在营销时，人们希望这个概念是完整的。任何不能向预期购买者传达利益得失情况的东西只是一个尚需加工的创意。创意和概念之间的区别如图 4.2 所示。

> 客户需要有能力判断这个概念是否值得开发成一个产品。
>
> 如果你仅有一个创意（需求、形式、技术中的某一个），那么潜在客户没有足够的信息来判断是否值得，也无法说出喜欢这款产品的程度以及购买的意图。
>
> 产品概念陈述（提供需求、形式、技术三者或至少两者）向潜在客户提供所需的信息。这样，产品经理就会得到一个虽然粗略却有用的早期信息，即根据客户对概念的反馈知道客户是否喜欢产品以及购买意图。
>
> 比如，一个创意"你会购买我们全新的办公用打印机吗？每分钟可以打印 120 页！"请选择你有多大可能购买这个打印机？
> - 非常可能
> - 有点可能
> - 不确定
> - 不大可能
> - 很不可能
>
> 你无法回答！因为你不知道这个打印机多少钱，体积多大，打印页面是否整洁，打印机会不会夹纸，甚至可能不相信上述内容。

图 4.2 创意和概念之间的区别

这三个维度的重要性在不同行业是不一样的。三个维度中的某一个有时不需要特别关注，因为其在行业内早已成为共识。比如，制药行业的新产品开发人员并不需要测试市场上是否有消除血管阻塞或治疗癌症的需求。制造新药物的医学专家实际上都知道，因此，技术是唯一未知的，是需要关注的焦点。另外，食品行业的大企业认为，厨房和工厂可以生产出客户想要的任何产品，因此需求（通过口味测试确定）成为主要变量。在汽车行业，汽车制造商在新产品流程中占据主导地位，所以，零部件供应商在被告知需求后去开发汽车制造商所需的技术或形式。

针对不同行业的情况，与新产品开发人员展开讨论，这为企业或行业指明了创新的关键途径，而且，途径之间的差别很有意义——为创意激发流程指明了方向。当然，这仍然涉及三个维度。如果一个项目终止了，那么错误可能源于那个承担简单任务的部门。例如，苹果公司通过进行市场研究发现，消费者想要一款更轻、更薄、更耐用的手机。这项研究产生了生产新产品的想法，所以这个过程是由需求导向型的。但是，实际上，三个维度中技术方面的任务最艰巨。选择材料使手机变得更轻、更薄可能会降低手机的耐用性，甚至导致无法预见的问题。

4.4 概念生成方法

现在我们已经了解了产品概念，那么如何生成新产品概念呢？由前文可知，有五条路径——技术、最终用户、产品团队、组织内部其他人员、组织外部其他人员。这些不同的路径可以归纳为三种概念生成方法。第一，有些概念是"现成的"，它们存在于员工、经理、客户、合作伙伴等的头脑中，我们的工作就是找到这些概念，这是一种重要的概念生成方法。第二，可以让客户发现问题并创造性地思考如何最好地解决问题，我们称这种概念生成方法为问题发现解决方法。第三，思考现有产品以及我们如何改变它们来增加概念池，我们称这种概念生成方法为属性分析方法。在本章中，我们讨论寻找"现成"概念；第5章和第6章讨论其他方法。

有些公司会举办员工和客户创意大赛来生成新产品概念。在食品行业，皮尔斯伯里（Pillsbury）公司每年举办烘焙大赛，收集可能采用的新食谱。谷歌、默克和米其林鼓励草根员工创新。一个著名的例子是戴尔的 EmployeeStorm，其允许员工使用内部社交平台对创意提出建议和进行投票。这类项目的好处是，员工感到被欣赏并被鼓励交流。另一种方法是与大学实验室或其他研究机构合作。微软正在北卡罗来纳州达勒姆（杜克大学所在地）建设一个创新中心，旨在让大学教职员工和学生使用其云计算平台，并与微软员工密切合作进而创造新技术。

概念生成应该是积极主动寻找的过程，而不是消极被动等待的过程。不要等到事情已经发生了再去想应该怎么做。

4.5 现成的创意是重要来源

经验表明，产品创新中的大部分创意来自现成的创意（见图 4.3）。创意有时可能来自组织中所有级别

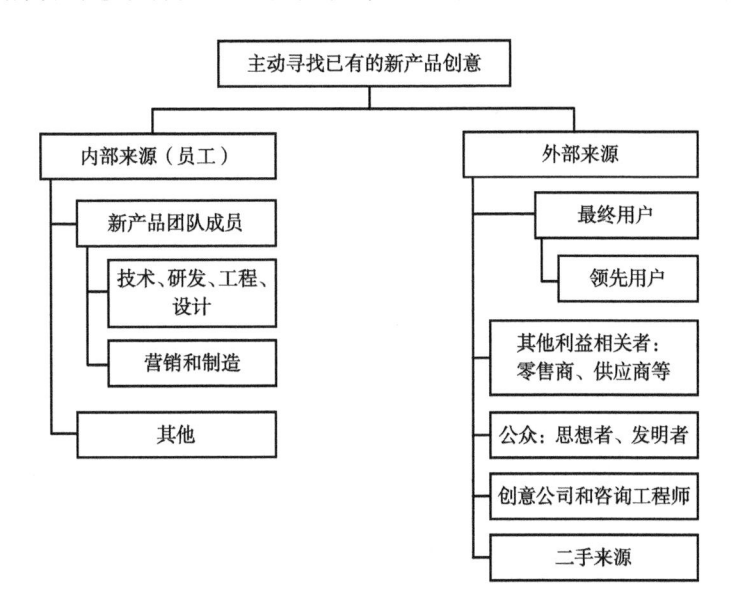

的员工。有时，首席执行官的愿景引领组织进行创新，这时你可能会想到理查德·布兰森或埃隆·马斯克。

```
                    主动寻找已有的新产品创意
                    ┌──────────┴──────────┐
              内部来源（员工）            外部来源
              ├ 新产品团队成员           ├ 最终用户
              ├ 技术、研发、工程、        ├ 领先用户
              │ 设计                     ├ 其他利益相关者：
              ├ 营销和制造               │ 零售商、供应商等
              └ 其他                     ├ 公众：思想者、发明者
                                        ├ 创意公司和咨询工程师
                                        └ 二手来源
```

图 4.3　现成的创意来源

许多企业利用正式的方法从客户及外部利益相关者如供应商那里挖掘创意。用户工具箱（user toolkit）、众包（crowdsourcing）、领先用户分析等都是获取客户创意的很有价值的方式；许多公司建立了开放式创新（open innovation）框架来获取广大外部伙伴的创意。下面我们逐一讨论这些方法。关于现成创意的许多其他常见来源的信息，请参见本书附录 A 中的简短讨论。

4.5.1　用户工具箱和客户定制化

企业正逐渐开始使用用户工具箱，这是一种在某种程度上把创新任务移交给用户的正式的方法。工具箱是一套用户友好的设计工具，用户可以根据对需求的理解，设计一个最适合的定制化产品。基于这个定制化设计的产品可以随后直接进行制造或生产。很多人熟悉**产品配置器**（product configurator），这是一种简单的用户工具箱。你可以在菲亚特公司网站上"制造"小汽车，或者在戴尔公司网站上"组装"笔记本电脑，或者在耐克公司网站上设计跑鞋。这些产品配置器允许用户对一些组件（比如对于小汽车来说，这涉及发动机、内装与外装颜色、轮毂盖、音响系统等）进行自行组合与搭配，并基于此形成最终的零售价格。耐克公司甚至允许用户选择印在鞋子侧面或正面的信息（当然，用户不能要求打上"阿迪达斯"）。这些公司本质上是在实施**大规模定制**（mass customization）。在某种程度上，一位用户就是一个细分市场。菲亚特公司网站一度集中了超过 50 万种组合，这几乎可以确保新订购的车与其他任何一辆车都不同。谷物特许经营公司 Cereality 的网站上有"数以百万计"的谷物和配料组合。可口可乐公司网站上有数百种口味的苏打水，以让客户自由混合，尝试新组合。这不只是一种大规模定制的形式（客户可以调配独特的口味组合），可口可乐还可以追踪客户的选择，观察哪种组合更受欢迎，并从中获得新产品创意。

用户工具箱不只可以用来获取新产品创意。例 4.4 显示了两家公司在 B2B 条件下如何运用用户工具箱：国际香料香精公司提供基于互联网的用户工具箱，为加工食品设计特色风味；3M 通信机箱部向用户提供

计算机辅助设计程序,用户可以自行设计通信机箱,然后在3M的协助下进行调整,直到完成理想的设计。

例4.4 用户创新工具箱的两个案例

国际香料香精公司

该公司生产用于食品加工的特殊香料。一般来说,用户会提出类似"添加于豆制品的肉味香料"的需求,然后该公司开始制作。其可能会在一周内把样品送给用户。可能的问题是,用户对初期样品并不完全满意,却又很难准确描述到底想要什么。这就需要该公司重复好多次以让用户满意。这对该公司来说是有相当大困扰的,它希望一次就能让用户满意。

为了解决这个问题,该公司创造了一个网络版用户工具箱:有一个香精数据库,也有进行混合与修改的设计选项。工具箱并不提供真实的化学配方,以保护该公司的知识产权。用户可以自行设计香料,并能在输入之后几分钟就可以得到样品。用户可以通过计算机屏幕上简单易懂的操作界面做出判断,直到满意为止。

3M通信机箱部

3M通信机箱部为通信公司制造机箱,如Verizon用于安装外部设备。过去,通信客户企业会把装进定制化机箱的设备的生产订单交给3M公司,3M公司可以用计算机辅助设计程序设计合适的机箱。客户企业在检查设计时,往往会重新构思设备需求以及其他规格要求。和上一个例子一样,这种情况会出现多次。

3M公司的解决办法是,向企业客户提供一个易用版计算机辅助设计软件(为保护知识产权,只向其提供部分用户界面的软件),企业客户输入需要的设备以及其他规格,然后运行程序,其可以自行反复调整直到满意,之后将完整的设计寄给3M公司,3M公司就可以马上生产产品了。

资料来源:Eric von Hippel, "Toolkits for User Innovation," in P.Belliveau, A. Griffin, S. M.Somermeyer, *The PDMA Toolbook for New Product Development*(John Wiley&Sons, Inc., 2004)。

客户喜欢设计产品和服务吗?客户愿意多付一点钱来购买自己设计的产品吗?如果用户工具箱使用起来有趣、简单,那么答案似乎是肯定的。产品研究员尼古拉·弗兰克(Nik Franke)及其同事发现,客户愿意支付更多的钱购买自己设计的手表(不一定是最好的设计),因为其更符合客户的独特偏好。弗兰克针对用户自行设计围巾开展的一项研究表明,如果客户喜欢使用自己的设计,付款意愿就会高很多。此外,越来越多的客户认为自己设计围巾很有成就感。当然,在有些情况下,客户更看重产品的专业设计而不是进行设计,如针对奢侈时尚品牌的产品。

使用用户工具箱定制B2B产品,对用户更具挑战性。例如,学会使用例4.4中的工具箱是一项艰苦的工作,如果没有接受适当的培训,原本应有的积极成就感(以及高支付意愿)可能会被"压力太大"或"太难"的消极感觉所取代。我们在了解消费者从工具箱中获得的更多价值。新的研究表明,让工具箱成为一个"学习工具"可能会更好,这样消费者就可以与工具箱互动,企业可以从中获得关于他们偏好的见解。我们还没有找到答案,但商业产品制造商可以从中获得启示。

此外还可以使用虚拟现实进行产品定制。奥迪允许汽车购买者定制汽车,并借助现实条件实现可视化,如使用Oculus的Rift技术。通过使用Oculus for Business(包含Oculus的Rift、触摸控制器、传感器和面部识别界面），客户可以更改外观、内饰颜色、发动机规格或添加选项以构建梦想中的汽车，然后在熟悉的环境中将其可视化。除了让购车者感到有趣和兴奋，这还为他们提供了大量的信息，帮助他们做出购买决定。

4.5.2 众包

许多公司尝试从更广泛的客户那里获得产品创意。这种公开征求创意的方法被称为众包。虽然公开征求创意的想法并不新鲜，但随着在线众包的出现，这种方法逐渐被广泛应用。

戴尔公司有一个创意风暴（Idea Storm）项目，鼓励消费者在网络上提出有关新产品和改进现有产品的创意，公司成功地从全球收集到了超过一万个创意。据报道，苹果公司采用众包收集有关 iPad 的创意，浏览对客户的评论与博客，总结客户的心声，理解潜在客户最迫切的需求，这不仅涉及 iPad，还涉及 iPhone。

众包已经快速在各领域得到运用，原因在于它帮助企业直接从客户那里获取有关需求的信息。星巴克在 2008 年建立了社区网站"我的星巴克创意"（My Starbucks Idea），允许会员分享、讨论和投票，并在网站上对已实施的创意进行反馈。星巴克称，其已经收到了超过 7 万个由用户产生的创意，其中数百个创意已经得到实施，包括提供免费 Wi-Fi、发放免费饮料奖励券和研发新口味咖啡。福特公司开展了"明日之城挑战赛"（City of Tomorrow Challenge），同样利用众包来生成创意，最大限度地减少城市中的交通拥堵问题，最初，其选择在大急流城、匹兹堡和迈阿密进行比赛。最好的创意在现有的交通系统中是可行的，并且可以快速实施，比如，利用人工智能同步红绿灯变化频率，提高交通引导效率。由于居民生活质量的提高和商业环境的改善使城市受益，福特公司为城市交通的未来做好了准备。

一个经典的众包案例是，Threadless 公司邀请用户在其官网提出 T 恤设计方案，并鼓励用户投票评选最喜爱的设计，之后公司根据评选出的设计方案生产并销售产品。由于在线评选带动了新产品的知名度，在线社区成为这款 T 恤重要的销售渠道。另一个大家都熟悉的众包案例是维基百科，它依靠贡献者社区来创建和维护在线百科全书。

B2B 领域也有很多众包案例。Innocentive 为多家大型制药企业提供技术众包服务，礼来（Eli Lilly）公司等通过 Innocentive 找到掌握最佳解决方案的技术专家并向其支付酬劳。Netflix 公司曾经需要一种算法以根据用户过去的收视行为推荐电影，后来，其通过众包大赛实现了。我们在第 5 章将进一步讨论对在线社区的使用。

众包由于具有"群体智慧"的特点，相对于其他方法如领先用户分析等更有优势。也就是说，仅凭借参与者的数量就有可能产生更多的奇妙创意。1000 个客户产生的最佳创意可能会胜过 10 个关键用户产生的最佳创意。在实际应用中，如果是婴儿使用新产品，众包产生的创意比专业人员的创意更新颖，更能体现用户的利益。如果解决方案同样比较容易获得，那么其会对新产品开发非常有帮助。对于那些更复杂、难度更大或者更具体的问题，由于需要制造商和解决方案提供商互动，领先用户分析更有价值。仅仅通过众包让用户提出解决方案，可能会产生误导性结果，因为一个不太理想甚至无用的创意可能会获得很多人的支持。英国自然环境研究委员会在 2016 年举办了一次众包大赛——为一艘新极地科考船命名，最终取得压倒性胜利的名字是"Boaty McBoatface"。

运用用户工具箱以及众包能生成一些具有适应性、改进性的产品概念，但产生不了世界级新产品概念。

此外，对于企业来说，把典型用户产生的创意开发成产品并不容易，产品开发专家（或有经验的用户）比较务实，看重创意的可行性，因此，不同行业中最终用户的作用并不相同。比如，科学仪器和装备制造行业大多数成功的新产品创意最初来自客户，而聚合物及塑料化学添加剂行业的客户则很少或根本不提供建议。

4.5.3 领先用户

领先用户（lead user）是指具有目前市场上尚不常见但可能会在未来几个月或几年内大量出现的需求的用户。根据定义，他们处于趋势的前沿，对所面临的问题有最好的理解，并期望从这些问题的解决方案中获得显著收益。领先用户这个概念很容易理解：尖端研究型医院需要找到比现有已经商业化的设备更精确的测量设备，这样就可以改进流程。设想一下，如果这种流程被医学界接受，那么不需要几年，全世界无数的医院和诊所都将需要这种精确的设备。因此，领先用户可以帮助公司预测未来的客户需求。事实上，研究型医院的工作人员已经发现现实中并没有适合的设备，他们可能会考虑去构建原型或以其他方式来解决这个问题。另一个例子是，当汽车制造商为提高效率去寻找更轻、更坚固的汽车制造材料时，其往往会去找航空航天研究人员，因为他们很早就面临这个问题并且可能已经解决这个问题了。因此，领先用户对于产品开发人员具有双重价值：他们不仅有助于发现即将到来的客户需求，而且可能已经开始应对这些需求。趋势是在不断演进的，产品开发人员可以与领先用户一起预测下一个需求并不断迭代产品。

如何找到领先用户？虽然不同产品开发特点下的领先用户不相同，但我们可以根据领先用户的一些关键特征找到他们。尼古拉·弗兰克在进行风筝冲浪产品开发时，发现有两个特征可以用来发现领先用户：高利益期望和"领先潮流"（位于趋势前沿）。这些特征圈定了更有可能提出具有商业吸引力的创意的创新人才。

例如，假设你的公司是专门生产极限运动用的滑雪板的公司，你应该在哪里寻找产品创意？如今足球或高尔夫等老牌运动设备不断改进，高性能滑雪板等产品还有很多的不确定性。顶级运动员甚至仍在设计新的动作，拓展滑雪这项运动的边界。那么下一代滑雪板应该是什么样的呢？更短？更长？更轻？更重？更宽？更符合空气动力学原理？更有弹性？你怎么知道？你应该问谁？你应该去找顶级运动员，他们就是领先用户。运动员不在乎滑雪板的外观，但非常关心这个装备是否具备高性能。与这些运动员合作能帮助你开发具有突破性创新特点的新滑雪板，以满足快速变化的需求。更为重要的是，与一般用户相比，这些运动员还能很快地适应新产品，因此，这加快了新产品在市场上被接受的速度。

4.5.4 开放式创新

许多公司采用开放式创新模式。开放式创新的定义是"利用……知识的流入和流出来加速内部创新，并扩大创新的外部使用市场"。这一定义表明开放式创新在两个方向——输入型开放式创新和输出型开放式创新起作用。输入型开放式创新（Inbound open innovation）是指与外部合作伙伴合作，开发或获得所需的技术或诀窍，从而加快产品创新。输出型开放式创新（Outbound open innovation）是指通过外部合作伙伴将创新变现（例如，出售知识产权或为尚未被利用的专利找到被许可方）。

开放式创新的第一个倡导者是亨利·切萨布鲁夫（Henry Chesbrough），他认为这是一种新的创新范式，在这种范式中，企业做出战略承诺，利用外部环境中的知识提高绩效。也就是说，开放式创新不应被视为进行产品开发的一种方法，而应被视为在当今商业环境中进行竞争的全新的思维方式。

多年来，企业一直寻求从外部获取缺乏的技术，这往往表现为需要什么去找什么。最常见的方式是外包，在制药行业，由于新药发现、开发、监管批准和上市需要花费巨大成本，因此，礼来和葛兰素史克等顶级公司将大量的新产品研究外包出去。在开放式创新背景下，领导者开始认识到，公司用得上的大部分知识在公司外部（也就是说，"并非所有聪明人都为我们工作"）。于是，他们系统地、有意识地着手从外部获取知识，以弥补自己内部资源的不足并加快创新步伐。随着全球竞争的加剧，获得创新池变得尤为重要。开放式创新最终将提高所有合作伙伴的共同价值。而且，如前所述，开放式创新并不仅仅是让知识流入公司。公司往往避免不了投资的创新成果最终并没有为己所用的情况，例如，创新成果可能不适合公司的商业模式。通过开放式创新，公司可以将这个创新成果拆分，或者直接出售给有意愿的买家，或者提供许可，或者与合作伙伴组建合资企业，从而获利。

开放式创新并不意味着公司要将研发外包出去。相反，开放式创新的目标是找到不熟悉的研究伙伴，在全球范围内开展研发活动，以便与内部开发的专有技术相互补充。通过与外部公司合作，公司可以以小博大，更好地支持内部人员的研发活动。在某种意义上，有关开放式创新的知识产权就像公司之前缺乏的某个模块，其使公司可以完整地构建商业模式。公司可以从合作伙伴那里获得知识产权来完善商业模式，也可以将从未使用的知识产权让另一家公司使用从而获利。除了这些明显的杠杆优势，公司运用开放式创新还有更多的受益点：可以拥有更多数量的创意供选取；可以与掌握技术的合作伙伴建立联系以加快新产品开发进程，可以降低获取合作伙伴知识产权的风险。

让开放式创新发挥效力的关键是选择最佳合作伙伴。研究表明，创新型企业基于技术、战略和关系等对潜在的合作伙伴进行评估。合作伙伴之间的高度互信是成功的关键。

与传统的封闭式创新相比，开放式创新是有价值的模式。封闭式创新允许输入来自内部（营销或战略规划）及外部（客户意见或市场信息）。在开放式创新下，企业在产品创新模糊前端寻找外部资源已不只是为了输入——未满足的需求或未解决的问题，现在，发明家、初创企业、各种技术来源（政府部门、工业实验室）都在积极寻找合作伙伴，交流成为产品开发的基础。一个拥有商业化产品的老牌企业可以通过开放式创新受益，它更容易获得技术，从而获得在新兴领域发展的机会。

开放式创新的一个典型案例是宝洁公司。该公司有收购外部技术并将这些技术转化为成功产品的悠久历史，如 Tide、Crest 和 Bounce。2000 年上任的首席执行官 A. G.雷富礼宣布了公司层面对开放式创新的承诺。在这个名为"联接和开发"（connect and develop）的新计划中，不低于 50%的创新计划必须至少有一个外部合作伙伴。"联接和开发"的目标是确保来自外部的创意流入，并使公司内部的研发能更加聚焦。宝洁公司信奉"并非所有聪明人都为我们工作"这一观点：公司研发人员大约为 7500 人，但可能有超过 150 万不在研发岗位的人是外部创意的潜在来源。这一变革很快就产生成效：宝洁公司与一家做伤口护理研发的法国合作伙伴合作，共同开发了一种抗皱霜——玉兰油新生霜。还有一款新产品 Pringles Stix 则源于其与一家日本公司进行的创新。宝洁公司还将"清洁先生"（Mr. Clean）商标授权给了制造清洁手套、拖把和汽车清洁包的合作公司。例 4.5 描述了两个成功的开放式创新案例的细节。

例4.5 开放式创新的成功案例

高乐氏公司与宝洁公司在清洁产品领域是强劲的竞争对手,但在其他方面,则是开放式创新的合作伙伴。宝洁公司在塑料技术上有专利权,其强力塑料薄膜技术被用于高乐氏公司的两项产品 Glad Press'n Seal 及 Glad ForceFlex 塑料垃圾袋上。宝洁公司贡献其在全球营销的专业技能,高乐氏公司贡献其 Glad 的品牌权益、在塑料及树脂上的研发知识等。基于开放式创新的合作伙伴关系及宝洁公司在塑料技术上的关键贡献,Glad 的销售额在4年内增长两倍,同时 Glad 变成高乐氏公司第二个达到10亿美元销售额的品牌。

卡夫食品公司为其规划的 Tassimo 饮料机寻求开放式创新合作伙伴。虽然公司拥有食品知识、供货商及销售渠道,但在饮料机开发与制造方面需要协助。它在评估家用电器制造商的电器产品的制造与研发能力、品牌价值的兼容性、文化的匹配性及事业部战略的一致性的同时寻求认同其对质量、责任等态度的合作伙伴,最后选择了博世公司及西门子家用电器公司。

资料来源:Jacquelin Cooper, "How Industry Leaders Find, Evaluate and Choose the Most Promising Open Innovation Opportunities," *Visions*, 36(1) ,2012,pp.20-23。

詹森(强生旗下的一家制药公司)受益于开放式创新。面对激烈的竞争和新兴竞争对手,其在全球多个城市建立 JLABS 设施,以支持在生命科学研究领域的创新。JLABS 位于宾夕法尼亚大学和麻省理工学院等顶尖研究型大学附近,以便于与大学研究人员合作。其允许创业研究人员和他们的创业公司在其内部进行研究,并与詹森的研究人员互动。在公司科学家、大学研究人员和企业家的合作下,在足够的实验室空间的支撑下,詹森已经成功开发了多款与医疗和健康相关的新产品。

丹麦玩具制造商乐高集团建立了一个开放式创新系统,以从客户那里获得创意。公司管理层认为,新型机器人积木系统是极具潜力的新产品。依靠品牌知名度及可靠、高质量的商誉,乐高集团能够发现并吸引有见识的领先用户,让其成为新机器人的共同创造者。这种方式比进行早期版本产品测试的成本低。乐高集团与领先用户社区保持良好的互动:参与者在封闭的网络论坛和博客分享、改善甚至购买产品创意;邀请参与者实地参观生产设施,吸引大家关注,创造良好的口碑,最后形成稳定的、高度参与的在线社区,如使 Mindstorms NXT 机器人系统成为乐高集团有史以来最成功的产品。

耐克公司运用开放式创新架构,与合作伙伴苹果公司及客户共同创建了 Nike+。Nike+利用苹果公司的专业技术,让跑步者能监测表现、设定目标、检验达标率并挑战其他跑步者。某些 Nike+跑步者成为领先用户,耐克公司观察到这些人尝试运用 Google 地图追踪跑步路径,随即就在 Nike+中加入了地图追踪功能以满足他们的需求。基于此,耐克公司称,其跑鞋市场占有率提升了10个百分点,获利超过5亿美元。

亚马逊公司与其他公司密切合作以了解 Alexa 语音服务技术的潜力,因为这些合作伙伴有兴趣将这项技术用于自己的业务。玛氏公司希望使用语音服务技术为纽约当地葡萄酒商店的客户提供个性化推荐服务,使名为 Bottlerocket 的商店在两个月内实现销售额增长 20%,现在玛氏公司正寻求将这一服务扩展到更多零售店。与伙伴公司合作为亚马逊公司带来了明显的利益:亚马逊公司内部根本想不出 Alexa 的所有潜在用途。

上述案例是关于输入型开放式创新的。有的公司如 IBM 已经开始在实施输出型开放式创新并取得了很大的收益。IBM 有强大的内部研发能力，公司的 First-of-a-Kind（FOAK）计划通过协作来帮助客户解决问题。IBM 的研究人员以雇员的形式加入该计划的每个子计划。这样，一方面，客户可以从 IBM 的专有技术（know-how）中获益；另一方面，IBM 保留了有关技术的知识产权。2002—2007 年，FOAK 计划通过进行资产的不断再利用，产生了 4 亿美元的收入，另外还有 40 亿美元的收入来自将相关资产用于发展其他业务。开放式创新还可以在同一个网络内以公司间内外双向流动的方式进行，这种安排被称为**耦合过程**（a coupled process）。例如，宝马通过与不同行业的几家公司合作，开发了汽车控制系统 iDrive，iDrive 使用由视频游戏制造商开发的操纵杆技术，允许驾驶员控制导航、通信、娱乐和创新功能。

荷兰飞利浦公司运用一种有趣的开放式创新方法。该公司在新加坡创建了一个名为 InnoHub 的专门设施，该设施设计了几个真实场景以模仿公寓、时装店、医院病房、办公室和车间区域。在这些场景中，最终用户、产品开发人员和合作伙伴共同努力以激发突破性创意。例如，时装店的镜子展示引发了几个创意：购物者通过互联网在家观看有关产品的剪辑视频然后在线订购，或者通过社交平台向朋友分享自己穿着不同服装的照片。最初四年，超过 4000 名参与创新的人参观了 InnoHub，参观者自发地与他们看到的概念互动，产生了很多新奇的创意。

开放式创新可以利用完全在线系统。案例之一是 InnoCreative——一个网络社区，让科学家应对全球化研究的挑战。

在开放式创新政策中，企业必须进行知识产权保护。如果不仔细选择合作伙伴，公司就有可能被合作伙伴意外泄露知识产权，或者更糟的是，知识产权被故意提供给竞争对手（非法使用）。产品顾问建议，公司应对潜在合作伙伴进行尽职调查，并确保所有法律问题都得到正确处理，这涉及意向书、谅解备忘录和详细的合同。开放式创新的优点与风险见例 4.6。

例 4.6　开放式创新的优点与风险

- 输入创意可以增加创新的新模块——创意和专业技术，使新产品销量增加。
- 输出创意可以获得现金收入（IBM 每年的专利授权收入约为 20 亿美元），能够改善员工的留任状况，因为富有创造力的员工知道好的创意会被输出，而不会被埋没。
- 标明创新的真实价值。礼来公司可以进行制药授权，但如果无人购买，则表明新药价值太低。
- 帮助公司清晰定义核心业务。波音公司坚持将设计和系统整合能力作为核心能力，而将制造和生产任务交由合作伙伴完成。
- 风险：不要完全以财务价值评估创新。问问施乐吧！
- 专有商业秘密有可能会被泄露给合作伙伴，即便不是有意的。
- 偷窃技术或挖走高级研究人员也是一个问题。

资料来源：Darrell Rigby, Chris Zook, "Open-Market Innovation," *Harvard Business Review*, 80(10), 2002, pp.80-89; Mariann Jelinek, "Open Innovation,"in V.K. Narayanan, Gina C. O'Connor, eds, *Encyclopedia of Technology & Innovation Management*（Chichester, UK: Jonn Wiley, 2010 ）chapter

像宝洁和金佰利这些进行开放式创新的公司，也会调整新产品流程。简言之，新产品流程必须将外部开发的创意、知识产权、技术及/或商品化产品整合进来。为了实现这一目的，需要新产品流程进行全面的或局部的改变。在概念生成和评估阶段，公司要积极接触发明人、初创企业、创业公司，以及其他可能的开放式创新合作伙伴，并评估合作进行产品开发的潜在价值。在开发阶段，公司要从外部科学家及其他个人那里寻求技术协助，以取得外部开发的创意或知识产权进而推进项目，这个阶段还是公司为目前尚未采用的知识产权找到被许可方的有利时机。在上市或商品化阶段，公司可以销售这些新的商业化的产品以获取利润，也可以进行授权，还可以收购已在其他地方上市的产品，以实现更大规模的增长。

本章小结

第 4 章介绍了新产品的概念生成。首先提出管理层要为概念生成做好准备，包括运用产品创新章程的战略指南、寻找和培训有创造力的人员，以及创造一个激励他们的工作环境。

接下来讨论产品概念：它是什么，它不是什么，以及它是如何产生的。概念是由技术、形式和需求/利益等组成的，通过产品概念向潜在购买者传达产品是什么、看起来是否有用、能否进行测试。

本章提出了获取高质量新产品概念的两种途径，进一步讨论寻找现成概念的方法。大量公司已在使用这个方法，公司或多或少应该利用这个方法。当然，这还涉及一些法律问题。本章最后概述了管理最终用户、领先用户、新产品流程外部员工等的创意可遵循的一些步骤。

第 5 章将讨论创造新产品概念最困难但截至目前最佳的方法——基于问题的创意生成。

案例 谷歌眼镜

谷歌在 2012 年开发了一款新的可穿戴设备——谷歌眼镜。谷歌眼镜看着像一副眼镜，实际上，它提供了一个非常像智能手机的交互式显示器，通过语音命令运行，并支持使用蓝牙和无线连接。谷歌眼镜由安卓系统驱动，并且与使用安卓或苹果操作系统的设备兼容。

谷歌眼镜被看成智能手机发展过程中的下一个逻辑设备——一种可穿戴设备，可以提供智能手机的所有功能，用户甚至不需要低头就可以使用它。显示器在用户的视野内，但不影响用户的视力。戴上谷歌眼镜，用户可以完成智能手机上任何熟悉的功能：发送消息、拍照、打电话、上网、导航等。

2013 年年初，谷歌宣布了一项名为#ifihadglass 的推特活动，并确定了 8000 名高度感兴趣的参与者，他们被称为 Glass Explorers。这些探索者有机会购买谷歌眼镜的测试版。2014 年，为了扩大探索者的规模，谷歌宣布只进行一天的公开销售，允许美国的任何消费者购买谷歌眼镜。

谷歌眼镜计划以 1500 美元的零售价上市。有几个竞争对手提供类似的产品。Meta Pro 的零售价接近 3000 美元，其他产品如 Visix 智能眼镜、Recon Jet 和 Optivent Ora-S AR 的零售价都在 1000 美元以下。尽管谷歌眼镜的价格比任何竞争对手（除了 Meta Pro）都高，但其他设备既没有产品系列或某些功能，也不拥有巨大品牌资产。

你可以在 YouTube 上找到宣传谷歌眼镜的最初广告。虽然对 B2B 以及主流消费市场的预测结果都是非常正向的，但谷歌在 2015 年 1 月结束了对谷歌眼镜的测试，该产品从未被全面推出。至少在两年内，谷歌无意以任何形式再将这个产品带回来。

你认为谷歌眼镜失败的原因是什么？根据宣传视频和你了解的谷歌眼镜，你对这款产品有什么看法？你个人认为它有可获取的利益吗？如果没有，你认为哪些细分市场可能会从谷歌眼镜受益？具体来说，其将如何受益？

假设谷歌眼镜原型刚刚停产。根据图 4.1 所示的新产品概念，描述谷歌眼镜最初的需求/利益、形式和/或技术。然后，使用本章中讨论的"构建模块"方法，用一个新的概念替换需求/利益、形式和/或技术，尝试开发至少五个可行的新产品概念。然后，说明每个概念的目标客户，并证明这将是一个比最初的谷歌眼镜更有潜力的、更理想的产品。

案例 Indiegogo 众筹平台

众筹平台是初创企业获得资金支持的一个热门的地方。许多大公司发现了众筹的好处，这是一种衡量客户对产品概念的反馈意见甚至为开发提供资金支持的好方法。Indiegogo 成立于 2008 年，与 Kickstarter 一起是最早的众筹平台。截至 2018 年，Indiegogo 已与包括可口可乐等全球化公司在内的大约 50 家《财富》500 强公司以及数千家初创企业建立了合作关系。事实上，Indiegogo 的一个产品——企业计划源于与通用电气的合作，主要目的是服务大企业客户。Indiegogo 高级执行官大卫·曼德尔布罗特（David Mandelbrot）称，这些企业巨头"刚刚开始将其正在开发的产品投放到 Indiegogo 上"，而不是依赖焦点小组和问卷调查等熟悉的方法。

2018 年 9 月，丹麦玩具制造商乐高集团联系 Indiegogo，希望测试消费者是否对一款名为 LEGO Forma 的新产品感兴趣——这是一个机械动物模型，旨在为成年人提供有趣、减压的建筑套件。该套件包含大约 300 个可以被构建成移动模型的部件。Indiegogo 的国际众筹网站上放置了一个 LEGO Forma 锦鲤鱼套件，售价为 45 美元，另外，四种不同的替换皮肤（每种售价为 15 美元）允许用户改变鱼的颜色或将其外观变成鲨鱼。乐高集团高级营销经理兼创意游戏实验室负责人卡莉·温瑟·尼尔森（Kari Vinther Nielsen）表示，"通常情况下，乐高集团针对这类新产品会使用传统的研发流程，然后进行全球发布。在进行全球发布之前，我们会进行测试，看看用户是否感兴趣"。乐高集团没有失望。其在 Indiegogo 上设定了销售 500 个的目标。在最初的三个月里，其销量达到了目标的 5 倍。

Indiegogo 为成千上万个产品提供了有用的客户研究，并为小型初创企业和大型公司提供了有用的研究。SoberUp 是一种能减少酒精对身体的影响并最大限度减少宿醉症状的饮料，于 2018 年 10 月在 Indiegogo 上众筹，其在上线后的头几天就完成了筹款目标的 148%。大约同一时间，赛果（Saigo）在 Indiegogo 上推出一款运动型多功能车（SUB）。SUB 的设计既方便又坚固，可以作为普通自行车使用，允许骑手使用 500 瓦的电动机来增加行驶里程。用户还可以通过应用程序监控里程，或者支付升级电池的费用，这样，其就可以远程找到自行车的位置。

Indiegogo 和其他众筹网站允许消费者付费以尽早获得产品。用户可以提供反馈，这使他们感觉参与了开发过程，同时，其可以以低成本提供关于产品可行性的有价值的研究信息。对于乐高集团来说，众筹已经成为一种有效且廉价的产品测试方法，尤其是当它的传统产品线（塑料积木）失去市场的时候。

讨论众筹的利弊。在上面提到的任何一种情况下，你会在产品推出之前推荐进行任何其他类型的测试吗？众筹会产生误导性的结果吗？为什么？如何避免这个问题？

案例　Aquafresh 美白牙托

本案例讲述了葛兰素史克公司与一家小型制造公司——奥创科技（Oratech LLC）公司建立开放式创新关系，推动 Aquafresh 强效美白牙托进入牙齿美白产品市场。在某种意义上，它们建立的这种伙伴关系几乎是完美匹配的，这是开放式创新教科书级别的案例。葛兰素史克公司在产品营销、零售和分销方面的优势明显，其注意到牙齿美白产品市场的快速发展。奥创科技公司同样意识到了这个市场的潜力，开发相关产品，拥有许多专利及自行制造能力，但产品开发之路并不像预期的那样顺利。

市场上第一个成功的牙齿美白产品是宝洁公司在 2001 年上市的 Crest Whitestrips，随后出现了多个竞品。虽然市场对这些产品的反响不错，但用户投诉仍很频繁。值得注意的是，用户发现前几款产品使用起来有些不方便，味道难闻，而且不干净。这让葛兰素史克公司发现了提高客户价值的机会：通过提供更好的牙齿美白效果，同时让产品味道更好、更易于使用。这样葛兰素史克公司可以在这个市场占据一定份额。此时，葛兰素史克公司的 Aquafresh 牙膏产品线已经涉足口腔护理市场。公司管理层认为，只有提供具有卓越价值的产品，才配得上 Aquafresh 这个名字。他们同时认为，进入市场最有效的方式就是与掌握技术的合作伙伴合作。

奥创科技公司是一家小型自有品牌制造商，已经在生产美白牙托，主要客户是牙医和其他专业人士。该公司也发现了消费市场的发展潜力，但需要一个具备营销能力和品牌资产的合作伙伴。奥创科技公司在研究了一些潜在合作伙伴后，很快就选择与葛兰素史克公司合作，原因是葛兰素史克公司具备与主管机构交涉的能力以及营销和研发能力。

由于两家公司存在文化差异，合作初期出现了一些问题。葛兰素史克这类大型全球化公司有复杂的研发及管理标准文化，这让奥创科技公司非常惊讶。更出乎意料的是，两家公司的新产品开发流程也有些不同，奥创科技公司的新产品开发流程更简单、更有效率，这是小型制造公司的典型特征。

接下来的合作进行得很顺利，双方仅用大约 18 个月的时间就做好了新产品上市的准备。葛兰素史克公司遇到了一些开发挑战，这要求其做出一些典型的有关产品开发后期的决策：是牺牲质量，还是放慢上市速度？尽管遇到这一小小的挫折，但葛兰素史克公司从未有过任何怀疑：Aquafresh 品牌意味着给消费者带来最优质产品的承诺，这是第一要务。奥创科技公司的管理者对葛兰素史克公司对这一承诺的重视程度印象深刻，葛兰素史克公司请来了顾问，解决开发问题且不拖延开发时间。奥创科技公司的营销和销售副总裁考特·安德森（Scot Andersen）表示，"葛兰素史克公司对待品牌产品的专业谨慎态度，促使我们完善了流程"。

Aquafresh 美白牙托在 2007 年年初上市，突破了之前的销售预测，逐渐成为牙齿美白行业中的顶尖产品。双方高管一致认为，成功的一个关键因素是双方在整个新产品开发流程中的开放沟通。开放沟通形成了这样的现象：如果一方遇到制造问题，另一方就能找到解决方法。例如，在牙托的制造过程中，葛兰素史克公司更喜欢牙托单独成型，但也清楚这样会增加制造时间和成本。一种解决办法是真空成型再进行切割，但这会造成牙托边缘的瑕疵。奥创科技公司凭借专业的制造技术和知识，想出了消除瑕疵的方法，最终生产出理想的产品。相应地，奥创科技公司对于葛兰素史克公司的员工（包括高层主管）对整个新产品流程的清晰把控感到十分惊讶，其没想到像葛兰素史克这么大规模的公司仍能做到对流程的清晰把控。

Aquafresh 美白牙托在市场上取得成功的原因是什么？请注意：宝洁公司和高露洁公司也拥有与葛兰素史克公司相当的规模和渊博的知识，也有类似的产品，本应能够轻松抵御 Aquafresh 的竞争。进一步分析，不论是葛兰素史克公司，还是奥创科技公司，对于运用开放式创新，我们可以学到什么？

第 5 章

创意：问题发现和解决方法

5.1 引言

本章讨论目前所知的最有效的概念生成方法——发现客户问题并解决的方法。这种方法看上去很简单、很容易：只要知道客户的问题是什么，然后找一位科学家给出解决方案就可以了。但事实并非如此。

让客户参与进来并不是一件容易的事，了解他们的问题就更加困难了，原因之一是客户常常对问题不是十分清楚。想了解问题，企业的很多部门都需要参与进来，不只是技术部门。回顾一下图Ⅱ.1中有关基于问题进行概念生成的流程，并思考一下，基于问题的创意生成方法与其他收集新产品概念的方法是如何相互配合的。

产品经理应热衷于发现客户的问题，并构思如何用最好的方法解决这些问题。对他们来说，这项工作既充满乐趣又令人兴奋。以玩具为例，富有创造力的人会意识到，不能只询问孩子正在玩的玩具有什么问题，而且要观察孩子在房间里如何玩，玩的时候还缺少什么，孩子是如何解决这个问题的，比如，把箱子作为玩具车的车库。这样，你的创意会随时迸发！

5.2 基于问题的概念生成体系

每个创意的生成场景都是不同的，在紧迫性、企业技术、目标客户、产品本身、可获得资源等方面都有很多不同。从总体上看，最有效的是基于问题的概念生成方法，该方法适用于各种实际场景（有关步骤见图 5.1）。

这个过程从场景研究开始，通过各种方法找出问题、评审问题、进行概念陈述，然后进行评估。整个过程需要那些能提供有价值的信息的利益相关者紧密参与，包括最终用户、建议者、金融家、咨询顾问，以及建筑师、医师等专业人士，还包括经销商，甚至一些非用户，他们都有可能为我们提供有价值的信息。

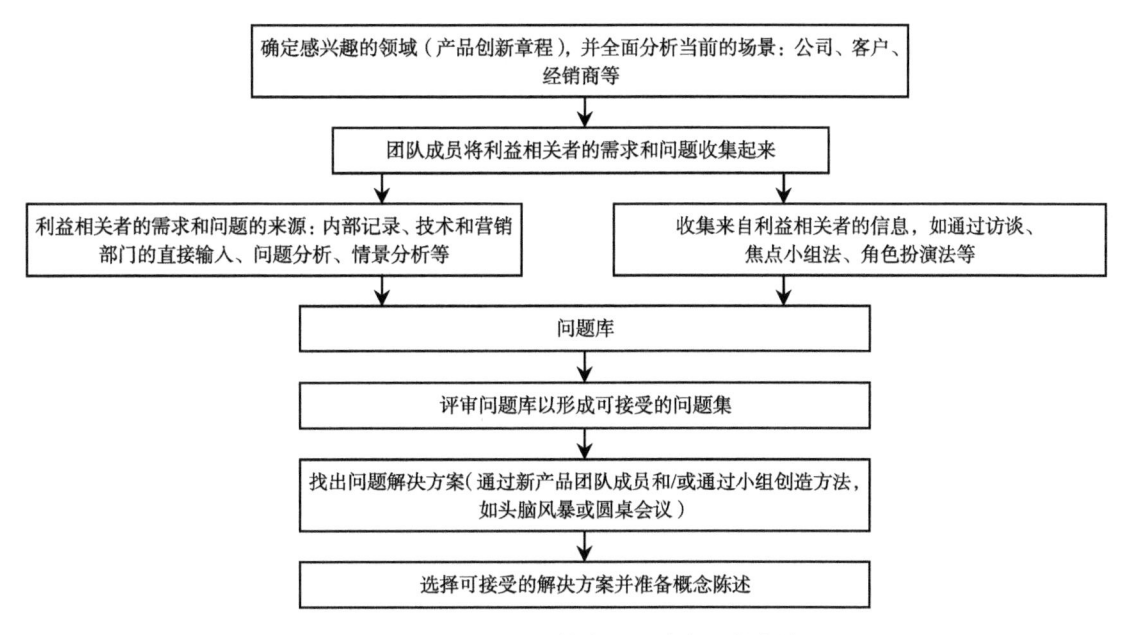

```
┌─────────────────────────────────────────────────────┐
│ 确定感兴趣的领域（产品创新章程），并全面分析当前的场景：公司、客户、│
│                    经销商等                          │
└─────────────────────────────────────────────────────┘
                          ↓
         ┌──────────────────────────────────┐
         │ 团队成员将利益相关者的需求和问题收集起来 │
         └──────────────────────────────────┘
           ↓                               ↓
┌─────────────────────────┐    ┌─────────────────────────┐
│ 利益相关者的需求和问题的来源：│    │ 收集来自利益相关者的信息，如通过访谈、│
│ 内部记录、技术和营销部门的    │    │ 焦点小组法、角色扮演法等      │
│ 直接输入、问题分析、情景分析等│    │                        │
└─────────────────────────┘    └─────────────────────────┘
           ↓                               ↓
              ┌────────────────┐
              │    问题库       │
              └────────────────┘
                      ↓
         ┌──────────────────────────────────┐
         │  评审问题库以形成可接受的问题集      │
         └──────────────────────────────────┘
                      ↓
         ┌──────────────────────────────────┐
         │ 找出问题解决方案（通过新产品团队成员和/ │
         │ 或通过小组创造方法，如头脑风暴或圆桌会议）│
         └──────────────────────────────────┘
                      ↓
         ┌──────────────────────────────────┐
         │  选择可接受的解决方案并准备概念陈述    │
         └──────────────────────────────────┘
```

图 5.1　基于问题的概念生成方法的步骤

第 2 章讨论过一个观点，新产品失败的首要原因是不了解潜在最终用户的感知和需求。解决这个最棘手的问题，需要我们的开发流程从最终用户自身的问题/需求开始，并且，我们要做到感同身受。幸运的是，公司与利益相关者之间的距离现在已经越来越近了，但是对于高度机密的新产品，让利益相关者融入其中还是存在一定难度。因此，我们要向客户满意度高的经理学习。

5.3　收集问题

图 5.1 列出了有关利益相关者需求和问题的四个来源：内部记录、技术和营销部门的直接输入、问题分析、情景分析。下文分别讨论这四个来源。

5.3.1　内部记录

需求和问题最常见的来源是公司与客户及市场上其他人的日常接触。比如，每日或每周的销售回访报告、对客户或技术服务部门的调查结果、经销商的提示等。销售文件中有很多客户和经销商的建议和意见，质量保证文件会揭示问题所在。除了这些日常接触，公司还可以通过进行正式的市场调研来收集客户满意度信息。这类研究的意义很大，正如全面质量管理团队的工作文件的意义一样。

工业品和家庭日用品消费者有时对产品会产生一些误解，想当然地按照错误的理解来使用产品。因此，投诉文件有助于反映客户的心理。免费客服电话或投诉网站是处理客户投诉的方法之一，既有助于化解投诉，又有助于促成新产品创意。工程师可以抓住为客户提供上门服务的机会，近距离观察客户使用产品时遇到的问题。

在收集信息时，可以将日常接触方法和其他信息收集方法（比如，问题解决方法或客户调查方法）结合起来，这样的效果会更好。2006 年，美国庄臣公司进行的一次客户研究发现，大概 1/3 的房主每个月只清理一次（花很少的时间）浴室，理由是太难打扫、太费时间。超过一半受访者说，他们看见浴室出现明显污垢或垃圾时才会去清理。几年之后，肥皂与清洁剂协会（Soap and Detergent Association）进行的另一项调查显示，拥有一个"闪亮的浴室"是最让房主满意的清理工作之一。大部分人说不会雇用管家或清洁服务人员，会亲自完成这项工作。庄臣公司管理层把做的客户研究与协会的调查联系在一起，发现了一个有巨大潜力而且尚未被满足的需求：浴室清洁剂。它能够让清理工作更轻松。基于这个发现，可擦洗泡沫淋浴蓬头自动清洁剂（Scrubbing Bubbles Automatic Shower Cleaner）应运而生：与淋浴蓬头接在一起，只要按下按钮，就可以毫不费力地在浴盆/淋浴区洒满清洁剂。庄臣公司在市场上还推出一款热卖的可擦洗泡沫浴室清洁剂，这款产品是之前产品的自然延伸，也很受大众欢迎。

5.3.2 技术和营销部门的直接输入

营销和技术人员的重要职责之一，就是了解最终用户和利益相关者的想法。为此，他们把很长的时间（甚至几年的时间）花在客户和最终用户身上。营销和技术两个职能部门的代表，需要主动与同事讨论并找出每个问题的症结，这是因为大部分同事相当忙碌。

管理者应该知道，技术人员可能存在于公司的任何地方，不只是研发或工程部门，可能在制造、技术服务和法律事务部门。销售人员也不只在营销部门。这一点常常被忽略。

让公司内部员工来汇报客户问题存在缺陷：① 建议常源自员工个人对客户问题的看法；② 每个建议往往跟随一个相应的解决方案。事实上，这时候，我们首先需要知道的不是员工打算做什么，而是客户想要什么，以及为什么。其中，我们最想知道的是"为什么"。

另外，员工记忆存在时效性和困难性，这也是一种缺陷。所以，我们更加依赖主动搜寻利益相关者的问题，也就是说，与所有利益相关者直接接触，询问他们遇到什么问题以及他们的需求。上述所有市场接触和搜寻方法都能帮助我们收集有用的问题，但我们通常说的与用户直接接触的方法指的是问题分析。

5.3.3 问题分析

每个行业、每个企业、每位经营者的成功故事里都有一些关键时刻，即新产品或新服务成功地抓住了在当时其他人没有意识到或没有重视的关键问题。虽然我们经常用**问题清单**（problem inventory）一词来描述问题分析方法，但问题分析不是简单地进行用户问题汇编，把问题列入清单是第一步，进行分析才是关键。

有一位广告公司高管曾经说，如果问人们对新房子有什么需求的同时问他们现在的房子有什么问题，就会发现，在他们回答这两个问题时所得到的清单有明显的差异。继续观察他们的行为，就会更清楚地发现，问题清单的预见性远远胜过需求清单。用户往往从已有产品的视角表达需求，而在陈述问题时不会受到产品的限制。因此，当你询问一个人需要或想要什么样的洗发水时，得到的回答会是"清洁秀发""柔顺头发"等，这些回答反映的是最近市场上正在宣传的突出功能。如果换一种方法，你询问一个人"你的头发出现了什么问题"，回答就可能扩展到许多与洗发水无关的话题上，如发型或颜色。参见例 5.1 中智能手机的例子，这个例子列出了我们想要在问题分析中寻找的重点。

例 5.1　应用于智能手机的问题分析

以下是针对智能手机用户进行调研时的常见问题。试试看你能否将这些问题归纳为少数几个问题，并选择一个问题，该问题对新款智能手机开发人员最有建设性意义。

保持电话清洁。	电话号码很难查找。
容易摔坏。	对方的声音时隐时现。
电池续航力不足。	听说有健康隐患，是真的吗？
网络连接不好。	没办法夹在耳朵和肩膀之间。
网页的文字太小。	我的手臂和耳朵都很累。
键盘"按钮"太小，很难输入文本。	有时铃声太大了，但有时又听不到。
网速太慢。	手机是一种干扰性很强的工具。
难以下载 App。	我看不到对方的面部表情和肢体语言。
在屏幕上难以找到 App。	打紧急电话时会慌张。
在黑暗中无法找到手机。	有人会在半夜打错电话。
有关颜色或款式的选项太少。	电话无法接到。
通话到一半时没电。	害怕铃声可能代表的意思。
不确定对方能否听见我的声音。	避免听到"如果您想接通业务人员，请按 1"等。
通话断线（突然掉线）。	不知道什么时间是给别人打电话的最佳时间。

很多获奖产品的设计源于运用问题分析方法。有这样一个案例，房主报告了有关烟感报警器的几个问题：设计很丑，关闭很麻烦（要爬到椅子上），警报很扰民，缺乏处理紧急情况的说明等。为此，科勒曼（Coleman）公司研发出了 Safe Keep Monitors 系列产品，外观美观，有一个很容易操作的触碰开关。科勒曼公司的产品有个盖子，当发生紧急情况时，打开盖子就会显示使用说明，这样在紧急情况下不必到处寻找使用手册。由于针对用户真实问题进行设计，该公司取得了很好的销售业绩。还有一个 B2B 的案例，墨西哥一家大型水泥公司——Cemex 公司在进行客户调研时发现了一个之前隐藏起来的问题：客户会因为水泥没有准时送达约定的地点而不高兴。于是，Cemex 公司抓住这一机遇，将自己重新定位为最准时的供应商——水泥行业的"达美乐比萨"。

戴森公司曾经非正式地将问题分析用于双气旋无滤网真空吸尘器的开发中（见第 1 章）。已有的吸尘器在功效、可操作性、处理灰尘等方面令人非常不满意，所以戴森公司想要开发一个更好的吸尘器。几年后，戴森公司生产了一种功能强大的干手器 Airblade，并进军商业市场，到 2009 年，它进一步对 Airblade 采用的技术进行改进，推出了像吸尘器一样的风扇。几十年来，家用风扇在设计上一直保持不变。戴森公司的产品创新恰恰是通过快速且全面的问题分析实现的，该分析确定了风扇的几个改进点。正如戴森公司研发人员所说，传统风扇的"旋转叶片会阻断空气流动，产生嘈杂的声音，不易清洗，而且小孩经常想把手指伸进风扇中"。你还能发现更多的问题：风扇会翻倒，而且不节能。无叶片风扇就要解决这些问题，正如其名，它没有叶片，更安全、更易清理，空气流动更顺畅。无叶片风扇能有效降温，而且重心低，不易倾倒，这使该产品具有与戴森公司其他产品相似的特性以及"吸引力"设计元素。无叶片风扇在 2009

年年末顺利上市,虽然价格比传统风扇贵很多(大约为 300 美元),但客户非常喜欢这一款外观好和性能优良的产品。

注意,本案例与之前的案例都要求高层管理者在激励新产品团队探索客户问题时打破正常的边界。

5.3.4 问题分析的步骤

问题分析有几种变体。常用的是**逆向头脑风暴**(reverse brainstorming)。在该流程中,参与者生成一个当前在用产品的关键问题清单,将这些问题分组并按优先级进行排序,以便新产品开发聚焦解决最重要的问题。具体步骤如下。

步骤 1

确定需进行探索的合适的产品或活动类型。如果产品创新章程的重点领域已经陈述了用途、用户或产品类型等,就不需要这一步骤了。

步骤 2

根据所确定的产品或活动类型,找出一组重度用户或活动参与者。重度用户往往对问题有深入的了解,代表市场上大量的潜在销售对象。另一种方法是研究非用户,看看是否以一定的方式把他们排除在外。

步骤 3

从这些重度用户或活动参与者身上收集与该产品类别相关的问题,研究产品使用情况或整个活动系统。这就是前面提到的问题清单阶段(不只是让受访者列出问题)。一个好办法是让受访者打分:① 他们希望从产品中获得什么利益;② 他们正在从产品中获得什么利益。两者的差距表明存在问题。抱怨是正常的,这往往意味着需求,人们对新产品总是有很多抱怨,这是因为用户倾向于追求完美,经常在遇到问题时抱怨。一些企业已经成功地观察到了消费者或企业实际使用产品的情况,例如,通过观察正从山坡上滑下来的滑雪者或正在处理邮件的办公室人员了解使用产品的情况。

步骤 4

根据问题的严重性和重要性对其进行分类与排序。可采用的方法有很多,其中,问题评分的困扰指标法如表 5.1(基于宠物产品制造商发现的宠物主人的问题清单)所示。采用的指标有:① 问题的程度(困扰度);② 问题发生的概率。根据用户对问题当前解决方案的知晓程度,调整"困扰指标"(bothersomeness index),从而找到对用户很重要但尚无解决方案的问题。

表 5.1 问题评分的困扰指标法

问 题	A 问题发生的概率	B 问题的困扰度	C A×B
需要不停喂食	98%	21%	0.21
有跳蚤	78%	53%	0.41
毛发脱落	70%	46%	0.32
产生噪声	66%	25%	0.17
意外的宠物繁殖	44%	48%	0.21

资料来源:Burton. H. Marcus, Edward M. Tauber, *Market Analysis and Decision Making*(Little Brown, 1979),p.225。

5.3.5 问题分析的方法

问题分析的工作之一是收集客户问题。可用的方法有很多，但使用起来并不容易。客户/用户可能并没有意识到问题，或者无法用语言表达出来，或者即便知道存在的问题，也往往会因为尴尬而不愿意说出来。人们想了很多复杂的方法来化解这些困难，具体将在第 6 章讨论。

1. 专家

向专家求助，咨询他们对该类产品的研究经验，或者把他们当作最终用户的代理人。专家有多种类型，可以是销售人员、零售和批发渠道人员，也可以是行业第三方专家——建筑师、医生、会计师、政府官员、贸易协会工作人员等。

2. 已公布的资料（二手资料）

已公布的资料包括行业研究、企业过去对相关主题的研究、政府报告、社会评论家的调查、大学科学研究等，这些资料通常很有用。例如，一项全球消费者数据调查发现，越来越多的人一整天都在吃零食（千禧一代最有可能吃零食而不是吃早餐），传统的用餐时间对许多家庭来说越来越不普遍。其他研究显示，消费者希望吃健康又方便的零食。为应对这个趋势，食品制造商推出了一些创新产品，如添加松脆配料的酸奶，以及含有椒盐卷饼、奶酪和/或肉类的零食包。

3. 利益相关者

最有效的方法是听取客户声音，即通过访谈、焦点小组法等方法，直接询问家庭成员或企业客户。

（1）**访谈**。直接的一对一访谈是目前最常用的方法。该方法既可以用于大规模的、非常正式的、科学的调查，也可以用于与领先用户进行讨论。访谈可以作为一种概念生成方法（详见第 4 章）。领先用户通常是第一个发现问题的人，而且有些人会对此做出回应。有时，访谈可能仅仅是在商业展会上与一些关键客户进行交谈，虽然某个问题可能仅仅来自某一个人，却对我们十分重要。电话访谈是获得新产品概念快速且有效的方式，并且能够确保目标受访者（如专家或客户公司的一位高层主管）认真回复，而不是用一分钟草率地填写回答。许多最终用户对于所使用的产品没有太多的想法，通常只是将这些产品视为生活的一部分。所以，在商业展会或电话交流中，即使一个不正式的讨论，都能使我们重新思考，如将那些通常会被遗漏的事情提出来。

（2）**焦点小组法**。焦点小组（focus group）法是一种用来探索或深度讨论问题的方法，容易进行，成本不高。即便出现错误，也不会带来实质影响。如果我们不是为了寻求事实或结论，而只是探讨什么是真正的问题，那么焦点小组法就很有效，因为焦点小组能激励人们说出在一对一访谈中不愿意表达的意见。如果小组中有人先认可问题，其他人再谈论这些问题就会变得很容易。

不过，若只根据焦点小组法进行问题分析，你就会被成本影响。比如，如果你召开了 4 场、每场 12 人、每场 2 小时的焦点小组会议，而只生成了 5~6 个创意，这样的话，成本是很高的。

焦点小组法虽然被使用得相当普遍，但并不一定会取得成功，甚至有很多时候是不成功的。焦点小组法属于**定性研究**（qualitative research）方法，不同于传统的问卷调查方法，焦点小组法聚焦讨论的深度而不是讨论的人数。一个好的焦点小组应该问如下问题。

- 真实的问题是什么？也就是说，如果没有这个产品的话会怎样？
- 焦点小组成员对这类产品当前的态度和采取的行为是什么？
- 焦点小组成员要求的产品属性和利益是什么？
- 他们不满意的地方、问题以及未满足的需求是什么？
- 他们的生活方式正在发生哪些与这类产品有关的变化？

一个典型的案例，日产公司组织了一个包括美国 8～15 岁儿童的焦点小组，希望获得对小型房车内部储存空间、杯架等的创意以便改进设计。

邀请科学家和公司高层参与焦点小组，有助于确保效果。同时，尽量避免那些被称为"祈祷者"（prayer group）的人参与：其坐在镜子后面祈祷听到想听的意见，而不关注用户到底在说什么。必须保证焦点小组的人数规模，这样才能保证参与者之间的互动。而且，别指望焦点小组的成员会喜欢你的产品！焦点小组会议的主持人知道不能冷场，对待参与者的态度有些类似舞会中主人对待陌生客人的态度——让参与者感觉舒适，让他们进行介绍。主持人必须发自内心地喜欢与人互动，通过问问题来打破僵局，让参与者敞开心扉，产生信任感，愿意分享经验与做法。

（3）**人种学市场研究**。人种学市场研究方法源于社会科学研究，新产品团队观察客户（或非客户）在所处的环境中如何使用产品。有时可以用录像或拍照的方式记录。仔细观察动作、肢体语言等，以理解客户的需求，找到满足这些需求的潜在的新产品创意。

人种学研究可以在现场或家庭进行。现场的人种学研究是在客户使用产品的地方进行的，如办公室、度假村或车里。研究人员边访问受访者，边观察他们使用产品的情况，以获得更深入的信息。家庭的人种学研究是指进行长时间的家庭访问，研究人员可能会花几小时访问几个家庭成员，进行观察和拍照。目的是深入了解产品实际上是如何被使用的，以及客户的需求是如何变化的。

在焦点小组法中，笔记本电脑制造商与潜在客户一起测试新原型并获得有价值的信息。进行家庭访问的人种学研究可以获得在焦点小组中得不到的观点。家庭人种学研究结果可能显示，主人在光线昏暗的房间或堆满纸张的桌子上使用笔记本电脑，或者喜欢在工作时喝咖啡并且偶尔会把咖啡洒到键盘上。这些研究结果中的任何一个都可能表明一种未被满足的需求，这种需求应被重视。福特公司在重新设计热卖的运动旅行车 Explorer 时，派设计师团队到停车场观察车主如何使用他们的车。研究人员的职责与观察动物自然栖息地的动物学家很像，这项工作在公司内被称为"大猩猩研究"。福特公司设计师团队最后得出的结论是要方便人员进入。同样，本田汽车公司的工程师和高层主管访问过拥有福特运动旅行车的美国家庭，发现许多车主把自己的孩子或邻居的孩子放在前两排座位，而将狗放在第三排座位。如果这项研究只在日本进行，则其会因为不了解美国人对狗的热爱而会把乘坐空间设计得很小。

（4）**客户现场访问**。这是人种学市场研究的一种变体，通常用于 B2B 产品。现场访问团队由市场营销人员和技术人员组成，通过访问企业客户，以更好地了解客户的需求，这有助于改进跨职能团队的合作方式。现场访问团队可以通过让客户列出面临的问题以及心目中的解决方案（如果有）来启动研究项目。

福禄克（Fluke）公司在为化学工业开发一种革命性的新型手持仪器时，参观了化学工业贸易展和客户工厂，与最终用户（仪器工程师）进行了非正式交谈。这种方法被称为"墙上的苍蝇"（fly on the wall）或"一整日"（day in the life）研究。研究人员发现，工程师在现场使用校准仪器时遇到两个具体问题：需要将许多校准仪器带到现场；需要将读数转录到剪贴板上，然后手动输入计算机。这两个具体问题引发了其对通用校准量规的开发，这些量规可用于许多场景，还可以通过电子方式记录读数，并且读数很容易地被下载到计算机上。

4．角色扮演

心理学长期以来倡导运用角色扮演法提高创造力，但运用该方法产生新产品创意的成功案例并不多。角色扮演法的价值在产品用户无法将体验用图像或语言表达出来时就能显现出来。更有效的场景是消费者由于情绪原因而不能或不愿表达观点，比如，在个人卫生领域。

用户是创意生成的最佳起点。虽然问题分析的方法被应用得很广泛，但大多数企业并没有通过建立系统化制度来充分利用这个方法，这无疑是会令人遗憾的。1983 年，李维·斯特劳斯（Levi Strauss）的铆钉牛仔裤的创意就来源于内华达州的某位用户。所以，为什么不赶快建立制度？

概念生成的一种方法是**产品功能分析**（product function analysis）。一个产品可以用两个词来表达：一个是动词；另一个是名词（作为宾语）（比如，牙膏"清洁牙齿"）。用动词和名词（作为宾语）进行组合思考，就能产生新产品功能。这个方法可以产生数以百计的包含两个词的迷你概念，可以通过计算机将这些概念提供给受访者，请受访者根据喜好进行评分。对于得分最高的概念企业进行深度访谈，进一步探索受访者的感受与创意。食品加工业在应用这个方法时，不仅产生了很多新颖的迷你概念，比如欢乐食物、触摸食物等，也产生了很多评价不好的概念，比如海绵食物、蒸发食物等。为进一步开发这些概念，需要了解人们为什么喜欢这些概念。

5.3.6 问题分析的方法的运用

一个很多年来一直没有得到满足的需求，就是应对电影院里嘈杂的撕糖果包装纸的声音。电视名人吉恩·沙利特（Gene Shdit）有一天早上在广播节目中抱怨撕糖果包装纸的声音，Hercules 公司的一位高层主管在坐地铁上班时无意中听见了，为此，其请实验室开发出了无声的糖果包装纸。最后，该公司没有使用特别的加热、防水及不透气技术，只用聚丙烯（polypropylene）就生产出了此款包装纸。

丰田、三菱等汽车公司曾经为抢占美国市场而重新设计运动型旅行车。通常，在一款车的销售达不到预期时，公司就会开始改进这款车。比如，丰田公司的 T100 在美国销售不佳，研究发现，原因在于车子太小了，为此，丰田公司开发出了配备 V8 引擎、乘坐空间大到足以让乘客"戴上超大牛仔帽"的 Tundra，其热销程度可想而知。

持续进行问题分析对于发现新问题和持续改进非常重要。达美乐比萨就是一个例子。几十年前，创始人发现了一个未被满足的需求：快速、可靠的比萨外送服务。对于加夜班的客户来说，只要比萨送来的速度够快，而且是热的，品质只要达到中等，客户就会很满意。几代客户都知道达美乐比萨的"30 分钟内送达，否则免费"的服务承诺。但是到了 2009 年，外送服务竞争逐渐加剧，Papa John's 等竞争对手都取得了巨大成功，甚至连传统的必胜客连锁店也开始提供外送服务，仅靠快速、热腾腾的特点已无法满足客户的需求。达美乐比萨利用焦点小组法发现，客户对口味的意见很多，其中大部分是负面的。达美乐比萨的经理丹·博伊尔（Dan Boyle）决定组织一个新产品团队来开发一款全新的、美味的比萨。于是，营销部门的员工采用焦点小组法和其他研究方法获取客户的意见，食品开发人员在这一过程中尝试了几十种酱料、饼皮、奶酪，并推出了全新食谱来满足客户的需求。尽管这种彻底改变战略的做法存在风险（就像新可乐事件那样，如果客户在新产品上市后想要旧产品怎么办），但是，最终的结果表明，新口味比萨就是市场想要的产品。我们将在第 7 章再次讨论达美乐比萨的案例。

5.3.7　情景分析

我们在前文讨论了企业内技术人员和营销人员在客户问题中寻找创意，从众多的文档中发现客户关心的事情，进行问题分析。另一种常用的发现利益相关者需求的来源（见图 5.1）是**情景分析**（scenario analysis）**方法**，该方法的价值源于我们最想发现的问题是客户或最终用户都不知道的问题。就像冰球明星韦恩·格雷茨基（Wayne Gretzky）所说：我不会滑向冰球现在的位置，而是滑向冰球将要在的位置。同样，我们应该领先一步，预料到客户问题。

关于未来的问题一定是好问题。因为对于在访谈和焦点小组法中发现的大部分问题，竞争对手和任何一个想知道的人都能知道。商品和服务的供货商一直致力于发现关于未来的问题，如易碎的乐谱架和浴室镜子上的蒸汽。我们应抽出时间解决关于未来的问题，一旦时机成熟就可以将解决方案推向市场。

遗憾的是，最终用户往往不知道关于未来的问题是什么，而且他们往往并不在意，至少目前不会在意。所以访谈并没有多大意义，而这恰恰是情景分析具有价值的地方。我们将在下文讨论情景分析的基本原理。

如果描述 20 年后的公寓生活，我们可能会说，公寓有许多窗户，阳光从窗户照进来。如果家具制造商进行情景分析，就能够立即发现问题，比如，公寓的住户的需要：① 更耐晒的新型室内装饰品；② 新型椅子，其能让住户在社交和饮食时沐浴在阳光中。

情景分析的步骤很简单：第一步，描绘一个情景；第二，研究情景以找出问题和需求；第三，评估这些问题，并开始尝试解决最重要的问题。理想的情景是一种"程序化的叙述"，也就是说，情景应该像故事：描绘未来状态的清晰画面，包含一个"情节"和一连串可信的事件。描绘情景并不会直接产生新产品概念，它是那些必须解决的问题的来源。实际上，如果能将若干个未来情景描绘出来，则对概念生成是极其有价值的。这时，有创造力的人会将注意力放在最可能的情景上，或者尝试采取多重涵盖战略（multiple coverage strategy），每个可能的情景都有一个专门的应对战略。汽车制造商如果不清楚哪项发动机技术在未来将成为主流，就会同时开发几种发动机替代技术（如油电混合电池、氢电池等）。

情景有多种形式。首先我们要区分两种研究：① 通过对当前情景的延伸了解未来可能的情况；② 跳跃到未来，选择一个时间段并进行描述。两种研究都利用了当前的趋势，但**跳跃研究**（leap study）不受这些趋势的局限。比如，延伸研究是：目前，每年约有 0.9% 的房主会把个人住房换成公寓住房。如果这一趋势持续 20 年，就需要 700 万套公寓，这意味着将产生 25 万个供访客住宿的汽车旅馆需求，因为这些访客无法留宿在亲友的小公寓中。这种乌托邦式的思考方式有时会被使用。与此不同，跳跃研究可能是：描述 2030 年德国某个主城区的生活状态，并与同样背景下法国的生活状态进行比较。

跳跃研究可以是静态的，也可以是动态的。动态跳跃研究的重点是，如果要具备跳跃情景，那么从现在开始必须做出某种改变——过渡期是最有意义的。静态跳跃研究不关心如何到达那个情景。图 5.2 是一个与汽车经销商有关的动态跳跃情景的关联树，未来情景可以从根本上解决汽车经销商面临的服务问题。

从现在到那时的时间被分解，以产生到达理想状态所需的技术突破。另一个例子是，一位专业预测者对21世纪的技术与生活方式进行了大胆预测（见例5.2）。其中的情景可以被视为不久的将来的某个时点的跳跃情景。这些情景可能预示许多新产品机会。（哪个机会对你有价值？）

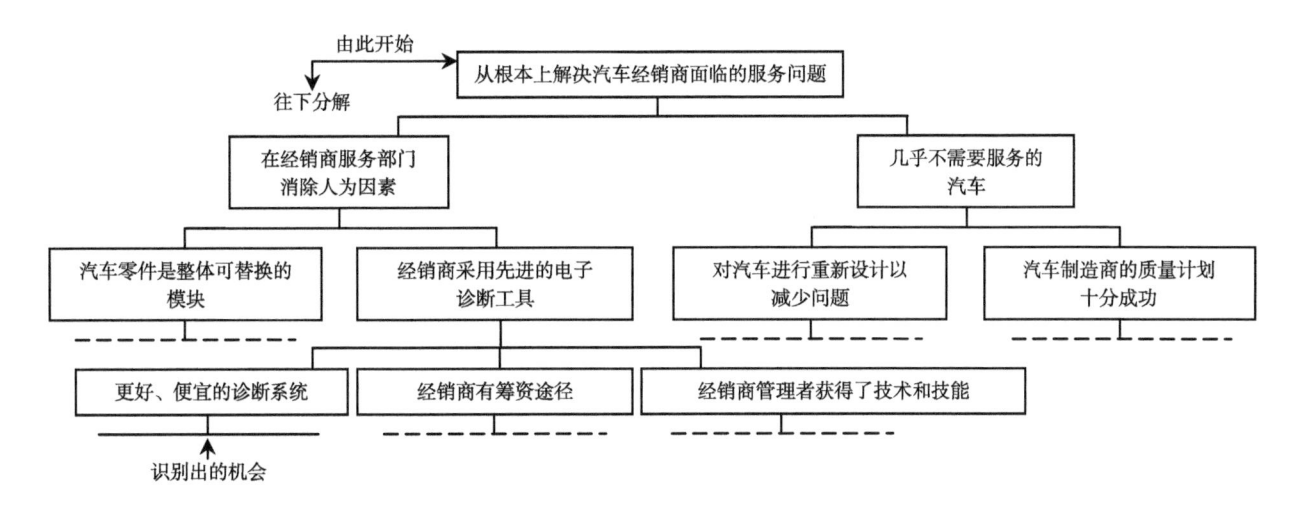

图 5.2 动态跳跃情景的关联树

分析从图 5.2 的顶端（预期未来的理想状况）开始。由此向下分解，每一层级展示的都是达到上一层级所需要的条件。关联树的各个分支可以根据已有条件向下再分解。在这个分析中，如果某个分支的条件不存在，则意味着有产品创新的机会。在图 5.2 中，只有几个分支是完整的，其中明显存在一些机会，企业可以开发一个更好、更便宜的诊断系统，以供经销商使用（本分析只供展示使用）。

例 5.2 一位专业预测者的未来观

格雷厄姆·莫利托（Graham Molitor）是一位专业预测者，依靠普查文件、政府统计资料、贸易期刊和类似的出版物、周刊、新闻杂志及40年的预测经验进行预测。下面是他预测的21世纪的趋势。

1．对通信的投资会让更多人在家工作；到2020年，电话沟通和视频会议会大幅取代面对面的商业会议。

2．对互联网的使用会继续快速增长，美国人使用计算机的时间会远超电视。手持可视电话会在2025年成为一匹商业黑马。

3．医学技术的突破会持续发生，改进的克隆技术会延长人类的寿命，计算机化的健康监测仪将被设计成可穿戴的仪器。

4．与健康和生活方式有关的伦理和社会问题将继续盛行，包括安乐死、克隆、基因交换、生命工程。

5．传统的"核心家庭"会成为过去式，到2020年，平均每户人数会下降到2.35人。

6．2050年，1/4以上的美国人会超过65岁。大字书、有声书以及便于操控的汽车会变得更加普遍。

7．2100年，欧洲裔的美国人会成为少数族群（低于总人口的50%）。由于移民的持续增加，美国的多元性和多元文化会继续盛行。

8．2200—2500年，生物技术及相关生命科学产业会取代旅游业而为美国提供最多的就业岗位。

9．制造业进一步全球化，资本密集型产业更多采用外包的方式。更多的电子商务方式会出现，其将成为商业和工业的标志。

10．石油供应减少，价格上涨，到2050年，电力需求将增加4倍。

这些预测表明将出现哪些新产品？新产品开发流程应如何更改？其中有没有令人难以置信的？

资料来源：Graham T.T.Molitor, "Trends and Forecasts for the New Millennium," *The Futurist*, July-August 1998, pp. 53-59。

情景分析可以锻炼你的学习力和洞察力，但要做得好并不容易。一个好的情景分析应该遵循以下指导原则。

- 知道已知。参与者首先要很好地理解当前的状况及趋势，否则其想象的未来往往会不切实际，而对创意生成没有意义。
- 保持简单。参与者可能很难理解真正复杂的情景。
- 谨慎选择情景分析小组成员。情景分析小组大约由6人组成，其中既要有观点对立的人，也要有观点互补的人，还要有经验丰富的人，这样会产生最佳的效果。
- 做未来8～10年的预测。时间太远，就会变成猜测。时间太近，就只是进行现状的延伸。
- 定期总结进展。确保团队处在正常轨道上，避免产生矛盾。
- 综合考虑变化因素。情景不应由任何单一因素决定。
- 检查终局的匹配性或一致性。
- 对于情景分析的结论，要有计划地多次使用，因为情景分析的成本非常高。
- 重复使用情景分析小组。小组成员进行情景分析的次数越多，越乐在其中，做得就越好。

5.4 解决问题

一旦找到客户的一个重要问题，我们就可以开始考虑进行解决。到现在为止，新产品团队成员一直在主导概念生成工作，解决了大部分问题。他们一听到问题，就本能地去解决。我们无法量化或描述他们使用的方法，这些方法大部分来自直觉。对于团队来说，一次解决一个问题大概是最好的，否则在现实世界中，如果涉及太多问题反而会造成困惑，并且使沟通变得更加困难。

科学和直觉相生相伴。很多问题可以交由技术部门处理，以便用更系统的方式解决。有些公司要求解决方案必须来自研发或工程部门，并且解决方案可以在某个技术应用中找到。公交公司希望通过调整线路来解决交通问题，银行希望通过借款来解决问题。除了技术人员，还可以把营销部门那些有创造力的人找来以解决问题。

只有清晰地定义问题，才能找到一个完美、创新的解决方案。据传，宝洁公司的产品开发人员曾经花费几个月的时间尝试解决一个问题：如何生产一种绿色条纹肥皂以从 Irish Spring 那里抢回市场？当他们的注意力专注于"如何生产一款在外观、造型及颜色上都优于对手 Irish Spring 的产品"的时候，该公司开发出了一款蓝白色螺旋状并具有椭圆形外观的肥皂。最终，其取得了成功。

5.4.1 群体创造力

新产品开发人员凭借个人努力解决问题，但大部分人认为，群体创造力（group creativity）更有效。当然也有科学家强烈反对这种观点，他们认为群体的作用被过分夸大了。总体来说，个人比群体更能生成真正的新创意，更能找到突破性解决方案。有人甚至认为，小公司比大公司更具创新意识，这是因为小公司很少使用群体创造力。

1938 年，广告大师亚历克斯·奥斯本（Alex Osborn）是最早普及头脑风暴（brainstorming）的人。从那时起，从他那里派生出了一系列群体创意生成方法（group ideation），其遵循一个共同的思想：一个人表达一个想法，一个人对它响应，一个人对这个响应再次响应，以此类推，直到产生大量创意。这种表达/响应的连续动作，是群体创造力的本质。基于此，很多相似的方法得以开发出来，差别仅在于表达创意或者做出响应的方式。

5.4.2 头脑风暴

头脑风暴已经存在相当长时间了，甚至常常被滥用、误用。如果不加以控制，那么对想法的数量的单一关注往往会导致产生大量糟糕、平庸或无创意的想法，因此头脑风暴需要一些法则。IDEO 设计公司的托马斯·凯利（Thomas Kelley）提出了几个让头脑风暴更有效的法则，包括守住规则（追求尽量多的创意、延迟评判、不许讥笑）、创意计数（你能每小时迸发 100 个创意吗）、跳跃和建构（当小组创意停滞时，主持人可提议一个新的方向）、具象化（在 Carpet Flick 案例中，使用各种小物件创建模型和原型）。

过去 20 年，解决问题在实践中的最大变革就是将头脑风暴与其他创造方法结合起来。我们既要避免"火箭筒效应"（bazooka effect，陈述想法的目的只是让人否定它），也要避免仅仅把写着几百个想法的放在架子上的几十张纸当作成果。小组讨论的目的是用建设性的方式进行探索、评估，这需要用更长的时间，如几小时而不是几十分钟，只有这样才能提出数量并不太多但确实可行的解决方案。IDEO 公司就是采用头脑风暴与"lickety-stick"（详见第 2 章）方法相结合进行原型开发进而加速创新的。

很多人尝试在保持头脑风暴基本思想的同时，通过细微调整来解决与头脑风暴相关的问题。比如，头脑风暴素描（brainsketching），参与者用图而不是文字表达创意。证据表明，头脑风暴素描有助于参与者在提出想法时与以前的创意建立连接。另一种方法是极速风暴（speedstorming），采用循环的形式（类似速配），让两个参与者成为一组（随机或者要求两人必须来自不同的职能部门），每组讨论一个主题，每 3~5 分钟循环一轮，每一轮都围绕提出新创意进行。在每一轮结束后，参与者重新配对并开始新的一轮。这样的话，等结束时会产生一大批新创意，而且参与者能找出会合作得最好的伙伴。因此，支持极速风暴的人认为，这个方法可以有效克服跨职能团队的沟通问题。

5.4.3 电子头脑风暴和计算机软件辅助创意生成活动

头脑风暴用得很普遍，但也有许多缺点。比如，每次只能有一个人发言，可能产生集体偷懒（social loafing）的情况，还有人担心因为提出不受欢迎的创意而受到批评。电子头脑风暴（electronic brainstorming）是一个由小组支持系统（Group Support Systems，GSS）辅助的头脑风暴，能克服传统头脑风暴的局限，因为它允许所有参与者同时回答，并且在回答时可以匿名。

GSS 头脑风暴会议可在一个有计算机网络的房间里进行，参与者坐在计算机前回答 GSS 主持人提出的问题。GSS 软件会收集所有参与者的回答，将这些回答投射在一个房间前面的大屏幕上，或放在参与者的计算机屏幕上，这些回答能激发参与者提出更多的创意和进行讨论。GSS 能自动记录所有内容，不会发生任何遗漏或产生抄写错误。

GSS 头脑风暴会议不受地点的局限，可以同时在多个地点进行（通过网络联机或视频会议进行），小组成员可以达到数百人。GSS 在促进讨论方面更受欢迎，越来越多的证据表明，在生产力和独特创意产出方面，电子头脑风暴比传统头脑风暴表现得更好。

越来越多的企业在使用计算机软件（如 Mindlink、Mindfisher、NamePro）辅助创意生成活动，同时帮助完成如品牌起名和选名这类任务。虽然形式各异，但主要工作一样，即利用字库、词库、图片库等大型数据库进行挑选，鼓励使用者进行侧向思维，收集不相关的想法，并尝试与手头的问题相关联。操作十分简单，适合在 GSS 环境下使用。

5.4.4 在线社区

在线社区（或虚拟社区）已经彻底改变了收集客户信息的方式。在线社区被定义为使用诸如在线社交网络这样的通信媒介进行交互的任意一个小组。大量公司，包括宝洁、卡夫、戴尔、惠普等，把在线社区作为听取客户声音工作的一项核心内容，并将其贯穿整个新产品流程。著名在线社区 Facebook、Twitter 或 LinkedIn 等对每个人开放并得到广泛使用，也有其他类型的在线社区可供选择，其中一些社区并不广为人知。如 tivocommunity.com 是由领先用户针对特定产品或服务所建立的，babycenter.com 是由强生公司建立的。除此之外，服务供应商（如 MarketTools 或 Vision Critical）精心挑选不超过 500 人建立私人在线社区（private online community），以收集客户独特的见解。有的公司使用专属在线小组（Proprietary Online Panels，POP），这种小组包含成千上万名参与者，统计量足以代表某目标市场，可以通过很多方式支持在线社区，比如，对从私人在线社区获得的新创意或洞察进行验证。

建立在线社区可以帮助公司实现多重目标。在线社区的倾听功能，可以作为获得客户声音的方法：帮助公司从客户那里获得新创意，并对新概念进行反馈。企业与 MarketTools 这样的服务供应商合作，可以观察公共社区和博客，发现新的潮流和新的机会。在线社区也是一种与客户建立融洽关系、获得客户支持以及在客户和公司之间建立情感纽带的方法。

德尔蒙特（Del Monte）宠物食品公司（旗下有 Kibbles'n Bits、Milk-Bone、Meow Mix 及 9 Lives 等品牌）广泛使用在线社区，以更好地理解市场变化、尽早发现机会并快速开发产品。2006 年，该公司参与了营销工具和品牌监测公司 Umbria 的"我爱我狗"（I Love My Dog）活动。在分析了数百万个博客、用户论坛、留言板的数据后，德尔蒙特宠物食品公司发现了宠物主人最关心的也是最常表达出来的问题。实际上，其发现了一个新的细分市场——爱狗人士市场（"狗也是人"人群）。接着，该公司创立了一个线上社区，鼓励这个细分人群提出具有创新性的解决方案。公司联系了 500 多位客户，邀请他们进入一个只接受邀请、有密码的网站，鼓励参与者互动并彼此了解。这个社区提出了一个有关早餐产品的新创意，德尔蒙特宠物食品公司立即进行有关新产品的开发。在开发过程中，德尔蒙特（宠物食品）公司与社区成员进行了几十次联系。2007 年夏天，新产品"咬一口早餐香肠"（Sausage Breakfast Bites）上市。其从产生创意到上市仅仅用了短短 6 个月时间,是正常开发时间的一半。从那时起,德尔蒙特宠物食品公司一直在探索利用在线社区的方法。2008 年,公司再次和 MarketTools 合作,针对该服务供应商的 Moms Insight Network 进行创意挖掘,并快速找到了养猫人这一客户群体。德尔蒙特宠物食品公司运用新创建的养猫人社区"Meow Mixer"生成创意、开发概念、制作新产品样品、获得关于产品包装和营销的建议。

在线社区的确有效,但企业建立在线社区还需要了解其缺点。建立和管理一个在线社区需要聘用版主和主持人,并且需要时间——具有一定规模的成熟社区需要花一年以上的时间建设。此外,社区运作的时间越长,组织内容并让参与者轻松找到内容就越困难。同时,一些法律问题如成员隐私、陈述内容的保密性、内容所有权等也需要被考虑。参与者通常应该签署服务协议书,这样,公司就能避免一些法律纠纷。即便有上述缺点,在线社区在今后几年仍是获得创意的主要来源。

5.4.5 专家小组

多家新产品咨询企业认为,创意小组应该致力于解决问题,而不仅仅讨论问题,特别是在需要进行重大创新的情况下。它们的方法是,召集所有相关领域的专家,共同讨论问题,即所谓专家小组(disciplines panel)法。一个研究新鲜蔬果包装新方法的小组也许会包含家政学、物理学、营养学、医学、生态学、罐装技术、市场营销、化学、生物学、工业工程、植物学和农学等领域的代表。另外,专家小组成员可以是外部专家。

一个洗发水专家小组原本将注意力放在消费者需求上:如何让润发乳能够真正做到深度滋润并改善头发分叉的情况。专家小组中的一位专家指出,当时的所有产品都已经做到了这一点!这一惊人的发现,使团队开始把重点放在其他被忽略的部分,结果证明,这非常成功。

5.5 概念生成的其他方法

本章提供了许多用来生成概念的**创意激发**(creativity-stimulating technique)方法。附录 B 还有更多介绍。本章讨论了很多成功运用这些技术的企业案例,下面的案例介绍了一些已成功但还不太普遍的运用情况。

5.5.1 使用道具

Life Savers 公司想要开发新口味的产品,其聘请的顾问在一个房间放满水果样本、各式香水以及数十种口味的冰激凌,进而开发出 Fruit Juicers 产品线。宝洁公司的 Duncan Hines Pantastic 派对蛋糕来自一场将贺卡作为道具的创意激发会议。

5.5.2 角色扮演

博士伦公司的聚合物技术部门让两名高层主管分别扮演眼球和隐形眼镜,而产生了将缓冲材料涂在镜片表面的创意。在进行角色扮演时,演员必须思考如何让隐形眼镜不伤害到眼球。

5.5.3 模仿自然

山羊吃自己的排泄物,并且排出一颗颗小球状的大便,这个现象让惠而浦公司产生了开发垃圾处理机的灵感。

本章小结

在第 5 章,我们讨论了概念创造者的很多工具。最常见的是"发现问题—解决问题"范式,这需要许多公司内外部人员和利益相关者参与进来。我们讨论了发现问题的多个方法:① 技术和营销部门的输入;② 客户回访、产品投诉、客户满意度研究等;③ 让最终用户和其他利益相关者参与问题分析;④ 进行用于了解未来问题的情景分析。应先发现问题,这样才能解决问题。不论在办公室还是在实验室,大多数创意来自个人思考和分析,群体创造法有很多种形式,主要是头脑风暴法的各种变形。

我们在第 6 章将介绍属性分析法。这个方法已创立多年,营销经理在等待"发现问题—解决问题"方法的成果时,还可以寻求利用其他产品改进思路。这种方法从形式开始,然后观察是否有需求,如果有,就去开发所需的技术。

案例 创造性解决客户问题

附录 B 将介绍更多的创意生成方法,这些方法可用于针对客户问题或新出现的客户需求生成创造性解决方案。这些方法的目的是,提供一个数量主导质量的自由流动的创意来源:我们总是可以剔除较差的想法,然后专注于进一步发展更好的想法。在这个早期阶段,我们的目标是以从未尝试过的方式解决问题,从而找到独特的解决方案。

其中一些方法已经在本章中提到,比如头脑风暴或类似的方法。在这里,创意的数量是最重要的,鼓励参与者立足已有创意,产生更多创意。你可以有效地用熟悉的头脑风暴这一替代方法产生更多的创意。

下列创造性解决问题的方法都采用**横向思维**,遵循的是发散和收敛的原则。有时,我们无法针对客户问题提出新颖的解决方案,原因是我们倾向于使用相同的、屡试不爽的方法解决问题。创造性解决问题的方法要求参与者首先进行发散思考(通过刺激产生开箱即用的创意),然后进行收敛思考(将创意的一部分或全部与最初的客户问题联系起来)。也就是说,参与者要跳出问题本身,进行创造性思考,基于新的洞见重新关注问题。

参与者之间首先必须达成一致意见:我们要解决的客户问题或客户需求是什么。假设你在一家大型电子产品公司工作,这家公司以创新的消费电子产品闻名于世,如电视、电话、笔记本电脑等。你和你的同事在创意专家的指导下进行头脑风暴,需要解决的问题是:"对于家庭观众来说,我们怎样才能使电视观看起来更真实?"

根据附录 B 中的描述,从以下三种方法中选择任意一种,产生至少五种创造性洞见以解决这个问题。

- 激发创意:使用随机图片来激发

- 异想天开
- 名人活动

注意，不需要生成完整的产品概念。此时此刻，你仍处于创意阶段，所以你可能会关注技术能解决的事项（如产生更好的声音）。记住，没有错误或愚蠢的答案。

以下是应用这些方法的一些建议。

激发创意：从网上随机选择几张有趣的图片。如果是在小组环境下，那么不同参与者应拿到不同的图片。在一张纸上画出两栏："刺激"栏和"连接"栏。看图大约 5 分钟后，在"刺激"栏写下你看图时想到的任何事情，至少写出五个。然后，花 10 分钟左右的时间，试着将每个刺激与问题联系起来（比如，这里的问题是：如何让电视观看起来更真实）。接着将匹配的点子写在"连接"栏。并不是每一个"刺激"都能生成一个点子，但几个"刺激"至少能生成一个点子。你可以在小组中分享你的发现，并尝试在小组汇集的点子的基础上形成一个完整的洞见清单。

异想天开：这种方法的有效性体现在比赛上。在分组时要求每个人都想出一个异想天开（甚至荒谬）的点子（比如，如何让电视观看起来更真实？有人可能会说，演员直接对观众说话，叫他们的名字）。在一个人提出荒谬的点子后，下一个人要想出一个更荒谬的点子，在这个过程中，要将所有参与者的所有点子记下来并形成一份清单。这个任务经常会变成一场大多数参与者都喜欢的游戏。在记下大约 10 个点子后，停止讨论，看看清单，讨论如何将每个异想天开的点子转化为一个实际上很有希望并且不荒谬的创意。

名人活动：制作列出娱乐圈、体育界或政界名人的名单，把这个名单中的人名缩小到大约 6 个。之后，思考这些人会想什么或做什么（比如，他们会如何找到观看起来更真实的电视）。比如，阿诺德·施瓦辛格会想有什么样的电视？泰格·伍兹？安吉丽娜·朱莉？在享受这个游戏的乐趣的同时一定要记下你的点子。在形成了 8～10 个点子后，看看清单，思考一下哪个点子比较有希望转化为创意？

第 6 章

新产品创意：属性分析方法

6.1 引言

我们在第 5 章讨论了一种概念生成方法，即发现用户的问题并找到解决方案。这种问题导向的方法非常有效，因为遵循这个"发现问题—解决问题"路径找到的产品概念，对用户是最有价值的。

本章介绍在"发现问题—解决问题"过程中常用的另一种方法（参见图Ⅱ.1）。参与商品和服务的创造与销售的每一个人，包括那些甚至不知道自己所从事的是正式的概念生成工作的人，都可以运用这种方法。这种方法就是创造出与当下产品不同的新视角，这些不同来自对产品属性的调整。采用这种方法产生的产品概念看起来源于偶然或幸运，但其实都是经过深思熟虑的。看似偶然的发现只垂青那些知道自己在寻找什么的人。我们把这种方法称为属性分析。

6.2 客户为什么会购买某个产品

6.2.1 产品是属性的集合

什么是**产品属性**（product attribute）？例 6.1 列出了一系列属性。产品的本质就是属性，任何产品（包括实体商品或服务）都能用属性来描述。属性分为三种类型：特性（feature，产品由什么组成）、功能（function，产品是用来做什么的以及是如何工作的）及利益（benefit，产品是如何让用户满意的）。利益还可以被细分为用途、用户、共用、使用位置等。概念生成是一种创造性工作，自由是不可或缺的要素。本书使用的分类仅仅是一种尝试，这个分类可以用来学习，我们可以学会更广泛地定义属性的价值。例如，一双鞋可以被视为一组属性，人们买这双鞋是因为喜爱其皮质的外观（特性），或者是因为其非常适合步行（功能），或者是因为其穿起来舒适（利益）。当然，如果你不同意将属性分成特性、功能或利益，也无可厚非！

例6.1 属性的分类

A. 产品属性有三种类型

| 特性 | 功能 | 利益 |

特性可以是：

尺寸	美感	零部件
原料来源	制造工艺	材料
服务	性能	价格
结构	商标	其他

功能指产品是如何发挥作用的（如一支笔如何将墨水印在纸张上），具有无限多样性，但不如利益和特性常用。

利益可以是：

| 有用 | 有趣 | 有收入 |
| 省时省力 | 非物质的幸福感 | 其他 |

利益或者是直接的（如洁净的牙齿），或者是间接的（如洁净的牙齿带来的浪漫气氛）。

B. 不同属性分析方法针对不同属性

多维分析法针对特性

检核表法针对所有属性

权衡分析法针对决定性属性

附录B中的很多方法针对功能和利益

一把汤匙就是一个小的浅碗（特性），附有一个把手（另一个特性）。这个浅碗让汤匙具有承载和运送液体的功能，而其带来的利益是让人能干净节约地饮用液态食物。当然，汤匙还有许多其他特性（形状、材质、反射亮度及样式）、功能（撬、戳、搅拌等）和利益（自豪感、身份象征、餐桌仪式感等）。

理论上，这三种基本属性是有先后顺序的。某种特性产生某种功能，并因此带来某种利益。例如，一种洗发水可能含有某种蛋白质（特性），在洗发时被涂抹在头发上（功能），洗完后头发闪亮动人（利益）。新轮胎的纹路可能很深（特性），这使其在下雨或下雪的时候更好用（功能），为乘客提供更安全的服务（利益）。

6.2.2 为概念生成和评估进行产品属性分析

属性分析（analytical attribute technique）**方法**让我们通过改变现有的一个或多个属性或添加属性来创建新产品概念，并评估是否适合把这些概念开发成产品。也就是说，这种方法能用于概念生成，也能用于概念评估，还可用于后续新产品流程。如果我们想尽各种可能改变现有产品的属性，或将附加属性添加到产品中，我们最终就会看到产品发生的各种改变。不仅可以添加属性，还可以减少属性，从而产生更多的产品概念。之后，你将看到这些方法都很有用，可以用于各种产品类别，不论是福特或丰田的新汽车产品线，还是新款眼镜或早餐谷片等。

属性分析采用多种定量和定性方法。本章讨论一种常用的定量方法——**感知缺口分析**（perceptual gap analysis），先介绍决定性缺口图（determinant gap map），接着讨论如何用因子分析方法生成感知缺口图（perceptual gap map）。这种方法常用于概念生成，实际上，其能用于整个新产品开发流程，不论是在上市期间还是以后。随着新产品开发流程的不断推进，我们会经常用到这种方法。本章还将讨论另一种定量方法——联合分析，以及一些定性方法。

6.3 缺口分析

缺口分析（gap analysis）是一种在某些情况下具有强大功能的统计方法。这种方法中的市场地图可用于确定各种产品在其中的定位，以区分不同产品的不同感知。在一张地图上，纽约比洛杉矶更靠近匹兹堡。但在一张近海地图上，纽约就在洛杉矶旁边。不管什么样的地图，标绘的内容都呈现一种聚集分布的态势，之间有很多空白区域，这些空白区域就是缺口，显示缺口的图被称为缺口图（gap map）。

缺口图绘制起来并不复杂。可以根据管理专业知识和判断，将产品描绘在图上以形成一张决定性缺口图。也可以通过进行客户感知研究，基于客户提供的属性评级生成感知缺口图。接下来将逐一讨论。

6.3.1 决定性缺口图

图 6.1 是一张由寻求进入零食市场的新产品团队绘制的零食缺口图。这张图包含两个维度：酥脆性和营养价值（他们认为这对零食很重要）。评分从低到高排列，产品经理对市场上的每个品牌都进行了评分。

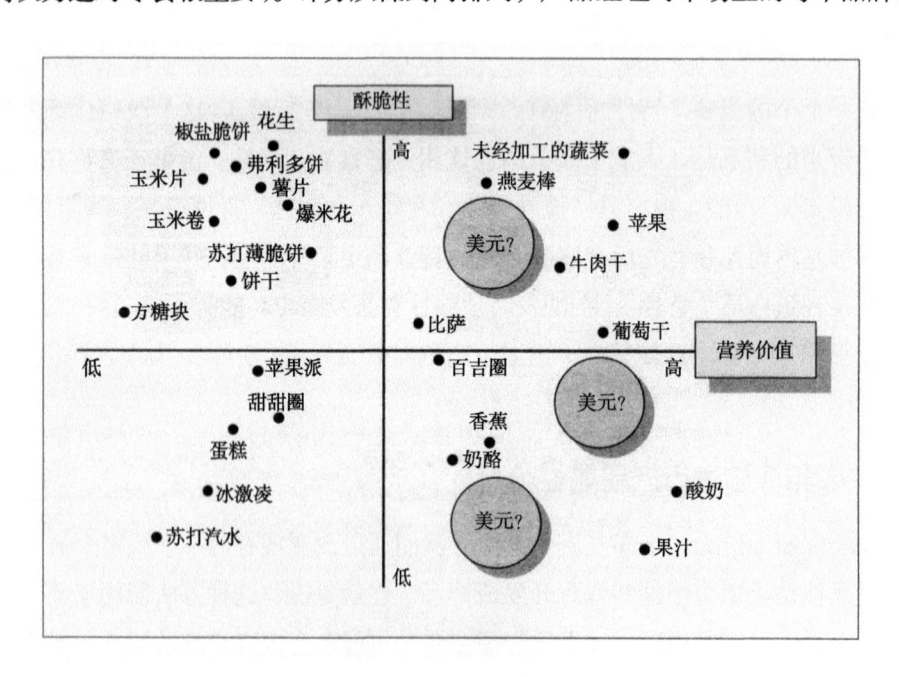

图 6.1 零食缺口图

评分看起来有些武断，或许还存在管理上的偏见，但这张图是一个好的起点。请记住，概念生成是在战略也即产品创新章程选定某个目标市场或目标用户群之后进行的。公司在这个时候在这个市场上已经有了经验（一种优势），或者已经调研过该市场。根据评分将每个品牌都标在图上（见图 6.1），就形成了一张品牌地图，品牌之间存在关联性。还可以改变这两个维度，绘制出很多张图，甚至缺口图可以是三维的。但前提是，绘制缺口图的产品经理对这个行业不陌生，其价值观、信念和判断对于引导概念生成十分有帮助。（当然，其也会犯错。你对图 6.1 的产品定位有异议吗？仔细看一下！）

选择缺口分析中的属性时，应该考虑属性的区分性和重要性。消费者能根据酥脆性和营养价值区分零食，对于消费者来说，这两个属性在购买零食时是十分重要的。当然，形状也是零食的一个属性，但消费者很少用形状区分零食，即使用来区分，多数人也会认为并不重要。

既有区分性又有重要性的属性被称为决定性属性（determinant attribute），因为它们能帮助消费者决定购买哪种零食。在一项关于乙烯板的市场研究中，识别出来的决定性属性是：外观/状态、维护/风化、应用/经济，以及耐磨损程度。决定性属性对于绘制缺口图十分重要，因为这个方法的目的就是想在图上找出缺口，这个缺口很可能就是一个潜在的新产品，而且这个新产品会让人们觉得既特别又有趣。

图 6.1 的零食缺口图上标示的"美元？"，就是所说的缺口，这就是企业的新产品机会。现在市面上的零食越来越多，缺口变得越来越小。例如，图中的中等酥脆性和中等营养价值的缺口附近就有燕麦棒、苹果派、牛肉干及苏打薄脆饼等产品。

决定性缺口图的优点是快速、成本低，缺点是受管理者判断力的影响，可能与消费者的实际感知存在很大距离。如果是品牌认知，则判断难度更大。以图 6.1 为例，我们可能认为薯片的营养价值没有燕麦棒高，但客户对不同品牌的燕麦棒又是如何看的呢？客户真的认为 Nature Valley 是最有营养、味道最好或热量最低的产品吗？当客户有偏好时，这些属性对客户到底有多重要？我们需要大量收集客户的感知以便绘制缺口图，这有助于帮助管理者获得重要甚至感到惊讶的洞见。接下来，我们讨论另两种常用的感知缺口图。

6.3.2 感知缺口图

与决定性缺口图不同，属性评分（Attribute Rating）感知缺口图（简称感知图）基于客户对不同品牌感知的市场研究，可以根据客户感知进行品牌定位。我们在收集客户对各种品牌的看法时，获得了客户的偏好，这使我们能够评估是否存在细分利益。通常选择两个最重要的属性来呈现品牌的相对感知位置。例如，图 6.2 显示了一个假设的五个顶级品牌泳衣的感知图，两个维度是客户对品牌的舒适度感知和时尚度感知。感知图显示，Aqualine 被认为是最舒适的，Sunflare 被认为是最时尚的。其他选择位于感知图的中间位置。请注意，感知图基于客户对现实的感知绘制，实际上可能会出现与标出的位置不同的情况！Splash 可能确实是市场上最时尚、最舒适的品牌之一，但相对较差的位置表明它没有被如此看待。其他数据分析方法，如因子分析，可用于从客户感知数据中生成如图 6.2 所示的感知图。

我们刚建立的感知图有些类似图 6.1，找寻缺口的方式与之前一样。因为感知图是根据客户的实际感知建立的，所以从图 6.2 上发现的任何缺口都可能引起潜在用户的兴趣。比如，这个感知图提示我们，客户认为有些泳装穿起来相当舒适，有些则较有时尚感，但还没有公司提供兼具舒适度和时尚度的泳装（图 6.2 的缺口 1）。祝贺你，你刚刚发现了一个市场缺口！

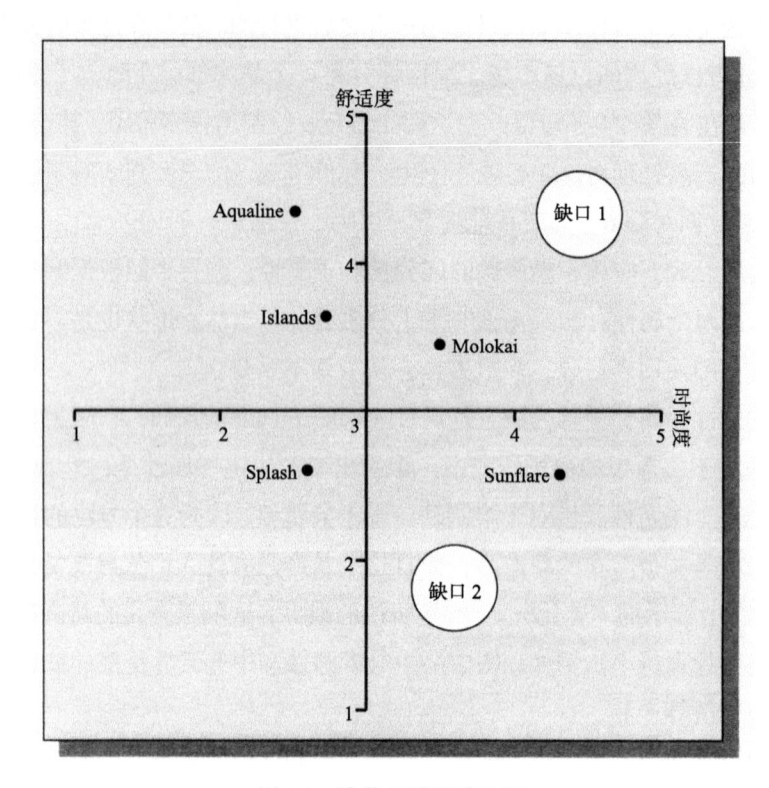

图 6.2 泳装品牌的感知图

注：坐标轴上的数字代表因子分数。

6.3.3 缺口分析的注意事项

使用缺口分析进行概念生成时需要注意一些问题。所有输入的数据都来自受测者对"为何有不同选择"这一问题的回答。其中可能存在的交互关系或协同关系的细微差异被忽略了，可能带来概念飞跃的创造也被错过了。例如，20世纪初，缺口分析可能导致这样的现象：想移动得更快，需要跑得更快的马，或者为马车配备更大的车轮，但可能不会想到汽车。

另外，缺口分析发现的是缺口，不一定是需求。缺口的存在通常有合理的原因（例如，鱼香味的空气清新剂或阿司匹林口味的冰激凌）。新产品开发人员必须到市场上观察其发现的缺口是不是人们想要的东西。

回到图 6.2 中的缺口 1，我们还不知道市场是否想要一款非常舒适、非常时尚的泳衣。仔细研究图 6.2 还能发现，在中等时尚度、低舒适度的位置有一个缺口（缺口 2），也许这正是一个需要赌一赌的新概念。为了回答这个问题，我们必须借助收集客户感知时获得的那些重要的属性数据。我们将在第 7 章进一步探讨这个问题，分析客户偏好并确定优势领域。

正如所有新产品创意一样，我们必须避免被"现在不可能"的想法束缚住。例如，几年前，止痛药的一个缺口图显示存在一个"既强效又温和"的属性的缺口。该图上既强效又温和的位置一直是空的，而且人人都知道原因——还造不出来强效又不伤胃的非处方止痛药。因此，制药公司十分有必要研发针对这两大特性的新止痛药。超强泰诺（Extra-Strength Tylenol）及其之后开发出的 Aleve 等填补了此缺口。

6.4 权衡分析

权衡分析[trade-off analysis，**也称联合分析**（conjoint analysis）]是概念生成的一个高质量的方法，也是一种用于概念评估的常用方法，我们在第 7 章还会讨论它。实际上，"权衡"和"联合"这两个术语的含义是不同的，权衡分析是指客户根据品牌的属性或特性对品牌进行比较和评估的过程，联合分析则是对权衡进行评估的工具之一（就像因子分析是用来开发感知图的工具）。可以说，权衡分析适用的范围更广。在本书中，"联合分析"指的是对客户的权衡进行评估的方法，即权衡分析。

回顾一下前文，在找到决定性属性（形成现有产品差异的重要属性）后，我们运用缺口分析将现有产品绘制到图中。下一步，我们进行权衡分析，假设可以用一组属性表示某个产品，我们将所有的决定性属性放进一个新的组合中，找出客户最喜爱的组合。事实上，缺口分析的结果可以作为在联合分析时进行属性选择的依据。

6.4.1 使用权衡分析生成产品概念

假设你正在为一家全国性的小食品公司开发一种新的沙拉酱。为简单起见，假设沙拉酱有三个重要的属性：浓度、辣度和颜色。同时，我们假设只有三个级别的浓度（普通、浓和特浓）、三个级别的辣度（微辣、中辣和特辣），以及两种颜色（红色、绿色，取决于使用的是红番茄是青番茄）可供选择。图 6.3 显示了这三个属性以及每个属性的不同级别。共有 18 种组合（3 种浓度×3 种辣度×2 种颜色）可供选择。我们使用权衡分析评估三个属性的相对重要性，并根据客户对选项的排名来确定哪种组合最受欢迎。

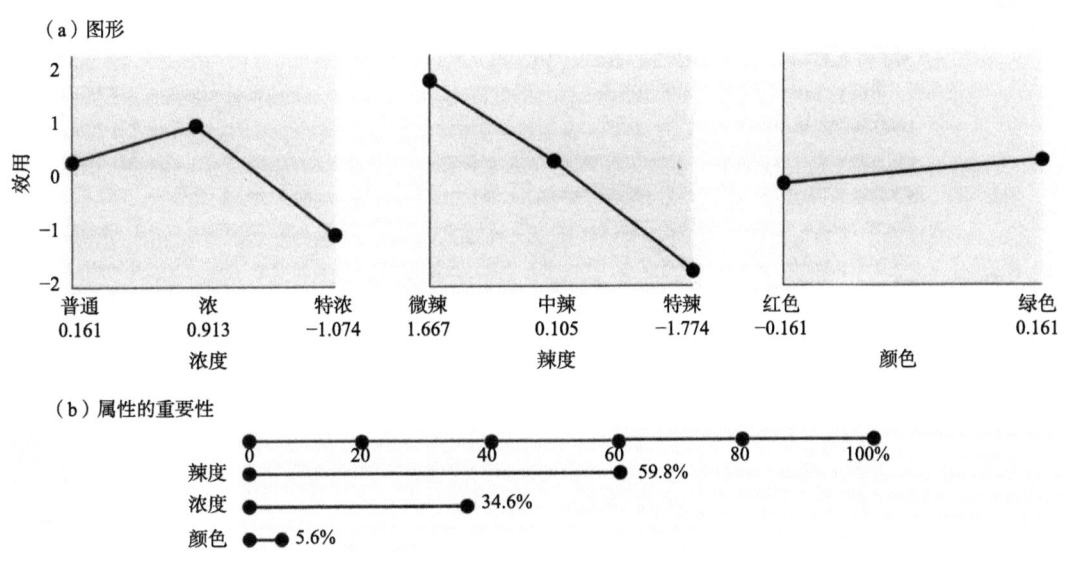

(a) 图形

浓度	普通 0.161	浓 0.913	特浓 −1.074
辣度	微辣 1.667	中辣 0.105	特辣 −1.774
颜色	红色 −0.161	绿色 0.161	

(b) 属性的重要性

辣度 59.8%
浓度 34.6%
颜色 5.6%

图 6.3 沙拉酱的联合分析结果

通过这个简化的例子，你可以想象如何使用权衡分析。假设你更喜欢微辣的沙拉酱，你的面前列出了所有的选项（你可以进行排序），你将通过选择看到偏好模式，比如，微辣的选项往往排名靠前，特辣的选项往往排名靠后。同样，如果你不在乎沙拉酱是红色的还是绿色的，排名就不会是这样。背后的原理是，你放弃了其他属性以换取你想要的属性——微辣的沙拉酱。权衡分析通过分别估计每个属性的每个级别的客户偏好，找出总体上最受客户喜欢的产品。假设图 6.3 显示的结果代表目标客户的平均情况，评分最高的产品就是各个属性的最佳结合：浓、微辣、绿色的沙拉酱。除非这个独特的组合已经上市，否则我们就会有一个新的产品概念。图 6.3 还显现了其他富有潜力的概念，例如，浓、微辣、红色的沙拉酱可能也是一个好主意。

图 6.3 还显示，我们使用权衡分析可以得出三个属性的相对重要性：辣度是最重要的，接着是浓度，受访者似乎对颜色无动于衷。需要提醒的是，这些结果在很大程度上受所设定选项的影响：如果选项被设定为红色、绿色和令人震惊的粉色，受访者可能不会对颜色漠不关心。

还应考虑到，不同细分市场有不同的需求。可能有一半左右的消费者喜欢微辣的沙拉酱，一半左右的消费者喜欢特辣的沙拉酱。如果只看平均值，那么我们可能得出以下结论：中辣是最好的，而实际上现实中没有人会喜欢！因此，下一步就要确定细分利益。这将在第 7 章讨论。

这里采用的案例是消费品行业的，但权衡分析的使用范围很广，许多的情况下都能使用。事实上，企业倾向于对产品特性进行理性分析，因此权衡分析在工业产品创新中相当有价值，其可以用于雪地车、医疗保健系统、飞机、叉车、酒店客房和计算机软件以及各种商业服务。万豪酒店（Marriott）酒店在设计和开发庭院连锁酒店时，就使用权衡分析来满足商业和休闲客户的需求。图 6.4 说明汽车制造商在设计汽车时需要在外形、功能和人体工程学属性之间进行权衡的战略含义。

> 根据伊利诺伊大学厄巴纳-香槟分校的拉吉·埃尚巴迪（Raj Echambadi）教授的观点，汽车制造商在设计汽车时需要在外形、功能、人体工程学等方面进行权衡。他的研究发现，优先投资功能或人体工程学领域将带来更高的市场份额，而投资外形设计更有利于长期保持市场份额。
>
> 埃尚巴迪教授区分了"为了快乐而设计（投资外形设计）"与"为了满意而设计（投资功能或人体工程学领域）"。他说，外形是显著的和通用的，功能或人体工程学领域更具个性化。他进一步解释，Corvette、大众甲壳虫、宝马 Sedan 的外形对于每个人来说都是显而易见的，提供了地位、酷元素或者奢华体验。相比之下，功能更多地体现产品的性能或者平滑度，人体工程学领域是关于产品—用户界面的，它们会因人而异。埃尚巴迪教授说："对你来说舒服的东西，对我来说可能不舒服。"
>
> 这里权衡的是汽车设计师更重视客户的快乐还是客户的满意。埃尚巴迪教授说："任何人都可以生产 365 马力的发动机。但当你谈到雷克萨斯 RX 350 或克莱斯勒 300 的独特外形设计时，嗯，那就更难模仿了。"
>
> 他的研究表明，与强化功能或人体工程学领域相比，强化外形设计能更好地保持旧款车型的市场份额。其战略含义是，一个老款的外形可能会使车的寿命更长，并且外形可能不需要每隔两三年重新考虑一次。因此，在功能或人体工程学领域做出更快的改变是有意义的，例如，提高发动机性能或驾驶者的舒适度。但是，如果一辆汽车以出色的外形设计而闻名，那么制造商可能不想在功能或人体工程学领域进行过度投资，因为这可能会被客户视为昂贵的过度设计。
>
> 埃尚巴迪教授总结道，"如果你需要投资（设计），要么投资功能和人体工程学领域，要么投资外形。这就是战略能力权衡"。他也警告，为了实现可观的市场份额增长，车应该在三个方面（外形、功能和人体工程学领域）都达到平均水平，这种权衡取决于这款车是在豪华市场还是在经济型市场竞争。由于不到 1% 的市场份额意味着获得超过 5 亿美元的销售收入，汽车制造商非常重视做出正确的战略权衡。

图 6.4 汽车制造商在外形、功能以及人体工程学属性之间的权衡情况

资料来源：Ciciora, Phil, Strategic Trade-offs in Automobile Design Affect Market-Share Value, phys. org, August 3, 2016。

6.4.2 联合分析是正确的方法吗

联合分析的结果真的有效吗？一项对产品线延伸产品（小苏打牙膏）的研究表明，让客户仅仅接触产品概念获得的联合分析结果与让客户试用产品获得的测试结果非常相似。因此，联合分析的结果可以作为评价最终产品是否成功的早期指标，至少这对产品线延伸产品是有效的。当然，联合分析、感知图、产品试用也是在新产品流程后期获得客户信息的重要方法。然而，如果是一项重大创新（比如，第一台平板设备或第一部智能手机），客户由于没有高水平的行业或产品专业知识，可能无法评估创新的优势，概念测试结果就无法有效预测实际产品的接受程度。一些人主张，联合分析选取的客户至少具有中等专业水平，即便是小的创新。

联合分析是新产品研究中被广泛使用的方法，如果不注意的话，其就可能被误用。首先，要能把产品分解成明确的属性（如沙拉酱的辣度、浓度、颜色）。联合分析假设客户会理性地根据这些属性评估品牌，但这个假设有时并不符合实际情况。某年轻消费者可能表示偏好浓、微辣及绿色的沙拉酱，实际却购买特浓、中辣的沙拉酱，因为这是她妈妈习惯购买的。或者，某汽车购买者可能会说喜欢大的后车厢空间和大马力发动机，但最后买了一辆 Smart 轿车，因为这辆车看起来更可爱或开起来更酷。分析汽车这种复杂的产品可能涉及成百乃至上千个属性，联合分析最多只能处理其中的 10 个，研究人员必须确保所有重要的属性都被包括在内。举例来说，如果研究人员在进行汽车的联合分析时忽略"停车便利性"这个属性，那么 Smart 轿车的受欢迎程度就将被低估，尤其是在城市居民中。

联合分析无法解决的问题包括：无法考虑购买场合（年轻消费者为自己买特浓、中辣、红色的沙拉酱，但给小孩或客户买浓、微辣、绿色的沙拉酱）；无法考虑追求多样化的行为（每隔一段时间会购买浓、微辣、红色的沙拉酱，只是进行一次尝试）；不太适合评估需要共同做出决策（丈夫关心腿部的活动空间，而妻子关心放置行李箱的空间，不知道谁拥有最终决定权，也不知道他们如何协调以化解分歧）。

联合分析的其他原则如下所示。

- 在进行联合分析前就需要知道决定性属性是什么。感知缺口图及有关定性方法会有帮助。
- 受测者应该相当熟悉产品的类别和属性，这样才能提供关于偏好或购买可能性等的有价值的数据。对于全新产品来说，联合分析没有用。
- 公司能够根据结果采取行动，也就是说，实际开发的产品是联合分析首选的属性组合。

最后强调，权衡分析（联合分析）最常用于概念评估，我们在第 7 章中将再次讨论。

6.4.3 全轮廓联合分析的替代方案

沙拉酱案例展示的其实是全轮廓联合分析，即所有可能的组合都包括在研究中。案例比较简单，比较容易进行排序，因为只有 18 个选项。大多数情况下会有很多属性和/或级别需要考虑。即使像沙拉酱这样简单的产品，除了上面列出的 3 个属性，可能还需要考虑容器类型（玻璃瓶或塑料桶）、容器大小（10 盎司或 16 盎司）、配料类型（有机的或非有机的）以及 3 个品牌名称。也就是说，有 $3 \times 2 \times 3 \times 2 \times 2 \times 2 \times 3 =$ 432 个不同的选项。没有测试者有耐心把这么多选项按顺序排列，即便想排列也难。联合分析还有更高级形式，比如，基于选择的联合分析（choice-based conjoint）、基于适应性选择的联合分析（adaptive choice-based conjoint），它们可以用来处理更复杂的决策场景。另外，可以通过购买软件进行联合分析，比如，锯齿软件（Sawtooth Software）。

6.4.4 概念测试中的原型

早期原型和虚拟原型都可应用于概念测试。发展最快的是使用 3D 打印机制作一个简单的、非工作的或部分工作的原型（附上作为产品概念陈述的附加说明）。例如，某医疗公司正在为难以记住服药时间的老年患者设计一种新的"每周药盒"。他们开发出两种早期原型：一种有类似阿司匹林瓶子那样的旋盖，另一种的侧面有一个小滑动门。他们使用 3D 打印机制作与原物大小般的塑料复制品，通过使旋盖和滑动门真正工作以使它们看起来更加逼真。然后，将其交给受访者和/或在焦点小组中传递试用，从而获得有关喜欢/不喜欢产品和购买意图的真实陈述。原型可以是虚拟的：受访者可以上网查看静态图片、演示文稿或模拟产品运行的剪辑视频。虚拟原型的生产和测试成本远低于物理原型，使公司能够快速、便宜地测试各种概念。**虚拟现实技术**和视频技术的改进，为营销人员提供了许多新方法以测试客户的概念，这是令人兴奋的。

6.5 定性方法

上文讲述的是概念生成过程中判断客户偏好的定量方法。除采用定量方法外，还需要定性方法进行补充。

6.5.1 维度分析

维度分析（dimensional analysis）涉及所有产品特性，不局限于长度、宽度等空间参数，包含产品的所有物理特性。有关产品概念的创意就是由一系列具有这样的特性的简单列表触发的，这是因为我们本能地思考如何改变这些特性。在维度分析中发现有价值的信息并不容易，除非有一个很长的特性列表，因此，工作量很大，而且往往需要通过实现特性可视化才能发现别人看不到的维度。

产品往往不具备一些有趣的特性。比如，汤匙可以从香味、声响、弹性、可弯曲性等方面描述。虽然香味很难被察觉到，声响暂无，弹性只有在与老虎钳比较时才能看得出来，但可以尝试改变这些方面。在给孩子用汤匙时，如果用汤匙弹奏乐曲，情况会怎么样？或者，在黑暗中，如果汤匙能够发光，情况会怎么样？如果汤匙闻起来有玫瑰香味，情况会怎么样？如果汤匙能监督你吃饭的速度，情况会怎么样？

你可以很容易地列出数百种属性。例 6.2 列出了一个短清单，也许它在提示我们应该做点什么。成功运用这一方法的人，仅仅聚焦某个特性就能激发思维和创意。这种方法的效果只有亲自使用才能相信。

例 6.2 手电筒的属性分析

这里是维度分析用的 80 种属性，最开始列出的是 200 种属性。尝试改变其中任一属性，看看能否产生新产品。

整体：	抗锈蚀性	可抓握性
重量	平衡	抗震性

剪切力	直径	**灯泡：**
耐热性	水洗性	数量
隔热材料	金属质量	形状
自动闪光器	可曝性	大小
手动闪光器	气味	气体类型
可视距离	标签数量	螺纹强度
长度	可分解性	相干长度
可悬持性	密封材料	灯丝形状
抗污性	**镜头：**	灯线长短
抗寒性	材料	灯丝材料
灵活性	透明度	破碎点
绝缘套颜色	颜色	螺纹深度
半透明性	强度	安培数
光束焦点	质地	**电池：**
闭合类型	**弹簧：**	数量
衬里材料	数量	大小
浮力	材料	终端类型
可燃性	长度	方向
延展性	强度	替换性
压缩性	类型	**反射镜：**
反射	**开关：**	深度
表面区域/颜色	数量	直径
闭合安全性	压力	形状
外壳材料颜色	噪声	耐用性
机身接缝数量	类型	表面
防水性	位置	颜色
		温度限制

6.5.2 检核表

早期的维度分析进一步演变后产生了如今被广泛使用的创意方法——检核表（checklist）。头脑风暴的创始人给出了检核表的 8 个问题清单。

- 可以调整（adapted）吗？
- 可以替代（substituted）吗？
- 可以修改（modified）吗？
- 可以放大（magnified）吗？

- 可以逆转（reversed）吗？
- 可以缩小（minified）吗？
- 可以组合（combined）吗？
- 可以重排（rearranged）吗？

上面 8 个问题清单具有强大的力量，确实会产生有用的创意。

商业与工业的产品分析师可以把能源、材料、易操作性、组件、可替代组件等作为检核表的特性（见例 6.3 工业产品的创意检核表）。

例 6.3　工业产品的创意检核表

我们能改变材料的物理、热、电力、化学、机械特性吗？

有新的电力、电子、光学、液压、机械或磁技术吗？

找出与这个问题相似的案例。

这个功能是必备的吗？

能制作出新的模型吗？

能否改变动力模式以让工作更顺畅？

可以更换标准组件吗？

如果改变流程的顺序会如何？

怎样才能更精简？

如果经过加热、硬化、合金化、固化、冷冻、电镀会如何？

其他人可以使用这个装置或其结果吗？

这些步骤能实现计算机化吗？

产品检核表可以生成大量的新产品概念，但多数毫无价值，因此需要花费大量的时间和精力对列表进行选择。创造力模板可以帮助公司生成新概念。比如，属性关联可以产生新概念。由于咖啡杯在加入热液体时会变色，这使颜色与杯子中的液体建立关联，一个新概念出现了：如果液体太热，杯子就会发出警告。这一概念还可以扩展到奶瓶或吸管杯上。这个概念进一步"跳跃"，可以用到婴儿浴盆上，如果洗澡水太热，它就会发出信号。再看一个替代案例，苹果移除了 iPhone 7 的插孔，要求用户用无线耳机，或者用转换器在充电口插入耳机。这样，一个端口可以同时用于插入充电器和耳机，替代了两个端口。图 6.4 给出了其他例子。

例 6.4　创造力模板

戈登堡（Goldenberg）和马祖斯基（Mazursky）（《产品创新中的创造力》一书作者——译者注）提出了几种创造力模板，通过调用产品属性知识库，可以发现新产品。步骤是：先找出决定性属性，然后根据以下 4 种创造力模板进行操作。

（1）属性关联（Attribute Dependency）：在两个独立的属性变量之间找出功能关联（functional

dependency，也称功能依附），通过交叉功能形成新创意。例如，咖啡杯颜色随盛装物的温度变化，如果太热就会发出信号。

（2）替代（Replacement）：移除产品的某个组件，让另一个组件发挥功能、特性。例如，随身听的天线由耳机替代。

（3）置换（Displacement）：移除某个基本的组件及其功能，改变产品功能既能创造新产品，也能拓展市场。例如，移除软盘及光驱后，笔记本就变成了超薄笔记本。

（4）组件控制（Component Control）：找出或创造一个产品内部组件与外部组件之间的新联系。例如，加入洁白剂的牙膏或增加保湿成分的防晒乳。

资料来源：Jacob Goldenberg, David Mazursky, *Creativity in Product Innovation*（Cambridge University Press, 2002）。

6.5.3 类比

当我们通过其他东西来了解一个事物的时候往往能产生一些好主意，这就是**类比**。类比这种方法很有用，也很常用，因此是这几章一直在讨论的问题——解决方法集合的一种重要方法。我们简单罗列有关计算机的术语，就能发现很多类比的词语：剪切与粘贴、回收站、浏览、冲浪、公文包、文件夹等。这些词语都是其他领域的常用词。将其用作计算机术语，可以让用户感觉既直观又易懂。

一个类比的例子是某厨房家具制造公司对飞机配餐系统进行的研究。飞机上准备、提供食物的过程与在家庭厨房制作食物的过程具有很强的类比性，该公司类比飞机配餐的流程为家庭厨房的新流程（与新设备）创造了许多好的创意。游乐园的设计师看到放牧的过程，从而想出让游客排队玩热门娱乐设施的方法。自行车旅行可以类比汽车、飞机旅行或滑冰，甚至可以类比老鼠在迷宫中奔跑。

固特异公司的轮胎部门（Goodyear Tire）在构思如何让消费者购买和安装轮胎更方便、更高效时，注意到正在快速发展的传统上较弱的细分市场——千禧一代和女性市场，决定推出贵宾式轮胎购买和安装服务。通过与受目标市场欢迎的零售商如咖啡店的一些做法进行类比，固特异公司找到了展厅的创意。首家展厅在华盛顿特区推出，展厅明亮且时尚，看起来更像咖啡店或发廊而不是轮胎店。为了提高客户的便利性，固特异公司还提供车辆接送服务，并开车到消费者所在地更换轮胎。重新设计的展厅受到目标用户的热烈欢迎：79%的千禧一代女性表示，下一次还会去其展厅购买轮胎。

更具创造力的类比是平衡了独特和相似的类比——足够独特，让人一眼就能发现不同之处；足够相似，让人一眼就能联想到方案的价值。也可以说，这是在连接和断开之间取得平衡。这时，新产品团队要尽量避免对产品的先入之见。例如，自行车设计师需要有效地思考汽车旅行与飞机旅行、自行车旅行的相同之处和不同之处。

附录B列出的方法中包括类比。

6.5.4 价值曲线

价值曲线方法是由W. 钱·金（W. Chan Kim）和勒妮·莫博涅（Renée Mauborgne）提出来的，核心观点是对当前产品的关键属性进行调整，从而系统性地创造客户价值。调整可以是强化或弱化当前的属性、添加（创建）新属性或删除（去除）当前的属性。任何一次调整都能创造出一个新概念。在运用这一方法时，可以从以下四个方面思考。

- **降低**（Reduce）：能否将某个属性降到低于行业标准的水平？
- **去除**（Eliminate）：能否去除当前行业标准中的某个属性？
- **提高**（Raise）：能否将某个属性提升至高于行业标准的水平？
- **创建**（Create）：能否创建当前行业标准中没有的新属性？

下列创造新价值曲线的实例，展示了通过巧妙地调整关键属性来创造新的客户价值。

第一个报税软件产品价格昂贵，功能众多。Intuit 公司发现，大部分纳税人需要的是一个容易使用的软件，其具备基本功能即可，不要有太多术语，价格也需要低一些。因此，该公司推出了低价的 Quicken 软件，重新定义了报税软件市场。

很多年前，索尼决定改造已有的盒式磁带录音，去除录音功能，其只能播放而不能录音。索尼还去除了扬声器功能，用户听的时候需要戴上耳机。通过去除这些产品属性，产品变得更小、更便携。最终推向市场的产品就是随身听，其取得了巨大的成功。

巴恩斯和诺布尔（Barnes & Noble）在实体书店业务上的成功，源于其对几个产品属性进行的改进：知识渊博的员工、令人愉快的氛围、播放的古典音乐、灵活的营业时间以及咖啡馆和休息区。其把书店变成了一个让人放松的地方，人们在这里可以浏览信息、静静地阅读或与人见面。

美体小铺（Body Shop）创造了化妆品零售行业从未有过的新属性：关注天然成分和健康的生活方式，淡化传统的行业标准属性（包括高科技炫酷的包装、投放大量广告和展现魅力）。

6.5.5 产品改进

可以从产品改进角度思考产品属性：改进核心产品（参见科特勒的五个圈层的核心产品——译者注），以为客户提供新的利益。史蒂文·舒根（Steven Shugan）认为有四种改进方式。

- **升级**：提高核心产品的质量以满足那些愿意支付额外费用的客户群体的需求。比如，酒店提供升级服务（如套房、视野更好的房间或早餐）。
- **额外产品**：添加额外产品以更好地满足个性化、定制化、多元化的需求。比如，游轮可能在某个停靠港提供自然之旅、城市之旅或海滩日等多种旅游选择。
- **额外服务**：根据客户的使用频率添加吸引他们的服务。比如，酒店可能会提供代客泊车的小时服务或整日服务。
- **补充性配件**：在核心产品之外提供独立的补充性配件。比如，苹果公司会制作专门的手机便携包，该手机便携包也可以用在其他手机上。

这四种改进方式之间有细微的差别。升级是对市场进行进一步的垂直细分，将价格敏感客户与认可购买升级的价值的客户区分开来。采用免费（Freemium）模式的应用程序也基于这个原理：虽然人们可以免费使用亚马逊网站，但只有成为亚马逊 Prime 会员才能获得更多的利益。Spotify 等音乐服务平台的免费会员需要听商业广告，而升级会员不需要听。

额外产品是对市场进行进一步的水平细分的结果，比如，邮轮的特点在于提供广泛的游乐活动以满足具有不同偏好的群体的需求。额外服务根据用途范围对市场进行细分，比如，向使用频率高的人提供停车折扣。补充性配件的目的在于创建一个产品生态体系，这会增加用户的转换成本（switching cost）。

6.5.6 TRIZ

TRIZ 这种方法已经被三星、现代等公司成功地用于进行新产品开发和改进创意。TRIZ 来源于"创造性问题解决理论"（Theory of Inventive Problem Solving）的俄语首字母缩略词，是由阿奇舒勒（AltshuUer）和他的同事开发出来的方法。TRIZ 背后的理念是，发现问题和解决问题存在一个通用模式，可以用其解决具体问题。因此，TRIZ 往往能在产品创新中提出令人惊讶的关于产品属性的创造性建议。

阿奇舒勒在研究了数十万项专利之后，发现了 40 项发明原理，这可以解释每一项专利。TRIZ 认为，人们面临的任何问题都可以用其中隐含的矛盾来表述。如果将这些矛盾识别出来，就可以用 40 项发明原理中的一个或多个来消除或解决。卡尔·乌里奇（Karl Ulrich）和史蒂文·埃平格（Steven Eppinger）（他们是麻省理工学院教授，《产品设计与开发》一书作者——译者注）举了一个简单的例子：某工具制造公司想设计一种更好的射钉枪。该设计的一个内在矛盾是，射钉枪的动力越强劲，其就越重（动力是正向的，质量是负向的，两者为一对矛盾）。现在我们使用 40 项发明原理中的一个——周期性动作，即用周期性、重复性动作代替单次动作。这样就可以构思一个可能的解决方案：射钉枪可以重复多次击打射钉，而不是一次性重击；还可以用其中的另一个原理：让固定的东西移动起来，让移动的东西固定下来。如果射钉枪通过转动钉子使其到位，而不是通过击打钉子使其到位，就可能会更有效。

TRIZ 原理有助于激发新产品概念。这里有几个例子。

- 分割（Segmentation）：原理是通过拆解使物体更易用。比如，卡车被卡车—拖车组合取代；宜家家具的待组装状态；客厅家具的模块化。
- 局部质量（Local quality）：原理是将物体的结构由均匀变为不均匀。比如，有冷热隔室或有单独液体隔室的盛放食品的塑料容器。
- 多功能（Universality）：原理是物体可以执行多种功能。比如，一台割草机是一台 mulcher 儿童汽车座椅，也是婴儿车；对播放的歌曲进行数字录音的黑胶唱片播放器。
- 嵌套（Nested doll）：原理是一个物体位于另一个物体内部。比如，书店内的咖啡店；折扣店内的快餐店。
- 变换维度（Another dimension）：原理是添加一个维度或调整维度。比如，让挤压式沐浴露瓶的盖子更便于使用。

本章小结

本章讨论了几种属性分析方法。定性方法包括非常简单但具有挑战性的维度分析和其他方法，如检核表和类比。定量方法包括缺口分析和权衡分析。定性和定量方法在使用时是互相补充的：定性方法可以在定量方法之前使用，如确定属性或检查属性；也可以在分析之后使用，如解释分析结果。

不管如何运用，属性分析的本质是倒逼我们以不同的方式看待产品——找到新的视角。人们往往因为长期使用某个产品而对形成固定的感知，所以倒逼人们走出舒适区并不容易。如果你打算开展创意活动，则可以浏览附录 B 中的其他方法。

现在已经完成概念生成阶段。我们希望在进入高成本的技术开发阶段之前能有几个好的概念以进行认真的审查和评估，我们将在第Ⅲ篇（包括第 7~10 章）"概念/项目评估"中讨论评估。本章中的一些分析方法也可用于评估客户偏好、明确产品设计特征，甚至用于开发阶段。

案例 智能手机竞品分析（A）

智能手机拥有强大的计算能力和连接功能，已经成为越来越多人的日常生活中的一部分。

在市场上的几百种不同型号的智能手机中，有 6 款比较流行，功能比较强大。它们是由 6 个知名厂家生产的顶级机型：三星 Galaxy S9 Plus、iPhone 5、谷歌 Pixel 2XL、LG V20S ThinQ、索尼 Xperia XZ2 和 HTC U11 Plus。每一款都有独特的优势，消费者购买智能手机时总是在各种功能和价格之间进行权衡。

表 6.1 列出了这几款机型的属性：价格、质量、屏幕尺寸（测量对角线）、分辨率（与画质有关）、待机时长、内存、RAM、CPU 速度、前置与后置摄像头（用百万像素衡量）。

表 6.1　6 款手机的属性

	三星 Galaxy S9 Plus	iPhone 5	谷歌 Pixel 2XL	LG V20S ThinQ	索尼 Xperia XZ2	HTC U11 Plus
价格（美元）	840		549	579	649	579
质量（克）	190		151	130	112	143
屏幕尺寸（英寸*）	6.2		5	4.99	4	4.7
分辨率	2960×1 440	2436×1 125	2880×1440	2880×1440	2160×1080	2880×1440
待机时长	8:05	8:41	8:57	9:34	8:30	7:32
内存(GB)	64	64	64	128	64	64
RAM（MB）	6	3	4	6	4	4
CPU 速度（GHz）	2.80	2.49	2.35	2.45	2.70	2.45
前置摄像头（百万像素）	8	7	8	5	6	8
后置摄像头（百万像素）	12	12	12.2	16	19	12

注：*1 英寸相当于 2.54 厘米。

选择两个你认为在购买智能手机时需要考虑的重要的非价格属性。基于这两个属性，根据案例中的信息构建一个有关行业的定位图。或者，你可以尝试构建一个"性价比图"：构建之前，按价格对每个属性进行评级。通过性价比图可以知道每花 1 美元能购买多少属性以及如何改进低价产品的定位。然后，再选择两个属性并执行相同的步骤，这样你就构建了两个定位图或性价比图。

比较 iPhone 5 与竞争对手在相关属性上的优势和劣势。你认为，与竞争手机相比，iPhone 5 的定位好吗？苹果最应该关注哪个竞争对手？为什么？你觉得还需要了解竞争对手的哪些信息？iPhone 系列产品持续成功的因素中的哪个并未出现在定位图中？一个在关键属性上看似"较弱"的竞争对手靠什么属性抢占 iPhone 的市场份额？

案例　雷朋太阳镜

你可能见过汤姆·克鲁斯、马克·扎克伯格、碧昂斯或布鲁斯兄弟戴着太阳镜的照片，他们大概率戴的是雷朋（Ray-Ban）这个品牌的眼镜。该太阳镜品牌出现在第二次世界大战之前，当时美国空军要求博士伦公司为飞行员生产防眩目眼镜。今天，雷朋这个品牌可能相当引人关注，但曾面临困难，这是因为时尚偏好在不断变化。20 世纪 80 年代，汤姆·克鲁斯在两部重磅电影《危险生意》和《壮志凌云》中都戴着雷朋眼镜，提高了这个品牌的知名度和时尚形象。即便如此，直到 1999 年，这个品牌的状况仍很糟糕。雷朋眼镜以 19 美元的价格在加油站和便利店出售；产品模具很差，镜框和镜片的质量很差。那一年，意大利眼镜公司——陆逊梯卡（Luxottica）公司收购了该品牌，打算重塑雷朋品牌，并培养持续改进的文化。

陆逊梯卡公司首席营销官斯特凡诺·沃佩蒂（Stefano Volpetti）解释过雷朋显著转变的原因。在收购后的几年内，雷朋移除了 13000 个销售点，其中包括大多数低端分销商，如加油站和便利店。到 2000 年，一副雷朋飞行员眼镜的价格已经涨到了 79 美元。到 2009 年，陆逊梯卡公司对更好的碳纤维镜框和改进的镜片技术进行投资，将这款眼镜的零售价推至 129 美元及以上。

陆逊梯卡公司带来的一个重要变化是使用医学镜片。在该品牌被收购时，所有雷朋太阳镜采用的都是非医学镜片。相比之下，医学镜片的价格和单位利润更高。到 2015 年，医学镜片眼镜的收入占雷朋收入的 20%。此外，雷朋进行线上扩张。2013 年，雷朋宣布推出 Re-Mix，这是一个产品配置器，用户可以根据喜好混合搭配镜架、材料和风格。几年之内，Re-Mix 的在线收入就占雷朋在线收入的 40%。

展望未来，雷朋将继续把产品特征定位为好看（经典，不那么时尚，不会过时）以及高科技（镜框和镜片基于最新的技术进步）。根据零售行业分析师乔·杰克曼（Joe Jackman）的说法，"只要品牌继续平衡技术创新和反文化风格这两个维度，就不会有问题"。

请用属性分析方法讨论雷朋的成功。构建一张眼镜市场的感知图，尝试找出雷朋如何用新产品填补图中的空白？讨论雷朋如何找到潜在的决定性属性，并将其发展为决定性属性。

案例　乐柏美公司

乐柏美（Rubbermaid）是纽威尔（Newell）品牌的一个子品牌，也是一家制造和销售工具（Lenox、Hilnior）、笔（Sharpie、Waterman、Paper Mate）、婴儿与育儿用品（Graco）、家用产品（Rubbermaid、Calphalon）、特殊用品（Mimio、Bulldog Hardware）及其他商业产品的全球性公司，这些品牌都在乐柏美之下。乐柏美在 1999 年被纽威尔收购前已经是一家成功的产品创新公司，每年推出多达 200 个新产品。公司的成功部分源于为家庭生产各种适合厨房、车库、洗衣间、浴室、壁橱、汽车收纳盒等的高质量、功能性好的塑料产品。近年来，产品种类日益增多：从带零食隔间的午餐盒到堆叠谷物容器、储物箱和长凳、电动洗涤器等。其旗下的品牌有 TakeAlongs®、Lunch Blox ™、Closet Helper ™等。

该公司生产了近 50 万种产品，新产品成功率为 90%，且每年营业额中至少有 30% 来自 5 年内新上市的产品。

该公司的新产品战略是满足消费者的需求。新产品比例很高并朝着多元化方向发展。即使近年开发了"旧轮胎回收塑料"技术并持续寻找市场机会，该公司也依然是市场导向而非技术导向的公司。研发特定技术是为了增加进行产品开发的机会。

在创意生成上，乐柏美依赖发现被纳入战略规划的客户问题。寻找客户问题的方法有很多，主要方法是焦点小组法，其也会参考客户评价和投诉。如首席执行官斯坦利·C.高尔特（Stanley C. Gault）听到一位曼哈顿大楼管理员抱怨乐柏美生产的簸箕有问题。在调查后发现，这位管理员希望簸箕的开口能薄一些，这样扫过的地方不会留下灰尘。最后该公司生产出了改良后新簸箕。

营销人员把每一个客户投诉都记录在案，公司鼓励高层主管阅读这些记录。例如，某个家庭消费者抱怨，传统洗碗机的置物架体积太大，于是公司发明了一种紧凑的一体式洗碗机。公司经常通过焦点小组法分析问题，找到问题的根源，并在内部解决问题。公司偶尔也用情景分析法发现问题，但由于前期工作时间太短，情景分析法不是很好用。较短的新产品周期使公司必须专注于眼前的问题。公司通过鼓励员工进行跨职能协作，不断产生新创意。公司各个层面都鼓励发现并解决问题。

公司的其他新产品如下。

- Bouncer饮水杯，是为了不想在泳池旁用玻璃杯的人设计的。
- 餐桌调味料旋转盘等，源于对生活方式改变的研究。
- 在家里工作的人提出的问题引发出家庭办公配件产品线，其中包含"汽车办公室"，可以安装在汽车座椅上并容纳办公用品的便携式设备。

总体来说，乐柏美并没有用属性列表以及缺口图进行创意生成，其认为，产品生命周期模型十分有用，紧密追踪竞争对手的新产品上市情况十分有用。

当然，乐柏美一直在寻找通过好的方法提出新产品概念，从经验中学习，比如，通过"发现问题——解决问题"路径寻找更多的新方法。

你对乐柏美的管理层有什么建议？除了传统方法，还可以使用本章讨论过的哪种方法？你建议使用哪种方法？为什么？

第Ⅲ篇

概念/项目评估

我们在第Ⅱ篇全面讨论了新产品概念生成的各种方法。下一步我们要做的就是对这些概念进行评估。不同的人出于不同的原因,在不同的时间以不同的方式进行评估。因此,我们需要一个评估系统,这是第7章讨论的内容。

第7章将讨论这个评估系统的各个阶段(见图Ⅲ.1),并将讨论概念测试。第8章主要讨论综合评审,根据概念与公司及营销优势的匹配度对概念做出评判。项目一旦通过综合评审阶段的高门槛,就意味着被批准进入开发阶段。第9章和第10章讨论图Ⅲ.1中最后一个图框中出现的议题:财务分析、确保项目与产品创新章程匹配的审查工作及协议制定。到了这一步,我们可以启动开发工作,进行团队任务分配(如果还没分配任务的话),之后进入本书的第Ⅳ篇。

在第Ⅲ篇讨论的评估工具指的是开发之前的工具。在后面的阶段,一旦有产品原型或服务配置,评估就会再次启动。到那时会用到产品使用测试、市场测试等方法,这些方法将在后面章节中讨论。选择什么样的评估方法是一个重要议题。当然,不同行业采用不同的方法,这些方法之间的边界是模糊的。比如,原型测试是否会变成产品使用测试?

企业会将2种甚至3种工具综合起来使用。比如,某些行业准备产品原型非常容易,那么公司会选择先做消费者问卷调查,包括部分市场分析、部分概念测试、部分原型测试。最后要说的是,尚不存在完全标准且被接受的术语,因此,我们做了一些术语标准化的工作,当然,未必所有人都会接受这些术语。

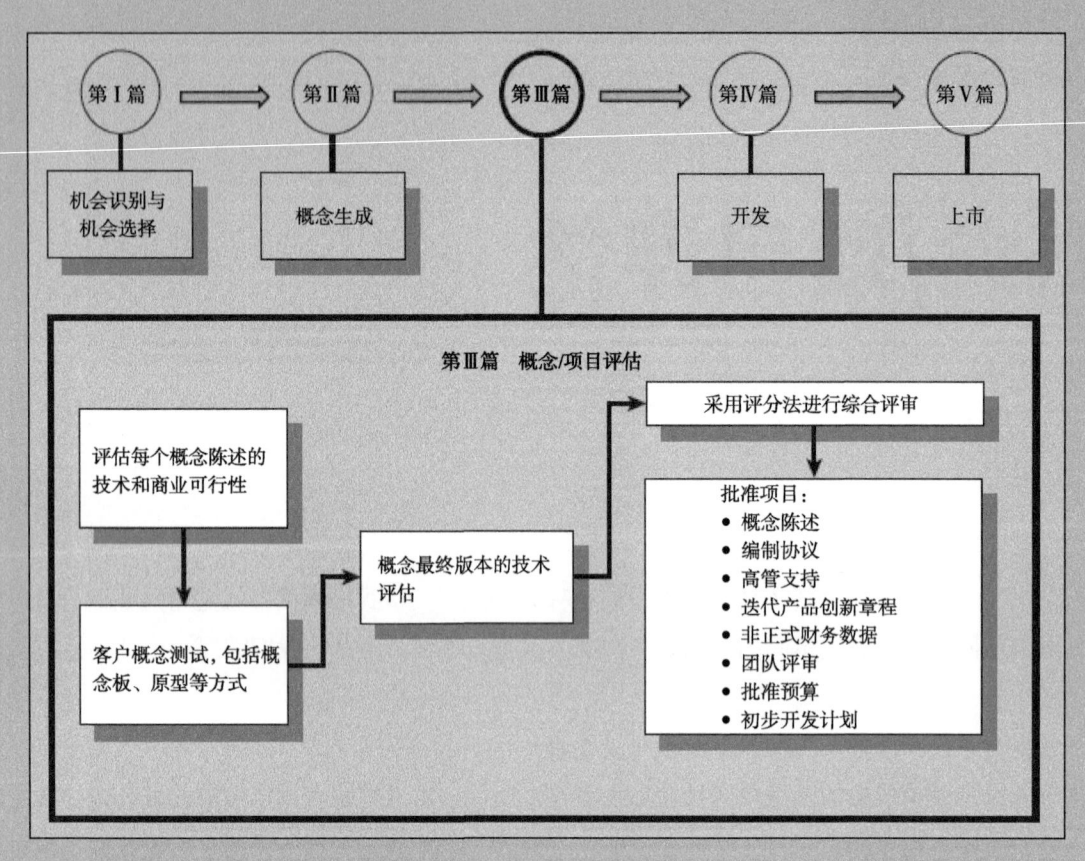

图Ⅲ.1　概念/项目评估

第 7 章

概念评估和概念测试

7.1 引言

评估贯穿新产品开发的整个流程，而且，新产品流程的每个阶段都有相应的评估方法。没有哪种方法适用于所有阶段。本章在简单介绍概念评估之后，讨论累计支出曲线以及 A-T-A-R 模型，它们帮助我们决定采用哪种评估方法。本章的后半部分讨论在进行技术开发之前如何评估新产品。我们在第 7 章讨论概念测试的早期部分（不包括综合评审）以及相应的评估方法，在第 8 章讨论综合评审。本章和第 8 章中的所有评估步骤都是一种投资——其提供的信息价值远远超出了为这项工作支付的成本，尽管获取这些信息也需要付出昂贵的成本。

回顾一下第 2 章提到的新产品失败的原因：① 从用户预期角度看，用户对新产品基本没有需求；② 新产品考虑了所有缺点，但没有满足需求；③ 新产品创意未能准确地传达给潜在用户。总而言之，若用户不需要这个新产品，新产品就没啥用处，因此，用户没有得到产品信息。当构建评估系统时必须始终考虑这些因素。

7.2 新产品流程的本质

新产品就像一条大河，是由支流组成的系统，支流之下还有更小的支流。看似复杂的实体商品，其实是金属外壳、包装原料、液体、价格等的组合。汽车生产就是一个很好的例子：一条主要组装线由遍布世界的二级组装线支撑，每条二级组装线生产一个零件，然后与另一个零件组成组件，最后在终端组装线上组装汽车。

想象一下，汽车零件工厂的质检人员在进行到下一阶段之前，需要对各个零件进行质量评估。这个例子有助于理解新产品评估系统。新产品首先是一个文字或图片形式的概念或创意，此时，我们对其进行第一次评估。当工人把这个概念变成成型的金属产品、软件或服务场地时，我们会对其进行第二次评估。当营销策划人员制订营销计划时，产品的每个子项都会被并行地单独进行评估，最终会进行一次整体的评估。

7.2.1 新产品流程中的评估系统

虽然评估的主要目的是引导我们开发有利可图的新产品，但每个独立评估步骤都有不同的目的，都在为下一步的工作定基调。回顾一下图 2.2，新产品流程的不同阶段对应不同的评估任务。表 7.1 描述了同样的思想并列出了常用的评估方法。在进入下一步讨论之前，我们先讨论评估工作对新产品绩效的改善情况。CPAS 中有一个关于评估方法的结论："最佳"公司比"其他"公司更有可能运用这些评估方法，最终对新产品的销售比较好，获得的利润比较多。

表 7.1 评估任务及评估方法

新产品流程的阶段	每个阶段的评估任务	评估方法
机会识别与机会选择	方向：我们应该去哪里	机会识别（趋势分析） 市场描述 社交媒体 客户现场拜访 访谈和焦点小组法 其他定量方法
概念生成	初步评审：这个创意能通过初步评审进入概念开发阶段吗	产品创新章程 立即评判（我们能做出来吗？有人会买吗？） 早期市场分析 概念测试 领先用户分析 人种学市场研究 客户现场访问 访谈和焦点小组法 其他定量方法
概念/项目评估	综合评审：我们应该开发这个产品吗	检核表 轮廓画像 评分法
开发	技术问题：我们结束开发了吗？如果没有，还继续开发吗？（Alpha、Beta、Gamma 测试） 营销问题：我们应该开始销售这个产品吗？如何销售	原型测试 产品使用测试（如果没有，我们是否继续开发？） 协议审查 销售预测 模拟试销 控制试销 试销 正式销售
上市	上市后评估：实际销售情况与预期目标相比怎么样	滚动销售跟踪 销售额、利润、市场份额

如表 7.1 所示，创意首先变成概念，概念进一步得到提炼、评估、批准，之后进行项目开发，最后实现产品上市。在流程的不同阶段需要回答不同的问题，不同的评估方法针对这些问题提供不同的答案。例

如，第一次评估在产品概念之前，发生在阶段1也即对机会或威胁进行识别的阶段，识别公司是否拥有强大的技术，或者面临绝佳的市场机会，或者面临严重的竞争威胁。正如第3章所讨论的，此时公司需要判断：如果公司计划在某一领域开发一个新产品，是否可能成功。这项早期评估的步骤显示在表7.1的顶部，我们应该看到哪些方面？应该利用什么？应该应对什么挑战？这时采用的工具就是机会发现和评估（见第3章）。这个方法帮助我们远离那些成功概率很小的项目，换言之，机会发现和评估确保我们在主场比赛（在自己的优势领域进行竞争）。产品创新章程就是用来规定这一方向的。

继续看表7.1的下半部分可以得知，随着新产品流程的推进，评估任务是如何变化的。阶段2是概念生成阶段，这个阶段开始出现创意，评估目的也随之发生改变。此时的评估目的是：避免出现大的或一定损失。我们需要淘汰掉一些创意，不对其投入更多的时间和资金。这一步骤的重要性在于：把有限的资源投入有价值的概念中，而不是使其被成堆的创意淹没。我们还要努力找出那些具有巨大潜能、能带来巨大效益的创意。有的概念看似不错，但真正优秀的概念往往寥寥无几，因此我们必须尽自己所能去找到它们。这需要做出很大的努力，需要非常完整的概念测试和程序。

如果你的公司还没有制定评审程序，那么可以按照下列准则对创意进行评审。

- **独特性**（Uniqueness）。这个创意具有原创性吗？容易被竞争对手模仿吗？
- **需求满足性**（Need fulfillment）。这个创意能满足客户的需求吗？
- **可行性**（Feasibility）。我们的能力足够将产品开发出来并上市吗？
- **贡献度**（Impact）。这个创意将为公司或组织带来什么贡献？
- **规模经济性**（Scalability）。产量增加时生产效率会提高吗？
- **战略一致性**（Strategic fit）。创意与公司战略和文化一致吗？

许多企业应用这个创意评审方法或者这个方法的变形，比如，联合利华公司要求每个纳入考虑范围的新创意都要具有一份书面概要，概要的内容包括：消费者需求、技术规格、创意解决方案（标杆的或标准的）、必需的规格（最低要求与规格）、死项（导致必须淘汰的因素）、已知事项、预算和时间计划。

这引导我们进入阶段3即概念/项目评估阶段，此时的评估目的是，决定是否让这个概念进入全面开发阶段。由于投入巨大，这一决定十分重要。我们常用的评分模型非常有用。

决定进入阶段4即开发阶段后，会有一系列并行的或同步进行的技术工作和营销工作（见图2.1）。在这个阶段，我们需要不断自问："我们做出我们想要的产品了吗？这部分真的做好了吗？各个子系统好用吗？这个软件是否不仅能用而且能满足客户的需求？"这时我们要进行的是协议审查，我们开发的产品准备好进行一次重要的实际测试了吗？

技术工作迟早会生产一个评估者认为能满足客户要求的产品。我们接下来进入阶段5，即上市阶段，把重心转移到产品上市上。现在的评估目的是，公司是否有能力大规模生产和销售新产品，这个阶段采用的评估方法是市场测试方法。

7.2.2　概念评估时需考虑产品线因素

不能对任何单一产品进行孤立的评估。大部分公司同时开发多种产品（几十种乃至上百种）。正如第3章提到的，产品经理要具有产品组合思维，能够根据产品与公司战略的匹配度来评估新产品项目。第9章会详细讨论如何根据战略选择项目。

在新产品流程的早期也就是模糊前端阶段做出项目选择决策存在很多风险。若仅依靠惯常的评估机制，那么公司可能在批准很多坏创意的同时否定很多好创意。尽管没有完美的评估方法，但公司可以借助已有经验建立一套好的评估规则。比如，如果公司目前急需新产品，就可能会跳过早期检查点，在开发阶段缩窄开发范围，只开发一个或两个项目，在流程后期进行一次重要检查以确保营销计划和销售渠道到位。再比如，在制药行业，有的公司会批准两个或多个创意进入开发阶段，通过较多的产品基数提高产品的成功概率，一个成功的产品带来的丰厚利润足以弥补进行多个产品开发的额外成本。还有，设置较高的门槛也许能降低失败率，但这会造成新产品延迟上市，产生巨大损失。最后，如果公司开发的产品的生命周期非常短，比如计算机游戏，就应当控制好同一周期内开发的产品数量，以确保在开发产品时有充足的资金。

7.3 累计支出曲线

新产品评估系统的开发随着产品开发阶段的推进而进行。在什么时间进行什么样的评估（严谨到什么程度、花费到什么程度）在很大程度上取决于接下来将发生什么。图 7.1 显示，评估系统有一个关键的输入：图 7.1 的中间是一条逐渐向上倾斜的曲线，代表了新产品项目从启动到上市的累积成本，即累计资金支出。

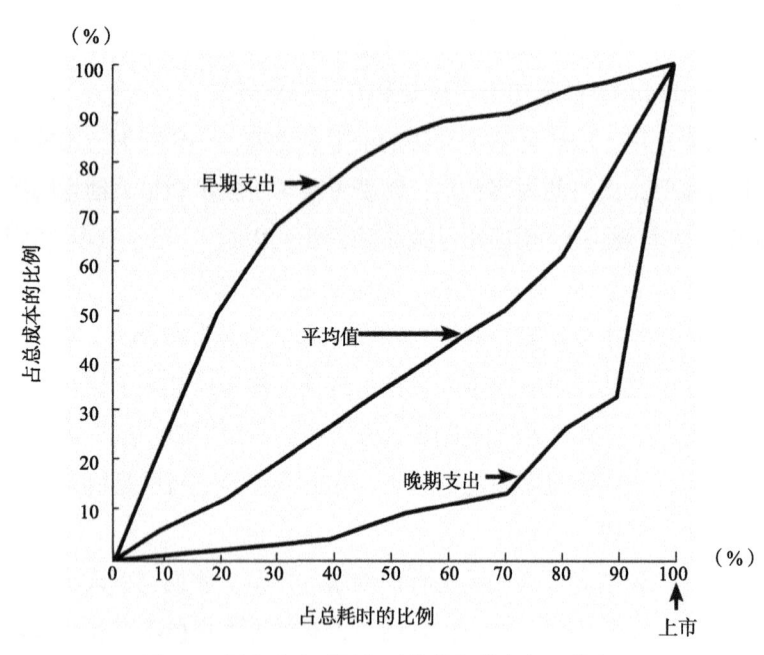

图 7.1 累积支出（行业平均值与特定行业值）

这是基于多年研究得到的平均值曲线，它不代表任何一家公司，代表的是耐用消费品、非技术性 B2B 产品、服务等行业。与平均值曲线并行的是另外两条曲线：早期支出曲线代表技术密集行业（如药物、光学、计算机等行业），研发是成本支出的主要部分，营销支出相对较少；晚期支出曲线代表另一类公司——

包装消费品公司，技术研发支出较少，但营销投入巨大，比如电视广告费用。该曲线反映的是一般情况，也有例外。因此，具体到公司设计概念评估系统时，就需要明确评估系统所针对的具体情况。任何评估决策都要考虑接下来做什么、花多少钱、何时收回利润等。中国有一句谚语："好钢用在刀刃上。"

7.3.1 风险/收益矩阵

表 7.2 的风险/收益矩阵（risk/payoff matrix）表达了这样一个思想：产品经理在新产品流程的每个评估点都会面临 4 种情况：针对产品概念评估的两个结果——成功或失败，有两种决策——通过或淘汰。这构成了一个四象限矩阵。

AA 象限及 BB 象限意味着情况还不错，淘汰一个会失败的概念，或继续进行一个会成功的概念。另两个象限则存在管理问题，AB 是一个"错误的淘汰"：淘汰一个赚钱的机会。而 BA 是"错误的进行"：继续进行一个赔钱的项目，直到进行下一次评估。

表 7.2 风险/收益矩阵

如果产品已上市	决策	
	A 淘汰该项目	B 继续进行该项目
A 失败	AA（没有错误）	BA（错误的进行）
B 成功	AB（错误的淘汰）	BB（没有错误）

注：AA 及 BB 象限是正确的决定。BA 及 AB 象限是错误的决定，但错误的成本和机会不同。

产品经理最想避免的错误是哪一种？衡量标准是：钱。首先，淘汰一个赚钱机会的代价非常大，因为一个畅销产品获得的利润远远超过所有开发成本（不仅是流程下一步的成本）。因此，AB 的错误比 BA 更严重。其次是机会成本。让某个项目等待获得资金，意味着什么？如果还有其他好项目在等待获得资金，那么放弃某个好项目带来的损失就小得多，因为转投的项目同样会是一个好项目。产品经理在进行评估时需要考虑这些因素。如果流程的下一步并不需要太多资金，那么即使信息有限，产品经理也会做出继续进行的决定。宝洁公司在评估涉及 Febreze（一种气味消除器）和 Dryel（可以让你在家里把衣服洗得干干净净）这类高风险且对世界和公司来说都是新产品的项目时，进行了大量的市场测试，其中包括进行漫长时间的试销。但在评估简单的洗涤剂生产线延伸项目时，测试范围要小得多，其采用了第 16 章讨论的一些替代方法，因为这类新产品上市的风险很小。后面我们将讨论星巴克对 Via 速溶咖啡概念如何进行广泛的测试，因为其认为这个产品存在潜在的风险，需要降低这些风险。试想：有谁比宝洁公司更了解洗涤剂？有谁比星巴克更懂咖啡？即使是巨头也认识到，当面临高风险时需要进行更广泛的市场测试。

新产品团队的风险应对策略有 4 种。

- **规避**（Avoidance）。彻底剔除有风险的项目，即使会产生机会成本（如果实施这个项目并最终取得成功，则会带来什么）。
- **减轻**（Mitigation）。把风险降到可接受的程度，通过重新设计产品以增加系统备份或提高产品可靠性。
- **转移**（Transfer）。通过合资或分包等方式将责任转嫁给其他具有更好的风险承担能力的公司和组织。
- **接受**（Acceptance）。立即制定应急预案，这属于主动应对方式。或者，等风险发生时再处理，这属于被动接受。

7.3.2 衰退曲线

基于风险/收益矩阵，我们提出了衰退曲线（decay curve）的概念。新产品流程帮助我们将成百上千个创意一步一步减少。只有那些最好的创意才会被开发成概念；只有一小部分概念被投入开发，只有几个概念最终会被商业化。在这个过程中，大量的创意或者概念会被淘汰或者放弃，风险/收益矩阵分析决定了它们将在哪一个阶段被淘汰。

7.4 评估系统的设计

前面的诸多讨论能够帮助我们在设计一个评估系统时考虑得更全面。在设计一个评估系统，以决定是否必须进行概念测试、用多长时间进行现场使用测试、是首发还在全国范围内迅速上市、财务分析需要做到什么深度等时，还需要考虑以下四个方面。

7.4.1 新事物需要探索前进

创造一种新产品可以被简单地想象成建造一个房子：先从地基开始，接着是框架，然后是第一层，接下来一层一层地推进。新产品开发很少以这种直线前进的方式进行，偶尔使用这种方式可能是因为开发是由技术工艺主导的，或者是从别人手中取得半成品之后再进行开发，或者必须按照法律或行业的规定执行。

在新产品开发中，万事都需要探索前进，即便到了营销阶段也是如此。形式会发生变化；成本、包装、定位及服务合约会发生变化；营销日期和政府监管机构的反应也会发生变化；如果开发时间很长，那么客户的态度也会变化。

因此，新产品开发中有两个被长期公认的观念实际上是错误的。一个错误的观念是，每件事情都需要一个做/不做的决策（通过/不通过，Go/No Go）。诚然，决策十分重要，比如，当必须投资数百万美元购买大型设备时，或取得一个需要支付大笔费用的许可证时。许多公司会采取一些转移风险的方式来避免进行简单决策：在投入资金购买大型设备之前先由其他供货商生产一段时间，通过协商拿到许可证的暂时授权，将潜在客户转化为投资人以筹集投资资金等。

另一个错误的观念是，财务分析应尽早进行以免把金钱浪费在效果不佳的项目上。这个观念导致企业在早期概念测试后不久就进行复杂的财务分析，尽管这时收集的数据并不充分。过早进行财务分析会扼杀一些很棒的创意（需要进一步开发），因为那时候信息变得充分了。财务分析最好慢慢地进行，就像产品本身的发展一样。我们在后面会进一步讨论财务分析。

什么时间开始营销同样需要探索。营销实际上在产品开发流程的早期就开始了。比如，当采购人员在概念测试中被问是否对这个新项目感兴趣时，营销就已开始了。特别是现在普遍采用首发的方法（见第16章），很难说清楚全面营销到底是从什么时候开始的。在新产品开发过程中，营销是滚动前进、逐渐加速的过程，这个过程会显著影响评估系统，因此，评估成为一种渐进式的、持续进行的过程，要求我们不断收集数据，避免不成熟的决策，避免形成简单的用好和坏来评价事物的思维定式。从风险应对策略来看，这属于接受策略或减轻策略。新产品开发存在风险，所以要进行评估才能进入下一个阶段。同时，我们需要持续提高信息质量以最大限度地降低失败概率（减轻策略），或预测并处理意外事件（接受策略）。在开发阶段，最终会遇到一个"我相信我们会成功"的时刻，这才是营销工作真正开始增加工作量的时刻。我们将在第13章讨论这个内容。

7.4.2 坑（陷阱）

产品开发人员有一项关键技能，就是预见产品创新中的重大阻碍。驾驶汽车过程中总会遇到坑，如果没有及时看到就来不及减速或绕过去，而付出巨大代价。这一思维模式同样适用于新产品开发。我们应仔细搜寻真正具有破坏性的问题（深坑），并在评估时牢记在心。面对过深的坑，开发团队必须考虑规避：放弃这个项目！

例如，在金汤宝公司开发一款新浓汤罐头时，其优势在于这款罐头的口味。公司非常熟悉对这类产品的开发、制造、包装、分销及营销，但过去的经验表明流程中有两个致命点（坑），如果这两个致命点真的发生，产品就卖不出去。一是成本（不是质量，因为质量是公司的核心优势）。潜在问题是所选原料组合在一起能否满足市场对成本的要求。二是口味，潜在问题是消费者是否认为口味真的很好。公司在设计评估系统时永远不能忽略这两个点。

软件公司面临的最大的"坑"，是消费者不愿意花时间学习复杂的新产品，很多公司的死亡产品库里都有这类产品。制药公司面临的"坑"，是美国食品药品监督管理局（FDA）审批的不确定性，有鉴于此，公司会不惜代价地把两个类似的产品同时申报，希望其中至少一个产品能够获批。

7.4.3 人的因素

产品开发人员必须牢记，他们是在与人打交道，而人造成了问题。比如，在开发流程早期，开发人员都充满热情，但开发部门以外的支持者很少，此时的新产品概念是极其"脆弱"、极易"夭折"的。在开发流程后期，随着越来越多的人参与到项目中，大家开始接受这个新概念，开始支持它，此时的新产品项目已经足够"强壮"，很难被扼杀掉。

这意味着，评估系统中的早期测试应该是支持性的。实际上，概念测试被称为概念开发，说明其目的不是杀死创意，而是强化创意、支持创意。到了流程的后期，门槛越来越高，越来越严格。某公司指派市场研究经理担任评估主管，职责是全面推动评估工作，如"在新食品进行家庭测试时，偏好率必须达到同品类市场领导品牌的70%"。如果低于70%，项目就会终止。这听起来似乎严厉而武断，但显示出在后期中止某个产品是多么困难的一件事。一个人的因素与个人风险有关，如工作、晋升、奖金等风险。因此，有的人总是在回避新产品任务。我们一直承受来自多方的压力：雄心勃勃的老板、找碴的监管主管、虎视眈眈的竞争对手、斤斤计较的经销商、手握公司大权的批评者等。一个好的评估系统建立在对新产品流程完全洞悉的基础上，并且要能保护产品开发人员免于承受上述压力。评估系统既要能支持人，又要在遇到问题时能够向参与者提供应有的保障。

7.4.4 替代

获取真实信息的时间往往滞后于我们需要该信息的时间。例如，我们希望尽早知道客户对产品概念的反馈，最好是在产品开发之前。但是我们无法知道他们的真实反应，直到我们制造出一些产品并让他们试用。因此，我们往往通过一些替代问题（surrogate question）来获得想要知道但无法得知的信息。表 7.3 列出了 4 个我们难以得知答案的问题（真实问题）以及 4 个能提早知道答案的问题（替代问题，为回答真实问题提供线索）。

表 7.3　真实问题与替代问题

真实问题	替代问题
客户会喜欢吗	客户保留我们提供的产品原型了吗
成本具有竞争力吗	我们的生产技术能满足成本要求吗
竞争会十分激烈吗	上一次竞争对手做了什么
产品能卖得出去吗	产品在现场测试中表现得好吗

替代问题在评估流程的不同阶段是不一样的。例如，对于"成本具有竞争力吗？"这个问题，在项目的不同阶段，替代问题可能有以下几个。

- 阶段 1：我们的生产技术能满足成本要求吗？
- 阶段 2：这项技术可获得吗？
- 阶段 3：在制作原型时，我们遇到了什么困难？
- 阶段 4：原型看起来如何？
- 阶段 5：生产流程有效率吗？
- 阶段 6：早期生产成本如何消化？
- 阶段 7：我们找到降低成本的办法了吗？
- 阶段 8：我们的成本是多少？
- 阶段 9：有竞争力的成本是多少？

只有知道我们的最终成本和竞争对手的成本后，才能回答最初的问题，但替代问题可以提示我们是否遇到了问题。

评估系统还有一个工具：如何评估新产品销售额和利润。这个工具有些类似损益表——列出一系列数据，帮助我们在开发流程的任何阶段和节点估算可能的利润。

图 7.2 展示的基本公式是根据营销领域众所周知的 A-T-A-R 模型——知晓（Awareness）—试用（Trial）—可购（Availability）—复购（Repeat）来构造的。

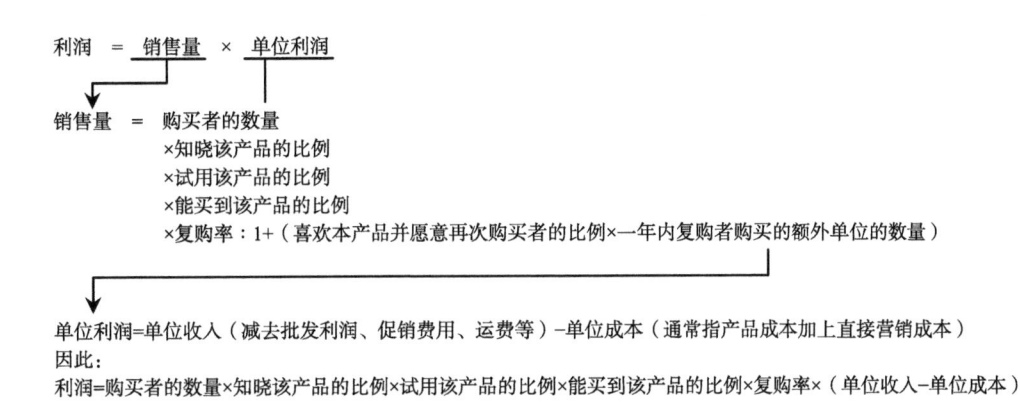

```
利润  =  销售量  ×  单位利润
         ↓
       销售量 = 购买者的数量
                ×知晓该产品的比例
                ×试用该产品的比例
                ×能买到该产品的比例
                ×复购率：1+（喜欢本产品并愿意再次购买者的比例×一年内复购者购买的额外单位的数量）
         ↓
单位利润=单位收入（减去批发利润、促销费用、运费等）-单位成本（通常指产品成本加上直接营销成本）
因此：
利润=购买者的数量×知晓该产品的比例×试用该产品的比例×能买到该产品的比例×复购率×（单位收入-单位成本）
```

图 7.2 A-T-A-R 模型

7.5 A-T-A-R 模型

A-T-A-R 模型源于创新扩散理论（Diffusion of Innovation）。该理论可简单地描述为：一个公司或一个人要成为某个创新的固定购买者/固定用户，首先必须知晓存在该创新，然后决定试用这个创新，接着发现可购这个创新，最后喜欢、采纳并复购这个创新。

我们运用图 7.2 展示的基本公式计算所有利润，这涉及目标市场规模（潜在采纳者）、每个采用者的购买量以及运营经济性。计算时主要运用 A-T-A-R 模型。本章使用此模型预测第一年的获利能力，第 9 章会使用 A-T-A-R 模型预测市场占有率，第 16 章模拟试销的内容时也会用到这一模型。

我们用一个简单的例子来解释如何运用这个模型。假设我们正在开发新一代智能手机，其与现在市场上带有视频功能的智能手机相似（新一代智能手机与这些手机有很多相似的地方：相似的售价、相似的目标市场、相似的利益）。因此，我们基于现有同类产品的市场规模估计新产品的潜力（第 9 章有更多关于对同类产品数据进行预测的讨论）。为了运用 A-T-A-R 模型，我们需要以下数据（或假设）。

- 智能手机用户数量（是新产品的潜在购买人群）：1000 万人。
- 我们认为在上市第一年就知晓新一代智能手机的人数的比例：40%。
- 在知晓该手机的人中，第一年就决定试用并开始寻找该手机的人数的比例：20%。
- 我们在市场导入期说服传统消费电子零售商销售该手机的比例：70%（为简单起见，假设潜在购买者在一家商店没找到的话就不会再去另一家商店寻找）。
- 在第一年的实际试用者中，喜欢该产品并愿意复购的比例：20%。
- 复购者购买额外手机的数量，平均为 1 部（共购买两部手机，一部自己用，另一部其他人用）。
- 扣除经销商利润和促销折扣费用后，手机厂商可获得收入：100 美元/部。
- 预期销售量下的单位成本：50 美元。

根据图 7.2 所示的 A-T-A-R 模型，预测利润贡献为：

利润贡献=潜在客户数量×AW×T×AV×R×边际利润

=10000000×0.4×0.2×0.7×1.2×（100-50）

$$=33600000（美元）$$

式中，AW 表示知晓；AV 表示可购。对复购率 R 的计算如图 7.2 所示，即 R=1+（复购者的比例×购买额外手机数量）=1+（0.2×1）=1.2。

我们的做法是，构造一个数学公式，采用一组数据进行运算。由于在计算时开发工作已经完成，预测是相当可靠的。这个公式还可以应用于产品开发的启动阶段，尽管在刚开始时我们只知道少量数据（如潜在采纳者的数量）。我们可以在各个时点测算估算值，并在各个阶段对利用本公式的数据进行修正。

与本章的其他内容一样，A-T-A-R 模型有助于我们设计评估系统。相信你一下子就能理解"知晓""试用"等的重要性。这意味着我们必须进行测试，以了解客户对试用的兴趣、试用后的反应（再次试用的可能性有多大）等，进而获得更多有助于评估的信息。

使用 A-T-A-R 模型预测新手机销量和利润时，要注意以下两点。

（1）每个因素都是估测出来的，我们需要在各个开发阶段努力强化估测能力。例如，在导入促销期，我们需要测试客户的知晓能力，或者需要给出多少折扣才能刺激客户首次购买。

（2）如果对利润的预测拿不准，则可以通过改变其中的某个因素来弥补。例如，假设我们对预测的 3360 万美元的利润拿不准，我们可以观察模型中哪个因素可能会改变，改变的成本是多少。也许，我们可以将零售商利润率提高 5 个百分点，从而使销售我们产品的零售商的利润增加 10%。另外，我们可以通过增加广告投入或改进广告质量来提高消费者的知晓度。

A-T-A-R 是一个源自消费品营销的术语。工业产品营销会使用稍微不同的术语，因此，自然就会产生这样一个问题："该模型适用于工业产品或者服务吗？"答案是肯定的，虽然在不同行业术语稍微有所不同。

例 7.1 展示了不同的定义。购买主体（consumer buying unit）可能是个人、家庭。对办公家具来说，购买主体可能是设备经理；对工业产品来说，购买主体可能是采购人员或工程人员；对个人银行贷款来说，购买主体可能是个人或家庭。产品开发者应该了解定义到底是什么，公司选择某目标市场是因为了解该市场。

例 7.1 A-T-A-R 模型所使用的定义

购买主体：指购买者，可能是某个人、某个家庭、某个购买决策部门。

知晓：指购买者听说有一个与已有产品不同的新产品，这种不同可以是产业层的，也可以是产品层的。

试用：定义各不相同。在工业领域，指试用一件样品，试用样品会产生成本；在大多数情况下，指一次真实的购买使用或消费行为。

可购：指假设购买者想要试用此产品并最终成功找到此产品的机会的比例，常用指标是"引进此产品的商店的比例"。直销人员能买到的比例为 100%。

复购：有多种定义。对于包装性产品，指购买一次以上（2~3 次）；对于耐用品，指使用后满意并/或至少推荐给一个人。

没有精确的定义就不会进行有价值的测量。在不同情景下总会有一些线索告诉我们如何定义这些术语。关于"**知晓**",我们想知道是否已向购买者充分传达相关信息,以刺激购买者进一步考察并考虑试用。如果购买者只听说过产品的名字,就可能不会考虑购买。

关于"**试用**",我们可以想象一个商店的场景,一位潜在客户在试用手机,看看这个产品是否满意。对于其他种类的新产品,如安装在汽车上的新电子安全装置,你可能会考虑潜在购买者在什么场景下会试用该产品这涉及一个冒险场景,如小偷正盯着汽车。也就是说,我们需要尽自己所能找到完美的答案,有时需要独创性。例如,奥的斯电梯公司把潜在购买者带到已经安装好的电梯上,试用可能并不完美,但足以得到真实的反馈信息。

关于"**可购**",我们想要知道如果购买者已经决定试用该产品,那么能否轻松地得到该产品。这个因素可以更标准化,对消费品来说,指目标客户常光顾的零售店进货的比例。如果采用直销或者线上销售的方式,则意味着产品一定能买到(除非工厂延期交货)。另一个因素即常用指标是**全商品量**(All Commodity Volume,ACV),指在市场中销售本产品的经销商的比例。B2B 企业常常选择某类分销商,因此根据经销权或半经销协议就能确定能买到的比例。小企业能买到的比例较难确定,这要看它在经销渠道上投入了多少。

关于"**复购**",对日用消费品的复购很容易发生,这代表试用是成功的——购买者很满意。对于耐用品来说,不管是工业品还是消费品,我们需要找到代表复购的统计指标:可以直接调查客户的满意度,问"您满意吗";可以间接调查客户的推荐率,问"您向别人推荐过该产品吗"。还有一种方法是,看看客户是否购买了第二件产品。不管哪种方法,都需要找到一个适合业务的定义,并持续积累有关评估的经验数据。

7.5.1 A-T-A-R 模型的数据来源

表 7.1 显示的用于概念测试、产品使用测试等的评估方法是 A-T-A-R 模型的主要数据来源。虽然我们还不熟悉这些测试,但要知道这些测试与 A-T-A-R 模型紧密相关。各种测试都有助于为模型提供数据,但还需要知道哪种测试对提供数据的贡献最大,也即"最佳"。这需要我们了解每种方法的价值,从而可以将有限的资金用在"最佳"的方法上,待资金充足时再进行其他测试。而且,当我们不得不跳过某个测试比如概念测试时,我们很清楚地留下了悬而未决的问题,而在进行下一个产品使用测试的时候,我们可以把概念测试补上。虽然概念测试晚了一些,但做总比没做好。

7.5.2 A-T-A-R 模型的进一步应用

我们讨论了在概念评估早期使用 A-T-A-R 模型进行粗略的预测,以获得一些信息,比如,产品的潜在利润贡献是什么?利润是否令人满意?如何增加利润?A-T-A-R 模型在早期阶段非常有用,它根据新产品的四个特点(知晓、试用、可购、复购)预测早期的销售额和利润,模型中的数据可以通过市场研究得到,其是可控的。新产品流程后期也会用到 A-T-A-R 模型,我们将不时地提到它。在第 9 章,A-T-A-R 模型将作为进行更详细的销售预测的基础。虽然在产品上市计划章节(第 14 章和第 15 章)没有提到 A-T-A-R 模型,但对营销工作来说,还有什么比让消费者知晓、试用、可购、复购更重要?第 17 章会再次用到 A-T-A-R 模型,可以将其作为一种上市评估工具,找出问题并予以纠正。

7.6 概念评估：与产品创新章程相匹配

公司最早进行的评估是对自身及其环境的评估。该评估针对新产品建议得出了一个早期的结论，这一结论源于公司的基本战略决策，我们在第3章中讨论过。公司的战略决策可确定哪种新产品类型最具战略匹配性。

产品创新章程能过滤掉很多新产品创意。在不了解新产品概念的背景下，公司会根据产品创新章程否决一些创意。产品创新章程通常会使以下类型的创意被否决。

- 对创意所需的技术公司不具备。
- 对创意针对的客户公司不熟悉。
- 创意存在创新度问题：或者不切实际，或者创新度不够！
- 创意存在其他方面的问题，比如，成本过高、与竞争产品同质化等。

产品创新章程能够过滤掉大量不太合适、没必要进一步讨论的产品创意。因为产品创新章程是从新产品开发流程开始时建立的，所以它能有效避免那些不必要的提案占用公司宝贵的开发资金。

7.7 概念测试

很多大公司经常使用**概念测试**（concept testing）。对于日用消费品企业来说，概念测试已经成为新产品流程中必不可少的部分。真正发明概念测试的是工业领域，越来越多的公司使用该方法。B2B公司拿出许多时间与用户沟通，了解他们的需求，发现问题，听取建议及对创意的不同看法等，这是概念测试的基本的、非正式的形式。

我们先讨论一个问题：概念测试在什么情况下会失效？

首先，当核心利益是一种个人感觉时，比如一种香水的味道或新食品的口味，概念测试通常会失败。当缺少实体产品展示时，产品概念是无法传达的。试着描述一下古龙香水的气味！其次，新艺术和娱乐的概念很难测试。画家惠斯特（Whistler）无法用概念测试其作品母亲画像的创意。摩天轮的发明者乔治·费里斯（George Ferris）无法事先调查群众对摩天之旅的兴奋感。概念测试表现优秀的电视节目往往不太受欢迎，而一些测试不佳的节目最终却成为经典。对这些产品必须亲身体验。还有，当概念包含一些用户无法想象的新技术时，概念测试不会产生准确的结果。比如，吉列可以解释其生产的最新刀片的功能，以及它在哪些方面优于所有竞品，如果用户在早期进行小批量生产时试用过工作原型，并体验到差异，概念测试结果可能成为现实。另一个例子，医生拒绝心脏起搏器的概念——他们无法在手术完成之前知道这种产品的全部属性（还有风险）。

一个难题是，公司对概念测试使用不善，却怪这个工具误导了它们。比如，历史上的一个著名的市场研究失误，可口可乐公司邀请客户对"新可乐"的新口味进行测试，并将其与正常口味的可口可乐以及百事可乐做比较，新口味的测试结果非常好，但可口可乐公司将这一口味测试结果解读为客户会购买"新可乐"，实际上，客户并不知道产品的全部信息，也就是说，他们不知道如果"新可乐"投入生产，经典可乐就将永远被淘汰，客户想当然地假设经典可乐将永远存在。如果市场研究存在缺陷，就将导致产品开发人员上当受骗。另一个难题是客户不知道面对的问题是什么。微波炉就是一个例子——当它第一次出现在市场上时，客户不知道该如何使用，所以当研究人员问他们对这个概念有什么看法时，他们肯定不会做出有益的回应。

一些新产品开发人员对概念测试可否用于 B2B 产品或服务心存疑问。对于 B2B 产品来说，如果客户有能力做出判断，那么这些判断就值得收集；如果重大技术突破让客户无法判断，那么只能由其承担风险。对服务来说，因为服务很少涉及技术开发工作，所以不太需要进行概念测试。如果可以很简单地把服务概念推进到完整服务描述（原型的一种形式），那么可以进行原型概念测试（prototype concept testing）。原型概念测试更可靠些，因为讨论的是一个实体原型（至少是一个 3D 打印版本）。

7.7.1 什么是新产品概念

概念不仅是某个创意，也是产品开发的起点。企业家使用"概念"一词表达产品承诺、客户主张，以及人们购买产品的真实理由。在第 4 章，我们将概念描述为产品特性（形式或技术）和消费者利益（需求）之间的一种特定关系。这就是说，产品概念是向客户提出的一种价值主张。

如果要给出一个正式的定义，**产品概念**是关于预期产品特性（形式或技术）的陈述，相对于已有的产品，将带来独特的利益或问题解决方案。比如，"一种新式电动剃须刀采用超薄刀网，比市面上任何一款电动剃须刀都刮得干净"，或者，"一种复印机的速度是现有型号的两倍"。

7.7.2 概念测试的目的

概念测试是预评审流程的一部分。预评审是指组建一个管理团队对所有的创意进行综合评审，并对正式技术研发工作之前的综合评审进行输入，参见第 8 章关于评审者运用评分模型写出产品协议的相关内容。

概念测试的第一个目的是找出非常差的概念并将其剔除。比如，对于一种新型的可永久使用的光盘，音乐爱好者可能并不在乎，因为他们在多年前就已经放弃了光盘，并早已习惯采取订阅（subscribe）方式获取流媒体服务，那么这个概念就是一个差概念。

通过第一道关卡后，就会涉及概念测试的第二个目的：估计（即使是粗略的）该产品的销量或试用率，思考未来的市场份额、收益的大致范围。基于购买意愿的预测虽然比较粗略，但是是关于未来销售情况的一个很好的提示，可以让用户评估产品概念的价值。

关于购买意愿的问题几乎出现在每个概念测试中。最常见的购买意愿调查形式包括经典的 5 点（five point）问题。

如果我们做出来这个产品，那么你会有多大的可能性购买它？

（1）肯定会买。

（2）可能会买。

（3）不确定会买或不买。

（4）可能不会买。

（5）肯定不会买。

肯定会买和可能会买的人数或比例通常被合并在一起计算，以作为衡量群体反应的一个指标。我们称之为前两项分值法，可以在调查问卷里勾选排在前面的两个选项（肯定会买或可能会买）的人数的总和。

人们是否真的会购买该产品并不重要，研究人员通常的做法是进一步调整这个数据。比如，假设最前面的两个选项的合计占比为60%，那么实际占比可能是25%。他们会根据过去的经验，剔除人们在访谈背景下倾向于回答"买"的这种情况。直销商进行的数据修正可能最有效，因为他们稍后会向所调查的市场群体销售测试产品，从而可以准确地了解客户实际行为与其陈述意愿是否一致。BASES集团是概念测试领域的最大服务商，现在是 A.C.Nielsen 旗下的公司，该公司的数据库不仅能够帮助客户公司按照产品类别精确调整所有概念测试问题，还可以将原始的客户购买意愿数据转化为购买可能性数据。

一个概念有多大销售潜力，与它在多大程度上满足客户的需求或提供客户所需的利益息息相关。本章的后面部分会讨论一些高级的分析方法，这些方法根据客户所寻求的利益进行客户市场细分。公司只有对市场进行利益细分，才能找出吸引细分市场或利基市场的新产品概念。

概念测试的第三个目的，是帮助开发创意，而不是仅仅测试它。概念很少从测试本身产生，概念陈述不足以指导研发，因此，科学家需要进一步了解，哪些属性（特别是利益）能让新产品满足这个概念陈述，由于属性之间经常是相互对立或冲突的，这时需要的是做出权衡和取舍。如何进行属性取舍？是把产品做出来好呢？还是直接与客户交谈好呢？在本章的快要结束的时候，我们会讨论用联合分析（权衡分析）解决这个问题。

7.8 概念测试的要点

7.8.1 准备概念陈述

概念陈述表达的是一种差异性以及这种差异性如何为客户和最终用户带来利益。"这款新冰箱用模块化部件制作而成，因此，消费者可以根据最适合的厨房位置进行组装，其被拆开后还能在其他地方再组装起来。"如果你认为这听起来有点像定位陈述，那就对了。如果访谈是针对潜在目标客户群的，那么营销战略的主要内容——目标市场和产品的定位就实现了。这与基本的新产品流程是一致的，即产品和营销计划要同步进行。

1. 形式

一线人员强调，概念陈述要能够清晰地表达新产品的差异性、提出决定性属性（购买决策中具有差异的属性）、与客户熟悉的元素建立连接、可信、真实。另外，概念陈述要尽量简短，越短越好。当然，如果技术非常复杂，那么3~5页的概念陈述也同样有效。

这些信息常以一种或几种形式呈现给潜在购买者：叙事（文字）、绘图或图表、模型或原型、虚拟现实。在概念测试早期，无论采用哪种形式并没有太大的区别，因为受测者的回答几乎相同。我们在这里讨论的所有测试技术常用于 B2B 产品开发，因此获得客户的有意义且客观的反馈，提供概念草图、模型以及概念解释就非常重要了。

叙事（文字）是向受测者展示概念的第一种方法。例 7.2 展示的是一个叙事形式的例子。有人喜欢简短的表达，仅提供少量属性，引导受测者提出更多的属性；有人喜欢完整的描述，就像图表或原型所描述的那样。

例 7.2 概念测试的形式——用文字描述产品及其主要利益

某大型软饮料企业想了解你对一款新的低糖饮料创意的看法。在回答问题前请先阅读以下描述。

新型低糖软饮

这款碳酸饮料非常美味，解渴、新鲜，你可以尝到橙子、薄荷和西柚混合在一起的令人愉快的味道。

这款饮料降低了人们对甜食和餐间零食的渴望，有助于成年人（以及孩子）控制体重。它的最大优点是，完全没有卡路里。

产品有 12 盎司的听装或瓶装，每听（瓶）的售价为 60 美分。

1．你认为这个低糖软饮与市场上的现有产品相比，有多大不同？
☐非常不同
☐有些不同
☐轻微不同
☐完全相同

2．如果你品尝过这款产品后很喜欢，你认为购买的频次是？（单选）
☐每周一次以上
☐大约每周一次
☐大约每月两次
☐大约每月一次
☐很少购买
☐不会购买

资料来源：NFO Research, Inc., Toledo, Ohio, Now Part of TNS, a Worldwide Market Information Company。

绘图或图表是向受测者展示概念的第二种方法。图 7.3 是有关绘图的例子。绘图等相关方法需要用叙事性概念陈述加以补充。图 7.3 还展示了调查可能的趋势。5%的受测者表示绝对会买该产品，36%的受测者表示可能会买，因此前两个选项的合计比例为 5%+36%=41%。注意，例 7.2 和图 7.3 的方法都可以很容易地转换成在线测试，操作难度不大。

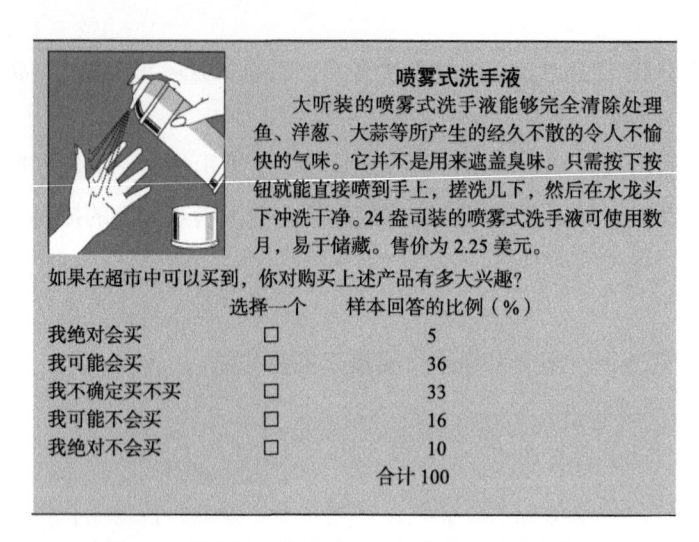

	喷雾式洗手液
	大听装的喷雾式洗手液能够完全清除处理鱼、洋葱、大蒜等所产生的经久不散的令人不愉快的气味。它并不是用来遮盖臭味。只需按下按钮就能直接喷到手上，搓洗几下，然后在水龙头下冲洗干净。24盎司装的喷雾式洗手液可使用数月，易于储藏。售价为2.25美元。

如果在超市中可以买到，你对购买上述产品有多大兴趣？

	选择一个	样本回答的比例（%）
我绝对会买	☐	5
我可能会买	☐	36
我不确定买不买	☐	33
我可能不会买	☐	16
我绝对不会买	☐	10
		合计 100

图 7.3　概念测试的形式——文字描述并附有草图

注：图中"样本回答的比例"仅用于说明。

资料来源：NFO Research, Inc., Toledo, Ohio, Now Part of TNS, a Worldwide Market Information Company。

模型或原型是向受测者展示概念的第三种方法，也是比较昂贵的一种，因为要对新产品做出很多决策才能形成原型。无论是谁，在制作早期原型时都需要很多决策，尽管在早期阶段产品的很多变量都是开放的。原型在以下场景有用：日用消费品公司可以制作一个小批量的早期的新产品（比如新的汤或者可乐），或者可以为新设计的2~3种口香糖包装制作初步的3D打印版本；然后，可以先在焦点小组中进行测试，之后再进行更广泛的测试。还有一种场景，如果新产品概念非常复杂，简单的叙述无法提供更多的产品信息，受测方就无法做出反馈，这时需要有一个原型。一家加拿大公司试着获得购买者对车载医疗设备概念的反应，该车可以行驶到各个公司的办公室进行健康检查。得到的答案是，需要建造这个装置的小型模型，并展出内部陈列、设备等。

虚拟现实是向受测者展示概念的第四种方法。这种形式在有产品原型的同时避免了缺点。办公设备供货商 Steelcase 拥有一套软件，可以虚拟建构办公室概念的3D影像。受测者可以"真实地"在房间中走动，从任何一个角度观看。概念测试的本质问题是"如何向买家传达我们的想法？"就此而言，当你需要在清楚展现新产品概念所需的成本与获得预测购买意愿所需的信息之间进行取舍时，虚拟现实无疑是一个好办法。

2．商业性与非商业性概念陈述

在这里，你还需要决定一件事：是展示一个商业性的概念陈述，还是展示一个非商业性的概念陈述？比较一下下面的概念陈述。

（1）Light Peanut Butter 是一种新的低卡路里的天然花生酱，能为很多保健食品增加味道。

（2）General Mills 的科学家发现了一种追寻美味的不可思议的新方法——一种非常受欢迎的低卡路里花生酱，其提供了从未被品尝过的美味并且经天然过程制造，它就是 Light Peanut Butter，最适合控制体重的人享用。

第一个是非商业性概念陈述（直白的描述），只呈现事实（甚至只列出要点）；第二个是商业性概念陈述（美化的描述），听起来像推销广告。很难说哪种概念陈述形式更好。由于商业性的概念陈述比较类似广告文案，有人说它会产生较真实的评价（较高的接受度）；但是，广告文案也会使测试结果产生偏差。也有人喜欢非商业性概念陈述形式，我们想要的是对概念的反馈，最好不要把广告的效果因素加入进来。

没有一种形式绝对比另一种好，管理者会追求一种妥协：进行温和的销售，用利益相关者习惯的语言陈述产品优点。有人认为，最重要的是保持创意的纯粹，即清晰并且真实，切忌夸大。如果你同时测试几个概念，不要将商业性概念陈述与非商业性概念陈述混在一起，也不要把全新的概念与微小改进的概念混在一起。

3. 提供竞争信息

不论哪种客户，其对当前产品和替代品的了解比我们期望的会少很多。同时，一个新概念很可能会向客户提供其还没意识到的新利益。针对这种情况的解决方法，就是提供一个完整的列出每个有关竞争产品的数据表格。但许多新产品经理不愿意过细地陈述概念，担心这样可能会把信息搞乱，这会使客户迷惑。

4. 价格

是否将价格放入概念陈述？例 7.1 和表 7.1 都提到了价格。有的人反对这样做，认为我们想要的是客户对概念的反应，而不是对价格的反应。然而，价格其实是产品的一部分，实际上，价格对消费者来说是一个产品属性，我们不能指望消费者在不知道价格的情况下说出购买意愿。有一个例外，对于那些复杂的概念，比如，前面说到的车载医疗设备，客户在知道成本之前需要做出多个决策。

7.8.2 定义受测者群体

我们希望所有对决定购买产品、改进产品有影响力的人都能接受访问。当新西兰羊毛检验局提出一个羊毛测试服务的新创意时，其需要对渠道中的三个层次的人群做概念测试——销售羊毛的经纪人、擦洗羊毛并准备装运的擦洗者、将羊毛出售给制造商的出口商。某水泥制造厂想创造一个建筑用水泥的新概念，就必须向制砖商、模板制造商、建筑师、建筑商、设计师、政府官员等寻求建议，甚至还要询问建筑物的买主。工业产品的每个购买节点可能涉及 5~10 位不同领域的人员，耐用消费品涉及的通常不止 1 个人。试想，如果有关花生酱的新概念在一个家庭只测试 1 个人（实际购买的家庭主妇），那么能达到目的吗？

因此，我们必须从**利益相关者**的角度考虑——任何与提议的产品有利害关系的个人或组织。我们的新产品概念废纸篓里装满了对最终用户有意义但拿不到的产品，例如，专业的公共卫生工程师拒绝批准新的废水处理系统。

接触到所有这些有影响的人听起来简单，做起来却复杂且代价高昂。有些人试着找出少数领先用户（详见第 4 章）、有影响力的人或大客户，这个方法的成本较低，而且获得了很多专家的建议，但无法反映市场上的关键差异（以及误解）。这似乎是在客户有正确的理解、认知或偏好情况下的一种好方法。当然，我们还应该警惕那些概念批评者、那些因某个理由对概念持反对意见的人。研发人员构思了一个能够读取心电图的机器，这需要心脏科医师的反馈，其中存在的明显利益冲突使访谈很难完成。

有的新产品人员意识到，首先必须吸引市场上的创新者和早期采纳者的兴趣（相关概念参见《创新扩散》一书——译者注），进行概念测试时应重视这些人。如果相关群体有兴趣，我们就可以假定其他人也会有兴趣。

7.8.3 选择受测情景

受测情景涉及两个问题：① 接触受测者的方法；② 如果对象是个人，那么选择个人接触还是小组接触。

大多数概念测试通过个人接触进行，即直接访谈。调查样本数量通常是 100～400 人，工业品的样本会少得多。进行个人接触时，访谈人可以回答问题，受测者可以提出新想法并询问不清楚的地方。如例 7.2 和例 7.3 所示，在线概念测试是一个比较低成本的替代方案。

概念测试的另一种类似方法，是在焦点小组情景下使用小组支持系统（GSS，详见第 5 章），并且让参与者对不同版本的产品做出反馈。以图 7.3 的喷雾式洗手液为例，可以尝试不同的喷雾涂抹器、包装尺寸、功效等级、价格。小组反馈结果在被平均后立刻显示在房间的屏幕上，企业可以从中选出好的概念。主持人可以提出探索性建议并对产品属性进行修改，同步测试购买意图是否发生变化，最终得出一个被大大改进的概念。

无论概念测试的受测者是个人还是小组，两种方法都被广泛使用。如果想让受测者听到其他人的意见并做出反馈，在讨论如何使用产品时，焦点小组是非常好的方法。

7.8.4 访谈的准备工作

简单的访谈情景包括陈述新产品概念，询问受测者有关可信度、购买意愿以及其他信息。如果是日用品，我们想要知道的只是购买意愿，那么针对每个产品概念的访谈的时间可能只有 2～3 分钟。

通常我们想要的信息不只这些。在这种情况下，我们首先应探索受测者在我们关心的领域的实践活动，询问他们：目前如何解决问题？使用竞争对手的什么产品？对这些产品的看法是什么？更换品牌的意愿强烈吗？还想得到什么利益？现在的花费是多少？产品是否被当作系统的一部分？

这些背景信息有助于我们了解其对新产品的看法，这正是我们接下来会涉及的内容。此时，我们应该立即想到的一个重要问题是：受测者了解这个概念吗？假设其了解，我们接着探求其他反馈：

概念的独特性	是否解决了问题
概念的可信度	有多喜欢这个概念
问题的重要性	购买的可能性
他们对概念的兴趣	对价格的反应
是否真实、可用、有用	在使用中发现的问题

我们特别感兴趣的是受测者会对概念做出什么改变？它会被用来做什么？为什么？什么产品或过程会被取代？谁会参与使用这个产品？等等。

在访谈中要记住，我们不是在做民意调查，而是在探索人们在做什么和想什么。只有小部分问题会以表格的标准形式出现，每个新概念都在解决一个非常具体的问题，我们需要知道在新概念背景下人们对具体问题的想法。提问过程不要过于正式，除非你正在进行多个概念测试，这需要对数据库的数据进行比较。

7.9 概念测试结果分析

许多公司在进行概念测试时仅依靠前两个选项的分数，但我们还需要更多的信息。我们不能假定所有的客户在做购买决策时，都会有相同的需求或追求相同的利益。事实上，公司可以通过利益细分（benefit segmentation）发现尚未满足的细分市场，然后集中精力开发新产品概念以满足这个细分市场的需求。现在的重点是如何在我们所期待的市场找到利益细分市场，并开发出基于关键细分利益而为客户所喜好的产品。

发现利益细分市场

回顾一下第 6 章的泳装案例，当我们在收集受测者对现有泳装品牌的感知时，同时要求他们对影响品牌偏好的众多属性进行**重要性评分**（importance rating）。这些重要性评分能用来模拟其对现有品牌的偏好，并预测其对新概念可能的偏好。

假设只考虑两个属性：舒适度和时尚度。在图 7.4 的重要性感知图上发现细分利益变得非常简单。每位客户都可依据对这两个属性重要性的认知，在这张图上用一个点来表示。在这个简单的案例中，出现三个大小差不多的明显利益细分市场：认为舒适度很重要的客户、认为时尚度很重要的客户，以及认为两者都重要的客户。

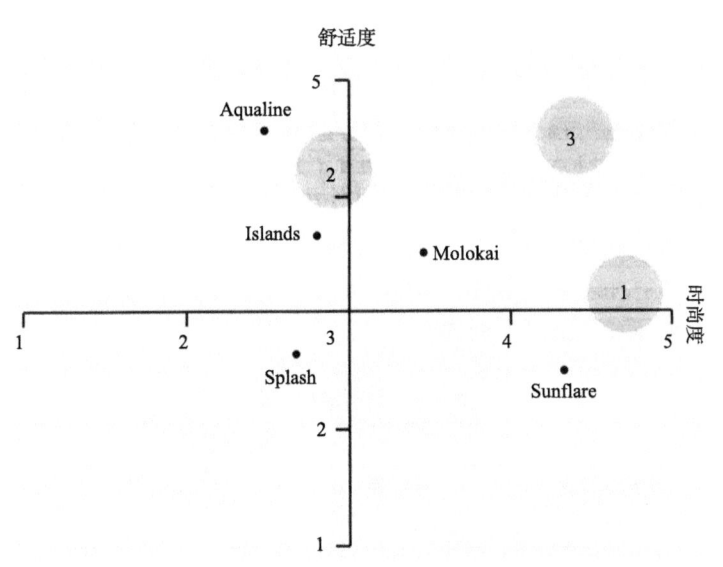

图 7.4 重要性感知图显示的利益细分市场

注：坐标轴上的数字代表因子分数。

现在，我们可以将细分利益叠加到我们的感知图上（该图在第 6 章出现过），我们称出现的结果为联合空间图，该图帮助我们评估每个利益细分市场对不同产品概念的偏好。该图中的三个细分市场中的每一个都可以由一个理想品牌（ideal brand）代表，即从研究中获得的偏好（比如细分市场 1，喜欢时尚品牌）。

我们预计，联合空间图中最接近细分利益的品牌会受到细分市场的青睐。在图 7.5 中，细分市场 1 可能更喜欢 Sunflare，而细分市场 2 似乎对 Aqualine 或 Islands 都很满意。最接近细分市场 3 理想点的品牌是 Molokai，但没有一个品牌真的如此接近。因此，一个时尚度和舒适度都很高的新品牌有机会从竞争对手那里抢下可观的市场份额。

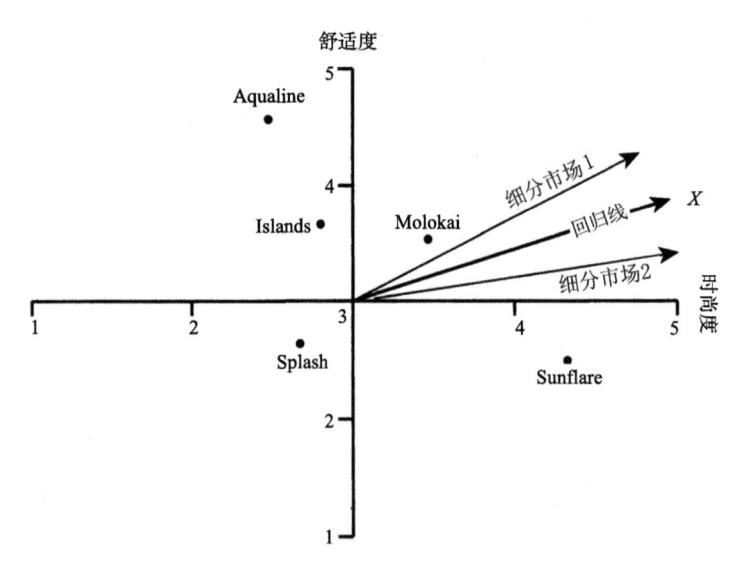

图 7.5　显示理想点的联合空间图

注：坐标轴上的数字代表因子分数。

表 7.4 显示了汽车的利益细分市场。人员和物品的装载性、性能优良性、实用性和安全性是通过因子分析确认的四个利益。追求体验者、务实者、追求性能者、经济实惠者、安全敏感者是被发现的细分市场。

（1）**追求体验者**：尽管性能和安全都很重要，但更应在乎能否装载更多的人员和物品。

（2）**务实者**：最关心的是实际的交通性能。

（3）**追求性能者**：只寻求高性能的汽车。

（4）**经济实惠者**：不仅在乎性能，也在乎实用性。

（5）**安全敏感者**：安全是唯一重要的利益。

表 7.4　利益细分市场

利　　益	细分市场				
	追求体验者	务实者	追求性能者	经济实惠者	安全敏感者
人员和物品装载性	**				
性能优良性	*		**	*	
实用性		**		*	
安全性	*				**
偏好的车款	SUV	Hybrid	Luxury Performance	Performance	Sedan
获得汽车信息的习惯方式	拜访经销商	阅读《消费者报道》	拜访经销商	网络和拜访经销商	网络
男性/女性的比例	50%/50%	35%/65%	75%/25%	65%/35%	35%/65%
平均年龄	40 岁	49 岁	42 岁	33 岁	40 岁

续表

| 利 益 | 细分市场 |||||
	追求体验者	务实者	追求性能者	经济实惠者	安全敏感者
有小孩的比例	80%	60%	30%	20%	50%
平均收入	7万美元	6万美元	8.5万美元	3.5万美元	6万美元

注：**指此处的因子得分对于此效益而言非常高，*指此处的因子得分对于此效益而言较高。

资料来源：Brian ottum, "Segmenting Your Market So You Can Suuessfully Position Your New Products,"in A Griffin, M. Somermeyer, *The PDMA Loolbook 3 for New Product Development*（Jonn Wiley & Sons, Inc., 2007），Chapter 7。

表 7.4 的后半部分展示了管理者如何运用这些信息，每个细分市场可能偏好的车款、获得购车信息的方式，以及各个细分市场有关人口的数据。这类信息对于管理者开发适合目标细分市场的理想的新产品非常有用，并有助于其做出定位决策（第 14 章将讨论定位）。

7.10 概念测试中的联合分析

我们在概念生成部分介绍过联合分析。实际上，联合分析常被用于概念测试，并且相当有帮助。

在联合分析中，假设你是一位沙拉酱的产品线经理，选择了 3 个沙拉酱的重要属性，每个属性有 2~3 个等级，通过联合分析找出潜力大的市场缺口：① 客户喜欢该属性组合；② 尚未上市。

需要弄懂如何在概念测试中使用联合分析。可利用模型识别客户偏好的重要属性的等级，并对可能的组合进行排序（从最喜欢到最不喜欢）。每一种组合都可以被视为一个产品概念，排序得分最高的那个概念拥有最高的潜力，可以考虑进一步开发。当然，也要识别出那些会赔钱、会失败的概念！可以说，联合分析在概念测试中非常有用，它揭示了产品属性（特性、功能、利益）与客户偏好之间的关联度。

在沙拉酱案例中，因为其处于新产品流程的早期阶段，我们把属性描述作为引子（stimuli）。其实，联合分析还可以把其他形式的概念陈述作为引子，比如，叙事（文字）、绘图或图表、模型或原型，甚至虚拟现实。不管使用何种引子，分析方法都是一样的。

联合分析可以用于识别利益细分市场。回想一下，联合分析可以找出每位客户的价值体系，即每位客户对每个属性的重要性进行评判和确定偏好等级。我们在第 6 章的案例中假设所有客户都有相同的价值体系，在此基础上认为中辣的绿色沙拉酱是最佳组合。

7.11 结论

概念测试和开发有许多优点。其快速且简单，可以向评审者提供宝贵的信息以找出没有价值的概念。它采用了已经被验证过的市场调研技术，因此具有合理的可信度；它有助于我们了解购买者的想法，在概念开发的同时进行细分和定位。遗憾的是，仍有开发人员（特别是工业设计者）拒绝进行概念测试。举例而言，赫曼·米勒（Herman Miller）公司无法成功地将集厕所、水池、浴盆于一体的 Hygiene 系列卫浴设备推向市场，因为该产品没有做概念测试。设计师在失败后称，业界人士还不了解该产品。

概念测试存在风险，容易发生错误而且成本很高，"业余选手"尤其要慎重使用。有一些典型的失败产品，其中如干肥皂、白威士忌、透明苏打水等通过了概念测试。抗酸片失败的原因是，进行概念测试时没有考虑到人们其实想要抗酸水。某公司为一项新产品创意撰写了3份文案，后来，该产品在概念测试中取得高分的决定性因素竟是文案水平。

概念测试积累了一些经验。受测者如果没有经过一段时间的学习，则很难对全新的概念做出反馈；概念陈述有时过于简短；许多在测试时使用的变量在产品上市时会发生变化；有些属性无法在概念测试中衡量，比如，地毯的质地、淋浴喷头的冲击力，以及下一季什么颜色会流行等。最麻烦的是，由于概念测试存在诸多缺点，那些坚持不懈地开发产品的人往往成功地反驳了概念测试的发现。

本章小结

本章介绍了对新产品建议进行评估的方法。实际上，评估在创意生成之前，也就是决定在哪里寻求创意之前就已经开始了。所以我们首先需要讨论产品创新章程，产品创新章程将创造性活动聚焦于一个方向，并通过给予其他方向负面评价而将其排除在外。

在明确了战略方向之后，公司会就产品创新章程所描述的机会进行市场分析。客户应是任何产品创新项目的最核心输入，公司在做出战略决策后最好立即去寻找这种输入。这样，当各种点子开始涌入时，公司就可以做出初步的决策——具有高度评判性的、快速的决策，以剔除那些没有价值的点子。在创意通过测试后，公司就开始进行更严谨的评估。这时采用的方法是概念测试或概念开发，这个方法已得到成熟的应用。本章给出了概念测试的总体步骤，涉及目的、概念形式的选择、被测试者的选择，以及访谈程序。概念测试的直接效果是为管理层提供所需的信息，以便对下一步使用的评分模型做出判断。下一步是概念的综合评审，我们会在第8章讨论。

案例 亚马逊如何做概念评估

亚马逊连续多年被福布斯评为"最具创新力的公司"之一，亚马逊网络服务每年发布500多种新产品。这种创新水平是如何保持下来的？原因之一是内部有一个对产品概念进行创建并评估的流程。在产品创建之前，亚马逊的产品开发人员需要为产品提案编写一份1页的发布稿（press release）和6页的FAQ（常见问题解答），以阐明产品及其对客户的潜在价值。必要时，发布稿中可以附加一个实体屏幕展示图、有形原型或其他视觉效果图。这一流程的出发点是，如果开发人员连1页有销路且有趣味的发布稿都创造不出来，那么产品一定不会成功。亚马逊网络服务首席执行官安迪·贾西（Andy Jassy）将该流程称为"逆向工作"（working backward），它需要在早期阶段认真讨论概念的目标和价值主张。

亚马逊网络服务要求发布稿必须清晰：如果工程部门碰巧看到发布稿，那么其应该可以立即开始产品开发工作。发布稿和FAQ可以让亚马逊产品开发人员很容易就能确定哪些能力需要投资。贾西和其他高管每年都会收到并审查 100 多封与之相关的电子邮件。

发布稿一旦得到管理层的批准，就成为将概念开发变成最终产品的蓝图。这个被批准的概念被分配给一个"单线程领导"（single-threaded leader），这个人可以是创建发布稿的开发人员，也可以是其他被指定为项目经理的人。项目经理承担产品开发的全部责任，被指派全权负责该项目，并从其他项目中调离。按照亚马逊高管戴夫·莱姆的说法，"让一项发明失败的最好方法是让某人兼职来做这件事"。公司授权项目经理可以增加团队成员，最初的团队成员往往是几名技术开发人员。

公司创始人杰夫·贝索斯用"逆向工作"方法联系亚马逊全球消费者首席执行官杰夫·威尔克，威尔克起初觉得这个方法太简单了。这个方法使每一位员工都能遵循一个简单的流程产生新的想法，且新的想法会被纳入管理层的考虑范围。亚马逊认为这一方法非常成功。威尔克估计，使用该方法生成的概念中有 50% 通过开发取得进展并成功上市。

讨论亚马逊描述的概念评估流程，将其与本章中讨论的概念评估进行比较，或者将其用于你所知道的公司。它有什么独特之处？你认为亚马逊需要做什么才能让这个流程成功运作？你能向它们推荐有关概念生成和评估的其他方法吗？你认为其他行业的公司（例如，一家谷物公司、一家制药公司、一家金融服务提供商）可以借鉴和使用亚马逊的概念评估流程吗？为什么可以或为什么不可以？

案例　达美乐比萨

达美乐一直以提供快速、可靠的比萨外送服务著称，自称是"全球比萨外送领先者"，到 2009 年，其保持这一纪录已有 50 年。1960 年，汤姆·莫纳翰在密歇根州伊普西兰蒂创立了一家比萨小店，到 2006 年，其发展成拥有 8000 多家分店的大型企业，其中约 10% 为直营店，其他为特许经营店，包括分布在 70 多个国家的 3000 家分店。达美乐在 2007 年引进在线订单系统，成为全球电子商务领域的领先公司之一。公司在 2008 年推出一系列烤箱三明治产品，其很快就排在三明治交付市场的第一名。

好景不长。轻松订购和"30 分钟送达"是达美乐早年成功的敲门砖，但到了 2009 年，很明显，消费者的要求提高了：更好吃的比萨。而这是焦点小组得到的结果，这引起了达美乐管理层的警觉。客户抱怨达美乐比萨是"纸板做的"或"吃起来又湿又无味"。通过对流失客户进行分析发现，达美乐客户流失的主要原因是菜单，尤其是比萨。2008 年，达美乐尝试进行一次"30 分钟送达"的广告活动，强化多年来一直坚持的 30 分钟送到的承诺，但广告效果并不理想。显然，达美乐需要另寻改善之道。

达美乐高级主管帕特里克·多伊勒将客户的负面评价以及口号的失败视为对新产品的挑战。他与另外两位高级主管罗素·威纳和布兰登·索拉诺一起发起了"比萨大反击"计划，目的不仅是改进比萨的口味。时任首席执行官戴维·布兰登说"逐步好转"是远远不够的。多伊勒认为，要重新设计旗舰产品才能在口味上打败竞争对手。

新产品团队从对一个隐含假设（an unstated assumption）的重新思考开始，达美乐需要在高品质与快交付之间进行权衡。多伊勒认为"公司可以两者兼顾"。为了实现这一目标，达美乐需要重新设计比萨创新平台。传统上，比萨创新是渐进的过程，顶多增加一些新配料。但这一次，由于新产品团队对前一年烤箱三明治的成功念念不忘——烤箱三明治对达美乐来说是一项突破性的公司级创新，在创纪录的时间内被开发出来并取得成功，这个成功激励新产品团队在比萨产品上开始考虑进行突破性创新。

新产品团队决定接受挑战，彻底重新思考比萨。布兰登·索拉诺说，根据公司早期进行的客户调研，团队提出了这样的问题："我们能做出更好的奶酪吗？面团呢？酱料呢？""什么能让酱料更美味？""奶酪的什么特点使其更好吃？"达美乐针对这些属性组合开展了一系列消费者测试。索拉诺这样解释这一过程。"我们有 3 种原料（3 种饼皮、3 种酱料、2 种奶酪），能组合成 18 种比萨。我们对大部分组合进行测试，同时，对没做测试的组合进行模拟。最后，我们赢了，新产品有了一种全新的组合。我们做到了！"

进一步的测试证实，新产品不是一般的好，具有一般的差异，而是非常好。关于成本，威纳说："比萨既要高品质，又要低成本，店内制作时间还不能过长。要控制好财务和运营参数。"

这时新产品团队需要向公司最高管理层汇报。他们知道，在公司内部一定会出现一些反对的声音，他们会认为这个产品并不是足够好。索拉诺说，团队做好了面对高层管理者的准备，不像其他公司采取非正式的方式，"径直走过来告诉他们，我们弄明白了什么"。而应该做到，当管理层看到客户的抱怨时，他们非常惊讶并且意识到这一次新产品开发"不能再像以往那样做了"。威纳要求大家说服各个加盟店，他说："研发时我们把自己当作加盟店的一员……比如，像分店工作人员那样去问，酱料如果辣一些，那么客人吃多了会不会拉肚子？……我们到各个加盟店演示、进行蒙眼口味测试，结果，大部分人更喜欢新产品。"

上市活动有一个重要环节，就是在达美乐比萨网站以及 YouTube 上播放一段 4.5 分钟的"比萨大反击"新产品宣传短片。这个短视频展示了在焦点小组中客户的很多负面评价，然后详细说明公司如何从饼皮、酱料、佐料重新设计一款全新的比萨。视频强调，达美乐不会像很多公司那样将负面评价掩盖起来，而是勇敢面对、磨砺自己并使之成为改进产品的动力。多伊勒意识到在产品市场活动中这样做有风险，但威纳说："我们做了很多测试，将负面评价转为正面评价，并找到了其中的平衡点——太负面，结果会糟糕；太正面，结果也会糟糕。"

"比萨大反击"取得了惊人的成功。比萨非常好吃，达美乐甚至宣称每 5 个人中会有 3 个人选择达美乐比萨。新产品上市后不久，客户增长了 30%，复购率增长了 65 个百分点，这表明客户忠诚度大幅提高。即使在美国经济低迷的那段时间，达美乐的单店季度营业额也增加了 14.3%。

你认为，什么原因导致达美乐出现内部危机，并促使其决定实施"比萨大反击"计划？评价达美乐新产品团队如何运用属性分析测试各种新比萨概念。你认为，概念分析对团队说服内部管理层采纳"比萨大反击"计划起了多大作用？新产品团队还做了哪些事情来增加成功的机会？这个案例对运用属性分析方法进行概念测试有什么新启示？本章的其他概念测试方法是否也能用来帮助这个新产品团队？

案例 智能手机竞品分析（B）

回顾一下第 6 章的案例——智能手机竞品分析（A），除了那里提供的竞争信息，假设你还做了其他消费者调查。你收集到了很多有关消费者偏好的数据，并能据此发现"理想品牌"且能估计出利益细分市场的数量和规模（这里我们只将屏幕尺寸和待机时间作为重要属性）。你发现了 3 个细分市场：细分市场 1

（约占 20%的市场）偏好大屏幕但不在乎待机时间；细分市场 2（约占 30%的市场）偏好较长待机时间但不在乎屏幕尺寸；细分市场 3（约占 50%的市场）对两种属性都在乎。

使用智能手机竞品分析（A）提供的数据，绘制这两种属性的定位图。在各细分市场中，哪一个是最主要的竞品？有什么启示？

第 8 章

综合评审

8.1 引言

项目选择非常具有挑战性,即使对于最优秀的产品开发企业来说也是如此。最近一个有关产品经理的标杆研究显示,超过一半的产品经理认为,在限定资源的情况下,组合中有太多的项目。接近一半的产品经理指出,他们管理的组合中有超过 50 个项目。这些结果说明,产品经理在概念选择上出现困难,导致过多的项目进入新产品管道。

在上一章,我们讨论了概念评估阶段的早期部分。在早期阶段,我们灵活地进行概念测试,根据其结果放弃差的概念、改进好的概念,并尽量避免扼杀任何只需进行些许调整的好概念。但在进行所有这些努力之后,仍然剩下很多概念,它们通过了概念测试的早期部分,跨过了早期的门槛。在概念评估阶段的第二部分,我们将门槛设置得更高一些。在剩下的 3 个、4 个、10 个或 20 个概念中,人力和财力只够将 1 个或 2 个概念推进到开发阶段。管理者知道,剔除最后几个概念是一项非常具有挑战性的任务!最后一次评审必须非常严谨、非常可靠,无论哪个概念,只要跨过这个门槛就会直接进入开发阶段——回想一下第 7 章讨论过的,支出将出现巨大的攀升!此时仍然存在机会成本问题,一旦我们选择错误的概念并投资开发,就意味着我们将丧失掉那些被淘汰掉的概念可能带来的机会。

本章讨论如何解决概念筛选的难题,介绍综合评审方法。本章不会告诉任何企业具体应该怎么做,这由新产品经理决定。本章给出一系列选择,这些选择适合大多数公司。从图 8.1 中可以看出综合评审与概念测试、撰写产品协议的关系。

8.2 综合评审的目的

观察我们在产品创新流程中所处的位置。在初始创意出现后,我们将创意变成概念,然后将其提交给关键人员并获得他们的反馈。在概念评估阶段的第一部分,概念测试帮助我们将市场中潜在用户的想法汇集到自产品创新章程发布以来我们一直使用的市场数据集中。在这一过程中,我们持续将企业关键职能部门——技术、营销、财务、运营等部门的意见收集起来。

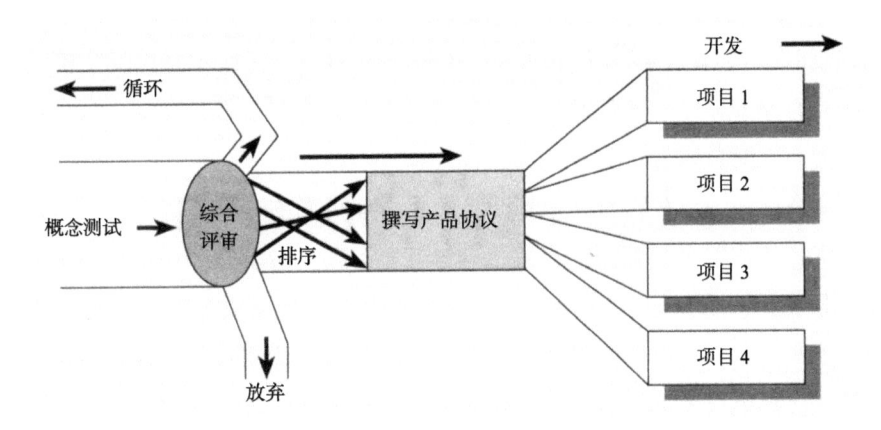

图 8.1　新产品概念通过评审和协议的流程

这些工作一直持续到概念评估阶段的第二部分，这是更严格的部分——综合评审（full screen）。"综合"指的是我们在启动产品技术工作之前已经收集到了足够多的信息。综合评审常采用**评分模型**（scoring model），评分模型是一种带权重（重要度）因素的进行排序的检核表，在实际工作中有很多具体形式。

为什么要进行综合评审？综合评审有三个目标。

第一，综合评审帮助企业决定概念评估是继续进行还是停止。记住，如果概念通过综合评审，下一个阶段就是开发。概念将变成一个新产品开发项目，这需要进行大量的财力和人力的投入。综合评审帮助我们决定这些资源（研发人员、服务系统设计、工程等资源）是否应该投入。如果应该，那么需要投入多少？早在创意生成的时候，我们就在用简单的判断方法区分好的创意和坏的创意，比如，"我们能做吗？"和"他们会买吗？"现在，我们已经完成了概念生成和评估，有了详细的概念陈述，而不是写在便利贴上的点子。所以，虽然我们问的是同样的问题（我们能做吗？他们会买吗？），但更强调细节。这就是综合评审的目的。

对于第一个问题（"我们能做吗？"），主要是评估可行性：我们在技术上能否胜任这项任务，我们拥有这项技术吗？我们能负担得起这项技术吗？对于第二个问题（"他们会买吗？"），主要评估我们是否想做这个项目，我们能从这个项目中获得利润、市场份额吗？或者我们进行产品创新的目的是什么？上述两个问题分别对应技术可行性（feasibility of technical accomplishment）和商业可行性（feasibility of commercial accomplishment）。通常用评分模型评估这两种类型的可行性，这是大多数综合评审工作的核心。

第二，综合评审有助于通过概念排序和发现好概念管理流程。好概念指的是顺序或者优先级排在前面的概念，这样，在某个在研项目拖延或被取消时，其他项目正在待命。有价值但并不满意的概念可以回到之前的开发阶段，开展更细致的工作使它们达到可被接受的程度。被淘汰的概念也将被记录在案，以避免类似概念再次出现。后者看似微不足道，但对一年要评审数百个甚至数千个新产品概念的经理而言相当重要。公司备忘录有助于解决事后争议。如果公司经常对创造力进行奖励，那么备忘录的作用就可以帮助公司了解谁在什么时候提出了什么建议。

第三，综合评审有助于促进跨职能部门的沟通。评审过程往往充满激烈的争论，如围绕"你为什么给这个创意的这些因素打这么低的分"等争论。评审过程也是一个学习过程，有助于管理者掌握其他职能部门的想法，能够让关于该项目的所有争论浮出水面进而被加以讨论。争论聚焦概念在开发过程中面临的"坑"或阻碍，这表明那里可能需要新的人员加入。不做评审的企业往往不是选择了错误的项目，就是选择了太多的项目，低效的评审导致财务资源和新产品项目人员分散在过多的项目上。公司在批准新产品项目时，必须充分考虑人力、财务资源等各种约束条件。

有的企业会跳过综合评审。那些没有太多新产品的小企业更倾向于采用民意调查方法，邀请一个人或多个人对一份不是很正式的清单进行判断。有时，参与者会得到一份填好了评估分值的表单，以便为后续填写更正式的清单提供参考。有的日用消费品企业以生产模仿类产品或对市场上已有产品的简单改进为主，产品流程不涉及技术内容，其可能会跳过综合评审，因为其很清楚自己的技术可行性和营销能力，主要关注产品上市时能否获得消费者的青睐。这些企业为了弥补没进行综合评审的缺陷，可能会进行更完整的概念测试（参见第 7 章），或运用销售预测模型进行**上市前测试**（premarket testing），我们将在第 9 章讨论。在大多数情况下，即便是在日用消费品行业，技术可行性也是主要议题，不能只依靠概念测试，而应采用评分模型进行综合评审。

8.3 评分模型

评分模型虽然简单但非常有效。让我们从一位正在做决策的学生的角度理解这个模型。

8.3.1 评分模型简介

假定有位学生正在考虑本周末打算进行什么社交活动。这位学生有很多选项，其列出了在其看来重要的决策标准，具体如下。

（1）必须有趣（有趣程度）。
（2）必须有两人以上参与（人数）。
（3）必须负担得起（支付能力）。
（4）必须有能力完成（学生能力）。

我们在表 8.1 中列出这四个标准（通常称其为因素，但不要将其与我们在因子分析中讨论的因素混淆）。在真实情况中，这位学生的周末社交活动决策涉及的变量可能有 20 个或 30 个，在这里只聚焦 4 个。这些变量没有绝对值，但都有一定的等级程度，如，比较有趣、很有趣等。表 8.1 显示，变量的分值为 1～4 分。

接下来，逐一评估每个选项中各个变量的等级，并为每个选项的各个变量打分，然后将得分加总，之后学生就可以基于选项进行决策（见表 8.1）。最后其决定去划船，虽然划船并不是很有趣，但因为划船的参与人数多，价格划算，尤其是，这个学生是一名优秀的划船手。

表8.1 学生活动决策的评分模型

变量	分值			
	4分	3分	2分	1分
有趣程度	很有趣	比较有趣	不大有趣	没有趣
人数	5人以上	4~5人	2~3人	2人以下
支付能力	容易	可能	或许	不能
学生能力	优秀	还好	一般	较差
学生的打分		滑雪	划船	爬山
有趣程度		4	3	4
人数		4	4	2
支付能力		2	4	4
学生能力		1	4	3
总计		11	15	13
结论：划船				

也许，某位学生反对划船，他说，"除了这些选择，我还有其他选择，比如爬山可以使我得到更多的锻炼；去滑雪的话，也有人陪我去"；也许这位学生认为支付能力这一变量比其他变量更重要，如果没有足够的钱，那么考虑更多的选项是没有意义的；也许这位学生会说，"有趣比技能更重要，所以有趣的分值要加倍"（运用简单的加权方法，你可以在加总前先将有趣的分值加倍，看看在最后的决策建议上有什么差别？为什么有或者为什么没有？）。也许还有其他反对意见，如"滑雪实在不好玩，划船比想象的要贵"。

实际的决策就是一个评分的过程，不知你是否意识到了这个过程。学生的反对涉及新产品评分模型需要考虑的一些基本问题，接下来我们讨论如何评分，如何让评分模型更好地发挥作用。

8.3.2 如何进行评审

你需要花一些时间建立一个评审系统，当这个系统进入正轨后，只需要微调就可以了。

1. 评审的变量

上述学生案例的评分模型中的4个变量都是由我们任意选择的。现实生活中，选择什么变量作为评判标准并不容易，我们选择变量不能出于偶然性。如果可能，我们应首先考虑使用单一变量。比如，有一个财务变量同时涵盖技术目标和商业目标，即所有收入流减去所有直接和间接成本之后的折现现金流（the discounted stream of earnings）的净现值（net present value）。财务上的提法是"产品损益表的最后一行，已经减去了所有成本（技术、营销等），然后将利润折算为现值"。如果我们能很好地估算出净现值，评估就简单了。但现实情况是我们几乎做不到，因为在早期阶段所有财务预测都是不可靠的。

更常见的是，我们用技术可行性（是否能够创造客户想要的东西）和商业可行性（是否能够通过销售获利）评估产品概念的整体价值。也就是评估"我们能做吗？""他们会买吗？"。此时，我们掌握了更多的信息，可以对概念进行更详细的评估。

一个好的评分模型取决于我们对产品成功的理解。对产品成功和失败的研究表明有三个关键成功因素（KSF）。

- 客户（而非公司的工程师或管理者）认为独特、卓越的产品，能为客户带来卓越的价值。
- 目标市场具有积极特征，即规模大、成长性好、利润高，或者竞争对手很少。
- 利用组织的优势和经验，例如，在技术或营销方面的优势和经验。

表 8.2 展示了一个评分模型，该模型将上述因素、其他技术因素以及商业因素进行量化，并将这些因素叠加在一起对概念进行评估。好的概念（最有可能成功的概念）体现了更多的关键成功因素，我们在新产品流程中可以将这些因素识别出来。

表 8.2 运用评分模型对新产品概念进行综合评审

类别	因素	等级 1	2	3	4	5	得分（分）	权重	加权得分（分）
技术可行性	技术工作的难度	非常难				容易	4	4	16
	需要的研究技能	无法满足				完全匹配	5	3	15
	需要的开发技能	无法满足				完全匹配	2	5	10
	技术设备/流程	无法满足				已拥有			
	技术变化速度	高/不稳定				稳定			
	设计优势保证	没有				非常高			
	设计（专利）安全性	没有				有专利			
	需要的技术服务	无法满足				全部拥有			
	制造设备/流程	无法满足				已经拥有			
	供应商合作的获取性	没有				已经有关系			
	竞争性成本的可能性	强于竞争对手				超过20%			
	优质产品的可能性	低于目前水平				领先地位			
	加快上市的可能性	两年或更久				少于6个月			
	可用的团队成员	一个也没有				有所有关键人员			
	需要的资金投入	超过2 000万美元				低于100万美元			
	法律问题	主要问题				没有			总分为210
商业可行性	市场的变动性	高/不稳定				非常稳定	2	3	6
	预计市场份额	最好情况是第四				第一	5	5	25
	预计产品生命周期	少于1年				超过10年			
	产品生命周期相似性	无关系				非常相似			
	销售人员的要求	无经验				非常熟悉			
	促销的要求	无经验				非常熟悉			
	目标客户	非常陌生				密切接触/已有			
	分销商	没有联系				已有/牢固			
	零售商/经销商	不重要				重要			
	对用户工作的重要性	没有关联				有关联/紧密关联			
	未满足需求的程度	已满足				完全未满足			
	满足需求的可能性	非常低				非常高			
	面临的竞争	激烈/具有攻击性				不激烈			

续表

类别	因素	等级 1	2	3	4	5	得分（分）	权重	加权得分（分）
商业可行性	需要现场服务	目前没有能力				已经做好准备			
	环境影响	只有负面影响				只有正面影响			
	全球市场的可能性	限于国内市场				适用于全球市场			
	市场扩散的可能性	没有其他用途				许多其他领域			
	客户整合	几乎不可能				客户在寻找			
	可能的利润	最好的情况是盈亏平衡				投资回报率大于40%			
									总分为240

概念：_____

评审日期：_____

行动：_____

全部总分为450

公司可以参考表8.2中的变量，去掉明显不适合的变量，加入明显被忽略的变量。你可以边使用这张表边观察打分者如何评分，随着使用次数的增多，你可以尽量减少表格中的变量，并在达到一定程度后保持稳定。但记住，变化才是常态，核心目的是支撑决策。

表8.3是一个简单的实际例子。某汽车制造商正在思考开发一款什么样的概念车（一个概念车是轿车，另一个概念车是微型汽车）。为了简化，技术可行性和商业可行性都仅列出三个变量。每个变量由高级管理层负责进行加权，表8.3显示了对两个概念的各个变量的评分。评分越高，情况越好：SUBCOMPACT（评分是4）被认为在技术上比SEDAN（评分是3）好一些。分项分的合计结果显示，SUBCOMPACT的技术可行性的变量得分高，SEDAN的商业可行性的变量得分高。总分上，两个概念的差距不大，但SEDAN概念在技术可行性的变量上尚有改进空间。

表8.3 评分模型：开发哪一款概念车

	权重	分值	加权后分值	分值	加权后分值
技术可行性			SEDAN		SUBCOMPACT
技术难度	3	3	9	4	12
需要的研究技能	4	3	12	3	12
需要的开发技能	4	2	8	3	12
技术可行性合计分值			**29**		**36**
商业可行性			SEDAN		SUBCOMPACT
市场波动	2	4	8	4	8
可能的市场份额	5	4	20	3	15
需要的销售团队	4	3	12	2	8
商业可行性合计分值			**40**		**31**
总分值			**29+40=69**		**36+31=67**

注：两个概念都可行，SEDAN略好，但必须克服技术上的弱点。

产业研究所开发的一个评分模型很有价值，可用于评估单个技术项目成功的可能性。该模型是在研究所的成员公司的帮助下开发出来的，包含两组变量：一组技术成功变量和一组商业成功变量。根据这些变量对每一个项目按照 1~5 的分值进行评分。该模型还针对每个成功变量给出了重要性权重。在加权计算技术成功和商业成功变量之和后，总分最高的项目最有可能成功。该模型如例 8.1 所示。

例 8.1 产业研究所的评分模型

技术成功变量
- 专利地位：在所研究的技术领域能否开发出一个强大的、有护城河的专利？
- 竞争力：已有的技术资源是否能使产业研究所有能力承担该研究项目？
- 技术复杂性：技术复杂性对产品成功有影响吗？
- 外部技术的获取和有效使用：外部技术的可用性和公司成功运用的能力的情况如何？
- 制造能力：公司是否具有内部或外部能力制造产品或将工艺融入公司运营过程中？

商业成功变量
- 客户/市场需求：该产品或工艺是否已经有一个现成的市场？
- 市场/品牌认知度：基于公司优势或形象，产品被市场接受的可能性如何？
- 上市渠道：产品上市和销售的难易度怎么样？
- 客户力量：基于该商业领域的客户力量，产品成败的可能性如何？
- 原材料/零部件供应链：主要材料和零部件的可得性？
- 安全、健康和环境风险：任何变量的发生是否都将阻碍项目成功？

资料来源：John Davis, Alan Fusfield, Eric Scriven, G y Tritle, "Determining a Projects Probability of Success," *Research-Technology Management*, May-June 2001, pp.51-57。

2. 评分

基于表 8.2 或例 8.1，评分团队成员先会经历一个熟悉过程，如熟悉提交上来的每一份建议书（包括市场、概念、概念测试结果）。然后，其从第一个变量开始评分（在案例中第一个变量是技术工作难度），在等级表的第三列中，根据语义陈述差异找出最合适的分值，对每个变量进行评分。之后将分值乘上已经确定的重要性权重，就得到了变量的加权分数。接着对其他变量评分，最后加总得到每位成员对这个概念的总体评分。

对评分团队所有成员的评分进行汇总有很多种方法，最常用的是平均值法。有些公司采用奥运会花样滑冰比赛的计分方法，在取平均值之前先去掉最高分和最低分。有些公司在得出平均值后进行公开讨论（甚至在线讨论），每个人都可以在与其他人的观点不一致时进行辩论。

3. 特殊变量

对于有的变量，其在分值过低时会被淘汰。例如，在学生选择周末社交活动决策的案例中，如果资金短缺，就不能进行任何成本超过 30 美元的活动。这个问题要在一开始就讨论，以免把时间浪费在超过 30 美元的选项上。商业活动也同样如此，产品创新章程的一个重要目的就是提出这些**淘汰变量**（culling factor)。

有的变量在被评分时会遇到"有与无"(all-or-nothing)、"是与否"(yes-or-no)的情况。例如,"这个概念是否需要建立独立销售团队",变量只有是与否两个选项,中间没有其他选项。对于这种变量的评分,可以用等级表中的两端值而不是等级值来标示,例如,"该概念要建立销售渠道需要增加多少成本?"对应的选项可以设计为0、低于10万美元、10万~30万美元等。

4. 谁来评分

选择评分团队成员与选择新产品团队成员相似。首先考虑公司4个主要职能部门(营销、技术、运营和财务部门)的人员、新产品经理以及来自IT、分销、采购、公关、人力资源等领域的专业人员,具体人员组成取决于公司开发新产品的流程。

评分团队不应包括事业部高管(总裁、总经理),当然小公司例外。因为在评估公司能力(如营销能力或制造能力)时,若公司高管在场,则会抑制讨论所需要的坦诚。当然,有的CEO对此有独特的直觉,因此不能把其排除在外。

评审中积累的经验非常有价值,既包括公司积累的经验,也包括个人积累的经验。技术人员常常对技术成功的可能性较乐观,营销人员则较悲观。

具体到个人时,情况就更不一样了。研究发现:① 有些人总是乐观;② 有些人有时乐观,有时悲观;③ 有些人是"中立者",总是给中间分数;④ 有些人比其他人更可靠和精确;⑤ 有些人容易受群体影响而动摇;⑥ 有些人有能力,但是个性古怪。评分团队需要一位管理者处理这种问题。有的公司会根据每位评分员过去的准确性(与整个团队分数的一致程度)对每位评分员的分数给予不同的权重。Dow Brands公司采用计算机群组软件方法,因为它喜欢匿名评分方法。

5. 权重

对评分模型最严厉的批评是如何使用权重,因为权重是根据主观判断确定的(稍后讨论的一项新研究除外)。我们选择回到学生周末社交活动决策的案例。对一个谨慎使用金钱的学生来说,相比其他变量,应该赋予支付能力更多权重。但是给多少权重?如果支付能力权重给2,那么其他变量给1吗?对于权重的重要性,一些公司使用**敏感度测试**(sensitivity testing)来衡量。评分模型实际上只是一个数学模型或方程式,因此分析员通过改变评分或权重了解这种改变给最后分数带来的影响。电子表格软件能很轻易地进行这样的工作,很多群组软件也可以做到这一点。

8.3.3 画像图

图8.2展示的是一种很多公司喜欢的可视化方法。画像图(profile sheet)中5个等级的分值将不同变量可视化表达出来。在图8.2中,底部变量的分数比顶部的高。

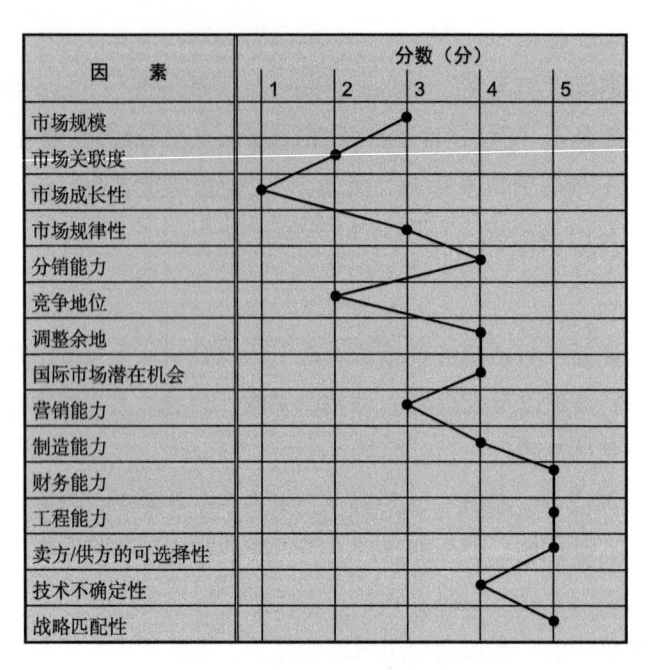

因　素	分数（分）
	1　2　3　4　5
市场规模	
市场关联度	
市场成长性	
市场规律性	
分销能力	
竞争地位	
调整余地	
国际市场潜在机会	
营销能力	
制造能力	
财务能力	
工程能力	
卖方/供方的可选择性	
技术不确定性	
战略匹配性	

图 8.2　新产品建议书画像图

8.4　层次分析法

层次分析法（AHP）是一种对产品项目进行评审和评估的方法。AHP 是由托马斯·萨蒂（Thomas Saaty）于 20 世纪 70 年代开发出来的，是一种系统收集专家判断以做出最优决策的通用方法。AHP 在商业和非商业领域已被使用多年，可在综合评审中作为排列优先级和选择新产品项目的方法。当作为综合评审方法使用时，AHP 通过收集管理者的判断和专门知识确认评审决策中的关键变量，根据这些变量对每个待评估项目进行评分，并按照符合程度对项目进行排序。商业软件如 Expert Choice 可以很方便地完成 AHP 操作。

首先，产品经理建立一个多层次的决策树，决策树的最顶层是管理者的最终目标（如选择最好的新产品项目）。下一层是管理者认为对达到该目标很重要的所有主要变量（一级变量）。一级变量中的主要变量下面可以有多个层级的变量（二级、三级变量等）。决策树的最底层是拟选项（拟考虑的新产品项目）。

接下来，产品经理对决策树中的每个变量进行比较评分，考虑其相对于上一级变量的重要度。也就是说，其对变量的比较评分是根据对实现上一级目标的重要度确定的，通过对同级各个变量评分的排序进行选择。这时，可以用 AHP 软件继续运算。AHP 软件将比较评分转换为一组相对权重，然后对这些权重进行汇总，按照综合优先级对每个层级每个要素顺序。最终的排序和选择要考虑产品经理对拟选项（新产品项目）的喜好情况。

图 8.3 展示了一个运用 AHP 进行新汽车项目评审的真实例子。在这个例子中，美国三大汽车制造厂之一的某位产品经理，用四个一级变量评审项目，这四个变量是：市场匹配性、技术匹配性、资金风险、不确定性。这里同时考虑财务变量和战略变量，当然选择的变量主要适用于汽车行业。如图 8.3 所示，每个一级变量都可以用多个二级变量进行评估。例如，评估市场匹配性需要考虑产品线、渠道、物流、时机、

价格、销售团队。决策树最下方是 4 个待考虑的新汽车项目（小轿车、微型汽车、双人座汽车、多功能运动车）。

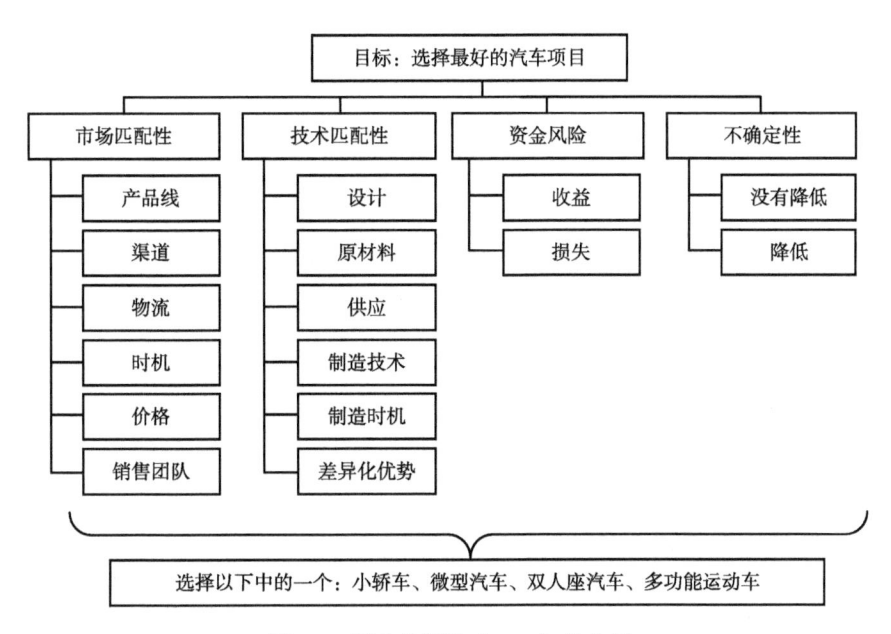

图 8.3　层次分析法（AHP）的应用

决策树建立后，就开始进行成对比较。产品经理根据相对于一级变量的重要度，按照 1~9 的等级，采用成对比较的方式进行评分（例如，市场"匹配性与技术匹配性相比，有多重要或多不重要？"）。Expert Choice 软件还提供了进行成对比较的其他方式。接下来，产品经理对二级变量的相对重要性进行评分（例如，"产品线匹配性与渠道匹配性相比，有多重要或多不重要？"）。最后，根据新产品项目对每个二级变量的重要度进行比较。

AHP 软件使用这些数据能计算出每个新产品项目的总体权重，这些权重表明的是每个备选方案对总体目标的相对贡献度。AHP 的结果呈现在表 8.4 的底部，表明小轿车是首选项目，总体权重最高（0.381）。微型汽车次之，权重为 0.275，双人座汽车、多功能运动车则比较一般。

表 8.4　AHP 结果和总体的项目选择

	第一级权重	第二级权重	排序最高的项目
资金风险	0.307		
收益		0.153	小轿车
损失		0.153	小轿车
市场匹配性	0.285		
时机		0.094	小轿车
价格		0.064	微型汽车
物流		0.063	小轿车
渠道		0.036	微型汽车
产品线		0.014	小轿车
销售团队		0.014	微型汽车

续表

	第一级权重	第二级权重	排序最高的项目
技术匹配性	0.227		
差异化优势		0.088	小轿车
制造时机		0.047	微型汽车
设计		0.032	微型汽车
原材料		0.027	微型汽车
制造技术		0.023	微型汽车
供应		0.01	小轿车
不确定性	0.182		
没有降低		0.104	小轿车
降低		0.078	小轿车

	项目	整体权重	
可选方案的排序	小轿车	0.381	××××××××××××
	微型汽车	0.275	××××××××
	双人座汽车	0.175	××××××
	多功能运动车	0.17	××××××

这里没办法将 AHP 的全部结果呈现出来，表 8.4 概括了一些重要的发现，并提示小轿车成为最佳选择。第一级权重表示一级变量的相对重要性，产品经理认为资金风险是最重要的变量，接着是市场匹配性、技术匹配性和不确定性。类似地，第二级权重表示每个二级变量对产品经理的重要性。例如，在市场匹配性下面，时机和价格的匹配性比销售团队或产品线的匹配性更重要。最后一栏列出了二级变量得分排序最高的项目。小轿车在大多数二级变量和几乎所有真正重要的变量上的排序最靠前（可基于第二级权重判断变量的重要性）。微型汽车在技术匹配性上的表现较好，但产品经理认为资金风险或市场匹配性比技术匹配性更重要。因此，小轿车排第一、微型汽车排第二的结果并不会令人感到惊讶。

8.5 评分模型的要点

最后讨论评分模型的要点。首先是产品捍卫者（product champion，第 12 章将详细讨论）。产品捍卫者要努力化解变革的阻力，确保产品概念在任何时候都能得到公平的评审。产品捍卫者要努力向评分者提供所有有利的信息，并在标准化表格不适用时进行申辩。

经验表明，管理层有时会滥用评分模型。某消费品制造商拒绝采用评分模型体系的理由如下。

（1）拒绝所有有助于延伸产品线的产品。

（2）拒绝能阻止竞争对手进入市场的产品。

（3）销售部门认为它否决了太多的产品。

造成前两个问题的原因，要么是变量选择错误，要么是变量权重错误，这两个问题都比较容易解决。第三个问题则是因为临界分值设定得太高。运用评分模型时需要有能力的管理者。

本章小结

在创意通过早期的概念测试且已开发形成一个完善的概念并即将进入技术开发阶段前，必须进行综合评审。评审通常使用评分模型完成，此时须评估企业是否具备成功开发与营销产品的能力。不论企业使用什么变量，如果概念评分良好，其就会进入技术开发阶段。

但在进入开发阶段之前，有的企业会试着阐明一个协议。协议包含技术开发与营销阶段被共同认可的必须交付利益和需求的一系列事项。一旦团队认为协议中产品部分的约定已经完成，概念就转换为产品原型，应进一步进行现场概念测试。如果概念以产品原型形式出现，则概念测试会更有效率，但成本也许更高，这是因为需要投入大量资金进行技术开发。第10章会介绍协议和产品原型测试等主题。

案例　特斯拉（A）

特斯拉首席执行官埃隆·马斯克（Elon Musk）在开发特斯拉电动汽车时追求一个崇高的目标：让世界变得更清洁、更安全。在发展的早期，特斯拉还不具备大规模生产和低价销售电动汽车的工程能力。当时电动汽车的竞争产品主要是低价车，如日产聆风（Leaf）——效率高但性能并不出众。第一款特斯拉，即Model S，于2012年上市，基础价格是7.2万美元（加上购买附加功能的价格每辆车的售价超过10万美元）。

显然，特斯拉Model S针对的并不是价格敏感型购车人群，实际上，Model S是百公里内加速最快的汽车之一，其是一款高性能汽车，只是"碰巧"是电动的；该车对人们心目中电动汽车是燃油车的经济实用替代品的感知进行了重新定义。虽然在最初三年里仅卖出了大约10万辆Model S，但它使特斯拉在汽车行业具有了稳固的地位：Model S获得了包括Motor Trend年度最佳汽车在内的众多奖项，特斯拉还被《福布斯》评为2017年最具创新力的公司。

日产可以大规模生产电动汽车，而特斯拉第一次推出电动汽车时却无法实现量产，原因之一是日产聆风是在已有的汽车平台上制造的——电池是作为发动机的替代模块被添加进去的。相反，Model S建立在完全不同的汽车架构上。传动系统和其他各个系统都是以电池为基础设计的；一些子系统，如牵引力控制系统，并未借鉴汽车行业已有的技术，而是使用全新技术设计的。简言之，能够量产的电动汽车采用的是已有的汽车架构，而特斯拉采用的是一种本质上全新的架构。这一产品架构决策使特斯拉有可能维持在电池技术方面的领先地位，并免受竞争对手的攻击，尽管特斯拉允许竞争对手获得技术专利。特斯拉的另一个竞争优势是超级充电站，车主可以在超级充电站免费高速充电，但超级充电站只能用在特斯拉汽车上。

特斯拉的分销战略也很有特点。尽管特许汽车经销商（4S店）分销似乎是最便宜、最快的分销方式，但特斯拉没有让现有的4S店进行分销，而是在商场、繁华购物街或其他高流量地区建立一系列由公司自营的商店和展厅。这一战略给公司带来了几个方面的重要利益。首先，高知名度商店可以吸引潜在客户的好奇心，激发其拜访和会见特斯拉的产品专家。通常汽车销售人员是拿提成的，但特斯拉产品专家不拿提成，也不会为了卖车向客户施加压力。马斯克曾表示，衡量一个产品专家好坏的最重要的标准，是客户逛商店开不开心、愿不愿意再来。特斯拉认为，相比 4S 店，产品专家有更多的机会向潜在客户介绍汽车的独特之处。决定这一与众不同的分销战略的另一个原因是：现有特许经销商主要销售燃油车，因为担心特斯拉会蚕食其传统业务，所以不太可能为特斯拉提供支持。

假设你在特斯拉决定开发 Model S 之前，就这款车的市场潜力向特斯拉提供咨询。使用本章描述的产业研究所的评分模型评估特斯拉 Model S 的可行性。简要说明你将如何根据技术变量和商业变量对该汽车项目进行评分。优势在哪里？特斯拉如何克服劣势？利用这一分析证明特斯拉开发高价、高性能 Model S 的合理性，而不是计划生产：①一款价格合理的豪华电动汽车；②一款与日产聆风和其他已有电动汽车相竞争的低价电动汽车。

第 9 章

销售预测和财务分析

9.1 引言

现在，我们已经完成了综合评审，知道产品概念符合我们的技术能力（已有能力或可获得能力），以及我们在制造、财务及营销方面的能力。也知道这个产品不会产生繁杂的法律纠纷等。我们准备好继续往前迈进。

但是我们真的准备好了吗？大多数管理者并不这么认为，他们更关心资金问题。事实上，他们从项目一开始就关注资金问题。在产品创新章程中，我们曾谈到潜在市场规模、市场占有率、利润等目标。其实不管是向后看还是向前看，管理者始终关注财务方面。而且，管理者越懂行就越知道不能仅看财务预测，必须考虑项目与组织战略目标和能力的匹配程度，这样才能从备选项目中找出最合适的项目。实际上，公司在这一阶段面临的最大问题之一是实施了太多项目，使人力资源和财务资源过于分散。所以公司必须改善项目选择程序，对于大部分公司来说，这意味着要比以前更多考虑项目的战略匹配性。

现在，从管理角度进行更深入的分析是一个好时机。我们应如何选择并管理一个新产品项目，以使其既能达到合理的财务目标，也能遵循产品创新章程呢？在本章，我们聚焦财务分析，特别是销售预测，这时营销对财务分析尤为重要。我们重新考虑产品创新章程，确定所考察的项目是否与公司的创新战略一致。上述活动组成了图Ⅲ.1中的最后一个模块，即项目批准程序的组成部分。下一章，我们将介绍项目书面协议的内容，并准备好迈向产品开发阶段。

9.2 新产品销售预测

财务分析是从销售预测开始的。如之前所说，销售预测通常由新产品团队中的营销人员负责。销售情况涉及未来的情况，预测结果可用于评估成本、预测利润，计算主要财务指标，例如净现值、内部收益率等。团队中的其他参与者（例如制造工程师、研发人员、财务和会计专业人员）可以为财务分析提供成本费用等数据。

销售预测的合理性是财务分析中的最大挑战之一，尤其是对一个技术快速进步的新产品进行销售预测。2000 年，未来学家预测：到 2007 年，卫星广播用户将达到 3600 万户，一年后这个预测数据降至大约 1600 万户。真实的数据是，2006 年底，卫星广播用户仅有 1100 万户，并且 Sirius 和 XM 卫星广播公司的收益远远低于预期。例 9.1 是 1967 年一群专业未来学家对社会与产品今天的状况进行的预测，包括好的和不好的预测。从中可以看出，在预测技术进步如何影响新产品问世方面，专家的确做出了非凡的贡献。即使在未来的 30 年甚至更长时间，其预测仍有一定的准确性。

例 9.1　1967 年所预测的未来

1967 年，科学、计算机及政治界的知名权威对未来 30 年做了一系列预测。事实证明，其中的许多预测高度准确。

- 到 1982 年，人造塑料与电子替代物可以替换人体器官。到 1987 年，人体器官移植手术将取得成功。
- 到 1986 年，信用卡将取代现金而被使用。
- 到 1986 年，激光技术将被普遍使用。
- 到 20 世纪 80 年代，很多人将待在家里工作，通过远程计算终端与办公室连接起来。
- 到 1970 年，人类会踏上月球。
- 到 1986 年，休闲娱乐方面的支出将有爆炸性增长。

有大约 2/3 的预测非常准确，也有约 1/3 的预测是完全错误的，例如以下几个。

- 到 1980 年，人类将登陆行星，且在 1987 年在月球上建立永久性基地。
- 到 1986 年，市中心将禁止私人汽车行驶。
- 3D 立体电视将很快在全球上市。
- 到 1986 年，原始生物将在实验室被创造出来。

我们能从正确与错误的预测中学到什么？第一，将预测用于制订计划时，不需要绝对的精确。回想一下，古代的船长就算是使用了错误的航海地图，也依然能够到达目的地。第二，不正确的预测大概分成两类：一些基本变量让预测结果改变了，或预测者对于发展速度过于乐观。在 1969 年登陆月球后，太空探索经费逐年大幅削减，从而大大影响了对未来太空探索的预测。与 20 世纪 60 年代预测视频电话会普及一样，3D 立体电视确实问世了但将在一段时间之后才会热销。

资料来源：Edward Cornish, "The Futurist Forecast 30 Years Later," *The Futurist*, January-February 1997, pp.45-58。

进行销售预测时必须牢记以下几点。第一，某产品的销售潜力可能巨大，但如果不努力营销就无法达到预期。比如，广告没能引起足够的关注，或者分销做得不够好而使消费者无法在市场上买到该产品。第 7 章中的 A-T-A-R 模型可以帮助我们基于"知晓"和"可购"两个方面对销售预测进行调整。第二，如果我们成功地让客户试用产品，并将这些客户转化为复购者，如果他们能够口耳相传，将产品推广给朋友，如果更大的需求刺激更多的经销商引进该产品，那么销量必定会随着时间推进而增长。但过了成长期，销量终将稳定下来。因此，我们更应该注重长期的销量或市场占有率。第三，应意识到，产品销售状况取决于竞争对手和我们自身的营销战略、计划。

9.3 销售预测的传统方法

在新产品流程早期，表9.1所显示的许多预测方法可以用来预测新产品销售情况。而选择最适合的预测模型，既要考虑时间与成本因素，也要考虑产品与市场新颖度因素，新产品预测战略如表9.2所示。如果是已有技术销售到已有市场，那么最直接的预测方法是销售分析法，比如，家乐氏公司需要进行的预测：假设每包麦片成本减少5%的话，那么下一年会卖多少盒？时间序列分析与回归分析的预测也适用于这个场景。如果是将新技术销售到已有市场，比如，惠普公司用新打印机取代旧产品，建议使用产品线分析或产品生命周期分析。尽管有些新技术存在不确定性，但仍可以通过类比法获得合理的预测：新一代产品的生命周期曲线与旧产品的生命周期曲线具有类比性。例如，打印机的销售额在最初两三个月会比较少，但在第七、八个月会达到高峰。这个销售曲线可能会在新一代打印机销售中出现。

表9.1 常用的预测方法

方法名称	预测时长	花费成本	对方法的评价
简单回归	短期	低	易于学习
多元回归	短中期	中等	较难学习与解释
计量经济分析	短中期	中等偏高	复杂
简单时间序列分析	短期	非常低	易于学习
高级时间序列分析（如平滑法）	短中期	由低到高，视方法而定	难以学习但结果易于解释
部门主管集体讨论法	中期	低	谨慎解释
情景描绘	中长期	较高	有点复杂
德尔菲法估测	长期	较高	难以学习与解释

注：一般来说，短期指3个月以下，中期指长达两年，长期指两年以上；关于预测方法的更多细节，请查阅预测方面的专业教科书。

资料来源：Spyros Makridakis, Steven C.Wheelwright, "Forecasting:Framework and Overview,"in S.Makridakis, S.C. Wheelwright, eds., *Studies in the Management of Sciences*, vol.12 (Amsterdam:North-Houand, 1997).

表9.2 新产品预测战略

	已有技术	新技术
已有市场	创新类型：成本降低和流程改进 预测类型：销售分析	创新类型：产品线延伸 预测类型：产品线分析、生命周期分析
新市场	创新类型：新市场或新产品用途 预测类型：客户分析、市场分析	创新类型：世界级新产品或公司级新产品 预测类型：情景分析或假设分析

资料来源：K.B.Kahn, "Forecasting New Products,"in K.B.Kahn, S.E.Kay, R.J.Slotegraaf, S.Uban,eds., *The PDMA Handbook of New Product Development* (Hoboken, NJ:John Wiley),2013, p.276。

如果是把已有技术销售到新市场，例如，现有的惠普打印机被卖到国外市场，情况就会相反。在这种情况下，可以用客户分析和市场分析减少新市场环境的不确定性。对于世界级新产品或者公司级新产品，最好的预测方法是假设分析或者情景分析。当没有以往的销售额数据，甚至新技术能否被接受也是未知的时候，需要更主观的技术，预测起来比之前的案例明显更难。甚至有人认为几乎不可能预测。然而，卡恩（Kahn）教授指出，如果预测时间在 36 个月，那么世界级新产品的预测准确率平均可以达到 40%。以此类推，对于相对简单的预测任务，比如对成本降低、产品改进、产品线延伸等类型产品的销售预测，如果预测时间在 21 个月的范围内，那么准确率为 63%~72%。

9.4 销售预测的购买意愿法

第 7 章讨论了我们从受测者那里收集到的大量购买意愿信息。我们向受测者展示产品概念，并问他们（通常采用 5 分制衡量）：如果这个产品正式上市，他们购买的可能性有多大？通常看前两个选项之和（选择绝对会买和可能会买的客户的数量），并根据经验对结果进行调整。

回顾一下图 7.3 中的喷雾式洗手液，我们发现 5% 的受测者绝对会买，36% 的人可能会买。根据过去已上市类似产品的平均数，回答绝对会买的人中约有 80% 实际上会买，回答可能会买的人中有 33% 实际上会买。由此对潜在购买者比例的初步估计是（0.05）×（0.8）+（0.36）×（0.33）=16%。这个估计是假设产品有 100% 的知晓率和 100% 的能买到率，所以这个估算值需要下调。如果预计市场知晓率为 60%，而且就近就能买到，则可以算出实际购买者的比例是（0.16）×（0.6）=9.6%。进一步改进这个方法，我们可以测试客户对不同产品概念的购买意愿。例如，可以要求受测者陈述对具有杀菌和清洁效果的喷雾式洗手液的购买意愿，同样使用 5 分制衡量。我们再来看一个卫星广播的例子。2000 年，美国大约有 2.13 亿辆车。假设能买到率为 95%（因为到处都有销售卫星广播服务的商店），知晓率为 40%（因为 Sirius 和 XM 卫星广播公司大力促销）。依据知晓率和能买到率调整后的市场潜力为 2.13 亿辆×0.40×0.95=8100 万辆。市场调查结果显示，市场中有一半的消费者负担得起卫星广播服务，因此现在预测为 8100 万辆×0.5=4050 万辆。其中确实有意愿订购卫星广播的客户的比例有多少？有一个方法可以估算出最有意愿试用新科技的客户比例，假设估算出来的比例为 16%，则销售预测的计算结果就是 4050 万辆×16%，计算出来的数字比 640 万辆稍微多一点。我们假定把其作为第一年（如 2001 年）的预订量，而这个项目的年度有效增长率为 10%（有效增长率指在我们同时考虑新订户与不续订户的情况下的增长率）。由此预测出到 2006 年底订户略多于 1000 万户。虽然低于实际预订量，但与之前估算的 3600 万辆相比，我们的预测数据更接近实际数据。但真实情况是，Sirius 和 XM 卫星广播公司这两大竞争对手在 2007 年年初合并。

9.5 销售预测的 A-T-A-R 模型

我们在第 7 章讨论了 A-T-A-R 模型的简单应用案例，简要提到可以获得哪些数据。这个简易模型能用来进行销售预测和利润预测，很多年前，市场研究者就已经基于这个早期简易的模型开发出了更有效的预测方法，并且在日用消费品行业的应用过程中，积累了大量的有关新产品的经验，这些经验可用于估算开发模型的参数，并修正来自消费者的原始数据。

A-T-A-R 模型是第 16 章讨论的众多模拟试销方法的基础。模拟试销是虚拟市场测试方法之一，市场测试用于新产品流程后期，特别是当消费者可以将实体产品带回家试用时。该方法可以收集消费者试用的数据，这些数据被 A-T-A-R 模型当作输入使用。在新产品流程早期，即产品设计和原型制作之前，A-T-A-R 模型需要其他数据来源甚至假设的数据。随着产品向后续阶段迈进，公司获得的信息更加充足，需尽快对试用率或者复购率进行更新，以满足该阶段对销售预测或利润预测的需要。

我们可以用 A-T-A-R 模型预测市场占有率。采用购买意愿法估算产品的首次试用率。对于经常购买的日用消费品而言，准确估算复购率和试用率十分重要，长期市场占有率可以用下列公式表示：

$$MS = T \times R \times AW \times AV$$

式中，T 表示最终长期试用率（至少试用过一次该产品的人占所有购买者的比例）；R 表示最终长期复购率（试用过该产品的购买者中购买该产品的比例）；AW 表示知晓率；AV 表示能买到率。

R 可以根据类似产品的复购数据通过类比方式得到，也可以通过一个转换模型计算出来。我们可将 R_s 定义为，当在市场上买得到新产品时那些愿意购买的客户的比例；将 R_r 定义为，复购该产品的客户的比例。由转换模型估计的最终长期复购率为 $R=R_s/(1+R_s-R_r)$。如果 R_s 与 R_r 分别为 0.7 和 0.6，则最终长期复购率应为 0.7/（1+0.7-0.6）= 0.636。如果知晓率和能买到率分别为 90% 与 67%，最终长期试用率为 16%，则长期市场占有率为：

$$MS=0.16\times0.636\times0.9\times0.67=6.14\%$$

此外，如果该产品类别的购买总数是已知的，那么市场占有率这一指标可转换成长期销售量。例如，如果购买者总数是 100 万人，那么长期销售量为 1000000×6.14%=61400 人。如图 9.1 所示，纵轴代表总市场占比（最大为 100%），市场上有 90% 的客户知晓这个产品，这些客户中的 67%（67%×90%=60.3%）可购买到这个产品，16% "知晓" 且可购买到这个产品的客户至少试用过一次，至少试用过一次的客户中有 63.6% 成为复购者。

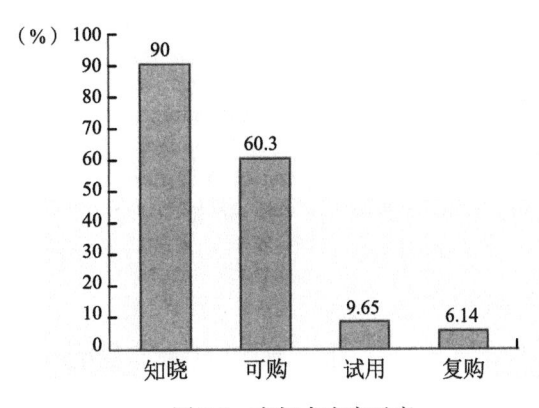

图 9.1　市场占有率示意

如上所述，使用这些方法得出的预测数据的精确度取决于选用什么指标。在建立预测模型时，必须考虑数据的可获得性和准确度。在上述例子中，我们假设能买到的比例为 67%，但这可能不太准确，实际上能买到率可能低至40%，也可能高达80%。在这种情况下，合理的做法是采用假设分析。将数据代入长期市场占有率公式，我们看到预测，长期市场占有率的区间为 3.66%～7.33%，区间两端分别代表最糟情况和最佳情况。

在稍后的新产品阶段，公司在有了产品原型并准备进行客户测试时，还会使用 A-T-A-R 模型。

9.6　预测产品扩散的方法

创新扩散是指创新随着时间推移在同一市场内的不同采用者之间扩散的过程。采用者包括创新者、早期采用者、早期大众、晚期大众、落后者，我们将在14章对其进行具体介绍。理论上，早期采用者可以通过口耳相传等方式对后期阶段采用者的购买行为产生影响。产品扩散率比较难以估计，特别是在新产品流程的早期，因为我们不知道早期采用者的影响力有多大。从卫星广播的例子中我们发现，准确估算创新者和早期采用者（愿意率先尝试新产品的用户）的数量非常重要。

为了充分发掘新产品的成长潜力，我们可以用相似产品进行类比。如果我们要评估一款新型轮胎（比如这款新型轮胎在被扎后仍能跑100公里）的市场潜力，则可以使用一般的子午线轮胎来类比。因为两种轮胎的购买者相同（汽车制造商和维修服务中心），而且两种轮胎基本上提供相同的价值。因此，经过粗略估计，基于长期市场潜力，新型轮胎与子午线轮胎的销售水平可能基本相似。新产品管理层的判断显示，新型轮胎实际的市场潜力会比最初估计的还要稍微高或低一点。

定量的创新扩散模型可用于根据已有的产品销售情况预测未来的产品销售情况。常用的耐用产品的扩散模型是 **Bass 模型**（Bass model），未来某个时间 t 时某个产品的销量 $s(t)$ 为：

$$s(t) = pm + [q-p]\, Y(t) - (q/m)[Y(t)]^2$$

式中，p 指早期试用率；q 指扩散率参数；m 指潜在购买者总数；$Y(t)$ 指在时点 t 之前的购买总量。

Bass 模型以新产品在人群中的扩散曲线为基础。初始扩散率（购买总数的增长速度）以创新者采用的数据为基础。在这之后，基于口耳相传这一方式对新产品推广的帮助，更多的客户使用新产品，销售增长率不断提升。最终会到达这样一个点，在没有尝试购买此产品的潜在购买者已经没有多少的时候，销售增长率开始放缓。

潜在购买者的数量 m 源于管理层的判断或者其对市场潜力的评估。如果该产品已经在市场上存在很长时间，并且积累了多年的销售数据，就可以根据历史销售状况估计 p 与 q。如果该产品是在近期出现的，则可以与已知的相似产品的数值类比，或者根据自己的判断以及以往对模型的经验来比较。研究显示，p 在0.04以内，q 通常接近0.3，这些数值会由于实际情况不同而变化。

Bass 模型有一个优点，一旦估计出 p 与 q，就能预测达到销售峰值所需的时间（t^*）及销售峰值出现时的销量（s^*）。公式是：

$$t^* = (1/(p+g))\ln(q/p)$$

$$s^* = (m)(p+q)^2/4q$$

例如，你正在评估某新产品——一种将卡布奇诺咖啡机与小型烤箱组合起来的新机型的可行性，你认为这个产品在某一地区拥有的长期使用者是 2500 万户家庭。基于过去该地区销售的类似小家电的情况，该地区的创新率与模仿率分别约为 2%和 12%。如图 9.2 所示，将上述各参数估计值代入 Bass 模型，可得到对该新产品的销售预测数据。预测结果显示，销售峰值将大约在第四年出现，那一年，该产品的总销量将超过 400 万台。将这个销售预测数据与对售价、成本及市场份额的预测数据结合起来，就可以评估出该产品对公司利润的潜在贡献。本章末的 Bay City 电子公司案例显示了对一组新产品（运用 Bass 或其他类似模型）的销售情况的预测，这可以指导你按步骤运用这些模型，进行净现值分析。

尽管 Bass 模型简单，但预测耐用消费品达到销售峰值的时间和数量相当准确，耐用消费品包括干衣机、电视机、咖啡机、电熨斗等。Bass 模型还可以用来预测高科技产品的扩散情况，如卫星电视或音乐光碟。有趣的是，这个模型可被用来预测 Facebook 等互联网社区的使用者的增长情况。Facebook 的扩散与耐用消费品的扩散之间有着惊人的相似之处：某人要么是 Facebook 会员，要么不是。此外，有些人是创新者，会立即成为 Facebook 会员。这些创新者鼓励他人加入的影响力越大，该社区的成长就越快。Bass 模型的其他延伸应用表明，该模型也可用于预测重复购买非耐用消费品的情况。这些延伸应用包括更多的变量及更好的估算技术，这会使预测更加准确。

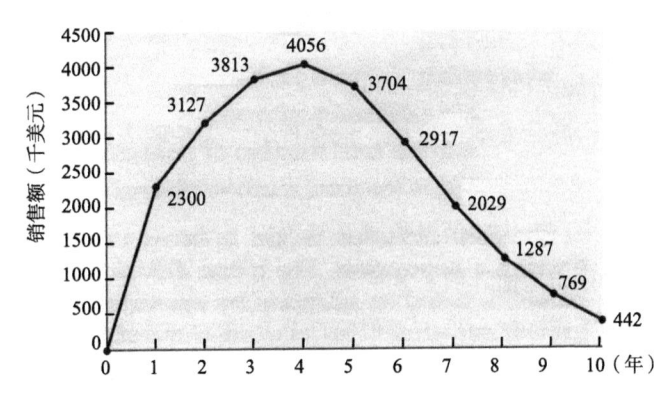

图 9.2 产品扩散的预测情况（Bass 模型）

9.7 对预测模型的思考

模型建构者通过快速积累经验使预测更准确。预测模型早已被日用消费品的创新者所采用，不仅成本低于试销和首发，还能够提供诊断性分析结果并进行敏感性测试。

遗憾的是，预测模型的成功运用依赖大量数据，而且这需要建立在一些假设条件基础上，同时，预测模型的复杂性使管理者不得不在使用其时格外谨慎。还有，由于预测模型是在 1950～1960 年开发出来的，其隐含的一些假设已不适用于当今社会，比如，预测模型对大众媒体广告及分销渠道的依赖程度。预测现在已经成熟、规模庞大且能获利了。

有趣的是，最成功的公司往往采用最简易、需要最少数据的方法。在 BASES Ⅱ，Burke（尼尔森公司的一个部门）将预测模型与概念测试和产品使用测试结合起来，通过过去积累的大量数据校正试用率与复购率，并运用经验法则，预测市场占有率。

如果想要使用预测模型的话，大部分日用消费品行业以外的产品创新者仍然使用第 7 章的简易版 A-T-A-R 模型。关于销售预测模型的改进研究在持续进行中。

9.8 销售预测存在的问题

销售预测看似不存在问题，我们也有丰富的预测方法（见表 9.1），第 7 章讨论的 A-T-A-R 模型可以用来预测销量，是新产品营销专家运用高级算法的基础。每个公司都有很多专业人员，他们以损益表为基础估算净现值或内部收益率（使用折现的现金流量方式），本章末的 Bay City 电子公司案例进行了相关说明。需要注意的是，我们只有取得所需的信息才能做财务分析，且不能忽略战略主题。

我们可以运用 A-T-A-R 模型完成销售预测并进行财务分析。然而，运用 A-T-A-R 模型需要预估有多少人或企业知晓新产品、有多少人或企业会试用新产品等。这些数据都相当难以估计。

- 谷歌和推特起初并不知道会如此受欢迎。
- 苹果起初并不知道忠实于 Windows 的用户会来买 iPod 或 iPhone。
- 亚马逊起初并不知道读者会在网上买书。
- 三星不知道 Galaxy 智能手机会风靡一时。

另外，财务模型需要输出产品成本、价格、资金现值、未来收入的可能纳税额，以及未来对该产品的投资金额等信息。

即使在产品生命周期结束后，这些信息也未必能确定下来。对于销量，当营销战略改变时，销量也会改变。成本方面的数据往往只能是估计值。我们无法得知一个新产品对另一个产品销量的冲击程度。如果我们不推出新产品，竞争对手或许就会推出类似的产品。事实上，我们一直依赖估计。管理者的工作就是使估计尽可能地符合实际情况，妥善控制相关不确定性，避免风险过高。对于微小的产品改进，我们的估计通常比较符合实际情况，但是对于真正的新产品，由于使用新技术会面临很多不确定性，因此估计会变得具有挑战性。

问题小结

是什么原因使预测变得如此困难？首先，目标用户常常对新产品不了解，不知道新产品的用途、新产品的成本及新产品的缺点，甚至不知道自己是否真的需要新产品。即使他们知道这些，他们也会向我们隐瞒一些信息或者提供一些不真实的信息。更加复杂的是，我们对潜在用户的调查做得并不完善，比如，不恰当运用焦点小组法的案例并不少见。

其次，竞争对手并不会静静等待，想尽办法影响我们的调查，就像我们也想影响其一样。此外，零售商、政府部门及市场专家也在不断变化。

再次，缺少涉及营销支持方面的信息，如不知道公司可以提供可用的服务等。没有哪位销售经理会提前一年对销售时间和支持做出承诺。公司内部部分人士对这方面的看法有失偏颇，这使许多新产品经理无法为展示新产品估好准备,因而试图推迟预测时间。

在新产品进入市场的过程中,兴奋的新产品经理可能急于推销而忽略现场测试,这会让其陷入困境。有鉴于此,Steelcase 公司的做法是,在最终用户的办公室对新办公家具系统进行全面测试。

最后,大部分常用的预测方法是外推性的,对已有产品很有效。对于新产品,即使预测不需要依据历史数据,比如运用领先指标模型和因果模型进行预测,但仍会考虑新产品与相关产品的关系。

9.9 管理者如何解决这些问题

我们非常依赖财务分析,但好的分析非常难,管理者应该怎么办?

9.9.1 改进当前的新产品流程

前面提到的一些商业杂志发表的失败案例,让身在其中的管理者十分尴尬。大部分失败的原因是省略了某个流程的关键步骤(为了赶时间,或者基于某种莫名的自信,或者一个糟糕的假设替代了这个步骤)。例如第 7 章中可口可乐的案例,公司只需要进行市场测试就会发现,一旦经典可乐下架市场就会出现情绪反弹的情况。顶尖的新产品专家知道什么是好的新产品流程,但许多人并不知道,他们缺乏相关信息且意识不到。任何标准的表格都不能弥补关键数据的缺失。

9.9.2 将生命周期理念用于财务分析

新产品测试阶段具有系统性,公司如果只在某一个节点进行财务分析,就容易出错。通常情况下,做财务分析的一个节点是综合评审阶段;另一个节点是必须做出重要投资决策的阶段,比如,需要建设一个工厂或批准一个昂贵的产品上市计划。有的节点尚无法确定是否有回报,管理者仍需关注,因为这些节点的的确确非常重要,新产品经理需要认真准备这些节点的会议。

但上述两个节点往往被夸大。技术性工作可以在公司不做大额技术投入的情况下开展。建设工厂也可以通过早期生产外包或基于建立大型前导系统进行限制性试销来实现。

管理者最好把项目视为一件有生命周期的事情——在项目生命周期逐渐建立起底线,即使在产品上市后底线也不可能完全精确(见图 9.3)。管理层批准产品创新章程,这是因为其认为技术和市场组合良好并且与公司战略匹配。产品创新章程描述的是一个赛局,我们无法知道最终的分数,但我们知道会赢。概念测试的结果并不能确保在财务方面成功,但这能让我们往前迈一步——有购买意愿的用户对概念有需求并想试用。早期产品原型的现场使用测试不能确保成功,但可以让我们确信有购买意愿的用户喜欢实物。广告代理商或销售经理也不能确保成功,但能评估新产品是否会吸引潜在用户并分析其试用情况。如果产品交付,公司就会进行销售。如果公司在制造环节有能力造出消费者想要的产品,那么生产该产品就将获利。在任何一个节点,我们能做的最好的事情就是自问:新产品所处节点的进展是否与成功的生命周期中的表现一致。

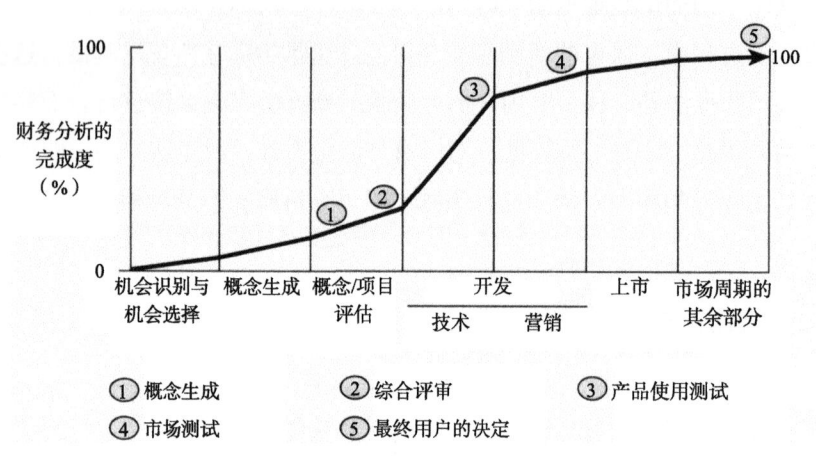

图 9.3　财务分析示意（按照评估的生命周期）

财务分析也具有同样的道理，我们今天处于哪个节点？我们今天对利润目标的了解基于这个节点的情况，有必要改变之前的预测吗？有些财务分析一开始就建立完整的财务报表，然后与项目进度相比。报表中的很多格子起初是空白的，我们了解情况后把数据填入其中。报表底部的利润并不是当前的预测数据，只能算作当前的目标。只要进展与这些目标是相符的，公司就能继续运转。新可乐的口味测试虽然成功了，但并不代表消费者最终将试用这款产品。如果我们让消费者试用该产品，那么口味测试可以告诉我们消费者复购该产品的可能性。

财务分析的生命周期理念使我们避免单凭一次销售预测或成本预测就做出决策。

9.9.3　减少对粗糙预测的依赖

做销售预测和利润预测都是相当困难的，那么有不做预测的方法吗？有，的确有公司是这么做的，但必须相当谨慎。

1. 预测你所知道的

实际上，这体现了对预测的一种态度。如果没有合理的预测路径，为什么非得去预测市场上的人会做什么？可以在财务报表中的空格中填入一系列估计值，看看有没有失败之处。如果认为成功的可能性较大，那么继续前进就是了。

2. 关注状态而不是数字

这是我们提到的另一种做法。分析并找出决定成功的因素（一个状态的变量），然后看目前的状态与这些因素是否相符。如果相符，就继续前进，我们虽然不清楚结果，但我们相信一定会取得成功。有一个极端的例子是某营销副总裁被要求预测新产品，假定其能取得可口可乐的商标使用许可并将其用在新产品线上，销售预测会如何？他的回答是：我不知道，商标使用许可解决的是赚多少钱的问题，而不是是否赚钱的问题。

对某种状态下赌注，与赛马有些像：高手赌的是骑手而不是马，因为其对马的了解很少。公司赌的是顶尖科学家、销售团队、商标或声誉。

另一个状态的变量是领导力。有的公司鼓励采用产品捍卫者制度，希望依靠产品捍卫者［product champion，有时也称项目捍卫者，(project champion)，简称捍卫者］让新产品通过严格的财务评估。这就产生了一种不可思议但相当有效的方法：评估团队及其负责人，而不是他们的创意。这些公司不追求生产伟大的产品，而追求能"管理"伟大的产品的概念。你可能听说，某个电影制片组有一群杰出的、富有创造力的人，他们能把普通的剧本变成精彩的电影。而此时竞争对手投资了顶尖的剧本。两者都在避免把决策寄托于复杂的财务分析和预测上。

精于钓鱼的人的做法是，花大价钱寻找有大鳟鱼的溪流。他们说：只要有好的技术、好的设备、好的位置，结果就一定是好的。新产品开发也是如此。公司必须清楚地知道什么状态下需要什么决定成功的因素。在上文的例子中，两个电影制片组中的一个可能是错的。请注意，在钓鱼的例子中，精于钓鱼的人要同时拥有技术、装备和溪流。

回顾一下第 7 章金宝汤公司的案例，该公司认为成功的诀窍有两个：汤的味道和制造成本。其依靠声誉与技术能克服所有限制，因此不需要进行精确的预测，只需要确定汤的味道和制造成本。

3．采取低成本的开发和营销战略

有的公司会开发一大堆与市场上现有产品差异不大的临时性新产品，让这些新产品低调上市，看看客户会复购哪种产品的，并丢掉那些不受欢迎的产品。日本与韩国的电器制造商经常使用这种方法，比如，索尼与三星在一年内会发布数百个新产品，甚至在日本各大城市推出这些产品。因为消费者知道这一情况，所以营销成本很低。

4．重点不是预测而是风险管理

这个办法对于那些"受够了财务分析'毒害'"的管理者特别有吸引力。有许多方法可以让创新团队在应对风险的同时维持对产品的有效管理。方法之一是隔离或压制来自内部的批评，如设立项目型矩阵组织和从相关部门分拆出新事业部。方法之二是把财务分析推迟至开发流程后期进行。在评审时要求进行精确的财务分析会扼杀掉好的创意。方法之三是市场测试和首发（见第 16 章）。如果创意不错，但财务分析不理想，则可以先在小范围内使用，尝试找到解决方案。这种做法虽然与流行管理理论（如团队授权）不一致，但有时可能是必要的。

风险管理相当重要，因为公司只有承担风险才能具有获利空间。图 9.4 显示新产品经理在评估时面临的风险，他们知道新产品面临的风险超过公司的平均风险，但这到底有多大？理论上，项目预期风险越大，**期望收益率**就越高，不过，实际上很难把真实数据填进报表中。

产品经理可以采用期权定价（options-pricing）理论针对产品概念做出早期决策。当新产品尚处在概念阶段时，或许可以用**实物期权分析法**（real-options analysis）估算新产品的净现值。实物期权分析法说明新产品的发展充满未知数，等到收集到更多的信息、不确定性降低时，公司可能在某个时机必须放弃相关项目。研究一下例 9.2 中的细节：某个正在被考虑的产品概念需要 7 万美元的起始成本。需求是未知的，因此我们假设未来 4 年，基于需求每年可能产生的现金流是 4 万美元或 1 万美元，它们分别有 50% 的概率。如果需求较低，公司在第一年年底就可能选择放弃此项目，然后将设备以 38000 美元出售（假设折现率为 12%）。

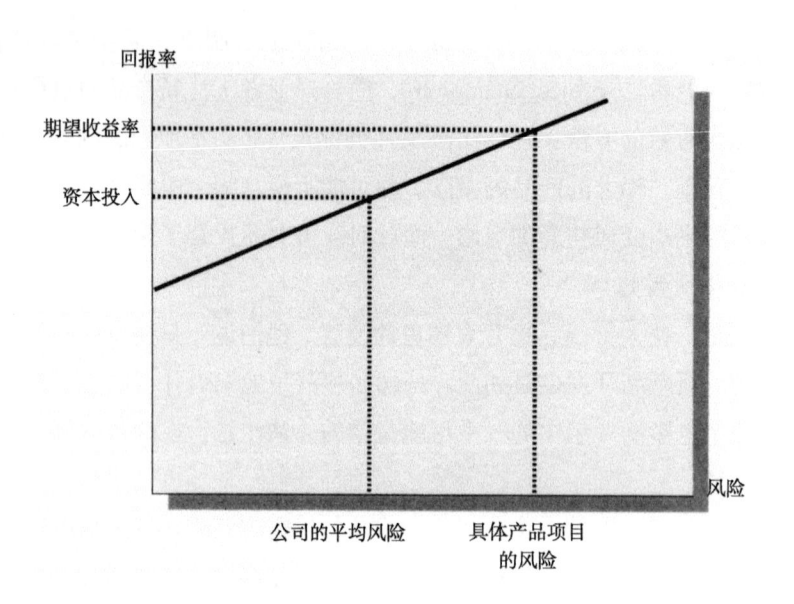

图 9.4 计算新产品期望收益率的示意

注：期望收益率（基准收益率）=资本投入+新产品的最低风险

例 9.2 产品概念的实物期权分析

数据

第 0 年的起始成本：7 万美元。

第 1 年到第 4 年的现金流预估：在高需求情况下为 4 万美元，在低需求情况下为 1 万美元。高需求或低需求的可能性都是 50%。

可能在第 1 年后放弃此产品概念，设备以 38000 美元出售。

折现率：12%。

步骤

首先评估第 1 年各种需求情况下的现金流。

单位：美元

需求	第 1 年	第 2 年	第 3 年	第 4 年	合计
高	40000	40000/（1.12）=35714	40000/（1.12）^{2}=31888	40000/（1.12）^{3}=28471	136073
低	10000	10000/（1.12）=8929	10000/（1.12）^{2}=7 972	10000/（1.12）^{3}=7118	34018

接着，评估第 1 年的现金流，假设公司已选择放弃此项目而且设备也已售出。

单位：美元

需求	第 1 年	选择放弃并已售出设备	合计
低	10000	38000	48000

由于 48000＞34018，管理层选择在第 1 年之后放弃此项目。

接下来，回到现在（第 0 年）并评估每一种需求情况下的净现值，假设需求已知，管理层决定放弃此项目。

单位：美元

需求	第0年	第1年	第2年	第3年	第4年	合计
高	−70000	40000/（1.12） =35714	40000/（1.12）^{2} =31888	40000/（1.12）^{3} =28471	40000/（1.12）^{4} =25421	51494
低	−70000	48000/（1.12） =42857				−27143

因为每种情况发生的可能性相等，所以这项投资的期望值为：(0.5)×(51494)+(0.5)×(−27.143)=12176美元。因为期望值大于0，所以该公司应进行投资。

资料来源：Edward Nelling, "Options and the Analysis of Technology Projects," in V.K. Narayanan, Gina C.O Conor, eds.s, *Encyclopedia of Technology & Innovation Management*(Chichester,UK:John Wiley,2010), Chapter8。

如例9.2所示，一开始计算第1年年底净现值时便需要考虑期权。例9.2显示，第1年年底，在需求高的情况下，净现值超过136000美元，如果需求低，则净现值只有约34000美元。假设该公司考虑期权并放弃此项目，净现值会提高到48000美元，因此如果需求低，那么该公司确实会在一年后选择放弃此项目。

有了这些信息，我们可以计算该公司对此产品概念的期望值。例9.2的最后一部分显示需求高的可能性有50%，因此该产品可能产生超过51000美元的净现值。然而，需求低的概率也有50%，此时，公司会放弃项目，净现值会损失大约27000美元。因此对产品的净现值的期望值会比12000美元多一些。因为所得结果是正数，所以这家公司应该进行投资。万一最后放弃这个项目，公司收回部分投资就能避免亏损。

5. 对不同的情况采用不同的财务分析方法

就产品数量而言，大多数产品的创新不是"全垒打"，而是"单打"——改进产品和延伸相近的产品线。"单打"的创新由已有运营团队负责即可，不需要团队授权，不需要突破性技术。产品需求通常来自某个特定客户或关键渠道，开发决策的做出也不基于产品的获利能力。开发风险相对较小，甚至产品开发就是建立在伙伴关系基础上的，客户会大量采购并让公司有利可图。

而"全垒打"的创新则完全不同。这是一场高风险、高报酬的豪赌。我们需要付出相当大的心血，前面讨论的预测方法未必有用。因此，公司最好拥有两套财务分析系统，一套适用于进行"单打"的创新，另一套适用于进行"全垒打"的创新。有些公司根本没有标准的财务分析系统，针对每个项目单独进行财务分析，这样就可以关注那些存在风险和不确定因素的地方。

6. 改进现有的财务预测方法

营销人员有时要用销售预测数学模型（如A-T-A-R模型或其他类似模型）。尽管许多模型当初是专门为日用消费品开发的。经过持续改进，这些模型也适用于耐用消费品。一些公司用其分析过去做出的努力。如果公司能够系统研究最近开发的50款（或25款）新产品，总结采取何种财务分析方法能准确预测实际销售结果，就一定会取得更大的进步。这就是我们所说的成功/失败分析，其思想是基于过去进行的学习产生最佳的实践结果。近年来，会计核算方法已进行了很多改进。最近，一些新产品经理呼吁，所有的财务分析内容都应该是建议性的，要去除收益率基准（门槛）和问题警告标志。当然，确定基准收益率时要具体情况具体分析（见表9.3）。

表9.3 基准收益率与其他衡量指标

产品	战略角色或战略目的	基准收益率		
		销售额（美元）	投资回报率（%）	市场份额增加幅度（点）
A	对抗竞争对手的进入	3000000	10	0
B	在新市场建立立足点	2000000	17	15
C	维持现有市场的投资	1000000	12	1

注：确定基准收益率时应该考虑产品的目的或承担的任务。例如，对抗竞争对手的进入将比在新市场建立立足点需要更多的销售额。而且，对于只是维持现有市场的投资而言，即使该产品的市场份额的增加幅度比较低也可以接受这个产品。

9.10 回到产品创新章程

在本章中，重点是对新产品项目的财务分析。许多成功开发新产品的公司清楚，只进行财务分析是不够的，必须考虑产品创新章程及其包含的战略评判标准：新产品项目采用的技术创造了新的市场机会或重新塑造了已有的机会吗？当决定对新产品项目进行投资时，公司应将财务分析和产品创新章程结合起来考虑：仔细考虑项目与公司的创新战略是否匹配。

前文提及的许多公司有很多新产品项目获得批准，这使人力资源和财务资源十分分散。造成这种现象的原因有很多，比如，财务门槛太低（如最低净现值）导致过多的项目过关；未限制把资源纳入净现值的计算使公司无法做到权衡各个项目需要的资源；模糊前端的低质量工作降低了提供给管理者的信息的质量，这使公司无法做出通过/淘汰决策；执行了错误的项目组合，如管理层批准了许多小型和快速产生效果的项目，却拒绝了一个重要的新产品平台或技术机会开发项目。问题可能是公司仅仅依靠财务预测选择项目。这些预测可能不可靠（尤其是在产品开发早期），而且没有提供有关此项目是否匹配产品创新章程的信息。同时，使用战略准则与财务准则选择开发项目的公司会比大多数仅靠财务预测选择项目的公司表现得更好。

我们在第3章讨论了战略组合模型，其是典型的自上而下的战略方法，即公司或战略事业部先制定战略，然后把资金分配给不同类型的项目。这种方法在用于项目选择上时十分清晰。如果该公司已经有许多可以很快产生绩效的项目，战略组合就有助于把资金分配给长期的重要技术开发项目。

管理层还可以通过自下而上的方法制定战略，即将战略评判标准用于项目选择上。事实上，具有高绩效的公司在选择项目时，通常将自上而下方法和自下而上方法相结合，同时考虑战略及财务方面的评判标准。然而，绩效较差的公司往往只考虑财务方面的评判标准。

罗伯特·库珀先生与其同事运用 Hoechst-U.S. 评分模型（见表9.4）平衡战略和财务方面的考虑。表9.4 中的 5 个变量中的前两个变量明显是综合评审的可行性变量（技术成功可能性和商业成功可能性），这与例8.1 中的模型相似，第三个变量是财务评判标准（收入），最后两个变量源于产品创新章程（商业与战略匹配性和战略杠杆）。辉瑞公司的子公司 Specialty Minerals 运用一个包含 7 分量表的评分模型，呈现类似的财务与战略考虑组合：

- 管理层的利益
- 客户的利益
- 竞争优势的持续性
- 技术可行性
- 商业论证优势
- 与核心竞争力的匹配性
- 获利能力与影响力

表9.4 Hoechst-U.S.评分模型

关键变量	评分尺度（1~10分）		
	1~4分	4~7分	7~10分
技术成功可能性	小于20%的可能性		大于90%的可能性
商业成功可能性	小于25%的可能性		大于90%的可能性
收入	少		回本时间少于3年
商业与战略匹配性	研发与经营战略无关		研发强烈支持经营战略
战略杠杆	独一无二/尽头		许多专属机会

资料来源：Robert G. Cooper, Scott J. Edgett, Elko J. Kleinschmidt, Portfolio Management for New Products, McMaster University, Hamilton, Ontario, Canada, 1977, pp.24-28。

另一个案例涉及真实的制造企业的评判标准，具体如下：
- 净现值
- 内部收益率
- 项目的战略重要性（项目与战略的一致性）
- 技术成功的可能性

第三个标准无疑是对产品创新章程匹配性的度量（名称稍微不同），其他则是与技术可行性或财务预期目标相关的标准。对于这方面的研究在持续进行，在评估新产品项目时，战略和财务准则都相当重要。

最后，表9.5介绍的是Erika Seamon of Kuczmarski and Associates的建议。企业在决定产品概念进入原型开发阶段时，应同时考虑战略评判标准和财务评判标准。它们的概念评估工具不仅包括许多评估战略匹配性及市场吸引力的方法，还考虑评估财务绩效的方法。

表9.5 概念评估工具

维 度	问题范例
战略匹配性	与企业愿景匹配吗 与销售团队匹配吗
客户匹配性	概念能更好地满足客户的需求吗 概念能让客户感知到良好的价值吗
消费者匹配性	概念能满足未达到的或潜在的客户需求吗 客户忠诚度会提升吗

续表

维　度	问题范例
市场吸引力	与竞争产品相比，这个概念独特吗 公司能成为市场上数一数二的领导者吗
技术可行性	概念可行吗 概念能受到保护吗
财务回报	项目能很快达到盈亏平衡吗 能在预期时间内获得预期收益吗

资料来源：Seamon, Erika B., "Achieving Growth Through an Innovative Culture," in P. Belliveau, A. Griffin, S. Somermeyer, eds., *The PDMA Handbook 2 for New Product Development* (Hoboken, NJ: John Wiley&Sons, Inc.), 2004, Chapter l。

本章小结

本章介绍如何判断新产品的财务价值，深入讨论销售预测问题，这是新产品团队常常依赖营销部门的代表提供专业知识的领域。运用折现现金流量计算净现值时，财务分析和销售预测的方法很成熟，很多公司运用这些分析和预测方法。然而，新产品经理知道没有办法获得这些复杂方法所需的数据。因此，他们可能需要运用风险管理措施——非定量方法确保项目成功。

财务分析方法参见本章末的 Bay City 电子公司案例。这个案例提供了有关新电子产品的数据，你有机会观察财务分析中的非数据性问题。

接下来，我们将迈进阶段四（开发）。

案例　Bay City 电子公司

Bay City 电子公司新产品流程中的财务分析长期以来并不很正式。比尔·罗伯茨（Bill Roberts）在 1970 年创立了这家公司。他曾经在一家专业的家庭安全系统公司工作将近 7 年，对家用电子产品相当熟悉，但对财务分析一窍不通。他只知道去银行贷款时要准备什么资料。Bay City 电子公司大约有 45 名全职员工，在当地的销售额约为 1800 万美元。公司的产品都属于居家安全类产品，公司虽然发布过一些广告，但销售主要由销售经理负责。销售经理与制造商的业务代表轮流拜访批发商、五金店和百货连锁商店及其他大型零售商。

比尔是一位发明家，通过开发新技术拓展业务。一项最新发明是能应用到家中任何一扇门的遥控电子门锁。这个电子门锁可由特定的电话铃声启动，例如，如果用户想让自家后门在晚上 9 点关上，那么只要在晚上 9 点给家里打一个电话并让电话响 10 次，这时门就会自动关上。用同样的方法也能把门打开。

银行很喜欢这个创意，但要求比尔把财务分析做得更细一点，承办贷款的银行工作人员要求他填写表 9.6 和表 9.7。此时，Bay City 电子公司开发这个电子门锁已经花了 8.5 万美元，这包含支付电子门锁的供应商和人力方面的费用、购买机器（资产）的费用（1.5 万美元）。下一步，公司需要购买超过 5 万美元的新设备，继续进行研发以验证并改进产品。如果开发进程和比尔预期的一样，到第三年，公司需要再投资 4.5 万美元以扩大产能。

表 9.6 财务分析的关键数据表

财务分析者：Bay City 电子公司
分析日期：_____ 上一次分析日期：_____

1. 经济状况：
良好

2. 市场（类别）：	3. 产品生命周期：
稳定：5%增长率	5 年

4. 标价：90 美元　　　　　　　　　　　　其他折扣：
分销商折扣价：36 美元　　　　　　　　　　　　促销：1 美元
工厂净出厂价：54 美元　　　　　　　　　　　　批发：1 美元

　　　　　　　　　　　　　　　　　　平均销售单价：52 美元

5. 生产成本
是否有任何特殊流程的成本支出：　　　　　　间接制造成本率：
　　没有，根据以往经验　　　　　　　　　　　　直接成本的 20%

6. 未来支出、资本投入、额外支出：
建造生产设备：50000 美元
继续进行研发：未来四年分别投入 15000 美元、10000 美元、15000 美元、10000 美元，其中在第二年有 5000 美元用于进行具体产品测试，在第三年扩大产能需要 45000 美元

7. 运营资本：销售额的 35%
10%用于库存：在阶段 5 补偿 80%
15%用于销售：在阶段 5 全部返还
10%现金：全部返还

8. 设定的管理费用
公司：销售额的 10%
部门：销售额的 __%

9. 销售净损失，占新产品销售额的比例：10%

10. 如果项目被放弃将带来的成本/收入：
销售电子设备的净收入 3000 美元

11. 新投资或支出的税收抵扣：
1%税收收入来自国家和州，以用于保护环境

12. 折旧资产的折旧率
厂房、机器等：25%
延伸设备：33%

13. 州和国家的所得税率：34%
注释：

14. 资产成本率：16%
+/－最小值、罚款：高风险项目的 8%
产品生命周期内预估资产价值的任何改变：没有

续表

15. NPV 的基本总体风险曲线：   是否标准：合格

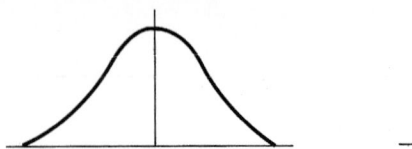

16. 敏感性测试的关键变量：销售额、降价等（参见下面内容）

17. 沉没成本

到现在已发生费用：忽略

到现在已进行的资产投入：15000 美元

18. 与提案相关的新产品战略要素（例如，多元化或现金风险等）：

在产品面对的多元化市场上增强公司的相关优势

19. 销量和成本：

年	销售量（个）	每件直接生产成本（美元）	营销支出（美元）
第1年	4000	16	100000
第2年	10000	12	80000
第3年	18000	11	50000
第4年	24000	9	60000
第5年	5000	14	1000

20. 基准收益率：

扣除生产成本后有 40% 的毛利润

21. 任何重要的应急变量：

没有

22. 其他特定假设或指南：

（1）在生产结束后，对设备和工具的总额（110000 美元）会有 10000 美元的返还

（2）工厂有其他的收入以减少这个产品的税额

（3）发明的税收抵扣

敏感性测试：

（1）我们必须在第三年将定价降到 34 美元

（2）直接生产成本在最后的预测是乐观的，即便我们的成本从没低于 16 美元

（3）激烈的市场竞争会导致营销成本增加，如果在今年，在阶段2，我们会花两倍的费用

（4）在同时测试上述三点的情况下，如何处理最坏的结果？

注：这个关键数据表用于分析 Bay City 电子公司。

表 9.7 Bay City 电子公司财务报表   单位：美元

产品建议：电子门锁	日期：				
	上市年份				
	0	1	2	3	4
销售量	0	4000	10000	18000	24000
销售单价	0	52	52	52	52
销售收入	0	208000	520000	936000	1248000

续表

产品建议：电子门锁		日期：				
		上市年份				
		0	1	2	3	4
生产成本：直接成本		0	64000	120000	198000	216000
间接成本		0	12800	24000	396000	43200
合计		0	76800	144000	237600	259200
毛利		0	131200	376000	648400	988000
直接营销成本		0	100000	80000	50000	60000
利润贡献		0	31200	296000	648400	928800
管理费用（不含研发支出）	事业部	0	0	0	0	0
	公司	0	20800	52000	93600	124800
	合计	0	20800	52000	93600	124800
其他费用：折旧		16250	16250	16250	31250	15000
设备维修		0	20800	52000	93600	124800
研发费用		0	15000	10000	15000	10000
特别支出		0	0	5000	0	0
放弃项目		3000	0	0	0	0
合计		19250	52050	83250	139850	149800
管理费用与支出		19250	72850	135250	233450	274600
税前收入		(19250)	(41650)	160750	414950	654200
纳税额	所得税税额	(6545)	(14161)	54655	141083	222428
	扣抵税额	(65)	(142)	547	1411	2224
总纳税额		(6480)	(14019)	54108	139672	220204
现金流	税后收入	(12770)	(27631)	106642	275278	433996
	折旧	16250	16250	16250	31250	15000
生产设备		50000	0	0	45000	0
营运资金：现金		0	20800	31200	41600	31200
营运资金：存货		0	20800	31200	41600	31200
营运资金：应收账款		0	31200	46800	62400	46800
净现金流		(46520)	(84181)	13692	115928	339796
折现现金流		(46520)	(67888)	8904	60803	143725
净现值		267025				
内部收益率		73.7				
回收期		第三年的11月				

测试1：净现值为88885
测试2：净现值为149453
测试3：净现值为196013
合计净现值为99699

注：该公司不希望发生最坏的情况，本表省略了间接效果、沉没成本和残值。

为了填好表 9.6，比尔找了一位在大学里学过财务分析的朋友帮忙，这位朋友只需要依照说明填表即可，这位朋友提醒比尔，表格里的很多数据基于主观判断，不必与银行纠结细节。

比尔在等待银行批准的时候，一直在思考自己的情况：数据看起来不错吗？有哪些不可靠的数据会让银行发现并挑出毛病？他想知道，是不是他在 Monroer 的 LazyBoy 椅子公司的朋友也要准备这些资料？在 3M 公司工作的女儿也要填写同样的表格吗？坦白地说，他不了解贷款过程。他还思考：如果要说服银行贷款给他，还有什么好的建议。

附录：新产品财务分析

新产品财务分析需要进行两项活动：① 收集全面的数据以及有关该情况的"前提"；② 使用上述数据进行计算。最后想要的数据呈现在表 9.6（关键数据表）及表 9.7（财务报表）中。

重要指标解读

- **经济情况**：大多数公司会持续预测经济走向，结果有时会与团队成员的期望有所不同。如果是这样的话，公司就应注意差异。
- **市场或产品类别**：要小心定义新产品"市场"，注意增长率预测。此外，要记录下来现实的总体销量和销售额。
- **产品生命周期**：新产品经济分析采用的年数通常由公司政策决定，当然也有例外的情况。
- **定价**：从最终用户的标价开始，扣除各批发环节的折扣，得到工厂出厂价格，然后再扣除任何预期特别折扣。单位产品的平均售价即财务报表中使用的定价。
- **生产成本**：项目有什么特殊之处吗？将实际预期成本直接填入财务报表并注明公司能负担的比例。
- **未来特别支出**：通常包括工厂设备、许可费用、进入市场的一次性营销成本、供货商预付款、产品改进与产品线延伸的研发费用、销售量增长时的工厂扩建支出。上述都是投资流出的情况。
- **运营资本**：包括现金、存货和支持销售所需的应收账款。怎么收回这些资金？
- **设定的管理费用**：有些公司只分摊"直接"管理费用，其通常是由新产品引起的，比如扩充销售团队或增加一个新的质量部门。有的公司认为管理费用是销量的函数，会随着销量的增加而增加，这部分应该包括在内。
- **销售净损失**：新产品上市销售会导致原有产品销量减少，造成损失。这个损失必须从收入中扣除。部分专家认为如果我们不做，其他竞争对手就会抢进。
- **放弃项目的未来成本/收入**：推进项目累积了大量的设备、人员、专利权、存货等。如果现在放弃，处置这些资产的会产生收入（这是放弃项目的真正成本）。不过，如果处置的是放射性化学品，则成本可能非常高昂。
- **税收抵扣**：联邦或州政府提供税收优惠以鼓励进行符合大众利益的投资活动。
- **设定的折旧率**：由公司管理者制定的政策决定。
- **联邦与州政府的所得税率**：公司按照法律规定确定数据。
- **基准收益率**：使用现金流的折现率来计算，这具有复杂性和政策性。理论上，基准收益率基于加权平均的投资成本确定，投资成本有借款、股权投资及留存收益三种资金来源。基准收益率通常是公司的借款利率，或者运营收益率。新产品经理希望其低一些，而保守的财务人员则希望越高越好。实际上，这个收益率的确定可能很随意。不论基准收益率是高还是低，关键是将项目风险与公司的其他运营风险进行比较。图9.4呈现了每个生意的风险和回报率之间的关系。假定已知目前平均资金成本以及这条线的截距和斜率，管理者在横轴可以标示特定新产品的风险，然后垂直向上平移（移到风险/回报曲线的一个点），得到基准收益率。除非有特殊情况，基准收益率水平必须超过目前的资金成本。这个数据将填入表9.6中的第14条。

- 风险曲线：如果某个新产品项目可能的利润结果的典型风险曲线（risk curve）是B形，则该项目的利润或者极低或者极高。模仿竞争在所难免；如果没有模仿，利润就会更可观。大部分公司在进行财务分析时不做基于概率调整的风险分析，但会留意相关风险形态。
- 敏感性测试：在使用原始数据完成一轮分析后，分析者可以使一些敏感性因素回到初始状态，然后用其他数据重新计算。
- 战略要素：评估新产品项目时，促成开发这项新产品背后的战略是很重要的。基于特定战略考量，公司可能会批准开发低利润的产品。
- 基本销售额和成本预测：其提供原始输入数据——销量、单位直接生产成本、总营销支出等。
- 基准比例：一个公司可能为很多变量设定门槛。
- 重要的应急变量：一个公司可能设定一项或多项应急变量以进行分析工作，而不是随意指定。
- 其他特别的假设或指南：这是一个典型的混合栏目，需要考虑具体情况。
- 关键数据表格以外的沉没成本：沉没成本不应该被纳入这项分析。沉没资金是指一去不复回的资金。不论项目是继续进行还是被放弃，这些资金都无法回收。
- 残值：利用净现值公式时可能需要提供产品生命周期结束时销售废弃设备所获得的资金。这些资金通常很少，建议忽略不计。
- 组合：如果新产品是整个项目组合中的重要部分，则应考虑其价值。新项目可能具有高风险，为了平衡公司内大量的低风险项目，其仍然值得进行，否则，则相反。

案例　奔驰公司

梅赛德斯-奔驰是全球销量最高的豪华汽车品牌，在2018年年初创下了有史以来最高的季度销量。主要原因是GLC跨界车和新版S级车型的销量大幅增长。2017年4月，梅赛德斯-奔驰的母公司戴姆勒股份公司（Daimler AG）将2018年的预测销量设定在适度水平上。然而，当新车型发布时，这些预测被重新调整，该公司预测豪华车和SUV的销量都将增长，这在很大程度上是由于这些新车型取得了预期的成功。

奔驰遵循的技术路线图是，计划在短期内通过升级和生产新车型取得成功（正如2018年推出的GLC跨界车和新版S级车型那样），同时进行长期转型，以便适应汽车行业的发展进而具有竞争力。2018年，奔驰开发的纯电动汽车达到10款，预计它们将在五年内逐步上市。这些车将作为奔驰的一个新子品牌——奔驰EQ销售。其还计划推出现有车型的混合动力款。仅在2018年第一季度，奔驰在技术开发上就投入了大约23亿欧元，因此，与对任何其他新车平台的重大投资一样，这些投入需要分摊到多年和多款车型上。

按照奔驰的预期，EQC级纯电动车将采用令人印象深刻的技术，以符合购买豪华汽车客户的期望。例如，新开发的媒体系统能够对驾驶员的口头命令做出回应：管理汽车功能、确保充电状态、维持能量流等。它能够随着时间推移进行学习，不断提高驾驶效率。梅赛德斯-奔驰网站上最初的描述是：EQC级纯电动车"不仅仅是一辆电动汽车：这是一个关于未来驾驶的大胆声明"。

实际上，混合动力车和纯电动车的发展符合奔驰对技术的愿景，这些技术将彻底改变汽车行业。这一愿景的首字母缩略词是 CASE：智能网联（Connected）、自动驾驶（Autonomous）、共享服务（Shared & Services）、电力驱动（Electric）。这些技术不仅将重塑汽车的性能，还将重塑汽车与驾驶者、环境之间的互动方式。

- 智能互联有几种含义：驾驶员通过应用程序与汽车的功能建立连接，这些功能如点火、门锁控制、温度控制等。驾驶员之间也将建立连接，例如，共享有关事故或减速的信息。
- 自动驾驶也有几种解释。它可能意味着完全自动驾驶（无人驾驶汽车），也可能有更广泛的定义。例如，上文描述的媒体系统将实时监控车辆的关键指标，并随着时间的推移进行学习，从而可以从驾驶员手中接过一部分驾驶责任。
- 共享服务将对汽车客户市场的未来发展趋势产生巨大影响。在共享汽车（拼车）的发展趋势下，汽车销售主要面向为客户提供出行服务的公司而不是消费者。
- 电力驱动明确指向电池驱动。当下的解决方案可能是生产电驱的混合动力汽车，从长远来看则是生产纯电动汽车。根据技术路线图，奔驰将逐步淘汰燃油车，让新车型加入产品组合。

EQC级纯电动车符合CASE中的三个：智能网联和自动驾驶使汽车向用户提供友好性，电力驱动有利于保护环境。当然，用户仍然能获得所期待的价值：优雅的设计和出色的驾驶性能。这些属性在 EQC 系列中没有变化。

在电动汽车正式上市时，原型车已经在欧洲行驶了数百万英里（1 英里相当于 1.609344 千米）。原型车采用 IONITY 充电系统，该系统所具备的条件作为欧洲的标准正在被接受；预计 IONITY 充电站将大幅增加。即便如此，由于电池驱动技术是一项全新的技术，奔驰首次将其商业化，公司担心会产生未知的保修成本。

第一款 EQC 级的 SUV 预计于 2019 年上市。已经不止一位汽车专家在 2018 年年末称赞其设计和外观，但这引发了一些担忧。该车的动力总成性能在指标（如充电能力）上与奥迪和特斯拉电动车相似，但特斯拉电动车早在一年前就已上市，奥迪也将很快推出 e-tron quattro。此外，虽然奔驰宣布的续航里程是 230～240 英里，但有效续航里程大约是 200 英里。如果奔驰的建议零售价为 5 万～6 万美元，则可能行得通；如果定价接近奥迪和特斯拉电动车的 8 万美元，其可能就不具有竞争力。

你如何预测奔驰的混合动力车型和纯电动车型的销量？也就是说，在为公司的未来提出建议时，你需要考虑哪些因素？更重要的是，会出现什么问题？哪些外部因素（正面因素或负面因素）可能严重影响奔驰电动汽车的销量？能做什么控制或减轻这些因素的冲击呢？如果进行长期预测，那么哪些信息是最具不确定性的？请立足汽车行业回答。

第 10 章

产品协议

10.1 引言

在新产品团队完成了综合评审和相关财务分析之后,就进入新产品周期中最重要的一个环节(比市场导入重要,甚至比产能建设重要)。这个环节是公司启动一系列重大事项的起点。

仍然有管理者在使用接力棒的方式:在一个部门做完后,将产品概念交给下一个部门,依此进行下去。但是,产品创新的领导者不会用这种接力棒方式,而是用**并行系统**(concurrent system)的方式,随着项目逐步向前推进,所有参与者同步启动工作,并尽量完成工作。当技术工作开始时,工艺工程师不是坐着等待最终原型摆到面前。当工艺工程师布置制造系统时,采购人员不是等到零部件确定可以使用时才开始采购。当这些技术/运营工作进行时,营销人员不是坐着等待交接,然后才去激发广告创意和客户服务创意。

在那些最具创新力的企业,产品团队的所有成员会同时启动工作,很多人持续关注概念测试和评审,观察这些早期创意的可行性。如果某个概念有可能成为市场上的赢家,那么即使公司近期不会进行财务评审,下游的工艺人员也会启动最终必须进行的工作。事实上,有的团队成员在基于正式需求开发产品的一年前就开始启动了,尤其在他们的工作有可能延迟的情况下。

比如,在工艺工程师等待产品规格说明以订购低成本的零部件并开发适当的制造系统时,包装人员需要开始思考该产品的包装可能面临问题,产品包装要具有耐久性,具有价值,令人印象深刻,货架上促销套装。当然,包装上需要有产品的名字。在品牌名称确定之前不能订购新的包装,在确定营销战略之前不能确定品牌。营销战略涉及价格决策,价格的确定需要等待成本确定下来,成本的确定必须等待最终制造系统和零部件成本的确定,这又回到了最开始提到的工艺工程师的工作。因此,将所有参与开发的部门的工作协调好,对新产品项目成功具有重大意义,否则情况就会变得很糟。

10.2 什么是产品协议

如何解决这个问题?所有都要做,肩并肩,从能做的做起,从能开始的时间开始,一步一步地做,有风险时进行最少的投入(控制好金额)。任何工作都存在风险,我们需要一个东西,能够让团队达成共识并进行合理的预测，这样才能把工作做好。

这个东西并没有标准的形式，甚至没有公认的名称，也没有既定的惯例。大部分企业做了这个东西中的一小部分，只有少数公司做了全部并将内容整合起来。对于这个东西，本书称为**产品协议**（product protocol），其他提法有产品需求、产品定义、交付物等，准备产品协议的活动称为协议准备（protocol preparation）。上述提法说的都是一件事情：产品开发体系的最终产出集合是产品带给客户的利益或性能，也是营销计划将给市场带来的变化。

根据定义，"协议"是指协商各方之间达成的共识。产品协议中的协商各方是指营销、技术、运营等职能部门。这个共识是正式性的，前提是财务分析已经在以下几个方面形成一个假设性结论：产品质量和成本、支持性设施、专利、市场绩效。如果这些假设最终都无法实现，那么管理者投入的所有资源都将被浪费掉。大部分项目现在采用的是某种形式的跨职能团队，整个团队有责任签署一项协议。新产品流程就是一个权衡的过程，协议有助于确保相关问题通过协商的方式解决。因为即使跨职能团队愉快合作，技术上的局限也会使团队很难快速达成一致意见。例10.1以幽默的方式呈现了在这个过程中遇到的挑战。

例 10.1 营销部门与研发部门之间的对话

营销部门：我们在短时间内急需一种太阳能的车库门开启装置。

研发部门：这个装置的可靠性要达到什么程度？要能在室内操作吗？要使用新的电子技术吗？要与原本已经安装的集电器系统分开吗？

营销部门：好吧，你们是技术人员，给些建议吧！

研发部门：原来你不知道要什么。

营销部门：天啊！我们什么事都要告诉你吗？研发部门是做什么的？我们怎么会知道集电器要装在哪里？

研发部门：如果用电子式的，你们说太贵。如果用电动的，你们说我们活在20世纪30年代。不论我们把集电器装在哪里，你们都会说我们是错的。如果我们自行决定，你们又会事后批评。

营销部门：好吧！把集电器放在车库顶部。

研发部门：这个做不到。

丰田公司采用"**大部屋**"（Oobeya Room）方法促进跨职能部门合作、加速团队整合和聚焦（详见例10.2）。"大部屋"的概念产品协议思想非常简洁：让团队成员携手合作、别无选择，有效克服例10.1中的挑战。

例 10.2 大部屋

丰田加速产品开发的一个工具是大部屋。Oobeya是日语，指的是一个"大房间"，专门为容纳整个新产品团队（通常包括市场、销售、工程、物流、规划、设计和生产部的人员）所设。大部屋中间放置的是产品原型（模型、实体模型或样图），以激发团队成员之间进行对话，协助彼此想象该产品，及早发现潜在问题。这个房间的周边放有引导产品项目讨论的白板，包括：

- 目标板（产品创新章程：背景、目标、技术规格及项目组织）
- 度量板（显示项目的当前状态，让团队成员判定达到还是落后于阶段目标）
- 行动板（显示团队所有成员达成目标的预期行动和已完成行动）
- 分解板（标示最需要关注的子项目）
- 议题板（显示已经提出的最重要问题，用于激发团队领导者与成员讨论，并分配相关责任）

大部屋概念的一个重要内容就是，发挥所有参与者的作用。团队领导的责任包括设定目标、评估团队成员的计划、管控会议流程、在目标不切实际时与团队成员或公司管理者协商。团队成员的责任包括提供达成预期目标的解决方案、报告进度（如期达成或落后）、提出克服障碍的建议，其还了解其他成员的活动，以及解决关键议题。概括地说，团队成员在每次会议上都简要汇报自己的工作。团队成员的经验越丰富就越容易将自己的发言时间控制在三分钟以内。整个会议通常召开一个小时左右，其会对各个主题和议题板进行审核。

大部屋概念看似简单，其实是非常实用的工具。其价值在于，让所有团队成员以非常有效率和结构化的方式合作。这样既能产生更多的信息，又能节省时间。通过快速洞察并解决问题可以提升每一次会议的价值。由于严格限制会议时间，没有人会在私底下偷看报告或发电子邮件。团队成员必须全心投入、加强合作与互动，这样才能在预定时间内完成相关工作。

资料来源：Toshi Horikiri, Don Kieffer, Takashi Tanaka, Craig Flynn, "A Toyota Secret Revealed: The Oobeya Room-How Toyota Vsers This Concept to Speed up product Development." *Visions*, 33(2), July 2009, pp. 1-13。

本章主要讨论协议准备。在前面各章中，你已全面了解了新产品流程：如何从制定战略到市场成功，战略如何让流程聚焦，如何创造和收集概念，在生成概念之后如何进行测试和评估，评估流程如何使用综合评审与财务分析得出一个临时结论。

图 10.1 下半部分是一个环绕靶心的同心圆，表示一个**增强的产品概念**（augmented product concept）。由图 10.1 可知，产品的核心是最终用户的利益，这是创造产品的真正目的。

10.3 协议的目的

协议的目的因不同的细分市场和不同的时间而有所不同。客户真正要买的，是一项或多项核心利益、一种有形产品（实体的或服务的），以及一些增强服务（从售前技术服务到退款保证等）。这里的要点是，客户和最终用户购买的是完整的增强产品，而且一部分核心利益可能来自增强服务。新产品经理不能只聚焦有形产品，靶上的三个同心圆都必须设计和完成。如图 10.1 中箭头在圆圈的指向，技术和市场两大职能群在三个同心圆中都扮演重要角色，技术职能群（主要来自制造、质量、采购等部门的支持）的运作方式类似一个业务单元，营销职能群（主要来自销售、市场研究、推广、渠道管理等部门支持）也是如此，两大职能群之间必须保持密切接触，协同工作。

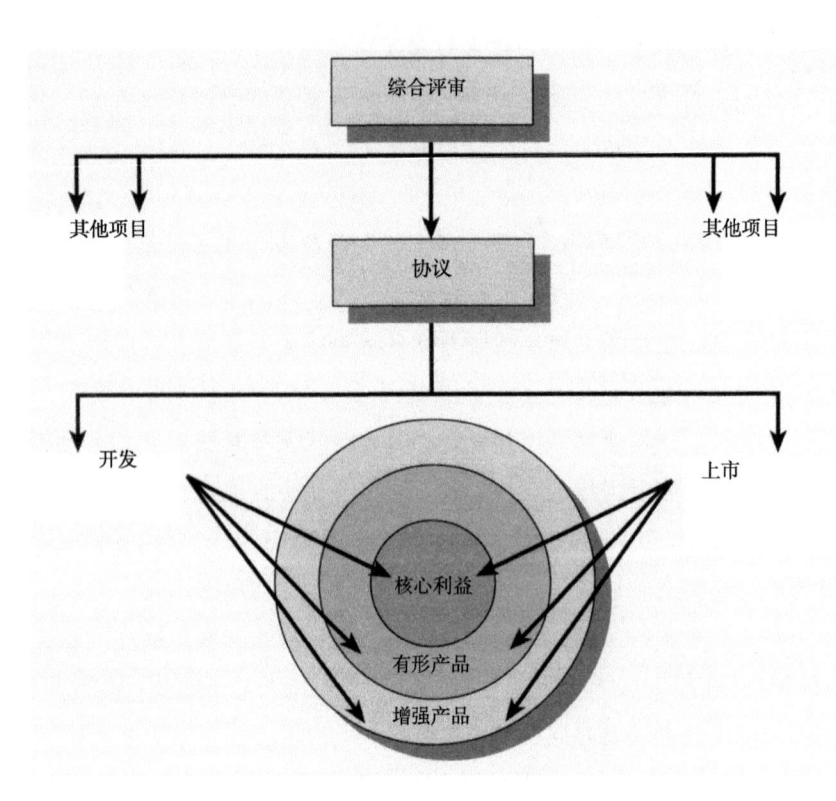

图 10.1　协议的整合和聚焦作用

问题是这两大职能群需要做什么工作？答案因公司、产业和情景的不同而不同，但无论如何都应将其整合成一项协议。协议是概念生命周期中的一个重要部分。其内容比综合评审阶段获得批准的简单陈述要多，但原型要少。这恰恰是我们现在需要的，也是所有职能部门启动工作时需要的。

职能部门的人如何使用协议？这就引出了**产品交付物**（product deliverable）这个概念。实际上，协议的第一个目的就是明确每个职能部门的交付物。比如，对于一双新型高尔夫球鞋，技术职能部门的交付物是"这双鞋可用于所有的天气情况和各类型的草皮"。营销职能部门的交付物是"至少80%的欧洲、美国、澳大利亚与南非的高尔夫职业选手试用过"。IT职能部门的交付物是"消费者拨打800免费电话的等候时间在五分钟之内，并在年内能提供满足80%的美国来电客户的需求的服务，在第二年年底能提供满足其余市场的来电客户的需求的服务"。

此时，我们不可能知道所有交付物信息，但对关键信息必须了解。否则我们就不会准备好进入一个并行开发体系。就像刚才的高尔夫球鞋例子，如果我们不知道坏的天气和草皮带来的影响，不知道高尔夫职业选手对打高尔夫球的财富人士的影响（他们需要的是高档产品），不知道试用的重要性（核心利益将被隐藏），不知道复杂产品在技术上的确切问题，那就意味着我们还没有完成准备工作。实际上，协议陈述的需求将敦促我们做好该做的事，比如，好的市场研究。

我们在第3章讨论过，产品创新章程可以为新产品团队提供清晰的方向，协议陈述也有同样的作用。协议的第二个目的就是与所有新产品开发中的参与者沟通，交流必要的信息，这有助于采取一致行动，有助于直接结果与综合评审、财务分析一致，有助于告知所有参与者一个共同的目标。也有新产品团队人员认为，可以用协议陈述接触早期客户，的确可以这样做，但通常情况下他们没有这样做。

协议的第三个目的是，确定流程的时长或周期。如在第 2 章所看到的，企业非常重视缩短上市时间，好的产品定义有助于缩短开发时间。假设为夺取 iPod 和三星 Galaxy 的市场份额，一款新的便携式 MP3 已经完成规划设计并正在进行原型生产，这时有人注意到这个产品比一般的随身听还要沉，这意味着部分开发时间被浪费掉了，重做之前的步骤需要付出很大的代价。在着手进行开发前最好详细指出希望的和可接受的重量上限。在产品定义阶段，如果做错了这些看似很细微的决策，就可能导致后期付出巨大的代价。

协议的第四个目的是，确保正确的协议应该是文字版的，是可测量的，从而是可管理的。协议告诉我们做什么、何时做、为什么做、如何做、谁来做，以及是否做。也就是说，我们知道这些需求在何时是否被满足。如果仍然有一个需求未达成，协议就会自动提醒我们还没做好销售这项产品的准备，除非明确决定放弃这项需求。前面各章中的方法（感知缺口分析、偏好图、联合分析）都是协议中需求的输入来源。

10.4 协议的具体内容

你已经知道协议的大致内容，实际上，协议还有千变万化的细节，有时直到我们的工作进行到那一步时才知道如何写好协议。但现在我们必须为新产品开发设定一个指南。协议可能包括一些物理属性，还应包括客户属性和期望的利益（有时我们称其为需求列表）。回顾一下第 4 章中 Hapifork 的例子，什么样的产品设计能让人们吃得更慢？需求列表如下。

- 形状和重量与常用叉子一样；其手柄比常用叉子不会大很多。
- 吃得太快时会发出信号。
- 可水洗，可用洗碗机洗。
- 坚固、不易碎。
- 有多种颜色，可与任何装饰搭配。
- 可通过蓝牙或 USB 与其他装置连接，以记录和追踪变化。
- 具有易用性。
- 可显示节食和运动信息。

有些客户需求说起来容易，但在技术上需要下很多功夫。叉子的能源从哪里来？如果将 5 号电池装在手把上，手把会不会太大？什么信号最好——哔哔声，还是振动？还是两者都要？如果能用洗碗机正常清洗，那还得能防水。这些都是挑战，说明在设计新叉子时需要做更多的研发工作。但研发时不能猜测产品规格，研发人员知道只要能达到目标就能生产出客户想要的产品。而且，并不是每一个需求都必须满足。有些公司会采用"必须"（Must）和"想要"（Want）等术语，也就是说，有一些需求是"必须"有的，而有一些需求是在技术、成本、时间上可行和可实现的前提下"乐于"有的。接下来，本书将列出在协议中常看到的项目。例 10.3 的例子呈现了一个家用垃圾回收系统的简单协议，包括目标客户对新系统的利益或属性的定义，对营销、技术、财务和公司的要求，以及其他在协议中通常需要说明的项目。

例10.3 家用垃圾回收系统的简单协议

1. 目标市场

最终客户：超过10万人口的城市中收入前30%的人群，享受高档生活。

中间客户：收入超过30万美元的建筑行业利益相关者，特别是开发商、建筑师、建筑商、银行家。

2. 产品定位

一种便利的、清洁的家中物品回收方法。

3. 产品属性（潜在的收益）

该系统是家用垃圾自动回收装置，具有回收功能（垃圾分类、压缩、放置袋子、在空垃圾桶上重新放置袋子、在袋子用完时通知使用者），出厂成本不超过800美元。

系统必须清洁、通风、无异味。使用者需要的是一个易清洁的装置，否则，异味会引来老鼠、宠物并惹恼邻居。

装置必须简单，便于经销商或其他安装人员安装。

系统必须让学龄儿童能够安全操作。

系统体积不能超过22立方英尺（1立方英尺=0.028立方米）冰箱的两倍。

4. 竞品分析

无：该品类的第一个。

5. 附加维度

必要的话需考虑财务安排。具备完善的保修、合格的安装服务、快速/合格的安装后服务。教育用户以让其了解产品知识及如何回收。

6. 时机

选好上市时机比快速上市更重要。机会窗口将在两年后关闭。

7. 营销要求

- 市场发布会必须在国家建筑展与环境/生态展举行。
- 触达目标客户需要新的渠道，并最终回归正常渠道。
- 新产品上市需要一个小型销售团队。
- 为了在上市发布时展示产品价值，前4个月需要安装50个产品。

8. 财务要求

- 开发期与导入期的支出不超过2000万美元。预计上市第二年年底达到盈亏平衡。
- 基于35%的资金成本，项目净现值在五年内必须达到0。

9. 生产要求

- 一旦投产，供应链就不能中断。
- 必须完全达到质量标准，无任何例外。

10. 监管要求

各地监管要求不同。不同地区有不同的准利益相关者，需要好好了解他们。不允许上市后突然出现明显延迟的情况。

11．公司战略要求

本项目属于战略驱动型项目，总部管理层有专人负责。我们寻求市场的多元化、创新能力不断提升，要获得比市场中已有产品更高的利润。

12．坑（陷阱）

项目因具有创新性而存在大量潜在陷阱。最令人担忧的是：（1）健康事项的法规核准；（2）确保800美元成本上限；（3）早期安装产品快速获得市场认可。

10.4.1 目标市场

大部分企业在管理新产品项目时使用本书前面提及的方法：产品创新章程、概念测试、评审模型、产品协议等。管理其他项目很盲目冒险——下赌注于一项尚未证实可行的技术上，下赌注于一项某些最终用户愿意和我们合作的新应用上，下赌注于一位具有推出成功新产品记录的科学家身上。这几种情景都不适合产品协议，如果撰写产品协议时缺乏足够的知识基础，这个协议只能给产品开发者带来干扰，那么开发者只能抛弃这个协议。

我们有很多方法了解目标市场：首先发现需要解决的问题，然后测试新产品概念是否能符合要求，之后可以通过综合评审中的变量（例如，销售人员能否触达目标市场，是否需要组织新的销售团队）来了解。感知图和偏好图方法对制定一份协议非常有用，可以帮助我们发现利益细分市场并了解特殊需求。

协议需要非常具体地描述目标市场。企业通常根据市场规模、增长率、需求迫切性、购买力、打败竞争对手难度等特性选择一个核心目标市场。在产品市场导入取得成功后，企业会转向一个或多个二级（较小的）目标市场。企业由于技术失败、管制、竞争或其他原因而放弃核心目标市场时，可以把其他目标市场作为后路。

10.4.2 定位

定位对企业来说是一个真正的挑战。**产品定位**（product positioning）的概念来自20世纪70年代早期的广告界，即"X 产品比其他产品更适合你使用，因为……"。它宣传产品是新的，并给最终用户一个试用它的真正理由。在这一过程中，让最终用户看到产品能解决什么问题、使用该产品会带来什么更好的利益。我们在第14章将给出更完整的产品概念，现在只需要描述目标市场并陈述上面的内容就足够了。这比较容易做到，联合空间图和概念测试为我们思考产品定位提供了关键信息。实际上，概念测试使我们确信利益相关者将对产品的试用与定位感兴趣。

技术人员往往不知道新产品定位是什么。但那不是管理，而是落后的地方。尽管我们常说，以客户喜欢的方式开发新产品。甚至拥有很多优秀员工的大型日用品企业，也经常忘记向技术人员告知产品定位。当产品稍微偏离预定轨道时，研发人员只能依靠市场研究对新产品进行概念测试。产品定位上的误解使技术和营销部门之间出现很多无谓的争执。

10.4.3 产品属性

我们在之前讨论过，产品属性定义了产品。产品有三大属性：特性、功能和利益。在三种属性中，利益是最理想的用于协议的属性。从联合分析（权衡分析）和概念测试方法获得的信息，决定了产品应该包括哪些特性、功能、规格组合。在产品协议中采用利益陈述的好处是：对研发人员的约束较少，可以自由决定如何设计最符合利益的产品。以某小型设计公司 Built NY 为例，该公司老板的朋友提出了一个新产品创意：一款可以装两瓶酒的方便袋，可以将装好酒的方便袋带进允许自带酒水的餐厅。设计师立即为这一理想的双瓶酒提袋提出了一份客户利益清单：保护性（酒瓶不会被打破）、隔热性（保持温度）、符合人体工程学原理（容易携带）、重量轻、可重复使用、价格不高、灵活性（不用时容易存放）。接下来的挑战是选择最符合上述所有利益的材料。一个偶然的机会，他们发现了氯丁橡胶（neoprene）——一种用于潜水服的合成材料，它能满足所有客户利益，容易剪裁成合适形状并染出设计师想要的颜色。后来，这款"双瓶酒提袋"（Two-Bottle Tote）不仅赢得了产品设计奖，而且促成了一系列相关产品的开发，比如，啤酒携带包和奶瓶携带包等。

功能属性和特性属性可用于在协议中对产品规格进行描述。特性属性源自技术人员，他们对可用技术有自己的判断。功能属性比较令人困惑，营销人员大量运用这个词语，称之为性能规格、性能参数、设计参数。比如，"汽车时速必须在 8 秒内从 0 加速到 100 公里"，这个需求并没有告诉我们什么特性会实现这个性能，它实际上在告诉我们：客户从该汽车启动加速上获得了什么样的刺激感（或安全感）。

服务的协议可能会采用性能方面的词语来描述，因为服务产品是一种性能，而不是商品。协议对于服务来说并不是很必要，因为服务几乎没有技术开发。在许多案例中，服务生产者可以快速获得原型，通过原型概念测试乃至产品使用测试验证是否满足客户需求。

规格的细节

有时，客户做出相应决断并对产品特性提出特殊的要求。这时你需要格外谨慎，如果客户有能力也有理由比你更了解这些为他们提供的特性，你最好是多倾听。在第 4 章，我们讨论过从领先用户那里获得已有的产品概念（有的甚至已完成原型）。

还有一种情况需要进行特性描述：你的公司在对标竞争对手的产品。这时候的策略成为最好的策略中的"最好"。找出市场中所有产品的最好特性，将这些特性组合到你的新产品中。这听起来不错，但这意味着你的产品设计是由竞争主导的而不是由最终用户主导的。

在出现以下情况时，特性描述会出现在协议中：① 法规规定了具体特性，如处方药容器；② 最终用户拥有的设备存在限制性参数，比如，汽车娱乐中心仪表板的空间限制；③ 行业中强大的用户习惯，供应商无法改变，比如，多年来，软件业者别无选择地将 MS-DOS 作为必备特性；④ 高层管理者存在个人偏好。

总之，撰写协议时涉及属性的结论是，最佳方式是描述利益，当需要进一步解释时还可以描述性能或具体特性，但要避免产生太多的约束。以 Hapifork 为例，客户可能并不在意叉子是用金属还是高强度塑料做的，只要耐用并能用洗碗机洗净就是好产品。

10.4.4 竞品分析和附加维度

除了前面提到的标杆,其他竞争性标准也可以放进协议中:需符合的重要政策要求,需达到的差异化程度,营销计划的相关内容(比如,销售团队规模、定价、可利用的分销渠道等)。我们可以根据感知图进行竞品对比,感知图中的缺口是我们选择恰当的竞争定位的依据。

除了描述产品本身的属性,还需要描述产品的附加圈层。有时,产品本身是模仿性的,但仍然具有竞争力,就是因为它给客户提供了新的服务、更好的保修、更好的经销商支持。一个完整的产品有三个圈层:第一层是核心利益,主要是定位陈述;第二层是有形产品,主要是属性要求;第三层是增强产品,就是刚才说的内容。

10.4.5 产品协议的其他内容

我们简单说明协议的其他内容(参见例 10.3)。

- **时机**:尽快上市是大部分新产品的要求,但并非所有产品都能做到。有些产品牵涉重大技术突破,无法用时间计量。对所有产品必须有一个清晰的界定。如果必须在某个期限内完成,就应该明确列出。
- **财务要求**:包含价格水平、折扣、销售数量、销售金额、市场占有率、利润、净现值,以及其他财务数据。
- **生产要求**:与市场需求有相似之处,着重陈述要准备什么、要完成什么,比如,厂房建设、达产、达到质量标准。
- **监管要求**:这一项存在千差万别,管理层要高度重视对监管法规的了解。
- **公司战略要求**:主要要求(如核心能力)已在产品创新章程陈述。此外,高层管理者的支持非常重要。
- **坑(陷阱)**:如前所述,产品创新是有坑的,正如夜间行车会遇到坑,陷阱会造成新产品失败。管理层如果不进行很好的前瞻洞察就会陷入坑中。通常,我们不会把车开进已知的坑中,所以将坑列出来是很有帮助的。

10.5 协议与客户声音

倾听客户声音

第 2 章介绍了客户声音的概念。这个概念对于制定产品协议是如此的重要,我们有必要再一次讨论客户声音。

客户声音的定义是:用客户的语言表达的一组完整的期望与需求,体现客户的思维习惯、使用习惯、与产品互动的习惯……由客户根据重要性、性能两个维度进行优先级排序。两个维度的本质是客户对已有选项的当前满意度。定义中"客户的语言"意味着不要用科学术语。打印机用户不会用边缘分辨率及像素这类词，而会说"打出的字清不清楚、印出的图片好不好看"。不能因为表达方式听起来不专业，就说这些意见不重要！而且，对于需求，客户会按照自己的标准进行整理和按优先级排序，这与从公司角度所看到的是截然不同的。

在第5章，我们介绍了多种获取客户声音的方法：直接访谈、焦点小组法等。对客户进行一对一访谈可以提供非常丰富且详尽的信息，但十分耗时而且成本很高。因此，究竟要进行多少次访谈才足以确信已经获得了客户声音？阿比·格里芬（Abbie Griffin）和约翰·豪泽（John Hauser）的研究指出，访谈的合理原则是：一对一访谈大约30人，每次访谈大约45分钟，可以获得将近100%的客户需求信息；一对一访谈20人，可以获得大约90%的客户需求信息。在客户声音流程中做好逐字逐句的录音，要比用一个人做笔录更严格和更细致。要询问受访者是否允许录音，几乎每个受访者都不希望录音，但一会儿就忘了已经在录音。

如果获取客户声音的流程是成功的，新产品团队应能从访谈中获得70~140个客户需求陈述。客户需求陈述随后被组合成15~25个群组，这被称为关系群组，组合工作最好由客户而不是市场研究者来做，之后，按照对客户的重要性对这些群组进行优先级排序。这是一个漫长并需要投入精力的过程，走捷径只会丧失宝贵的洞察信息，结果是产生错误的客户需求优先级排序。

访谈之前要准备好正确的问题。糟糕的问法是直接问"你的需求是什么"或者"你的要求是什么"。客户太愿意提供一份"必须有……"的需求列表了，表里几乎都是已有的、已提供的解决方案。创新专家盖伊·川崎（Guy Kawasaki）说："如果你询问客户想要什么，他们会告诉你'更好、更快、更便宜'，也就是更好的相同产品，而不是什么重大改变。"苹果联合创始人乔布斯曾经说："通过焦点小组设计产品真的太难了。很多时候，人们不知道自己想要什么，直到你把东西摆在他们面前……你不能只问客户想要什么，然后就（按照要求）努力去做产品，等你把产品做出来，他们会提出新的要求。"从上述观点中我们能学到什么？我们应该放弃利用焦点小组法或访谈来倾听客户声音吗？

问题的本质是，你想从焦点小组或访谈中获得什么样的信息？为了避免"更好的相同产品"，你需要聚焦客户的体验或所期待的结果，比如问"你想用产品完成的最困难的工作是什么"，或者问"你喜欢产品的什么，不喜欢产品的什么"，或者问"你使用这款产品的最好体验和最差体验是什么"。试想你打算在某家饭店过夜，如果请你提出需求，你会怎么说？可能是一间干净的房间、一张舒服的床、淋浴设备、电视、网络。但如果问你曾有过的最差体验，你会怎么回答？找不到电动剃须刀的插座？头撞上了淋浴头？毛巾不干净？前台服务员态度很差？访谈者通过这样的提问方式往往能获得更多的改善产品的创意。

我们再回到乔布斯的话，苹果公司的确是问对了问题并认真倾听了客户声音。乔布斯提到iPod Touch营销时是这样说的：

起初我们不太清楚如何销售iPod Touch……是没有电话功能的iPhone吗？是口袋型计算机吗？……客户告诉我们，他们最初把它当作一台游戏机。我们按照这个去做营销，恰好成功了。现在我们意识到，iPod Touch是一个低成本进入App Store的入口，这是其一大优点。所以……我们努力降低这个产品的价格，让每个人都能买得起。

苹果公司真的在倾听，绝对在听：其听到了客户想要的结果，听到了产品最好以什么方式来实现这个结果！无疑，苹果的一系列产品的成功主要是由技术驱动的；正如盖伊·川崎所说，"技术创业者最大的优势就是创造出连自己都想用的产品，这正是苹果所做的"。回想一下产品创新流程强调的，技术维度必须与切实可行的潜在市场维度相匹配。iPod Touch 的例子巧妙地提醒我们，客户声音的价值不是让客户告诉你想要什么。这虽然显而易见，却很容易被忽视，仅仅因为执行不到位就会导致客户声音听着很好却没有成功价值。

获取客户声音时不能仅得到泛泛的意见。比如，"我希望智能手机用着更灵活"或者"我希望网络服务商始终如一"。很明显，接下来需要问"用着灵活是什么意思"及"始终如一是什么意思"，这样才能确保客户声音足够清晰、避免误解。一个经验法则是，持续地问"为什么"：为什么会那样说？为什么会有那样的感觉？为什么那样会更好？……切记，我们的目的不是获得技术解决方案，而是尽可能地让客户把需求、需要、喜欢、不喜欢等表达出来。

图 10.2 是两家公司在客户研究方面做得不到位的案例。其虽然知道一些情况，但需要深入挖掘才能获得关于客期望的结果的精确图像。

川崎重工为了改进原有的水上摩托艇 Jet Ski，向 Jet Ski 的已有客户征求建议，但没有做更深入的研究，因此，错过了本可以尝试解决潜在问题的机会。大多数客户建议增加衬垫或其他特性，这能使站立的骑手更舒适。但没有人建议增加一个座椅，尽管这个建议也能提供预期的结果（提高舒适度）。等到川崎开始为 Jet Ski 增加座椅时，其他竞争对手已经这样做了，曾经的领导者降为一个"模仿"的竞争者。讽刺的是，川崎重工只要看看生产的摩托车，就能获得有关座椅的创意。	塔塔集团在推出塔塔 Nano 时吸取了昂贵的教训。该公司首席执行官拉坦·塔塔的愿景是，为不断增长的印度中产阶级市场带来一款价格低廉的汽车，它的价格足以与小型摩托车竞争。在花费数亿美元进行开发和生产后，这款车于2009年推出，零售价为2000美元。 不幸的是，Nano 虽被视为廉价品但并不安全。更好地了解客户声音可以揭示出，目标市场不愿意放弃外观舒适性和安全性来获得最低价格。

图 10.2 获得客户声音的重要性

资料来源：Sourex Kawanaki 的案例来自 Anthony W.Ulwick, "Turn Customer Input into Innovation," *Harvard Business Pevieu*, January-February 2002, pp. 91-98；塔塔的案例来自 Elio Keto, Gert Jan Prevo, Stefan Stremersch, "The What, Who, and How of Innovation Generation ,"in Peter N. Golder, Debanjan Mitra, eds., *Handbook of Research on New Product Development* (Chettenham,UK, Edward Elgar, 2018), pp.37-39。

"客户声音"研究可以帮助厂商发现哪些属性的重要性正在提升，这有助于 R&D 聚焦产品新世代。想想智能手机的发展，虽然你可能很喜欢你的第一部智能手机，但你可能遇到了一些问题，并列出了一个愿望清单，列出了手机还没有的功能（"手机如果掉地上屏幕很容易裂开，我希望它不太容易裂开"，或者"手机在通话过程中关机了，我希望待机时间更长一些"）。或者竞争对手取得了可取的进步（"我很喜欢 iPhone，但三星 Galaxy 手机的大显示屏很漂亮"）。这些评论对新产品团队很有帮助，因为它们揭示了哪些属性是重要的，包括一些在过去可能不是很重要的因素。iPhone X 采用大屏幕（对角线为 5.8 英寸[①]）设计，轻薄（约 191 克、76 毫米），提供高分辨率图像，并配有高度耐用的玻璃和防水防尘的外科手术级不锈钢框架。这款手机的外观美学遵循了我们熟悉的苹果特点：圆润的边缘和吸引人的弯曲设计。待机时间比以前的型号长两小时，"面容 ID"可以安全登录，可以安全完成交易支付。显然，手机设计者专注重要属性的提高上，同时不损害 iPhone 的忠实客户长期渴望的功能，如吸引人的外观和安全的交易。

市场研究顾问格里·卡茨（Gerry Katz）归纳出使用客户声音时的误区，下列导致误用的误区应尽量避免。

（1）许多公司把客户声音视为定性研究。然而其真正的价值在于，将陈述的需求进行整理与分组，并根据相对重要性进行优先级排序，这是一个定量过程，但经常被忽略。

（2）企业专注于从主要客户身上获得客户声音，然而，更重要的信息可能来自非客户、一般客户及偏爱竞争对手产品的客户。

（3）产品经理可能认为客户不知道要什么。事实上，客户非常擅长表达需求。由于不是专业的工程师或研发人员，客户通常无法明白地说出为满足这个需求需要开发什么新技术。企业的任务就是使工程特性与客户的需求相匹配，这可以通过本章后面讨论的质量功能展开（Quality Function Deployment，QFD）实现。

（4）最后再说一遍，仅仅询问客户的期望是什么、需求是什么，虽然吸引人，但通常不能带来什么新的洞见。最好是询问客户喜欢现有产品中的什么？不喜欢什么？未来想要什么样的结果？

10.6 协议与质量功能展开

10.6.1 质量功能展开与质量屋

图 10.3 有助于理解产品协议在新产品流程中的作用。图 10.3 强调客户的作用，客户声音是起点，满足客户需求是终点。通过市场研究、销售员拜访以及各种形式的客户接触，我们有能力发现客户的期望。下一步十分复杂但很必要，我们需要把客户的期望转换成某种蓝图，比如一张工程简图或一个详细的服务计划，从而将客户希望的利益以产品开发团队有用的形式展示出来。完成了这一步后，我们就可以把它拿给客户看，进行适当的测试以调整产品设计。产品协议的目的就是帮助企业通过图 10.3 中的"弯道"，通过产品协议的谨慎规划，把客户的期望翻译成恰当的产品形式。

接下来，我们介绍一种源自日本、目前在全球已经普遍采用的方法，这种方法使客户声音成为新产品流程后续步骤的引擎。

质量功能展开是一种在高度复杂项目的行业进行控制的方法，多年前由日本汽车行业开发出来。这种方法可以减少设计时间和成本，并提高来自不同职能部门的项目团队成员的沟通效率。事实上，质量功能展开在美国汽车工业与日本汽车工业的竞争中做出了重大贡献。我们将其放在这里讨论，是因为很多企业

---

① 1 英寸相当于 2.54 厘米。

将其作为制定产品协议时进行跨职能团队互动的方法。质量功能展开现在已经被成功地用于新产品流程的早期，即模糊前端的概念生成阶段，帮助新产品团队构思满足客户需求的新概念。

理论上，质量功能展开的目的是，确保聚焦客户的需求贯穿整个新产品项目：产品工程、零件展开、工艺规划、生产规划。实践中，质量功能展开的第一步得到了很多企业的重视并产生了效果，这一步叫作**质量屋**（House of Quality，HOQ）。质量屋的价值是将产品多个特征汇总在一起并展示其关联关系。图 10.4 是一个新款计算机打印机的质量屋的案例。

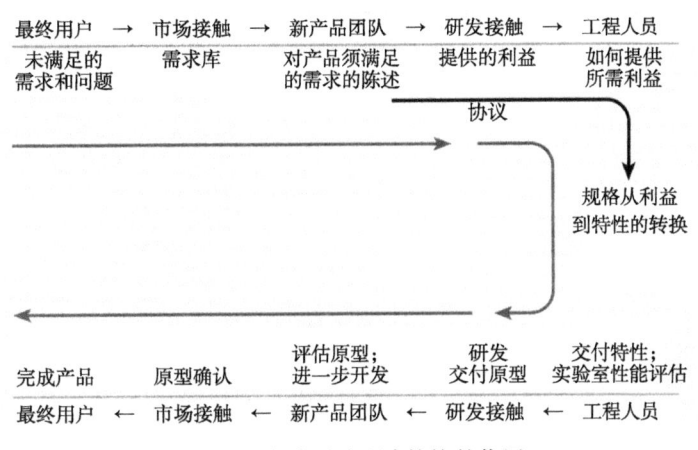

最终用户	→	市场接触	→	新产品团队	→	研发接触	→	工程人员
未满足的需求和问题		需求库		对产品须满足的需求的陈述		提供的利益		如何提供所需利益

协议

规格从利益到特性的转换

完成产品		原型确认		评估原型；进一步开发		研发交付原型		交付特性；实验室性能评估
最终用户	←	市场接触	←	新产品团队	←	研发接触	←	工程人员

图 10.3　新产品流程中协议的作用

质量屋的输入来自营销部门和技术部门的每个人，公司鼓励这些职能部门沟通与合作。质量屋的左边是**客户属性**（Customer Attributes，CAs），包括需求、什么、需要，最重要的是来自营销部门的输入。在本案例中，最重要的客户属性是兼容性、打印质量、易用性、生产力。客户属性源于市场研究，如焦点小组法、访谈等方法。质量屋的本部分对应产品协议中的"最终用户将从产品中获得什么"部分。在这部分通常填入的是利益，偶尔也会填入特性或功能（功能性利益），这是因为有些特性具有强制性。在案例中，客户属性是主要属性，较复杂的项目会在下面列出二级属性或三级属性。比如，易用性可能包含"易于学习和操作""容易连接""容易更换纸张"等。客户属性经常会根据重要性进行加权。

质量屋的最右边是对新产品及其竞品，就每一项客户属性进行评分，0 代表"差"，5 代表"优秀"，这部分可以理解为所有竞争产品在客户属性上的感知图，从中可以找出新产品的优点和需要改进的地方。

质量屋的上边是**工程特征**（Engineering Characteristics，ECs）：边缘清晰度、分辨率等。工程特征通常是技术特征，也可以用性能参数或设计参数来描述。在这里，客户的需求被翻译（转换）成技术规格。项目团队围绕质量屋中心的方格展开讨论，找出那些对一个或多个客户属性有正面或负面影响的工程特征。在本案例中，"所需培训时数"与易用性正相关（强相关），与生产力正相关（弱相关）；"打印速度"与生产力强相关。显然，这需要营销和技术人员真正做到密切合作。之后，对每一个工程特征设定度量标准（通常由工程师完成），团队根据客户的需求和竞争产品为客户属性设定目标值，比如，文字打印速度的度量标准是每分钟页数（ppm），目标值是 10ppm。

在汽车启动速度的案例中，客户属性可能是"在同龄人中引以为傲"。对应的工程特征可能是一款新发动机（技术）、百公里加速时间（性能参数）、在轮子驱动接触点上给予更大力（设计参数）。由于这部分的实际参数变化颇多，我们无法一一说明，可参见其他相关资料。

质量屋最上面的部分（尖的"屋顶"）是技术人员必须考虑的工程特征间的取舍。屋顶中的每个菱形代表一对工程特征之间的关联关系，技术人员必须发现每一个显著关联关系，如"分辨率"和"图片打印速度"的交叉位置标注了强负相关符号这表示如果打印机分辨率提高，图片打印速度可能会下降。不过，有些关系是正相关的：某项设计变化可能会同时提高文本打印速度和图片打印速度。

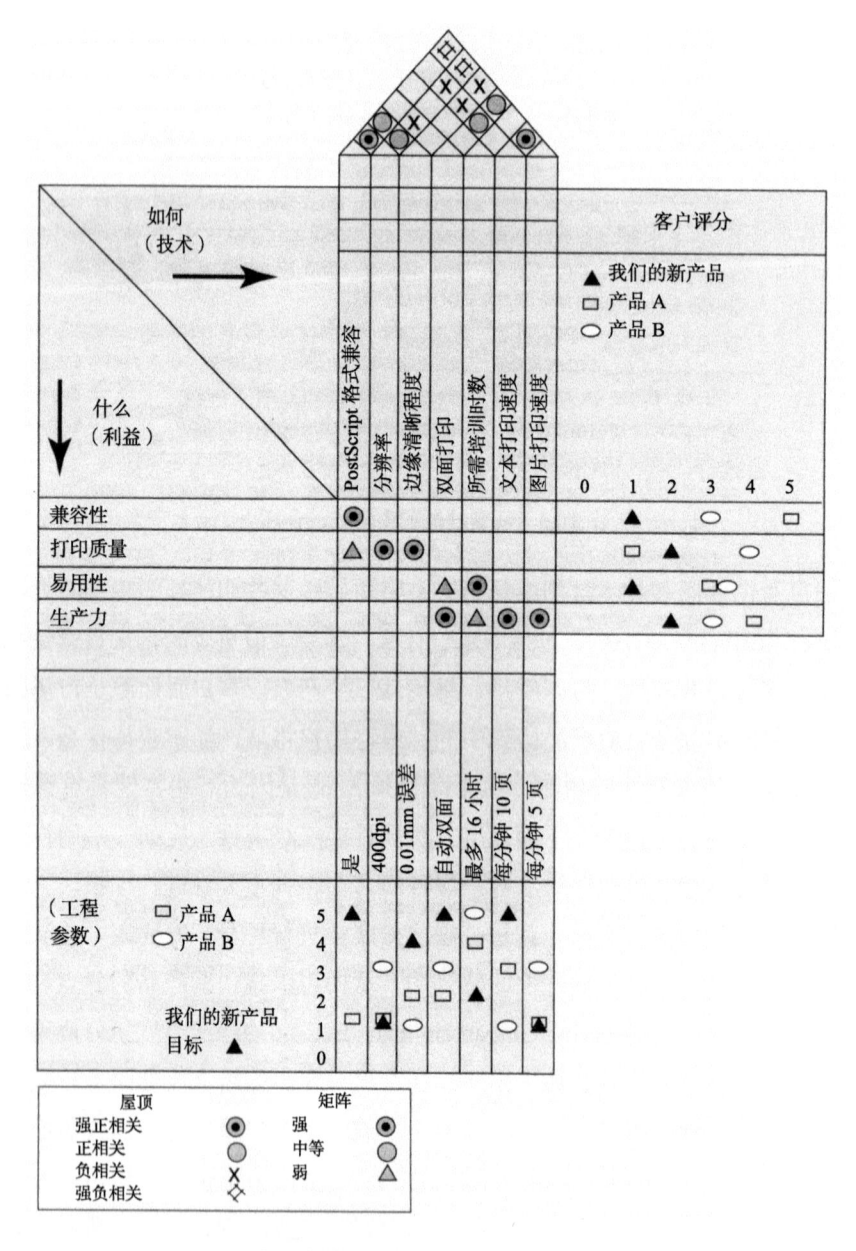

图 10.4　质量功能展开和质量屋（新款计算机打印机）

注：这个案例展现的是如何利用产品使用测试的结果，基于竞争，可与潜在的结果进行比较。根据客户评分说明潜在用户认为该公司并没有完成产品目标。

资料来源：Mitton D. Rosenau Jr, John J. Moran, *Managing the Development of New Products* (John Wiley&Sons, Inc., 1993), p.231。

质量屋是整个质量功能展开流程的第一步。图10.5说明了接下来的步骤。质量屋将客户属性转换为工程特征，之后是零件展开屋（parts deployment house），零件展开屋将工程特征作为输入并转换为零件特征。随后的质量屋详细说明了关键工艺操作和生产要求。做过质量功能展开的人会发现，质量功能展开80%的价值是在第一个质量屋矩阵中获得的，因此，质量功能展开项目很少从头到尾走完整个流程。

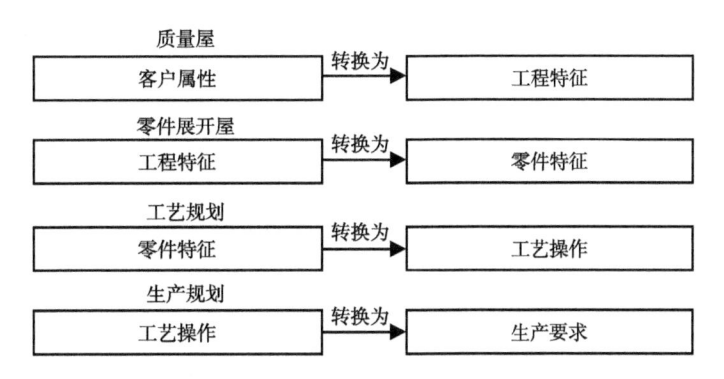

```
质量屋
┌────────┐  转换为  ┌────────┐
│ 客户属性 │ ──────> │ 工程特征 │
└────────┘         └────────┘

零件展开屋
┌────────┐  转换为  ┌────────┐
│ 工程特征 │ ──────> │ 零件特征 │
└────────┘         └────────┘

工艺规划
┌────────┐  转换为  ┌────────┐
│ 零件特征 │ ──────> │ 工艺操作 │
└────────┘         └────────┘

生产规划
┌────────┐  转换为  ┌────────┐
│ 工艺操作 │ ──────> │ 生产要求 │
└────────┘         └────────┘
```

图 10.5 质量功能展开的后续步骤

资料来源：John R. Hauser, Don Clausing, "The House of Quality," The Hanard Business Publishing, May-June 1998。

我们用第6章联合分析的例子来说明，假设我们已决定采用特辣、浓且绿色的沙拉酱概念。特辣这一客户属性被翻译成一项工程特征，比如辣度，并以10分制进行度量（斯科维尔辣椒量表），最辣的辣椒粉的分值为10。我们的目标分值可能介于7与8。浓也可以转换成黏度度量指标，分值设定为4~6（7或高于7可能会太浓，3或低于3又可能不够）。工程特征之后是零件特征，在本案例中，其是成分：哪种辣椒、番茄、大蒜，要放多少等。工艺操作要求详细说明食物处理流程（切碎、煮沸等）。生产要求是对食物处理设备的设置，以生产所期望的浓度和颜色。比如，搅碎设备中的酱料装置可能会使沙拉酱过稀。

10.6.2 质量功能展开的效果

质量功能展开有许多好处。第一，从产品工程到设计生产工艺都是由客户需求驱动的，具体地说，是由陈述的客户属性驱动的。这使开发出虽然更好但没有需求的产品的可能性降到最低。第二，为了让质量功能展开发挥作用，职能部门之间必须通力合作，尤其是进行工业产品开发时。消费品企业会定期搜集市场数据并用于质量屋，工业产品开发者经常质疑为什么要进行客户需求评估（甚至与营销人员交谈），总是认为自己最了解市场。对于这样的企业，质量功能展开有助于不同团队间对话，鼓励具有技术背景的产品开发者看到评估客户需求的优点。总之，质量功能展开促进了技术开发过程中跨职能团队的对话与互动，以达成产品协议所要求的共识。

当质量功能展开首次在美国使用时，虽然效果不一，但超过80%使用质量功能展开的团队认为，其能产生长期战略效益并改善跨职能团队运作。一项在美国和日本开展的针对质量功能展开的调查发现，两个国家的企业都能顺利使用质量功能展开，但使用方式有所差异。美国企业把重点放在质量屋矩阵，从客户（如焦点小组）那里搜集一手资料。日本企业较多使用质量功能展开下游矩阵，依赖已有产品的数据（如抱怨信息和保修数据）。有趣的是，美国企业在通过质量功能展开进行跨职能整合和决策制定上，比日本企业获得的收益更大，这可能是因为美国企业投入更多时间学习和倾听客户需求！

质量功能展开在某些应用中的效果参半,因为在客户声音阶段需要搜集大量资料,花费了很多成本和员工时间。质量功能展开或许适合运用在重大项目上,如新平台开发或企业关键流程再造。

企业使用质量功能展开能取得较好的财务绩效与客户满意度。然而,许多企业只是偶尔使用,而不持续使用,特别是探索性产品(没有客户支持就会放弃的产品)。此外,质量功能展开对数据的要求很大。矩阵困境(matrix hell)用于描述高度专业化的技术人员无法化解质量功能展开中的冲突。有的企业并不知道客户想要什么,因此很难说清楚"什么"。然而,质量功能展开近年来开始复苏,这可能是因为它是把客户需求转换成工程规格的最客观、最彻底的方法。支持者认为,质量功能展开是发掘客户需求和促进跨职能合作的最佳方法,反对者却认为,质量功能展开既耗时又无趣。总体而言,团队越优秀,质量功能展开越有效率。例10.4给出了选择团队成员的原则。此外,采取以下方法能改善质量功能展开的效率。

- 聚焦某些工程特征:或者是明显最重要的,或者是容易实现改进的。
- 将工程特征分类成组,指派职能部门负责各组(如制造、产品设计,甚至营销)。
- 对每个工程特征进行"成本—效益"分析,根据特征带来的成本改进,发现哪项工程特征能带来最大效益。

例10.4 选择团队成员的标准

确保团队是跨职能的:包括设计、生产、研发、营销、财务、技术支持,以及任何与这项产品成功有利害关系的人。

指派一名管理者或支持者负责客户声音:应当熟悉所有客户,当客户表达需求时能准确解读客户要的是什么。

团队成员对新产品结果负最终责任:如果关键部门主管也在团队中,就不用特殊强调分析结果与行动的必要性。

其他标准:团队成员应当具备当前的实践知识和历史观,这应受到伙伴、高层主管、公司内各层级人员的尊重;不要避开愿意尝试"创造性摩擦"(creative abrasion)的人,也不要把破坏者留在团队。

资料来源:Gerald M. Katz, "Quality Function Development and the House of Quality," in A.Griffin, S.M.Somermeyer, *The PDMA Toolbook 3 for New Product Development*(John Wiley& Sons, Inc., 2007), Chapter 7。

10.7 协议的注意事项

协议流程中充满了复杂性。首先它伴随着公司政治,与部门之间在权力和预算上的竞争相似,科学家、营销人员、会计人员、工厂经理之间也存在竞争和差别,黑白分明,而且形势在不断流动和变化,永远不能固定下来。管理层重视不同的项目,并不断施加压力。产品大赢家能创造新岗位,以避免上司的失望,还能获得大笔奖金;产品大败局会让所有事情一团糟。

每个人都想把自己的提议纳入(或不纳入)协议,但大部分要求他人做出承诺,承诺资金和时限,很少愿意自己承诺。

协议应该在大规模工作之前提早开始，但这时许多人尚未就位，因为他们有其他更急迫的事情，他们的缺席会耽搁协议进程。

除了公司政策和压力，我们还应看到协议中各项要求的严格性。在制定协议时，人们都认为自己很聪明，认为协议的所有内容都足够具体。但是，协议不应该被那样看待。协议只是管理者的辅助工具，不能替代管理者思考。所有协议内容都可能变化，甚至变化好多次。规则是，谁提出改变谁负责举证。

如果协议由跨职能新产品团队负责，那么上述大部分问题会消失。协议不是技术人员自己写的，也不是营销人员自己写的，更不是高管自己写的。

本章小结

本章讨论了一个重要概念——产品协议，它是新产品规划中各职能部门就所需输出和可交付成果达成的共识和标准。目的是基于产品利益和其他维度对所需输出进行沟通，使团队步调一致、明确重要时间节点，基于目标的流程管理更顺畅。

本章展示了一个典型协议的简化版本。此刻，我们已经准备好进入开发活动。正如第1章的新产品流程所述，营销和技术工作将并行进行，需要营销、研发、生产、设计等各职能部门之间保持出色沟通，以方能顺利通过下一个阶段。

案例 创业者的产品协议

2010年，创业者莎拉·考斯（Sarah Kauss）向市场推出了S'Well保温杯。她最初的想法是，大幅度减少一次性使用且不回收的塑料杯的数量。她说："我创办这家公司是因为我希望人们不再使用一次性塑料杯。"虽然市场上早已有可长期使用、重复灌装的保温杯，但销售情况并不理想。它们往往体积过大，无法被放入皮包或书包中，而且颜值不高。用考斯女士的说法，大多数可重复使用的杯子"看起来像野营地的配件"。相反，对一次性塑料杯的使用有增无减。

从功能和美观角度看，S'Well保温杯的设计满足了许多现有水杯无法满足的需求。它具有以下优点。

- 可持续性：可重复使用，不含双酚A。
- 大小合适：小杯可以放入汽车杯架，大杯可以装下一瓶葡萄酒。
- 大开口：开口足够宽，可以轻松加冰；对于想在旅途中喝冰沙的人来说特别好。
- 易抓握：采用人体工程学设计，即使是最大的水杯也易于抓握。
- 保温：热水可保温12小时，冷水可保温24小时。
- 无污渍：容易清洗，内部耐脏。
- 不结露：三层设计保证手上、钱包或手机或笔记本电脑上没有结露。
- 高颜值：有一系列时尚设计和颜色可供选择。

此外，公司还提供S'Well品牌的玻璃杯、旅行者杯和漫游杯（Roamers，大尺寸杯），它们也都具有上述优点。

产品的诸多优点使其很畅销,但该公司并没有忘记其环境使命。例如,2018年,S'Well向纽约市捐赠了32万个水杯:每一名就读公立或特许学校的高中生可获得一个。公司与纽约市政厅和市长可持续发展办公室合作提出倡议,希望每年将一次性塑料杯的数量减少5400万个。

保温杯只是创业者满足客户需求的产品类别之一。海伦·洛(Helen Lo)经常旅行,不得不忍受那些重、不吸引人、贵或根本无法在里面找东西的旅行包。她设计了一系列多种尺寸的旅行包(参见Lo & Sons公司网站——译者注),兼顾男性和女性,符合那些经常旅行的人最关心的利益:有很多方便的口袋、笔记本电脑和设备隔间、包覆把手的可调节套、时尚简约高颜值设计。有一款名叫Seville的女性用手提包特别有趣,你可以为它购买一个可拆卸的、匹配的内胆,其还有很多口袋,旅行时带着很实用,不用再在"黑洞"里摸索找钥匙或笔了。

手提袋也有一个全新理念,就是模块化手袋,在售的品牌名称是Pop Bags。一个偶然的机会,J&C·杰奎琳的创始人、佛罗伦萨设计师萨拉·林(Sara Lin)想到了意大利皮革手提袋的创意,这种手提袋由模块化部件组成,部件之间用很好看的金属纽扣扣在一起。例如,你可以买两个皮袋——一个是红色的,另一个是蓝色的,然后把它们扣在一起,做成一个独特的包包。购买更多的皮革制品以混搭创造出更多组合。这些袋子有几十种颜色、多个尺寸和价位。最初的商店位于意大利佛罗伦萨,现在公司已经在欧洲其他地方开设分销渠道,并开始在美国大商场设立柜台。这个产品似乎只能来自意大利,这个国家在皮革制品方面拥有数百年的专业知识和丰富的世界级设计史。

这三个例子给了你什么启示?每个例子都有一个新产品机会,这源于现有产品的不足,或源于一次新产品概念头脑风暴。开发一个简化版产品协议非常容易,本质上,其是重要客户的需求或期望利益的列表。此外,客户声音研究也会带给你一些惊喜,比如,"可持续性"或"大小合适"这两项利益可能会被大多数考虑重复性保温杯的消费者提及,"温控"或"不结露"的客户声音则会带来惊喜。但请记住,即使客户利益是显而易见的,产品设计和工程交付这种利益也需要一些工作。例如,做到"不冷凝"(不结露)需要三层设计,但设计者不想给瓶子增加额外的重量或厚度,因此解决这个问题可能需要超轻但耐用的金属。

对于上面的产品,为了未来延伸产品线,你能想出更多的客户利益吗?至少再找出一种其他品类的消费品,列出尚未满足的或服务不足的客户利益,将其开发为一个简化版产品协议,即新产品必须提供的利益列表。在这些利益中,哪一个可能带来你必须战胜的工程挑战?这些期望的利益会导致工程或设计的权衡(取舍)吗?

案例　杜邦公司

成立于1802年的杜邦公司是全球领先的化学公司,长期以来在产品开发方面享有盛名。杜邦公司的产品涵盖食品、建筑、通信、运输等多种产业。杜邦公司在全球超过70个国家经营,员工超过58000人,杜邦公司在产品创新方面取得了一系列成就,最熟知的有尼龙、特氟龙、凯芙拉、莱卡等。

2007年,杜邦公司的高层意识到公司新产品开发流程存在缺陷,经过深入研究发现很多问题。第一,公司缺乏对客户的深入洞察，尤其是客户细分领域。公司纠缠于一个熟知的市场细分问题：开发一款适合某个细分人群的产品可能在更大市场上没有销路，而开发一款适合所有人的产品可能会使每个人都有不满意之处。公司缺乏对目标市场细分客户的洞察。第二，公司在纸面上有"客户声音"的流程，但这似乎变成了"客户聊天"，产生不了任何突破性的创意。第三，杜邦的销售代表能接触到直接客户，但是与间接客户从未联系过。虽然直接客户是付钱者，但间接客户才是要满足需求的对象。结果，杜邦公司提出的价值主张往往只凭想象，没有客户需求数据，因此达不到激发客户的作用。

意识到新产品流程的前端需要新的方法后，杜邦公司通过商业市场研究会（ISBM）找到 AIM 顾问公司，决定采用适合 B2B 产品开发的"新产品蓝图"（New Product Blueprinting）。B2B 产品开发与 B2C 有很多不同，新产品蓝图也不一样。第一，B2B 客户都比较专业也很有经验，能为杜邦公司这样的供应商提供新产品建议。第二，B2B 客户愿意帮助供应商，因为这也是在帮助自己，而且，这有可能降低成本、提高绩效。第三，B2B 客户会做出理性且稳定的决策。第四，B2B 客户群规模相对小，其决策会受到供应商的影响。

"新产品蓝图"强调"深入"客户群。常用方式是访谈，而不是调查问卷，因为"与访谈相比，从调查问卷中不会获得更多信息"。较好的方法是由创意生成访谈，记录"数字便利贴"，把它们展示在大屏幕上以获得客户的评论和反馈。在这个过程中，供应商和客户有许多互动；客户对供应商进行评论，供应商能就客户的评论进行深入的探查。"新产品蓝图"的重点是找出客户期望的结果，这样，供应商可以搜寻可行的解决方案。"新产品蓝图"还使用量化指标，特别是市场满意度差距（Market Satisfaction Gap，MSG）。MSG 的计算方式是：重要度×（10-满意度），其中重要度与满意度是用 1~10 分来评分的。MSG 大于 30 表示有一个重大的市场机会。

杜邦公司试用"新产品蓝图"相当成功。当时有三个新项目。第一个是面向亚洲显示器市场的产品，通过客户互动发现市场对新材料的需求不大，该市场细分价值很小。第二个是面向全球电子市场的产品，大部分内部开发已经完成。在摸清楚客户期望的结果后，公司发现产品开发至少还需要五年时间。第三个是一个全球性太阳能产品，客户需求强劲，杜邦公司的能力也能匹配上。因此"新产品蓝图"的结果是：终止第一个和第二个项目，从而避免了两次投入巨大的失败，批准第三个项目。该项目后来被证明十分成功。

"新产品蓝图"和传统的"客户声音"分析有何不同？它对客户声音分析有什么补充？你觉得"新产品蓝图"适用于像金宝汤这样的消费品公司吗？适用于医院或银行等服务业吗？请说明原因。对于杜邦公司这类高科技制造企业，新产品蓝图有什么缺点？

第 IV 篇

开发

  开发某个概念的决策，是在创意流程和早期评估的某个节点做出的。有的决策来得快，因为某个关键客户想要这个产品并准备帮助我们开发；有的决策来得慢，因为需要概念测试并对投资和运营成本支出进行广泛的审核。现在，产品协议已经编制完成，财务计划也为产品开发准备好了资金。

  现在的任务是实施产品协议。这时，可能要进行广泛的技术搜索（如针对一个新药品），也可能根本不需要技术搜索（如针对一个新服务）。关键问题可能是工业设计，也可能是最新计算机芯片的技术性能。实施产品协议可能没什么内容，仅仅是确认一下新饼干的配方以进行概念测试。也可能会进行几年，比如，吉列公司开发一款新刀片。

  此时，需要更高的创造力、更强的艺术形式，即使是一个科学产品。研发人员、各部门管理者都十分关注开发进展情况。产品协议一旦写好，团队成员不会坐等工程师生产出最终产品原型。我们最好将开发视为一个阶段，该阶段将市场所需所有元素包括融资、分销、推广、技术服务进行创造性组合。如图Ⅳ.1所示，图中上半部分是设计、工程和制造等技术工作，下半部分是测试、营销以及法务等工作。两者并行推进直到上市。

  图中有一些令你惊讶的内容。

  （1）注意，技术创造工作仅是图上部的技术流的一部分内容。实践中，这一部分可以被分解成上千个小步骤。许多公司采用计划评审技术（PERT）或网络图等项目控制方法，PERT最初用于20世纪50年代的第一艘核潜艇北极星号（Polaris）的研发。网络图使用方框（"节点"）和连接线表示某一项目中的任务流及其相互关系。在汽车行业，任何一个组件（如仪表盘）的网络图都会很复杂，甚至无法打印在一张纸上。

  （2）图左边，技术开发的准备工作可能需要花上好几个月，以找到人员、获得某一材料的权利、创造特殊的文化、进行团队培训以及建立支持复杂活动的信息系统。

  （3）产品原型通常不止一个，有时会有几十个甚至上百个，这就要看团队的运气了。假定一个新型Frisbee飞盘的边缘形状可以很容易让狗的牙齿咬住，这对于飞盘运动的参赛者来说是一个飞跃，但对于设计师来说则不是一下午就能做出来的。据说，爱迪生在找到做灯丝的材料之前，经历了上百次的失败。

（4）开发人员必须经常停下来检查他们的工作——评估、检查、评审、测试以及许可。总体上看，这很必要，因为推进一个有缺陷的设计是一种浪费，但如果每个节点都停下来，则会使事情停滞不前，消磨士气。

（5）技术开发是一个渐进式进化的过程。即使早期原型看起来很好，也仍需进化成一个测试原型，然后进化成一个试验产品，再进化成大规模生产产品，最终进化成市场销售产品。这与第2章的概念生命周期遵循同一条路径。与其说我们开发了一个东西，不如说我们进化了一个东西。人们想象中的"AHA 时刻"（也称 eureka 时刻或顿悟时刻——译者注）并不会轻易出现。这是艰苦的工作，需要一步一步来。

（6）要注意图上部分与图下部分之间是如何关联的。生产原型时需要同步启动包装设计，批量化生产也将激发技术性客户服务的启动，生产适销对路产品意味着销售网络已经到位。

我们不会同时讨论这两个流。我们在第Ⅳ篇讨论营销人员在技术工作中的角色，在第Ⅴ篇讨论营销人员在另一个流中的角色。实际上，我们从第Ⅲ篇开始就一直在讨论营销流，比如，在拟定产品创新流程时明确目标市场，在概念测试时使用新产品定位陈述。

本书第 11 章将讨论开发流程中包含的各种参与者、设计的本质以及生产力。第 12 章主要讨论跨职能团队的创建和管理。第 13 章主要讨论团队如何判断产品原型是否真的做好了上市准备，对于这部分内容，本书第Ⅴ篇还将继续讨论。

在我们深入讨论之前，我们首先要知道营销人员在技术工作中的角色到底是什么，可以从 9 个方面分析。

（1）确保每个人完全清楚协议的要求。终点是什么？技术小组如何知道他们何时完成工作？

（2）确保协议中的任务具有技术可行性，并且时间和资金都符合开发预算。也就是说，所有技术人员都同意该协议。

（3）提供一个开放性窗口，使工业设计师和系统设计师了解市场上所有的影响力。营销人员不应只是看门人，还应是一名热情的导游。所有开发工作（无论是技术层面还是营销层面）都应该以市场知识为基础，这既符合团队的利益，也符合公司的利益。

（4）提供一个持续的过渡机会来测试新产品的不同版本，也就是说，把早期的内部测试和后期的客户使用测试结合起来。

（5）确保技术人员在任何合理时间都能找到营销人员。因为营销人员常常会忘记技术工作正在进行。实验室里一个常见的笑话是，科学家在离开实验室去吃饭前总会告诉助手："如果产品经理打电话找我，就留下他的名字！"

（6）通过小组会议、实验室参观、社会交流等活动，了解最新技术进展。这不是间谍活动，而是找机会传递一些技术人员不知道的市场信息。现在很多团队有了优秀的领导者帮助缓和这一问题，营销人员需要学会如何做一名好的团队成员。

（7）确保技术人员参与开发流程营销侧的决策，尤其在开发阶段启动后目标市场发生变化时。同样，团队之间要互帮互助。营销人员有时会分心，技术人员也会分心，所以我们要告诉技术人员，为什么需要他们在认为没有手头技术工作那么重要的事情上投入。

（8）随时留意项目进度，寻找创造性解决问题的办法。例如，在第 12 章，你会看到跨职能团队的好处之一就是加速新产品开发。在营销上节省一天与在技术上节省一天同样重要。

（9）将非市场营销部门的工作方式标注出来，这可能直接影响市场营销计划。这一行为通常被称为内部营销，包括技术部门（如推销手册中的技术信息）、制造部门（如成本降低和备用生产能力）、包装部门（如销售手册上的促销口号），以及人力资源部门（如上市时需要挑选新人）。

第Ⅳ篇中讨论这些内容的目的就是帮助你扮演相关角色。你必须清楚，开发流的技术侧的复杂性超出大多数局外人的想象。千万不要轻视这些角色。

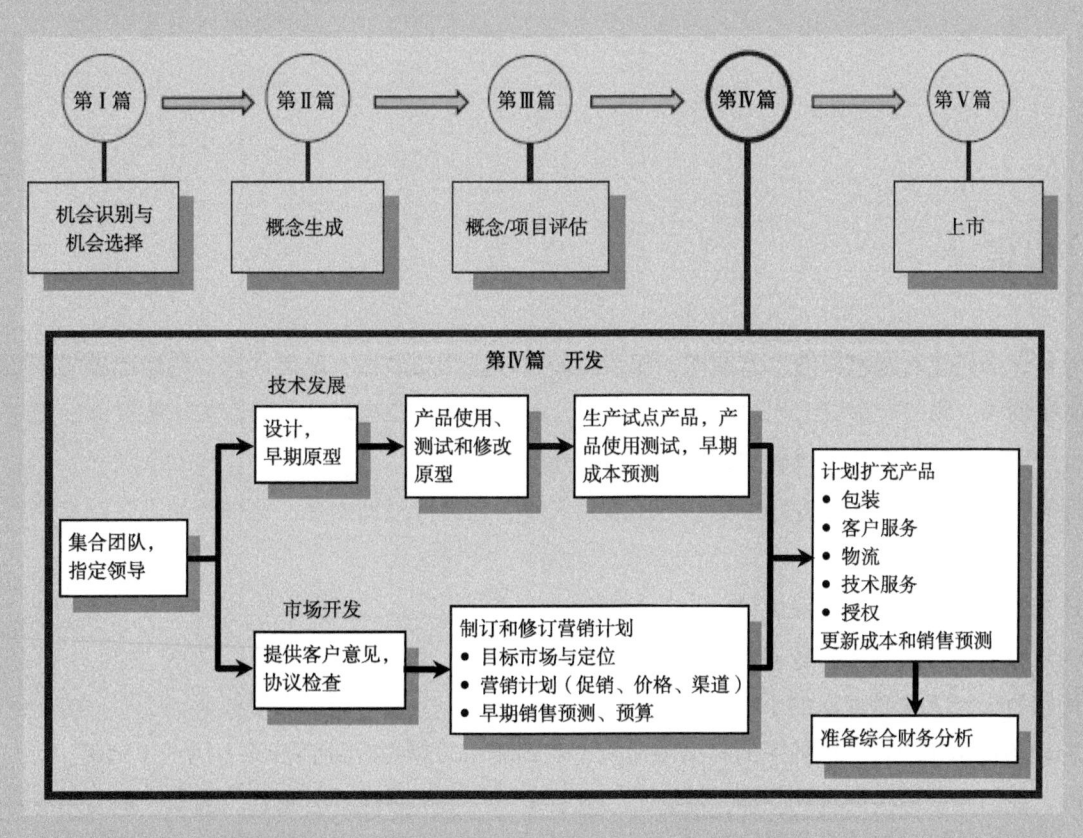

图Ⅳ.1 开发

第 11 章

设计

11.1 引言

本书第Ⅳ篇讨论开发阶段的方方面面，包括产品设计、产品架构、原型开发、产品使用测试，以及组织和团队管理等。第 11 章讨论开发阶段对于不同公司的意义，介绍设计及其作为战略资源的用途，还讨论产品设计者的角色、新产品流程中设计与其他职能间的接口。

作为消费者，我们常常对设计很糟的产品感到失望，也常常感到困惑：这种产品怎么能拿到市场上来卖？！

- 体积庞大而功率不足的吸尘器。
- 一旦打开就不再有密封效果的麦片包装盒。
- 怪状奇形还无法翻煎饼的小铲子。
- 一种不提示用户自己放杯子的自助咖啡机，直到使用时热咖啡溅到裤子上用户才知道。

当然，我们欣赏那些杰出的设计，例如，一款新车、一个革命性办公家具，甚至一把实用的万能螺丝起子，我们也给这些产品制造商以回报。苹果公司智能手表的设计和外观无疑增强了它的吸引力，戴森公司的吸尘器也是如此。在当今这个"不为小事耗神"的时代，可能恰恰就是这些非常小的事情决定了品牌的偏好，制造商必须对此加以重视。

11.2 什么是设计

有位作家将设计定义为"将技术和人类需求加以综合，以使之成为可制造的产品"。在实践中，"设计"这个术语有很多种用法。对于汽车公司而言，设计指的是定型设计部门；对于包装用品公司而言，设计指的是客户的包装师；对于制造部门而言，设计指的是设定最终产品规格的工程师。卓越的设计可以将新产品提高到一个新的境界。拥有卓越设计能力的企业拥有更好的销售利润率和资产报酬率、更高的净收入和现金流，同时有更多的股市回报。以苹果公司为例，多年来，苹果公司的众多产品因时尚的设计、十足的现代感而备受赞誉。这些产品简洁的线条可以追溯到20世纪60年代德国著名设计大师迪特·拉姆斯（Dieter Rams）设计的电唱机与收音机。实际上，苹果、三星等公司就是践行了拉姆斯的优秀设计原则。拉姆斯的优秀设计十原则见图11.1。任何情况下的设计都不应被视为一个事后的创意，不应在产品已经准备制造时要求工业设计师对其美化，狭隘的设计观会使管理者丧失在内部进行设计创新的潜力。

- **创新的**。设计本身不是目的，创新设计与科技创新相伴相生。
- **美的**。产品让生活更美好，好的设计让产品更美好。
- **不张扬的**。设计应该是中性的，不应偏离产品的目的。
- **不过时的**。好的设计永远历久弥新，即使在时尚导向、一次性商品充斥的社会。
- **环境友好的**。好的设计顾及资源利用和对环境的整体影响。
- **实用的**。实用不仅指功能，还体现在心理和审美上。
- **易懂的**。好的设计让产品清晰明了，甚至让产品自己会说话。
- **诚实的**。设计不欺骗消费者，不夸大产品的创新性。
- **追求终极细节的**。好的设计是悉心的、精确的，尊重消费者。
- **极简的**。少就是多，做好必须有的，去除不必有的。

图 11.1　迪特·拉姆斯的优秀设计十原则

资料来源：Anonymous, "Ten Principles for Good Design," Design Principles FTW, July 8, 2013。

11.3　设计驱动的创新

有的专家已经指出，传统上认为产品创新战略是由技术和市场双轮驱动的，不论是由技术驱动的创新战略还是由市场驱动的创新战略，设计都居于次要位置，这忽视了设计所蕴含的强大潜在力量。技术驱动的创新始于技术，设计的作用是改进产品以适应性能特征；市场驱动的创新则始于客户，设计的作用是改进产品以满足客户期望。设计学者罗伯托·维甘提（Roberto Verganti）认为还有第三种方式——设计驱动的创新（design-driven innovation），设计本身起到主导作用。他说：

设计引入了一种新的大胆的竞争方式。设计驱动的创新不是源于市场，而是创造新市场；不是推动新技术落地，而是推动产生新的意义。客户对这种新意义并没有提出要求，一旦体验过，就会一见钟情。

维甘提举了一个茶壶设计的例子。这个茶壶由艺术家迈克尔·格雷夫斯（Michael Graves）设计，由意大利制造商阿雷希公司（Alessi）销售，这是一个由设计驱动的创新。大多数茶壶讲求实用性，烧水非常有效率，但一天或许只用5分钟，其他时间依旧占据着厨房的空间。格雷夫斯的设计突出了"愉悦"感，具体说是让早餐的体验更愉悦。茶壶的外观很有吸引力，宽底锥形设计，不会在炉面上摇晃；带有垫料的把手拱起很高，以免倒热水时烫伤手；壶嘴有一个小鸟造型的哨子，水开时就会发出哨声。茶壶不占用空间，是家庭装饰的一部分，拥有这款茶壶的人都会很自豪地炫耀它。实际上，这款产品被大量模仿和批量生产，以很低的价格在Target等超市销售，这证明产品高水平的设计能够产生广泛的吸引力。这个案例清楚地说明，设计要做到优秀，产品功能与产品外观或美感同等重要。正如赫曼·米勒（Herman Miller）公司新产品事业部主管肯恩·蒙茨（Ken Munsch）说："夏普图像（Sharper Image）公司专注于时尚和现代风格，但最后破产了。光漂亮是不够的，产品必须实用。设计包括所有人机交互。"

11.4 设计在新产品流程中的作用

设计在新产品流程中的潜在作用有时会被低估，可能是因为其他职能部门的管理者对设计师、设计管理及设计职能缺乏了解。设计师经过严格的训练，学习如何设计机械功能良好、结实耐用、安全方便、材料易得、外表美观的产品。显然，这些要求之间有许多冲突，熟练的设计师能够同时满足所有要求。

设计对新产品目标的贡献

设计的贡献可以拆解为多个方面。有多个优秀设计方法帮助公司实现多个新产品目标（如图 11.2 所示）。

```
┌─────────────────────────┐
│   加快上市速度的设计    │
├─────────────────────────┤
│   面向易于制造的设计    │
├─────────────────────────┤
│    面向差异化的设计     │
├─────────────────────────┤
│   面向客户需求的设计    │
├─────────────────────────┤
│   建立企业形象的设计    │
├─────────────────────────┤
│    面向环境的设计       │
└─────────────────────────┘
```

图 11.2　设计对新产品目标的贡献

1. 加快上市速度的设计

英格索-兰（Ingersoll-Rand）公司用创纪录的时间开发出了气旋研磨机（Cyclone Grinder，一种气动研磨工具），这归功于高效率的跨职能团队和优秀的设计。团队由营销、制造、工程人员组成，与 Group Four 设计公司密切合作以发现客户需求。用户在使用传统研磨机时经常抱怨机器难以握住，机器在使用过程中变得冰冷导致双手常常被冻僵。新的研磨机符合人体工程学（指造型符合人体，这里指易于握住），更轻，由新的更耐用的复合材料制成，使用时会产生热能而不会冻僵双手。还有，与之前需要 7 个组件组装的版本相比，新设计的一体化外壳的成本更低。

2. 面向易于制造的设计

有一个经典的例子，有关 20 世纪 80 年代中期 IBM 公司的点阵打印机 Proprinter 的开发。当时，日本以低档打印机占据全球市场，但其在打印机市场的竞争力很弱：设计得不好，有数百个零部件，包括几十个螺丝和螺帽。于是，IBM 公司设定了一个新的性能目标，即每秒打印 200 个质量优良的字符（这不是当时的标准，而是未来 4 年的预期标准），并提出了"没有螺丝"的口号，所有零部件要轻松地咬合在一起。

另外，开发时间从标准的 4 年压缩到两年半。IBM 公司实现了上述所有目标：第一版 Proprinter 只有 61 个零件，可以在 3 分钟内组装完毕。还有一个 Swatch 手表的案例，其具有易制造性设计。设计特征包括活动部件是传统瑞士手表的 1/3、塑料外壳的后盖不可拆卸、塑料外壳与塑料表带一体成形等。这样，Swatch 手表的零售价格比传统瑞士手表便宜很多。

3. 面向差异化的设计

做办公家具设计的霍沃斯（Haworth）公司组建了一个创意生成小组（Ideation Group），以负责探索和评估客户对投机性产品（没有清晰的目标市场的高风险产品）的接受程度。霍沃斯公司认为，投机性产品需要"非标准"的产品开发，基于创意小组生成的创意开发出的原型很少能上市，而真正上市的原型（如 Crossing 系列家具）与最初的创意大不相同。创意小组的好创意可以与现有产品线或其他未来产品结合起来，霍沃斯公司的成功是因为其设计更具原创性，而使产品更具差异化。优秀的设计对于办公家具产业尤为重要，办公家具制造商 Steelcase 公司正是 IDEO 设计公司的大股东。

4. 面向客户需求的设计

企业要将具有巨大潜能的技术转化为能为客户提供有意义的利益的产品，需要深度理解客户需求。与最终用户合作（详见第 4 章）、倾听客户声音（详见第 10 章）是获得这种深度理解的重要方法，也被称为用户导向的设计（user-oriented design）。

福特公司在超级柴油卡车的设计中，大量采用客户声音方法。福特公司选取的典型客户是重度驾驶并经历过典型问题的客户。发现的问题是：驾驶颠簸和不舒服，柴油发动机的噪声很大，这既是长途驾驶者的痛点，也是快餐直通车的痛点。福特的解决方案是重新设计柴油发动机，其在不影响动力和寿命的前提下运行得更平稳、更安静。福特制造出新卡车原型并在真实路况下测试，以确认是否满足客户需求。该车减少了车舱的震动，乘坐起来更安静，司机的疲劳感也降低了，同时，车辆的韧性并没有降低。

科朗（Crown）公司是一家叉车制造厂，公司开发了一款 RC（Rider Counterbalance，乘坐平衡）叉车，其于 2008 年上市。叉车司机有一个多年来都在抱怨的问题——无法看清前方的状况，尤其是装满货物的叉车托盘抬起来时，司机的视线完全被前方的货物挡住了。在这种情况下，必须有第二个人协助引导作业。RC 叉车巧妙运用了平衡系统，把叉子从前方改在侧边，这样就不会挡住司机的视线。RC 叉车不仅解决了司机长期抱怨的问题，还解决了司机的一些其他痛点，比如，驾驶室比原来大了很多，司机可以将文件和工具就近放在大操作面板上，新设计的减震系统让驾驶时更平稳，车的外观更时尚、更符合人体工程学。RC 叉车使科朗公司的市场占有率大幅提高，并赢得了多项设计大奖。

通用设计（universal design）是指，产品设计可以让任何年龄或能力的人的使用。通用设计可以根据未被满足的客户需求为新市场开发产品。设计师运用通用设计原则时，需要考虑真实情况下真实人物的能力。例如，有些人视力不佳，有些人由于眼疲劳、手术复原中或因光线不充足而暂时有视力障碍问题，带有特大号按键的手机就能解决这个问题，任何人都能使用。字幕闭路电视、车库门自动开启装置、商店自动门都是通用设计的例子。表 11.1 是通用设计的原则。

表 11.1　通用设计的原则

原　　则	举　　例
公平使用：设计让不同能力的人都能使用	可调节音量的公共电话；杂货店的自动门，方便残障人士和推着婴儿车或购物车的客户进入
灵活使用：设计迎合多样性的个人喜好和能力	带有大号按键的电话，以及左右手均可使用的剪子或刀子
简单直观：设计易于被任何人理解和使用	咳嗽药上的彩色标签；宜家家居的使用说明尽量使用图示，缩减文字，以减少语言障碍；新款的有线电视机顶盒都在屏幕上带有指示，以便于操作
信息可感知：设计能将必要的信息有效传递给使用者	连接电视的插头和插空都是凭直觉和易用的，霍尼韦尔恒温器有数值显示，并且当开关启动时会有伴随着音响的光圈
容错能力：设计能让错误操作造成的负面影响最少化	熨斗或咖啡机若超过 5 分钟未使用就会自动关闭；需要给手把上的杠杆施力才可以使用的剪草机
减少体力付出：设计尽可能让使用者不费力气地有效使用	行李箱上的滑轮和手把；有一定倾斜角度的计算机键盘，以便于使用
足够的空间和尺寸：无论使用者胖瘦、移动能力如何，产品易接近、易操控、易使用	惠而浦双开门冰箱有标准长度把手；Copco 厨具制造公司设计的菜刀把手适于任何手掌大小的人使用；宽阔的车门让使用学步车或轮椅的人更容易上下车

资料来源：James L.Mudler, Molly Follette Story, "Universal Design: Principles for Driving Growth into New Markets," in P. Belliveau, A.Griffin, S. Sodermeyer, eds., *The PDMA Toolbook for New Product Development* (John Wiley&Sons, Inc., 2002), pp.297-326。

5．建立企业形象的设计

许多公司在自己的产品上建立视觉资产———一种企业持续展示的可识别的外观或感觉。产品设计有助于建立大众对公司的认知，并最终提升公司的形象。苹果公司的计算机等产品的设计一直在通过外观传递"用户友好"；劳力士的所有手表都有经典、高贵的外观；Braun 家电的设计通过线条和颜色传递出的是简洁和高品质；宝马的全新设计车型（如 Z4）仍保留与经典款相似的设计属性，比如，独特的车头格栅。

6．面向环境的设计

可拆卸设计是一种技术，产品在使用后能拆解下金属、玻璃、塑料等零件并循环利用。宝马公司已经在其汽车产品中采用可拆卸设计并循环利用，用过的塑料零件被进行分类、回收再制成新零件，其他零件要么回收要么再制造，无法使用的零件则被焚烧以产生能量。

绿色设计现在是许多公司的增长驱动力。斯巴鲁汽车就是一个好例子。斯巴鲁公司美国印第安纳厂的资深副总裁托马斯说，斯巴鲁公司"已采纳节约、回收、再利用的环保理念"，并已达到"零废弃"状态，回收利用率达到 99.8%（剩余的 0.2%为有害废料，根据环保法规必须销毁）。斯巴鲁公司与供货商合作，使其使用可回收包装，并与当地负责搜集和回收材料的公司合作，该公司发现了再生材料市场。斯巴鲁公司通过回收再利用减少了浪费并节约了成本。苹果公司在官网上为 iPad 发布了绿色声明：显示器绝不含汞，绝不使用 PVC 塑料，铝制和玻璃外壳材料是可回收的。

表 11.2 从设计目的和设计元素两个方面展示了多个设计维度。设计不是简单地画出一个新型微波炉，它融合了外形和功能、质量和风格、艺术和工程等各个方面。简言之，一个好的设计应该让人感到美和愉

悦，易于制造，可靠，易用，操作和服务具有经济性，符合回收标准。**人体工程学**（Ergonomic）也是一项重要因素，其含义是研究人体特征以进行适当的设计。对于本章开篇提到的那些设计比较差的产品，如果多注意人体工程学原理就能大大改善质量。优秀的设计决定新产品是如何满足客户、零售商及其他利益相关者的需求的。因此，设计是产品成功与否的一个重要决定因素。

表 11.2　引导设计应用的范围

设计目的	设计元素
美学	商品
人体工程学	服务
功能性	建筑
可制造性	绘画艺术
服务性	办公室
可拆卸性	包装

注：设计覆盖许多人类活动的领域，其中包括新产品。新产品对设计元素中的两类（商品、服务）和设计目的中的六类具有贡献。有人认为，对生产设计元素中余下四类的企业来说，它们也是产品。

当你考量客户对产品的最终接受程度时，设计的作用就容易理解了。以一款新车型的设计为例，如果新款的风格与现有车款没什么差别，客户就会觉得乏味或太过保守。如果新的设计看起像从外星球来的，多数客户就会觉得太前卫甚至丑陋。汽车公司如果计划在新车型设计方面投资 20 亿美元，我们不难理解为什么公司花费 100 万美元仅用来研究如何使新车的风格和外形保持平衡。通常，新车开发团队会用焦点小组法获取人们对产品的最初反应，接着向潜在购买者展现真实尺寸的模型，或在计算机屏幕上展现汽车外形。尽管进行了谨慎研究，但也可能得到错误的结果，因为客户常常不知道想要什么样的风格。

11.5　产品架构

产品架构（product architecture）是指将客户需求转换成产品设计的过程，这是通向产品设计的一个关键步骤，因为一个坚实的产品架构有助于提高产品的终极性能，降低产品投产后的变更成本，加快产品上市速度。

理解产品架构开发，可以想象一下，一个产品包含许多组件（component），这些组件组合成模块，比如，大屏幕电视有扬声器、显示屏、HDMI 线、电源线等，组成输入、视频系统、音频系统、电源等模块。一个产品可以包含许多功能元素（functional elements），比如，大屏幕电视中有制作逼真的视频和音频、调整图像和声音质量、从有线电视或其他来源获取内容等，产品架构就是指功能元素如何分配给模块以及模块之间如何相互关联的。

11.5.1　产品架构的开发流程

产品架构开发是一个多步骤过程，以确保产品设计与客户需求保持一致，并与产品创新章程保持一致。图 11.3 是一个产品架构的简化的开发流程。草率的产品架构会导致设计不佳、产品难以使用、不符合人体工程学、不美观。尽管每个组件都可以完美地工作，但是从用户角度看，这些组件的组合方式没什么意义，其实只要重排就能获得一个易懂、易用的产品。

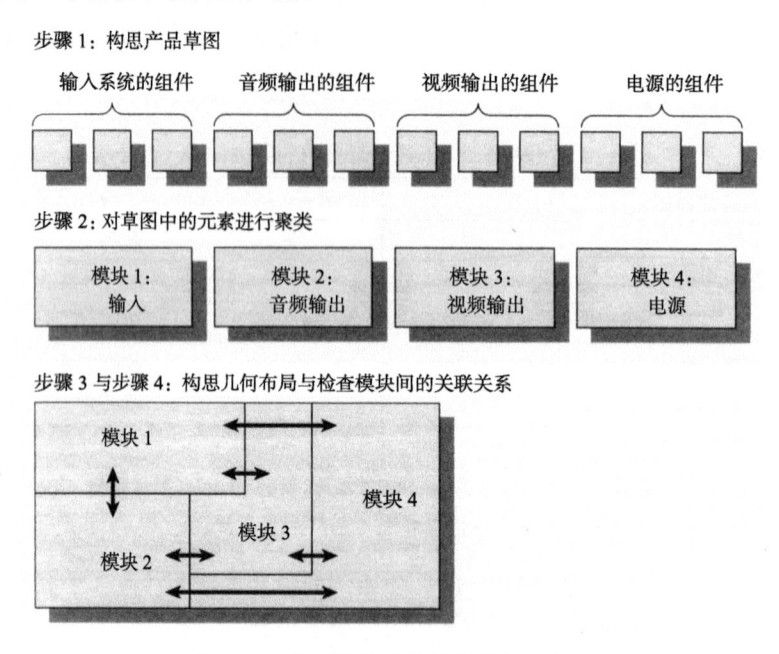

图 11.3　产品架构的简化的开发流程

（1）构思产品草图。草图显示了产品组件、功能元素以及它们如何相互连接。这个步骤需要开发出多套备选草图以供讨论。以大屏幕电视为例，既可以提供外部扬声器端口，也可以针对小型便携版本设计微型扬声器；电视侧面的手动控制可以取消，用户用遥控器调节频道和音量。草图包含与输入（来自电缆、卫星或其他来源）、视频输出、音频输出和电源等连接的组件。

（2）对草图中的元素进行聚类。这时需要对模块进行定义。图 11.3 定义了输入、音频输出、视频输出及电源等模块。模块之间的关联关系应尽量简单，以便容易更换，并尽可能利用已有的制造能力。如果预计产品中的某个部分将快速变化，这部分就必须做成一个独立模块。比如，如果开发了一个用于大型礼堂的超大曲面屏，其必须能替换现有模块（视频输出模块），并最大限度减少对其他模块的干扰。

（3）构思几何布局。这里采用仿真、计算机辅助设计或其他技术，形成包含各种配置的产品以找出"最佳"的解决方案。例如，扬声器应该放在哪里？端口呢？应该有多少个电缆或 HDMI 端口？它们应该布置在哪里？可能的几何布局如图 11.3 所示。

（4）检查模块间的关联关系。了解各个模块之间的接口发生了什么。在大屏幕电视中，由视频内容转换成的数字信号从电缆或其他外部来源流向屏幕，如果将标准屏替换为超大曲面屏，屏幕与系统其余部分之间的关联需要进行调整，那么这可能对其他关联影响很小或没有影响。

11.5.2　产品架构与产品平台

谨慎的产品架构开发对于寻求建立产品平台的公司十分重要。第 3 章提到过，汽车制造商便是以设计平台的方式而不是以单个产品的方式思考，极少有例外。一个成功的平台既能在一开始就导出一辆成功的汽车，也会在未来引导出更多的车型，例如，大众新甲壳虫车型（New Beetle）就是在现有大众高尔夫车型平台上制造的。

如果架构允许设计师轻松地替换组件或模块，那么随着技术进步、市场口味改变或制造技能提升，其就能设计出许多新产品。这就是百得公司能够在几个汽车平台上开发出这么多电动工具产品的原因！

以大众汽车为例，新甲壳虫车型被称为衍生产品（derivative product）。衍生产品是指与现有产品基于同一个平台但在技术和客户需求满足方面进行了渐进式改进的产品（如经典的甲壳虫外观）。衍生产品（如Swatch手表的新款设计）或者制造成本差不多，或者虽然成本高但价值也高，这取决于增加了多少功能。还可以剥离一些功能以降低衍生产品的成本。如果要降低成本，还可以通过采用标准化组件的方法。无论是哪种情况，关键是要做到平台是一个，但模块可以更换。

11.6 工业设计的评价因素

工业设计师在判断一个设计是否合适时，会考虑许多因素，包括 UI（用户界面）的质量、情感诉求、保养与维修、资源的合理使用以及产品的与众不同等。图 11.4 展示了这些因素在汽车设计中的应用情况。用户界面的质量是指人体工程学——司机和乘客在旅行时的舒适度。情感诉求包括汽车加速时的声浪或乘坐豪华轿车时的极致安静感。保养与维修可以根据进行电气或机械维修的难易程度或车主检查燃料水平的难易程度来评估。资源的合理使用是指燃料效率或使用后汽车零件回收的能力。产品的与众不同是指该车吸引人的独特美学设计。

用户界面的质量
用户是否理解产品以及它的使用方式？使用起来安全吗？例如，汽车仪表盘的设计，按钮是否清楚？灯光、雨刷、喇叭的开关是否容易找到与操作？

情感诉求
这项设计吸引人吗？令人兴奋吗？预期的用户为拥有该产品而自豪吗？当启动发动机时，汽车会发出令人满意的轰鸣声吗？

保养与维修
保养的程序清晰并且简单吗？所有的液体容易更换吗？容易识别液体流往何处吗？

资源的合理使用
该产品包含不必要的性能吗？或者，缺乏关键性能吗？选择最好的材料时，考虑环境和生态因素了吗？比如，汽车的烤漆类型。

产品的与众不同
设计凸显了产品的与众不同之处吗？值得纪念吗？与公司的形象匹配吗？当未来的豪华汽车拥有者在展示中心观看时，他们会说汽车的样式很出众吗？

图 11.4 工业设计的评价因素（以汽车为例）

资料来源：Karl T. Ulrich, Steven D. Eppinger, *Product Design and Development*, Ind ed.（McGraw-Hill, 2000），pp.227-230。

工业设计师必须对这些因素做出取舍。智能手表上的鲜艳颜色可能满足了人们的情感诉求却降低了感知质量。而且，美学因素因人而异，使设计师的工作更为艰难。

11.7 原型开发

对大多数人来说，**原型**（prototype）一词让人联想到一个功能完整、尺寸真实的产品，已准备好让潜在客户检查。工业设计师对原型的定义更为广泛。**综合原型**（comprehensive prototype）是一个基本完整的原型。工业设计师还使用**焦点原型**（focused prototype），以对产品的个别属性或特性进行检测。自行车或汽车制造商建立焦点原型来检验客户对于产品形式的反应，焦点原型可以是用泡沫塑料或木材做的自行车，或是大略模拟新车内装的座椅、方向盘及仪表板等配置的木制框架。自行车制造商可以进一步开发粗糙但可工作的原型以进行实验，确定产品如何运作。回想一下第6章药丸盒开发的例子，用3D打印机打印出多个粗糙的可以工作的药丸盒，进行焦点小组测试，然后得出客户喜欢的最终原型。

实际工作中应该制作哪种或哪类原型呢？这取决于下列因素。

首先，这取决于原型的预期用途。焦点原型可用于探索——学习类产品开发，以开发出世界级新产品；焦点原型可用于非世界级新产品，以了解产品如何工作以及如何满足客户需求。例如，宝马公司的设计师为宝马3系新车设计了黏土模型，并将这些模型送往法国南部，远距离观察其在阳光下的效果，以确定是否存在线条或外形方面的缺陷。现在就做出改变比在后期开发流程中做出改变的成本要少得多。

其次，需要一个更全面的实体模型，以确定所有组件是否能够组合在一起。这个模型还有一个好处，新产品团队各种成员需要通力合作完成这个综合原型。

最后，更高级的原型可以作为里程碑。可以定期追踪这些原型的性能观察其是否在朝预期水平迈进。

当有了综合原型时，可以将其拿给潜在用户进行实际使用测试，以做出改进。这就是众所周知的产品使用测试（见第13章）。

11.8 设计流程中的接口管理

新产品经理必须牢记，产品设计不只是设计师的工作！历史上，在那个职能部门林立、产品开发缓慢、直线式与阶段式并存的产品开发时代，工业设计师主导了大部分生产有形产品的公司行为。如今，工业设计师必须与其他职能人员共同合作。有些讽刺的是，设计师加入团队意味着其失去了主导权，处于影响力的边缘，承担主导责任的是产品经理。

产品设计工作中有很多参与者，有的参与者的作用更直接（如图11.5所示）。图11.5描述了参与者如何协作，这个模型多少有些线性化，实际上，开发工作是交叉或并行的。

可以看出这个模型给参与者特别是设计师带来的问题。工业设计师接受过美学（造型）、结构完整性、功能（产品如何工作）等方面的训练，这与工程设计师直接重叠，工程设计师的工作是将造型转换为产品尺寸或产品规格。技术人员并不缺乏对造型的见解，设计师也不缺乏对机械运作的见解。这对于双方都有经验与见解的一般产品（像鞋子或餐具）来说更是如此。

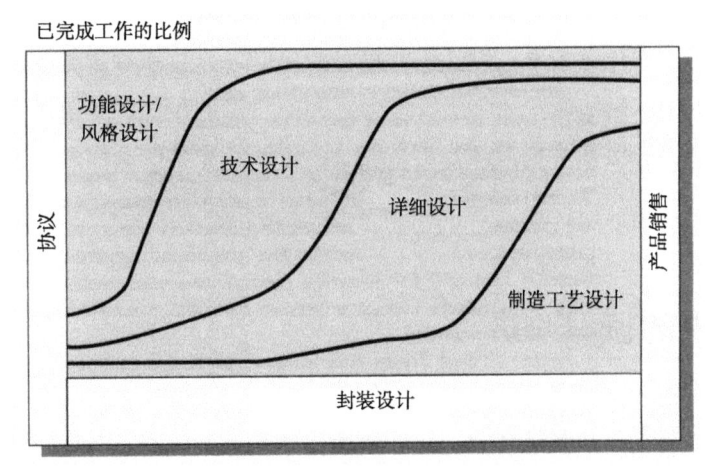

```
                  已完成工作的比例
        ┌─────────────────────────────────────┐
        │  功能设计/                           │
        │  风格设计                            │
        │         技术设计                     │
    协                        详细设计         产
    议                                         品
        │                         制造工艺设计  销
        │                                      售
        │              封装设计                │
        └─────────────────────────────────────┘
```

开发时间范围：

　　核心团队的成员要全部参与四个阶段的工作，不过第一阶段的领导权一般被赋予工业设计师，中间两个阶段的领导权归工程设计师，最后则归程序设计和制造程师。这些术语在实际应用中有多种变化。在化学和制药行业，设计和工程职能被研究和开发取代。在有的企业，产品工程取代了工程设计，它们还进行产品工程师和工艺工程师的对比。

　　服务业的步骤与上面一样，但不是开发一个实物而是开发一个服务顺序或一个技术能力，如金融业的投资服务、有线电视系统、办公室设计服务等。

　　与产品（或服务）开发同步进行的还有产品的附加因素——售前与售后的服务、质量保证及公司形象等。这些工作通常由营销人员领导，称为封装设计，跨越图中的各个阶段。

设计过程中的参与者	
直接参与者	**支持性参与者**
研究与开发	设计顾问
工业设计师和造型设计师	营销人员
工程设计师/产品设计师	零售商
制造工程师和系统工程师	卖主/供应商
生产操作	政府部门
	客户
	公司法律代理人
	技术服务

图 11.5　产品设计流程的模型

　　图 11.5 中的支持性参与者有些复杂。供货商通常比客户更了解材料，这就是百得（Black & Decker）公司在设计完成前就选择 Snake Lite 作为供应商的原因。像飞利浦这种大公司会投资创建大规模的造型设计中心，中心设计师的技能均优于一般工厂设计师的技能。客户几乎总是贡献一些出人意料的好创意。结果，这个造型中心成为一个汇集直接参与者之外的人的观点的综合体。如果我们将所有其他公司的人都列为支持性参与者，我们就是在讨论第 12 章的新产品团队职能列表。

　　上述问题带来的结果就是混乱，这些问题直接导致一些国家的产品被日本和德国的新产品打得落花流水。比如，在日本，产品设计的含义远远不只用户的观感和触感，还意味着各种工程应用。某个观察者认为，日本企业所说的设计是："一个全面的企业流程，包括确定客户需求，把客户需求转换成概念、详细设计、工艺计划、工厂设计、产品交付及支持性服务。"这一思想将最终客户需求的整体观以及满足这些需求的整体结构融为一体。设计被视为满足客户需求的系统性手段，个人技能并不重要。

　　在美国和欧洲，参与者从一个项目到下一个项目，像"走马灯"一样不停地变换角色。尽管工业设计师被高看一眼，从早期阶段开始就成为新产品团队的正式成员，但一些设计领域的纯粹主义者和传统主义者拒绝变换角色。在不同的文化背景下，设计和营销完全不同，文化差异很难磨灭。

有时，设计师起到了沟通最终用户和高层管理者之间的纽带的作用，与最终用户结合得越紧密，就越能了解用户期望什么样的设计以及进行设计变更。有时，设计师充当产业信息渠道的角色，比如，向产品开发团队推荐新材料等。

11.9 设计流程中的接口改进

设计出现的大部分问题都与开发流程的并行性和交叉性有关。从第10章的讨论中，我们可以清晰认识到，预先产品定义（产品协议和企业原型）十分重要。目前，有一些方法可确保设计与其他职能在开发阶段精准融合，并确保所设计产品被低成本制造出来。

较重要的方法是**联合办公**（colocation，将不同的职员或职能部门布置于相近的地点）。开发阶段的沟通相当混乱，当不同群体不经常联系和合作时就会出现信息遗失的情况，导致进行无效劳动或效率低下。有的大公司的研发中心距离营销部门的办公室和制造生产线几百公里，问题更严重。许多公司在尝试联合办公，以缩短沟通渠道和增强团队凝聚力。许多公司如摩托罗拉、福特、本田、美国电话电报公司（AT&T）、约翰·迪尔（John Deere）等成功地运用联合办公。

联合办公有助于整合部门、改善信息流，让团队成员更快地发现和解决产品开发问题。但联合办公必须谨慎规划和处理。为了联合办公而拆散技术卓越中心就不是一个好主意。如果联合办公相距太远，使员工不是穿过走廊而是不得不开车过去，那就不是解决问题而是增加问题了。还有一种情况是主场优势。如果会议在营销部门举行，营销人员就会被默认为更具影响力。所以，团队成员必须拆除职能墙、改变态度、建立合作意识。否则，联合办公虽方便了交流，但并不能真正实现跨职能整合。

许多公司使用 Lotus Notes 邮件系统或 WebEx 视频会议系统等通信技术，即使没有物理接触，也能达成联合办公的效果，这被称为**数字联合办公**（digital colocation）。有趣的是，有关研究发现，在促进知识传播方面，数字联合办公和面对面联合办公具有相辅相成的效应。

近年来，**全球团队**（global teams，团队成员至少来自两个不同国家）逐渐增加。视频会议技术的发展让全球团队成为越来越可行的选择。全球团队在新产品开发中越来越流行，我们将在下一章讨论全球团队管理。

还有其他方法。一些公司设置了**可生产性工程师**（produceability engineer）岗位，其作为独立的第三方，既懂设计也懂生产，还能在设计部门工作，确保生产需求通过设计决策得以满足。因为其是第三方而避免了地盘之争，但这不是一个令人满意的解决办法，因为很少有公司希望因此增加一位工作人员。如第10章所述，质量功能展开有助于新产品团队不同部门成员间的合作，帮助持续聚焦客户需求和利益。客户需求（协议中相对应部分）是该方法的固定部分，不可忽略。

此外，与上游供应商合作也是一种可能。当然，这么做会有安全风险、专利不确定性、突发事件无法授权合作等顾虑。对多数企业说，其通过技术搜索、要求供应商进行产品价值工程、让供应商加入新产品团队等方式与供货商合作。例如，克莱斯勒公司减少了供应商数量，与供应商建立了更长期的关系，并坚持与高质量供应商合作以提升全球竞争力。

提供最终用户真正需要的产品是任何供应商获得利益的方式最佳，双方都会从合作中获益。

11.10 计算机辅助设计和可制造性设计

另一个发展是帮助人们团结在一起，并体现所有参与者的重要性。**计算机辅助设计**（Computer-Aided Design, CAD）、**计算机辅助制造**（Computer-Aided Manufacturing, CAM）、**计算机辅助工程**（Computer-Aided Engineering, CAE）、**可制造性设计**（Design For Manufacturability, DFM）等极大地提高了产品设计和开发工作的效率。

这些技术有很多优点。团队成员必须共同工作以了解和使用这些技术，它强制要求所有需求在一个分析集，这样的话效率很高，比人工能做的工作多。此外，这些技术改善了那些缺乏地位的团队参与者的形象。例如，制造过去必须跟在设计和营销之后，甚至很少有公司邀请工厂人员参加会议，工厂人员总是按照给定设计进行制造。但这种方式在很多公司已过时。

产品设计者运用可制造性设计寻找最小化制造成本的方法。一个产品平均高达80%的成本是在产品设计时决定的。它的底层逻辑是，在设计时，某个看似不重要的细节可能会造成制造时产生巨大的成本，因此产品设计早期需要考虑制造影响。另一个术语是问题前置（front-loading），指在新产品流程初期发现并解决设计中的问题。

最重要的可制造性设计流程是**面向装配的设计**（Design For Assembly, DFA），即检验设计的易装配性和易制造性并鼓励产品简化。如前文提到的 Proprinter 打印机案例，DFA 能减少零部件数量、降低材料成本、节省装配时间。

DFA 软件通过制造条件编程以及有关特定装配操作的信息（如汽车装配线），基于时间和成本结果对任何设计方案做出回应，也能指出造成时间推迟或成本提高的主要设计要素，设计师可以据此直接完善设计。可惜的是，设计师没有面向营销的设计（Design For Marketing, DFM）软件。除非协议非常清楚并被接受，或者在设计过程中销售人员或客户在场，否则开发人员可能对工厂时间或成本有利，但对客户价值和实用性不利。

三维 CAD 已成功地应用于问题前置时对设计问题的识别上。例如，飞机或汽车设计师在空间有限的条件下进行设计。传统的二维工程图无法了解所设计的空调管道是否适合新飞机的结构；汽车仪表板设计人员无法知道音响系统的位置是否太接近发动机，这些情况通过 CAD 很容易识别出来并进行修改。设计波音 777 时使用了 CAM，其利用计算机生成的虚拟人爬进新设计的飞机进行维护，发现地勤人员难以触碰到其中一个导航灯。企业无须制作昂贵的原型来发现这一缺陷，设计修改很容易完成。

汽车制造商使用 CAD 技术改善底板工艺，即把汽车的动力系统装配到车身上方（类似制作三明治时所有原料的形状、大小必须完全相符）。比如，克莱斯勒公司使用 CAD 模型，在实际进行装配之前用数字方式识别并解决装配问题。现在，装配不到 15 分钟就完成了，而且不用多次试错。

CAD 的另一个应用涉及汽车防撞性。宝马公司使用撞击模拟器"撞毁"了许多辆汽车，并将汽车防撞性能提高了 30%。在测试过程中，实际上只制作了两个实体原型进行撞击、测试和分析，这样节省了不少原型实体制作、实际撞毁成本和消耗的时间。总之，数字预装配和仿真分析是三维 CAD 对新产品开发的最大好处，有助于克服新产品流程中昂贵和耗时的绊脚石。

最后，随时可用的 3D 打印的出现对产品设计和开发产生了很大影响。我们前面讨论过在产品评估中使用 3D 打印产品概念。这项技术可以帮助提高产品的创造力，优化产品设计，加快生产速度，降低开发成本。图 11.6 描述了 3D 打印对产品设计的多个方面的影响。

> 增材制造（Additive Manufacturing，AM）是使用超薄材料层构建三维（3D）物体的技术。GE 增材是通用电气公司进行增材制造的一个分支机构。行业分析公司 GE SmarTech Publishing 表示，2017 年，3D 打印机、材料、软件和服务的总支出约为 130 亿美元。未来，每年的支出将保持快速增长，十年内预计达到 2 800 亿美元。GE "全球创新晴雨表"研究发现，大约 90% 的全球高管认为，AM 增强了创造力，加快了上市速度。随着 AM 技术的改进，产品开发人员能够制造更多定制零件，具有更广泛的结构和纹理，从而提高零件的集成度。由于这些原因，通用电气成为众多投资 AM 技术公司之一。
>
> 作为一个应用示例，犹他州西约旦的 Optisys 公司使用 AM 技术为航空航天和国防工业制造金属微型天线和类似产品。AM 功能的改进使 Optisys 公司能够提供更好的性能。例如，使用 AM 使 Optisys 公司将一个天线中的零件数量从 100 个减少到 1 个，同时重量减轻 95%，生产周期从 11 个月减少到 2 个月，非技术成本减少了 75%。
>
> AM 为产品开发人员提供了几个好处。它使小批量或定制产品具有成本效益，允许公司使用零库存政策，按需打印零件，或者允许医院为患者打印定制的植入物。
>
> 通用电气公司在匹兹堡和慕尼黑设有客户体验中心，其可以向潜在客户展示 AM 能力。在这些中心，新产品团队可以学习如何优化设计，也可以想象如何实现从早期创新生产到全面生产。通用电气公司希望其对 AM 的早期投资和对高度创新公司的参与能够获得回报，其被视为未来创新和制造的领导者。

图 11.6　3D 打印对产品设计的影响

资料来源：Martin LaMonica, "Additive Manufacturing: GE, The World's Largest Manufacturer, Ison the Verge of Using 3-D Printing to Make Jet Parts." *MIT Technology Review*, 2013。

11.11　设计的持续改进

如何进一步改进产品设计？这需要再一次讨论新产品开发中被熟知的概念——客户声音。我们经常见到，初始产品已设计好，但产品的用户界面没有考虑客户想要什么。更严重的是，如果不对初始产品进行大幅度变更就很难满足客户需求。以客户需求为出发点，一开始就可设计出好的初始产品。这一过程被称为**交互设计**（interaction design）。如果自动提款机的用户总是要求提供英文服务并索要收据，为什么不能追踪这位用户的使用行为，这样的话 ATM 就不会再被要求。概念很简单，但需要对初始产品做实质性改变才能满足客户需求。

本章小结

本章讨论了设计流程、人员及活动、设计流程元素，比如，设计架构和原型开发；讨论了对许多公司非常重要的计算机辅助技术，但设计是多面的，各个行业千差万别。营销人员发现保持灵活性十分重要，这有助于设计符合每种具体情景和每个公司的政策。在大部分公司，设计与制造部门人员及其他职能部门人员组成跨职能团队（我们在第 12 章讨论其结构和管理）。

案例　创意大奖

思考以下新产品

微软全息透镜：一种独立的全息设备，通过投影图像为用户提供增强现实体验。

Q 领：运动员为了降低脑损伤概率而佩戴的一种衣领。它被固定在脖子上，在撞击时能够最大限度地减少大脑在头骨内的运动。

InnoSpire Go：这是飞利浦的一款产品，是一款用于简单、快速、方便地服药的电子雾化器，可以在两次充电之间使用 30 次。

MicroPro Grill：这款烤架由 Tupperware 设计，采用加热技术，将微波转化为直接热量，允许用户使用微波炉烘烤、嫩煎或烧烤。

ZEF 气候表：其包含可吸收或释放热量的相变材料，具体取决于环境温度。室温因此得到调节并保持舒适，无须用电。

多普勒实验室的耳塞：这些耳塞允许用户操纵周围声音的频率，例如，屏蔽飞机上哭泣婴儿的声音，或者在音乐会上设置期望的低音。

科勒的多产水槽：想象一个不锈钢水槽，集成了切菜板、漏勺、置物架和洗涤桶。需要时，组件会滑出以供使用。水槽的设计便于清理。

达·芬奇 Xi 手术系统：这个系统结合了机器人技术和微创手术。使用该设备的外科医生坐在舒适的位置，可以使用机械臂进行精细的工作。

通用电气的微型厨房：这是一个为小型公寓设计的厨房系统，里面有一个紧凑的冰箱、水槽和微波炉，同时减少了对环境的影响。紧凑的制冷、清洁和微波单元节省了空间，减少了用户的环境足迹。

上述新产品有什么共同点？所有这些产品最近都被《商业内幕》评为年度最佳设计产品。这些产品都进入了国际设计优秀奖（International Design Excellence Awards，IDEA）评选决赛，IDEA 是由美国工业设计师协会（IDSA）每年举办的比赛。在 IDSA 网站上，你可以找到数百个获得 IDEA 奖的产品的图库。

IDSA 网站指出，IDEA 获奖产品不仅设计精良、利润丰厚，而且许多产品真正改变了人们的生活以及我们互动、工作和娱乐的方式。IDSA 挑出三个获奖产品——iPhone、特斯拉 Model S 和 Oculus Rift（分别于 2008 年、2013 年和 2016 年获奖），认为它们在商业上取得了成功，极大地改变了行业，服务社会。在上述几个例子中，这些产品改善了消费者的健康和福祉，甚至可能拯救生命。虽然这些产品是技术的奇迹，但卓越的设计在最终改变世界过程中起到至关重要的作用。

请访问IDEA奖项库和其他列出精心设计的产品的网站。想想你最近用过的任何新产品，找出优秀产品设计的范例。汇编一个优秀设计产品清单，从该列表中选择至少两个产品进行讨论。提交一份关于你所选的两种产品的简要报告，在报告中对照迪特·拉姆斯的优秀设计原则讨论它们的设计。在你看来，这些产品会在十个原则中取得高分吗？

回顾优秀设计产品清单，你不同意其中的任何选择吗？有没有不属于清单的设计？再一次，用迪特·拉姆斯原则支持你的答案。

第 12 章

开发团队管理

12.1 引言

在本章，我们重点讨论**跨职能团队**（cross-functional team）。跨职能团队的个体来自不同职能（市场营销、研发、工程、设计、制造、生产等）部门，由明确确定的团队领导进行管理。跨职能团队已经被广泛而有效地运用在新产品开发中。然而，各种跨职能团队在人员构成、向谁汇报、成员合作效率、工作效率等方面各不相同，团队个体可能分散居住，相距千里，组织和管理产品团队存在巨大挑战。前面几章提到，一个功能完善的产品团队对于倾听和运用客户声音、开发新产品协议、确保在预算内加快上市等都至关重要。在本章，我们讨论如何组织和管理产品团队。

12.2 什么是团队

团队有很多种类型，描述、构建和管理一个团队是一个复杂的问题。德鲁克先生对运动员团队做的类比有助于我们理解团队类型。

- 棒球队：球队像流水线，队员密切配合、无缝衔接、缺一不可，但每个人又有独特的打法。双杀显然是一个例外。棒球队的配合通常是串联的。
- 足球队：球员有固定位置，但必须像团队那样踢球。每个球员都知道自己在每场比赛中的特定责任。日本的汽车团队就是这种类型。足球队的配合是并行的，不是串行的。
- 网球双打队：两个人相互配合、相互支持。以结果为导向，球队得分或赢得比赛。搭档是固定的。类似情况还有爵士乐三重奏，每位表演者轮流上前演奏，后面的两名表演者负责配合与支持。

棒球队和足球队要求有权威的管理者，而网球双打队则没有管理者。有识之士认为，排球队与当今的团队最相似：人数很多，个人凭借技能可以胜任所有的岗位，队长的角色与新产品开发团队经理的角色十分相似。

新产品开发团队与传统的、舒适的、层级型组织相当不同，需要进行更多的学习才能做好。懂得管好团队的人十分稀缺，由于团队整体绩效是最重要的，因此绩效考核很难。这给高层管理者带来很大风险，因为团队成员具有不同背景，扮演不同角色，没有人能直接对成员"评分"。

12.3 团队的组织结构

新产品团队的组织结构有多种形式。图 12.1 提供了有关新产品**组织结构**的实用**选项**，其中的选项具有连续性：越往右，公司对新产品项目的承诺越高，项目领导的权力越大。我们可以用"**项目化**"（projectization）程度来理解：越往右的选项，项目化程度越高。我们还可以用**轻量型团队**（lightweight）**或重量型团队**（heavyweight）来描述，重量型团队相当于高度项目化。

	选项			
职能型结构	职能型矩阵	平衡型矩阵	项目型矩阵	项目型结构
有（无）				内部的
委员会				外部的
0%————20%————40%————60%————80%————100%
项目化程度

图 12.1 新产品组织结构

注：项目化程度指参与该项目的人在多大程度上依赖该项目或承诺，因此，新产品委员会的成员几乎完全面向（忠于）他们的职能或部门；分拆（外部）风险投资成员几乎全部效力于这个项目。

图 12.1 最左侧是最轻量型选项——**职能型结构**（functional structure），工作由各个职能部门完成，项目化程度很低，通常需要一个新产品委员会或产品规划委员会。在这种情况下，工作风险通常较低，主要是对现有产品线的改进等。部门内的已有人员熟悉市场和企业，可以轻松有效地做出必要决策。职能型结构适用于一个职能部门内部就能完成的项目，不适用于需要多个职能部门输入的项目。

轻量型团队具有优点，团队领导很容易就能让团队成员了解关键信息，也比较容易进行沟通。团队中的技术人员（研发人员和工程师）间合作紧密，专注于他们的专业领域，这样可以最大限度地减少重复性工作。缺点是职能经理（研发经理、营销经理）比较强势，甚至能够支配项目领导，降低其工作效率。

图 12.1 的最右端是**项目型结构**（project structure）。这个选项的特点是高度项目化，其对于世界级或公司级新产品最有用，项目有时被称为一项**创业**。团队成员从所在部门抽调出来，全职进入项目工作。高度项目化鼓励团队成员发展广泛的技能，团队非常灵活以适应环境的快速变化。项目型结构属于重量型团队，项目领导拥有实质性组织权力。在项目领导的指挥下，跨功能团队一起工作直至完成项目，这时团队成员可能会被重新安置，回到原来的职能部门。

当需要发现涉及全新产品相关问题的新创意或新解决方案时，可以将其设计成臭鼬工厂那种形式——类似一种创业型结构。这种创业型结构可以是已有组织中的（国内也使用独立小机构一词——译者注），也可以从已有部门或公司分拆出来——成为分拆出来的风险创业公司。"臭鼬工厂"一词来源于洛克希德·马丁公司多年前发起的一个项目（该公司的高级开发计划现在在内部被称为 Skunk Works，即臭鼬工厂）。在这种结构中，一组研究人员从熟悉的部门和日常工作中被抽调出来，专注于特定的创新目标。例 12.1 给出了几个例子。

例 12.1　大公司如何运用臭鼬工厂

第一个臭鼬工厂始于 1943 年洛克希德·马丁公司，这种组织结构允许员工从事高级别的、有时是秘密的项目。臭鼬工厂将创新者和公司其他人员区隔开来，这被认为对速度和隐私至关重要。下面这些例子表明，臭鼬工厂可以用多种创造性方式组织。

甲骨文：雇用工程师从事定制云应用、大数据分析、网络安全、物联网等方面的工作。有两个解决方案工程中心，分别位于弗吉尼亚州的莱斯顿和丹佛，远离甲骨文的硅谷总部。臭鼬工程是甲骨文内部的一个独立单位，仅开发在甲骨文内部使用的产品。

沃尔玛：2017 年在硅谷推出孵化器，将其命名为 8 号店，目的是探索零售业的未来。这家初创公司聚焦开发零售购物的移动应用，在硅谷和纽约有两处办公地点。

谷歌 X（现在改名为 X）：已经实施了多个秘密的"登月"研究项目，旨在"改善人类的生存条件"。谷歌 X 的一个众所周知的成果是谷歌无人驾驶汽车，其还参与了太空电梯、机器人项目和其他项目。X 现在是 Aiphabet 公司旗下的一家独立公司。

赛门铁克：2017 年 3 月建立了赛门铁克风险投资公司（Symantec Ventures），旨在让网络空间行业的初创公司获得生态系统（数据和市场洞察）的支持。通过向初创公司提供访问权限，预计这些初创公司能加快上市速度。它在考虑未来收购一些初创公司的可能性。

杜邦：与特拉华大学和特拉华州政府合作，创建了特拉华创新空间。这是一个 10 万平方英尺（相当于 9290 平方米）的物理空间，为聚焦科学的初创公司设立，由来自所有三个机构的代表组成的董事会管理。杜邦公司在考虑将这些初创公司作为未来可能的收购对象。

资料来源：Valentina Zarya, "5 Corporate Skunkworks You Should Know about," *Fortune.com* June 15, 2017; Marziah Karch, "Google X: The Secret Google Lab," *Lifewire.com*, November 24, 2018。

项目型结构有多个优点。技术人员通过在多个项目上工作获得多专业的知识，团队成员对项目整体和彼此能力都有了更深的理解；团队的跨职能性质有助于加快上市速度；权威项目领导既为团队提供方向又承担责任。总的来说，如果一个项目需要多职能领域的深度集成，项目型结构就是一个好的组织选择。

图 12.2 对比了高项目化和低项目化的优缺点。低项目化往往意味着研发的高度专业化和研发内部的沟通，高项目化则意味着研发的多样化以及研发与其他职能部门的沟通。

在有些情况下，中间的结构更合适，比如那些既需要快速上市又需要技术优势的项目。为了实现职能型结构的技术优势和项目型结构的集成优势之间的平衡，公司可以选择**矩阵型结构**（matrix structure）。如图 12.1 所示，矩阵型结构有几种选项。**职能型矩阵**（functional matrix）是选项中最轻量级的，组建了团队，成员来自各职能（如制造、R&D 和营销）部门，但项目与当前业务很接近。团队成员像职能专家一样思考，职能经理仍然掌握大部分权力。在**平衡型矩阵**（balanced matrix）中，职能视角和项目视角同等重要。最重量级的矩阵结构是**项目型矩阵**（project matrix），这时往往需要的是更强有力的项目推动，这种结构的特点是高度项目化和权威的项目经理，团队成员首先是项目团队的成员，其次是职能部门的成员。

低项目化	高项目化
研发人员专业化程度更高	研发人员更加多样化
研发人员之间的沟通得到改善	研发人员与其他职能部门之的沟通得到改善
减少重复研发工作	更好的项目集成
关注技术质量	专注于更快完成项目
研发人员喜欢与之相似的人员一起工作专长和背景	研发人员喜欢与来自不同职能领域的人员合作并向他们学习
明确职能领导者负责管理专业研发人员	明确项目领导者负责整个项目

图 12.2　高项目化和低项目化的对比

资料来源：Eduardo Armando, Eduardo Vasconcellos, "Organization for Innovation,"in Praveen Gupta, Brett E. Trusko, eds., *Global Innovation Science Handbook*（New York:McGraw-Hill, 2014）,p.63。

创业型结构非常适合世界级新产品的开发。例 12.1 给出的例子表明，一些公司发现创业型结构对于开发突破性和前瞻性的新产品非常有意义。但也有公司发现高度项目化团队很难建立和管理，其开始转向更轻量级的组织形式。矩阵型结构也有缺点，因为可能很难管，可能带来不可理喻的复杂化以及高企的成本。任何矩阵型结构都不可避免地存在角色冲突问题：团队成员到底应该把项目摆在第一位，还是把所代表的职能部门放在第一位？在有些极端复杂的情况下，矩阵结构甚至可能不利于创新。严格的组织结构引发的运营难题被认为是惠普多年来缺乏创新绩效的原因。有的公司发现，相比团队组织结构，更重要的是激励团队成员间合作；毕竟，仅把人们聚集在一起并不能称为团队。

还有一些其他组织问题。是不是一个突破性创新必须在创业型组织"孵化"？是否只有在该创新得到市场认可之后才能融入母公司？一项对 12 家大企业创新的研究指出，最佳实践是，处理好创业型组织管理层和母公司管理层之间的关系，这包括领导力和过度管理等方方面面问题。突破性创新需要组织具备三种能力。

- 探索。创造、识别并阐明突破性创新机会。
- 孵化。把突破性机会变成业务建议书。
- 加速。迅速扩大该业务，使之与母公司的其他业务并驾齐驱。

项目化的其他观点

即便存在一定的实施难度，企业还是应将项目化作为推动团队成员高效率合作的方法。在一个项目中，只要有两三个人来自不同的职能部门，就一定会产生冲突。比如，一位营销经理参加新产品委员会的会议，其第一优先级一定是销售，因为其首先是营销人员，其次是委员会成员。营销经理是"职能化的"，而不是"项目化的"。作为委员会成员，其当然希望公司获利，因此这不是忠诚不忠诚的问题。但在涉及一个具体新产品对公司的利润贡献时，每个人的观点都会不同。营销经理可能认为如果满足客户需求并增加销量就需要新的包装；工程师则认为这会导致成本增加，而且增加的成本远超销量增加产生的利润；财务人员关注新产品会不会分流现有客户群并导致成本增加；研发人员认为这个新包装的研发需要调用另一个项目的关键员工，这可能影响明年更重要的项目。

这些问题很现实，并不是无病呻吟。提高项目化恰恰有助于解决这些问题。如果一个项目很重要且存在上述众多杂音，就必须提高项目化。如果反对的声音很大，那么就需要授权成立一个新的创业型团队。另外，如果产品开发只需要对标准产品或平台进行微小的变更，那么较低的项目化应该更合适。

不同企业采用不同方式解决这些问题。比如，丰田汽车公司成功地采用了集成产品创新的方法，从而保留了职能型组织。方法如下。

（1）强调各职能部门员工间的书面沟通，尤其是简洁的报告（1~2页），以减少文档的负担。

（2）在职能部门内的管理者与新员工之间建立密切的学生—导师关系（师徒关系）。

（3）"总工程师"（Chief engineer）担任新项目的首席设计师，其职能是进行总体设计，并管理庞大的工程师团队以使其落实细节。

（4）重视对工程师进行内部培训。工程师在全公司内大规模轮岗，以避免形成"职能墙"（functional chimney）。

（5）使用相对简单、标准化的工作流程，保证每位员工都不脱离轨道。

（6）建立一套设计标准，以提高新产品流程的可预测性。

12.4 组建团队

大多数管理者和几乎所有研究者都认为，新产品团队的组建必须与其具体工作情景相匹配。没有绝对正确的方法或范例，就像没有绝对正确的概念测试方法或产品创新章程那样。当然也没有绝对正确的人。大多数团队成员和团队领导来说自己是在执行任务中成长起来的。销售经理和科学家必须转换角色以适应团队工作。

12.4.1 建立协作文化

没人否认文化对企业的重要性。对于产品改进和产品线延伸，新产品开发人员必须接受企业已有的文化。例如，在亨氏（Heinz）公司，由 Big Red 品牌团队（负责番茄酱和相关产品）主导新产品工作。但是随着任务变得艰巨，公司需要培养一种协作文化，以激发创意、促进部门间信息共享、鼓励知识资本积累，并提高新产品开发效率。

培养创新文化有几个至关重要的因素。第一，鼓励持续学习。对于团队来说，与客户密切合作、使用概念测试方法、迭代学习、跟踪客户需求都非常重要。对失败产品的事后分析、对成功产品的事后分析有助于找到哪些方法有效、哪些方法可复制、哪些方法无效。应当多鼓励跨业务部门对话，分享最佳实践，分享从失败中获得的知识。我们之前提到过，很多公司允许员工将一定比例的上班时间用在构思新想法上，这项政策就是在鼓励一种学习和创新的文化。

第二，接受风险。创新文化鼓励冒险。团队成员不应该在产品失败的同时担心自己的工作或事业。高层管理者认识到，长期的成功需要有计划的冒险、试错，甚至一些失败，不要害怕失败。要想降低失败概率，团队可以让其创意孵化更长的时间，以确保产品在上市的时候是正确的，这可以最大限度地减少未来冗长而昂贵的迭代。

第三，建立项目团队责任制。团队成员理应因致力于创新带来收入增长，而受到奖励。因此，对责任的度量应该包括过程度量和结果度量。既使用管道充足性指标，比如，当前在研创意数，也使用管道绩效指标，比如，三年内上市产品实现的销售收入。我们在本章后半部分讨论如何更好地回报团队成员。

第四，不要忽视高层管理者和产品捍卫者（product champion）的作用。高层管理者可以传达创新对公司使命的重要性，鼓励采用创新投资的长期思维。其应授权团队成员对项目具有常规决策权，并支持其关于通过/不通过等重大事项的决定。高层管理者要持之以恒地保持对创新的适当关注，抵制短期救火的诱惑，坚持对创新资源（人力和财力）的长期投入。高绩效项目离不开产品捍卫者（产品冠军），其对项目有高度的使命感和责任心（ownership），全身心推动项目成功。我们将在本章后半部分讨论这个角色。

12.4.2 选择团队领导

整体战略和项目团队的数量确定后，就要着手选择团队领导。有时，团队领导自动产生，比如以下这种情况：公司实行产品经理制度，而新产品恰恰属于某个产品经理的产品线；新产品项目源自某人的技术，比如3M公司的便利贴项目。

团队领导要像"总经理"那样，能发现变革的必要性，并让其他人相信这种必要性。团队领导要能说服潜在团队成员加入团队，确保其工作投入，鼓励信息共享，增进互动，让来自各个职能部门的人员愉快共事。团队领导没有直接领导权，因此必须赢得个人支持。团队领导必须有很强的自信，这种自信基于知识和经验而非自尊；必须有同理心，能设身处地地站在他人角度看问题；必须有自知之明，知道别人如何看自己，必须擅长人际沟通。具有讽刺意味的是，即使具备所有这些也仍然不够。有人说，一个新产品项目需要两位领导：早期需要一位富有创造力、鼓舞人心的领导；后期需要一位严格执行纪律的领导。很少有人兼具两种能力。

究竟是先选出团队领导，由团队领导选择团队成员？还是先选择团队成员，由团队成员决定团队领导？后者很有吸引力，偶尔会被用到。然而，通常情况是，高层管理者喜欢自己选团队领导，然后让团队领导选择团队成员。这有利于团队组建后进行化学变化和投入，也有助于选出能够胜任的领导。高层管理者可以通过提供适当的资源、授权团队领导重要决策权，提升团队领导的成功概率。此外，团队领导应全身心投入！许多公司意识到，找到有才华的领导有多么难，所以，对好不容易找到的领导应高度重视。例如，丰田和本田就让他们在汽车上市后继续负责管理，并在另一个新车项目启动时让他们负责开发，而不是让其晋升到更高管理岗位上。

12.4.3 选择团队成员

选择新产品团队成员时要记住：每个团队成员都是来自职能部门的代表，职能部门是其"靠山"。研发团队成员无法完成所有技术工作，有的甚至一点技术工作也不做，但可以激励、引导和鼓励其他研发人员做技术工作。竞争来自其他项目研发团队，因为每个人都在为自己的项目争取时间。来自职能部门的团队成员也是如此。克莱斯勒公司希望团队成员成为变革推动者，博士伦公司希望团队成员拥有真正的职能影响力以及宽广的商业视野。博士伦公司非常信任团队，公司的一位会议发言人为其团队吸引了5位核心成员。

一个团队究竟应该有多少位成员？我们首先将团队分为三种：核心团队（core team）、临时团队（ad hoc team）和外围团队（extended team）。核心团队由各职能部门的管理者组成，团队中的一名营销人员可能代表并指导 10~12 位销售和营销部门的人。核心团队成员应全程主动参与项目，临时团队成员给予其支持。临时团队成员来自包装、法律、物流等重要部门，他们只是阶段性发挥重要作用，因此不需要加入核心团队。

外围团队成员来自公司其他部门、总公司或其他公司，可能来自任何地方。有的公司发现，将关键供应商纳入团队是十分必要的，制造公司与供应商间通过共享产品信息和技术规划，可以降低技术的不确定性，这有助于参与各方达成长期目标。公司的采购部门可以是核心团队或临时团队的成员，扮演供货商联络人的角色。此外，外部企业协作的增强也能促进内部职能部门间的合作。

与供应商互动有很多优点。举例如下：戴尔计算机公司与其处理器、接口设备和软件的外部供应商保持密切的联系，可以快速响应客户需求以提供定制产品。欧洲小型卡车制造商 DAF 公司依赖喷射系统供应商博世公司的知识，尽管彼此间规模悬殊但仍视对方为合作伙伴。博世公司为 DAF 公司提供喷射系统，DAF 公司向博世公司提供快速可靠的客户反馈，帮助博世公司更好地预测客户需求。

12.4.4　产品捍卫者

任何项目都需要支持。我们在前面讨论了高层管理者在支持建立创新文化中的重要性。但是每一个具体项目还需要持续的支持和培养，离开这种支持，一个高潜力项目可能永远无法结出果实，仅仅可能因为上级没兴趣，需要的技术突破迟迟没有出现，公司政治冲突导致重点转移到了其他项目，等等。**产品捍卫者**是一个公司内投身于一个产品并推广它且尽一切努力推动它前进的人。另一个相近的术语是推动者（promotor），即"推动创意前进"的人。企业中产品捍卫者的作用有些类似创业者开创一个新事业。产品捍卫者的价值在于突破路障、绕开公司层级、说服公司其他人（包括各个职能部门的人）支持创新。捍卫者不需要每次都赢，他们的任务是确保项目不能不战而败。产品捍卫者还起着把公司内部和外部信息传递给新产品团队的关键作用。

在大部分情况下，项目经理充当产品捍卫者。在其他情况下，捍卫者是自封的，比如，某个参与了促使项目发现的技术人员。产品捍卫者还可以是公司高管。无论谁支持新产品项目，产品捍卫者都需要扮演多个角色，具体角色取决于创新类型。权力推动者（power promotor）是在公司内部拥有权力和资源的捍卫者，其可以利用这种权力让高层管理者支持这个项目，为项目投入所需的人力和财力。专家推动者（expert promotor）提供技术知识和支持，收集信息并积累专业知识，帮助团队快速获得技术能力。流程推动者（process promoter）非常了解公司的组织和政治，运用外交手段为参与者建立连接。关系推动者（relationship promoter）在组织外部拥有关系，能够找到开放性创新的合作伙伴，共同推动一个有前途的项目。技术把关者（technological gatekeeper）与研发机构合作建立交流网络，收集技术信息并与团队成员和组织中的其他人共享。

12.4.5　建构网络

至此，我们的讨论聚焦团队领导和团队成员。但在有些情况下，并没有团队。如第 1 章所述，许多新产品只是对产品改进或进行产品线延伸，这些产品只需要在现有职能组织中开发即可，不需要建立专门的团队。此外，外围团队包含核心团队和临时团队以外的人员。因此，这些实际上也在从事新产品工作的参与者形成了一个网络。

网络（network）由节点（node）、连接（link）及运作关系（operating relationship）组成。节点是指对项目很重要的人；连接是指如何找到他们以及他们彼此间有什么关系；运作关系是指这些人在项目合作中如何连接和激励。节点是谁？这里无法简单回答。任何已知项目都可能有成百上千个人在支持，只有通过判断才能决定其中有多少应纳入正式网络加以管理。

网络建构者说，用程序画出节点和连接线路与在组织中建构一个网络并非一回事。但别无选择，因为网络是一种助力，即使非常不正式，甚至只是一种心智图像。也许网络最大的危机就是容易官僚化。在一次培训中，产品经理拒绝为一个其将管理的项目绘出网络，其说不想在一张纸上看到所有东西并被其复杂性所吓倒，也不想让其团队成员在看到后觉得项目存在大量的间接成本。

12.4.6　团队培训

一个刚被任命的团队尚没有准备好运作，仍需要高层管理者的支持。这个新团队还需要公司的良好氛围，其他管理者有时会怀疑或害怕这个团队，从而孤立或排斥它。

其实在这个时候最需要的是培训。如果我们有一大批经验丰富的新产品团队成员和团队领导，那当然好。但事实并非如此。一般而言，公司会对团队成员进行 2~3 天的集中培训，这可以作为建立团队的起点。许多公司非常重视预先培训，会拿出数个月时间进行培训。当然，仅靠培训课程是不够的，团队成员的原有能力更重要。

12.5　团队管理

要管理一个为开发重要新产品而组建的团队绝非易事。多个研究发现，很多公司虽然有定义明确的新产品流程，但实施起来并不是很成功。成功的公司总结出了一些对于实施具有指导作用的共性原则，包括明确的角色和责任、承诺感和主人翁精神、合作、强团队领导力、灵活性（参见例 12.2 中的详细内容）。最近出现了一个描述高绩效团队的术语，叫作**责任行为**（charged behavior），其含义是，除了承诺和合作，团队成员还应从合作中获得乐趣。与责任行为正相关的因素有鼓励承担风险、重视质量、部门间的交流、拥抱客户意见、竞争的本质等。

12.5.1　跨职能团队的接口管理

产品创新涉及不同职能部门和背景的人：销售和营销、研发、设计、工程、制造、运营部门等。新产品管理的挑战之一就是跨职能部门的接口（interface）管理，关键职能部门间必须保持经常的高效率合作，以提高新产品开发绩效。大多数新产品开发人员会抱怨："那些营销人员如果没有在城里最贵的餐厅吃上两个小时的午餐，恐怕熬不过一天。""有没有试着让科学家明确地说是或不是？""为什么制造人员从不承认自己搞砸了？"等等，其实这些抱怨有些以偏概全。事实上，跨职能问题比上面描述的情况要好一些，接口人员通常相处得很好。但是，每个人对于某件事的时间架构的理解是不同的，对于成功的衡量标准也不相同。同时，职能部门间的摩擦会影响项目，包括管理高层在内的所有参与者都必须认识到这些摩擦，并加以处理，以尽量减少负面影响。

例 12.2　指导新产品流程实施的一些原则

清晰的总体目标和具体目标。清楚说明新产品流程的各个阶段需要做什么、谁来做、什么时候做。准备材料、进行培训、清晰定义新产品绩效度量指标。确保团队有共同的愿景、共同的关注点和方向，确保团队成员间保持良好的沟通。

主人翁精神。承诺是指渴望竭尽所能确保项目成功，这十分重要。主人翁精神也是如此，在某种程度上比承诺更重要。主人翁精神是指团队成员意识到他们能创造不同凡响的成绩，便愿意付出努力。这种身份感与项目成果息息相关。要提供多种奖励和表扬来激励团队成员分担新产品开发任务，付出额外努力。在成员间建立信任。

高层领导力和团队领导力。高层管理者用实际行动支持新产品开发，并且做好示范。承担最终责任，尽管决策权已被适当下放到各个管理层。团队领导力意味着支持、促进和鼓励。

业务流程的集成性。其指流程将所有上游活动关联起来。所有输入和输出与新产品开发关联起来。形成一个中心化的业务流程组织。

灵活性。其指随着环境和目标的改变调整新产品开发流程，长远目标不变，仍然是成为世界一流的新产品开发组织。这要求公司允许每个项目或团队有足够的灵活性，例如，项目实施数量的灵活性、项目阶段时长的灵活性。

资料来源：Jeffrey M. Davidson, Allen Clamen, Robin A. Karol, "Learning from the Best New Product Developers," *Research-Technology Management*, July-August 1999, pp.12-18; Edward F. McDonough Ⅲ, "Investigation of Factors Contributing to the Success of Cross-Functional Teams," *Journal of Product Innovation Management*,17(3), May 2000,pp.221-235。

大多数接口管理很简单，有经验的管理者通常知道该做什么。许多研究关注如何管理职能部门间的摩擦，研究结果有三个方面。

- 给高层管理者留出接口，这样，他们随时可以将大部分问题排除掉。
- 接口管理的关键是时间，而不是管理技能。一位新产品开发经理说，他花了自己 40% 的时间观察关键任务发现，每个人其实都在其他人身上花费了大量时间，不管是内部人还是外部人。
- 那些持续制造麻烦并以此为乐的参与者应被排除团队，他们在对自己行为的反应中获得了某种反常的满足感。

那些最具创新力的公司，可以看到真正的跨职能关系不只是结构化的工作分配。例如，3M 公司鼓励营销、技术及制造人员进行早期的、非正式的沟通（3M 公司称之为三脚凳，three-legged stool）。团队成员相互交流想法并非正式地向提供对方资源和信息。工作环境设计有助于促进各个职能部门间的融合。一些新建成的办公大楼在每个楼层都设有咖啡吧以鼓励跨职能交谈，比如，Hoffman-LaRoche 公司在新泽西州的研究和销售大楼、Glaxo-Wellcome在英国的研究室等，工作间被设计成可移动的，团队可以轻松地重新组合。索尼等日本企业让管理者在销售、产品开发、制造及财务等各个部门之间轮岗，以培养出全能经理。

即使有这些新方法，冲突仍旧会发生。其实有点小冲突是件好事。职能部门之间的小分歧能激发出更关键的分析，并最终为新产品开发带来活力。不过，有效管理冲突十分重要。综合性冲突管理风格，比如，正视（合作解决问题以达成一个各方同意的解决方案）、妥协（达成各参与方都能接受的折中方案）与机能失调性风格，比如回避（回避问题）、圆滑（寻求表面文章性质的解决方案）、强制解决方案相比较，更能营造一个积极的创新环境（见表12.1）。当然，任何一个职能部门都不应该主导这一过程。

表12.1 五种冲突管理风格

冲突管理风格	定　义	示　例
正视	合作解决问题以达成一个各方同意的解决方案	对问题进行辩论，通过用户访谈，提出可能的解决方案，找到一个最受用户欢迎的方案
妥协	达成一个各参与方都能接受的折中方案	通过磋商将一系列特性融入产品设计中，确保项目继续进行
回避	回避问题，或者回避不一致的人群	地位不高的成员认为不值得惹麻烦，退出决策
圆滑	将问题大而化之，寻求表面文章性质的解决方案	为了组织的融洽，顺应那些对某个产品特性意志坚定的团队成员的意见
强制	强制达成解决方案	项目经理介入并制定决策

资料来源：David H. Gobeli, Harold F. Koening, Iris Bechinger, "Managing Conflict in Software Development Teams:A Multi-Level Analysis," *Journal of Product Innovation Management*, 14(5), September 1998, pp.423-435。

如果将营销、生产、研发的部门领导看作事实上的领导，就很难促成良好的跨职能部门协同合作，也不可能产生更好的新产品绩效。最有效的似乎是地位平等。

12.5.2 克服市场导向的障碍

在许多新产品开发企业，仍能看到条块分割思维的痕迹，各职能部门自扫门前雪。信息要么无法在部门间流动，要么被不同部门解读成不同含义。解决这个问题的方法是：建立授权的跨职能团队（本章进行了讨论），并通过质量屋把客户需求翻译成产品规格（见第10章）。另一个问题是惯性：市场需求信息不符合产品规格时，不是去改变产品规格而是忽视这个需求信息。如本章前面所述，高层管理者在跨职能部门的员工之间创造一个相互信任的环境相当重要，高度信任意味着管理者愿意以开放的态度接受那些可能改变"做事方式"的建议。近年来，尽管有了明显的改进，但是问题仍然存在，还需要更多的努力。

12.5.3 团队的持续管理

一个紧迫的问题是如何保持团队的激情。工作在持续推进，但创新迟迟看不见曙光，努力付诸东流，成员间关系变得紧张，这时需要给管理者打打气。倦怠真实地存在，也十分普遍，新产品开发那种打破旧曲线的行为方式更容易让人失去信心。有的团队领导会采取一些措施规避那些善意的建议——又一个新版本，又一项新技术，又一个新广告。团队在这些建议的干扰下很容易分心。

团队管理的另一个问题相对微不足道：如何有效地开会。新产品开发人员似乎一直在开会，有些产品创新者已认识到这一点，正在研究提高会议效率并改善决策的方法。

还有一个问题是项目期内更换团队成员。团队失去关键人员会导致重要信息流失。另一个问题是职业生涯问题。在许多公司，在自己的职能领域的阶梯晋升（如营销人员从初级到高级，研究人员从初级到高级）比加入团队晋升更有保障。对于科学家而言，清晰的职业生涯道路更为重要。最具创新的公司存在"双阶梯"体系：有两种晋升选择，或者升至管理层，或选择留在实验室；而在绩效差的公司，默认研发人员必须离开研究岗位才能升职。

12.5.4 团队薪酬与激励

团队管理中的一个微妙问题是薪酬问题。团队领导和团队成员通常领固定薪资或薪资加上奖金。奖金根据公司绩效、个人绩效和项目完成度平均分配，很少根据新产品绩效分配。理由很充分：员工应该平等对待，团队成员不应该承担企业家面临的财务风险，而且薪酬相同的话就方便团队成员调进调出。然而，大家也同意，要找到那些甘冒错过职业生涯晋升风险、愿意为新产品团队效力的优秀人才，并对其付出的努力和承受的压力进行奖励。硅谷有很多小企业进行股权激励，如股票分配和产品利润分成。

许多公司采用金钱奖励和非金钱奖励组合的方式激励团队，非金钱奖励比如奖品、官方认可、允许在工作时间做自己喜爱的事等。根据 CPAS，最常采用的奖励方式是项目庆功宴，参与更大更有意义的项目的机会，以及在组织特刊刊登、发放奖章和别针、颁奖晚宴等。

只使用奖金奖励会出现问题。有的人觉得身为成功团队的一员就足够满足了，不一定要钱，有的人则会抱怨所有团队成员都拿到了奖金（即使懒惰的人！）。如果团队中每个人都获得相同的奖金，问题就会变得更复杂。如果一个数百万元的创意只被奖励了 1000 美元，有人就会感到愤愤不平！

有人建议，公司应该根据项目特点调整薪酬结构。如果项目时间相对较长或不太复杂，奖励与项目利润挂钩就可以提升绩效；对于风险较高的项目，根据产品开发过程中的表现（比如，程序、行为、新产品流程各阶段的完成度等）来奖励比较好。对于后一种情况，如果根据结果来奖励，项目团队会因为风险太大或执行太难而退却。此外，企业也可以考虑采用里程碑奖励的方式（类似于登山者在到达第一个营地时庆祝，之后在登顶时庆祝），这样有助于调动团队士气，对组织文化也有正面影响。

美国 TRW 公司的克利夫兰汽车团队便建立了未来领导力计划（Earnings Leadership in Tomorrow's Environment，ELITE）来激励和奖励团队，这个计划为每个项目团队和每个个人设定具体的目标，薪资的 10%~25% 与个人和团队的目标完成度挂钩。杜邦公司使用 360 度评估流程，每位团队成员都要接受同事、下级和上级的评估。摩托罗拉公司奖励团队的行为而不是结果，因为公司认为团队需要冒险才能进步，只奖励结果会使他们回避风险。让团队成员获得非金钱的表扬是有意义的，因此应该经常修正非金钱奖励计划，以确保激励效果。

12.5.5 关闭团队

在什么时候关闭团队、在什么时候将产品交付给公司存在多种观点。第一种方式是有些公司在产品上市前就关闭了团队，一点一点地让运营人员接手。第二种方式是让团队准备产品营销（编制营销计划或培训营销人员），但到最后上市那一刻交由运营人员接手。这种方式需要团队关键人员密切协作。第三种方式较为少见，让团队人员实际销售产品，并成立一个新部门，团队成员成为新部门的管理核心，或者在产品营销成功后将其移交进行日常运营。例如，本田汽车公司会让团队领导继续担任新产品营销经理，在经过2~3次的设计大改造（6~9年）之后再将其派到另一个新开发计划中。

运营人员不论在什么时候接管，都应该与新产品开发团队保持密切联系。就像一位产品经理所说："这就像一个正在转动的齿轮必须与另一空转的齿轮啮合，尽早派部分人员进入日常运营组织中，让空转齿轮转动起来以达到接受新工作的速度。"

12.6 虚拟团队

现在很多企业运用现代技术组建虚拟团队，召开在线会议并共享信息，取代了传统团队或联合办公团队。虚拟团队有助于企业将各地的专家融入全球新产品流程中，以开发全球销售产品。**虚拟团队**（virtual team）指的是团队成员通过电子方式（如互联网）建立联系或与客户和承包商之间建立联系。其最大的优点是能够在人员分散的情况下进行沟通交流。此外，虚拟团队有同步模式，参与者同时在计算机或电话上沟通；或者采用异步模式，参与者单独进入网站，随来随去。同步沟通方法包括视频或音频会议、即时通信、实时应用程序分享等；异步沟通方法包括电子邮件和共享文档库等。两者都很常用。不过，异步沟通避免了时差问题，还可以在假期进行。

虚拟团队可以根据地理分布即成员间的距离定义。但还应考虑团队形态的分散程度：所有成员都孤立工作并只通过虚拟方式连接吗？或者，新轿车开发核心团队在底特律，其他孤立工作者虚拟参与？还是，一个团队在底特律，另一个在东京，还有一个在慕尼黑？上述不同的团队形态需要不同的工作风格。还要考虑时区问题：团队成员在什么时区？他们的工作时间是否重叠？等等。团队领导应该努力解决团队成员在不同时区工作的问题，例如，澳大利亚的团队成员不要觉得每次会议都在当地凌晨两点开！

虚拟团队对成员个体也有挑战。首先，团队成员必须对这种技术熟悉并且感到自在。绩效衡量和管理控制的难度加大了，处理权力冲突比面对面的形式更有挑战性。其次，虚拟团队的理念可能不太符合许多公司的价值观和文化，分布于全球的成员只有部分被采用。如果企业的指挥链高度层级化或者团队合作能力比较差，虚拟团队很难落地。鉴于上述问题，企业往往采用虚拟团队与传统团队并行的方式。事实上，在美国和荷兰的研究发现，传统的和虚拟的沟通渠道可以相互补充、相互促进，因此，企业应根据团队成员需要共享的知识的性质，运用联合办公和信息技术两种方式支持虚拟团队。然而，有经验的虚拟团队参与者承认，只要保持承诺和信任，最新的沟通技术就能让虚拟团队和传统团队达到同一个水平。

尽管只要团队成员存在地理距离就可以采用虚拟团队，但在全球团队背景下，虚拟团队的确日益重要。考虑到信息科技的进步，团队领导可以将虚拟团队视为一个绝佳机会，以引入遍布世界各地的研发机构的专业知识。然而，全球性虚拟团队面临的挑战更大，因为其必须克服文化和沟通上的障碍。我们在下文讨论全球团队管理。

12.7 管理全球分布式团队

越来越多的公司从全球视角看待新产品开发,并建立由不同国家人员组成的团队。在一项产品经理调查中,超过半数的公司说其至少在某些新产品项目中使用**全球分布式团队**(Globally Dispersed Team,GDT),而且预期将持续增加。

为什么全球分布式团队在显著增加?其实不难理解。产品复杂性的不断增加以及产品生命周期的不断缩短,都给新产品团队带来了新的压力,要求其搜集世界各地的专业知识。例如,如果博朗公司要开发一种适合淋浴时用的电动剃须刀,就必须获得材料、组件、机械和剃须乳液等专业知识,而这些常常不在其视野范围内。此外,其还需要考虑更换电池和其他组件。现在博朗公司已具备用 IT 技术协调团队的能力,即使远在地球另一端也不成问题。

沟通及文化上的差异,给全球新产品团队的管理者带来新的挑战。全球商业会议通常以英语为通用语言,但就算所有团队成员都会说英语,其英语水平也是参差不齐的。理论上,多元文化、异质性团队包括许多具有不同观点及思维方式的人,应该能带来更高的创造力以及更强的问题解决能力。但沟通问题时常发生,甚至可能引起文化误解。所以,高层管理者与团队领导要共同努力以达到期望的跨文化协同绩效。由于团队成员存在物理距离,会议常以远程方式召开,很少面对面举行,这就容易产生沟通问题和误解。即便面临这些挑战,研究发现,全球分布式团队只要有良好的沟通、凝聚力、奋斗精神和相互支持,在效率和效果方面就会超出一般的联合办公团队。

全球分布式团队面临的另一个难题是如何进行设计评审,因为集中起来定期举行会议几乎不可能。GDTs 大多使用视频会议、音频会议、电子邮件和电话讨论设计变更情况,使用 3D 打印来沟通其三维设计想法。许多跨国企业开始采用可视化管理软件(Visual Issue Management),让所有参与者在三维空间进行可视化设计、标记问题、追踪变化。设计师、工程师和其他专家在新产品流程早期可以参与进来,能在成本变得高昂之前轻松发现潜在问题。总的来说,使用这类工具可降低工程和再造工程的成本,并加快产品上市速度。

已经有很多虚拟 GDTs 成功克服沟通问题的案例。例如,波音公司使用网络新产品开发系统,整合分布在全球各地的火箭发动机设计师和伙伴公司,这大大减少了产品设计时间,降低了开发成本,减少了零部件的数量。此外,施乐公司用网络将位于纽约罗切斯特的产品设计师、上海的工程师以及香港的厂房整合在一起。福特公司通过全球产品开发系统及全球车辆计划(Global Product Development System and Global Vehicle program),协调公司的全球新车开发计划。在全球平台上,其中一个小组负责排气系统,另一个小组负责转向系统等,这大幅降低了工程成本,并让新车上市更加成功,比如富绅汽车。显然,鼓励全球分布式研发活动的跨国企业能够更有效地积累和使用知识,产生更大的创新能力。总之,国际新产品团队成功的主要动力是具备创新的全球化文化、向研发部门提供充足的资源、获得高层管理者的支持。

数字设备公司的 GDTs 同样运作得相当成功,该公司将其命名为"哥伦布团队",团队成员来自美国 5 个地区以及瑞士、法国和日本等国。其实行了一些有效措施克服与 GDTs 相关的障碍。重点是团队激励:

传统团队成员更忠诚于自己的本地网络而不是哥伦布团队，团队并不容易达成一致目标。为了克服这个问题，公司授予团队成员在执行任务时有一定的决策权，这样就可以在为团队项目做出贡献的同时，能在本地网络中"看起来较好"。为克服沟通障碍，数字设备公司发现团队成员在项目早期喜欢视频会议（因为可以随意评论），但到了项目后期，当团队成员按照自己的节奏工作时，发现计算机开会和电子邮件比较好，保留对话记录变得越来越重要。

许多公司，如飞利浦公司、美国电话电报公司（AT&T）和国际商用机器公司（IBM）等都积极支持多元化团队。飞利浦公司采用工作轮岗制，把员工派往国外的不同职能部门，工作时间一般是 5~7 年。先灵（Schering）制药公司在柏林和弗吉尼亚州里士满市的研究中心之间轮调技术人员。还有一些公司使用"客座研究员"，让国外技术专家到研发总部交流。例如，日本花王公司发现各国护发需求存在差异性，利用客座研究员在德国和日本间的频繁往来开发护发产品。产品预开发的地点在东京，集中开发工作的地点在德国的达姆施塔特。

很多公司坚持采用 GDTs 的原因是，相比将员工和研究设备集中在一个中心地点，GDTs 更实用且有成本效益。在国外市场的 GDTs 成员可以为当地市场的新产品开发提供专业知识。到目前为止，GDTs 的运作仍比不上本土团队，部分原因是这仍是一个新尝试。此外，GDTs 也有一些缺点，与面对面的会议相比，使用电子邮件和企业网络难以讨论或解释非常复杂的问题。研究人员发现，"中间型"团队在距离和沟通模式上更灵活，比传统的面对面团队或虚拟团队更具创造力。不过，随着 GDTs 管理经验的积累，其绩效会大幅提升。

本章小结

本章讨论了团队是什么，选择什么样的团队，建立、管理直至关闭团队，包括选择团队领导、选择团队成员、培训团队等。另外还有两种新产品团队，一种是高级别的跨职能小组，由关键职能部门负责人组成，任务是管理项目团队，随着团队的激增，需要某种形式的汇报载体；另一种是新兴团队，由一群经验丰富的新产品开发人员组成，其任务是协助项目团队开发适当的流程以执行。后者可能仅仅是一个名为"新产品流程经理"的人。流程十分重要，这是一个公司持续进行**组织学习**（organization-learning）的载体。

案例 普罗沃工艺公司

美国犹他州的普罗沃工艺（Provo Craft）公司，是一家面向全球手工艺人和爱好者生产并销售产品和工具的企业。多年来，公司已经成为贴纸、纸张、邮票等产品的优秀生产商，并以激发创造力的客户教育和客户服务为荣。但是，最近，公司发展有些停滞不前。

2006 年，首席执行官吉姆·桑顿领导的新管理团队决定，公司的重心从传统手工艺产品转移到采用现代技术的工艺产品上来。但是桑顿很清楚，公司必须至少进行 3 项大变革：培育新的企业文化、吸引新的人才、建立新的创意流程。

改变企业文化并不是一件易事。多年来，Provo Craft 公司依赖外部承包商开发的技术，现在这一点必须改变。公司开始征求客户反馈、扫描技术和观察市场的变化，并在内部设计产品。这是 Provo Craft 公司自创建以来第一次在内部进行完整的新产品开发，从创意生成到设计规格、营销计划和上市全都由自己完成。公司需要招募新的人才，比如，从惠普公司过来的产品开发副总裁吉姆·科尔比，他的首要任务就是找出适合参与内部产品开发的员工，并招募认同公司愿景和文化的新人。新人不但要拥有技术能力，还要了解项目管理，并对工作充满激情。

除了新文化与新团队，Provo Craft 公司还建立了新的创意流程。科尔比在一个内部头脑风暴会上说，"我们在一个有大量白板、大量比萨、大量便利贴的会议室聚集伟大的思想。我们邀请营销、财务、法律、人力资源、销售等不同部门的人参加。我们花数小时讨论关于市场需求和竞争地位的各种想法，我们的口头禅是'绝不说做不到'。一切皆有可能，没有哪个想法是坏主意。如果员工的想法最后变成了实际的产品，员工会得到一笔奖金。"

头脑风暴会后是正式的市场研究，目的是找出：① 客户对什么充满热情？② 提供的最佳价值主张是什么？③ 如何开发产品，既让客户负担得起，又让公司赚钱？常用的方法是焦点小组。比尔·盖茨曾说："对你最不满意的客户是你最大的学习来源。"其实，不论是客户还是非客户，都会在这个阶段参与进来；Provo Craft 公司收集所有的评论或回馈，不论是来自 Facebook 还是 Twitter 的。科尔比说："社交媒体为我们直接从目标客户那里搜集数据开辟了全新的途径。"同时，Provo Craft 公司全力保护公司知识产权，基于法律风险的考虑，公司不直接向客户征求意见。一旦公司发现某种新产品概念有潜力，就将该产品纳入 5 年期的产品路线图中，同时启动开发流程。

科尔比承认，自行开发新产品会比较贵，而且对于产品负责人来说，不是一战成名，就是身败名裂。但是可以通过遵循正确的流程、建立正确的团队将风险降到最低。他还认为，产品创新是一个"持续学习的过程"，一旦松懈就是打包走人的时候。

普罗沃工艺公司有多成功？在公司变革之时，主要卖家是 Cricut 公司，该公司拥有非常忠实的粉丝群。在采用新的企业文化后不久，普罗沃工艺公司成功推出了几款屡获殊荣的创新产品，如"Cricut gibby for Cricut"（Cricut 墨盒）、丝网印刷机、Cricut Cake（使用 Cricut 墨盒装饰蛋糕和烘焙食品）等。

讨论企业文化在普罗沃工艺公司的作用。导致产品开发显著转变的企业文化是什么？根据本章提供的材料，你能否向科尔比先生提出建议，以进一步改善普罗沃工艺公司的组织氛围？

案例 福特富绅

20 世纪 80 年代中期，福特公司与其他汽车制造商一样，注意到世界各地对于汽车的需求逐渐趋同。例如，向来偏好大车的北美客户现在想要小车，而欧洲反而开始需要更大、更舒适、动力更强的车。这让福特公司意识到，公司可利用其位于欧洲和美国的研发中心，开发出一款适用于全球的新产品，这就是后来的福特蒙迪欧（Mondeo）。

蒙迪欧项目由福特欧洲公司主导，因为其比较类似一款欧洲车型。福特公司选择把位于比利时的车厂作为项目协调中心，并将具体技术问题分派给几个全球技术小组。公司成立了由各个技术小组负责人组成的项目控制组、由福特欧洲公司总裁负责的产品委员会,以及一个协调小组,通过网络、视频等方式协调各组的活动。供应商来自全球各地,其中47家为欧洲供应商,20家为美洲供应商。蒙迪欧于1993年首次在日内瓦车展亮相,一年后在美国推出。其通过与马自达的合资公司在日本进行销售。

蒙迪欧是福特公司的第一辆全球性车型,之后,福特公司持续改进和完善全球汽车开发计划,如开发更省油的车。实际上,福特近年来的成功在很大程度上归功于全球产品开发系统和全球车辆计划,福特的全球平台支持多个汽车品牌。不过,福特的全球产品开发经理德里克·库扎克认为,全球平台更加包罗万象,他说:"一个产品开发系统能让新产品缩短25%~40%的上市时间,不同车型的上市时间不同。想象一下,一个专门工程技术团队基于一个系统在为全球车型工作。"过去,每个新产品项目都有专属的工程师,如专属的排气工程师,现在,一个专门团队在同一个平台上为全球汽车提供排气系统,这就是福特公司的所谓"汽车DNA"。由于同一个团队负责所有方向盘的设计及技术,任何福特车款的方向盘都有独特但熟悉的抓地力或"手感",这种熟悉感贯穿福特汽车的各种部件,甚至连发动机的声音也是如此。福特称,2005—2008年,公司的新车技术开发费用下降了60%,而成功的新产品(包括福特富绅)源源不断,甚至旧车型(如F-150卡车)也焕发了活力。

福特首席执行官艾伦·穆拉利表示,福特管理层认识到汽车市场存在全球需求。不同国家的客户在质量、操作、燃油经济性、安全性和设计方面有相似性要求,只有一些地方性差异,这些相似性的存在潜在地为福特提供了竞争优势。而富绅的设计理念就是开发一款具有所有这些重要属性的汽车:出色的燃油经济性(插电式混合动力汽车最高可实现每加仑燃油行驶100英里),同时驾驶起来很有趣。

富绅使用最新科技提高行车安全水平,如路径偏移监控系统、停车辅助系统、盲点感应系统等。此外,声控设计方面的SYNC通信娱乐系统、福特车载多媒体系统(MyFord Touch)允许驾驶员通过声控或触摸屏与众多汽车系统互动。这些功能可以最大限度地减少驾驶员分心,提高安全性。富绅的流线型设计显示出简洁、灵活的特性。很多人认为,富绅的设计会带动"全球设计语言"的新浪潮,其会成为全球小型汽车的标杆。富绅首席总工程师亚德里安·惠特尔表示,富绅的设计目标是向客户展示"富绅不仅有卓越的视觉体验,还给客户带来了品质感"。

面向全球市场设计有一个巨大挑战,就是对前端架构的设计。富绅必须符合不同市场的不同标准,有时这些标准是相抵触的。最终的设计既符合北美的偏移和护栏标准,还符合欧盟的行人保护标准。计算机仿真以及180次冲撞测试确保所有安全指标都能符合全球标准,福特富绅安全标准的目标是在全球各个市场获得最高评级。

富绅在墨西哥和密歇根州生产制造,234家供货商来自全球五大洲的32个国家。福特公司称,高达80%的零部件是通用的。

福特公司首席执行官艾伦·穆拉利将福特的全球合作称为一种"福特文化":制造优秀的车,提高效率,坚持以客户为中心。这表明福特公司善于利用全球技术与资源打造全球一流汽车的决心,也表明其基于全球客户考虑持续改进设计:更省油、更安全、更易操控、更好的设计。

请对福特公司的全球团队管理进行评价,包括其在全球汽车开发方面是如何从一开始的蒙迪欧进步到现在的富绅的。富绅的产品开发过程有什么优点或者缺点?你会建议福特做什么?福特公司是在采用本章所描述的全球开发团队方式吗?如果是,如何做的?

第 13 章

产品使用测试

13.1 引言

技术开发的第一个输出是原型,这个原型需要对照指导其开发的产品协议进行检查,也可能被送到市场上进行验证性原型概念测试。原型概念测试与之前讨论的概念测试方法基本相同,不同的是现在有了一个创意的有形表达。通常最终用户对这些原型并不满意,还需要进行更多的开发工作。这个循环会持续下去,直到出现一个相对完美的产品——一个利益相关者喜欢的原型。

此时,大多数公司喜欢制作大量的原型,无论是在工作台上(例如,由设计师制作的新遥控器的远程控制单元),还是在一些小规模的试验生产线上。这是第一次可以为最终用户提供一种可扩展使用的产品概念,不需要根据内部实验室或工作台测试来猜测这个产品能否满足需求。我们的任务是设计一种方法测试最终用户对新产品的体验,这个方法称为**产品使用测试**(Product Use Testing,PUT),也称为现场测试(field testing)或用户测试(user testing)。有时人们会谈到**市场接受度测试**(market acceptance testing),其实是指后面章节讨论的市场测试(见第 16 章)。

本章首先讨论营销在整个开发阶段的作用。虽然实际的原型设计不是出自营销人员之手,但营销对于开发阶段的整个过程都有重要贡献,而且这种贡献越接近开发阶段的末尾越重要,直到上市阶段。之后我们再讨论产品使用测试的细节。

产品使用测试的重要性是显而易见的。因为它与推进整个新产品流程的几个重要概念有关联:独特且卓越的产品、A-T-A-R 模型中的复购比例、产品协议中的要求等。这三个重要概念有一个失败就会导致产品无法满足最终用户需求。

本章内容既适用于服务也适用于产品。对在网站上的那些标示公路、高速公路、公园等的劣质标牌,几乎可以肯定从来没有经过测试。

13.2 营销在开发阶段的作用

13.2.1 营销在开发阶段一开始就介入

随着接近开发阶段的尾声，产品离上市越来越近，营销人员的作用逐渐增加。几年前，当企业界还在盛行"销售"理念时（即我们造什么就卖什么），营销的作用很简单：把企业生产出来的东西卖掉。营销在技术人员完成工作前是不需要介入产品开发的。但当我们开始讨论团队以及加速上市时，很明显如果要保持竞争力就不能遵循这个理念。现在，营销人员在新产品开发的一开始就介入进来。在整个流程，营销人员向新产品团队介绍产品开发如何与市场需求和公司营销能力相匹配（如销售和销售培训、服务能力、分销实力等）。营销人员代表该产品在营销时不得不考虑的议题和关注，他们的早期介入将提高产品的成功率。

简单地说，营销的作用就是从市场收集信息。这意味着，营销人员扮演看门人的角色，将市场中的关键信息传递给新产品团队。因为整个新产品开发团队都需要关注市场，不仅仅是营销人员。技术人员、设计工程师和营销人员等所有团队成员都要收集信息。事实上，领先用户（见第4章）背后的理念是，关键用户就是新产品团队的一员，可以直接提供信息。在真正的市场驱动型公司，营销工作的重点不是信息收集而是信息协调——决定哪些来源（客户、领先用户、分销商等），提供哪些信息，以及新产品团队需要什么信息。

杜邦公司在20世纪60年代开发的乙烯聚合物Surlyn就是一个很好的例子。它最初一直被当作纯粹的技术驱动型产品，有很多有趣的特性：结构强，有韧性，透明且有弹性。在与很多材料进行比较后，开发人员设想它可以作为高尔夫球的外涂层材料，但被高尔夫球制造商多次拒绝，Surlyn后来终于成为高尔夫球原来外壳材料——橡胶的替代物。但营销人员最发现Surlyn还有更大的市场，而市场对之前技术人员认为重要的属性并不感兴趣。事实证明，Surlyn拥有卓越的抗油性和耐油脂性，这使Surlyn成为肉类包装行业优质的密封剂。后来，研发人员陆续发现，Surlyn还有更多的用途：果汁包装盒的黏结剂、纸类的涂层。随着搜集到的市场信息增多，研发人员可以修改流程并为新应用开发出相关聚合物，如保龄球瓶和滑雪靴。显然，原来由技术驱动的创新已经发生了逆转，现在是市场驱动技术开发。

制造的角色近年来也在发生类似的变化。其也从新产品流程一开始就介入进来，就产品的可制造性向团队"提出建议"。和营销一样，制造理解早期介入的必要性，他们代表这个阶段不得不考虑的一些议题。例如，惠普公司的DeskJet打印机代表惠普公司的新方向：新产品、新市场、新客户，以及新的产品开发流程。制造人员从一开始就介入流程，事实上，制造工程师转移到了研发岗位并全流程成为设计工程师的一个新资源。流程进行得如此之好，设计工程师游说上司提供更多的制造工程师。项目的最终结果是，制造工程师在惠普公司的地位大大提升。

13.2.2 营销加速或"我确信我们做到了"阶段

虽然营销和制造对整个流程都有贡献，但随着流程的推进，营销和制造的角色在发生转变。重要转折点是早期原型做出来并通过性能测试的时候。例如，一种抗高血压新药在早期动物实验时显示出有希望的结果，我们将这一点称为"我确信我们做到了"阶段，这时团队对于项目的整个态度都会发生改变。这一点之前，团队中技术人员一直扮演主导角色，营销和制造人员以顾问的形式参与。从这一点开始，营销人员的作用开始增加，需要加快操作，开始规划新产品的实地销售、服务准备、包装调研和品牌选择，并引入广告代理等。简而言之，"我确信我们做到了"阶段就是营销工作启动的阶段。

同时，在这个阶段，制造人员开始负起责任。在新产品开发中，我们常听到"制造加速"（manufacturing ramp-up），即制造人员开始计划全面生产（full-scale）的阶段（在这之前只进行供原型评估的小批量生产）。制造加速是指从原型准备到全面生产，营销加速是指开始准备产品上市。

13.3 为什么要做产品使用测试

原型一旦就绪，营销就开始加速：邀请真实客户对实体原型进行评估。需注意的是，正如第 3 章所述，原型既可以是粗糙的雏形，也可以是已完成或接近完成的产品。使用测试（use testing）是指在正常操作条件下测试原型。例如，消费者将轮胎安装在车上然后驾驶汽车，技术人员将笔记本电脑交到库管人员手中，银行在 3 个分支点上线新支票兑换服务等。设计儿童积木的人会把小朋友集中在一个焦点小组房间，观察他们怎么玩积木（他们喜欢吗？按照说明书玩还是按照自己的想象玩？会很快厌倦吗？），同时调查家长愿意接受的价格（你愿意付 70 美元买一组 100 块的积木，还是愿意付 50 美元买一组 75 块的积木？）。产品在这个时期并不完美，这不仅仅是因为设计不好。这里有一个案例讲的是制造难题。Weyerhaeuser 公司的新产品 Ultra Soft 一次性尿布成效非常好，并以促销价格销售，但试验工厂对大批量生产的预测出现了失误，结果导致生产线就像救火一样，并且出现了其他障碍，供应商拒绝与公司签订关键部件（尿布衬里）的长期合同。测试必须持续进行，直到新产品团队看到产品确实解决了存在的问题，或者达到之前产品协议的要求。

13.4 产品使用测试真的有必要吗

我们经常在产品使用测试时听到以下陈述：

我们已经在这个项目上花了好几个月（或好几年）的时间，也花了很多钱，必要时会请教专家，而且市场研究已经显示最终用户想要这样的产品。那么为什么还要浪费时间？高层管理者一直紧盯我们承诺的收益，而我们不断地听到主要竞争对手也在开发相似的产品。现在，我们箭在弦上，停下来去做测试好像是在对管理层表示我们对产品并没有信心。此外，仅仅试用是不够的，客户需要学会如何用，如何将其融入自己的生活，通过广告（或销售代表）了解产品好的使用效果。最糟糕的是，竞争者可能剽窃我们的创意，在市场上把我们一举击败！是的，不值得花时间和金钱去做产品使用测试。

有时，上述陈述并不是争论而是事实。例如，历史上发明的第一台传真机无法通过最终测试，因为当时没有线路可用，可视电话也是一样。第一台彩色电视也面临同样的问题，因为当时没有任何彩色节目。因特网如何进行使用测试？但愿这不会像某个知名卡通画里描述的那样尴尬，在画中，某位科学家手持烧瓶告诉另一位科学家："成功会带来不朽，但要永远测试下去。"

这个论点正确吗

这个论点有一定道理，尤其当提出者是提供项目资金的高层时。但是，除了个别类似传真机那样的案例，这个论点是不正确的。我们唯一拥有的就是未知，很多东西需要学习。项目因用户问题而启动，但现在用户并没有告诉我们这个问题已经解决了。

更重要的是，与成功产品的利润损失相比，产品使用测试的风险和成本是很少的（如图13.1所示）。唯一有分量的论点是关于竞争，即测试导致竞争者快速复制和销售新产品。许多食品类新产品就是这样的，缺乏技术含量的新产品也是一样。如果使用测试将明显导致我们在上市时排在第二位甚至第三位，那么大部分企业都会选择不做测试、立即上市。当然，其对经常性的失败是有预期的，食品类新产品的失败率往往为80%~90%，就是因为产品改进幅度很小，市场很难铺开，而概念测试根本无法测出消费者善变。

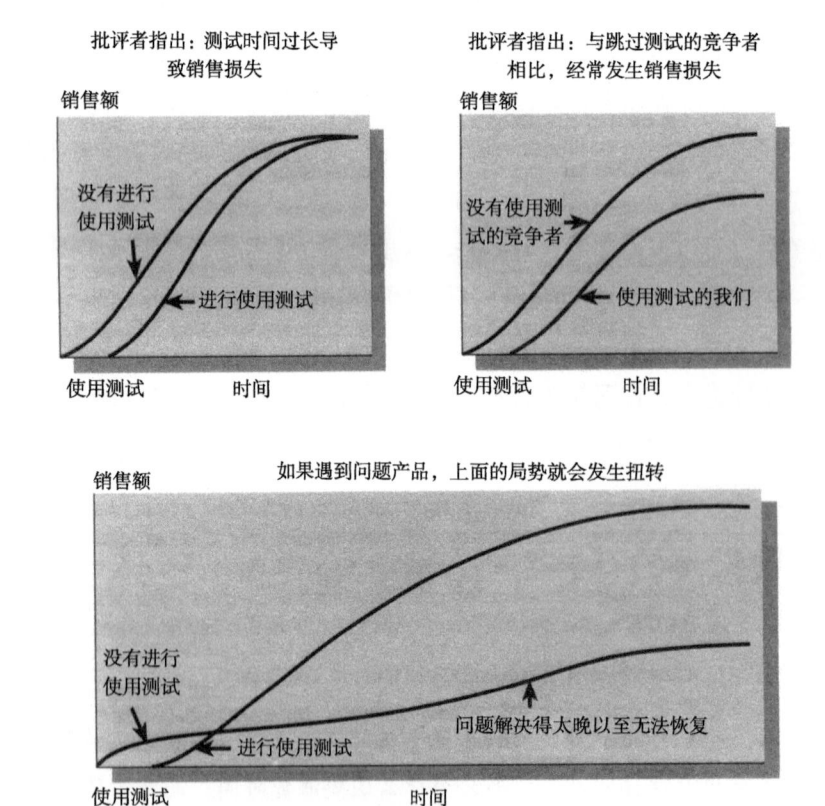

图13.1 产品使用测试的得与失

注：具体问题具体分析，以找到上述因素发生的可能性与影响，问题产品带来的金钱和时间损失可能相当大。

即使日用消费品行业也必须认真考虑使用测试的价值，包括如下几个方面。

1．评估竞争对手的反应

一方面，开发新产品的企业最好将其创新建立在技术基础上，建立竞争对手无法复制的护城河（参见第 3 章）。另一方面，竞争者发现，复制其他企业产品获得的收益并不大，你会复制，别人也会复制，价格竞争将侵蚀利润，而且模仿者通常会将创新者的错误也复制。我们需要警惕的是那些进行基础技术开发的竞争对手，尽管他们并不引人注目。

2．客户需求的复杂性

在任何一个行业，最终用户的需求都不是单一的、简单的。对于最终用户来说，任何新产品都是一条学习曲线，有时是取舍，有时是"包袱"——新产品引发的事情往往会连开发人员都感到惊讶。例如，想象一下你正在研发 GTE 传话筒，该技术可以让地面的人给正在班机上的乘客打电话。虽然起初航空公司对这个产品有兴趣，但采用率非常低。究其原因，是飞行员不愿意在稀有的安静时刻受到打扰，附近的乘客也不愿意。最终用途的确十分复杂，我们无法在实验室中模拟，无法发现用户错误对使用的影响，看不到竞争对手如何修改这个概念，也不会看到用户因这个改变（干扰工作或生活）而受到公司或家庭反对。进一步看，如果正在开发的是世界级新产品，企业需要进行多次产品使用测试，才能让新产品更符合用户需求，其重要性在于从错误中学习。

3．客户需求的沟通

如果没有拿到成品或真实的原型，最终用户很难说清楚需求和满意度。对智能手机用户的研究表明，他们可能正在寻找一款更薄、屏幕更大的手机。然而，当看到一款新的超薄、6 英寸的手机原型时，他们可能会说这不是他们真正想要的！手机太宽了放不进口袋，太薄了容易弯曲或裂开。此外，超薄设计涉及的其他功能变化导致用户可能无法接受，例如，由于改变电池组，需要每两小时充电一次。产品使用测试有助于确定客户真正需要什么，避免研发聚焦在错误的属性上。

iRobot 公司是 Roomba 机器人真空吸尘器的制造商，在推出 Roomba 900 系列之前，于 2017 年初进行了产品使用测试。Roomba 900 系列标志着对 Roomba 基本型的重大改进，因为它可以绘制目标地板的地图，实现更有效的清洁。新样机的测试版在推出时的数量有限，购买者必须申请才能参加测试。iRobot 公司通过测试版了解潜在消费者对地图功能或其他高级功能是否感兴趣，并在新系列推向市场之前，让研发更聚焦。

4．优质产品的交付保证

回顾一下增强产品的概念，先有产品的核心利益，然后是有形产品，最后是服务、保修、外观、融资等增强层面。新产品流程倾向于关注产品的核心利益层和有形层，甚至关注实施中的问题。但是，公司通常假设有能力提供增强产品环上的所有服务——销售人员有能力清楚地介绍新产品，产品早期故障不会吓跑潜在买家，财务部门能批准大额财务计划，广告能有效地回应竞争对手的挑战，仓储人员不会犯简单的错误而毁掉一半的产品。但是，这些事情会发生，而且经常发生。

跳过产品使用测试是一场豪赌，除非有正当理由才会被考虑。谁主张谁举证。如果无法进行全面的产品试用测试,建议至少在上市早期进行小规模的使用测试。

13.5 产品使用测试可获得哪些知识

公司通过从产品使用测试中学习并运用这些知识,让产品更符合市场需求(见图13.2)。

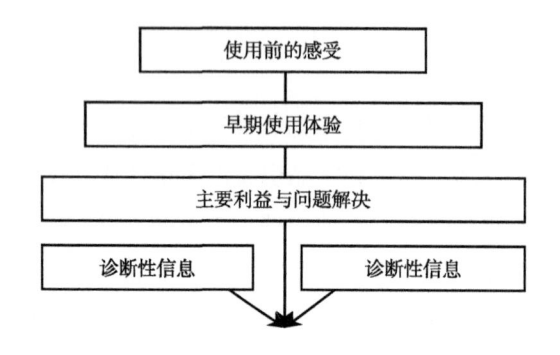

图 13.2 产品使用测试获得新知识

13.5.1 使用前的感受

用户对产品的颜色、速度、耐用性和操作适应性等会有实时的感受,每个产品都有机会获得用户相关反应的知识。最初的反应很重要,尤其是服务类产品。例如,汽车制造商知道潜在新车买主最重要的反应是第一次进入4S店的印象。所以在营销一款新车时,4S店需要精心设计展示中心,营造好的印象,接下来通过研究确认是否达到了预期效果。

13.5.2 早期使用体验

早期使用体验是关于"产品好用吗?"方面的知识,包括易用性、外观、驾驭性、是否有缺陷,以及对产品最终效果的证明等。

13.5.3 Alpha 测试和 Beta 测试

验证"产品好用吗"有很多难度。不论是做软件的计算机公司还是做硬件的计算机公司都面临激烈的竞争,喜欢用 Beta 测试,选择包含外部客户的现场进行短期的使用测试。其有时也会在内部员工中进行 Alpha 测试,Alpha 测试的目的是告诉生产商:这个产品能正常工作吗?还有漏洞吗?有些公司让员工比赛谁能从新产品中找到最多毛病,现在找到总比以后找到好。Beta 测试不是用来测试产品能否满足用户需求并解决问题的,往往需要数周甚至更长时间,IT 行业拿不出这么多时间。

Beta 测试这一术语源于软件行业,现在已经被广泛用于各行业,但 IT 行业仍然是运用 Beta 测试的主要行业。Beta 测试对开发人员有几个重要价值。第一,任何漏洞都能很快被用户发现并得以修复。第二,好的 Beta 测试确保只有高质量产品才能进入销售环节。第三,Beta 测试可以评估产品的可用性和性能。例如,一个新软件应用程序能在苹果手机上正常运行,在三星手机上却不能。尽管其已经在内部进行广泛的测试，但只有进行外部真实用户的广泛测试才能发现这种问题。第四，Beta 测试可以帮助测试版测试人员找到缺失的或待改进的特性，所以测试时一定要向用户询问有关特性请求和特性改进的问题。第五，Beta 测试可以帮助公司建立品牌知名度，如果测试版获得成功，就能让用户产生对最终产品的期待。

进行 Beta 测试时，有几个注意事项。在新产品开发流程中，如果 Beta 测试做得太晚，设计可能已基本定型了，再做设计变更就得推迟产品发布。如果测试版已经发布，程序中的漏洞还没有修复，结果一定不冷不热，媒体曝光的话会损害产品声誉。此外，测试的时候需要获取被测试客户的信息，这会造成客户关系紧张。例 13.1 总结了 Beta 测试的常见陷阱。

例 13.1　Beta 测试的常见陷阱

- Beta 测试公司的内部能力不足以完成高水平的测试，其也没钱聘请外部公司做测试。
- 开发人员提出空洞的性能要求，比如"用户友好"，如果没有定义相应的度量指标，这个要求就毫无意义。
- 太晚进行测试，导致开发时间延长，产品生产延迟。可采用增量式测试避免这个陷阱。
- 开发人员试图依赖自己做的 Alpha 测试，跳过 Beta 测试。但他们与产品的关系太近而很难进行严格测试并发现问题。
- 开发人员忽视了早期测试的负面结果，寄希望于产品在流程中的逐步改进。所有 Beta 测试结果，不论正面还是负面，都需要诚实地评估。

资料来源：Robert Stoy, "Assembled Product Development,"in M.D.Rosenau, A. Griffin, G. Castellion, N. Anscheutz, eds., *The PDMA Handbook of New Product Development* (John Wiley & Sons, Inc., 1996), pp.271-286。

13.5.4　Gamma 测试

Beta 测试可能达不到开发人员的所有要求。在 Beta 测试中，用户没有足够的时间评判新产品是否满足需求、性价比。一部新手机可能在现场测试时表现得很好，但一旦上市就会发现电池有明显的故障，在正常使用条件下，电量很快耗尽。这时需要第三种测试方式：Gamma 测试。其内涵是理想的产品使用测试，要求新产品完成所有测试环节、接受用户的全面评估。要通过 Gamma 测试，新产品必须解决客户提出的所有问题，不论花费多长时间。美国政府要求新药和新医疗器械都必须严格进行 Gamma 测试，有时测试可能需要长达 10 年时间。

虽然 Gamma 测试是一个十分理想的测试（当然也有争议），但大部分公司希望节省时间和金钱，希望快竞争对手一步，因此，其毫无疑问仍然会选择 Beta 测试，例如，汽车制造商。新车模型常采用 Beta 测试，让用户在设定的车道驾驶，让经销商在制造商的试驾场试驾，让汽车杂志记者和测试司机等人进行 Beta 测试。但由于测试时间较短，这并不足以判断这款新车是否真正满足了家庭的需求。

13.5.5　诊断性信息

新产品经理非常想知道产品是如何使用的、使用中有什么错误。但产品使用测试常常局限于关注如何提高性能、如何降低成本。比如，通用食品公司（General Foods）测试麦洛烘焙（Meilo Roast）产品中速溶咖啡和烘焙豆的比例时，其实是在降低烘焙豆成本和对口味影响之间进行最佳取舍。新产品开发人员需要的信息远不止这些，营销人员需要关于目标市场和产品定位的信息。因此，产品使用测试还应测试产品的整体性，因为只有用户感知可以告诉我们所有零部件是否组成了一个有意义的整体、产品是否适合使用。最后，开发人员还应观察是否有危险信号，比如，用户可能无法理解这个新产品，或者用户对产品使用效果无感。

苹果等公司开发软件时，把基于案例的研究作为一种全面的产品使用测试形式，与软件开发流程（从最早的概念到产品完成）同步进行。先是进行调查，开发者通过采访用户来了解他们的期望以及他们如何使用产品。在开发阶段，鼓励用户试用新软件的早期原型、菜单和功能，鼓励用户夸张地表达使用中的问题。这之后是最终用户在真实使用环境下进行初级的 Beta 测试，找出产品使用中的问题，将问题答案放入软件使用手册。接下来再进行标准的 Beta 测试。

13.6　产品使用测试的要点

任何产品使用测试都要仔细进行，无论是测试条目还是测试产品，无论是工业品还是消费品，无论是本地市场还是全球市场，而且，相关决策十分重要。管理者首先要决定打算通过产品使用测试学到什么。虽然学习内容取决于具体情景，但目标必须清晰，主要针对产品协议的要求（见第 10 章）。有的管理者喜欢通过分析潜在问题来明确目标。

13.6.1　选择测试对象

产品使用测试有时是在产品首次制造的工厂由实验室人员完成的。在亚历山大·贝尔用他发明的电话打给他的助理时，他就是第一位电话用户（第一个测试群体）。

第二个测试群体是专家，比如，测试厨房的烹饪人员。汽车公司测试的是造型设计专家，红酒公司测试的是品酒员。专家比普通用户考虑得更仔细，而且能更准确地表达其感受。然而，他们对客户感兴趣的东西却不见得感兴趣。

第三个测试群体是员工，尽管这常遭到批评，却被广泛采用。员工的公司忠诚、压力、生活方式和习惯都会扭曲其观点和态度。不过，这可以通过隐藏产品标识、对受测员工进行培训和激励而在一定程度上避免偏见。

第四个测试群体是利益相关者，包括客户和非客户、用户和非用户、经销商、最终用户顾问（如架构师）、竞争产品的用户、维修组织、技术支持专家等。

市场研究人员进行产品使用测试时，要十分小心地确定合适的受测人数。专家的样本量可以是 3~6 名，员工的样本量可以是 30 名或更多，最终用户的样本量可以是 20 名到数千名。样本量是被测内容的函数。任何样本都应代表产品目标市场的整体，而且结果应该正确（具有有效性）并可复制（具有可靠性）。一家美发公司在测试后开始销售一种新的男士护发素，但由于产品使用测试是在潮湿地区进行的，产品最终宣告失败，因为这个产品在干燥地区挥发得太快，对使用者没有任何价值。

无论你选择谁作为 Beta 测试者，都要与他们签署保密协议。保密是 Beta 测试的一个重要要求，选择可以信任的测试人员确保不泄露竞争信息，并让其按时履行 Beta 测试职责非常重要。

13.6.2 如何触达测试对象

有多种方式可供选择。第一，要选择联络方式，常见的是通过邮件或通过个人联络。邮件联络比个人联络更灵活、更便捷、更便宜，但在产品类别和提问深度上有很多限制。伯灵顿公司（Burlington Industries）在评估新的布料时，曾经通过电话邀请人们加入即时邮件联络组。B2B 类型的公司常坚持通过个人进行联络，因为相比消费品公司，他们需要更亲密的接触。

第二，选择个人联络还是小组联络。多数公司喜欢采用个人联络，尤其在开发周期的关键节点，采用小组联络的成本较低。

第三，个人联络存在地点选择问题。测试应该在使用地点（比如家庭、办公室或工厂）进行，还是应该在集中地点（比如，测试厨房、购物中心、电影院或货车）举行呢？在使用地点测试会更逼真，操作上允许有更多变化，但不能对实验进行有效的控制，这容易被误用。相比之下，在集中地点测试有非常齐全的设备（如厨房、双面镜、用餐区、模拟商店），可以对实验进行良好的控制，速度快，成本较低。比较下来，在集中地点测试较好。尽管如此，工业企业坚持在客户使用地点进行测试。有时候，地点选得很有创意，例如，TV networks 公司经常在拉斯维加斯测试新的试播节目，这个地点虽然完全不具备代表性，但奇怪的是来自各地各式各样的人在赌博机和牌桌的空余时间恰恰可能有兴致观看试播节目。其他可作为产品使用测试的集中地点包括市场研究公司的场地、贸易展、高速公路休息站（道理与拉斯维加斯相同：可以遇到各种人），甚至工业旅游目的地，比如，在 Ben&Jerry 公司的 Vermont 总部。

13.6.3 是否透露产品身份

透露产品身份（identity disclosure）是一个关键问题，即向用户告知多少关于产品品牌或制造者的信息。有的测试者认为应该透露，大部分测试者则认为应该保密。有的时候，像汽车、鞋子一类的品牌根本无法隐藏，因为消费者对大部分厂家和品牌有一定的了解。要知道，品牌产生的光环效应会扭曲消费者的反应。这时我们需要考虑测试的目的。如果是竞品比较，这时就需要**蒙眼测试**。如果想知道用户是否认为新产品更好，这时就需要对品牌有所感知。有一个折中办法，就是两者都做，先做蒙眼测试，再做品牌测试，这样就可以满足大部分测试问题的要求。不过，服务产品很少采用蒙眼测试。

13.6.4 产品说明详细程度

有的企业在进行产品使用测试时对受测产品不做任何说明，只是让用户"试试看"。这样测试存在一些风险，会忽略一些特殊的测试需求。有的企业提供受测产品的商业性说明，消费者正常购买产品时会得到那些信息。有的企业提供受测产品的完整说明，说明其中包含大量信息，以确保客户能够正确使用该产品。制药公司在进行新疗法的使用测试时，会给销售人员做好几个星期的培训。有些企业会在进行一次简短的商业性说明的测试后，再进行一次完整说明的测试。

13.6.5 对产品使用施加多大程度的控制

大多数新药只有在医生的控制下才能进行合法的测试。考虑到需要精确的数据并需要考虑患者的安全，这样的完全控制是十分必要的。许多工业产品需要完全控制以避免发生误用危险。

但是，大多数测试人员希望使用者能够实验，能够自由地犯些错误，希望使用者表现出对产品实际上市后购买使用的那种反应。例如，一种新的混合咖啡可以在完美水质、精确测量、最适当滤煮的情况下进行测试，也可以像普通人在厨房采用的方式那样测试，不去干涉做得对还是错。通过提供这样的自由，公司会了解到产品存在哪些误用的可能。例如，如果 Heublein 公司针对 20 世纪 70 年代 Wine & Dine 套餐（内含意大利面、酱汁和一瓶佐餐酒）进行充分的产品使用测试，就能发现日后出现的那些问题：许多客户仅仅喝了加了盐的佐餐酒就吐出来，发誓以后再也不买这个产品了！

由此形成了两种控制模式——监督和不监督。如果传送带制造商想要测试一种新的传送带材料，当使用该新材料时，公司的技术和销售人员（以及供货商人员）会去用户的车间（监督模式）进行试运转，如果显示没有问题，传送带公司人员就会回去，材料会留在用户工厂，以不监督模式进行全面测试（开发人员并没有"离太远"）。

然而，服务测试几乎都是在监督下的，因为没有办法被"带回家"使用。通常，餐馆会在某些地点测试新菜单（监督模式），如果多数人接受该菜单，菜单就将推出。

13.6.6 如何实施测试

产品测试有很多组合的方法，其中有 4 种标准方式（见表 15.1）。

（1）单一测试（monadic test）。受测者在一个时间段内只测试一个单一产品。服务通常必须进行单一测试，当然也有例外。

（2）顺序单一测试（sequential monadic test）。对同一受测者进行不同产品背靠背的单一测试，也称交错成对比较（staggered paired comparison）。

（3）成对比较测试（paired comparison test）。在产品使用时插进竞争对手的产品进行比较。

（4）三者比较测试（triangular comparison test）。类似成对比较测试，这不同于与两个竞争对手的产品（或两个测试产品与一个竞争对手产品）的比较。

表 13.1 产品使用测试的类型（以新牙刷为例）

类　　型	产　　品	说　　明
单一测试	单独的新产品	试试看这款新牙刷，并告诉我喜不喜欢
顺序单一测试	背对背的单一测试	与单一测试相同
成对比较测试	新产品和另一款牙刷比较，可以是：① 市场领先品牌；② 被认为的最佳牙刷；③ 新产品某一区间的领先品牌；④ 测试者目前使用的品牌	试试看这款新牙刷，并告诉我喜不喜欢，以及更喜欢哪种
三者比较测试	新产品和其他两种产品比较，这种比较是使用两个不同类型的新产品及一个其他品牌的产品	与成对比较测试相同

注："三者比较测试"时，这些多产品技术可以采用两种产品使用方法中的任何一种，即"并排"请用这把牙刷刷牙，再用另一把牙刷刷牙，然后给出你的反应；"交错"（通常称为顺序一元）。请用这把牙刷一周，再用另一把牙刷一周，然后给出你的反应。

测试还可以设计得更复杂，但只用于特殊情况。单一测试最简单，反映了正常产品的使用情况，是这些测试方法中最有效的。也就是说，这种方法最能代表正常产品的使用情况，但是结果比较不敏感，因为价格或其他属性的变化会显著影响客户的偏好。成对比较测试采用并行或同步方法，最不贴近实际，但是最敏感的。顺序单一测试比较理想，但需要花费较长的时间。在交错测试中，使用者可以试用某支牙刷一周，第二周换另一支，之后再使用第一种牙刷。

即便单一测试实际上存在一个隐藏的竞争品——在新产品出现前使用的那个产品，当对一个已有的产品类别（如复印机）进行测试时，必然要求将新产品与该品类的领导商品进行比较。如果不是已有产品类别，如第一台传真机或第一部PDA，开发者会怎么做？举例来说，第一部手机应该先与传统接线电话进行对比。如果没有直接对应的前身产品，开发人员通常只进行单一测试，然后要求用户将新产品与任何以前遵循的程序进行比较。

13.6.7 测试进行多长时间

有些产品的使用测试只需要一次产品体验，味觉测试往往就是这样的。有些测试的时间较短，不超过一周；有些测试的时间较长，长达6个月。测试时间较长是因为涉及范式的转变，必须学习一些实质性的知识，必须克服最初的偏见，这需要后天养成习惯。如果产品面临使用上的全新改变，如一款新的智能手机发现可用于最终消费者、小型企业主、跨国组织、医院或其他机构，也需要较长测试时间。研究者通常使用许多模型。早期的、快速的测试主要预测被我们称为创新者的早期反应，这个阶段的测试者失败，即便感知是不公正的，也经常会导致一个好的产品被淘汰掉。另外，良好的第一印象必须在过了新奇阶段后持续下去。许多产品仅仅昙花一现，火爆一下就迅速消亡了。

消费品测试很少超过一个月，也很难管理。如果一个新设备定位在低成本优势上，使用者最好用充足的时间测试能否显著降低成本。附带说明，在高速公路两侧进行彩色油漆嵌板的长时间测试属于实验室测试，而不是产品使用测试，因为没有测试用户粗心使用、没有测试漆膜的厚与薄、没有测试在真实家庭中使用的各种情况。苹果公司对新产品进行了很多特别的测试，如溅上苏打水、模拟汽车行李箱里的颠簸等。再一次提醒，这并不是真实的使用测试，客户能想出更有创意的方法来破坏产品，比如，出现过用户把计算机弹出的光盘托当作咖啡杯架用的情况。

13.6.8 受测产品来源

测试产品一般有三个来源：批量生产、中试生产、最终量产。如果公司只进行一种使用测试，那么选用最终量产产品进行测试无疑是最好的。只有当生产流程非常昂贵时，才会使用批量生产。

决定从哪里取得测试产品，是一种成本和信息价值之间的权衡。在这里省小钱，已经被一再证明会因小失大。

在测试结束时，留在用户手上的产品往往被忘掉了。产品应该被收回并检视，以发掘测试期间使用者的问题和行为。如果接下来要申请专利权，将产品收回就非常重要了，否则，开发者将面临失去专利原创性的风险。

13.6.9 受测产品的形式

一种观点是根据概念测试和市场分析，测试公司确认的最佳单一产品。反面观点是在测试情景中放置产品的各种版本，包括颜色、速度、大小等。后者更具启发意义，但成本也高得多。服务几乎总是对多个版本进行测试，因为服务较容易改变。决定选择哪种形式取决于许多因素，首先是第一个版本测试失败的可能性。没有人希望精心测试的产品失败。

添加更多版本会对用户心理产生什么影响？用户经历的测试越多，了解的信息越多，能告诉我们的也就越多。例如，无菌包装果汁制造商知道，果汁和包装对消费者都是新的，因此公司首先测试新包装中的橙汁，接着测试新的苹果汁和蔓越莓汁（附带一提，公司把橙汁运送到欧洲工厂进行包装，因此橙汁装箱的时间与苹果和蔓越莓汁装箱的时间一样）。

13.6.10 如何记录受测者的反应

有三个选择可以用（如图3.3所示）。首先，用5个或7个等级的口头标准记录喜欢/不喜欢的数据。其次，要求受测者将新产品与其他产品进行比较，比如与主要产品或目前正在使用的产品进行比较，或与两者都进行比较。这个偏好值可以通过几种方式获得，比如要求受测者以11分制量尺来评分，若是10比1，则显示有强烈偏好；若是6比5，则表示受测者对两者的感受几乎没有差别。最后，为了进行诊断，测试者通常想获取包括味道、颜色、处理程度、速度等产品重要属性方面的信息。这里常使用语义差异量表，也能搜集到测试所需的其他信息。

研究者进行香肠新产品研究时，根据早期概念测试推测，理想的香肠是低脂低盐的，其遵循这个思路开发了许多新产品。但遗憾的是，使用测试的结果恰恰相反，测试结果中的前两名香肠的含盐量排第一和第二，而且都是最多脂的，不油腻的产品测试结果垫底。由此可知，我们应该预料到这种意外的状况，并为此做好计划。

市场研究开发了许多奇特的方法，这些方法对新产品测试有很多帮助。例如，脑电波测量能帮助其了解用户的内心想法，特别当其对测试产品有强烈的情绪反应时。语音音调分析测试受测者声线中的压力，类似测谎，用来克服产品受测者的抵触情绪，避免影响受测者的感情。

还可以要求受测者记录每日的产品体验旅程，例如，记录在使用产品时有什么愉悦点和痛点。另一个方法是邀请受测者参与到讨论板中，当用户提到一个特别满意的新特性或一个非常麻烦的弱点时，这可能会激发讨论板中的其他人加入进来，通过这种方式可以感受这个观点的普遍性。

还有一种信息——购买意愿非常重要。回想一下，进行概念测试时，其曾询问受测者，如果产品在市场上可以买到，打算试用这种产品的可能性有多大（前两个选项问题）。现在，我们询问受测者对该产品的喜爱程度、该产品是否比目前使用的产品更受欢迎。这是我们第二次询问有关购买意愿的情况，其作为使用测试的结果衡量，而不是在预测实际试用率。

很多商业化的产品使用测试缺少了这里介绍的市场研究的风味。公司主要是通过近身个人调查和观察来获取所有信息。用户可能发现开发人员从没想过的问题。事实上，这些公司几乎从不进行正规的问卷调查。

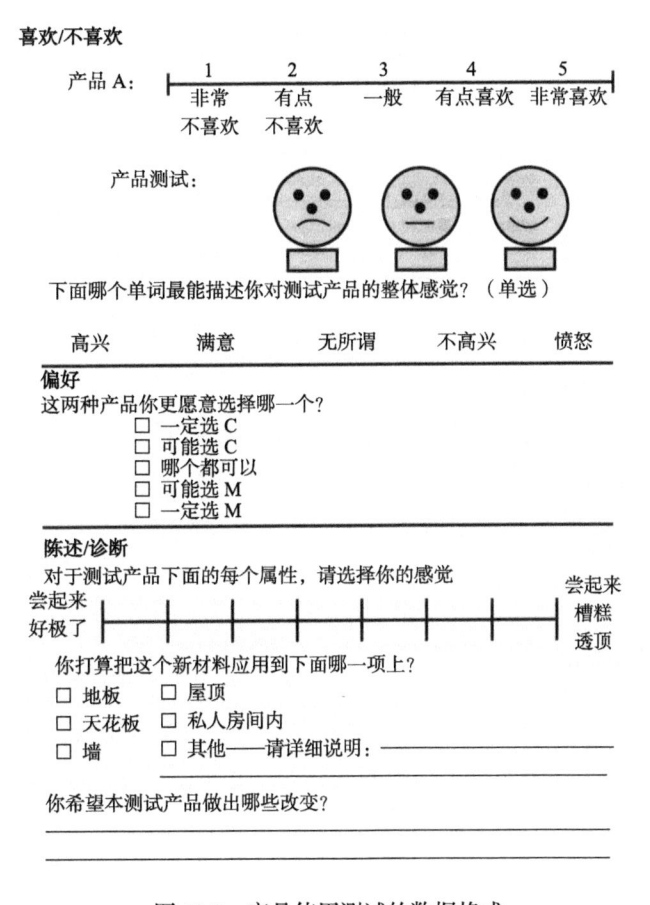

图 13.3　产品使用测试的数据格式

13.6.11　如何解释获得的数据

测试者已经意识到自己想要的是相对数而不是绝对数。就是说，如果 65%的用户喜欢此产品，那么这个比例与先前测试的相似产品比例进行比较，结果如何？如果之前的一个热销成功商品，"喜欢"的得分超过 70%，那么 65%只能算一般。

这个 70%就是一个正常标准。我们从哪里得到标准以及如何使用它们相当重要。无疑，主要来源是经验库，里面的经验都经过了研究和处理。市场研究公司的文档非常有帮助。如果这个标准是由公司内部会议凭空制定的，则没有价值。

13.6.12　应该奖励受测者吗

如果是冗长而复杂的产品使用测试，那么奖励受测者有积极意义。他们花费时间和精力帮助你测试产品，应该得到一些回报：可以向他们提供折扣、促销代码或其他财务激励。但必须小心，奖励过大，参与者可能会跳过关键细节或忽略漏洞；奖励太少，他们可能没有动力去做测试。因此，一个好的策略是在测试完成之前不公布奖励方法。请记住，如果奖励被认为是公平的，那么受测者可能愿意在将来参与另一场测试。当然，一定只奖励那些真正以令人满意的方式完成测试的受测者。

本章小结

本章关注的焦点是产品是否解决了客户的问题，与其他产品相比怎样，以及在这个阶段还能了解到什么。获得这类信息十分重要，但巨大的压力会迫使我们跳过产品使用测试。我们讨论了跳过测试的争论，只有在压力巨大到无法忍受时，才可以跳过测试。

我们讨论产品使用测试的多个方面：从"我们想从测试中学到什么"到"谁来测试"。每个方面都有若干可选方案，可以根据具体情况选择使用。

在使用测试结束时，我们要回到技术工作以解决测试中发现的问题，或者干脆放弃这个产品。如果测试结果良好，我们就开始准备商业化和最终产品，当然这只是概念的最后一个版本，还要进行最大的使用测试——营销。营销是第14章与第15章的主题。

案例 Chipotle 连锁餐厅

连锁餐厅 Chipotle 在 2015 年经历了一次食品安全危机，财务陷入困境，一些餐厅被关闭。从那以后，其一直努力从危机中恢复过来，并吸引失去信心的客户。一方面，公司开发和推出新的菜品；另一方面，公司聚焦新的零食产品，因为这些产品能增加非高峰时段的客户流量。

Chipotle 成立之初的价值主张是"诚信食品"——健康的快餐食品，价格略高于其他店。菜单上的菜品并不多，主要是各种配料组合的墨西哥碗和墨西哥卷饼。一个具有很高潜力的新产品是玉米片，已经通过了产品测试的早期阶段。事实上，玉米片早就在 Chipotle 的"秘密菜单"上，秘密菜单没有列在常规菜单上，但如果客户要求工人可以制作。玉米片用 tortila 玉米片、queso 奶酪和客户想要的任何配料做成。2018 年 2 月，Chipotle 当时的首席执行官史蒂夫·艾尔斯（Steve Ells）向投资者宣布，该公司正在考虑测试玉米片，以及其他新菜。以前有过对 Chipotle 用的 queso 奶酪的评论：放在墨西哥碗或墨西哥卷饼中很好吃，但其味道不太适合玉米片。

经过内部开发，Chipotle 于 2018 年 6 月将玉米片添加到位于曼哈顿的 NEXT 测试厨房的菜单中。NEXT 测试厨房看起来像一家普通的 Chipotle 餐厅，但仅在这个地方的菜单上有测试产品。在测试厨房取得成功后，玉米片在两个城市（明尼阿波利斯-圣保罗和丹佛）试销。试销餐厅允许 Chipotle 监控玉米片的售卖情况，以及是否影响其他更贵产品的销售。行业分析师和投资者担心，玉米片会影响现有菜单上菜品的销量。玉米片的价格约为 5.00 美元，而普通墨西哥碗或墨西哥卷饼的售价约为 7.50 美元。

2018 年，Chipotle 在 NEXT 测试厨房测试了其他几种产品，包括油炸玉米饼、沙拉、鳄梨土豆和奶昔。此外，Chipotle 在一个受控测试市场（加利福尼亚州奥兰治县的 8 家餐馆）推出了苹果木熏肉。虽然很多是在 Chipotle 菜单上明显增加的新菜品，但该餐厅一直依靠菜单上的墨西哥碗和墨西哥卷饼盈利。制作油炸玉米饼和其他食品需要购买新的烤架，还需要重新设计餐厅的流水线。烤架可以在几秒钟内加热玉米饼，但准备玉米饼需要两分半钟的时间，这对于快餐店来说是个问题。另外，所有新产品的发布都是在竞争激烈的市场中进行的；消费者对食品安全危机的记忆尚未淡漠，Chipotle无法承受这些新产品失败。

评论Chipotle的测试程序，重点是两个阶段：测试厨房、受控测试的市场。这会降低Chipotle的失败风险吗？测试厨房有什么问题？测试市场有什么问题？你能推荐其他类型的测试来补充公司目前使用的测试吗？

案例 新的非耐用消费品的使用测试

在竞争激烈的非耐用消费品市场，新产品持续不断地推出，但失败率很高，大部分是因为制造商经常在市场上试验许多产品，看看哪个产品能够"热卖"，淘汰其余那些卖得差的产品。然而，通过谨慎地运用产品使用测试，我们可以在出现昂贵的上市错误之前，找出产品的潜在问题并修正这些问题。

这里列举了一些大品牌日用品制造商上市的新产品，其中很少可以真的称得上"世界级"的新产品，这给制造商多少带来一些风险。

- 家乐氏公司（Kellogg）的Special K Plus：Special K品牌的衍生品——在谷类脆片中添加钙。产品装在一个牛奶盒形状的盒子（顶端呈三角形）内，以强化这个产品含有钙的联想。新包装与标准包装在容量上是相同的，用塑料密封条让产品保鲜。该公司的产品上市预算大约是1500万美元。
- 可口可乐公司的Surge：其是回应百事可乐公司受欢迎的饮料Mountain Dew的一个新产品。Surge有柑橘口味，目标细分市场是极限运动市场，与Mountain Dew、Gatorade等其他现有的软饮料、运动饮料竞争。在挪威上市时改名为Urge，产品相当成功，产品商业化的支出约为5000万美元。
- Uncle Ben公司的加钙米：这是一个添加钙的品牌，Uncle Ben的加钙米得到了美国饮食协会（American Dietetic Association）的支持，并以"卡通牛"为特色开展大规模的电视和平面广告宣传。
- 抗病毒面巾纸：由金佰利（Kimberly-Clark）公司开发和销售，是面巾纸的衍生品，添加了维生素C，当你打喷嚏或擤鼻涕时使用可以缓解感冒症状和杀死流感病毒。
- Dunk-A-Ball麦片：由生产麦片的通用磨坊公司（General Mills）制造，这是一种加糖的儿童玉米小麦麦片，形状像篮球。广告提示孩子们可以"先玩再吃掉"，当然，其只在限定的时间提供。

上述这些产品都在竞争激烈的市场上市。时间是影响产品上市的重要因素，然而，此时面临产品使用测试。你认为，在对这些产品进行使用测试时，什么是最重要的或不知道但最需要了解的？利用本章的产品使用测试决策清单，对上述产品进行使用测试，并提出你的建议。

第 V 篇

上市

在第Ⅳ篇我们了解到，营销活动和技术活动始终贯穿在开发阶段的流程中。营销活动的强度会相对低一些，尤其在开发阶段的早期，并且随着技术工作在某个点停顿下来，可能会有一段时间几乎没有营销活动。但正如我们在第 13 章看到的，当开发流程达到某一个点时，天平会逐渐倾向市场营销。图Ⅳ.1 描述了产品开发流程中平行进行的营销活动和技术活动。同样，这两个活动流在上市阶段仍会继续下去（如图Ⅴ.1 所示）。

在流程的某个节点，管理部门确定新产品应该上市，这时，我们所说的上市阶段就开始了，这个阶段也被称为"商业化"。所有的职能（设计、生产、营销等）部门在做出上市决策的前后都在持续进行工作。如果有变化，那么变化的触发因素是新产品制造，以及建造工厂的高资金风险。

营销活动在开发阶段的末期和整个上市阶段一直处于高强度状态。实际上，营销在项目启动时就已经开始了。产品创新章程中要求的市场焦点（某用途或某用户群）终将成为产品的目标市场。在概念生成后的概念测试使用的概念陈述很快将变成产品定位陈述。之后，营销活动将稍微沉寂一段时间，直到技术人员拿出一个符合协议要求的产品原型（见第 11 章）。当然，协议陈述不适用于大部分服务产品——服务产品需要很少的技术开发工作，并且流程惊人的短。如图 V.1 所示，在上市阶段，技术侧仍有很多事情要做，包括最初的生产运行、规模扩大到全面生产、为市场测试准备充足的产品、产品和工艺的最后调整等。

本篇的前 3 章主要讨论上市期间的各种活动。上市规划决策使用之前的所有方法以及大量新思维和新测试方法被用于构建上市能力。上市规划分成几个阶段：上市战略规划阶段，做出营销方面（如目标市场和定位）的战略决策；上市战术规划阶段，提出一套将战略规划付诸实施的具体战术安排；之后，战略决策和战术决策都要在市场上进行测试。这些阶段构成了第 14 章至第 16 章的内容。第 17 章讨论上市管理，此时，上市规划已制定完毕。

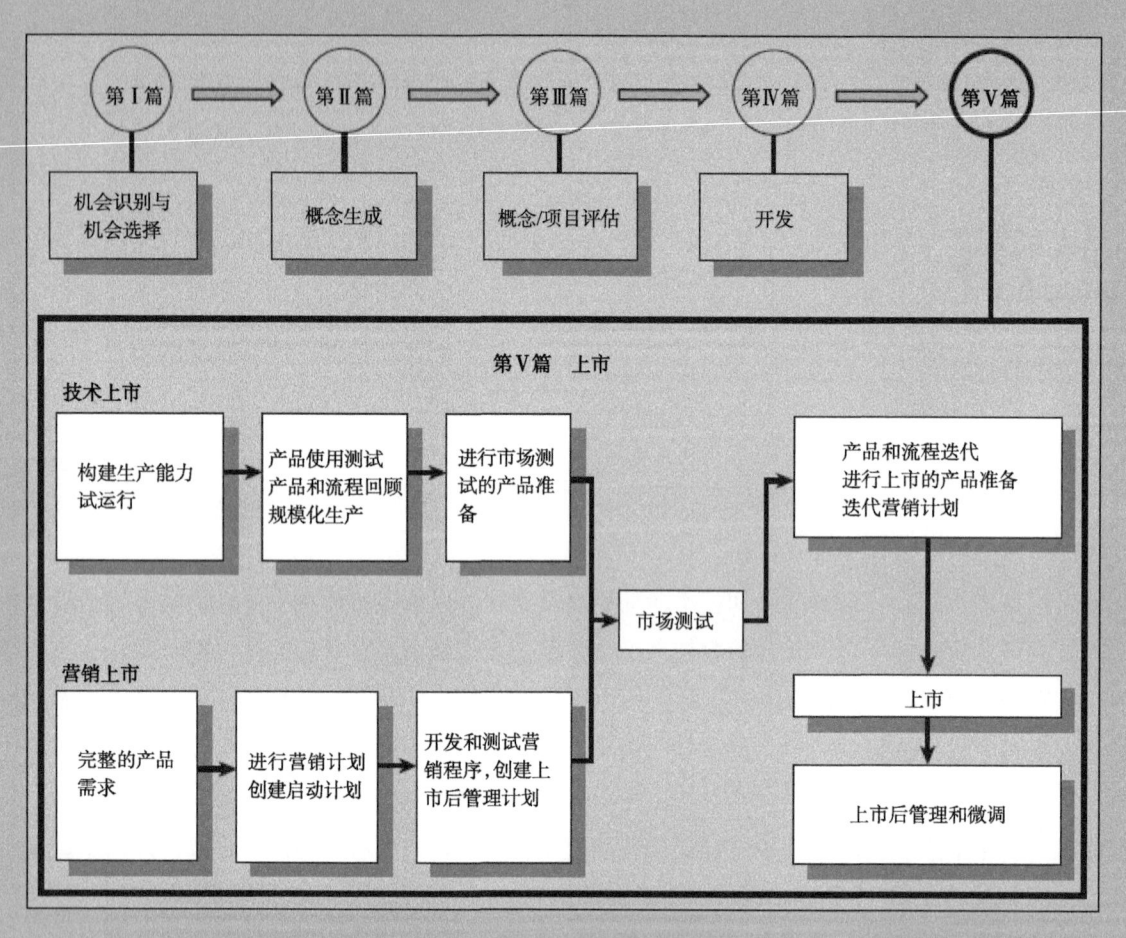

图 V.1　上市

在上市规划中，新产品团队必须接受一些前提。这些前提包括，公司已有了运营体系——一个或多个销售团队、某种财务机制等。团队可以避开其中的一部分限制，但不能全部绕过。所以，头几个上市规划决策并不是自愿做出的，这被称为**战略前提**（strategic given）。接下来，团队针对有选择余地的事项再做出一些**战略决策**，如产品定位、产品品牌、产品包装等。这些决策很难但很重要，会消耗大量人力和财力资源，而且一旦决定就很难改变。最后，要做出**战术决策**，本书仅讨论一些重要的战术决策。你会发现，战术决策与传统的营销计划决策很像，如推广、定价、渠道等。第 14 章讨论战略前提和战略决策，第 17 章讨论战术决策。注意，新产品领域的这些名词是很灵活的，有可能对一个人来说是战术，对另一个人来说就是战略，对第三个人，其就成为前提。

第 V 篇的最后一章讨论公共政策。这些政策在整个开发流程中都与我们有关，并在上市前后发挥作用。有一个警告：对于第 14 章和第 15 章讨论的活动，大多数人不了解。他们自以为懂，甚至有些人还是营销部门的人。问题是，不是没发现——发现很容易，误区更麻烦——人们认为理所当然但实际并非如此。例 V.1 列出了 11 个误区。我们鼓励你将这些误区记在心里并常常进行对照。你也可以在第 14 章、第 15 章找一下是什么使它们成为误区的，并根据第 15 章末尾的案例检验一下你的答案。

例 V.1 新产品市场营销规划的一些常见误区

以下是我们经常听到某些做过很多新产品市场营销的人的一些观点。这都是误区,在第 14 章和第 15 章会有解释。尝试自己找一下原因,并将答案与第 15 章末尾的案例对照。

(1) 营销规划中的决策是由营销人员做出的。

(2) 在新产品到达仓库时,技术工作必须全部完成,接下来由营销人员接手。

(3) 营销人员运用战略—战术范式是十分重要的,思路清晰有助于帮助他们管控过度兴奋的情绪。

(4) 营销人员的任务就是说服最终用户使用我们的新产品。

(5) 一个细分市场的销售潜力越大,该细分市场就越有可能成为一个目标市场。

(6) 产品创新章程指引开发阶段,营销规划指引上市阶段。

(7) 率先上市者将赢得对新市场的控制权。

(8) 新产品目标无非就是两大类:销售(美元或市场份额)和利润(美元或利润率)。

(9) 大部分人是聪明的购买者,不会受毫无意义的包装设计的影响。

(10) 上市不是游戏,成败全靠自己,当然最好取得成功。

(11) 就像百老汇一样,首场演出是我们长期付出所有努力的顶点。

第 14 章

上市战略规划

14.1 引言

新产品流程进行到现在，新产品团队已经准备好制订实际的营销计划。如果新产品是对已有产品线的改进，那么任务就很简单，因为产品几乎没有多大改变，几乎不用做什么决定。如果新产品是世界级或者公司级新产品，那就会面临巨大的挑战，因为这是在不熟悉的市场销售不熟悉的产品，需要新的传播或分销战略。企业常常不重视产品商业化的前期战略规划（包括确定战略目标和竞争定位）。在产品上市时，战略规划显得十分薄弱，战术错误（比如资源分配不足）使问题更加复杂。

不管产品新度如何，公司在考虑产品商业化的方式时应该有两组决策：其一是**上市战略决策**（strategic launch decision），包括确立整体基调和方向的平台性战略决策，以及定义我们将向谁销售以及如何销售的战略行动决策；其二是**上市战术决策**（tactical launch decision），主要是营销组合决策，如传播和促销、渠道和定价，战术决策在上市战略决策之后制定，并说明如何执行战略决策。例如，常被忽视的平台决策决定了进攻强度，如果是攻击性强的决策（平台决策），那么目标市场就应当放宽一些（行动决策），市场导入期的广告计划（战术性决策）应当选择大众媒体并举办对消费者具有强大吸引力的活动。

除了上面这些，上市战略决策还包括产品预期创新性、上市时间、竞争立场或定位、新产品开发驱动力（市场、技术或两者皆有）及其他诸多因素。在这些决策中，有许多决策将在新产品流程初期，即在产品创新章程或产品协议里已经制定。此时的改变会相当困难或耗费相当高的成本，这就是所谓的战略前提（strategic givens）。战略前提是营销规划的战略背景（context），并影响战术决策的制定。修改战术决策较为容易。我们在第 14 章讨论上市战略决策，在第 15 章讨论上市战术决策。

产品商业化是新产品流程中最昂贵且最有风险的阶段，因为一旦做出决定，就要在生产和营销活动上投入巨额资金。这个阶段常常缺乏管理。比如，一个新的吉列刀片将产生约 10 亿美元的生产和营销总成本。除了管控财务风险，对上市流程的熟练管理对产品成功相当重要。学者研究产品上市情况之后发现，有关新产品成功的大部分因素是可控的。也就是说，管理者可以通过改进产品上市实践获得更大的成功率。

改进产品上市阶段的工作，首先需要进行大量的营销投入，因为营销引导产品上市计划的实施。产品上市计划被称为商业计划或营销计划。罗伯特·库珀先生指出，有效的产品上市计划须具备以下五个要求。

- 产品上市计划是新产品流程的关键部分，与开发阶段一样是新产品流程的核心。
- 产品上市计划始于新产品流程早期（在讨论营销加速时提到过）。
- 产品上市计划基于整个新产品流程搜集的高质量的市场信息。
- 产品上市要投入足够的人力资源与财务资源。
- 参与产品上市的销售人员、技术支持人员、其他客服人员都是新产品团队的一员。

14.2 战略前提

首先，如何评价战略前提？第V篇概述部分有一些观点。战略前提可以被视为一种既定的"决策"（类似一种"战略假设"或"隐含假设"——译者注）。项目一旦开始实施，这些既定决策就会如影随形般地"露出身影"，我们常常忽略其重要性。这些既定决策涉及组织的方方面面，而且在不知不觉中固化下来，其所包含的对变革的惊人的抵制力量，常常引发创新者的感叹。事实上，它引发的问题相当严重，以至于高层管理者需要通过设立臭鼬工厂来避开组织内常见的各种限制。

如果这些限制很重要并且是企业明确认可的，就会被纳入产品创新章程中。但这里的所谓前提更微妙一些，其存在性可能恰恰因为隐含性，这些前提更像一些习惯、惯例或者常规，让人感觉简单、方便、舒适。重点在于，你必须把这些前提识别出来并研究明白。产品上市团队必须意识到存在的种种限制，并思考如何应对与这些限制相关的挑战。

14.3 回顾战略目标

在新产品流程早期制定产品创新章程时，列出几个基本的战略目标，正是这些目标将新产品团队带到现在这个节点。此时，最初确定的那些目标还能用，但新产品流程的推进使我们掌握了更多的新信息，外部竞争状况发生了很多变化，客户需求甚至管理要求都有所改变，因此，我们需要在制定上市规划一开始就考虑这些目标是否需要更新。

遗憾的是，现在企业使用的目标度量体系都太复杂了，而没有一套公认的指标。我们经过对数百个指标体系的筛选，给出了一套单个产品最常用的度量指标体系（如表14.1所示）。

表14.1 单个产品的度量指标

客户接受度	产品级绩效
客户接受度（使用度）	产品成本
客户满意度	上市的时间
收入（销售额）	产品性能
市场份额	质量指标
客户数量	

续表

财务绩效	其他
现金回收（盈亏平衡时间）	新产品上市的非财务措施
利润	竞争力影响、形象变化、员工士气变化
收益率（内部收益率、投资回报率）	

表 14.1 中的**现金回收**（cash-to-cash）指标，有时也称**盈亏平衡时间**（time-to-break-even），是指从现金初始投入到现金从成品中回收所需要的时间，这个指标现在用得十分普遍。使用现金回收指标时，要求产品上市不能只追求速度，在讲求效率的同时更要讲求效果。改善这个指标的办法是，选择能高效完成订单、高效进行库存管理、成功获得应收账款的供应商。出于这个原因，现金回收指标首先受到供应链经理的欢迎，现在新产品团队很喜欢这个指标。举例来说，丰田汽车在日本的工厂采用精益管理方法，在美国的工厂使用相同的方法，重点关注供应商及时交付零件、降低零件配送中心的库存水平、提高供应商的准时交货率、提高库存周转率。所以丰田汽车公司的现金回收指标得到持续改进。

不管度量指标如何描述，在上市规划者的心中要确定无疑地知道上市要创造什么或实现什么。

14.4 平台性战略决策

每个上市规划团队都要拟定平台性决策清单，因为其在不同行业、不同商品或服务、不同工业品或日用品之间的差异巨大。我们首先要考虑，对世界和公司而言，产品的新颖度有多高（回顾第 1 章讨论的"什么是新产品"）。

14.4.1 需求的类型

由于产品的新颖度不同，上市活动要针对不同需求类型施加不同的影响。

对世界级新产品来说，企业要制定一个进入市场战略，重点是激发市场对新品类的**初始需求**（primary demand）。产品上市计划要激发客户对新品类的接受度，推动创新在市场上扩散。

对产品改进或已有产品升级来说，如拥有最前沿特性的最新款手机或者笔记本电脑，上市的目标是推动**客户迁移**（customer migration），即鼓励现有客户迁移到新产品上，甚至可能把竞争对手的产品替换掉，即目标是激发客户的**替代需求**（replacement demand）。

对已有市场的新进入产品或产品线延伸而言，如百事可乐公司新上市的软饮料，或者家乐氏公司新推出的早餐麦片，重点是刺激客户的**选择性需求**（selective demand），即从竞争对手那里抢夺市场份额。产品上市计划必须能够刺激客户试用性购买，这些客户是新产品的早期采纳者。百事可乐公司的目标是让可口可乐公司的忠诚消费者打破习惯，至少尝试一次百事可乐这一新品牌。

除了针对需求类型，还有其他几个平台性战略决策。

14.4.2 持久性

所谓持久性有三种情况，第一种情况最常见，即坚守阵地，无意突破。第二种情况是实现目标后坚守阵地，在这种情况下要谨慎进行联盟，因为联盟后就很难挣脱。如果你的企业打算让新产品进入一个新市场，就要考虑到这一点，保持市场开发项目的试探性——试探能否在该市场站住脚，若实力不足就赶快退出。第三种情况是暂时性的。一些新品牌的上市是暂时性的。例如，可口可乐推出柠檬或橙子口味的可乐以暂时获得更多的货架空间，以一种意想不到的味道吸引忠实的百事可乐饮用者，或者吸引注重多样性的好奇购物者。想一想，每年有多少新玩具或新游戏、新口味的冻酸奶、新型减肥食品、新锻炼计划出现。客户喜欢多样化，愿意尝试新东西，尤其是又时尚又年轻的流行品。例如，芭斯罗缤公司（Baskin-Robbins）有几款基本口味的冰激凌，但为了使口味多样化，会不定期添加一些口味、摒弃一些口味。食品公司会推出一些与时下热门电影或电视节目联系在一起的暂时性产品。例如，家乐氏公司定期推出与动画片或电影相搭配的水果口味的零食，并经常更换。偶尔，有些暂时性产品会流行并且成为永久性产品。如果计划是暂时性的，许多战术性决策就会发生改变——使用外包方式，而不是建设新厂房，并借助代理商或其他制造商的销售团队。

14.4.3 进攻性

进攻性既指资金投入方面，也指姿态方面。进攻性进入市场，指的是在早期就积极提高市场关注度，将大部分经费投入早期推广上，将大部分资源投入早期试用上。相反，有的公司会谨慎地进入市场，这是因为产品性能、竞争对手反应、销售团队处理新市场的能力等重要因素都存在不确定性，但这不是消极姿态，只是为了避免进攻性姿态所带来的风险。例如，有的公司谨慎方式进入新市场，原因是不想惊动该市场的领导者。

有的时候，这种进攻性还可以是平衡的。也就是说，企业既不想成为好斗者，也不想偷偷摸摸做事。传统产业中的大多新产品上市过程都是平衡的，但平衡并不意味着正常，对某些公司而言咄咄逼人才算正常。

14.4.4 产品线替代

多数新产品与公司产品线（product line）上的已有产品有关，并不需要进入对公司而言全新的市场，这时会有人问："如何让新产品替代已有产品？"如表14.2所示，其有几种不同的战略选择。

表14.2 产品线替代战略

战　　略	示　　例
完全产品替代	替代产品一发布，现有产品立即下架。例如，吉列公司在推出锋隐的同时停止销售锋速3
淡季切换	与完全产品替代战略一样，但在淡季进行切换。例如，旅行社开发新旅游项目就是使用这种切换战略
旺季切换	与完全产品替代战略一样，但在旺季进行切换。例如，电子游戏开发商在假日采购季推出新的替代产品
首发，渐渐退市	这是另一种形式的完全产品替代战略，按照市场细分进行有顺序的替代。例如，菲亚特公司（Flat）的新500系列首先在意大利推出，接着在欧洲其他地方推动，然后在北美推出

续表

战　略	示　例
降级	已有产品和新产品同时存在，但减少对已有产品的资源投入。例如，旧计算机芯片仍与新芯片一起贩卖，但对旧产品的渠道支持少了
渠道分割	新产品用新的渠道，或已有产品换成其他渠道。例如，旧的电子产品在折扣商店被逐步淘汰掉

注：不用说，这些都是有变化的。三星拥有如此多的平板电视，以至于其在不断更新旧电视，并在发展过程中转移重点。重要的一点是：要有一些战略决策和计划。并且发布计划的时间足够早以使市场提供的产品（包括诸如服务、保修和品牌形象）能够适应战略

资料来源：John Saunders, David Jobber, "Product Replacement: Strategies for Simultaneous Product Deletion and launch," *Journal of Product Innovation Management*, 11(5), 1994, pp.433-450。

技术实力强的企业用更新、性能更好的产品蚕食自己的产品以及生产流程。吉列公司多年来一直在这样做，每八九年就有一项新的刀片技术推出。对于任何一个产业，只有少数创新者会采取自我蚕食式的新产品战略，其他的模仿者则会通过追随领先企业采取产品渐进式改进的方式取得成功。换句话说，模仿者沿着已有的性能曲线攀升（如改进打字机），而创新者创造出一条全新的具有高性能极限的曲线（如计算机打印机和文字处理软件）。

决定下一代产品何时上市并不是一件容易事，取决于三个因素：竞争环境、客户期望、利润率。

14.4.5　品牌形象

品牌形象问题涉及新产品需要全新的品牌形象，还是现有品牌形象的重大改变，还是现有品牌形象的些许改变，还是不做任何改变？例如，如果是引爆策略，就可能在必要时摧毁老品牌并建立新品牌。如果是陪伴策略，就需要在产品逐渐升级的同时保持品牌的正面形象。品牌形象既有韧性又有持久性，因此不要轻易改变它们。而且，品牌形象很容易因为广告中的某个微不足道的错误而受损，建立一个新品牌形象需要可观的投入。

在做出这些高层次的决策之后，我们将注意力转向较实际的营销决策：目标市场、产品定位，以及为选定的目标市场创造独特价值。

14.5　目标市场选择决策

激烈的市场竞争使大多数公司聚焦某个特定目标客户群进行新产品营销。市场太过复杂，单一产品是无法满足所有消费者的需求和愿望的。

14.5.1　市场细分的方法

市场细分的方法有成千上万种，可以归为以下几类。

1. 按产品用途细分

每项运动都有专用运动鞋，如跑鞋、篮球鞋、棒球鞋、综训鞋等。塑料有数百种不同的用途。手表也

有不同用途：贵重的礼物、时尚的手表、便宜的计时器。服装的类型代表了其用途，至少在历史上其是按照用途分类的，比如，牛仔裤最早是工人穿的，高尔夫球衫和马球衫最早是运动员穿的。服装制造商依据用途设计服装，但并不以用途为唯一目的。

2. 按地理、人口和心理细分

敞篷车在挪威并不畅销，雪地摩托在美国南部不流行。麦片的目标市场是成年人。带有大按钮和朗读功能的 Jitterbug 手机是为老年人设计的。奥利奥是由南美国家的牛奶巧克力制成的，而在中国使用一种不太甜的配方，因为这些市场的口味偏好不同。除了按照地理学细分，市场也可以按照心理学细分：价值观、活动和生活方式。某咨询公司利用著名的 VALS（Values, Activities, and Lifestyles，价值观、活动和生活方式）问卷跟踪三大变量以及人口统计趋势。汽车公司在开发新车型时普遍使用心理图。本田 Element 就是为活跃的年轻人市场设计的，他们想要时尚的交通工具，有足够的空间来携带自行车、露营装备等周末度假用品。

3. 按利益细分

正如我们在第 7 章看到的，利益细分市场对新产品的开发具有重大意义。通过对客户和潜在客户的调查，我们可以发现以利益为基础的细分市场，开发满足其中一个或多个细分市场需求的产品。回顾第 7 章联合空间图的例子，我们在泳装市场图上找到了三个利益细分市场（见图 14.1）。将利益细分市场信息与消费者品牌感知结合起来非常有助于制定定位战略，对于这一话题，我们在下文继续讨论。

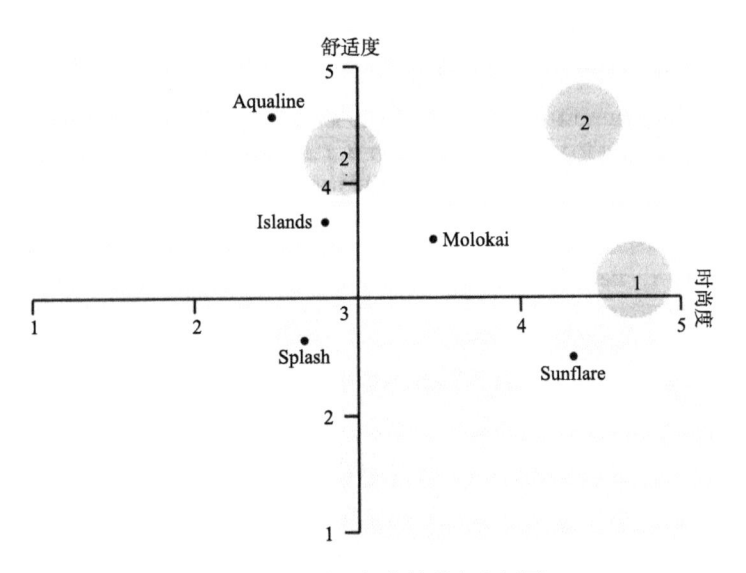

图 14.1　显示理想点的联合空间图

注：坐标轴上的数字代表因子分数。

14.5.2 微营销和大规模定制

当前目标市场选择了一种扭曲的趋势就是微观化。零售扫描仪和销售信息系统生成的数据库可以显示拥有独特购买模式的小型目标市场（社区或产业子集），这类群体被称为微市场（micromarket）。李奥·贝纳（Leo Burnett）广告公司的新产品研究员戴维·奥尔森运用扫描仪数据把食品购买者分成六大群体。

- 忠诚者。总是购买同一种品牌，喜爱该品牌，而且不用优惠。
- 旋转者。心中有一个包括 2~3 个产品的集合，选产品时在这几个产品中打转，而且不用优惠。
- 优惠选择者。选择旋转者的一种，根据是否有优惠选择。
- 价格驱动者。购买所有大品牌产品，总是在有优惠时选择。
- 商店自营品牌购买者。顾名思义，这个群体忠实于零售商自营的品牌。
- 轻度用户。购买量少，还没形成购买模式。轻度用户是大部分产品类别的最大购买群体。

直复营销者和网络营销者使用数据库技术，其细分市场比大众媒体营销人员更细密。亚马逊查看客户的在线购买情况（例如，一本畅销书），根据数据记录人们对同一本书的购买倾向，向多次购买者推荐更多的书。亚马逊卖得越多，数据库就越丰富，推荐产品质量就越高。还有很多例子，Fingerhut（一家目录公司）拥有超过 3000 万个家庭的数据库，每个家庭大约有 1400 条信息（涉及人口统计、爱好、兴趣、生日）。其利用数据库营销技术开展在线购物业务，根据客户可能购买的商品提供定制直邮优惠。糖果制造商玛氏（Mars）集团是宠物食品领域的领导者，公司拥有一个包含德国几乎所有养猫家庭的数据库，这些数据来自兽医和客户调查问卷，玛氏公司定期寄送样品、优惠券、猫生日卡片给猫主人，让宠物主人非常高兴。

最终极的微观市场细分以及最终极的客户价值是**大规模定制**，第 4 章曾经提到。如例 14.1 所示，以前的案例展现了产品配置器和用户工具箱，还有很多种大规模定制方式。绅士（Planters）公司卖给最终用户同样的花生，但定制的产品包装则取决于分销商的规模。大规模定制的另一种延伸是**虚拟产品测试**（virtual product testing），客户制造想要的产品、评估产品最终价格，然后陈述购买产品的可能性。研究者可以根据客户在产品特征与价格之间权衡的方式，更好地了解客户在进行购买决策时哪些特性重要、哪些不重要。

例 14.1 大规模定制的类型

协作型定制（collaborative customizers）：与客户一起工作，达成提供给客户最理想的产品的目标。日本巴黎三城眼镜公司（Paris Miki）将客户镜框风格偏好和脸部特征输入设计系统，据此向客户推荐镜框和隐形眼镜，之后由客户和配镜师一起进行改进。

适应型定制（adaptive customizers）：让消费者根据对性能的偏好进行定制。路创电子（Lutron Electronics）公司上市了一套照明系统，该系统可以让客户在许多房间同时调整亮度，以得到想要的气氛。

装饰型定制（cosmetic customizers）：在不同细分市场销售相同的基本产品，但是依据细分需求调整产品的促销或包装。例如，沃尔玛公司相比 Seven-Eleven 更侧重销售大包装的绅士牌坚果。绅士公司现在提供不同规格包装的产品，并可以根据零售商的要求调整每笔订单的生产量。

透明化定制（transparent customizers）：事先不告知客户正在为其定制产品。化学工作站公司（ChemStation）根据客户的需求制作特制的工业肥皂，其外观仍相同。在这种情况下，客户关心的是产品是否好用、能否准时送达，是不是定制的并不重要。

> 显然，任何战略都有需要避免的缺陷，就像绅士公司，如果提供的包装规格有太多种，就会导致成本无效率。
>
> 资料来源：James H. Gilmore, B. Joseph Pine Ⅱ, "The Four Faces of Mass Customization," *Harvard Business Review*, January-February 1997。

日本一家大型自行车制造商 NBIC 公司，同时追求大规模定制和大规模生产。大规模生产的工厂使用机器人和自动化装配线以提高生产效率，而小型工厂则是为了直接响应客户的在线订单而建立的。在线系统让客户能从数以百万计的规格中选择期望的样式，自行车从生产到运输可以在两周内完成，价格只略高一点。双工厂系统能有效运作，是因为能追踪在线购物客户选择产品的趋势和偏好，并把客户信息转交给进行大规模生产的工厂。在线购物的客户实际上扮演的是领先用户的角色。除了报道的那些好处，大规模定制工厂的技师会调到大规模生产工厂进行指导，在大规模定制工厂为上漆而设计的机器人能为大规模生产工厂工作。

随着上市时间临近，组织中会产生一股强大的压力，想要再增加几种购买者类型、供应商类型、用途和应用程序。"产品对其也有好处，不是吗？"答案是"未必"，因为对某个细分市场有吸引力的东西对其他细分市场也许什么都不是，我们将其称为扩大市场误区。同时，瞄准不同群体会产生产品与宣传的不一致。小学四年级学生想要的花生酱三明治，与老年人吃的那种一样吗？再者，如果宣传和展销会的材料和日期都已准备好，包装、定价及品牌都已确定，那么改变目标市场可能会造成灾难，因为概念和产品使用测试都是只针对原先的目标群体进行的。

最后记住，不管我们做什么，都可能与最终用户的意见不一致。几年前，SUV 已经被广泛用于日常驾驶，车主已经厌倦了厢式旅行车，这时不论汽车公司如何解说车的用途都已经不重要了。有些公司就抓住了用户的这个特点，让产品先上市，再观察购买者是谁，然后针对该人群调整营销重点。严格地说，这属于"瞎猫撞死耗子"——没有章程，没有进行概念测试，也没有进行使用测试。

14.5.3 根据创新扩散理论选择目标市场

新产品就是创新，我们将新产品使用的普及称为创新扩散。微波炉早期使用和扩散的速度相当缓慢，而手机的使用和扩散相当快。如果是癌症治疗处方，可能马上就扩散出去了。

当我们运用 Bass 扩散模型进行销售预测时（见第 9 章），我们的预测基于两个关键值：创新率和模仿率。这两个值决定了创新被采纳的速度。有两个主要因素影响**产品采用过程**（product adoption process）的速度：创新产品的特征、早期用户推荐他人采纳的力度。

创新产品的特征

根据埃弗里特·罗杰斯（Everett Rogers）的经典创新扩散理论，以下五个因素影响新产品扩散到市场的速度。

（1）新产品的比较优势。这项创新与竞争产品或其他解决问题的方式比较，有哪些优势？谷歌迅速在网络社区中扩散并成为主流搜索网站，是因为与现有其他选择相比，人们普遍认为它能提供更好的搜索服务。

（2）兼容性。新产品是否与现有产品用途和最终用户活动相匹配？连续性创新几乎不需要客户改变或学习，这是因为其与之前的经验和价值观兼容性很高；创新越不连续，越需要学习。例如，微波炉最初被大众使用的速度很慢，这是由于其使用方法与传统烹饪方法存在许多明显差异。上市后的数码相机的外观与操作方式与人们熟悉的胶片相机一样。

（3）复杂性。在理解一项创新的基本思想时有没有产生挫折感或困惑感？我们在讨论价值曲线创造时（第5章）提到，早期的纳税软件对于普通人来说过于复杂，也过于昂贵；Intuit的Quicken纳税软件能够满足一般纳税人的需求，而且价格实惠。苹果或三星的新设备迅速被消费者采用，原因之一就是易用性。

（4）可拆分性（也称可试用性）。可否很容易地就能购买和使用产品的试用部分？食物与饮料很容易拆分开，而新房子和新文字处理系统却不容易拆分。GPS设备刚上市时非常贵，只好装在租来的车上让人们试用。大部分用户熟悉有线电视采用的"前六个月半价优惠"的销售手法。

（5）可传播性（也称可观察性）。用户是否很容易就能意识到产品的好处？对于一款好闻的新古龙水，用户一下子就能注意到它；相反，用户看到一款新防蛀牙膏，对其功效就不是很容易注意了。

可根据上述五个因素对创新进行评分，这主要基于个人判断，加上开发早期阶段市场测试的发现。可根据对创新的评分拟定产品上市计划。

早期用户推荐他人采纳的力度

如果早期用户主动或被动鼓励其他人采用该新产品，新产品扩散的速度就会加快。重点人群是**创新者**（innovator），被定义为前 5%~10%采用该新产品的人，以及**早期采用者**（early adopter），被定义为前 10%~15%使用该新产品的人。创新扩散理论告诉我们，主要向创新者和早期采用者销售新产品，他们就会通过口碑把新产品的好消息传递给市场上的其他人。其他类型的采用者包括**早期大众**（early majority），被定义为接下来约30%的人；**晚期大众**（late majority），被定义为另外约30%的人；以及**落后者**（laggard），被定义为剩下20%的人。

问题在于，谁会是创新者和早期采用者？我们能否提前发现这些人，以便将早期营销的重点放在他们身上？不一定，研究表明，他们有一些共同的特点——冒险精神（愿意违反社会习惯，尝试新的和不同的东西），例如，社会融合（他们可能影响许多社会或工作接触）。这些特征既适用于B端用户也适用于C端用户。

早期用户的确主要来自上述创新者群体，但很难预测具体是哪些群体。工业企业的早期采用者通常是行业中最大的公司，或者从创新中获利最多的公司，或者总裁年轻且受过良好教育的公司。

杰弗里·摩尔（Geoffrey Moore）在罗杰斯创新扩散模型的基础上提出了**跨越鸿沟模型**（crossing the chasm）。摩尔建议把创新者和早期采用者视为远见者（visionaries），把后面的各类型采用者视为实用主义者（pragmatist）。这两大群体对新产品的期望有所不同，实用主义者未必会把远见者看成他们的意见领袖。也就是说，罗杰斯模型认为的新产品信息流通过口碑传播会一个人群一个人群地传递下去，而摩尔认为未必如此，因为两大群体对新产品的需求不一致。举例来说，远见者会抢购最新款手机或音乐播放器，几乎不考虑价格，只要是最新的，他们喜欢产品的新性能或仅仅因为它很酷。实用主义者则不受产品新颖度影响，根本不在意产品"酷不酷"，他们寻找的是又好又便宜的产品，他们更关心主流刊物或者网上的评论

（这不是远见者获取信息的地方）。因此，口碑无法有效从远见者传递给其他人群。这就是摩尔所指的"鸿沟"：一个能够提供吸引远见者的价值主张的公司，可能永远无法"跳过鸿沟"，永远无法成功打进更广阔的实用主义者的市场。跨越鸿沟模型表明，企业应考虑适合于实用主义者的价值主张，制定能接触实用主义者的上市战略规划。

进行目标市场选择决策的本质是去度量以下三个方面：① 每个目标市场的潜力有多大；② 新产品在多大程度上满足了每个目标市场的需求；③ 我们在每个市场做好竞争准备了吗，也就是说，我们在该市场上有多大的竞争力。

14.6 产品定位

产品定位陈述（product positioning statement）可以通过对以下句式进行填空形成："目标市场的购买者购买我们的产品而不是其他正在提供和使用的产品，是因为＿＿＿＿＿＿＿＿＿＿。"定位最开始是广告领域的概念，但现在被视为公司整体战略的一部分，不局限于广告领域，产品、品牌、定价、营销及促销必须与产品定位陈述保持一致。

定位有两种方法。第一种方法是产品**属性**定位。属性包括特性、功能或利益，产品属性定位方法虽然传统，但很常用。轮胎制造商用**特性**定位新的雪地胎：它具有所有轮胎中最深的胎面。**功能**定位的使用频率较低，但轮胎制造商用功能定位相同的轮胎：下雪或下雨条件下具有更强的抓地能力。既没有说是如何做到的，也没有说利益是什么，强调的是抓地功能。**利益**定位对最终用户最有吸引力：在不利**条件**下驾驶时能够保证您和家人的安全。米勒公司多年来的口号一直是简单陈述两个利益："味道很棒，馅料更少。"吉列公司在营销 Fusion Proglide 刀片时，采用了特性、功能和利益的组合定位陈述：超薄刀片（特性）引起的"拉扯"（功能）更少，用户可以更舒适地逆着纹路刮胡子（利益）。26 年前，德拉诺（Drano）公司新产品的广告词是"更厚、更强、更快"。这是又一个三重定位的例子：特性、功能和利益（按此顺序陈述）。

第二种方法是**比附**定位（surrogates）或**隐喻**定位（metaphors）。例如，"使用我们的保健产品吧，它是由顶级健康专家发明的"。这里强调产品因发明者而与众不同，但这个产品为什么好，没有给出明确答案，听者需要去推敲。如果比附品是好的，听者会将有益属性带入产品。比附定位的方法和案例参见例 14.2。

在第 6 章与第 7 章的概念生成与评估部分，我们首次讨论了感知图方法用于制定定位战略。图 14.1 的联合空间图不仅标明了每个利益细分市场的理想品牌定位，还标明了消费者对现有品牌的感知，我们可以用这个感知图找出有价值的市场缺口。例如，我们可以为我们的新品牌选一个位置，使其接近现有服务不太好的品牌。细分市场 2 虽然较大，但如果消费者对 Aqualine 和 Islands 品牌的忠诚度很高，在该市场获取可观售量就很困难，细分市场 3 可能是更好的选择。有个简单的例子：Taylor 葡萄酒公司曾找到一小群重度葡萄酒用户，询问他们喜爱哪个葡萄酒品牌，意外的是，畅销的葡萄酒中没有一款定位在最佳口感上。Taylor 公司因此按照口感定位葡萄酒，并立即收到了成效。

如果很难在特性、功能、利益等方面找到定位的缺口，开发者可以尝试为其产品定义一个独特的属性偏好。例如，大多数肥皂是除臭或保湿肥皂。宝洁公司的 Lava 产品在这两个属性上并不是特别强。然而它受到汽车机械师等的青睐，因为他们的手非常油腻，Lava 的定位告诉客户，肥皂还有第三个属性——去油脂能力——而 Lava 在这个属性上是领先的。有时，你能发现潜在的决定性属性。例如，米其林将其轮胎定位为最安全的品牌。虽然安全对所有客户都很重要，但米其林的目标是将自己定位为安全领域的佼佼者，与竞争对手拉开距离。

在本节剩余部分，我们重点讨论两种可以为目标客户增加独特价值的方式：品牌和包装。

例 14.2 比附定位的方法和案例

下面是几种目前正在使用的比附方法。还有很多比附方法有待发现。每种比附方法都给出了定义，后面都有几个案例。比附方法是按照使用流行度排列的。每个案例中的句式都一样："我们的产品比其他产品好，或者不同于其他产品，因为……"

极品（nonpareil）：……因为这个产品是独一无二的，是最好的。捷豹汽车和巴黎水（Perrier）都采用这种方式销售。

出身名门（parentage）：……因为涉及产品从哪里来、由谁制造、由谁销售、由谁完成等，这包括由拉尔夫·劳伦（Ralph Lauren）设计的一套新西装或者一件新家具、迪士尼拍摄的一部新电影或丹·布朗（Dan Brown）写的一本新书等。

制造（manufacture）：……因为涉及产品是如何制造的，包括工艺（百威啤酒是用老山毛榉木酿造）、成分（鲜果布衣的纯棉内裤，Fruit of the Loom）、设计（奥迪的工程美学）。

目标（target）：……因为涉及产品是特别为像你这样的人或公司特制的，例如，特别为商务旅客设计的航空服务，或者专为湿滑路面设计的 Vector Tires 轮胎。

等级（rank）：……因为是畅销产品（比如 Hertz 公司以及蓝十字和蓝盾协会），对于新产品来说不是很有用，除非定位在母品牌之下。

认可（endorsement）：……因为你尊敬的人说这个产品好，也许是专家（指定医生能开处方）或被模仿者（某运动界或娱乐界明星代言的著名品牌）。

体验（experience）：……因为长期或频繁使用而证明其属性令人满意，例如，Nuprin 的用户宣称使用多年后都很满意。

竞争者（competitor）：……因为这个产品与你知道并喜欢的产品几乎一样（美国邮政服务快递不仅便宜，与一个领军竞争者也很像）。

前代产品（predecessor）：……因为与你之前喜欢的产品（在某方面）有可比性（你喜欢好时公司的 Kisses 系列巧克力，所以你也会喜欢 Hugs 系列）。

14.7 品牌和品牌管理

14.7.1 商标和注册

新产品必须是可识别的，产品识别的准确术语是**商标**（trademark）。美国联邦法律规定商标可以是一个单词或一个符号，这个符号可能是一系列字母与/或数字（如 Z 级敞篷车）、一个标识（如苹果公司为人熟知的苹果标识）、一个设计图案（如通用电气公司极具风格的 GE 字母、麦当劳的金色拱门）、一个字符串（如"just do it"）、一串特殊声音（如 NBC 的三音符或 Intel Inside 的招牌发音）。法律不介意商标是否奇特，只要求能够识别和区分使用这个商标的物品即可。法律还要求企业使用或打算使用商标，这种要求被称为善意。

大多数商业人士及其客户用"品牌"一词代替"商标"。本书在讨论营销战略时使用"品牌"一词，在讨论法律问题时使用"商标"一词。从技术角度看，服务有服务标志，而不是商标，企业有商号（tradename）。另一个重要词语是注册（registration）。从古至今，大多数国家规定第一个商标使用者拥有排他权。但在美国，你可以要求将商标注册下来。一旦你把这个商标注册下来，你就可以永久保有这个商标，即使后来另一家公司证明比你还早使用此商标。

美国专利商标局规定了商标注册的一些条件。商标不应该是不道德的或误导大众的，不能对产品品类有伤害。例如，一位法官曾经裁定，Light 作为一个香烟品牌名称就有伤害性，因为 Light 香烟可以被识别成任何低焦油香烟，而不是一家企业的品牌。另一个条件是，该商标不应与属于其他产品的商标存在让人混淆的相似之处。例如，品质客栈酒店集团（Quality Inns）曾经想将旗下的一个廉价产品线命名为 McSleep，这遭到麦当劳律师的抗议。理由是"Mc"前缀容易让大众误以为该连锁酒店是麦当劳旗下的产业，并造成混淆，因为当时麦当劳正打算建设一系列名为 McStop 的汽车旅馆。后来，该集团把旅店名称改为 Sleep Inns。当年，苹果公司的 iTune 进军音乐行业时，苹果唱片公司（Apple Corps，披头士的唱片公司）起诉苹果公司，然而，最后法官判定两个商标没有让人混淆的相似之处，因此各自都被允许使用 Apple 商标。

美国商标法对不同类型的品牌名称有不同程度的保护（见例 14.3）。

例 14.3 品牌名称和商标保护的类型

著名的名称：有些著名商标（如可口可乐和迪士尼）受到《联邦商标淡化法》（Federal Trademark Dilution Act）的保护，避免其他公司使用类似名称，即使在无关的产品项目上也不可使用。一个著名案例是 1998 年 Victoria's Secret 店与成人用品店 Victor's Secret（后来改成 Victor's Little Secret）。有趣的是，美国高等法院判定后者——Victor's Secret 胜诉，认为 Victoria's Secret 商标有能力识别其商品，并没有因竞争者的出现而淡化。

虚构的名称：也叫新造词，以某个真实字或其一部分组合成一个复合词（如 Bluetooth, Ameriprise）或者全新词（如 Kodak 或 Exxon）。这些名称独特而且容易受到商标法保护，不过公司必须给该词赋予一个新的含义。

随意的名称：选用真实的词作为品牌名称，跳出产品或行业的属性（如 Apple 计算机、Virgin 航空、Monster.com 网站、Amazon.com 网站等）。这样的名称与虚构的名称一样，会受到好的商标保护。

暗示的名称：这些名称需要一点想象力将其与产品属性联系起来（比如，Coinstar 硬币兑换机）。暗示的名称可以向消费者传达该产品的利益，但很难受到商标法的保护。例如，造船商 AMF 公司使用 Slickcraft 作为其游艇的商标，但法院判决竞争对手 Nescher 公司可以将 Slickcraft 用于其赛艇。判决说，两者的产品类别足够不同。

描述的名称：如 Lean Cuisine、HotJobs 等名称很难获得保护，因为从定义上来说这些名称不具有识别性。这些名称一开始就被列进了另一个商标列表中（the Supplemental Register，补充登记），但如果有人能在 5 年内建立充分的知名度，就能获得更高水平的法律保护，Rollerblades 就是一个例子。

通用的名称：这类名称已经成为该产品品类的同义词，原始商标持有者不再拥有排他权（参见本章中的例子）。

资料来源：Rob Osler, "On the Mark," *Marketing Management*, The American Marketing Association, January-February 2007, pp.31-36。

如果产品上市后不久，其他制造商开始侵犯商标该怎么办？我们可以采取强硬的措施阻止它们。当阿拉丁公司开始为其产品贴上"阿拉丁 thermos 杯"标签时，被拥有"thermos"商标的公司起诉，最终阿拉丁公司打赢了官司，因为原有的商标人没有去保护它。现在 thermos 已经变成一个通用的名称，不再是某个真空保温杯制造商的品牌，任何公司都能使用它。同样的事情也发生在阿司匹林、玻璃纸、干冰、麦片、蹦床、溜溜球、油布、玉米片、葡萄干、羊脂、尼龙等很多名称上，数十亿美元的品牌价值丢失了。因此，公司积极保护自己的品牌。可口可乐同时保护"Coca-Cola"和"Coke"，确保这些词不会成为可乐或软饮料的通用语。施乐公司的一些广告提醒客户，"Xerox"这个词是一个商标，是一个专有的形容词，它后面应该跟着一个描述性名词，如，"Xerox 复印机"，千万不要将其用作动词，如，"为我 Xerox 这个"（Xerox 的含义是静电复印——译者注）。顺便说一句，不要忘记在新品牌可能上市的所有国家寻求保护。

企业可以寻求**商业外观**（trade dress）保护。商业外观是指更大范围的产品标识，除了品牌名称，还包括包装（如大家熟知的可口可乐瓶形）、产品颜色（Brillo 的粉红色肥皂垫、蓝色的 SOS）、装饰（如麦当劳与众不同的红黄相间）。保护范围不是界限分明的，如果公司有数据显示客户因为某特定商业外观而发现某一品牌，那么法院会根据"次要含义"的概念允许保护其使用。也就是说，颜色、装饰或包装属于"次要含义"，可以代表品牌的名称。私人品牌经常使用商业外观来确立其作为知名品牌竞争对手的地位——阿司匹林药店装在包装上与拜耳公司的阿司匹林包装很相似。通常来说，法院会否决私人品牌抄袭知名品牌商业外观的行为。

14.7.2 什么是好的品牌名称

取个好的品牌名称并不容易，因为大多数好的字母组合已经被采用了。但如果 Billy Fuddpucker's 和 Orville Redenbacher 都能算成功的品牌名称，那么大家还有希望。专家给出了几条经验法则和需要避免的陷阱（见例 14.4）。

例 14.4　品牌名称选择的问题与指南

问　　题	指　　南
品牌的作用或目的是什么	如果希望在定位上有帮助，那就选择一个有意义的名称（DieHard, Holiday Inn）。如果纯粹只是为了识别，那就选一个新词（人造词），如 Kodak 或 Exxon
该产品会是一条产品线的先锋产品吗	如果是，小心选择，避免未来受到限制（Western Hotels 改名为 Western International，最后改为 Westin）
想维持长期市场地位吗？	如果不想，一个激动人心的、新奇的名称可能有用（如 Screaming Yellow Zonkers）
该名称对市场细分有刺激性和侮辱性吗	宝洁公司原本打算将一种新的清洁剂命名为 Dreck，后来发现这个字在犹太语或德语中指垃圾或身体排泄物，因此改为 Dreft

其他：容易理解；没有隐含含义；翻译过来好听；简单好记；符合企业使命；能弥补市场上其他产品的不足之处。

品牌名称应避免的方面

- 没有指向产品的用处。一个可爱的名称可能与产品毫不相干；选择了一个坏名称可能是因为时间紧迫必须做出决策；一个地方性名称可能在企业走向全国化或国际化时成为障碍。想想 U.S. Airways（美国航空公司）原名为 Allegheny Airlines（阿勒格尼航空公司），从这个名称可以看出，该公司只在匹兹堡地区提供服务。某个名称可能在英语或西班牙某种方言里能被人接受，但在西班牙另一种方言中可能有侮辱的意思。丰田汽车公司的 Fiera 车名就不适用于波多黎各，因为在当地这个名称意指"丑陋的老女人"。即使同样是英语，也必须考虑在美国、英国和加拿大用语的差异。一款叫 EZ（发音为 easy）的美国产品，在英国和加拿大就不会大卖，因为在这两个国家大部分人会把 EZ 发音成"e-zed"。
- 没有给命名工作留足够的时间。这与要在整个产品流程开展营销活动的想法是一致的。为品牌命名不应该在最后一刻仓促进行，尤其是将在多国市场上市的产品。想想宝洁公司惹的麻烦，该公司基于细微不同的使用模式为 Mr. Clean（清洁先生）取了两个法文名称：在法国为 M. Propre，在魁北克则是 M. Net。
- 选择令人不舒适的名称。像 Yahoo 这样能激动人心又具争议性的品牌名称可能是很棒的战略，绝对好过采用舒服但没有激情的名称。
- 太多人参与品牌命名决策。如果指派一个了解品牌命名流程与结果的团队来给品牌命名，效果一定会好过大家民主决定和一致协商的名称。
- 其他问题：没有确定谁是主要的决策者；在流程早期就"卡在"品牌命名上，可能是故意的或是不知情，在没有客观反馈的情况下直接使用该名称；没有查明该名称在外国市场可能有负面意思，还有没有雇用最好的专利代理人。

资料来源：Lee Schaeffer, Jim Twerdahl, "Giving Your Product the Right Name," in A. Griffin, S.M. Somermeyer, *The PDMA Toolbook 3 for New Product Development*(Wiley,2007),Chapter 8.

例 14.4 显示，有时选择一个毫无意义甚至具有挑衅性的品牌名称会有好处。谷歌曾经是一个无意义的词，现在它通常被用作动词：在网上查找东西！但这可能是有风险的，也不一定会成功。确保有足够的预算以提高客户的认识和理解水平。如果你没有资金实力让一个没有意义的词变得有意义，那就避免选择这种类型的品牌。

考虑到整体营销战略和品牌的作用，与预期用户进行讨论是非常有帮助的（了解他们如何谈论这类产品），与擅长字词结构的语音学专家进行讨论也很有帮助。然后，通过头脑风暴或计算机生成大量可能的字词组合。计算机软件，比如 Namestormers 公司开发的 NamePro 软件，可以帮助选择和开发品牌名称。

通过用户访谈对列出的品牌进行筛选。询问用户这些品牌名称对他们意味着什么，必要时可以找一些国外用户（失败案例见例 14.5）。品牌决策有很多支持工具，在 www.register.com 网站上可以查到所有相似的名称，了解哪些名称会有负面含义甚至会带来法律问题。还可以上美国专利和商标局网站（www.uspto.gov）商标一栏进行搜寻，同时可搜寻任何目标国家市场的商标数据库。www.trademark.com 网站可以帮助人们访问商标数据库。使用一个称手的翻译网站就能轻松快速地查出品牌名称在外国语中可能含有的侮辱或意想不到的含义。毫无疑问，你还需要优秀的商标法律师。例 14.6 的品牌命名检核表十分有用。

例 14.5　不好的品牌名称

来自非英语国家的产品如果没有选好品牌名称，会严重影响其在英语国家的销售。

Crapsy Fruit	法国谷物片
Fduhy Sesane	中国航班快餐
Mukk	意大利酸奶
Pschitt	法国柠檬水
Atum Bom	葡萄牙金枪鱼
Happy End	德国卫生纸
Pocari Sweat	日本运动饮料
Zit	德国柠檬水
Creap	日本咖啡
I'm Dripper	日本速溶咖啡
Polio	捷克洗衣剂
Sit & Smile	泰国卫生纸
Barf	伊朗洗衣剂
Cream Pain	日本点心蛋糕
Porky Pork	日本猪肉小吃

这时，效果往往和预想的截然相反。有两个知名品牌的例子：Rolls Royce Silver Mist（在德语"Mist"代表"粪肥"）及 Colgate Cue 牙膏（"Cue"为法国色情杂志的名称）。Clairol 公司在德国推出 Mist Stick 卷发棒时也遇到问题。上述这些例子告诉我们，把品牌推广到国外市场时，必须非常小心。

最近在美国上市的 Mon Cuisine 冷冻食品，取了个法语名称，想必是为了塑造其高档形象，但制造商犯了一个语法上的错误（应该使用"Ma Cuisine"）。

资料来源：Anoymous, "But Will It Sell in Tulsa?" *Newsweek*, March 17, 1997, p.8; Ross, Kathryn Petras, *The 776 Even Stupider Things Ever Said* (New York: Harper-Perennial, 1994).

例 14.6　品牌命名检核表

专利律师马克·蒙德里（Mark Mondry）列出了一些挑选品牌名称的原则。

- 开始命名时要先组成具备多元成员的命名团队。不要让新产品团队受限于以前喜欢的名称，在这之前先要看看品牌名称在战略上是否可行，或在法律上是否可以使用。
- 重新回顾该产品的战略目标及价值主张，并将此作为选择品牌名称的开始。
- 考虑是否将产品组合中其他产品的名称进行延伸，以避免客户混淆。
- 考虑竞争对手的品牌名称。要具有独特性，而不是将品牌定位为领军品牌的另一个选择。苹果公司的新竞争者不应该将自己命名为香蕉公司。
- 开发一组好的名称，并缩小至 5~10 个。考虑发音、情感、复杂性等。
- 进行域名搜索和商标搜索。包括发音替换及拼写替换。在最后时刻如果发现竞争对手有类似的名称也不要惊讶。不要忘了同时检查国外的市场。
- 选定品牌名称，并寻求域名及商标名称保护。同样，尽量在各国进行注册。

资料来源：Mark B. Mondry, "Product Name Innovation," *Visions*, 36(2), 2012, pp.8-9.

14.7.3 管理品牌资产

品牌管理不仅是选择品牌名称。最佳品牌名称如可口可乐、Levi's、Campbell、AT&T 等对公司和客户来说都是重要资产，因为它们传递出质量上乘、正面的品牌形象，并能提高客户的忠诚度，这种价值被称为**品牌资产**（brand equity）。从中获益最多的公司都在对品牌进行投资，以保持品牌价值。

创新是品牌资产建设的关键内容。2018 年年初，Taco Bell（其母公司是 YUM! Brands）迎来了新领导，推出包括 Nacho Fries 在内的几款新菜品，并尝试新的用餐体验，例如，增设了提供啤酒和酒精的踏步椅和酒吧。新产品得到了战略合作伙伴的支持：全国许多商店可以通过 Grubhub 提供送货上门服务（YUM! 是 Grubhub 的大股东），增加了很多新合作伙伴（包括 Forever 21 和 Cheetos）。Taco Bell 甚至与电影《拆弹部队》上映 20 周年进行联名活动，有效地触达该目标观众。这些活动带动全系统全年销售额增长 8%，单店销售额增长率为 5%；2018 年 4 月，Taco Bell 被哈里斯民意调查评为墨西哥顶级餐厅。

高资产品牌能够提高客户的品牌忠诚度，使广告和其他形式的促销更有效率。高资产品牌意味高品牌知名度，更容易引发联想（例如，看到麦当劳，就会联想到孩子、干净的餐厅和麦当劳叔叔等）。品牌资产可以提高感知质量，可以支撑优质的品牌定位。由于高知名度和正面的联想，高资产品牌很容易成为**品牌延伸**（brand extensions）的桥头堡。简而言之，品牌资产能为 B2B 产品及消费品提供持续的竞争优势。品牌界权威凯文·莱恩·凯勒（Kevin Lane Keller）提出**品牌报告卡**（brand report card）——一个全球强势品牌的共同特征列表，可用于评估某个品牌的优劣势（见例 14.7）。

例 14.7　品牌报告卡

成就一个强势品牌需要许多要素的共同作用。品牌经理通常只能聚焦一两个要素。下面列出全球各强势品牌的共同特性，以用来度量品牌的强度并指出改进之处。

特　性	例　子
传递客户所想要的利益	星巴克提供咖啡屋体验，提供的不仅是咖啡豆，还可以监督选择咖啡豆以保证品质
保持相关性	吉列公司持续投资改进主要产品（Fusion 系列），但口号始终是"男士的最佳选择"
基于价值的价格	宝洁减少运营成本，实行每天低价策略，因此增加了利润
与竞争对手相比有精准的定位	雷克萨斯致力于提供良好的客户服务，梅赛德斯致力于产品优势，维萨信用卡致力于"一直与你相伴"
连续性	1970—1995 年，米狮龙尝试过多个产品定位，而销售量却持续下降
有价值的品牌组合	GAP 旗下拥有多个品牌 GAP、Banana Republic、Old Navy 以满足不同的细分市场的需求；宝马有 3、5、7 系列
协调的营销活动	可口可乐使用广告、促销、产品目录、赞助活动、交互媒体等进行宣传
充分理解品牌对客户的含义	Bic 不用较轻的瓶子装香水；吉列使用不同品牌名称，如牙刷品牌欧乐 B，以避免混淆
长期支持	摩森康胜啤酒（Coors）削减先前用在银子弹啤酒（Coors Light）和 Zima 上的营销支出，4 年销售额损失约 50%
监控品牌资产来源	迪士尼的研究显示，旗下卡通人物被过度曝光且有时使用不当，因此迪士尼削减授权和其他促销活动

资料来源：Kevin Lane Keller, "The Brand Report Card," *Harvard Business Review*, February 2000。

品牌延伸可以垂直延伸也可以水平延伸，取决于新品牌是否与母品牌属于同一产品品类。宝洁公司对旗下佳洁士牙膏进行垂直延伸，衍生出佳洁士防牙垢牙膏（Crest Tartar Protection）、佳洁士抗敏感专用牙膏（Crest Sensitivity Protect oil）及佳洁士全效牙膏（Crest Multicare）等产品。此外，宝洁公司还进行了水平延伸，开发出佳洁士牙刷和佳洁士 Glide 牙线等产品。无论哪一种延伸，品牌延伸都可以加快新产品的市场接受度，但也有可能稀释母品牌的价值。

品牌延伸必须严格管理，因为不成功的延伸或过度延伸都会让品牌资产受损。有些公司曾尝试将知名品牌延伸到不适当的产品品类，导致出现不堪的结果。菲多利品牌曾经成功地延伸到许多零食上，但菲多莉柠檬水卖不动。Ben-Gay 的阿司匹林（不知道尝起来什么味道）、Smucker 的番茄酱及 Fruit of the Loom 的洗衣液也遇到了同样问题。我们已经知道，寻求在全球进行品牌延伸的企业，应先检查和确认品牌名称中意想不到的幽默或令人反感的含义。幽默往往跨越不了国界或语言障碍。幽默的品牌名称通常仅适用于有限的、在当地市场销售的产品（在当地市场只可能有幽默感）。

品牌延伸并没有一个绝对正确的方式，但仍有一些可以遵循的能避免错误的原则。例如，品牌延伸对已有品牌在功能上或形象上是否带来正影响。吉列公司可以轻易地推出 Fusion 剃须刀面向低端市场的精简版，而如果奔驰汽车也推出低端车型，就有可能损坏其声誉。通常，**旗舰品牌**（flagship brand，某产品品类中的主导品牌，比如 Hallmark 卡片或绅士牌坚果）因品牌资产已经很高，所以会以这种方式做品牌延伸。但旗舰品牌延伸务必小心谨慎，应只向相似或具有较高质量产品进行延伸，以免稀释品牌名称，使消费者信心受损。此外，还需要有全球性考虑。例如，拜耳这个名字在北美以非处方药闻名，但在欧洲以农产品和化学制品著称，所以拜耳农药可能在德国相当受欢迎，但在美国未必。

14.7.4 品牌资产和品牌战略

品牌战略有很多种选项，各有优缺点，没有放之四海而皆准的万全之策。但不管什么情况，公司必须考虑建立和保护品牌资产的品牌战略。

品牌战略具有系列性。系列的一端，是每件产品都标上公司名称，这被称为**品牌伞战略**（umbrella brand）。以家乐氏公司为例，每个产品名称上都有家乐氏字样，公司名字是产品名称的一部分。例如，家乐氏玉米片、家乐氏米饼等。家乐氏这个名字已经成为高质量早餐麦片的代名词，而且每当公司名称出现在新的早餐麦片上，就会将公司品牌资产延伸到该新产品上。类似的例子还有卡夫食品（Kraft Foods），该公司有多个屹立数十年的老牌子，品牌都含有卡夫（Kraft）的名字，如卡夫沙拉酱（Kraft Salad Dressing）、Kraft Singles 等，至少在产品包装上印上卡夫标志，如费城乳酪蛋糕（Philadelphia Cream Cheese）、Velveeta等，该公司也使用卡夫以外的企业品牌推出新产品，如新的坚果产品用绅士牌（Planter）、新的比萨用 Di Giomo、新的咖啡用麦斯威尔（Maxwell House）推出。其他例子如 Virgin Airlines，维珍航空用 Virgin 这个名称成功涉足出版、饮料和电信等多个行业；还有硬石咖啡厅（Hard Rock Cafe），已在亚洲市场成立度假酒店 Hard Rock Cafe Resorts。

系列的另一端，则在产品名称里绝口不提公司名字。例如，宝洁公司旗下的众多清洁剂和清洁产品的品牌名称都不包括宝洁二字，而是用汰渍（Tide）、Bold、清洁先生（Mr. Clean）等名称。这种独立品牌（individual brand）战略与宝洁公司历史上强大的品牌管理是一致的。高乐士公司（Clorox）的所有漂白产品都用高乐士这一品牌名称，旗下的环保品牌 Green Works 也在包装上标示高乐士，表示这个纯天然产品线与传统的清洁用品具有同等功效（详见第 18 章）。然而，高乐士公司的许多并购过来的产品从未进行名称变更，公司旗下有密谷大牧场（Hidden Valley Ranch）沙拉酱、垃圾袋（Glad Bags）及小蜜蜂（Burt's Bees），这些都是其产品类别中的高资产品牌，因此，使用高乐士作为伞形品牌并无任何好处。有趣的是，即使高乐士公司的其他清洁用品也都没有使用公司名字，比如 409、SOS 或 Tilex（尽管 Handi Wipes 一次性抹布的包装盒一角有高乐士标志）。

企业常常利用协同效应和品牌联名的方式改进品牌战略。例如，ConAgra Foods 公司有多个在北美很出名的品牌：Hunt's 番茄产品、Orville Redenbacher 爆米花、Reddi-Wip 鲜奶油、Healthy Choice 冷冻主菜、Peter Pan 花生酱等。这些品牌包装上都没有 ConAgra Foods 公司的标志，这与宝洁公司或高乐士公司的情况十分相似，每个品牌都有强大的品牌资产。但是与高乐士公司不同的是，ConAgra Foods 公司的产品线都属于同一产品品类——日常消费食品。消费者调查显示，多数消费者并不知道 ConAgra 这个名称。该公司的管理者认为，一个新的企业身份能强化每个个体品牌，也能强化 ConAgra 身为顶尖食品制造商的地位，让公司更具竞争力。那么该怎么做呢？把"ConAgra"名字加到 Hunt's 或 Peter Pan 等品牌名称里吗？这样的话，帮助可能不大。从 2009 年开始，ConAgra Foods 公司决定在每个品牌和广告上附上一句新口号"你喜欢的食物"（Food You Love）以及一个新标识（一个颇具现代感的微笑盘子和一支汤匙），ConAgra Foods 公司打算像卡夫公司那样，在建立统一的企业身份的同时仍从强大的独立品牌中获利。

14.7.5 全球化品牌及其定位：标准化还是适应化

全球化品牌管理需要考虑的一件事是，品牌名称在全球范围内标准化的程度（在世界范围使用同一名

271

称）。吉列剃须刀、可口可乐和家乐氏麦片都是全球消费者熟知的品牌名称，这些企业基本上在每个市场都使用相同的定位战略，例如，吉列剃须刀在全球各地的定位皆为"男士的最佳选择"（the best a man can get）。

还有很多企业不会选择实现品牌名称的全球标准化，甚至对此不感兴趣。这些企业宁可采用适应战略（adaptation strategy）进行产品定位和/或品牌命名。例如，本田汽车公司在美国市场使用高质量定位，但在日本的定位则是速度和年轻化。宝马和奔驰在北美市场的定位是豪华车，但在德国本土和周边国家市场则不一定。

对同一个产品，企业可能在不同市场选用不同的品牌名称。汰渍（Tide）是宝洁公司在北美的一个领导品牌，但在整个欧洲和日本的知名品牌是碧浪（Ariel）。同样，汰渍液体洗衣剂在欧洲变成了碧浪液体洗衣剂。通用磨坊公司是家乐氏公司在北美的主要竞争对手，前者与雀巢公司成立了名为全球谷物伙伴的合资企业（Cereal Partners Worldwide）进军欧洲市场（通用磨坊提供生产早餐麦片的专业技术，雀巢贡献该公司在欧洲的知名度、分销渠道、销售和广告经验）。类似的例子还有，北美知名的通用磨坊品牌如Cheerios（以及仅限欧洲销售的品牌 Chocapic），在欧洲却以雀巢的名称销售。

联合利华公司是一家由英国和荷兰联合建立的集团，在品牌名称的选择上采用标准化和适应性相混合的战略。联合利华公司有几种产品在世界范围内以同一个名字销售，包括立顿（Lipton）、佰多力（Bertolli）、家乐（Knorr）、多芬（Dove）和凡士林（Vaseline）等。最初在法国销售的洁而亮（Cif）家用清洁剂，这个名字在法国、意大利、瑞士、土耳其和希腊等市场广为人知，但在德国改称 Viss，在加拿大则是 Vim。品牌名称适应化极端案例或许是北美消费者熟知的熊宝贝（Snuggle）牌柔软纺织品。2008 年，联合利华公司在北美以熊宝贝品牌销售产品的同时，在其他国家以各种各样的品牌名称进行销售，在意大利的名称是 Coccolino，在法国的名称是 Cajoline，在德国和奥地利的名称是 Kuschelweich，在西班牙和哥伦比亚的名称是 Mimosin，在荷兰的名称则是 Robijn。无论在哪里，包装上都有熟悉的泰迪熊图案。尽管实体产品在全球是标准化的，联合利华公司在每个市场都起了一个听起来像是当地品牌的名称（在多语系的瑞士，熊宝贝的名字改为 Comfort，名称简单，且用任何一种语言都能轻易理解）。同样，联合利华公司收购了全球好几家冰激凌制造商，包括美国的 Good Humor、德国的 Langnese、意大利的 Algida、巴西的 Kibcm，每次并购都把原来大家熟知的品牌名称保留下来，但包装上均有一个红色心形标识标明企业身份，这也就是联合利华集团所说的心形标志（Heartbrand）。

14.7.6　全球品牌领袖

如前所述，目标并不是追求单一的全球品牌，而是通过**全球品牌领袖**（global brand leadership）在每个市场建立强势的品牌地位。这需要一个能够协调各国品牌战略的整体全球性品牌战略，还需要为品牌建设投入足够的资源。

成为全球品牌领袖有许多种方法。为了在各国进行一致的品牌管理，企业可以编制品牌手册、举办研讨会，或者向所有品牌经理分发简讯、视频，作为品牌代表的指南。这超出了简单的产品属性，因为有可能被竞争者模仿，所以还应该考虑无形资产（如质量声誉）和标志（如麦当劳小丑）。美孚石油公司（Mobil）设立了可通过公司内部网络访问的营销主题知识库，菲多利-乐事（Frito-Lay）一年举行 3 次所谓的"市场大学"活动，通过活动鼓励公司主管沟通和分享成功的实践经验。此外，赋予员工权力也相当重要。宝洁公司的台湾品牌团队为潘婷 Pro-V 创造出相当新颖的定位："拥有健康，当然亮泽。"这句广告词在台湾相当成功，得到宝洁公司的青睐。这句广告词在 70 个国家使用。

14.8 包装

包装对于许多公司并非那么重要，既因为商品不需要过度包装，也因为在货架上摆放商品时，包装不是考虑的优先级。在这些公司，产品包装主要由包装设计部门负责。当然，大多数服务不需要包装。但对许多公司而言，尤其当新产品通过自助服务销售，或新产品必须与其已确定产品类别包装保持一致，或新产品与市场上强大竞争对手产品放在同一货架时，包装就相当重要了。在这些公司，包装决策通常由公司最高决策者制定。事实上，食品和饮料产品的包装支出比广告支出还多。

14.8.1 包装的作用

包装通常分为初级包装（产品的第一层覆盖物和容器，如药瓶）、二级包装（装药瓶的纸盒）、三级包装（装运二级包装的大容量包装）。所有包装形式都有以下几种功能：容纳（包住产品以便运输）、保护（防止产品变质或因人为疏忽而损毁）、安全（避免造成损害）、展示（吸引眼球）、提供产品相关信息、说服消费者购买等。所有这些对新产品经理都非常重要，有时甚至足以导致产生法律问题。包装设计是标志和商标的一部分，在这里，权益是有价值的。

包装还有其他作用，如通过使用说明（药物或食物）及使用功能（啤酒罐和除臭剂的包装）帮助用户。包装设计应允许重复使用，以达到具有生物降解性的生态要求，还应提供警示，以及符合其他法律要求。

14.8.2 包装决策

包装是新产品经理工作"网络"的一部分。包装决策的中心是一个被称为包装总监的角色。由于它是一个复杂决策，除涉及营销部门外，还涉及工程、分销、安全、法律、成本会计、采购、研发等其他相关部门，以及牵扯到了供货商、配销商、运输商、广告代理商及政府等外部利益部门。包装决策可能需要数月时间做出，它是大多数加速开发计划的主要目标。

每家公司都想开发出独特的包装，但步骤是通用的。包装设计人员应被纳入新产品团队，进行实地考察，获取已有的各类市场研究成果。Pfeiffer 沙拉酱的设计人员在实地考察超市时，注意到沙拉酱是根据包装的类型而不是品牌在货架上排列展示的，大多数竞争品牌的瓶子带有一个铁的瓶盖，形状扁平，其据此设计出了自己的独特包装。

包装开发流程与产品开发流程类似。相关测试包括虚拟包装、店内展示、颜色测试、视觉测试、心理测试、物理测试、分销测试、仓库可识别性测试，甚至还要做店内零售测试。有一种包装战略是家族式包装（family packaging），就是用某种核心设计或包装元素将几种产品的包装统一起来。例如，新口味的哈根达斯（Haagen-Dazs）的包装或 Ben & Jerry's 冰激凌的新包装，一眼就能识别出来。可口可乐和百事可乐分别采用红色和蓝色的包装。在上述例子中，包装明显地从属于某个品牌，但通常有一些个性化包装样式，如品牌名称。

包装是一个非常强大的竞争工具。近年来，在酒精饮料市场上，葡萄酒和烈酒抢走了不少原属于啤酒的市场。安海斯-布希（Anheuser-Busch）和其他啤酒制造商试图力挽狂澜，其中一个做法是采用新颖的包装。最新包装方式为将一眼就能看透的啤酒标签（技术上是以丙烯酸酯为原料的压敏胶）黏附在瓶身的一侧，这看起来就像画上去的一样。这种可透视型标签的啤酒上市后不久，在全美销售量随即上涨10%，在欧洲和亚洲市场则增长将近40%。这些标签不仅具有吸引力，而且很容易搭配相关宣传，比如，在足球复赛或奥林匹克运动会期间印上相关信息。此外，还可以让啤酒制造商在从瓶盖到瓶底的整个包装上都绘上图案并印上文字。其他创新包装还有收缩包装标签和铝罐包装。百威啤酒、百威淡啤及Anheuser-Busch旗下其他几个品牌均推出铝罐装啤酒（包括专为圣帕特里克节推出的三叶草绿色铝瓶），还有以万圣节为主题的铝罐，上面印有特殊油墨，在黑暗中会发光。

本章小结

本章深入上市规划流程的细节中，讨论了平台性决策和驱动力决策。这两个方面对战略选择都有很大的影响。本章还讨论了三个大的决策领域：目标市场或市场细分、针对细分市场的新产品定位、为该市场细分创造独特的价值。下一步我们讨论上市规划中的营销战术相关议题。相关研究较少，我们讨论一些最让新产品经理头疼的问题。

案例 特斯拉（B）

阅读第10章的特斯拉（A）案例，了解特斯拉的发展背景以及Model S的开发情况。本案例讨论经济型车型Model 3的规划情况。

Model S上市后的五年里，特斯拉与Model S的购买者进行了沟通，以找出需要解决的问题，制造更实惠的量产汽车。Model S的购买者不仅关注驾驶性能，而且对电动汽车充满热情。此外，特斯拉的名字受到了大量的媒体关注，在高速公路上行驶的运动型Model S汽车就是移动广告牌，树立了特斯拉的品牌形象。当正在酝酿一款大规模生产、价格合理的特斯拉的消息传出来时，等待名单迅速扩大。

2017年7月，Model 3发布，基础价格为35000美元，各种附加功能使最高标价可以达到57000美元。特斯拉此时面临的问题是，产量是否足以满足不断增长的客户等待名单的需求。到2018年4月，等待名单已经增长到40万辆！特斯拉在2017年生产了10万辆汽车，但需要将产量增加一倍甚至三倍，才能将巨大的等待名单的潜力转化为利润，到那时，一些人已经等待Model 3一年多了。

对特斯拉的两次产品（Model S和Model 3）的上市策略进行评论。Model S采用高定价上市策略，对特斯拉有什么好处？Model 3采用的定价上市策略的决策是明智的吗？有什么利和弊？重读第2章关于颠覆式创新的讨论。讨论特斯拉是属于经典的颠覆式创新者还是高端的颠覆式创新者，用论证支持你的观点。

案例　智能手机竞品分析（C）

回顾第6章和第7章智能手机竞品分析（A）和（B）。假设竞争情报显示，某采用Android平台的手机公司正计划在6个月内进行战略性的手机再上市，假设市场上所有竞争对手的价格与属性不变。小道消息指出，该公司的新机型将在重量轻、屏幕尺寸、像素以及处理器速度等方面达到或超过当前的"最佳"品牌，不过，在待机时间、内部存储、内存功能等方面的表现仍比较差。关于照相功能的情况尚不清楚，据说价格为750~800美元。

这个新竞争对手的攻击性有多强？目前的市场玩家应该采取什么行动把威胁降到最低？还是等到该公司新手机发布之后再做出反应比较好？由于这只是事先的小道消息，你可以根据以上资料做最实际的猜测。

第 15 章

战略规划的实施

15.1 引言

在上一章，我们先讨论了平台性战略决策和战略行动决策，接着讨论了营销的组成模块、目标市场检视、产品定位陈述。这引发了一系列针对目标市场和定位的品牌价值建设活动品牌是产品的一部分，也是促销的一部分。现在我们开始讨论战术话题：管理层如何与最终用户沟通上述事项？战略执行需要相当强的创造力。

15.2 上市周期

首先，我们要纠正大部分人对新产品上市的印象。大家都以为，新产品上市就是向全世界宣布伟大的新产品即将上市的好消息，但如果真有这么简单就好了！

真实情况是，存在一个**上市周期**（launch cycle）。我们熟悉**产品生命周期**（Product Life Cycle，PLC），上市周期是由其中的导入阶段扩展开来（如图 15.1 所示）。上市周期包括上市前（以及通告）、抢滩、早期增长三个阶段，上市周期结束后又回到产品生命周期。

15.2.1 上市前和预告

上市前（prelaunch）**阶段**是我们构建自身竞争能力的阶段。在该阶段，我们对销售团队及促销人员进行培训，建立服务能力。在这些准备就绪后，进行**预告**（preannouncement），同时安排零售商方面进行产品铺货。

新手往往认为**通告**（announcement）是整个新产品流程的高潮，实则不然。实际上，通告当天很少出现戏剧性的效果。某汽车公司曾经刻意将新产品通告推迟到秋季的某一天，伴随适当的电视广告播出揭开面纱。但现在，这种戏剧性的做法行不通了，一个重要原因是，完全保住秘密几乎是不可能的，尤其是在公司正式通告日期临近的时候。

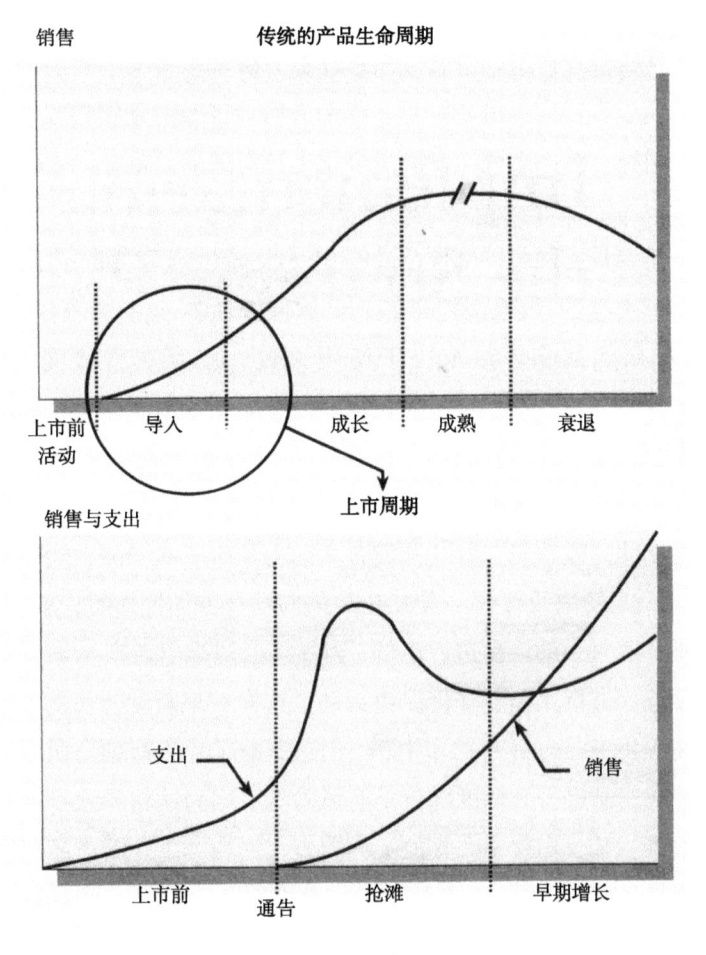

图 15.1 上市周期

现在，主要通过一系列有计划、有节奏的产品通告，让竞争对手猜不透，避免竞争对手在产品铺货之前备好货。一系列通告工作通常是这样进行的。

（1）不公开。

（2）测试：签订保密文件的 Beta 测试。

（3）预期：透露产品定位，告知问题正在得到解决。

（4）影响：面向编辑、行业研究人员及一些客户提供新闻资料袋。

（5）公关：发布完整的新闻稿、产品评论。

（6）促销：开始打广告。

第（3）步和第（4）步属于预告工作，主要是透露一些微弱的信号（signaling），有时是由精心挑选的人有计划地透露出来的，有时则是让其碰巧发生的。

预告的作用是，提高客户对即将上市产品的兴趣，避免现有客户流失到竞争对手那里，并且鼓励潜在客户等待新产品上市（而不是成为竞争对手的客户）。当然在许多市场，完全保密几乎是不可能的。全世界的人都知道下一款苹果手表或三星 Galaxy 手机什么时候上市。然而，预告有时也会引发批评，尤其当新产品上市时间不确定或有可能延迟的时候。有的高科技公司就因没有按照预告承诺的日期交付软件而受到批评。

发出信号（signaling），可以采用的营销工具有很多。最直接的工具是定价，其他工具包括广告、商业展览、销售人员评论、首席执行官在纽约伦敦或东京证券分析师午餐会上的演讲、包装材料供货商和生产设备商的只言片语、分销商或零售商的进货订单、任命有行业经验的新销售代表等。有些信号十分微弱、不易察觉，常常被市场忽略掉。总的来说，发出信号是十分有效的，也会产生巨大影响，以致促成不正当广告法诞生。

预告决策主要取决于是否具有网络外部性（network externalities）。如果产品销售量依赖互补产品的销售量，比如，X-Box的游戏种类越多，微软销售的X-Box软件就越多，这意味着存在间接网络外部性（indirect network externalities）。如果产品销售量取决于使用人数，就存在直接网络外部性（direct network externalities）。拥有电子邮件和Facebook账号的人越多，产品的效用就越大。相反，可视电话（独立运行的设备）从未在消费者中流行起来，尽管我们迅速接受了Skype、Facetime或使用计算机、智能手机中的其他方式进行视频通话。对于具有间接网络外部性的高科技产品，有两次预告：先针对程序开发者，然后针对客户。实际情况正是如此，微软先在游戏开发者大会上预告了X-Box，同时发布了软件开发工具，让开发者开始设计与X-Box一起使用的游戏。当X-Box面向消费群体推出时，就会有多款游戏可供选择。

预告还可以用来阻碍竞争对手的产品进入市场。当福特公司推出新型Windstar小房车的消息众所周知时，克莱斯勒公司发起攻势，进行大幅度降价促销活动，这样克莱斯勒公司就吸引了众多消费者，这些消费者当中有很多可能正在等待Windstar小房车上市，但这影响了克莱斯勒公司原定在第二年上市的新型小房车的销量。对即将被替代产品进行大幅度降价是有风险的，因为这将导致目前所有的客户都去等待新产品上市，使处理旧产品很难。某公司曾说，真的不会再有"通告"了：新产品开发完成后可以马上进入市场，但会是一个限定的市场区域内［第16章称之为"首发"（rollout）］。预告还有另一个风险：产品最终并未上市！预告只是为了使股东或股市满意，而没有考虑后来履行承诺的风险。软件行业把这种宣布上市却迟迟未上市甚至根本不会上市的软件称为雾件（vaporware）。

研究显示，市场占有率较小的公司可能进行预告；大型公司往往避免预告，因为它们担心政府会批评它们进行垄断；竞争激烈行业预告的可能性也不大，转换成本较高的行业多进行预告。最近，更多研究表明，软件公司会故意使用雾件获取竞争优势，大型公司和小型公司都是如此。

15.2.2 通告、抢滩和早期增长

上市周期的第二个阶段是**抢滩**（beachhead），抢滩一词源于在敌军领地上的军事登陆，这里用来比喻各种形式的上市。在军事抢滩中，先有一个短暂的停顿，之后就是移动，例如，军事突击队一般会从海岸线的一个小片区域开始推进。抢滩一词用于产品上市这一场景，意味着为了克服销售惰性，要进行重度的资源投入。图15.1显示，支出曲线以非常陡的斜率上升至某一点，其间销售量是以递增速率增加的。

通告（announcement）吹响了抢滩阶段的号角。刚登陆时，管理难度很大，重点是处理各种混乱情况，包括传播系统失灵、意想不到的问题、供给跟不上等情况。随着时间推移，重点发生细微的变化，从最初以通告为重点转移到以"为什么、理由是什么"为重点，随后，重点又转移到试用背后的底层逻辑，并开始对经过验证的成功经验进行强化。

抢滩阶段的关键决策是决定结束抢滩：当销售惰性被克服，产品开始移动起来的时候。结束抢滩的决

策将引发一系列活动：将按照预定计划开始改进和侧面进攻，将批准并实施新的预算，之前的临时营销安排（包括临时销售团队、广告代理商、直邮等安排）将被固定下来，成为永久性安排。一位新产品经理称，当公司总裁不再三天两头叫他其去汇报最新情况时，就是做出决策的时候。

在产品上市和整个生命周期做出的决策，都要与之前制定的战略决策保持一致。对新产品上市案例的最近研究发现，上市战略和战术有三种常见模式。

- 创新性推出新产品。这一模式的战略目标是在产品生命周期的早期阶段获得市场立足点。常见战术包括拓宽产品花样、新品牌名称、新分销渠道、高定价。
- 进攻性的改进。这一模式的战略目标是差异化，针对进入者设置障碍。管理者发现，有效的战术是利用已有分销渠道、针对客户大力进行促销和广告、拓宽产品花样。
- 防御性的延伸。这一模式的战略目标是提高对现有市场的渗透率，战术包括缩窄产品花样、渗透定价、针对客户进行促销、组建销售团队。

15.3 精益上市与上市时机

有一个上市成功的关键因素常常被忽视，就是供应链与物流配送。产品上市时，产能必须提升到能满足需要水平，零售渠道与配送物流必须到位，零售人员和分销商必须经过充分的新产品培训，面向消费者和中间商的促销准备也应该到位。

供应链经理要确保供应链系统的灵活性，以能够快速响应销售量的变化。这种灵活性称为**精益上市**（lean launch）。精益上市指企业在产品上市初期不准备过多存货，但如果销量激增存货也能迅速增加。实现精益上市，需要协调好采购、制造、配送及运营的关系，使从原材料到消费者的时间达到最短化。这样企业才能够快速响应市场的实际需求，不是在销售量低于预期时囤积过多存货，也不是在销售量高于预期时无货可卖。精益上市的一个原则是延迟（postponement），将产品形式和身份的确认推迟到开发流程后期，将存货承诺尽可能推迟到最后一刻。通过减少交付周期可以最大限度地减少不确定性、提高运营灵活性，直到需求的性质得以确定。延迟有两种方式：时间延迟（time postponement），即尽可能晚地准备存货；形式延迟（form postponement），即尽可能晚地将产品设计定案。企业成功进行精益上市，需要建立良好的信息系统，以追踪销量，实现原材料与存货的有效补给。例 15.1 展示的是企业成功实现精益上市的两个案例。

例 15.1　精益上市的两个案例

传统上，计算机供应商负责生产与测试计算机系统，然后将其交付给分销商，分销商通常有 6~8 周的存货。在销售给客户时，分销商才会打开计算机系统并根据客户需求进行调试。相反，戴尔公司率先采用精益上市的方法，运用柔性制造技术，根据订单生产计算机。为了与该技术配套，戴尔公司使用精益制造系统，要求零部件商根据客户实际订单直接供应零部件。实际上，戴尔公司的零部件库存只保证一天的量。其根据订单组装，免去了管理渠道上已完工存货的负担。由于戴尔公司在计算机行业进行

> 了革命性的精益上市，康柏公司及惠普公司等其他企业也都转而采用根据订单生产模式，以将成品存货量降到最低。
>
> 　　服装制造商与零售商贝纳通（Benetton）公司也通过精益上市获得了竞争优势。贝纳通公司使用电子数据交换技术每天将全世界的订单传到意大利，公司只需要按照市场需要的样式、颜色及尺寸生产服装，就能够应对市场需求。通过计算机辅助设计与制造（CAD/CAM）技术，贝纳通公司将从服装设计到制造的时间缩短到一天以内，企业内部完成设计后，就将方案传送给计算机剪裁与编织机器。贝纳通公司在服装染色过程中运用延迟原则。先使用未染色的纱编织衣服，然后通过连接电子数据交换，在确认了当季流行颜色后再染色。这样就把流行色服装缺货的可能性降到最低，同时把不流行色服装滞销的可能性降到最低。贝纳通公司还与服务公司合资，加快国际货运及海关的流程，从而进一步缩短产品进入国外市场的时间。
>
> 资料来源：D.J.Bowersox, T. Stank, P.Dougherty, "Lean Lauch: Managing Product Introduction Risk through Response-Based Logistics," *Journal of Product Innovation Management*, 16, 1999, pp.557-568。

　　精益上市能力使企业在上市时机上有了更大的灵活性。准确掌握上市时机十分困难，因为涉及各方利益。高层管理者可能认为，新型数码相机上市的战略时机到了，但制造部门认为目前无法量产，还需要几个月时间。还有，因为要对销售团队进行必要的培训，或要在大型商场建立营销中心，也会延迟上市。但是，竞争对手在准备上市新产品，所以不能延迟，公司股东在屏息等待产品能实现大规模轰动效应且在上市后能获利。因此，面对众多相互矛盾的意见，找出一个最佳的上市时机是相当困难的。

　　即使产品上市计划做得很好，如果上市时机错误也会造成严重的财务后果。太晚上市，意味着产品无法达到销售潜力，严重的话会错失机会窗口。太早上市，产品商业化将面对市场信息不充分的情况，比如，客户需求或新技术规格尚不明朗。一项研究发现上市时机、精益上市及产品绩效三者之间存在有趣的相互关系。精益上市为企业提供了一种选择：新产品开发时间的缩短，为企业选择早点或晚点上市提供了灵活性。即便制造部门已经准备好了，如果营销部门还需要几周等待市场完全鼎盛，也应该延迟上市。假如不采取精益上市方式，企业就不可能选择提早上市，最后只能延迟上市。但是企业仍要准确把握上市时机，否则精益上市的优点就被浪费了。

15.4　上市战术

　　上市战术规划包含选择分销渠道、定价和营销传播组合和培训销售团队等。对于大部分公司，上市阶段是新产品流程中花费最高、风险最高的阶段，而且上市战术的实施熟练程度与新产品绩效的改善息息相关。我们从回顾流行的营销组合开始。表15.1显示了与每个营销组合要素相对应的主要上市决策和行动。产品制造商（或服务提供商）将有限的资金花在表15.1所示的营销组合要素上：从产品改进或产品线延伸（使产品对购买者更具有吸引力）到请零售商围绕新产品开展一次大型卖场促销活动。

表 15.1 上市战术的决策和行动以及对需求的影响

上市战术		在什么情况下有效
促销	广告	当客户知晓能促进试用时
	打折券	需要强化知晓时
	公关宣传	全新、有争议、带有高感知使用风险的技术
	样品	只有使用产品才能知道其好处时
	Beta 测试点	促进"样品试用",并对其他潜在购买者有示范作用时
分销和零售	展示/实地示范	阐明产品的比较优势或是否存在不确定性
	技术支持	使用过程中出现了不兼容时
	分销结构	比较优势(比如直销渠道)较强时
	保障范围	需要提供便利的保证/维修服务时
	分销奖励	需要刺激分销渠道铺货时
定价	导入定价	高比较优势与兼容性时(撇脂策略);激发早期采用时(渗透策略)
	价格管控	必须降低经济风险时(通过退回部分付款或返款的保证)
产品	组合宽度	导入具有高度比较优势的新产品类别
时机	产品剔除	高利润但强比较优势(快速剔除);高转换成本(缓慢剔除)
	预告	进行新产品宣传;如果比较优势高就有用

资料来源:Joseph P. Guiltinan, "Launch Strategy, Launch Tactics, and Demand Outcomes," *Journal of Product Management*, 16(6), November 1999, p.519。

开发人员从研发预算决定下达时开始就一直遵循一种混合模式。制药企业将大量资金投入技术研究中,白色家电企业把大量经费花在制造工艺上,雅芳公司与玫琳凯公司则将资金用在人员推销上。

15.4.1 传播计划

传播是被最广泛使用的术语,用于涵盖了我们为改变最终用户对我们的看法在信息交流和态度沟通方面所做出的种种努力,包括技术类产品的数据、有强大说服力的内容等。**传播要求**(requirement)是指产品上市计划中必须进行传播的那些细节。这些要求几乎从项目开始就一直存在。例如,当我们确信,我们的新塑料技术能更有效地满足滑雪者的滑行与滑停需求时,我们开始聚焦滑雪者。这时,传播要求是,提醒滑雪者在滑雪操作方面存在的问题,并告诉滑雪者,我们已经有了这一问题的解决方案、方案是什么、他们如何得到方案等。这些传播要求来自产品创新章程、概念测试,尤其来源于产品协议陈述(产品协议陈述罗列了营销要求与技术要求)。传播的内容可短可长,都是解决后续阶段问题的重要工具。当然,基础是对最终用户态度和行为的充分理解。

传播工作通过**传播组合**(communications mix)完成,有 4 种传播组合:① 自己与经销商沟通;② 通过经销商与最终用户沟通;③ 自己与最终用户沟通;④ 通过团队共同努力与最终用户沟通。因为服务型企业和直销型制造商通常没有经销商,故常常将这项工作简化,并从简化中获益。我们需要做出最佳选择——从各种沟通方式中选出一个最佳组合,并富有想象力地去实施。新产品人员在这项决策中有充分的自由,因为此时还是一张"白纸",即使存在某些限制(现行公司运营的"前提"条件),他们仍然有发挥创造力的空间。例如,某些公司利用网络新闻群组加强与用户群的交流并提供后续客户支持。通常,这类非个人沟通还应与个人沟通相结合，以保持与客户的有效联系。

15.4.2 战略陈述副本

传播要求确定之后，需要一种工具将这些要求传达给广告创意人。这个工具在实践中有多个提法，常见的是**战略陈述副本**（copy strategy statement），用于向广告和创意人员传达以下内容（还有很多没列出）。

- 目标市场细分。
- 产品定位陈述。
- 传播组合及相关工作。
- 需要传播的内容要点。

主要的传播内容通常涉及产品属性，包含其特性、功能、利益以及用途，但可以是任何内容，只要能促进最终用户购买产品。

- 这份保单的提供者是世界上最大的保险公司。
- 这个品牌的汽车脚垫产自美国，让人引以为傲。
- 这部智能手机没有地区限制。
- 内特·伯克斯（Nate Berkus）家庭用品在 Target 百货店可以买到。

传播什么信息并没有限制，但内容必须聚焦。传播能力现在面临巨大的压力，人们接收到数以百万的信息，要与成千上万家公司联系。销售传单或广告中可以列出许多信息点，而只有其中小部分信息点能够被列入传播要求的清单中。战略陈述副本应该由团队一起撰写，而不是靠一个人完成。

15.4.3 人员销售

销售员是大部分新产品导入的主力军。即便对于日用消费品，人员销售（personal selling）也不可或缺，他们的重要作用在于确保客户能在零售店买到产品、商品在主要零售店货架上占据有利位置等。新产品经理需要比以往更努力以满足这种新的专业销售力量的要求。销售人员具有专业性，他们知道什么好卖，从满足客户需求出发，他们十分渴望上线新产品。新产品经理要与营销经理争夺销售团队的有限时间-精力，赢得销售团队的支持就意味着从内部已经把产品卖出去了。

有时难以决策的是：我们应该让销售人员最早在什么时候参与进来？某开发新型金属研磨机的企业在与下游客户建立连接到开发完成、准备营销阶段时，销售部已经参与了很长一段时间，而广告人员尚未加入。如果是消费品开发，广告人员（包括广告代理人员）应该很早就参与进来，销售团队则通常不用。如果是新服务开发，新产品开发人员可能原本就隶属于销售部门。

如果新产品需要一个新的销售团队，也会产生一个新难题。那就是，旧销售团队接触的市场不是这个新市场，所幸需要进行的调整不会过多而打乱原有的布局。有时候，团队需要纳入一些新市场的客户或聘请一个小组专家瞄准新客户的口袋。

新产品可能会打断销售人员的原有工作节奏。因为这要花费时间，打乱原有安排，促使人们做出改变，还有风险。销售人员虽然希望销售新产品，但销售新产品有负面影响。当要求销售人员销售新产品时，通常不会因此缩减责任区域。因此下列各点相当重要：① 研究销售人员反对新产品可能的理由；② 给予他们需要的可以有效推销的所有培训和工具；③ 确保他们在获得订单时，在所负责区域能买到该产品。就是说，做好我们自己的工作，销售人员才能做好他们的工作。我们开发出客户想要了解且有试用欲望的产品，同时培训销售人员，使他们充分了解这些产品，以有效地与客户进行沟通。

最近几年，企业在大型买家的刺激下，逐渐开始采用一种新的客户接触模式。销售团队不再以产品线为基础搭建，而以客户为基础搭建。每个销售人员都负责一个很长的产品系列，但对客户来说，这是一个完整的解决方案。这种新模式提高了客户满意度（沃尔玛公司还将其强力推广到供应商系统，成为宝洁公司最大的单一客户）。基于产品的销售团队需要推销，而基于客户的销售团队很少需要推销。

15.5 联盟

近几年，技术部门逐渐意识到，其并不需要具备新产品项目要求的每项技术能力。相反，可以通过与大学、政府、私人研究中心甚至竞争对手形成**战略联盟**（strategic alliance）获取所需的技术。营销人员已经这样做了很多年，现在也在这样做。其实，中间商就是一种战略联盟。企业间签订特许经销协议，双方承诺做某些事情以完成一项任务。制造商并不一定要有零售商，前文提到的计算机制造商戴尔公司就直接向客户销售。

广告也是一种联盟的形式——与广告代理商签订长期协议。服务性组织经常运用特许经销关系。仓储公司也是如此。为获得能接触目标市场的销售队伍，在打算接触的市场中，使用现有的竞争对手的销售渠道比自己建立销售渠道更有效。展览企业同样如此。

15.6 A-T-A-R 要求

我们在第 8 章讨论了 A-T-A-R 模型，最终用户如果对其所使用的新产品感到满意，必须经历知晓、试用、可购、复购四个关键步骤。营销团队的作用是在足够多的用户中完成这些任务，以达到财务目标和其他目标。这些步骤为决定下一步进行哪些营销工作提供了一个好框架。

15.6.1 知晓

知晓是通向客户采用的必不可少的第一步。尽管极少数情况下产品是在不知情或者匆忙的情况下被客户消费了的，但客户在试用的同时知晓了该产品。知晓度对于不同的产品意味着不同的事情，但是几乎所有新产品营销人员努力追求的。

1. 如何度量知晓

我们看三个不同的场景。第一个场景是，新棒棒糖。对喜爱棒棒糖的人来说，仅仅提到新棒棒糖就足以引发其兴趣，其可能还会尝试购买。第二个场景是，一个小型制造公司的 CEO 正打算购买新的记事软件包。这时仅仅提及就不够了，它还需要提供更多的信息，包括软件的易用性、软件包的费用等。第三个场景是，一种城市污水处理的新方法，目标客户是从事水处理的高级土木工程师。工程师的第一次试用和推荐有十分重大的意义，所以工程师在做出决策的几年前就一直在搜集并评估这些信息。

有三个人在某天的某个信息中"听到"了一个新产品信息，甚至可能听到了新产品的定位，并且也理解了。但其中一个人距离试用可能只有几分钟的时间，另一个人距离试用可能需要几个月的时间，还有一个人距离试用可能需要几年时间。

假设我们希望通过知晓来激发试用，那么，达到知晓需要传播哪些信息呢？没有公认的答案。即便是趋向于标准化的日用消费品行业也没有标准答案。例如，客户可能通过这样的问题知晓："你听说过新出了一种巧克力营养棒，含有 23 种维生素与矿物质，低糖且不含反式脂肪？"此时，我们需要提供有关产品定位的信息。

2．如何达成知晓

人们往往很清楚自己所在行业的新产品如何达到知晓。可能是这样一个组合：一则广告或一通推销电话，然后，听到朋友的好评、看到正在使用的产品、获得某种类型的提醒，接着是新闻报道与专栏中的专家认可，然后是某种提醒，接着遇到一个购买的机会，这时，先前获得的所有信息都被激活了。发布这些信息需要花很多钱；产品越少，花费就越多，当然，"做正确的事"花多少钱都不算多。

如果你遵循本书的新产品流程，那么你会发现自己很幸运，因为市场自然会推动你的产品达到知晓和试用。在新产品流程中，我们一直在识别问题并寻找好的问题解决方案。如果这涉及对客户很重要的活动，比如，打保龄球、吃饭、操作机器、做手术，那就更好啦。因为客户对这个活动中的问题既有兴趣又不满意，这时不需要大声宣传，只需要告诉其有个好消息，就能被其关注。如果你的好消息具有新闻价值（涉及体育、政治、金融、健康等新闻主题），而且客户高频使用（比如，汽车、电视、服装等），则更有帮助。

15.6.2 可购

服务通常采用直销的方式，也有一些实体商品采用直销的方式。但更多的商品通过经销商销售，包括批发商或零售商。他们把产品推入营销渠道，但对于新产品来说，很少只为经销商带来生意而不带来麻烦。例如，新英格兰的 Abbott 公司的新海鲜杂烩浓汤在向超级市场推销时就失败了，后来该公司找到超级市场中的熟食柜台，产品改为单份海鲜杂烩热浓汤形式，就取得了巨大成功，现在该产品在美国超市占据了 20% 的份额。

大部分经销商以标准化的方式做批量性业务，利润率很低。其"什么可以做，什么不可以做"附加了很多限制，这些限制源于特许协议、与销售员的长期人际关系、渠道领导地位以及自己的销售与服务系统等。其并不急于改变自己的系统。

因此，产品开发者可以把经销商的思维带入产品开发流程中。如果分销商的规模很大而且影响力很大，那就应该早点邀请经销商参与到新产品流程中——当产品属性尚未确定、包装仍在设计的时候，否则，经验丰富的销售人员、销售经理的观点就可以代表经销商了。

我们讨论一下经销商的作用。对于批发商来说，作用通常包括：① 进货前工作，比如，培训和设备安装；② 引进新产品；③ 促销准备，包括培训销售人员与服务人员；④ 实际促销，包括在目录上列出产品、将产品加入推销计划、与个别买家接触确定需求、将兴趣转化为销售。

在这一过程中，我们必须知道经销商是否能做也愿意做我们希望其做的事情。如果其"能做"，那么"愿意做"就需要我们的激励，我们可以按照例 15.2 中的各项目拟订一个激励计划。无疑，证明新产品能畅销是最好的激励办法。如果渠道企业认为自己被亏待了，问题就会变得棘手。联合利华公司旗下的伊丽莎白·雅顿（Elizabeth Arden）部门因为削减了百货商店销售人员的经费，不得不取消 Black Pearls 香水的市场导入计划，百货公司拒绝进货，迫使雅顿寻求大型批发商进行分销，最终整个单子被取消了，即使当时 Black Pearls 的广告已经播出。该部门最终只能看着上百万美元白白损失，部门主管因此辞职。这对我们的启发是：与重要干系人打交道时千万不能粗心大意。

例 15.2 激励分销商的工具和方法

A．增加分销商的销售量
（1）提供卓越的产品
（2）利用推销技巧——广告、贸易与消费性展览、公共关系、直销
（3）赋予分销商某种垄断权：独家的或可选的
（4）播放"去哪儿买得到"类型的广告
（5）提供营销协助——资金、培训、购买点、展示、合作广告、店内实地示范、商店"活动"以及维修和服务诊断

B．增加分销商的利润
（1）提高基础利润率
（2）为经销商的促销或服务提供额外的折扣
（3）提供折让与额外给付
（4）为预付提供折让以节省利息

C．降低分销商的运营成本
（1）提供管理培训
（2）提供培训经费
（3）改善退货政策
（4）改善服务政策
（5）为分销商的客户送货
（6）商品预先定价
（7）托盘包装货品或协助重新包装货品

D．改变分销商的态度
（1）通过激励——管理层协商、销售员拜访、直邮、广告
（2）通过阻止——威胁撤回上述利益或采取法律行动
（3）讨论会议——座谈会、焦点小组、委员会
（4）产品说明会——更好的视觉效果、更好的用法说明

在非食品领域有一种做法叫囤积居奇。举个例子，Midwest Quality Gloves 公司从 Lowe 公司的家装仓库购买了 225000 副由竞争对手 Wells Lamont 生产的花园手套，使该产品从货架上清空，同时用自家产品填补货架。后来，该公司将这批竞争对手制作的手套卖给了工业客户以及专门处理存货的公司，并转卖给清仓商店大甩卖或国外经销商。

商家在食品营销渠道也耗尽了点子。现在，大型零售店经常"销售"货架的有限空间，向制造商索取相当高的上架费（slotting allowance），每家商店的狭小货架空间都是非常昂贵的。大企业用这样的方式取得货架空间，并把许多小企业排挤出去。然而，可能某种真正有消费需求的新产品无法上架。

15.6.3 试用

让客户知晓非常难，但还是能做到的。让产品能买到、让经销商促销，也是如此。试用则完全不同，试用是大部分产品失败的原因，也是很多"赢了产品却输了用户"的原因。

新产品试用是一种有限制的使用，是希望在正常使用场景下，让客户验证产品或服务的价值并了解其优缺点。试用有很多种，包括在超市测试新奶酪的口味，到某大公司进行 3 年的通信系统测试。有的公司投入大笔资金提供免费产品让客户试用。为了让这笔投资有所回报，公司必须边试用边学习，了解客户的决策。如果受测者的口味是唯一考虑因素，那么奶酪口味测试就是一次全面的试用。如果家庭其他成员有发言权，如果包装无法保持奶酪的新鲜度，或产品因放置在桌上或夹在三明治中容易变色，那么口味测试就不是单纯的试用了。

试用有个人试用、替代使用、虚拟试用等几种情况。对于电梯、工厂现场服务、葬礼服务等产品，虽然拜访前一个买家的现场可以模拟试用，但要建立一个令人满意的个人试用情景并不容易，因此可以通过其他人的替代体验来搜集试用体验。虚拟试用可以通过各种电子设备来达成，甚至通过视频形成虚拟体验。

试用的一个重要特点是会产生相应成本。试用越重要，成本就越高。否则就不会产生足够的激励以让客户进行必要的学习。刚才提及的奶酪口味测试的成本非常少（只有几秒的时间，如果吃起来口味极糟，在店内可能会让人困窘），因此客户除了考虑味道可能还会考虑其他方面，比如颜色、香味与质地等。

这对于下一步——接纳产品、纳入使用体系、复购来说，还远远不够。奶酪受测者会想购买一小包带回家实际试用。

1. 试用障碍

试用障碍导致客户延迟甚至永久延迟试用。在第 16 章提到的影响试用率的新产品特性：比较优势、与现行产品使用的兼容性、复杂性、可分割性、可传播性中，比较优势和兼容性对试用与采用影响最大。另外，它们直接受到上市战略与战术的影响，也就是说，如果上市的时候让客户对比较优势或兼容性有较高的感知，那么就会达到试用（及最终需求）的预期水平。

根据不同的比较优势水平和兼容性程度选择上市战术的框架参见表 15.2。表 15.2 中的每项内容都是为了增加机会（比如，高兼容性程度）或抵消某个限制（比如，将新产品从其他相似产品中区别出来）。

表 15.2　根据比较优势和兼容性水平选择上市战术

	比较优势小	比较优势大
兼容性低	渗透定价法 缓慢剔除 以风险为基础的促销（出租、退货保证、设备折让） 密集式分销	预先发布 宽产品组合 以信息为基础的促销（展示、实地示范、网站、公关宣传/教育） 选择性分销
兼容性高	进入市场前保密 窄产品组合 知晓的促销（打折券等） 密集式分销	撇脂定价法 快速剔除 基于使用的促销（样品、Beta 测试）以使所获利益更加清晰 选择性分销

资料来源：Joseph P. Guiltinan, "Launch Strategy, Launch Tactics, and Demand Outcomes," *Journal of Product Innovation Management*, 16(6), November 1999, pp. 520-521。

（1）**比较优势小且兼容性低**，见表 15.2 的左上方。新颖的产品（如 Celsius 公司的"负卡路里"能量水或可口可乐的智能水"电解质强化水"）和某些服务产品（如利用信用卡和借记卡进行股票投资的新型金融服务）属于此类别：比较优势小且与购买者的经验较不兼容。因此，产品上市计划必须降低与产品购买相关联的经济风险或其他风险。密集式分销有助于降低搜寻成本，同时，渗透定价法让购买者的财务风险降至最低。由于新产品不比市场上现有产品拥有更大的优势，客户迁移速度比较慢，因此不应快速剔除现有产品（可能会惹恼现有客户），还应通过提供退款保证、保证书或搭配现有产品售卖来降低风险。

（2）**比较优势大且兼容性高**，见表 15.2 的右下方。产品属性在消费者认为很重要的因素上具有明显优势，比如，功能更多且屏幕更大的智能手机，或速度更快的计算机。这些产品与左上方的产品正好相反，因此上市战必然相反。赠送样品或 Beta 测试可以使潜在用户看到产品优势。如果早期采用者的影响力能大幅度提高消费者的期待，建议使用撇脂定价法和选择性分销。由于产品的固有优势，客户迁移速度很快，剔除旧有产品的速度也可以快一些。

（3）**比较优势大且兼容性低**，见表 15.2 的右上方，世界级新产品由于具有高新颖度，会带来价值上或使用上的某些不兼容（如微波炉或油电混合车）。上市战术要聚焦向预期客户充分传递产品信息，既要强调产品的比较优势，也要强调产品并非不兼容。预先发布时要告知预期客户，其使用系统将发生改变。除此之外，最好有一个较宽的产品组合，这有助于面向不同的高潜力市场细分进行产品定制。

（4）**比较优势小且兼容性高**，与表 15.2 的左下方，产品与右上方的产品正好相反，产品熟悉但比较优势小。创造品牌知晓和运用已有品牌资产是获得试用的最重要因素。如第 14 章所述，进行品牌延伸时必须小心，比较优势较小的新品牌（虽然价格较低）会侵蚀品牌资产。显然，当 Coors 公司在市场上推出较低价的 Keystone 品牌时，就考虑到了这个问题。密集式分销在此是合理的，分销商更有义务提供和销售较窄的产品组合。

2．如何克服这些障碍

由于营销计划在上市前之前很早就开始制订了，大部分障碍在当时应该已经解决完毕，而且开发者在概念测试和产品使用测试期间可能已经注意到大部分问题及伴随这些问题同时出现的解决方案，这些解决方案可能不止一种。

上市战术也体现在定价上。定价战术有渗透定价法或撇脂定价法，其他定价战术有免费商品、折价券、签约红包、延期付款，竞争对手存货的返还支出、折扣、返利、免费服务、免费换报价、联名广告、试用的现金报酬等。为什么有这么多种？在多数情况下，购买者之所以延迟试用是因为其预期会损失掉什么，比如时间、金钱、名誉等，而最见效的解决方案就是为购买者的损失提供一些补偿。

对价格的重视导致卖家采用复杂的折扣安排（也因为降低折扣比涨价更容易操作），折扣符合大多数新产品定价策略。

- 溢价。价格非常高，并保持该价格状态，产品走明显差异化路线。
- 撇脂。价格明显高于市场，适用于差异化产品，对竞争对手没有威胁，有一定的价格操作空间。
- 迎合市场。没有一个相对稳定的市场价格，选择一个尽可能远离价格战的价格。这种定价对于明显优秀的产品是一种浪费，除非营销人员不被市场接受。
- 渗透。价格明显偏低，目的是迈出一条进入市场的路，在达成目标的同时赢得市场份额。危险是无法再打折，在达成市场份额目标后，价格很难提高。如果很快达到市场份额目标，说明价格定低了，白白浪费了成功机会。

撇脂定价能获得两种好处：对利润表有贡献并使营销人员有一个针对不同用户的自由定价空间，同时不至于超出市场的价格预期。当然，如果差异化的价值很高，早期产品已过时，那么溢价定价也是可行的。

15.6.4 复购

如果目标市场购买者认真试用了新产品，而且如果我们在先前产品使用测试中已经清楚地知道客户会喜欢它，那么复购行为必然发生。竞争对手会进行抵抗和反击，我们会产生自满情绪，尤其当自以为重要的产品利益在市场上并不重要时。也会有粗心的新产品经理没有好好地维持充足的供货，导致复购的客户买不到产品。

此外，同以往一样，我们要确保客户对公司满意，与公司保持良好的关系，这远远要比对产品满意更重要。

通常在营销计划中会安排一些措施（如长期折扣、展示产品新用途、增强产品及后续服务），鼓励客户进一步使用产品。第17章会讨论复购的度量是上市后控制计划的关键部分。在控制计划中，我们要做好应对任何可能出现的问题的准备。如果有任何明显的产品失败的迹象（如果不得不跳过产品使用测试，就可能出现产品失败的情况），我们应立即请团队中的技术人员研究并商讨解决措施。

本章小结

第15章是关于营销规划主题的两章中的第2章，讨论了规划任务的战术部分。我们讨论了上市周期、传播计划、成功的要求——知晓、试用、可购、复购（A-T-A-R模型）。由于市场持续在变化以及竞争对手的动作，每一项都很难实现。因为一次上市工作包括成百上千个子活动，我们主要专注那些在实践中看起来最重要、最困难的活动。

一个完整的上市规划拟定好之后，需要进行一些预演以看看是否有缺点需要修正。毕竟，接下来的工作可能要支出数百万美元。因此，第 16 章讨论市场测试，也是三大测试方法中的第三个。另两个是概念测试（见第 7 章）及产品使用测试（见第 13 章）。

案例　可口可乐生活

可口可乐公司于 1886 年成立于美国佐治亚州亚特兰大，目前，总部仍设在亚特兰大。世界上几乎每个国家都有可口可乐产品。可口可乐在全球销售超过 500 个品牌的碳酸饮料和非碳酸饮料，每天的销量约为 19 亿份。在其数百个品牌中，有四个是全球五大软饮料品牌：可口可乐、健怡可乐、芬达和雪碧。其他畅销品牌包括美汁源、诚实茶、达沙尼、爆锐燃力（Powerade）等。

在可口可乐的数百个品牌中，很大一部分只在少数几个国家销售。例如，Sokenbicha 是一种日本茶产品，只在日本和选定的美国市场销售。Maaza 是一种富含钙的芒果饮料，在印度、孟加拉国、荷兰和马尔代夫都有。多年来，一批可口可乐的新品牌上架后，仅停留了几个月就消失了，包括可乐（一种咖啡味可乐 Coke Blak）、可乐香草、加柠檬或酸橙的可口可乐，以及许多其他可乐。有一些的推出可能是出于战术原因：动摇消费者偏好，鼓励忠实的百事可乐饮用者尝试新口味，抢占货架空间，等等。但有三个可乐品牌多年来在大多数国家被定位为"三巨头"：可乐、健怡可乐（在一些市场被称为可乐之光）和零度可乐。与上面列出的一些较小的品牌不同，这三个品牌被认为是战略品牌，具有全球重要性，由公司总部集中管理。

快速浏览国际网站可以证明这些品牌的战略重要性。浏览可口可乐在全球的任何网页（尝试不同的后缀，比如，中国是.cn，法国是.fr，意大利是 .it，德国是.de，印度是 .in）会发现，这三个品牌通常会醒目地显示在页面的某个地方。

2013 年以来，可口可乐努力增加第四个全球品牌——可乐生活。这种饮料最初是由阿根廷和智利的可口可乐研究人员开发的，它使用甜叶菊作为全天然甜味剂，比普通可乐使用的糖少得多，不含人工甜味剂。该产品最初在阿根廷和智利推出，并慢慢向全球市场推广。

理解这个产品的上市情况需要一点背景知识。尽管可口可乐仍然是可口可乐公司的一个盈利品牌，但一段时间来，软饮料的销量在下降。该公司采取很多措施响应这种变化：投资瓶装水、茶和果汁等不含酒精的饮料，并对软饮料生产线进行包装尺寸调整，以更好地适应客户的偏好。同时，公司还要响应另一种趋势，就是卡路里计算的趋势。早在 1982 年，可口可乐就推出健怡可乐，这是一种无糖版本的可乐，最初用阿斯巴甜增加甜度，现在使用 NutraSweet（有些国家可以使用阿斯巴甜和/或其他甜味剂）。2005 年，零度可乐推出，其也含有人工甜味剂，据称味道更接近可乐（健怡可乐有一些不同的味道）。到 2017 年，零度可乐的配方被重新调整，并更名为可口可乐 Zero Sugar（中文仍译为零度可乐——译者注）。虽然不同市场甜味剂的实际组合不同，但零度可乐和健怡可乐一样，仅用人工甜味剂增甜。

现在，我们回到可乐生活的上市发布环节。市场上有三种可乐产品，可口可乐觉得还有空间，可以推出一种口感饱满、热量少的产品，纯天然的、不含人工甜味剂的产品。在阿根廷和其他南美国家，甜叶菊（一种来自植物的全天然糖替代品）已经很受欢迎，可口可乐推出可乐生活新产品，其含有一些糖和甜叶菊，卡路里只是可口可乐的 60%（每 100 毫升约为 27 卡路里）。

该产品于 2013 年 6 月首次在阿根廷销售，随后于 2013 年 11 月在智利销售，定位为健康生活方式的饮品。最初，其在阿根廷的广告显示一对年轻夫妇抚养一个孩子，是一个获奖的商业广告，可乐生活的包装大多是绿色的（后来的标签增加了一点红色，这是可口可乐公司的标志色）。绿色在广告中非常突出。

可口可乐公司选择在全球市场慢慢铺开可乐生活这个新产品。2014 年，它进入瑞典和英国，以及美国（但分布范围相对有限）。2015 年，它进入法国、澳大利亚和其他几个市场。到 2018 年，它已经在全球约 40 个市场上市。

可乐生活在上市后的头五年里取得了喜忧参半的成功。在澳大利亚上市大约两年后，由于销量低被放弃了，取而代之的是一种类似的产品，即含有甜叶菊的可口可乐，比可乐生活含有更多的甜叶菊和更少的糖。同样，在英国 2014 年上市后，销量低迷，该产品的配方被重新调整，新版本含有更少的糖。即便如此，由于销售持续低迷，加上零度可乐在英国的销量上升，可乐生活于 2017 年在英国停产。有趣的是，英国的盲眼测试发现，人们更喜欢可乐生活，而不是其他可口可乐产品。

可乐生活是可口可乐产品系列的一个很好的战略补充吗？将这款产品加入"三大"战略可乐品牌，在部分市场有效打造"四大"战略可乐品牌有哪些利弊？

可口可乐选择非常缓慢地推出可乐生活。这种策略有什么优点？有什么缺点？如果采用另一种推广策略，例如，进入某些分销渠道，然后通过时间扩展到其他渠道，会怎么样？

例 V.1 问题的解答

1．由团队制定决策，而非单一职能部门。
2．营销人员参与整个新产品流程。不应该出现所谓的"接管"，因为技术人员应该留在新产品项目中。
3．这些范式有助于思考。虽然我们充满活力并感到兴奋，但这些并不能取代思考。
4．不只是营销部门的工作，而是全公司上下对提供给最终用户的产品/服务都有所贡献。但愿有疑问的最终用户仍能欣然接受这个产品。
5．好的目标市场有许多维度，不只是销售潜力。其中某个巨大细分市场或许就足以获利。
6．产品创新章程引导各个阶段，是所有运营的战略性规划，直到新产品达成设定的目标。
7．数据无法佐证并支持这样的论点。经常是由跟随者想出成功的设计的。
8．目标也能以客户满意度来呈现，通常有特殊情景的其他目标，如为取得新市场优势地位而预先铺路。
9．或许这真的是无意义的，但应该有意义，如有助于讲述产品故事。
10．上市是能管理的，假如我们开始下沉。希望手边有一个大勺子可以舀水（见第 17 章）。
11．首场产品发布会（开幕之夜）是推动达成项目目标（也就是成功）的第一次冲刺。一场成功的产品发布会带来的利润并不多，但长期下来会产生丰厚的利润。

第 16 章

市场测试

16.1 引言

首先，我们回顾一下图 V.1，该图展示了基本的新产品流程以及我们所处的位置。我们已经有了有关实体性产品或一项新服务的完整规格。早期的概念测试显示有需求，产品使用测试也指出这个新产品满足了该需求，并且没有严重的缺陷，我们有了一个营销计划。

现在要做什么呢？是在竞争对手了解我们的意图之前迅速将产品上市？还是在新产品上市之前，花一笔资金找出一种方法来检查我们的工作成果，以了解产品是否真的会成功？我们可以选择进行**市场测试**（market testing）。本章讲述市场测试的全貌，并介绍一些常用方法：虚拟销售、受控销售、全面销售。

在本章，我们还将讨论市场测试的趋势。由于很多企业在下决心缩短上市时间，要求我们必须找到一种时间更短、成本更低的市场测试方法，以便尽可能快速地提供所需要的信息。例如，**试销**（test marketing），即在两个或更多代表性城市销售新产品。事实上，它是一个相对次要的市场测试方法，虽然在某些情况下仍进行试销，但它已经比不上许多更新、更快、更便宜的方法（不要将试销和市场测试两个名词混淆！）。当然，基于扫描仪的方法是迅速可靠地获取市场信息的主流趋势。许多公司用产品首发（初期在有限的渠道销售，逐渐扩展到全部市场）取代传统的试销方法。

回想一下，我们一直在强调上市速度，强调新产品团队在加速上市中的作用，这从本书第 1 章开始，贯穿全书。现在，我们看到更多的市场测试新方法正在越来越普遍地被使用，与试销方法相比在成本、速度、准确性方面更具优势。

16.2 市场测试决策

稍后我们将讨论一整套市场测试方法。在这之前，必须明确一个决策问题：测试，做还是不做？

16.2.1 什么时候做测试决策

是否测试以及如何测试的决策可以在任何时点做出（见图 16.1）。等待测试的时间越长，我们对产品及营销方案的了解越多，测试也会越有效和越可靠。但等待时间越长，成本越高，上市时间越晚，竞争者造成的伤害就越大。解决方案是，我们一发现某种方法能帮助我们找出需要的信息就马上测试。消费品行业的市场测试在产品确定前就可以开始，其可以与概念陈述同步进行！而装备制造业或汽车制造业的市场测试必须等到每件事都准备到位后才能进行。

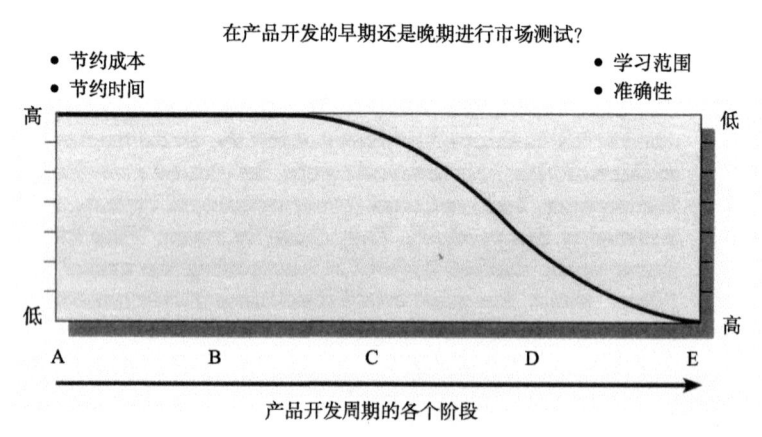

图16.1　何时做测试决策的矩阵

注：节省时间和成本的重要性到底如何？如果的确很重要，那么市场测试必须尽早进行，因为等待测试的时间越长，能够节省的时间和金钱就越少。但是，如果我们更看重上市能否成功，那么市场测试应该晚点进行。因为我们对最终产品了解越多，我们就能从市场测试中学到越多。

16.2.2　决策并非易事

我们对所创造的新产品其实是一无所知的。我们认为自己懂这个产品及其营销的一切，但除了极少数情况，这是一厢情愿，而并非事实，我们真正知道的只是一种观点、一种猜测、一种判断、一种希望或者来自上级的命令。新产品营销的真实场景就像一个竞技场，场上的人需要不断对某件事做出反应。不确定客户会有什么反应，甚至并不确定我们会提供什么，也无法预料竞争对手会怎么做。

这时需要一个权威的管理者出来说话："我们已经花了一大笔钱，而且很可能我们迟到了，但我仍无法确信我们做出了正确决策。我还想花几个月或更多时间确认。"这位高管心中燃起了什么样的信心呢？

记住，坚持做市场测试，并不意味着新产品团队在承认失败。百老汇的新剧可能在底特律、波士顿及美国中西部进行很多次试演，大大小小的改版试演一直在进行。新产品开发与新剧开发同样，如果决定不测试，那么谁决定谁举证。

的确有许多产品没经过市场测试就成功了，但反面例子表明跳过或不做市场测试会发生的事情。奈尔（Nair）脱毛霜制造商Carter-Wallace为男性开发了一种用于手臂、脚部、背部的产品（游泳、自行车或其他运动员会对此产品感兴趣），将其命名为"男人的奈尔"（"Nair for Men"）。如果连名称都没有测试，你会同意产品上市吗？在目标客户心中，"Nair"的含义是"脱毛霜中最有名的品牌"还是"女性用品"呢？目标客户是不是对"迈克尔·乔丹荣誉霜"这样的名称更有好感呢？后一个名字虽然暗示运动荣誉，但无法利用Nail名称的品牌资产（代表质量商誉）。

回想一下第13章中的案例介绍的那些新产品失败的案例：Avert消毒面巾纸、Uncle Ben加钙米，你最喜爱的新产但仍然失败了，想想其中的教训。我们可能永远都不知道这些产品做没做市场测试、做了什么测试，但我敢打赌，这些失败的企业一定后悔没有把市场测试做得更好。

16.2.3 重视市场测试结果

图 16.2 展示了市场测试与其他测试的关系，其中三项重要测试针对的是新产品失败的三个主要原因：针对"没有需求"的是概念测试、针对"产品不满足需求"的是产品使用测试、针对"市场上卖得不好"的是市场测试。许多时候，企业面对这三个节点时很急躁，于是，先跳过了概念测试，接着跳过了使用测试，之后，如果再跳过市场测试，就和蒙着眼睛飞行一样了。偶尔，企业做对了，虽然跳过了市场测试但没造成损失。据说，金宝汤公司的高层管理者就因为对 Spaghetti-Os 产品概念十分满意而跳过了市场测试，毫不犹豫地直接上市。当然，这样做十分冒险，这里不建议尝试。大多数企业至少会进行一种本章讲到的市场测试，但关键是要重视市场测试结果，也就是说，管理者必须根据测试结果采取行动。在某些情况下，负面测试结果会被忽略，因为产品团队不想扼杀首席执行官宠爱的项目！

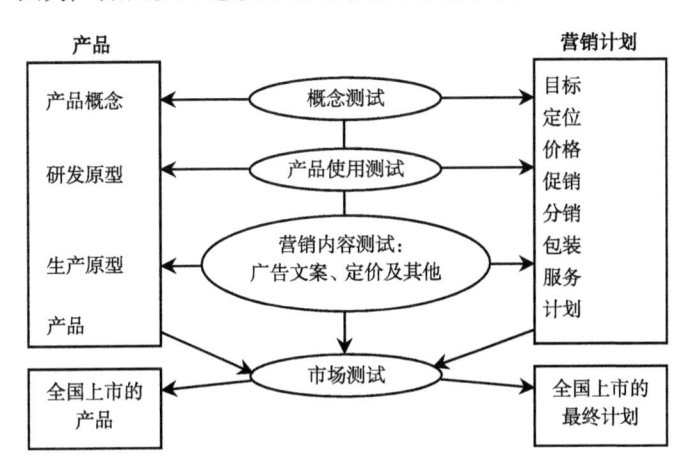

图 16.2　市场测试与其他测试的关系

注：现今的质量计划在产品早期阶段就强调产品质量。我们的营销计划的内容强调质量，在对营销计划的内容进行质量测试时，我们需要检视产品与营销计划二者之间是否相互匹配，这是市场测试的一项内容。

不管使用哪种市场测试方法，市场测试的目的是获得两个重要的洞见：第一，有机会获得可靠的销售额和销售量数据，不是早期规划决策时大概的数据或可能的市场占有率；第二，决策者需要诊断信息来完善上市的任何方面——产品、包装、传播活动等。收集到可靠的定量预测和诊断信息后，如果弃而不用，就是自找苦吃。

即便是粗糙的市场测试，结论也不应被忽视。第 7 章提到，在早期阶段可以设较低的门槛，以免扼杀掉任何有发展潜能的新产品概念。但在概念评估阶段，必须设立较高的门槛，因为开发这些新概念的费用较多且耗时，还会产生机会成本，因为其他有前景的概念并未被开发。道理同样适用于测试之旅的最后一个阶段。产品通过市场测试后就会上市，在此阶段投入的资金将大幅增加。

16.2.4　市场测试决策的考虑因素

每个新产品项目都有自己的独特情景，做出市场测试决策也有一些常见的重要考虑因素。

1. 一些特殊事项

最初的章程中有严格的时间表吗？可能有许多特殊考虑，比如，需要产生新的销售增量以便助推某个运营模块出售，或帮助新上任的首席执行官有一个快速的开局。章程是否会限制项目资金以至于新产品必须首发，并使用早期阶段产生的利润逐步进入新的阶段？发布活动是公司大型上市方案的一部分吗？例如，为了获得进入世界级市场的新行业的经验以允许当前产品延伸到另一市场。

2. 要获得什么信息

先看看是否属于这种情况：已投入大量资金并且没有退路，但没人知道产品上市时会发生什么。这时，如果条件允许，就有充分的必要性进行彻底的市场测试，既是为了避免产品被市场拒绝而造成巨大损失，也是为了避免市场需求远超预期而手足无措。某食品公司在产品上市时并没有预料到有机食品需求的爆发（远超过工厂产能），只好千方百计地从全球寻找新的有机原料来源以提高产能。之后，公司非常重视首发测试，这样就可以晚一点上市。

宝洁公司一位经验丰富的市场研究人员认为，出现以下情况时可以考虑跳过市场测试。

- 投资较少、预测较保守。
- 产品使用测试结果良好、消费者兴趣很高。
- 公司对这个产业非常了解、已在这个产业相当成功。
- 广告已准备好且测试很成功，促销计划不依赖完美的执行。

有趣的是，宝洁公司的市场测试方法是在该公司网站上列出新产品及其零售价格。宝洁公司根据客户在网站上的点击和订购情况判断其对新产品的兴趣！宝洁公司的佳洁士牙齿美白套装 Crest Whitestrips 的上市售价高达 44 美元，最初只在其网站上销售，除了通常的电视与杂志广告，公司还会发送电子邮件给潜在客户，鼓励客户登录公司官网搜索该产品。人们对这个线上活动的反应非常热烈：大约有 12% 的互联网浏览者购买了产品套装，其在头 8 个月就销售了 14.4 万套。由于这些成果，宝洁公司打消了零售商产品高售价的疑虑，成功地说服其进货。

另一种信息需求偏重在操作层面。测试是为了学习，学习如何做好上市的各项工作。上市涉及所有职能部门，每个部门都有自己的要求。制造和生产部门要根据可靠的销量预测数据拟定计划，还要发现从小规模生产到大规模生产可能出现的任何困难。服务部门（无论内部进行还是外包）需要了解服务需求是什么，以便能事先充分做好准备。公司需要了解外部供应商或经销商的任何特殊要求。除此之外，产品能否像预期那样被客户接受，或者为确保客户采用，是否需要根据购买习惯进行重要的、预料之外的改变？是否有可能出现产品自我竞食（product cannibalization）的情况？新产品的销量将在多大程度上侵蚀已上市其他产品的销量？

上述问题都需要依赖信息做出判断，现在，管理者更习惯于通过让客户参与来预测可能出现的问题。企业从产品开发一开始就让客户参与进来（本书第 4 章提到，把客户当作新产品团队成员），这样能提早找到问题的答案。有些公司通过让客户支付产品使用测试的原料成本，来实现高水平用户的参与。此外，许多熟悉**全面质量管理**（Total Quality Management，TQM）的企业，强制要求在更早期就研究客户对新产品的需求。

3. 成本

市场测试的成本包含以下几个方面。① 测试的直接成本：支付给市场调查公司的费用。② 上市活动本身的成本：用于生产、销售等。③ 放弃在全国上市带来的销售损失。上市成本有时相当大，以至于企业不考虑进行市场测试。例如，汽车行业的最大成本是汽车制造成本，有新车下线时，企业不会倾向于只在有限的市场区域上市销售。日本汽车企业先在美国西岸首发新车，以进行市场测试。

16.3 市场测试的方法

营销人员开发了一系列新产品市场测试方法。有的企业用公司的大自助餐厅进行测试，有的企业用小型海外分部进行测试。在第13章的Chipotle案例中，这家公司使用一家曼哈顿餐厅作为新产品测试场所。但是这些方法往往属于以下三个大类之一。图16.3显示了每种方法最有用的地方。

	产业		客户		
	商品	服务	日用品	耐用品	服务
虚拟销售					
推测销售					
模拟试销					
受控销售					
非正式销售					
直销					
迷你营销					
全面销售					
试销					
首发					
按应用领域					
按影响力					
按地区					
按销售渠道					

图16.3　市场测试方法及适用情景

16.3.1 虚拟销售

这种方法要求潜在购买者做一些动作。例如，如果这个产品能买得到的话，其是否会买？或者，其是否会从虚拟商店的货架上选该产品？演示动作要独特、易于识别，并隐含对营销战略的运用；这种方法的最大优点是用户没有痛苦，也就是说不用付款、不用担风险。这是一次**虚拟销售**（pseudo sale），该方法可以在早期使用。

16.3.2 受控销售

这种方法要求购买者必须有购买行为。销售可以是正式的或非正式的，但必须是在受控状态下进行的。这种方法依然属于研究范畴，因为产品还没有正式发售。一些关键变量比如分销渠道等不是公开的而是人为设计的。**受控销售**（controlled sale）比虚拟销售方法更有效，更能揭示问题。

16.3.3 全面销售

在**全面销售**（full sale）方法中，公司已经决定全面销售产品（不同于前述方法），但前提是先以一种有限的方式全面销售，看看是否一切正常。没问题的话就在全国全面上市。

16.4 虚拟销售方法

产品创新者使用两种方法，让潜在使用者在不用实际花钱的情况下表达购买意愿。**推测销售**（speculative sale）方法询问潜在购买者是否会购买新产品，**模拟试销**（Simulated Test Market，STM）方法创造一个虚拟的购买情景以观察潜在购买者的行为。

16.4.1 推测销售

这种方法主要用于 B2B 市场和耐用消费品市场。与概念测试和产品使用测试有相似之处，不同点如下。

- 在概念测试中，我们会给出这个新产品的定位陈述，以及关于新产品的形式或制造的特征。接下来问：如果我们生产这个产品，你有多大可能会买？
- 在产品使用测试中，我们向客户提供产品，让客户在正常方式下使用这些产品。接下来询问同一个问题：如果我们生产这个产品，你有多大可能会买？
- 在虚拟销售方法中，我们寻找客户，将接近最终销售的产品版本介绍给客户，进行完整的推介、回答客户问题、讨价还价，并引导客户回答封闭性问题：如果我们按照描述提供这个产品，你会买吗？

推测销售方法由普通销售人员用已制作好的新产品营销材料进行测试。他们打虚拟销售电话，介绍新产品，就好像可以购买一样。不同于虚假销售的是，产品、价格、交付时间、销售演示等都是真实的，目标客户也是真实的，定位清晰。除了做决定，买方不需要做任何事情。决定也可能是要些产品试用一下，那就更无妨了，试用是业界通行的首次购买方式，试用率恰恰是测试指标之一。

推测销售一般适用于商业产品，也可用于某些消费产品。例如，乐柏美（Rubbermaid）公司主要通过推送来销售产品，向消费者发布一些形象广告，产品只在柜台上能看到。这种方法很容易复制，所以乐柏美公司在一个类似焦点小组概念测试的环境里进行推测测试（与概念测试的差别是：产品已完工，有使用说明和价格等信息）。消费者感觉在一个商店里，很容易推测是否会购买。

推测销售适用于如下情景。

- 与关键买家之间具有紧密的上下游关系的工业企业。
- 新产品开发的重点是技术性工作，并且内部专家可以解决，几乎不需要市场反馈。

- 风险较小，没必要采用高成本的方法。
- 属于新产品（如新原料或全新产品类别）并需要做出关键性的判断。例如，潜在购买者看到了哪些替代品？或者，首先想到了哪些可能的应用？

采用推测销售方法做市场测试时，不需要做广告，而且实际运用方式很灵活。例如，有些测试者并不向购买者展示商品，告知该产品实际上是无法买到的。在此情况下，他们会简单地告诉购买者：我们准备好上市销售一种新产品啦，想了解一下你是否对它有兴趣。

16.4.2 模拟试销

日用消费品企业有大量的产品需要开发，但它们不会采用上述推测销售方法，它们需要的是一种比后面讲述的受控销售和全面销售方法更便宜、更保密、更快速的方法。它们根据 A-T-A-R 模型找到了新的方法，这种方法源于概念测试且用于新产品开发流程的早期阶段。因其用于早期阶段，有时被称为上市前测试（premarket testing），即在上市准备完成之前进行测试，现在则普遍称之为模拟试销。该方法主要在采用其他市场测试方法之前使用。最初采用"模拟试销"一词，是因为使用数学公式来模拟市场，当时所有的市场测试都被称为"试销"（test market）。

采用这种方法的核心目标是取得试用和复购的估计数据。通过广告代理商的组件测试（component testing）取得知晓的比例，公司管理者提供的市场单位、能买到的比例、价格、成本等因素可将 A-T-A-R 模型转化为销售预测。例 16.1 是一个典型的模拟试销的案例，但要记住，各个市调研公司的做法各不相同。

例 16.1　在购物中心进行拦截的模拟试销案例

（1）邀请受测者。当客户路过某购物中心时，邀请他们参与一项市场研究（也可以找一个好的测试公司进行电话邀请）。确定受测者的资格，方法包括访谈前观察受测者（评估其年龄、性别、收入、家庭状况等）及在购物中心走廊上的短暂访谈中询问问题（如使用的产品类别）。在此阶段要尽量把竞争对手的员工排除在受测者之外，选中的受测者会被邀请到附近的测试室，测试室通常是购物中心的某个未使用的店面。

（2）在测试室，受测者会拿到一份自填式问卷，询问他们对于一种或多种产品的态度与使用情况。接下来，这些受测者开始接受电子或平面广告的刺激。电视广告不一定通过电视呈现（例如，电视广告节目本身正在接收测试），平面广告可以出现在杂志内页，也可以出现在单页广告纸上。同时呈现多个广告以让受测者无法确认正在测试什么，而要测试的新产品广告就在其中。广告要提供完整的信息，包括诉求与价格（实际操作中也会因客户和测试公司的不同而变化）。

（3）接下来，受测者被带到另一个房间，该房间被布置成一个有产品货架的小型便利店。测试经理给受测者一定额度的现金或虚拟货币，金额虽不足以买商品却足以让这次购买行为不"痛"。受测者甚至可以拿着给他们的现金什么都不买就离开。希望这些受测者逛逛并购买在第一个房间里做广告的那个新产品，这就产生了一个变量：试用（某知名公司不用这样的模拟商店，只简单询问了受测者一些标准的有关购买倾向的问题，问题与第 16 章产品使用测试的那些问题类似，然后把试用产品赠送给那些表现出购买兴趣的受测者）。

（4）此时，大部分参与者可以自由离开了。会有约10%的受测者被带到另一个房间参加焦点小组。另外还有约10%的参与者会被要求填写一份自填式问卷，问卷内容包括前面程序之后的态度、产品计划使用的方式等。购买新产品的人将在事后被联系，没有购买的人则会被询问为什么没有购买。之后，所有参与者都可能会被赠送新产品试用包以作为答谢。

（5）一段时间后（时间长短基于产品类别有所不同），以电话方式与这些受测者联系。电话中可能提到先前购物的经验，也可以刻意不提。在电话里询问有关产品使用方式、反应、未来的购买意图等信息，这时就可以进行很多分析以判断信息，如在家中谁使用此产品、如何使用、产品与什么共同使用等。

电话联系结束时，受测者可以得到一次购买更多该新产品的机会。这是销售波的第一步。可以将产品通过邮寄或其他方式送到受测者家中，之后可以反复通过电话搜集新信息、提供销售机会。销售波可以为另一个重要变量——复购提供信息。

预先测试通常涉及300~600人，需耗时8~14周，成本仅为全部市场测试的一小部分，取决于销售波的数量。最著名的模拟试销专业公司是ACNielsen公司的一个部门BASES公司，该公司结合消费者反应数据（见例16.1的描述）与公司的营销计划，评估新产品的销售潜力，使制造商能够酌情分配营销资源，以充分挖掘产品的市场销售潜力。另一大专业公司是信息资源公司（Information Resources Incorporated，IRI），该公司提供新产品标杆服务，通过搜索庞大的新产品数据库，决定新产品的试用率和复购率，并显示该新产品会成功还是失败。

模拟试销（STM）服务的形式多种多样，服务水平在不断改善。例如，近年来，BASES在人们进入超市时进行拦截调研，对其提出请求、询问问题、给其一张优惠券，并且跟随其进入商店，看看其实际购买了多少在该商店铺货的产品。

1. 测试结果

消费者给出对新产品的看法，购买或索取一些产品，给出自己的反应，但测试的关键目的是估计产品的销售情况，所以，各个测试公司提供包括试用率、复购率、市场占有率、销售量等的估测服务，并进一步将试用复购率（trial-and-repeat rate）与客户知晓度、零售店可购买率、竞争对手活动等结合起来进行分析。

这种方法的关键点是数学模拟。如果企业不想用其做销售预测，测试其他变量也很容易。例如，可以用该模型测试至少需多大的试用量，才能达到预期的市场占有率，并据此评估完成该试用量需要的成本支出（如在市场导入期提供两倍的优惠券，或进行短暂的降价）。

上述过程存在两种不同方法，采用的数据分析方法不同。BASES公司采取相当简单的启发法（基于以前相似情景下的试错经验而产生的经验法则），从测试结果取得试用和重购数据，利用过去几千组同类产品市场导入的庞大数据集进行修正，得出修正后的试用和重购数据。接着依据这些修正后的数据采用A-T-A-R模型预测销售量和市场占有率。

其他专业测试服务公司采用数学模型，而非启发法。采用数学模型需要更多的客户信息，但在进行模拟时较有用。较著名的模型之一是ASSESSOR，能做两种预测（一个是使用A-T-A-R模型，另一个是使用偏好模型），且对这两个模型进行比较以得出市场占有率的预测值。消费性商品生产商如SC Johnson公司，经常使用模拟试销的ASSESSOR模型来测试新产品。

ASSESSOR 的 A-T-A-R 模型根据知晓率、试用率和复购率的估计数据，预测新产品的市场占有率。运用类似例 16.1 所概述的程序搜集客户数据，依据广告（影响知晓度）、分销（影响可购度）、促销（影响收取的样品数量）等营销组合变量，估计长期或稳定的试用与重购数据，再将稳定的试用率与复购率相乘得出长期市场占有率的测试值。ASSESSOR 需要产品经理进行"假设"分析，以衡量营销组合变量的变动对市场占有率及利润的影响。

2. 模拟试销的新进展

我们已经讨论了 VR 系统的使用情况，如 Oculus 的 Rift 在大规模定制的应用。基于虚拟现实的测试技术与传统的模拟试销结合起来，虚拟现实为消费者提供了身临其境的体验，并允许其通过虚拟购物、虚拟更衣室以及虚拟产品展厅和演示与产品进行逼真的交互。例如，消费品生产商吉百利使用 Decision Insight 的在线虚拟购物来补充其对零售货架空间使用的传统研究。虚拟购物体验表明，垂直排列咳嗽滴剂的品牌和私人标签比经常使用的棋盘模式排列（品牌和私人标签彼此相邻）产生更多的销售额。金伯利集团经营一家 3D 商店模拟公司，对新产品进行市场调查。

3. 对 STM 的批评

模拟试销方法受到许多批评。第一，所有日用消费品公司使用一种或多种方法，但我们不知道使用频率或可信度有多高，除了数学复杂性是一个问题，一些管理者因此对该方法产生怀疑。第二，整个体系中的每件事都略显虚假：在购物中心入口的拦截使测试一开始就产生虚假情形，接着广告刺激没有按照真实情况设计，商店明显是假的，太多的注意力聚焦在测试消费者的行为上。第三，在公式运算前，需要许多来自客户的假定情况（例如，商店采购该产品的比例、广告预算、广告效果反馈、竞争对手的反应等）。这些数据大部分是假设的及/或可能有偏见。第四，这种方法不可能用于世界级新产品，也不可能用于主要通过人员销售或定点推广销售的产品上。

提供该测试服务的公司会反问"难道还有什么其他方法能够在如此早的时间提供预测数据吗？"除此之外，企业的销售预测通常是准确的，也有人认为多达一半通过 STM 测试的产品在后续市场测试中是不成功的。因此，各方对 STM 的使用和争论仍在持续。

16.5 受控销售方法

虚拟销售方法是一种实验室环境下的实验，可以在早期市场测试中提供非常有用的信息。营销人员需要在真实竞争环境下有实际购买行为的市场测试方法，但这些市场测试方法"控制"了现实情况中的一个或多个维度。营销人员还希望有一个市场测试方法，假定已经有了分销渠道或自动取得了销售店面，不必花时间和成本去铺货。在这个背景下，产生了受控销售（controlled sale）市场测试方法。

16.5.1 非正式推销

许多工业产品是依据清晰可辨的产品特征来销售的。产品开发者想要潜在购买者看到这个产品并倾听产品背后的故事，进行试用性购买（或接受免费试用），并实际使用该产品。除非产品使用测试结果非常不好，否则在后一个阶段用户应该会复购。此时，人员销售是基本的促销工具，且没有必要对广告进行评估。

很明显，方法是培训少量业务人员，给他们有关产品和销售的资料，并让他们开始打电话。非正式推销方法（Informal Selling）甚至能在商业展会中进行，不是在固定摊位，就是在附近的特殊场所进行。例如，3M 部门上市销售新光纤熔接机的紧急计划：为了对新产品进行市场测试，团队经理发现在新产品上市日之前的 3 个月有一场商品展，而且新产品的潜在购买者都会出现。这场成功测试的背后还有小插曲：在展览会开始的前一晚，团队为了找出某些光纤会脱落的原因，到附近卖场买了一个玩具显微镜来用。由此可知，新产品营销人员要对问题做出迅速回应。

非正式推销方法是为了产生真实的、有现金的销售。通常，在取得足够订单后，在下单日和产品预定装运日之间，有足够的剩余时间进行安排。

非正式推销不同于推测销售方法。在推测销售方法中，我们会询问消费者是否会购买产品；在非正式推销中会要求对方购买产品。正如乐柏美公司所说，消费品公司往往使用推测销售方法，而工业品公司往往使用非正式推销方法。如果企业的所有产品基本上通过业务人员直接向产品的最终用户进行销售，其就使用非正式销售（大部分受控销售方法要避免零售商/分销商堆积存货的问题）。大部分服务类企业也是如此。

16.5.2 直销

另一个简单的受控销售方法是直销（direct marketing）。虽然直销这个名词有很多种使用方式，这里指生产者通过在线目录或印刷目录的方式将消费品直接销售给消费者。例如，L.L.Bean 和 Lands' End 是大型直销商，可以很容易地测试某种类型的新服务、新产品或产品线，只需将它列入产品目录中并计算有多少订单。优点有保密性、快速反馈、低成本、数据库支持以及易于测试多种版本（通过使用多个产品目录）。

16.5.3 迷你营销

鉴于非正式销售和直销方法都避开了分销商及零售商或卖方，最好有一种方法能够涉及有限数量的零售商店。新产品经理先挑选一家或一些能让新产品有不错销售业绩的商店。如果找不到代表性的零售商店，就很可能去找能开展合作的较大型商店。我们不像试销那样使用整个城市的商店，而是把一家商店当作一个小型城市或迷你市场（minimarket），该方法因此得名。

例如，Black & Decker 公司联系沃尔玛（Walmart）或家得宝（Home Depot）安排陈列和销售该公司的新品 Snake Lite。不能利用当地的电视或报纸广告，因为此产品只能在一家或两家商店买得到，但这些商店可以在自己的广告上列出此产品，可以在货架上陈列产品与进行展示，且店员能提供正常的服务。如果提供折扣或者邮寄赠品，还有可能取得购买者姓名等信息，以便市场调查人员进行后续接触。

迷你营销的情景更加逼真，建立了实际的购买情景，价格或其他变量的改变有较大的灵活性，相比试销方法更为保密，而且更便宜。当然，迷你营销仍存在人为因素，而且分销能力无法测试，所以迷你营销测试仍是一种受控销售测试。商店人员可能过度关注此产品，也就是将太多的注意力放在新产品上，并给予新产品在全面上市销售时所没有的协助。而且，其间的销售额无法反映全国销售的情况。

许多市场调查公司为制造商提供这项服务，使用与其之前已经建立关系的商店，利用自己的货车车队，在短时间内将产品迅速送达几家商店。有的调查公司还在超市里有特殊的新产品陈列架,以供新产品展示。注意,此方法并不是很科学,它只能用来取得实际销售的最初偏好和/或用来解决开发者面临的特殊问题(例如,品牌混淆、价格、包装说明、产品误用或不同的定位)。它告诉我们试用情形,并给出重购的一些感性认识。

另一种迷你营销方法,是受控分销扫描仪市场方法(Controlled-Distribution Scanner Markets, CDSMs),该方法源于扫描技术,在日用消费品领域受到重视。信息资源公司(Information Resource Inc., IRI)和尼尔森市场调研公司(AC Nielsen)为日用品制造商提供该项服务。IRI公司的CDSM服务也称为消费者行为扫描(Behavior Scan),在8个人口约10万人的城市中使用(如印第安纳州的Marion及加利福尼亚州的Visalia),该公司与所有杂货商品零售商店建立联系,要求这些零售商店安装扫描仪系统,费用由IRI支付。作为回报,零售商同意与IRI分享扫描仪的数据,并配合IRI的各项活动。之后,IRI在每个城市1 000户家庭里设立两组固定样本,参与者需同意:① 在有线电视机安装电子装置;② 报告他们阅读了哪些出版物;③ 必须在安装了扫描系统的商店里采购家中所有的日常生活用品;④ 使用特殊卡片(很像信用卡)来识别他们的家庭。通过参加摸彩等活动,让参与家庭得到激励并自始至终地合作。这个系统的关键部分是:① 有线电视可以插播其他节目;② 完整记录下都有哪些媒体(如杂志)进入该家庭;③ 挨家挨户记录下每个家庭的采购情况;④ 通过结账扫描仪将95%的商店的受测产品的销售情况完整记录下来。调查公司需要确保每家商店的即时进货和分销情况(该方法也是控制销售方法)。IRI掌握了每个营销刺激对每个家庭的影响,也掌握了每个家庭购物习惯的每个变化。

举个例子,假设卡夫公司计划对一种名为Cajun的新型切达奶酪(Cheddar cheese)进行市场测试。卡夫公司与IRI公司签订合同,在8个城市中选定其中一个或更多城市来测试该产品。接着卡夫公司将Cajun投放于该城市并开始进行产品促销,其他城市则暂时作为对照城市。卡夫公司有权在任何选定的家庭(如青少年家庭)中插播卡夫广告(通过有线电视信号插播),以了解这些家庭是否在广告播放期间收看电视、是否会购买任何Cajun产品、是否会再次购买产品等。在每个城市里有两组固定样本,卡夫公司可以在电视广告中使用两种不同的定位,每组固定样本各有一个定位。由于采用了多种方法并加以控制,想象力得到进一步的延伸。卡夫公司可以了解有多少看到最初广告的高收入家庭在两天内就购买了该产品,以及其在上次采购时买了些什么、花了多少钱,对于这次采购,他们还买了其他什么产品等。

尼尔森市场调研公司也提供类似CDSM的服务,称为消费者测评组服务(Consumer Panel Service)。尼尔森的固定测评组在全美国超过12万户家庭,与消费者行为扫描(Behavior Scan)的区别是,在记录购买行为的方式上,IRI公司的受测家庭使用特殊卡片,而尼尔森公司的受测家庭使用一种扫描棒,这些信息每天会传送给尼尔森。也就是说,尼尔森的固定测评组可以追踪在所有零售商处的购买内容,而不仅仅是在参与商店的购买内容,但缺点是测评组成员必须在家主动扫描购买的每个商品。尼尔森也会请用户安装能发送测试电视广告的装置,并非只能通过有线电视将产品广告传送到家庭。

16.5.4 扫描仪市场测试

迷你营销测试有许多种版本,所有设计都是为了满足特殊情景和需求的。其中,一种迷你市场测试称为扫描仪市场测试(scanner market testing),来自IRI的行为扫描系统。

IRI 公司的 Behavior Scan 系统一完成建设，其客户就开始向 IRI 公司索要更多的扫描仪数据，相比缓慢且不清晰的传统市场调查审计数据，这些数据快速而且清晰。客户想要持续运用 Behavior Scan 这个实验室系统，更希望得到更大区域范围的数据，如果是整个国家的数据更好。因此 IRI 公司开发了一套信息扫描系统（InfoScan），这套系统可以审核在所有测试日用品的商店的销售情况，审核是在商店里用扫描仪系统进行的，可以报告主要大城市的市场数据（最初只有几个城市，现在已超过 100 个城市）。事实上，由于 InfoScan 系统的市场服务涵盖范围相当完整，客户会将其作为全国性系统来使用，也能采购其单一市场的信息服务。

IRI 公司与这些商店建立了非常好的关系，商店可以保证按照新产品的协议价格进货。如果没有这项保证，铺货（sell-in）将留给能够进行这项工作的公司来做。因此，InfoScan 的数据可以用于迷你市场测试。例一，测试印度安纳波利斯市和丹佛市的市场存货情况和新产品销售情况，多数迷你市场测试方法是在一些小商店进行的，从而无法在这些区域的主流媒体上做广告，但 InfoScan 市场测试可以运用所有当地媒体。例二，InfoScan 的数据可用于产品试销，企业可以进行自然铺货，正常拜访如纳什维尔市和埃尔布埃科市的零售商和批发商，从而将新产品介绍进来。假若企业愿意，还可以购买尚没有新产品销售的其他两个城市的商店的销售数据，如罗切斯特市及堪萨斯市，以便与前两个已经开始进行产品销售的城市进行比较。选择和适配这两个城市，并不像传统试销那样谨慎。例三，InfoScan 的数据还可以用于首发。企业先在美国西部的主要市场销售新产品，之后逐渐向附近的各州市场扩展，最终销售至全美国。

因此，InfoScan 是一种市场测试设计和数据搜集的方法，而并非某种单一的市场测试方法，其对很多市场测试方法有支持作用。为了做到这一点，IRI 公司已在所有市场发展家庭的固定评测组，以便客户能追踪个别家庭的购买行为，呈现 Behavior Scan 实验室系统的一些特点。一些消费者调查公司的经理称 InfoScan 为真实试销，以区别于模拟试销方法；有些人称 InfoScan 为入市测试（in-market test），以与在较小城市的 Behavior Scan 实验室的电子测试服务相区分。由于制造商从一个提供者获得了如此多的信息（包括购买行为、家庭人口结构数据、媒体行为、对促销和价格的响应），InfoScan 等相关服务都被视为单一来源系统（single-source system）。单一来源系统的优点是能在多个不同市场灵活地做许多不同的事情，并配以相应的服务、丰富的细节说明，最棒的是，只需要几天而不是几个月就能完成。

此外，尼尔森也提供类似的服务，称为 SCANTRACK，这项服务每周从 50 个主要市场超过 4800 家食品/药品商店、批发商、便利商店取得数据。对于扫描仪市场测试尚未普遍应用的产品类别，如香烟或糖果，该公司利用商店审计资料来补充扫描仪数据。尼尔森公司提供有关 SCANTRACK 和 Nielsen Food Index（NFI）报告，管理者可以在线取得尼尔森公司的报告。零售商还使用扫描仪数据对各个价格点和货架摆设进行测试。

为了满足日用消费品营销者持续增长的需求，尼尔森公司和 IRI 公司都开始提供专家系统服务，以分析扫描仪产生的海量数据并提供有价值的报告。IRI 公司的服务被称为 Sales Partner，通过分析零售商的扫描仪数据可以识别出关键销售机会，其报告可供制造商销售代表拜访零售商时使用。IRI 公司的其他产品，如 CoverStory，能为产品经理提供概略的市场研究报告（包括图形和表格），指出产品的重要趋势与事件。尼尔森公司也提供 Sales Advisor，包括销售数据摘要和有效的营销信息，供制造商销售代表在打销售电话时使用。

16.6 全面销售方法

在全面销售市场方法中，所有变量都要测试，包括竞争和贸易，可以测试全国性上市的真实情况。这里先介绍试销，接着讨论所有方法中正在被迅速广为使用的方法——首发方法。

16.6.1 试销

试销（test marketing）是市场测试的一种，指从整个市场中选出一个代表性部分（通常是某城市内或城市周边的一个或几个大市场）进行营销活动彩排。通常当我们听说某新产品正在某地，比如 Evansville、Boise 或 Dubuque 进行测试，这可能就是在试销。典型情况是，企业首先挑选两个城市销售新产品，再挑选两个非常类似的城市不销售新产品，对这 4 个城市的市场仔细观察，观察新产品的存货量、销售额，或者通过 InfoScan 系统，或者通过一些其他搜集商店采购和商店存货数据的方法。根据这些资料，计算出商店的销售额。商店上一期的存货数量，加上这一期进货数量，减去观察者下一期查到的存货数量，等于这一期已销售的数量。

大部分试销的目的现在已经发生改变。虽然早期的目的是预测利润，并帮助其决定是否进入全国市场，现在公司经常使用试销来微调营销计划并学习如何更好地执行。因为试销太过于昂贵以至于无法成为最终测试。

企业如何微调营销计划的例子如 Searle 公司的 NutraSweet（阿斯巴甜）人工甜味剂开发。当 NutraSweet 首次被开发时，Searle 公司以为目标市场是不喜欢糖精味道的人工甜味剂用户。在区域性试销时，Searle 公司发现目标市场完全不是这样的，实际上市场更大、更有利可图：存在一个不喜欢糖类的用户群！事实证明，许多糖精用户实际上更喜欢糖精的味道。同样，宝洁公司准备上市去除衣物味道的 Febreze 衣物清新剂（一个新产品）之前，在 Phoenix、Tucson、Salt Lake City 及 Boise 等城市进行了两年的大规模试销。虽然 Febreze 最初的目标市场是一个利基市场（希望去除衣服上烟味的吸烟者），但通过试销发现，潜在市场更大：有小孩或宠物的家庭成为该产品的重要市场。

1. 支持和反对

与其他测试方法相比，试销是在典型的市场情景中进行的，因此可以对销售额进行最佳的预测，并对各种营销战略进行最好的评估。试销可以降低全面或重大失败的风险。

试销可以提供充足的信息，包括销量、用途、价格、经销商的反应和支持、公共关系、竞争对手的反应等，还可以提供不是很重要但也具有价值的副产品。例如，小企业用试销结果的成功来说服全国性分销商引进其新产品。

试销允许验证生产。任何制造问题（如无效或不安全的包装）都可以在试销中发现，而不是稍后在全国上市时发现。其他企业还发现了以下影响因素：湿气或温度的影响、配送人员的滥用、产品的不当使用、公司或分销人员对产品的误用等。

当然，试销方法十分昂贵：每个城市的直接成本很高，还有许多间接成本（如准备产品、特殊培训等）

必须也被考虑进去。如果数据是准确的，那么这些成本通常可以接受，因为可以用试销结果预测全国的销售额。但试销结果未必真正具有预测力，我们无法控制所有环境因素，公司人员总是把一个测试程序做过头，经销商可能会过度参与或参与不足。因为担心不恰当的分销会扼杀整个测试，总有人会禁不住去美化销售数据。

此外，还有时间问题。好的试销可能需要花上一年甚至更长的时间，这会让竞争对手充分完整地了解测试企业的战略，有时间做好相应的准备，甚至有机会将某个类似产品直接进行全国性营销（见例16.2）。宝洁公司以前曾经对新产品进行广泛的试销，现在很多新产品在 STM 成功后直接在全国性上市，虽然在某些情况下存在较高的风险或不确定性（如之前提到的 Febreze），但仍然可能需要进行长达 3 年的全面试销。同样，星巴克公司在推出速溶咖啡 Via 时，在几个选定城市进行传统的试销，然后才推广到北美市场，进而在全球营销。虽然仅是一个简单的产品上市，管理阶层意识到了风险，就可以适度扩大测试的规模。例如，星巴克公司必须决定 Via 是不是符合公司品牌价值的高质量产品、Via 是否能传递星巴克的咖啡所拥有的客户所喜爱的特征（味道浓醇的咖啡）、星巴克的咖啡客户是否会怀疑这只是速溶咖啡、能否接受或喜爱这种个别包装的形式，再者，Via 有可能伤害星巴克公司的整体品牌资产。

例16.2 试销的风险：向竞争对手摊牌

（1）通用食品公司的 Toast-Ems 进行试销时，家乐氏公司追踪 Toast-Ems 的销售。家乐氏公司注意到 Toast-Ems 逐渐受到欢迎，因此在通用食品公司的试销结束前，家乐氏公司迅速将 Pop-Tarts 在全国上市。

（2）通用食品公司发明冷冻干燥咖啡之后，正试销其 Maxim 品牌，此时雀巢公司以 Taster's Choice 超越通用食品公司而成为领导品牌。

（3）宝洁公司忙于试销旗下软巧克力片饼干时，Nabisco 与 Keebler 都在全国范围首发了类似的饼干。

（4）同样的事发生在宝洁公司的 Brigade 厕所清洁剂上。宝洁公司花了 3 年进行试销，与此同时，Vanish 与 Ty-D-Bol 两家公司都早已具备一定市场地位。

（5）当金宝汤公司试销 Prego 意大利面酱时，Ragu 公司增发广告及促销（以扭曲 Prego 测试的结果），也开发并首发了新的 Ragu Homestyle 酱料。

（6）通用食品公司新婴儿冷冻食品的试销结果非常看好，直到公司了解到大部分测试产品是由竞争者 Gerber、Libby、Heinz 所购买的。

资料来源：J.P. Guiltinan, G.W.Paul, *Marketing Management: Stratgeies and Programs,* 4th ed. (New York: McGraw-Hill, 1991); G.L.Urban, S.H.Star, *Advanced Marketing Strategy*(Englewood Cliffs, NJ: Prentice-Hall, 1991); E.E.Scheuing, *New Product Management* (Columbus, OH: Bell& Howell, 1989); Robert M. McMath, Thom Forbes, *What Were They Thinking* (New York: Times Business, 1998); G. A. Churchill, *Basic Marketing Research* (Fort Worth, TX, Dryden, 1998); 等等。

此外，竞争者可能用大量折扣券和其他手段干扰试销，导致测试产品的销售情况不佳，造成误导。一位麦片行业的管理者就表示，企业一旦发现有竞争对手在进行试销，就会大量寄发本公司产品的现金折扣券。当问其为什么不采取其他促销手法时，回答很简单："因为这个办法超级有效！"另一个手段是，竞争对手的销售人员可能大量购买正在测试的新产品，以变相增加销售量，造成测试报告的错误。

2. 测试的参数

现在已经有众多有关试销的文献，而且大部分著名的市场调研顾问公司有能力设计出针对任何市场环境的测试方法，因此在这里不需要深度讨论细节。最常见的问题是："应该在哪里测试"和"应该测试多长时间"。

（1）选择试销市场。每位有经验的试销人员都有理想的预测城市或地区。广告代理商也有这些清单。选择两个或三个城市测试并不容易，但通常人口结构数据和竞争程度应具有代表性，测试地点的分销渠道不能太难以获得，而且在产品消费上没有地区的独特性。一个有趣的考虑是媒体涵盖性：为了避免浪费曝光，所选的市场通常要有涵盖该市场的平面及电子媒体，而非其周围区域。

（2）决定测试持续时间。一个试销应持续进行多久，并没有一个标准答案，某位营销副总裁清楚地说道："对新的护理机器设备进行测试需要 24～36 个月，但对新的糖果饼干的测试只要 6～9 个月。"表 16.1 是一些购买周期的数据，这些差异是决定测试持续时间的因素之一。

表 16.1 各类产品的购买周期　　　　　　　　单位：周，%

		平均购买频率	每 4 周的平均渗透率
空气清洁剂		6	12.3
烘焙	红糖	17	13.6
	蛋糕混合剂	10	29.6
	可咀嚼维生素	26	0.8
清洁剂	万能清洁剂	35	3.4
	橱窗清洁剂	27	7.1
	毛毯清洁剂	52	2.4
	浴室清洁剂	25	4.2
咖啡		3	53.1
冷冻食品	冷冻罐头	6	19.5
	冷冻比萨	8	21.1
家具擦亮剂		27	7.0
头发护理用品	染色剂	12	4.7
	洗发水	8	23.4
果汁/饮料	果汁	3	33.6
	果汁饮料	4	27.8
	好喝的功能饮料	8	13.2
洗衣护理	强力洗衣粉	5	50.4
	去污剂	25	4.7
	洗衣液	6	18.3
	人造奶油	3	71.7
	牛奶添加剂	9	11.8
	漱口水	13	9.7

续表

		平均购买频率	每 4 周的平均渗透率
宠物食品	猫食（综合）	2	14.1
	狗食（干燥）	4	23.2
	狗食（综合）	2	41.8
葡萄干		18	8.3
色拉酱		6	32.9
色拉配料		8	1.2
点心		3	17.7
牛排酱		23	5.4
牙膏		9	33.1

注："平均购买频率"是不同产品类别购买的间隔时间，这是根据 ADTEL 家庭主妇群统计出来的；"每 4 周的平均渗透率"是受测的家庭主妇每 4 周购买至少一件物品的比例。这些数据都有利于决定市场测试持续时间。

资料来源：ADTEL 公司。

16.6.2 首发

试销并非全然无效，但现在营销人员更喜欢另一种市场测试方法，称为**首发**（rollout，直译为首次展示、首次提供——译者注），也称为有限营销（limited marketing）。首发既有试销的营销彩排效果，也避免了试销的很多问题。的确，许多企业说没做市场测试，实际情况是其经常采用首发方法。

许多首发采用地区性首发的方式。先在一个城市或市场推出新产品，收集信息，从有限市场的经验中学习，最终，产品在更广阔的市场上市。例如，2018 年 8 月，本&杰瑞（Ben & Jerry'公司推出了一种非冰激凌产品——饼干球（Cookie Dough chunks），含有巧克力片和花生酱，具有巧克力口味。这种非传统产品的创意来自这样的观察，即一些消费者喜欢把本&杰瑞在冰激凌中加入的饼干球单独挑出来吃；这一观察意味着单独出售饼干球可能有市场。本&杰瑞公司决定先在家乡佛蒙特州的本&杰瑞独家商店进行首发，这样就可以监测客户对新产品的兴趣和兴奋点，并推测如果在全国首发的话市场能否接受。公司还通过 Instagram 首发该新产品，希望通过社交媒体的口碑引发更广泛的兴趣和热情。

地区性首发通常用于进行全球性上市，先是一个或几个领先国家获得产品，跟踪销售情况，然后逐渐渗透到世界其他地区。正如在第 15 章案例中看到的，采用甜叶菊来增甜的可乐生活的终极目标是面向全球市场，最初是在阿根廷和智利进行产品开发和销售的，后来才逐渐渗透到其他的市场。3M 公司的一个部门先在阿根廷销售产品，然后再逐渐渗透到欧洲国家。高露洁采取的是领先国家战略，先在菲律宾、澳大利亚、墨西哥等地销售 Palmolive Optims 洗发水，然后将其推广到欧洲、亚洲和其他世界市场。

上述案例说明，首发的开始地区不一定是代表性地区，而是公司认为拥有合适的人员或合适的市场来进行推广的区域。事实上，一些公司希望选择的区域有挑战性，而不是太容易。例如，迈尔斯实验室（Miles Laboratories）在销售糖尿病自我检测血糖仪时，意识到两个销售部门必须合作，诊断销售人员比较懂技术，保健品销售人员比较懂零售药店，其选择的首发地区是纽约市，并说"因为纽约市场很复杂，如果我们在这儿能成功，就有理由在逐渐渗透到全国其他地区时也会取得成功"。

在这些例子中，公司的战略意图十分清晰。它不是上市前进行的市场测试，而是产品的实际发布，只是以渐进的方式进行，最终目的是进入预期的全部市场。图 16.4 提示，在切换到全面的全国发布之前，如何决定何时逐渐渗透以及渗透的程度。

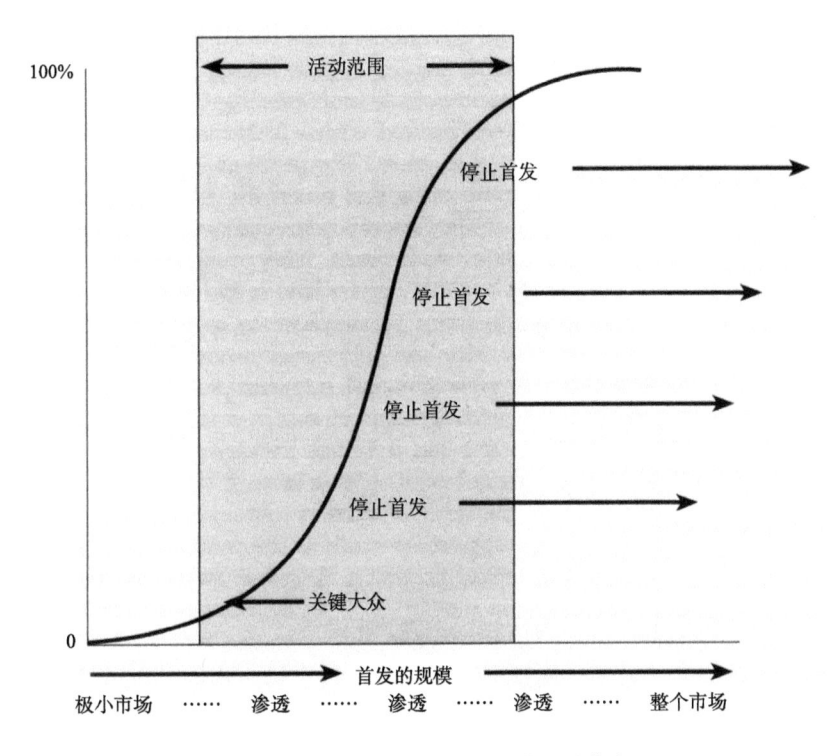

图 16.4　首发的各个阶段以及获取的信息

注：在一小块市场进行首发是没有意义的，一旦获得所需的信息（或销售量），跳到全部市场就是一个很好的理由。

首发的方式不仅可以按照地区进行，还可以按照应用领域或最终用户细分进行。例如，一家工业黏合剂公司开发了一款多功能的新型黏合剂，能将砖块固定到钢板上、将隔热墙板固定到房屋中的两个四柱螺栓上、将木瓦固定到胶合板屋顶板上。它已经在上述三个应用领域进行了现场测试，并在非正式销售给屋顶公司的一次性木瓦使用中进行了测试，均得到了良好的响应。公司应该同时在三个应用领域提供该产品吗？反对的理由包括：（1）前两种应用领域没有进行市场测试；（2）同时行动会导致公司资源紧张；（3）多种应用领域会使客户感到困惑，因为客户都属于建筑领域，会听到三种销售声音；（4）砖和墙板领域高度竞争，新产品经理希望在进入这两个领域时有一些成功的经验可谈。最终决策是按照最终用户细分市场逐步渗透。先在木瓦业务中销售新黏合剂以获得经验，获得一定的现金流和信誉，然后，逐渐面向墙板公司销售，随时响应变更。最后，渗透进入砖市场。其他类型的首发与上述胶黏剂企业一样，如果只有一个主要应用，那么产品只有少部分更好，需要训练许多经销商的业务员。胶黏剂企业可能选择通过其中一家最佳（及最友善）的分销商、一家愿意合作新产品的企业来销售胶黏剂。如果进展顺利，还可利用之前的成功经验，说服其他那些很难受影响的分销商进行首发。

还有一种首发方式是按照分销商进行的。如果黏合剂公司只开发一种单一用途的新产品，而且该产品只是稍微好一点，并且需要对经销商代表进行大量培训，那么，该黏合剂公司可以选择通过与其关系最好的（也是关系最友好的）经销商销售黏合剂，当然前提是该公司愿意接受新产品。如果进展顺利，就可以逐渐向其他受影响小的分销商渗透，利用之前的成功说服他们。玩具和游戏公司也使用这种首发方式。新玩具或新汽车模型系列可能先在沃尔玛独家首发，因为沃尔玛代表了美国市场玩具销售的很大一部分。如果产品在那里卖得很好，零售商进货或补货也没有遇到困难，就会开始向小的连锁店和独立的玩具销售商渗透。

试销与首发的对比

首发有许多优点。最大优点是管理层可以在市场测试过程中学到很多知识。如果测试结果惨败，公司不会损失掉所有预算。如果测试结果没有失败，那么在首发结果出来时，公司已经开始向全国上市的目标迈进了。这在竞争中十分重要，因为试销给竞争对手留出了上市产品的时间。

首发是世界上最好的方法吗？有潜在难点吗？目前在各种场景尚未发现，所以，该方法正得到快速的应用。但也有公司发现，首发与全面上市一样有很大的风险，原因如下。

（1）企业的最大投资可能是购买新生产设施，而首发要求设施在一开始就全部到位。

（2）如果所处的行业竞争节奏非常快（因为不需要太多新技术或新设施），而首发与试销一样不是很快，会给竞争者许多超越的机会。

（3）遇到强势的分销商，企业不愿意参与到首发这种有风险的营销中。前面的例子，是因为玩具和游戏公司很强大，有自己的销售渠道，所以与沃尔玛的谈判较顺利。

（4）如果企业需要免费的公关宣传，而这只有在正式进行全国上市时才能获得，首发往往缺乏新闻价值。当然，本&杰瑞公司的例子告诉我们，社交媒体可能是低成本解决该问题的好办法，

16.7 市场测试方法综述

图 16.3 里三大类 10 种方法中的每种方法能被单独使用，企业可以根据方法的成本和能学到的知识，选择一个自己认为最好的方法，也有企业选择两种或更多方法。

这些企业通常先从虚拟销售方法开始。如果是工业企业或者以人员销售为主要营销方式的企业，可以采用推测销售方法。如果是日用消费品企业，可以采用模拟营销（STM）方法。虚拟销售方法成本低又快捷，虽然学到的知识有限，但它是一个解决问题的好方法，而且不会占用流程太长时间。

企业接着可以选择受控销售的方法，包括针对工业品企业的非正式销售方法和针对日用消费品企业的迷你营销方法。如果第二轮测试是最后的测试，那么企业可以跳过受控销售直接进行全面销售。比如，工业品企业在进行推测销售之后接着进行首发，日用消费品企业在进行模拟营销之后接着进行地区首发，或在模拟营销之后进行迷你营销，然后就进行全面上市。由于信息技术的快速进步，企业在未来能更快速、更精准地掌握 C 端和 B 端的信息。

第 16 章 市场测试

本章小结

本章讨论了市场测试——将产品与营销计划放在一起评估。市场测试有很多种方式：从最简单的（也是相当不可靠的）向潜在购买者进行一次新产品销售演示到询问如果能买到的话他们是否会买，再到首发。

我们无法规定哪种新产品适用哪种市场测试方法。有的产品创新风险极低以至于不需要进行任何市场测试。棘手的可能是技术驱动型企业，其开发其认为客户需要的东西，但客户并不知道自己想要这些东西，直到过了很长时间，客户看到或想到这些东西时，才知道自己想要。从浴缸到微波炉，这样的例子有许多。因此，技术创新者常常不信任任何类型的中间测试。

进行任何市场测试，包括首发以及全国上市，可以采用航天飞机发射的思维：使用一个发射（上市）控制系统，来为无法预料但可能造成伤害的事情做准备。我们将在第 17 章讨论这个主题。

案例 福来鸡

消费者购物时一直在追求简单和方便。2012 年 Blue Apron 的上市以及 Plated 和 HelloFresh 等竞争者的出现表明，便利可以用一种新的方式实现：餐盒。餐盒在网上订购，里面装有居家制作晚餐所需的每一种成分，尺寸完美，东西不多也不少。这个创意既简化了购物体验，又能让消费者在家熟练地准备晚餐。快递创业公司的成功没有被忽视，因为亚马逊和沃尔玛已经推出了各自的餐盒服务，而且可以在线订购。全食超市和威格曼超市等食品连锁店也推出了自己的餐盒。

2018 年，福来鸡决定探索开展餐盒业务的可能性，餐盒里装入自己的套餐。与公司的线上线下竞争对手一样，该套餐有完整的食物配料，以福来鸡著名的鸡肉为中心。在家准备晚餐大约需要 30 分钟。每盒套餐可供两个人食用，价格为 15.89 美元。有五种食谱可供选择：帕尔马干酪鸡、墨西哥辣味鸡丁、第戎鸡、烤鸡和炸鸡胸肉。福来鸡的常客可能会觉得这个食谱很有趣，甚至令人惊讶，因为这些都不在餐厅常规菜单上。

为了测试套餐的可行性，福来鸡计划在家乡亚特兰大进行有限的首发。2018 年 8~11 月，该套餐在亚特兰大地区的 150 家福来鸡餐厅提供。客户可以在餐厅内的柜台、免下车窗口或通过福来鸡的 One 手机应用在线订购。此外，福来鸡在其网站上提供了一个表格，这样全国的客户就可以表达对附近餐馆提供餐盒的渴望。地区性首发和在线方式为福来鸡提供了宝贵的洞见，以决定是否逐渐将餐盒推广到全国市场。

2018 年，福来鸡网站对餐盒进行的一项消费者研究揭示了一些有趣的事实。客户认为比没有餐盒制作的食物，在家里用餐盒制作的食物的味道和气味更好。根据 Packaged Facts 的数据，2017 年，餐盒销售收入达到 50 亿美元，预计到 2020 年将增加到 100 亿美元。尽管目前餐盒主要通过在线销售，但 Chick-fil-A 炸鸡店认为让客户进店取餐盒也是可行的。

向福来鸡推荐一种市场测试方法。你希望从有限的首发中获得哪些关键信息？从网上表格获取吗？还能推荐其他类型的市场测试吗？如何确保你获得的结果是有效的？

第 17 章

上市管理

17.1 引言

一旦新产品准备上市，新产品开发流程就要接近尾声。所有参与该项目的人都很开心、很满足，也想好好休息一下。

但是该团队还要对产品的成功上市负责。就如同新产品开发流程需要管控一样（对照计划检查进度，如出现偏离计划进度的情况应及时调整），对整个新产品上市期间需要进行控制。上市管理将一直持续到新产品完成既定销售目标之时，对于工业企业和服务业企业来说可能需要 6 个月到 1 年，对于日用消费品企业来说可能只需要几个星期。

17.2 上市管理管什么

我们用美国航空航天局（NASA）的航天飞机和小孩子们玩的弹弓做比喻来解释上市管理管什么。小孩子用弹弓打树杈上的乌鸦，如果石子越过乌鸦飞向邻居家的窗户，只好惊慌地跑掉。相比之下，小孩子宁愿待在得克萨斯州休斯敦的 NASA 控制中心，因为 NASA 的科学家发射的航天飞机比石头多了一个制导系统。预见到航天飞机飞行中可能会出现方向问题，NASA 的办法是在飞行中进行控制，确保航天飞机持续保持受控的飞行状态。相比之下，小孩子没对飞行的矫正能力，只好落荒而逃。依此类推，新产品上市过程中如果有一个好的追踪系统，成功概率就将大幅增加。

不管是 NASA 的火箭发射（Launch）还是新产品的上市（Launch），上市后评估的目的都一样：从经验中学习，改正错误。通过将 NASA 案例与新产品上市类比，我们形成了一个**差距分析矩阵**（gap analysis matrix）。差距分析矩阵从五个方面进行度量并与预期计划进行比较：

- 市场窗口精确度（market window accuracy）
- 高管支持力度（executive support）
- 商业论证（business case）

- 销售准备完成度（sales preparedness）
- 跨职能协同度（cross-functional alignment）

第一，度量市场窗口期的精确度。如果一个产品盈利的市场窗口期比预期的时间短，则意味着该产品处于生命周期的拐点，需要从战略上考虑投入开发下一代产品。第二，度量高管的支持力度。高级管理层的愿景、勤奋叠加具有渊博知识的产品捍卫者，对于良好的上市监督和协调至关重要。支持新产品开发的所有薄弱环节都应该被找出并加以纠正。第三，对商业计划进行检验论证。一份可靠、财务预测全面的商业论证是做出决策的关键。如果产品未能达到预期的财务绩效，就是在提醒我们可能忽视了某些市场或竞争细节。第四，检查销售准备的完成情况。这意味着得到销售经理的承诺要聘用和激励销售人员，要提供足够的培训和销售材料来帮助他们完成工作。在这里找到的弱点要在下一次上市前修复。第五，度量跨职能部门的协同程度。整个组织要保持良好的沟通，以确保开发出真正让客户满意的产品。可以通过审计来识别并纠正公司中的任何沟通问题。

上市后是检验产品组合是否处于一致性状态的最佳阶段，组合内的所有产品都应该与公司的 PIC 保持一致性。如果发现组合处于失衡状态，就可以通过仔细选择未来产品开发项目来加以纠正。

下面详细介绍上市管理系统的实际运用情况。

17.3 上市管理系统

上市管理系统包括以下步骤。

（1）发掘潜在问题。新产品上市向 NASA 看齐的第一步，就是识别所有潜在的薄弱点或潜在的问题。这些问题要么发生在公司的活动中（如差劲的广告或不良的生产），要么发生在外部环境中（如竞争对手的报复）。如同一位经理所说："我们要找到那些一旦发生就会对我们造成实质性伤害的事情，不管其是否真会发生。"

（2）选择控制点。逐一分析每个潜在问题，确认其预期影响。预期影响是指事件可能造成的伤害程度乘以事件发生的概率。我们根据预期影响对问题进行排序，选出控制点需要被控制的问题。

（3）针对控制问题制订应急计划。应急计划是指如果问题真的发生需要做的事情。应急计划的完整程度因问题而异，好的应急计划是准备完备的并随时可以行动。例如，"通过传真告知所有销售代表，新商品佣金比例将由 7%提高到 10%"就是一个应急计划；"我们将着手制订一个新的奖励计划"不是一个应急计划。

（4）设计追踪系统。与 NASA 一样，追踪系统（tracking system）必须能快速发回有用的数据。我们必须有一些经验才能评估这些数据（比如，技术服务下滑是大型电子设备的一个常见问题，还是一个系统建设的问题？）。应设定多个触发点（trigger point）（比如，首月底的客户试用率达到 15%），这些点如果没达标就会触发应急计划。如果没有这些触发点，我们只能争来争去。要记住，执行应急计划的经费必须来自另外一个预算，想推迟执行应急计划的人一定会跳出来反对这个计划。

问题无法追踪，也就无法控制。不论其能带来多大的影响。例如，某个竞争对手决定削价 35%，这是一个行为，我们不能像追踪经销商存货率那样对其进行追踪，但我们可以在行为发生后启动预先准备好的应急计划。当然这并不理想，因为管理控制强调事前预见，以及时采取矫正措施缓解负面影响（见图17.1）。

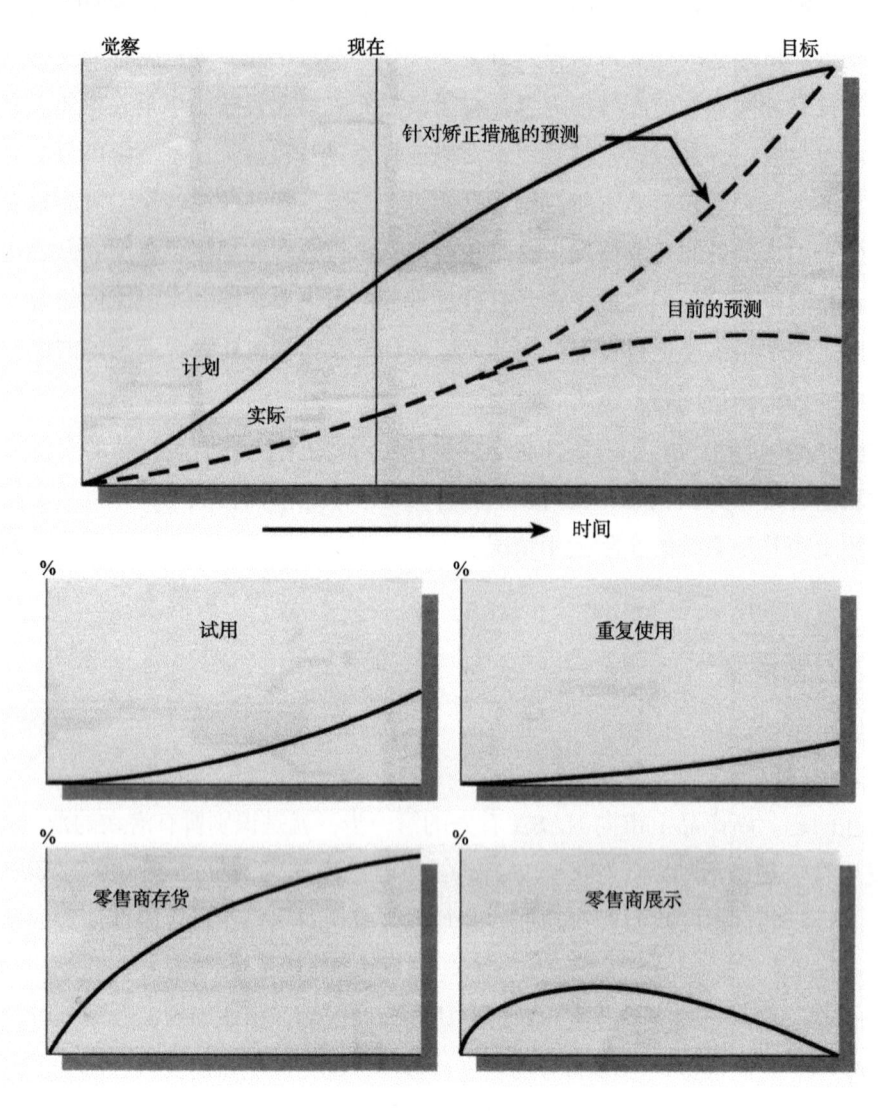

图17.1 追踪概念示意（有矫正措施）

下面我们将深入讨论设计和实施上市管理系统的四个步骤。

17.3.1 步骤1：发掘潜在问题

制定一个潜在问题列表有四种方法。

第一种方法，在营销计划阶段进行情景分析。例如，政府法律顾问最近批评了新产品中使用的某个成分，或者，客户对于目前市面上的产品相当满意，这意味着很难让客户试用新的产品。营销计划的问题部分将从情景分析中总结出大部分潜在问题。

第二种方法，角色扮演竞争对手在听说了新产品后会有什么行动。魔鬼代言人会议（devil's advocate sessions）指团队中有人扮演反面角色，提出竞争对手可能会采取的可怕行动，这比我们乍一想要深入很多。

第三种方法，重新检视新产品档案积累的所有资料。从最早的概念测试报告开始，然后是各种审核表、早期实验测试、使用测试（尤其是潜在客户的长期使用测试），以及所有内部讨论记录。从这些材料中我们可以发现大量的潜在问题，很多问题在我们努力赶进度时被忽略掉了。

例如，某个食品新产品在截至目前的所有研究中都表现良好，但当项目领导进行 STM 模拟营销时，来自市场研究公司的销售预测非常差，根据客户访谈预测出的试用率是 5%，而代理商和开发人员预测的使用率是 15%，差距非常明显，成功取决于哪个预测准确。开发人员相信自己是对的，因此停止了 STM 测试，让产品直接上市，但是把试用率列为问题清单的首个问题。产品上市不久的调查表明 15% 的预测值是正确的，很庆幸不必采用应急计划。即便万一用到应急计划，公司也早就准备好了。

第四种方法，从新产品客户满意度开始，客户满意度决定产品的效果等级（hierarchy of effects）。对日用消费品而言，这个等级与之前在 A-T-A-R 模型中使用的情况相同。图 17.2 展示了该模型运用于 3 种处方药和专业营养品的营销时的情况。注意，每个产品都有不同的问题，需要不同的矫正措施（应急计划）。3 种产品都是由同一家公司在一年内销售的。

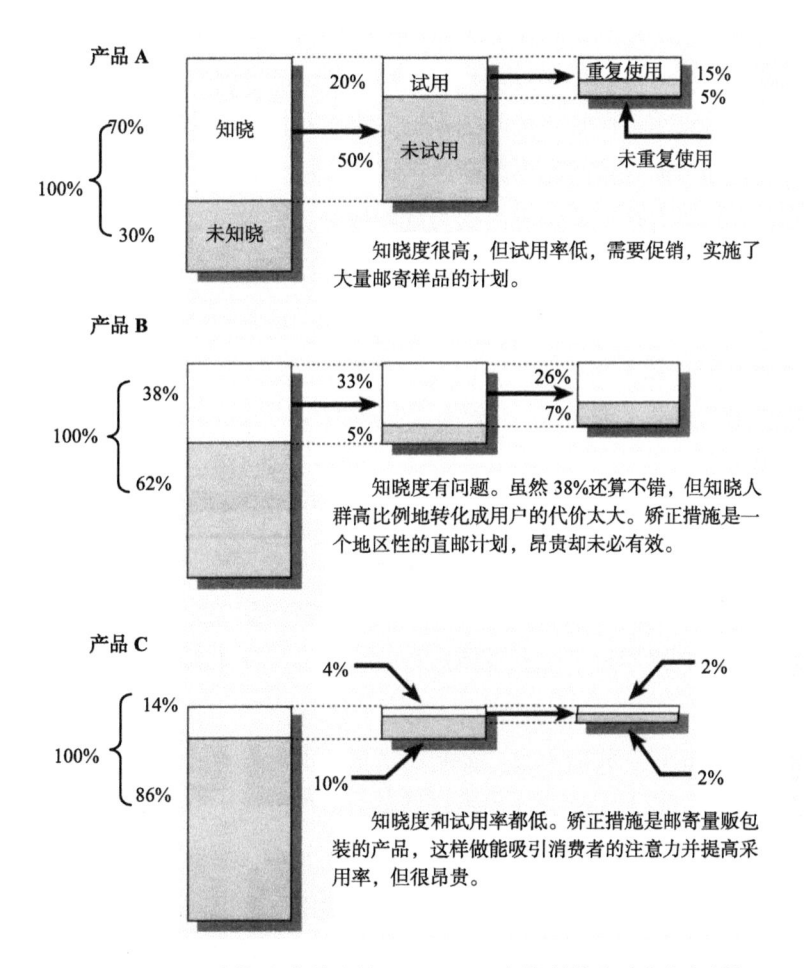

产品 A

知晓度很高，但试用率低，需要促销，实施了大量邮寄样品的计划。

产品 B

知晓度有问题。虽然 38% 还算不错，但知晓人群高比例地转化成用户的代价太大。矫正措施是一个地区性的直邮计划，昂贵却未必有效。

产品 C

知晓度和试用率都低。矫正措施是邮寄量贩包装的产品，这样做能吸引消费者的注意力并提高采用率，但很昂贵。

图 17.2 3 种药品/营养品的 A-T-A-R 上市控制模式（真实案例）

注：上述所有数据都是上市十周内的数据。在每个案例中，公司必须确认是否有问题，问题是什么（如果有的话），以及针对问题需要采取什么行动。

效果等级换一个行业或者场景也会不同。比如，一个工业用的钻头，客户满意点可能是"知名度高、经过验证、产出成本很低"。但是达到这些满意点，客户需要衡量实际成本并且知道以前的成本数据。这就像梯子上的阶梯一样，客户在没踏过"知道以前的成本"和"知道新钻头的实际成本"阶梯之前，是无法踏上梯子顶端（满意度）的。很多公司并没有如此复杂的成本系统，因此这两者都是潜在问题。

表 17.2 是一个新工业万用电表的上市管理计划范例。案例中有 5 个关键的潜在问题：销售人员没有按照客户要求回电话、销售人员不了解产品、潜在客户没有订购试用品、客户在试用后没有批量下单、竞争对手在销售类似产品。每个都是潜在的"杀手"，其中任何一个都足以形成打击。

另一个例子是关于耐用消费品的——一个将坚固的山地自行车和轻钢架比赛自行车相结合的新型自行车。但是，该产品的制造者 Huffy 公司因为没有预料到一个潜在问题，而造成 500 万美元的损失。Huffy 公司选择常规分销渠道（大卖场以及大众连锁店）来销售这款新产品。遗憾的是，这种独特的混合型自行车需要专业人员在销售点讲解，而具有专业知识的销售人员只有自行车专卖店才有。上市管理系统本该尽早发现这个问题并做出相应改变。

上述案例中出现的问题并不是在说公司做错了，因为新产品工作就是一种赌博，永远不可能有足够的时间和资金将工作做"正确"。这些问题提示我们在上市管理时应该注意什么，知道哪些问题可能会发生，这样至少可以做到留意它、警觉它，而且如果问题真的发生，我们也有预备好的措施。

还有一个问题常常被忽略，那就是产品可能会过于成功。过于成功听起来像一个好事情，但可能代价巨大。应该对其进行预判，只要有任何特殊理由认为这种情况会发生。

在结束潜在"杀手"问题的讨论之前，不要忘了，公司还没有验证自己有能力做其打算做的事，也就是说，是否有能力生产并销售一个满足客户要求的产品。因此上市管理计划包括以下问题。

- 供货商未按照承诺的数量提供新零件。
- 新的生产流水线可能会过载并超过极限。设备商提供的生产线运转上限可能是错的，而且/或生产人员误用了这项技术。
- 在导入期，新产品的样品很重要，然而企业却没有能力包装这些小单元。

这些也是潜在问题。上述任何一个问题都可能造成新产品失败，因此我们必须针对这些问题调整我们的管理方式。这里强调一下，新产品管理还应重视一个问题：新产品送达交货站时，开发过程并未结束。只有当足够高质量的新产品在最终用户手中满意地运行时，开发过程才算结束。整个团队必须参与上市管理的运作。

还有一件事情，就是实际销量。我们不去"控制"销量，也没有对低销量的追踪和应急计划。虽然看似应该做，并且大多数新手制定的上市管理计划包括销量，但仔细想想，如果实际销量低于预测销量，应该采用什么应急计划？除非你知道造成低销量的原因，否则不知道该采取什么解决方案。

相反，我们应尽早列出可能造成低销量的主要原因，并追踪这些原因。如果我们有正确的预判、正确的追踪、正确的矫正措施，销量自会到来。如果不这么做，我们就只好在销量停滞时停下来，研究到底发生了什么事，提出矫正措施，做准备，然后实施，但这往往为时已晚。应急计划的本质是一种对冲赌注，与保险一样是一种赌博。大多数应急计划用不上，当然用不上也是一件好事。

17.3.2 步骤 2：选择控制点

不要去控制第一步找出的潜在问题的数量，而是去判断如何将问题清单缩减到公司可以处理的数量（图 17.3 用可视化方法解释如何做）。有人说，问题数量不要超过 6 个。但是，吉列公司大力宣传并全球推广的新剃须系统，相比一个新的产品线延伸类产品，无疑需要更完备的应急计划。

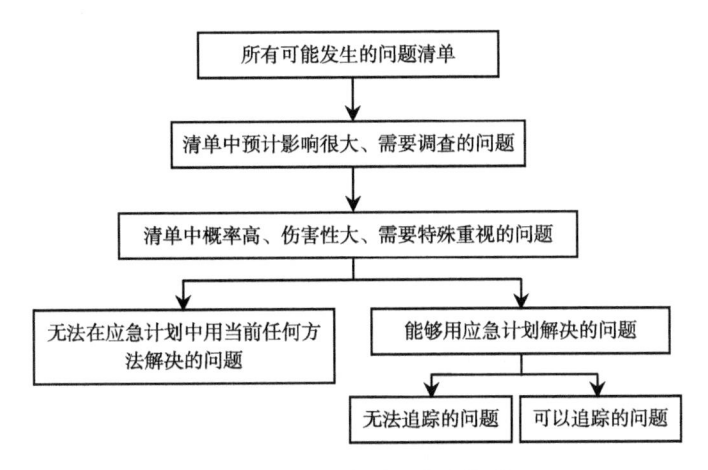

图 17.3　上市控制计划的决策模型

缩减问题清单的判断依据主要有两个影响因素：潜在伤害、发生概率。图 17.4 是一个**预期影响矩阵**（expected effects matrix），在图中，上述两种因素组合成 4 大类和 9 小类。可以放心地忽略掉潜在伤害和发生概率都很小的类。图 17.4 中越往下的部分越不能忽略。图 17.4 中右下角的问题应该立即处理，不能拖太久。位于两者之间的问题可以依照图 17.4 中的建议处理。如何处理应视具体情景而定，考虑因素包括时间压力、应急预算、公司上市管理成熟度、管理者的个人偏好。个人偏好有点类似这种情况：很多新产品经理会因为之前焦头烂额的产品上市而对某个问题形成个人偏见，其因对某个问题的忽视而遭到严厉批评，导致对这个问题难以忘怀。有位新产品经理建议将潜在问题分为两类：小坑（陷阱）和天坑（大陷阱）。小坑有伤害，天坑则是灾难性的；小坑对我们的伤害很小，因为我们可以预判到，天坑则很难预判。

发生概率＼潜在伤害	需注意	有害	灾难性的
低			
中			
高			不要再等了，必须立即采取行动

■ 警惕：保持关注
■ 控制：制订应急计划并追踪

图 17.4　预期影响矩阵：选择控制点

17.3.3 步骤3：针对控制问题制订应急计划

将问题清单缩减到公司能够处理的数量之后，我们就要问："如果这些问题真的发生，我们能做些什么？"比如，竞争对手降价、竞争对手模仿都在问题清单上，但我们做不了什么。竞争对手一定会尽力维持其市场份额，对于我们开发者，最好的办法是不去管对手怎么做，而是把自己的产品做得更独特。

对于其他问题，应急计划中的应对方案要看到底是什么问题。问题可以分为两类：供给侧的问题或需求侧的问题。供给侧的问题主要是消费者不买单。需求侧的问题中最常见的是渠道不给力，包括分销渠道和零售渠道。应对方案取决于公司愿意付出多大代价。

零售的本质是售卖货架空间，因为其代表商店的流量。出价最高者得到货架空间，当新产品出现缺货情况时，矫正措施就是提高出价——特别促销计划、更多的广告、更高的让利等（详见第15章）。这些方法在通常的营销计划中是不被接受的，而这些方法恰恰是应急计划的选项。

消费者不买单问题有很多应对方法。为获取知晓度，营销人员可以实施特别促销计划（促销电话、广告等）。如果知晓度还是很低，可以加大促销力度——拨打更多促销电话等。如果问题出在试用上，那就在促进试用的方法上下功夫，比如图17.2中的邮寄样品、量贩包装、发放优惠券等。

与抢滩失败时的惊慌情景相比，产品开发者认为准备上市应急计划相对容易很多。

17.3.4 步骤4：设计追踪系统

现在，我们已经准备好了问题清单，也准备好了应对问题的应急计划。接下来，我们要开发一个能够告诉我们何时实施应急计划的系统，核心词是追踪。

1. 追踪

在新产品上市中的追踪概念与飞行器发射至太空的追踪概念十分类似，包括发射升空、突破大气层进入预定轨道、飞行过程中的轨道矫正等。发射控制员负责依照预定轨道对飞行器进行追踪，不断校正，确保它持续飞行在正确的方向上。

将追踪概念应用到新产品上再自然不过了。图17.1显示了如何将这个基本概念应用于新产品，其包含三个要素。

（1）确立预定轨道的能力。预定轨道是什么？考虑到竞争情况、产品特性、预期营销努力等因素，哪条轨道更合理？有的公司经验丰富，成功上市过几百款新产品，可以根据过去类似的经验设定一条轨道。缺乏经验的公司需要从广告公司、市场研究公司、媒体或行业研究机构获得所需数据。这种现成的数据在全球营销时代十分重要，好在全球性市场研究机构在不断增加。

（2）有体现计划进展的真实数据流入。这意味着快速并持续的营销研究，以度量被追踪的变量。例17.1是李奥贝纳公司在追踪新产品时使用的问题清单。

例17.1　某新产品追踪调查的问题清单

使用中的问题

在过去的6个月内，你曾经购买过几次（这个产品品类）？

你曾经听到过（该产品品类）的哪些品牌？

你曾经听说过（以下品牌）吗？（询问4~6个品牌）

你曾经购买过（以下品牌）吗？（询问4~6个品牌）

过去6个月内，你曾经购买过（这个品牌）几次？

广告知晓度的问题

你记得曾经看过（这个品牌）的广告吗？（询问所有受访者所知道的品牌）描述一下（这个品牌）的广告。

你在哪里看过（这个品牌）的广告？

购买的问题

你是否曾买过（这个品牌）？

回答"是"的人：

你曾经购买（这个品牌）多少次？

你再次购买（这个品牌）的可能性有多大？

你喜欢/不喜欢（这个品牌）的哪一点？

你觉得（这个品牌）的价格如何？

回答"否"的人：

你曾经在商店内寻找过（这个品牌）吗？

为什么你不试用（这个品牌）一下？

将来试用（这个品牌）的可能性有多大？

每个问题都是由李奥贝纳公司根据标准指南或规范制定的。举例而言，复购率用5点来衡量，修改过的前两项的分值是：回答"绝对会"的是100%，回答"或许会"的是50%。对价格而言，规定不能超过30%的回答是"一般"或"不佳"。

注：Leo Burnett 公司根据标准指南或规范进行解释。例如，回购可能性的衡量标准是五点量表，修改后的"顶部两个盒子"得分被用：100%的"肯定的"+50%的"可能的"。对于价格问题，标准是不超过30%的人应该说"一般"或"差"值。

资料来源：David W. Olson, "Postlaunch Evaluation for Consumer Goods,"in M.Rosenau, A. Griffin, G. Castellion, N. Anscheutz, eds., *The PDMA Handbook of New Product Development* (John Wiley& Sons, Inc., 1996), pp. 395-411.

（3）要根据计划预测可能结果。除非结果能够预测，否则在结果出来之前我们无法采取矫正措施。关键是速度，快速了解正在发生的问题，尽早防范或解决这个问题。

2. 选择真实追踪变量

如何真实度量问题是否会发生？这可能是在上市管理中最难做到的。

如果问题源于某个行动或意识，比如知晓度，那么变量很清晰：知晓该新产品的人数。试用、复购的变量都比较容易找到。销售支持呢？新产品销售人员最担心的就是无法获得销售支持，但是销售支持意味着进货吗？意味着展示吗？意味着在当地做广告吗？还是意味着售前服务或售后服务？制订产品上市计划时要明确下来。

追踪变量要具有相关性（relevant）、可测量性（measurable）、可预测性（predictable）。相关性是指概念变量能够识别出问题，可测量性是指我们能得到一个统计数据以表明是或者否，可预测性是指我们知道该轨道，统计数据也会沿该轨道变动。

图17.1的最上方显示了知晓度：你听到过……吗？知晓度是目标市场所有人知晓的比例，标记为"计划"的实线代表了我们期望发生的情况。虚线代表了我们发现正在发生的、如果我们什么也不做担心会发生的情况。该追踪变量具有相关性、可测量性和可预测性。

我们继续讨论零售商支持。图17.1的最下方是零售商库存曲线，代表该产品的目标零售商截至目前的库存占比。该变量具有相关性、可测量性和可预测性（根据我们的经验）。但是货架空间怎么办？货架高度、饰面数量、陈列部门都可以表征货架空间。相关性不同，如果不实地拜访店面并查看货架则很难进行测量，预测这些的经验也很缺乏。图17.1虽然显示了一条零售商曲线，但这条曲线是猜出来的。

3．选择触发点

如果我们已经找到了那些预警问题发生的变量，最后一步就是在实施应急计划前预判情况将有多糟。例如，我们的预算较少，担心客户没听说过我们的新产品——低知晓度。假定我们的目标是在3个月后达到40%的客户知晓度，追踪结果显示实际上只有35%，那么是否实施预备中的直邮计划？

在抢滩情况下，由于时间很紧，做出决策并不容易。启动直邮计划等于承认之前的广告已经失败。这种承认并不受欢迎，有人会争论说，广告正按计划进行，知晓度将很快提高。

要避免这些双输的局面，最好事先约定触发点标准，将触发决策权交给没有既得利益的人。做完这一步，追踪计划就算完成了。努力实施这个计划，新产品上市将"在受控下达到成功"。

4．无法追踪的问题

对于有的问题，我们虽然担忧但无法追踪，原因或者是找不到与问题相对应的变量，或者无法确定该变量应遵循的轨道，或者是问题即将发生而我们束手无策，这时该怎么办？答案是，这种状况很少发生。

通常，管理层会监控销量，当销量低于预期时就会派人找出原因。找出原因的方法可能是访问销售人员、客户、分销商等。但想要查出真正问题是很困难的，因为情况变动很快，而且大多数参与者有既得利益，即便他们知道也可能不会透露真正的问题所在。

找到原因就能找到矫正方案。如果市场还没有太大变化，就有时间将新产品重新调整以进入良好的销售模式。如果已经太迟了，则该新产品会被抛弃或榨取剩余价值。对于小企业、产品线延伸、预期不会产生大量利益的产品来说，如果上市的成本很低，那么损失也不大。

17.4 创新度量

找到正确的度量指标来评估公司新产品流程不是一件容易的事情。有效的度量指标对项目成功和持续改进都十分必要。营销专家大卫·赖布斯坦（David Reibstein）与文卡泰什·尚卡尔（Venkatesh Shankar）主张使用**创新仪表盘**（innovation dashboard），从创新投入、流程有效性和绩效结果三个方面建立度量指标。表17.1展示的是这三个方面最常用的一些度量指标。投入度量指标包括R&D支出、创新员工数量、管道中的新创意数量等。流程指标包括市场导入的新产品数量、上市的平均时间、需要申请及商业化的专利数量，以及预期与实际支出比等。绩效指标包括销售中新产品的占比、新产品数量、创新投资回报、盈亏平衡时间以及客户满意度的提高程度。

表 17.1 创新度量指标

投入指标	流程指标	绩效指标
R&D 支出	市场导入的新产品数量	销售中新产品的占比
创新员工数量	上市的平均时间	新产品数量
管道中的新创意数量	需要申请及商业化的专利数量	创新投资回报
在开发项目的数量	预算与实际支出之比	盈亏平衡时间
来自公司外部创意的比例	最终上市项目的比例	客户满意度的提高程序

资料来源：David Reibstein, Venkatesh Shankar, "Innovation Metrics," in Jagdish N. Sheth, Naresh K. Malhotra, *Wiley International Encyclopedia of Marketing, Vol.5, Product Innovation and Management* (West Sussex, UK: John Wiley, 2011), p. 93。

考察高绩效企业的实践案例可以了解很多关于度量的知识。例如，波音公司在新飞机开发中把成本、质量、可靠性作为度量指标，波音军用飞机公司总裁克里斯·查德威克（Chris Chadwick）说，软性指标（soft metric）也很有用。波音公司曾经用过"需要帮助"（help needed）指标，鼓励产品团队领导在遇到开发问题时寻求协助，从没有出现"需要帮助"反而意味着项目可能陷入了困境。波音公司还使用前瞻性指标（forward-looking）预测未来可能遭遇的问题，比如，重量成熟度（weight maturity）指标提醒波音公司能否实现最终的重量限制目标。

还有一个方法是对度量指标进行外部验证。大型能源公司 ChevronTexaco 对投资项目的度量指标是以某外部专业公司为标杆确定的，这使 ChevronTexaco 公司能更有效评估成本和绩效表现，不仅与公司内部目标做比较，也和竞争对手做比较。该公司还将这些指标用于决策。管理者在很多时候都不留意这些度量指标，因为这些指标从来没有真正通知到管理层。在 ChevronTexaco 公司，管理者需要接受培训并确认有能力使用这些指标来做决策。此外，在波音、ChevronTexaco 公司和其他许多企业，将个人奖励与一些重要指标的绩效关联起来。

度量指标太多或太复杂其实是自己困扰自己。为避免"为了分析而分析"的情况，例如，Air Products（一家天然气化工公司）的高层管理者只采用几项指标，如与目标相关的财务回报，在中层管理者再增加几项，如产品成本指数（product cost index）和市场效率（market efficiency），基层管理者更多关注战术指标。通信服务提供商 Sprint 公司类似，助理副总裁迈克·科菲（Mike Coffey）表示，该公司高层管理者使用一种有 8 个或更少指标的计分卡来评估他们所提供的每项产品。Sprint 公司还将指标划分出优先级，将工作流程、客户满意度和运行绩效作为最重要的指标。科菲说：客户高兴，是他们持续使用这项服务的主要指标。

度量指标少的另一个优点是，减少指标间的相互抵触。例如，加速上市是好事，但这并不意味着牺牲产品质量。Air Products 公司重视产品的再利用，这个做法改善了总资本成本（一项重要指标），当然资本成本降低也会使工程效率指标（工程费用除以总资本）降低。Air Products 公司的全球产品经理纳塞尔·乔杜里（Naser Chowdhury）表示，绩效指标之间相抵触这种情况确实会发生，但应尽量避免。

度量指标需要随着时间的推移进行调整或微调，以便与企业的业务目标保持一致，企业还需要不断从度量指标中学习。波音公司有一个项目独立性评估（Program Independent Assessment），帮助识别新度量指标并去掉旧指标，同时用于评估度量指标在各个项目中的使用情况。

社交媒体指标在上市管理中的运用程度在不断提高。在前面新产品流程中，我们讨论过对社交媒体的使用，特别是在开放式创新中，例如，宝洁公司的连接与开发（Connect and Develop）计划，通过在线社区征求或评论新创意。事实上，社交媒体也可用于上市管理。在产品上市期间，可以在线获得客户反馈，并与市场上已有产品进行比较。情绪分析工具（Sentiment analysis tool）可用于对产品在线上的正面与负面情绪进行分类，找出产品改进的机会；还可以通过线上获得有关售后服务的洞见，分享给服务提供商，以改善客户支持情况。

17.5 上市管理计划的范例

表 17.2 是一个上市管理计划的范例。其中都是实际问题、追踪这些问题的变量、触发点、能立即生效的备用应急计划。需要注意的是，这不是一家大公司，该公司没有市场研究部门，对于新产品上市没有复杂的计划。然而，该范例包含管理计划的主要内容，帮助管理者有效掌控上市情况，并在出现问题时能采取有效行动。

拥有庞大预算的大公司的计划很复杂，但基本原则都是一样的：问题、追踪变量、触发点、能够立即启动的矫正措施。如果公司很小，只有处理小问题的能力，管理者会使用所谓紧盯控制（eyeball control）的方法扫描整个市场、观察是否有问题出现、随时思考问题应对之策。

不论是在大脑中，还是在表 17.2 中，抑或是在复杂的正式计划中，要点都是一样的。

表 17.2 上市管理计划的范例

潜在问题	追踪	应急计划
1. 销售人员没能按预定比例接触到一般用途市场客户	追踪每个星期的电话访问记录。计划每位销售代表每周至少打 10 个电话	如果持续 3 周低于这个标准，矫正措施是举行一天的地区销售会议
2. 销售人员不了解在一般用途市场中，产品的新特性与产品使用之间的联系	追踪措施是销售经理每天打电话给销售人员。全部销售人员能在两个月内追踪完毕	对个别销售代表做出解释，但如果最初的 10 个电话提示这是一个普遍问题，就召开远程电话会议以让所有销售人员了解
3. 潜在客户不打算试用该产品	追踪措施是每周打 10 个电话拜访已收到销售简报的潜在客户。做到 25% 的人认同产品特性，认同者中又有 30% 的人会试用产品	矫正计划是销售代表对所有潜在客户进行后续电话访问，并为这些潜在客户提供 50% 的首次购买折扣
4. 购买者已经试用，但没有批量复购	追踪措施是再打一通电话给首次订单的客户。之前的测试是 6 个月内 50% 的试用者会复购至少 10 件	没有矫正措施。如果客户不购买，代表产品使用中可能存在一些问题。如果产品确实不错，我们就应该知道不当使用的本质原因。可以通过对客户进行现场访问来确认问题，接着采取适当的行动

续表

潜在问题	追踪	应急计划
5. 竞争对手可能有相同新特性（对于该特性，我们没有专利权）的产品准备上市	这种情况无法追踪。询问供应商或媒体会帮助我们更快速地得知	矫正措施是在 60 天内停止所有促销计划，实行孤注一掷的计划。所有的现场推销只销售该新产品，首购有 50% 的折扣。上述追踪将被更严密地监管

注：背景是一个中小型工业公司的上市控制计划，该公司上市了一种特殊电子测量仪器。该仪器销售给一般用途市场（如工厂），该公司之前的产品主要销售到科学研发市场。该公司大约有 60 位销售人员，资源并不充沛，没有市场调查服务公司（例如，市场审计公司）。这里列出的是营销计划的一部分，该控制计划包含完整的问题集、测量这些问题的计划，以及在问题实际发生时公司的应对措施。

17.6 上市管理和知识创造

我们在整个新产品流程中一直在学习。我们发现，产品开发中的一些活动或程序可以复制、复用到其他项目，成为公司的标准化做法，这能帮助公司降低风险和成本，缩短开发时间。特别要提及的是，产品上市后通过**复盘**（After Action Review，AAR）还能创造很多重要知识。一些比较成功的创新公司在采用复盘的方法，比如，Harley-Davidson、Sprint 和福特。

复盘的目的是捕捉产品上市的各种行动，理解这些行动背后的思维，以发现什么行动是对的（以便复制）、什么是错的（找出流程中的弱项以便改进）。一个好的复盘包括陈述计划目标和实际结果、用理论解释观察到的差异、陈述学到的知识、之后的行动计划。例 17.2 提供了一个案例。复盘不需要很正式，有些时候只是客户拜访后的几个人的简短会议，但无论如何都要做。有的企业在产品上市一年后才复盘，目的是评估新产品在市场上的表现，或评估新产品是否达到计划目标。复盘的参与者包括新产品团队领导，以及任何对产品有直接经验的人，如果参加复盘的人数多到难以操作，则可以分成几个小组，几场复盘同时进行，再将小组聚集起来讨论学习成果。在这种小组讨论环境中，有一位受过训练的优秀会议主持人，效果会很不一样。

例 17.2 复盘的范例

目标：
（1）12 月底前给客户寄出样本。
（2）2 月底前寄出修正的样本。
（3）测试时间缩短一半（从 1 分钟缩短到 30 秒）。

结果：
目标（1）延迟了一周；目标（2）和目标（3）按期完成。

产生差异的原因？
- 新产品没有达到产品规格要求的性能。
- 大量时间浪费在了重新设计和重新生产上（6 周）。

- 没有为硬件或软件变更配置充足的时间。

但是：
- 团队依靠新的高效率的测试方法，缩短了测试时间。

学习心得：
- 太依赖现成的流程和工具，并不是所有现成工具都适合。
- 尽管在公司内部我们称该产品为现有产品的衍生品，但实际上产品测试程序比现有产品更复杂，计划中没有提出这一点。

资料来源：Ken Bruss, "Gaining Competitive Advantage by Leveraging Lessons Learned," in A. Griffin, S.M. Somermeyer, *The PDMA Toolbook 3 for New Product Development* (John Wiley& Sons, Inc., 2007), Chapter 15。

有的产品生命周期很短，可能产品经理从一开始就知道。这种产品包括流行产品、暂时填补产品线空白的产品、锁定市场参与者特殊需求的产品，以及应景产品。应景产品的一家制造商 Baskin-Robbins 公司就有一套长期供应的固定产品和一套能随时填补或退出产品线的产品。

短期产品不太需要上市管理，主要是因为没有什么事可做——所有事情都不变。广告和人员销售预算是为了满足分销商和零售商的需求（不允许出现存货不足情况，因为这意味着销售损失）及进行促销。促销只有对知晓度和试用有效果。短期产品没有后续产品，生产尽可能外包，存货被转出去了，并且生产周转与复购订单的速率一致。不需要建设长期服务设施，保持价格稳定（顶多就是降价），上市后的主要工作是市场情报工作，以了解销量何时放缓或下降。等到发现上市中的问题时，解决问题的时间点已经错过了。

17.7 产品失败

尽管每个人都尽了最大努力，但产品有时还是会失败或可能失败。产品销售量开始下滑时，公司首先应想到如何更好地使用剩余的资金，并重新审视战略。当然，如果时间允许，可以在进行长期改进的同时，对产品进行修改或将预备好的增强产品的特性加到产品上。如果市场状况特别糟糕，唯一的办法就是若长期改进产品，就需要暂时停止产品销售，至少停止所有促销活动、冻结市场，直到找到问题的解决方案。如果开发问题不能很快得到解决，就需要放弃该产品，也就是说放弃该市场机会。多数公司有多个新产品可供选择，宁可将失败产品抛在脑后、彻底忘掉。公司政治不好，人们会争相逃离这艘即将下沉的船（指失败的新产品），这时，批评者在不断提醒每个人是如何预测这个问题的等。当然，如果新厂房已经兴建，或者正在执行重要的促销计划，或者资金已经投下去，就必须持续努力，至少直到完成一个新产品的重新上市。

放弃产品决策是一个复杂决策，这会伴随着强大的潜在的连锁效应。某研究团队提出了放弃产品决策的阶段流程（见图 17.5）。在这个流程中，公司首先根据该产品的绩效判断是否应该放弃。接着，通过调整质量及价格或聚焦新市场的方式，探索产品重生的方法。在放弃决策之前，公司必须系统化地评估日常管理开支、花费，以及产能利用率等各方面的影响，确认放弃该产品是否会造成公司产品线出现大的空白。最后，如果必须或无法避免放弃该产品，要确认放弃的速度（比如，立即撤回该产品，持续几个季度甚至几年从该产品榨取收益，或者转卖等）。

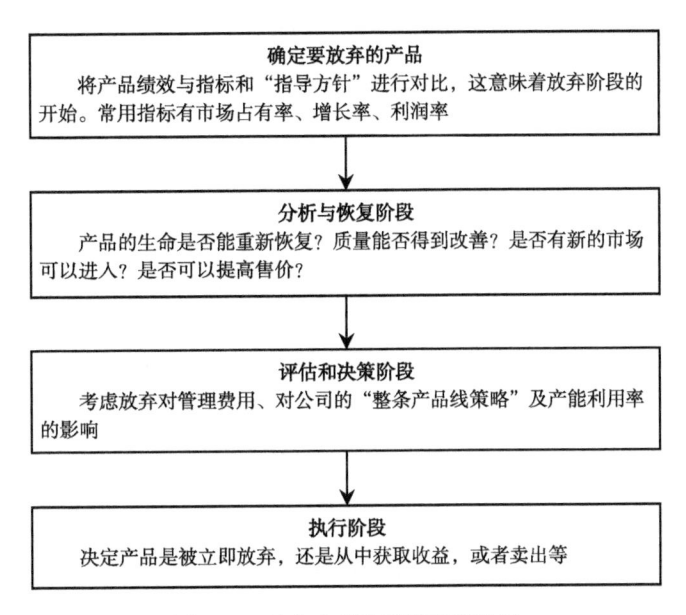

```
┌─────────────────────────────────────┐
│         确定要放弃的产品              │
│  将产品绩效与指标和"指导方针"进行对比，│
│  这意味着放弃阶段的开始。常用指标有   │
│  市场占有率、增长率、利润率           │
└─────────────────────────────────────┘
                  ↓
┌─────────────────────────────────────┐
│         分析与恢复阶段               │
│  产品的生命是否能重新恢复？质量能否   │
│  得到改善？是否有新的市场可以进入？   │
│  是否可以提高售价？                  │
└─────────────────────────────────────┘
                  ↓
┌─────────────────────────────────────┐
│         评估和决策阶段               │
│  考虑放弃对管理费用、对公司的"整条    │
│  产品线策略"及产能利用率的影响        │
└─────────────────────────────────────┘
                  ↓
┌─────────────────────────────────────┐
│         执行阶段                    │
│  决定产品是被立即放弃，还是从中获取   │
│  收益，或者卖出等                    │
└─────────────────────────────────────┘
```

图 17.5　放弃产品决策流程的阶段

资料来源：George J. Avlonitis, Susan J. Hart, Nikolaos X. Tzokas, "An Analysis of Product Deletion Scenarios," *Journal of Product Innovation Management*,17(1), January 2000, pp.41-56。

有证据显示，世界级新产品比较难以终止。在这些案例中，管理者对项目成功抱有乐观的心态，在情感上完全投入，更希望在产品上市之后延续该项目。在苹果公司的 Newton 个人数字助理和 RCA 公司的 Selecta Vision 录像磁盘系统这两个案例中，在新产品评估过程中，有很明显的信号暴露出产品存在潜在问题，但都被忽略了。在其他案例中，评估并没有彻底执行，同时没有明确的通过/不通过决策。某些先前被放弃的产品甚至可能会以其他名称重新回来。在我们急于将产品上市的过程中，绝不能忽视快速发现并停产不良产品的必要性！

如果某个产品或产品线决定停产，它仍然存在获得收益的机会。我们可以将其卖给其他公司。一个选择是，公司出售产品的销售权、品牌名称、产品配方或蓝图、制造工艺、分销渠道、技术或核心组件、整个产品部门。另一种选择是，公司巩固其地位，成为逐渐缩小的池塘中的"大鱼"（见例17.3）。事实上，这种策略有一个优势：几乎不存在新竞争对手进入本市场的威胁。如果可行，就要抓住这个机会。

例 17.3　有效的获益策略

大约 100 年以前，可拆、可丢弃的纸衣领是服务生制服的一部分。该产品不再流行之后，就只剩下一家厂商继续生产。当这家公司被其他公司收购时，它寄信通知客户，说明纸衣领的价格将调涨一倍。公司的新老板知道这种衣领的市场虽小却有足够的需求。

一家餐具柜制造商购买了大型拖车的制造厂房，想要将其改成生产餐具柜的地点。它发现自己接管了美国最后一家大型拖车厂之后，便继续销售有利可图的大型拖车（包括许多给园艺工或园艺设计师使用的种植机）。

> 各式各样的汽油动力割草机占领了郊区草坪市场后，手推式割草机就变得十分不普遍。American Lawnmower 公司在手推式割草机市场的占有率大约是 95%。近几年，许多家庭因为手推式割草机的简约、对环境友善及有怀旧情怀，纷纷转向手推式割草机，这使其销售量回升。
>
> 在晶体管完全取代电视、收音机和其他设备的真空管后，RCA 公司和 GE 公司放弃生产真空管。但是在伊利诺伊州的一家小公司知道，真空管在其他设备上仍有用处，便积极并购了其他小型竞争者，实现盈利。
>
> 这里提到的优势是，在进入市场时几乎没有对手的威胁存在（此时 GE 公司真能在真空管上再投资，或者福特汽车公司真能在大型拖车上再投资吗？）。
>
> 资料来源：Laurence P. Feldman, "From Paper Collars to Vacuum Tubes: Life at the End of the Product Life Cycle," *Visions*, October 1997, p.10。

如果最终必须**放弃**（Abandonment）该产品，那么管理者还有很多工作要做。其需要通知许多人（包括客户、政府、分销商和渠道成员）。如果人们或公司已经习惯依赖该产品，可能需要执行逐步降低库存的计划、储备零部件或提供某段维修服务的期限。在评估放弃产品之后，持续向客户提供服务的时间和成本。

本章小结

本章我们讨论了产品的市场导入。企业有产品、营销计划，而且准备好了控制成功轨道。

上市管理要有一份计划方案，度量市场销售进展、分析事件以确认是否采取预先安排的应急计划，持续进行研究以确保一旦发现任何问题，就立刻采取行动以避免或至少减轻它。

上市管理以及追踪尤其困难，因为大多数活动在市场之外发生，变量会改变，衡量并不容易并且很费钱（不像运用紧盯控制方法那样在厂内来回走动）。然而这个方法是可行的，如果情况可行，新产品经理绝对能够从中获益。

下一章，我们将注意力转到在新产品工作中从未讨论的话题：新产品的生产、分销、使用或储存是否涉及公共政策问题？是否涉及道德问题？在这里，研发人员的想法并不是重点，公众怎么认为？政府官员怎么想？第 18 章讨论这些问题。

案例 吉列

几十年来，吉列公司（宝洁公司的一部分）遵循一个简单的成功策略:用更好的刀片技术取代优秀的刀片技术。多年来，吉列为我们带来了蓝色刀片、白金 Plus、Trac Ⅱ、Atra、Sensor，然后是 SensorExcel。

1998 年 4 月，吉列推出了 Mach3，这是一种三叶片旋转头系统。Mach3 设计的一个关键要素是三个刀片的定位：每个刀片比前一个刀片更靠近面部。这种专利设计减少了客户对第三个刀片的不适。2003 年，吉列的主要竞争对手之一威尔金森·斯沃（Edgewell Personal Care 的一个部门）推出了一种四刀片系统

Schick Quattro，开始从 Mach3 手中夺走市场份额。Quattro 的成功表明，客户愿意接受三刀片以上的剃须系统，这鼓励吉列开发多刀片系统。

吉列从未推出过四刀片系统。2006 年，吉列越过竞争对手，推出了 Fusion，这是一个五刀片系统，两面都有润滑条，背面还有一个额外的修边刀片。除了有更多的刀片，Fusion 将刀片更紧密地放置在刀片架中，以实现紧密、舒适的剃须，还提供了电池供电型号（Fusion Power），提高了剃须的舒适性。

Fusion 立即取得成功。尽管每个剃须刀的价格比 Mach3 高 1 美元，但头两个月就卖出了 400 万把剃须刀。对 Fusion 的营销支持的一个重要部分是广泛的全球电视广告活动，包括全球公认的运动员，如泰格·伍兹、蒂埃里·亨利和罗杰·费德勒。

即便如此，在 Fusion 发布时，吉列还是受到了一些批评和质疑。《消费者报告》中的一篇报道发现，除了 Mach3 提供的性能优势，其没有其他性能优势，批评者想知道为什么剃须需要多达五个刀片。起初，客户对五刀片系统持怀疑态度，尤其是在吉列推广了这么多年，承诺 Mach3 是"男人能得到的最好的"之后。一些人甚至回忆起喜剧节目中的讽刺电视广告，比如 17 刀片系统的 MadTV，并怀疑吉列是否正在朝着这个方向发展。令吉列高管感到不安的还有，尽管剃须刀卖得很好，但刀片的销售滞后了。这确实令人担忧，原因有二。第一，刀片销量低表明客户将 Fusion 视为新奇产品，没有建立忠诚度；第二，在剃须刀行业，刀片比剃须刀更有利可图。尽管最初有人持怀疑态度，但吉列 Fusion 一直是吉列的畅销品和主要收入来源。

因此，当下一个竞争举措不是六刀片或七刀片系统时，这可能是（也可能不是）一个惊喜。相反，低成本的竞争对手，如 Dollar Shave Club 和 Harry's 的出现，提供了一个良好的、诚实的低价格剃须刀。这些竞争对手没有强调高科技刀片，而是以邮件递送的形式提供便利。其中，Dollar Shave Club 就是一个有趣的例子，其成立于 2011 年，作为一个低成本的邮件刀片俱乐部，立即取得了成功。原来的 Dollar Shave Club 广告幽默地宣传加入俱乐部的好处，调侃竞争对手出售的高科技刀片。

2016 年，Dollar Shave Club 被联合利华收购，这家跨国公司成为全球领先的刀片竞争对手之一。2017 年，吉列在美容领域的销售额下降了 6%，低成本竞争对手的进入被认为是一个主要原因。最初的 Dollar Shave Club 刀片被宣传为具有低技术含量，到了 2018 年，该公司只提供一个四刀片架和一个六刀片架，以及许多其他美容产品，所有这些产品仍然通过邮寄销售。

作为对邮购刀片业务的回应，吉列推出了吉列剃须俱乐部（后更名为吉列按需），这是一项邮购服务，承诺三天交货和灵活的价格点。即便如此，吉列希望保持高质量的形象，并对降低价格犹豫不决。吉列不再仅仅依靠低价竞争，而再次转向技术创新；然而，简单地向刀片架添加更多刀片的日子可能已经过去了。客户似乎已经到了这样一个地步，即额外的刀片不会提高剃须质量，足以证明刀片成本更高。吉列研究部门（吉列实验室）最近的创新是加热剃须刀，它承诺刀片"每划一次都像热毛巾一样舒适"。柔性盘技术使刀片能够平滑地安装在表面上，同时最大限度地增加热流。剃须刀是防水的，并配有充电器。

吉列通过众筹服务 Indiegogo 在市场测试中推出了加热剃须刀。测试被认为是一个重大的成功，因为测试批次产品很快销售一空，客户对这款新一代剃须刀很好奇。

根据你在本案例中看到的情况，邮购竞争对手对刀片市场的影响是什么？鉴于吉列数十年来在世界刀片市场的主导地位，是什么原因促使其成功？吉列决定推出加热剃须刀等高科技"真正新"产品，尤其是现在邮购竞争对手正在吸引大量市场份额，并改变这个市场的竞争面貌，其中有哪些风险？设计在吉列产品生产中扮演什么战略角色？此外，请评论一下吉列为支持其产品发布而采用的积极营销和推广计划。利弊是什么？

第 18 章

公共议题

18.1 引言

在前面的 17 章，我们一直在讨论有关新产品开发和上市的各种问题，将有关公共议题简化，并放在本书最后讨论。公共议题主要讨论公司（包括员工、产品和服务）与公众之间的关系。无论哪个国家都会由于某种原因受到限制或规定某个新产品的功能。因此，管理者需要知道相关规则，需要了解法律的边界。

本章提出了公众关注周期，讨论企业对产品创新和公共议题的态度，讨论公众关注的核心问题——产品责任。本章还将讨论可持续性、环境及管理议题。

18.2 公众关注周期

环境问题比以往任何时候都更受公众关注，许多公司决定以自己的方式寻找解决环境问题的方法。沃尔玛公司在着手建立节能商店，通用电气公司在研发高能效产品。为什么人们突然间如此关注环境问题？媒体的频繁披露、政府的气候政策增强了社会各阶层的环境意识。首席执行官将其对环境的担忧视为气候威胁下的"个人觉醒"，还有更深层次的原因。投资人知道，二氧化碳排放限制即将到来，因此这会对公司施压以寻找解决方案。汽车制造商已经成功上市了混合动力和纯电动汽车，以减少燃油发动机造成的空气污染，还在寻找汽车的未来的替代能源。如果经过多年的研究和努力，研发出比现在汽车的燃油发动机效率高 1 000 倍的燃气发动机，会怎样呢？这或许比氢燃料电池更高效，不应该将其排除在未来 20 年汽车发展目标之外。管理者更加关注技术路线图、模拟未来各种情景，以制定方案。无论什么行业，环境问题都是主流问题，公司如果还没行动起来，就应该赶快了。近年来，一些行业，比如烟草、化工、制药、快餐等行业，都开始接受公众关于环境和健康问题的审查。

公众关注周期如图 18.1 所示。当面临全球变暖或快餐营养问题时，看看你是否可以识别出处于哪个阶段。

```
                    ┌─────────────┐
              ┌────→│ 阶段1. 搅动  │←────┐
              │     └──────┬──────┘     │
              │            ↓            │
    ┌─────────┴──┐  ┌─────────────┐  ┌──┴──────────┐
    │            │←→│阶段2. 试探支持│←→│ 化解受攻击  │
    │  平静状态  │  └──────┬──────┘  │   的问题    │
    │            │←→┌─────────────┐←→│             │
    └────────────┘  │阶段3. 公共场域│  └─────────────┘
              ↑    └──────┬──────┘
              │           ↓
              │    ┌─────────────┐
              └────┤阶段4. 监管调整│
                   └─────────────┘
```

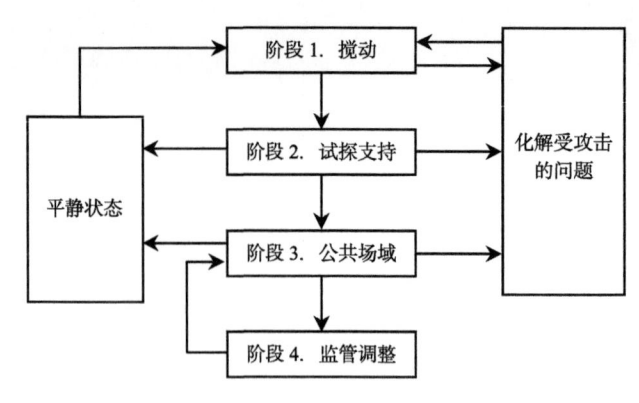

图 18.1　公众关注周期

阶段 1　搅动

个体先发出声音，早于足够多的人受到伤害或被激怒并引发公众反应之前。这一阶段的典型特征是：写给公司总裁的信、报纸文章的抱怨、发给公司公关人员的邮件、学识渊博的作家的担忧等。这个阶段会被很多人忽视掉，但如果回顾一下就很容易发现这个阶段。这个阶段通常存在很长时间，甚至十多年。新产品经理困惑的是，不知道将来会爆发还是会消失？

阶段 2　试探支持

随着该问题不断被搅动，某个推手（champion）决定将其作为一个由头（cause）。这个推手可能是个人，而且是默默无闻的人，就像 Ralph Nader 在 20 世纪 60 年代倡导提升汽车的安全性。现在，这些推手更多来自组织，这些组织的领导出于为公众做贡献和获取荣誉的动机，试图解决令公众不安的问题。这些组织主要关注的问题是"这些未被公众所知的问题有多普遍"或"能成为公众关注的头条吗"。这些问题看起来有些"愚"，但记住，任何时候都有一堆能引发关注的问题。一个组织如果把它的稀缺资源浪费在即将消失的问题上，它可能会失去影响力。

阶段 2 是那些潜在的组织领导和潜在的由头等待发酵的时期，它们在等待广泛的公众基础。一旦获得这个基础，行动就将进入阶段 3。反之，可能是因为公司化解了问题，也可能是该由头没有引发广泛的公众关注。

阶段 3　公共场域

当由头获得了广泛的公众基础时，公司已经错过了化解危机的机会。现在，公司必须准备好应对各种公共关注的挑战。了解大众消费者的诉求，并以最低的成本和最不受限的方法满足消费者。有时候，公司会反对和解，而寻求法院裁决。

阶段 4　监管调整

新的监管规定常常存在不明确的地方，这种不明确导致监管方以有利于自己的方式解读。例如，美国消费品安全协会依照《消费品安全法》的规定，没收任何"随时发生危险的消费品"，很难界定什么属于这类产品。监管规定上的不明确可能是必要的，甚至是聪明的做法。这一阶段通常持续多年，政策方向的转移会导致许多问题加入或删除。

18.3 对待产品问题的商业态度

企业处理公共议题考虑的内容比新产品更广泛。所以，企业在处理商业和社会的关系时形成了一套理念结构，这些理念大部分支持产品创新并与社会保持一致，哪怕有些问题我们至今仍未弄清楚。例如，当消费者无法读懂产品说明书而造成产品误用时，我们如何支付费用？食品公司的客户想要好味道，但政府想要高营养，那么食品公司的责任是什么？一般而言，大部分问题是在多年前出现的，我们关心的问题在"边际线上"，具有不确定性和多变性。

新产品引起公众的意外关注，可能源于管理层的疏忽。这里特别强调预料之外。如果问题在预料之内，大多数情况下是可以有方法避免或化解的，至少可以做好充分的应对准备。

除了一般性的社会和法律问题，新产品经理还需要面对自己的独特问题——产品责任，这是目前最复杂也最令人烦恼的，原因是潜在诉讼非常严重，错误的代价也很高。

18.4 产品责任

情况并不复杂：你买了件产品，却受伤了。伤害可能发生在你把产品带回家的时候、打开它的时候、存放它的时候、使用它的时候、修复它的时候甚至当你丢弃它的时候。如果你受到伤害并认为是产品制造商或经销商做（或没做）某事造成的，那么你可以提出产品质量诉讼。被告方如果有罪，要为因伤害带给你的花费和痛苦负责并支付惩罚性的赔偿。

历史上，产品责任适用于商品而非服务，许多试图将产品责任延伸到服务的努力都失败了。然而，服务也是产品，它们都是基于诚信原则而被交易的，一旦服务造成伤害，就应该给予补偿。例如，一家工程咨询公司给出的意见是"这栋建筑的状况良好"；后来，当伤害发生时，买方发现这是不真实的。对服务的疏忽会导致产品责任案件。

产品责任有多么重要？大多数诉讼案件是在庭外调解解决的，所以我们没有完整的赔偿金额资料。这种成本对公司来说是十分高昂的。

18.4.1 伤害的类型

以下列出了人们陷入麻烦的类型，其中多个类型对新产品来说更棘手。

（1）许多产品有内在的风险。例如，输血有感染肝炎的风险，炸药有误爆的风险。由于这些风险无法避免，其在法庭上会得到更多的理解。

（2）设计缺陷会导致产品有三个层次的不安全性。第一，产品设计会带来危险，如蒸汽发生器的重心过高会导致液体溢出。第二，缺乏必要的安全装置。例如，吹风机缺乏过热切断开关。第三，产品使用不恰当的材料，这种材料刚开始能发挥功能，但最终可能老化并造成危险。

（3）制造缺陷一直都是新产品的问题。即使产品设计得很好，质量管控不当也会导致出现次品。例如，焊接不良的梯子。

（4）制造商生产出了可接受产品，但未提供足够的使用说明或进行对特定用途的警告。比如割草机，如果使用不当，就是个有潜在危险的装置。产品说明书应该告诉用户如何使用以及存在哪些误用。法院尤其关注这些警告对于用户误用（包括不可预见的误用）有多大防范力度。由于诉讼风险很高，公司通常会竭尽全力确保有"足够"的警告标示（如割草机会标示"不要用割草机修剪围篱"，见例 18.1）。什么样的警告语才算"足够"？并没有定论，这些是国外最近几年的认定标准：警告标示需要放在产品显著位置以便看得见；应该放在用户最有可能看到的地方；应该告知危险等级，应该指导避免潜在危险；产品销售者不能开展与产品警告标示有冲突的营销活动，不应陈述产品是安全的。用户应该被告知忽视警告会发生什么后果。生产商必须确保用户能收到警告，而不仅仅将警告语贴上去。

（5）产品使用后也可能出现危险，制造商的责任可能持续到这个阶段。例如，喷雾器制造商必须警告消费者不能将废弃的喷雾器丢入火中。

例 18.1　哪一个是真实的产品警告标示

（1）一次性刮胡刀片上："请勿在地震时使用本产品。"
（2）在花园假山上："咬石头可能会导致崩坏牙齿。"
（3）在救生圈上："请勿将此产品当漂浮装置使用。"
（4）在吹风机上："请勿在睡觉时使用。"
（5）在钢琴上："吞食有害甚至致命。"
（6）在太阳遮阳板上："警告：请勿在开车时使用。"
（7）颈部防护套："颈部防护套不能保护防护套覆盖外的部分。"
（8）在植物糖浆上："小心：可能会引起呕吐。"
（9）在熨斗上："衣服破损时请勿熨烫。"
（10）在塑料雪橇上："请勿食用或烧毁。"
（11）在工作手套上："为你考虑，请勿遗留在犯罪现场。"
（12）手机上："请勿在微波炉中烘干手机。"
（13）木匠的刨子上："请勿将此产品作为牙医用具使用。"
（14）在搅拌机上："请勿作为鱼缸使用本产品。"
（15）在折叠式婴儿车上："在折叠前请将孩子抱出婴儿车。"
（16）在洗衣机上："请勿将人放入此机器中。"
（17）在壁炉上："小心火灾。"
（18）在激光打印机墨盒上："请勿食用碳粉。"

答案见本章末。

资料来源："20/20 Report", ABC Television, October 28, 1998, Michigan Lawsuit Abuse Watch Website。

18.4.2 产品责任的四种情况

1. 疏忽

依据惯例，对于以下情况，受伤者可以提出索赔：① 制造商在生产过程中有疏忽，导致产品有瑕疵，导致自己受伤；② 制造商将产品直接销售给受伤者（当事人关系）。或许货车制造商因疏忽没有将一个轮胎安全地装在车轴上，轮胎脱落导致驾驶员受伤，这种疏忽很容易鉴定。货车制造商没有尽到正常的责任（这种责任是每个正常人都应尽到的）。销售人员、广告者、贴标示人员、零售商和批发商都有可能出错，出现小疏忽却没有给出警告。

2. 保证

要证明存在疏忽并不容易。因此，后来就提出了与产品责任相关的保证。保证是一种承诺，如果承诺被证实没有实现，不管是否有疏忽，销售者都要承担违反保证的责任。

保证可以明示，也可以暗示。明示保证是产品制造商对产品所做的一切事实陈述，包括销售员、零售商做出的。明示保证反映了法院允许的宣传程度。当制造商提供针对特定用途的产品时，暗示保证就形成了。对特定用途的适用性暗示保证是销售契约的一部分，意味着产品具有平均质量并能把适用该产品的场合作为此产品的使用场合。购买者有正当理由信赖销售者，视其为知道人们如何习惯使用该产品的专家。

3. 严格责任

严格责任是指产品销售者有责任不将有缺陷产品销售到市场上。如果产品有缺陷，那么任何一方都能起诉生产商，即使仅仅是一个旁观者。不需要疏忽、不需要有直接销售关系，销售者的任何陈述都不能减轻责任。

制造商对此有三种防御措施。第一种是风险承担。如果产品使用者明知有瑕疵而不顾风险继续使用，则诉讼结束。第二种是无法预料的误用。用户以销售商无法合理预测的方式误用产品。第三种是产品本身，虽然造成伤害，但产品不是缺陷品。

4. 不实陈述

产品本身不存在缺陷，但因为销售者的不实陈述（不管是否有意）导致购买者误用产品而受伤。

18.5 产品召回

任何公司都有可能在某一天面临产品召回的问题。为确保妥善处理好召回问题，可以采取召回前、召回期间、召回后的危机管理步骤。

18.5.1 召回前

制订一个危机管理计划，指定一个人作为召回计划协调人，此人还是针对媒体和监管机构的发言人，此人应擅长与媒体交涉，不会在媒体的激烈质疑下崩溃。此外还要确保公司与消费者和中间商之间存在有效的沟通渠道。

18.5.2 召回期间

评估风险并采取补救措施。虽然仅发现一个血糖测量仪有问题，LifeScan（强生公司的一个子公司）召回了全部 60 万个测量仪，以让最终消费者和中间商都知道风险。玩具制造商可以容易地从商场货架上召回全部有缺陷的玩具，但要从消费者心中消除隐患并不容易，可能需要广泛的媒体活动，包括社交媒体。这时需要危机管理方法。危机来袭那一刻，最着急的事情并不是撰写新闻稿、为媒体人员寻找联系方式。

18.5.3 召回后

努力恢复公司名誉，监控召回效果，确保销量和市场份额反弹。

最著名的召回案例之一是 20 世纪 80 年代初的泰诺氰化物篡改案。强生公司作为制造商处理了召回的所有事项。首席执行官亲自担任高级发言人并向媒体发表声明，公司立即从商店货架上撤出了所有产品，向消费者成功开展宣传活动，并紧急寻找氰化物的来源。当来源被确定为包装篡改时，强生公司开发了防篡改包装以及新的、防篡改产品形式，如凝胶帽和凝胶标签。几个月后，新的、更安全的产品和包装重新推出，媒体称赞了强生公司的努力。泰诺的销售额很快超过危机前的水平。

18.6 可持续性和环境要求

可持续设计是指减少对环境负面影响的新产品设计或交付。毫无疑问，可持续性已经成为产品开发中的一个关键因素。2011 年，可持续发展和创新全球高管研究发现，约 24%的公司是可持续发展的"拥抱者"，这意味着：

- 其有可持续发展的商业案例；
- 其认为可持续性是竞争力的必要条件；
- 其将可持续性作为一个永久的管理议程之一。

此外，"拥抱者"更有可能认识到，可持续发展战略有助于吸引新客户、建立市场份额、提高利润率。同样，在 2012 年 CPAS 中，大约 1/3 的公司认为可持续性是其新产品利润的一个贡献因素。大多数公司确实将可持续发展视为其业务战略的一部分，即使其不同意"拥抱者"的上述三个观点。很难量化可持续性投资的财务效益，这会抑制一些公司投入可持续性的热情。然而，这并没有阻止那些真正将可持续性纳入商业战略的公司。

可持续发展和企业社会责任计划的目标是三重底线——公司应该盈利，客户应该得到满意的产品，社会应该以某种方式受益，也可称之为"三赢"。一家公司很容易追随可持续的潮流，对其产品或服务进行夸大其词的宣传，这种做法被称为**漂绿**。但"拥抱者"实实在在地进行业务战略转型，以积极融入可持续性，这不是市场部门的空话。战略学者迈克尔·波特认为，在企业社会责任方面，最成功的公司并不认为对这些活动的投资与其企业使命不一致，相反，它们对实现企业使命至关重要。现在，越来越多的公司将可持续发展经理或环境专家纳入新产品开发团队。

高乐氏公司是一家接受可持续发展理念并利用新兴的可持续产品需求的公司。近年来，高乐氏公司重新将 Brita 水过滤器和水杯定位为塑料瓶装水的替代品，收购了 Burt's Bees 品牌并将其扩展为全天然个人护理产品系列，开发了全天然清洁产品 Green Works 系列。该案例在下文会详细讨论。服装行业的一个领头羊——巴塔哥尼亚品牌（Patagonia），从早期的户外服装设计开始，致力于制造可持续且耐用的产品，该公司还向世界各地进行环保倡议捐款，最大限度地减少服装制造中的浪费——这是纺织行业真正关心的问题。巴塔哥尼亚与其全球供应商建立了牢固的关系，为员工提供理想的工作环境。

例 18.2 显示了一些公司的例子。一些小公司依托 Kickstarter 的帮助构建业务；Kickstarter 鼓励企业家在产品开发的早期阶段就考虑环境问题，如可持续采购。

例 18.2 将可持续性融入企业使命

The Body shop's 的环境议程十分著名。与化妆品行业的竞争对手不同，该公司聚焦魅力和情感。该品牌采用全天然成分并倡导自然的生活方式。

Ben&Jerry's 冰激凌支持农场的可持续行动，支持非转基因成分、人性化的非圈养农场，以及其他社会事项。

巴塔哥尼亚是服装行业的领头羊，其著名的使命包含环境友好、公平劳动、全供应链责任。

玛氏饮品在研究咖啡的产品全生命周期环境影响，从原材料到分销，再到使用后，乃至咖啡包装在 B2B 的供应链，以求最大限度地减少碳足迹。

Kickstarter 支持多家环保类新产品初创企业：Genusee 用废弃塑料水杯制造眼镜框，Huskee Cup 用咖啡废料制造咖啡罐，Luke's 玩具工厂利用家具工厂木屑制成的集成材料制造了一系列环境友好的卡车玩具。

资料来源：W.C.Kim, R.Mauborgne, "Creating New Market Space," *Harvard Business Review*, 77, January-February 1999, pp. 83-93; J.L.Hardcastle, "Six Sustainable Packaging Trends to Watch in 2016," Environmentalleader.com, January 22, 2016; C.A.Di Benedetto, "Corporate Social Responsibility as an Emerging Business Model in Fashion Marketing," *Journal of Global Fashion Marketing*, 8(4),2017,pp.251-265; Heather Clancy, "How Kickstarter Is Encouraging Designers to Consider Circularity and Other Environmental Factors," Greenbiz.com, November 30, 2018.

在某些情况下，可持续性努力是全行业的。VinylPlus 是全欧洲范围内对聚氯乙烯（PVC）行业可持续产品开发的自愿承诺。它为建筑和工程行业的公司提供了一个可持续性标签，该标签确定了他们使用 PVC 产品在可持续性方面的高绩效（负责任的采购、回收、能源政策和供应链管理等）。几个欧洲 PVC 制造商已经通过了 VinylPlus 的审核并获得了这一标签。另一个类似的行业倡议是 SPICE，由欧莱雅联合许多化妆品公司如雅芳、路易威登和资生堂等创立，目标是实现产品包装的可持续性和生态友好性。

但是，良好意愿和实际执行之间常常有差距。管理者想做对环境有利的事情，但也面临盈利的压力，尤其当经济不景气的时候。因此，高层管理者对应对环境问题的大力支持至关重要。当公司的商业目标与环境倡议相一致时，可持续性设计就能取得巨大成功。此时，产品团队会觉得在追求项目长期环境效益上获得了支持，而不是摘取环境"低垂的果实"（仅对产品进行渐进式绿色改进）。在可持续性设计上的领导地位将使公司具有可持续竞争优势。政府对燃料释放、废物管理和其他环保问题的监管将变得越来越严格，产品经理需要将这些监管政策融入长期商业目标中。现在，我们需要在产品全流程关注环境影响：了解消费者需求、设计产品以创造性地解决环境问题、通过测试了解新产品的环境影响。

绿色营销专家杰奎琳·奥特曼（Jacquelyn Ottman）指出，公司在设计有环境效益的产品时需要超越，这显而易见。她对可持续性设计给出了5条建议。

（1）在系统层面创新，考虑产品制造过程中所用的资源以及产品使用中和使用后的情况。然后思考产品与整个系统的关系。日本制造商 Soladey 研发出一种手柄中带有光催化剂二氧化钛的牙刷，在明亮的房间使用时不需要牙膏，牙刷会发生化学反应分解牙斑。gDiaper 制造商研发出一种新的可洗尿布，其带有一次性衬里，这种衬里可以扔进厕所马桶冲掉，使这种尿布无须填埋处理。

（2）使用新材料而不仅仅是减少现有材料用量。可口可乐公司使用可循环的"植物瓶"，其使用高达30%的植物基原料（如甘蔗和制糖副产品），植物瓶减少了多达25%的二氧化碳排放。Natureworks 公司生产的生物塑料 Ingeo 完全由玉米发酵产生的聚乳酸制造。阿迪达斯的 Parley 跑鞋是由回收塑料瓶中的纤维制成的。

（3）开发新技术以应对环境挑战。灯泡产业今年有很多新变革，包括比紧凑型荧光照明灯效率更高的新发光二极管，其寿命是紧凑型荧光照明灯的两倍。Solio 公司生产的新的手摇充电器能给手机、数码相机和其他设备充电，在太阳光下能使用长达 56 小时。

（4）开发新的商业模式。Zipcar 等共享汽车服务商向有几小时用车需求的人们以低价出租汽车，租金中包含汽油费，而且租赁者不用像汽车所有者那样担心保险、维修和停车问题。

（5）恢复环境。生态友好型创新的最终方式是通过新技术和新商业模式减少对环境的破坏。宝洁公司向第三世界国家提供 PUR 粉末，去除水中污染物和其他杂质。巴斯夫公司为汽车散热器开发了一种臭氧催化剂，能将地面多达 80% 的臭氧转化为氧气，现在，其已经成为沃尔沃汽车和许多其他汽车的标配。

图 18.2 展示了整个新产品系统如何为公共议题做出贡献。

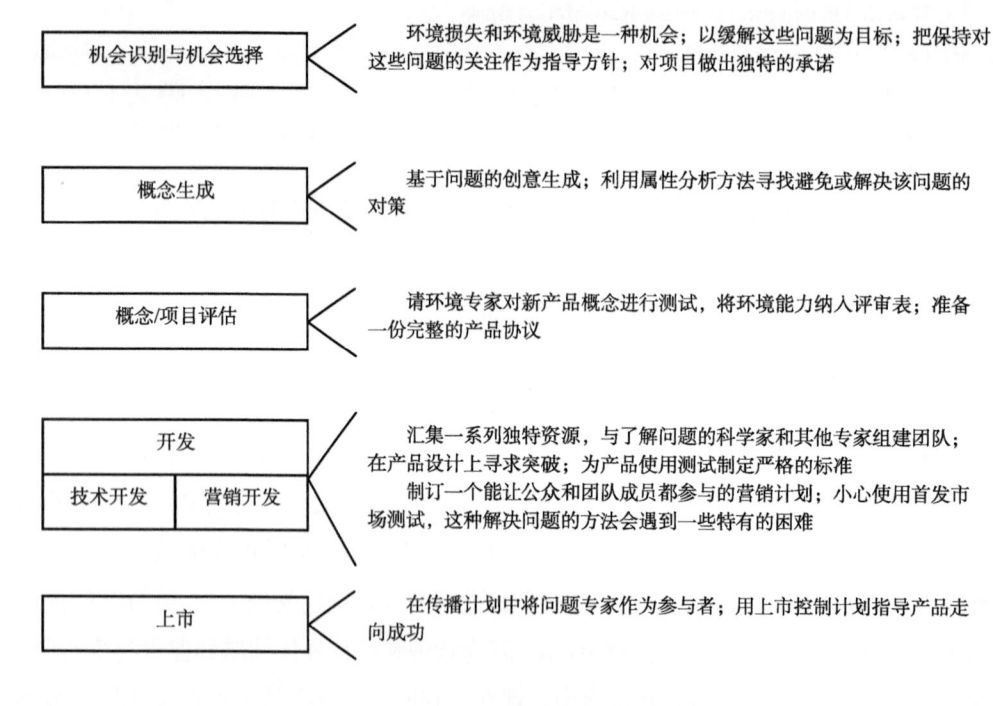

机会识别与机会选择	环境损失和环境威胁是一种机会；以缓解这些问题为目标；把保持对这些问题的关注作为指导方针；对项目做出独特的承诺
概念生成	基于问题的创意生成；利用属性分析方法寻找避免或解决该问题的对策
概念/项目评估	请环境专家对新产品概念进行测试，将环境能力纳入评审表；准备一份完整的产品协议
开发（技术开发，营销开发）	汇集一系列独特资源，与了解问题的科学家和其他专家组建团队；在产品设计上寻求突破；为产品使用测试制定严格的标准 制订一个能让公众和团队成员都参与的营销计划；小心使用首发市场测试，这种解决问题的方法会遇到一些特有的困难
上市	在传播计划中将问题专家作为参与者；用上市控制计划指导产品走向成功

图 18.2　公共议题与新产品流程

18.7 产品盗版

在一些行业（视频/音频产品、计算机软件、制药、名牌服装、香水），产品盗版是一个严峻的问题。产品盗版实际上是一个总称，包含几类非法活动，威胁这些行业的品牌资产和知识产权。

（1）仿冒：指未经授权生产受商标、版权或专利保护的商品。仿冒产品从低价格、低质量到高质量都有，仿冒品不受制造企业的原厂保证。

（2）品牌盗版：指未经授权使用受版权、专利权保护的商品或品牌。同样，品牌盗版产品的质量从很低（20 美元的劳力士手表）到很高。卡蒂亚和其他手表、香水公司发起了数千起诉讼以消灭品牌盗版问题。

（3）近似品牌：盗版企业使用略微不同的品牌名称，如 Channel 香水、Panasanic 摄像机、Kuma 跑鞋（用一头猛扑的熊的标志，Kuma 在日语中是"熊"的意思）、Sunbucks 咖啡或 Tonny Hilfiger 服装（这些都是真实案例）。教训：购买者要小心检查包装。

（4）盗用知识产权：指未经授权使用知识产权，尤其是计算机软件或 CD 和 DVD 行业，制药、汽车、飞机零部件也受到影响。

例 18.3 显示了一些公司保护产品免受盗版或减少盗版的一些方法。除了寻求法律追索权和政府保护，告知消费者购买盗版产品的危害也是一个有效的方法。

例 18.3　产品盗版的保护措施

（1）传播。公布你的产品已被非法仿冒，只有正品才能提供顶级价值，公众应当识别正品。产品被仿冒说明产品质量非常好！尤其当涉及安全或健康风险问题时，更应该认准正品。巴西消费者相当关心仿冒避孕药和抗癌药物。

（2）自行处理。让仿冒品下架。由于诉讼和执行成本太高、存在声誉受损风险，因此有时会忽视仿冒行为！另一种办法就是收购仿冒公司。

（3）标示。标示正品识别码或"DNA 安全标志"（产品制造信息的编码）。识别码也可能被复制，但会增加仿冒者成本。DNA 安全标志对仿冒者而言成本特别巨大。

（4）更主动的营销战略。降价、大幅度增加广告、鼓励消费者购买正品，让分销商帮助下架仿冒品，不断改进产品或包装。

（5）视盗版为促销。盗版 Word 软件对正版 Word 软件成为全球文字处理的标准发挥了作用。微软公司有一些独特的产品手段，比如，正版软件的专属功能、正版软件的专属服务等。

资料来源：Laurence Jacolos, A.Coksun Samli, Tom Jedlik, "The Nightmare of International Product Piracy," *Industrial Marketing Management*, Vol.30, pp. 499-509。

18.8 为新兴市场设计产品

许多公司意识到，新兴市场国家的潜力巨大，需要增加在这些新兴市场的产品存在。但要注意，新兴市场的工资和生活水平有很大的不同，产品属性或性能水平也同样不同。首先，要清楚对于新兴市场来说什么是正确的产品，一种新的运输方式、一个新的农具、一件新的医疗设备只要能显著改善人们的生活水平，在这个市场上都是正确的。这里所说的"正确的产品"不是这个产品的去年型号或今年款式的简化版，而是一个全新的产品，是针对新兴市场的需求从头开发出来的。例18.4是新兴市场新产品开发的一些关键成功因素。全球R&D专家贡扬·巴拉（Gunjan Bagla）建议，发达国家的产品经理进入新兴市场时，需考虑如下问题。

（1）应该为新兴市场开发新产品吗？能开发出来吗？

（2）是减少当前产品的功能，还是为新兴市场设计一款全新产品？

（3）产品应该在新兴市场设计吗？谁负责产品设计？内部团队还是外聘设计师？

（4）如果新产品是为新兴市场设计的，该产品可否从新兴市场返销到本国？如果该产品将侵蚀本国的已有市场，愿意承担这个风险吗？

（5）在新兴市场招聘的技术人才值得信任并对工作有帮助吗？

（6）如果在新兴市场进行产品开发和工程化，存在知识产权风险吗？

例18.4 进入新兴市场的成功因素

（1）调整创新战略。调整公司组织结构和文化，使可以聚焦低成本、低技术的产品开发，产品定位不能仅盯着"金字塔尖"。西门子公司有一项SMART战略（简单、易维护、便宜、可靠、快速上市），开发的产品主要针对以前被忽视的市场。

（2）满足新需求。向客户学习、倾听客户声音。基于他们的文化环境满足他们。诺基亚的工程师在印度和尼泊尔开展了人种学研究，以精准识别客户的特殊需求，比如，能在强日照下阅读的屏幕，为不识字客户提供带图示的地址簿。

（3）更高性价比。做到这一点，需要从头设计产品，而不是削减现有产品的功能。Dacia Logan 汽车，由 Renault 公司设计，在罗马尼亚生产，价格低（6500美元），能坐5个人，价格是常规 Renault 汽车的一半，不用去 Renault 的4S店就可以享受到便利的售后服务。

（4）"Ghandian"工程。改变心智模式，奉行产品的极简哲学，而不总是通过新技术寻求解决方案。汽车供应商博世公司通过技术简化，为印度塔塔公司的低价格 Nano 汽车提供部件。

（5）研发本土化。新兴市场产品最好在新兴市场设计。这既降低了研发成本，也有效利用本土工程师的 Knowhow——低成本、不同寻常的构思。通用电器公司的班加罗尔研发中心开发出了一种便宜的便携式心电图仪，有效满足了当地医生的需求。其构思借鉴了印度的便携式票据打印机。

（6）调整营销方式。针对目标国家的不同特点调整营销方式。诺基亚公司在印度市场的成功归功于其建立的9万个销售点，这一销售网络适应了印度市场的销售特点，在印度的农村社区，客户喜欢亲自与销售员讨价还价，为此，诺基亚的销售车时不时就会经过农村，销售员通过这种方式向人们传播手机知识并提供售后服务。

（7）采用新商业模式。诺基亚西门子公司开发了一种新商业模式，用于为印度农村提供电信网络服务，这减少了手机厂家的资本支出，确保手机厂商在低端市场月人均支出非常低的情况下，仍能实现提供服务的盈利。

（8）寻找当地伙伴。借助伙伴的专业力量快速了解当地市场，解决跨国公司本地化不足的问题。通用电气公司的班加罗尔研发中心与印度顶级大学教授开展假期合作，与印度理工学院开展研究项目合作。

资料来源：Anna Dubiel, Holger Ernst, "Success Factors of New Product Development of Emerging Markets," in K.N. Kahn, S.E. Kay, R.J. Slotegraaf, S. Uban, eds., *The PDMA Handbook of New Product Development* (Hoboken, NJ:John Wiley, 2013), pp.100-114。

显然，这些问题没有唯一正确答案。为新兴市场全新构思一个巧妙的、便宜的新产品，要比"简化"已有产品更能满足新兴市场的需求。例如，伊利诺伊州的 Sun 烤箱公司向全世界 130 个国家销售太阳能烹饪设备。印度制造商 Godrej 研发了一台低成本冰箱，其没有压缩机，依靠电能转换来维持低温，尽管它的制冷方法效率很低，甚至无法更换零部件，但在维修店稀少的新兴市场很受欢迎。例 18.5 介绍了诺基亚公司的自行车手机充电器和西门子公司的医疗扫描仪，二者都是为印度市场开发的。这些产品都显示了**朴素创新**——用最少的资源设计和制造新产品。

例 18.5　朴素创新

诺基亚公司为印度市场研发的手机充电器能在人们骑自行车时给手机充电。发电机将自行车前轮转动产生的电流传送到固定在车把的支架上。对于这样的市场（成百上千万人把自行车作为主要交通工具，电力在夜间不可靠或不可用），这是一个具有现实意义的手机充电器。

在印度果阿地区，西门子公司的一个技术中心研发出一台成本极低的医学扫描仪，每台价格仅为 500 美元，大约是同类扫描仪的 1/4。扫描仪在成本最小化的同时，以满足发展中国家医生需求为目标进行重新设计，而不是简化西方已有的扫描仪并降低其质量。

资料来源：Gunjan Bagla, "Product Development in Emerging Markets," *Visions*, 35(3), 2011, pp. 44-45。

小型创业公司可能是朴素创新的开创性范例的主力军，有时其不得不这样做。如例 18.6 所示，当人们去构思适合新兴市场需求的简单、可行的解决方案时，其会变得非常聪明。

例 18.6　新兴市场的草根朴素创新

印度古吉拉特邦农村的一家生活电源提供商，开发了一款由黏土制成的冰箱，不需要电源，价格仅为 50 美元。黏土中水分的蒸发起到了降温作用，其可保存食物长达 5 天。

一家印度公司 Frugal Digital 上市了两款新产品：一个低成本的教室用投影仪，采用 USB 连接手机以作为导航仪；一款健康监测仪，能监测体温、脉搏、血压等，元件来自老式闹钟和印度本土制造的零件。

还有一家创业公司开发了一款由竹子制作的低成本的风车；一款生物质汽化器，将农村的废物转化为燃料，其可用于电力短缺地区；一款高效率的摩托车拖拉机；一款成本仅为 45 美元的用于截肢者的假肢。

资料来源：Eden Yin, Jaideep C. Prabhu, "Innovoation in China and India," in Peter N. Golder, Debanjan Mitra, eds., *Handbook of Research on New Product Development* (Cheltenham, UK:Edward Elgar, 2018), pp. 146-170。

18.9 其他问题

虽然真正棘手的问题并不多，但公共领域永远不缺问题。第一个问题是，什么是合理的行动目标？肯定不是零风险。虽然将质量控制做到零缺陷是许多公司的目标，但由于现在的消费品越来越复杂，根本没办法阻止消费者犯错，即便让他们什么也不做。即使我们的风险降低水平达到99.99%，但在统计学上也意味着仅在美国就有3万人处于风险中，放到全球，这个数字会很大。

第二个问题是权衡。即便在某个特定情况下似乎有明确的指导原则，我们经常会发现还存在一个对立的同等价值的原则。我们应接受哪一个原则？

第三个问题是成本到底要降到什么程度。对很多新产品的争论归根到底都不是在争"做什么"，而是在争"谁买单"。如果我们假设：（1）没有生产系统能够完美地制造出产品，（2）没有消费者群体能够完美地、智慧地使用产品，那么，伤害和浪费就必然会存在。到底谁来为此买单？现在开始流行起"无过失"方式，在制造商那里被称为"全过失"：所有责任由制造商承担。当然，所有成本最终还是被转嫁给了消费者。

本章小结

本章讨论了新产品流程中各种令人头疼的问题，面临的压力和困难都是真实存在的，未解之题仍待解决，新问题层出不穷。

当然，新产品经理如果做好准备是能够应对这些问题的。他们需要了解问题发生的过程，与法务部门密切合作，获得管理层的关键支持，采用更积极的营销策略。时间是新产品管理的致命弱点，任何诱惑都可能导致我们把事情做反了。

尽管我们已经讨论了新产品开发中的主要公共议题，但潜藏的问题更多。因此，关键是知道：还有更多的人与你走在同一个解决问题的道路上，既需要知道问题所在，又需要在明晰问题与一往无前之间做出取舍，还需要管控好风险。

案例　高乐氏公司的 Green Works

过去这些年，消费者在持续关注喜爱的产品是否上市"环保"或"绿色"版本。制造商明白满足这一新兴需求会带来的挑战。一方面，消费者对绿色主张持怀疑态度，因为一些信誉有问题的产品被大肆宣传为环境友好型产品，这种误导使消费者的质疑越来越强烈，简单地给产品打上绿色标签、声称环境友好的时代过去了。另一方面，消费者已经预感到绿色产品（如家用清洁剂）可能比传统产品贵很多，但效果差很多。如何贴标签已经成为一个问题。在标签上写什么才能恰当传达信息而又不会显示你在忽悠他们？绿色的？天然的？环境友好的？有机的还是生态友好型的？绿色产品距离预期市场渗透率还有很长的路要走。

为进军绿色消费市场，高乐氏公司开发了一系列新的家用清洁产品。2008年，高乐氏公司推出了绿色工厂系列，这是有史以来由大型消费品制造商推出的第一个天然清洁产品线，包括一款多功能清洁剂、一款马桶清洁剂和其他产品，产品投产后立即取得成功，仅几个月就占领了天然清洁产品市场的大部分市场份额。这条产品线成功的原因是什么？行业专家认为，高乐氏公司做了两件出色的事情：其一，发现了一个新的、服务不足的细分市场，并且了解了能了解的一切；其二，设计研发的产品能满足细分市场的所有关键性需求而不仅仅是几个重要需求。

多年来，高乐氏公司一直关注卫生和健康问题，搜集了大量消费者信息。这有利于高乐氏公司新产品团队相对较早地识别出一个新兴市场。然而，尽管消费者总体上都想为环境做点有利的事，但其更看重自己和家人的健康和福祉。因此，其喜欢标准清洁产品的效果，即便其中含有很多潜在的危险化学物质。细分市场的消费者认为自己在家庭中扮演重要角色：家庭安全的守护者。新产品团队将该细分人群命名为"避免化学物质的自然主义者"，市场研究发现，该人群很可能是家庭用品的主要购买者，其中85%是女性。

对这个细分市场的女性来说，并不是"绿色"就意味着好，她们的信念（家庭安全的守护者）表明：其不可能被称为绿色产品的狂热购买者，相反，其对家庭有强烈的情感承诺。因此，吸引她们的应该是，既具有传统清洁剂的清洁效果且不含刺激性化学物质的新产品。

开发新产品线始于定位陈述。首先，在价值主张中采用什么术语才能打动目标市场呢？人口统计学研究发现，"绿色的"、"可持续发展的"或"碳中和的"等术语都不够清晰，有很多种理解。"有机"一词不错，但政策规定了相关使用标准，容易惹出麻烦。最终选择了"天然"一词，因为这个词与目标客户是合拍的，与公司的核心能力也匹配，容易传播和宣传，对公司是一个相对合理又可以达成的目标。

结合个人访谈和人种学的家庭生活暗中观察（fly-on-the-wall）研究，产品团队对"避免化学物质的自然主义者"有了深刻的了解。研究表明，该人群对产品有几个必须满足的预期：必须支持保护其家庭和环境的情感承诺（大幅度减少刺激性化学物质）、不能降低产品性能、不能降低产品便利性或易用性，产品定价必须在大众可接受范围内，关于产品利益的信心必须是可靠的并值得信赖。产品团队意识到，仅聚焦消费者的一两个预期是不行的，如果产品性能不行或者定价过高，消费者就不会转向全"天然"产品。

人种学研究发现，消费者知道醋这样的天然物可以作为清洁剂使用，一些消费者甚至在家中自制清洁剂。许多消费者表示熟悉植物基清洁剂成分，并好奇清洁剂中为什么要含有刺激性化学物质。这些研究和发现使高乐氏公司团队确定了对"天然"的定义：产品99%不含石化物，来源于植物或矿物，可生物降解且无毒，没有经过化学处理，也没有用动物来测试（理想的100%不含石化物的产品是不可能的，因为香料、色素和防腐剂等成分并不是以天然形式存在的，99%足以让高乐氏公司做出几乎"纯天然"的声明）。

高乐氏公司精心地让产品线满足消费者所有的预期。传统清洁剂产品的售价为2~3美元，多个天然产品竞品的每瓶售价超过7美元，高乐氏公司新产品的零售价定为每瓶3~4美元，这个定价是目标消费者能接受的。由于传统产品几乎在任何地方销售（杂货店、便利店、药店等），因此新产品采用密集分销策略。产品标签进行信息充分披露，网站上提供大量产品，确保产品的可信度。高乐氏公司还获得了Sierra Club罕见的认可，该项目被美国环保署认定为"为环境设计"计划项目。高乐氏公司没有忽视产品的外观，产品本身以及包装传达了洁净、简单和性能。例如，虽然无色无味会传达纯天然的感觉，但消费者可能会好奇它是否比普通产品的效果更好。最后，高乐氏公司选了一个聪明的品牌名称"绿色工厂"（Clorox Green

Works），有效地总结了产品线的双重效果：不仅有环保意识，功能也有效（works）。名称中含有"Clorox"也不是一个偶然，因为团队想要借助 Clorox 的有效性和信任品牌资产。还有，"天然"一词出现在产品标签的每个显著位置。

当然，表面活性剂（清洗剂）和溶剂化学的新进展使植物基成分的效果更好。高乐氏公司利用椰子油（表面活性剂）、天然多糖（增稠剂）和玉米基乙醇（溶剂）等天然成分提供可接受的清洁能力，这在几年前是不可能的。事实上，绿色产品的效果能够与传统产品一样好甚至更好。

产品发布也很成功。高乐氏公司让该产品进入所有大型零售渠道，并鼓励零售商将产品展示在商场显著位置。上市期间，这款新型高效绿色产品得到了媒体的大量宣传。

我们能从高乐氏绿色产品的开发中学到什么？什么因素导致产品显著成功？（至少想出3个明确的理由）产品团队面对的主要困难或障碍是什么？其他公司或服务提供商如何应用本案例描述的一些最佳实践？

案例 可持续发展与时尚产业

许多公司将企业社会责任（Corporate Social Responsibility，CSR）作为商业模式的核心部分。CSR 意味着对"三赢"或"三重底线"目标的承诺：公司取得令人满意的销售额和利润，客户对收到的产品感到满意，这对社会也有一些有意义的好处。CSR 通常是公司使命的明确部分。

对许多公司来说，可持续性是 CSR 承诺的一个重要因素。例如，为了回应消费者对可持续和有机食品的关注，健康食品店在20世纪60年代开始出现。多年来，这一小型计划已经发展成为一个主要行业，领先的食品连锁店如全食食品致力于提供有机产品、肉类和鱼类等。即便如此，时尚行业在可持续发展方面的进展普遍较慢。一个可能选择有机蔬菜而不是传统蔬菜的消费者可能不会考虑在百货商店买的新衬衫是否是由有机棉花制成的。

大量证据表明，纺织业是环境"最脏"的行业之一：从使用杀虫剂和有毒染料到浪费土地和水，再到制造业和消费后的废弃物。据《纽约商品交易所时尚中心》报道，就用水量和污染物产生量而言，纺织是第二大产业。它们造成了全球10%的碳排放，85%的纺织品最终被填埋。然而，时尚行业在这方面的进展相对较慢，表明具有很大的改进潜力，特别是因为更多的竞争对手将可持续发展举措视为 CSR 承诺的关键部分。

已经有许多成功的可持续发展和社会责任倡议，无论是小型时装公司还是大型时装公司。巴塔哥尼亚和 L.L.Bean 是两个主要的服装生产商，强调持久的服装和永恒的时尚；雷朋对眼镜也做了同样的事情。有的大型时装零售商开始建立环保的企业使命：Kering（一家关注环境的时装公司斯特拉·麦卡特尼的老板）专注于实现供应链的可持续性。许多小型创业公司一直走在可持续时尚的前沿。Bolt Threads 应用生物工程工艺将酵母中生长的丝蛋白和玉米秸秆中生长的细胞转化为 Microsilk 等材料，以用于领带和帽子的生产，该公司的一个作品得到了 Kickstarter 的支持，这就是 Melo，一种由蘑菇制成的材料，外观类似于皮革。还有一些规模较小的公司正在开发免洗牛仔裤（减少对水和洗涤剂等化学品的使用）、回收产生可再生纤维的棉纺废料，以及用于服装丝网印刷的海藻基油墨。

即便如此，在对可持续发展和环境的承诺方面，时尚行业已经落后于其他行业。可持续营销研究员伊莱恩·里奇和她的同事发现消费者接受"慢时尚"存在四个障碍。

- 消费品信息不足。与食品行业不同，食品行业的产品标签，如"有机"或"公平贸易"是常见的，时尚零售商不太使用涉及采购、可持续性或公平贸易的消费者标签。消费者信息存在不对称性。他们可能知道"购买本地货"（减少运输造成的排放）的好处，但其他问题，如纺织生产中的能源使用或棉农的健康，受到的关注较少，消费者的知识也较少。
- 可得性。零售商没有为大众市场提供足够多的有机或公平贸易服装，和/或没有充分地推广它们。即使是那些致力于实现可持续发展和保护环境的消费者也可能会得出结论，在可持续服装方面没有太多的选择。
- 不流行。尽管许多领先的时装设计师和服装制造商采取行动，但消费者认为可持续发展等于不流行。时尚性意味着改变风格和偏好，这与可持续性原则背道而驰。
- 高价。可持续或有机服装通常更贵，家用清洁剂或其他消费品也是如此。客户实际上可能会购买可持续服装来代替传统服装，即使价格高一些，在商店里很少能够看到并排比较的陈列。相比之下，杂货店会将有机产品和传统产品放在一起，以让客户更容易选择。

扮演时尚业顾问的角色，为时尚行业的企业推荐克服四个障碍中的每一个方法。向大型制造商或服装设计公司推荐什么？建立在可持续使命上的小型创业公司呢？时尚零售商（实体店或在线零售商）呢？

案例　星巴克的企业社会责任

广告专家查尔斯·R.泰勒注意到，近年来，CSR 活动大幅增加。使用超级碗广告作为 CSR 活动的度量标准，2008—2017 年，约 6.4%的超级碗广告包含 CSR 内容；这一比例在 2018 年超级碗比赛中上升至 25%。安海斯-布希、威瑞森和现代等公司都将广告内容与呼吁联系起来，分别支持飓风救援、急救人员和儿童癌症研究。泰勒教授指出，这一趋势与千禧一代的偏好有关，他们对与社会责任相关的品牌持积极态度。千禧一代不仅是一个庞大的、对品牌忠诚的、对价格敏感的目标人群，而且是一个不断增长的人群，公司越来越多地看到了纳入和推广 CSR 计划的价值。

企业 CSR 的竞争也在加剧，需要做更多的工作确保 CSR 的吸引力脱颖而出。泰勒教授提出了三个指导方针：选择一个没有争议的 CSR 诉求（飓风救援和其他引用的例子肯定合适）；避免听起来带有政治色彩、可能会疏远忠实客户群的信息；请记住，客户知道公司是为了盈利，因此可能会对企业社会责任的主张持怀疑态度。

泰勒教授的建议与研究机构 Clutch 最近的一项调查一致。研究人员发现，消费者期待公司对 CSR 做出承诺。但是，为了使这种承诺最有效，企业应该考虑消费者的价值观、品牌的独特主张，以及如何通过 CSR 计划产生最大影响。研究发现，食品和杂货行业的公司、科技公司、时尚公司、健康和美容服务公司以及餐馆等应该对企业社会责任做出坚定的承诺。

星巴克是一家以有效的 CSR 闻名的公司。CSR 的原则可以用"三重底线"来表达。以星巴克为例，三重底线是指：(1) 客户获得满意的产品；(2) 星巴克实现盈利目标；(3) 星巴克以某种有意义的方式回馈社会。其最著名的 CSR 倡议是支持当地的咖啡农。星巴克投资加强农民社区和保护环境的项目。例如，星巴克与帮助农业社区的 NGO 合作，向农民提供过渡性贷款，帮助其度过植物生长季节，直到其在收获季节获得收入。星巴克还与国际保护组织合作，建立农民支持中心，制定咖啡和农民权益实践标准，以确保生产的咖啡以可持续的方式种植和加工。这些行动不仅使咖啡农受益，而且确保了未来几年高质量咖啡的供应。

截至 2018 年，星巴克在农民项目上投资超过 7000 万美元。2018 年 9 月，其承诺向因咖啡价格下跌而遭受经济损失的小农追加 2000 万美元（在某些情况下，咖啡生产成本实际上高于销售价格）。受生产成本上升影响最大的农民是那些在难以收获的地区（例如哥伦比亚的山区）工作的农民，在那里不可能使用机器自动采摘咖啡豆，必须付钱手工采摘。

讨论星巴克的 CSR 倡议。在线查看除了本案例中的计划，你还可以添加什么计划。根据泰勒教授和/或 Clutch 的调查结果，星巴克对有效 CSR 的标准评价如何？在你看来，星巴克的 CSR 有效吗？为什么或为什么不？你能推荐其他合适的 CSR 计划吗？星巴克（或任何其他大公司）可以做些什么来确保消费者认为 CSR 行为是真诚的，而不仅仅是获得良好公共关系的一种方式？

例 18.1 的答案

展示的警告标签几乎都是真的。真实的有：（2）（花园假山）、（4）（吹风机）、（6）（太阳遮阳板）、（7）（颈部防护套）、（9）（熨斗）、（10）（雪橇）、（12）（手机）、（13）（木匠的刨子）、（15）（婴儿车）、（16）（洗衣机）、（17）（壁炉）和（18）（打印机墨盒）。事实上，这些警告标签中的一些曾获得"最烂警告标签奖"。

附录 A

创意的来源

新产品创意来自许多方面，其中，有一些是某个企业或行业所特有的。以下是使用范围较广的创意的来源。

A.1 员工

许多部门的员工能够成为新产品创意的来源。销售部门、技术团队、生产部门、售后服务部门和包装部门的员工都是如此。此外，对于一般消费品而言，所有使用该产品的员工都是新产品创意的来源。制造与工程部门的员工常常是兼职的发明家，应该鼓励他们提出新创意。他们知道公司需要创意。应该构建具体的机制（或文化）来收集这些创意。

员工建议体系不一定可靠，尽管有时有效。直接接触客户问题的员工能提出最有用的建议。例如，一家钻机制造商的客户服务部门发现，许多钻机烧毁的原因是客户将钻机当成电动螺丝刀使用。于是，公司在钻机上增加了离合结构，一个新产品就诞生了。投诉处理部门同样熟悉产品的使用情况。销售人员深知，如果公司产品与客户的期望相去甚远，大订单就会丧失。

A.2 客户

新产品创意的最大来源是使用公司产品或服务的客户，虽然其创意通常只是进行产品改进或产品线延伸。一些人认为，某个行业中的大多数新产品创意来自客户。因为特定客户群体亲自使用产品，新产品开发专业人员通常会将新产品概念开发的职责"委托"给这些人。同样，大多数汽车零部件制造商希望总装厂推出新产品。但大部分客户提出的是渐进式的建议，而不是突破式的创意。第 10 章讨论了如何获得客户声音，这样可以从客户那里获得更多高潜力的想法。

A.3 经销商

代理商、制造商代表、分销商、大批发商和大零售公司都可能是非常有价值的来源。实际上，一些大型零售商场有新产品部门，并邀请制造商根据规格投标。许多行业的代表完全能够胜任客户特别顾问这一岗位，玩具行业的销售代表不仅能对新产品功能提出建议，如果制造商愿意的话，实际上，其还能承担新产品创意工作。

某个化学品分销商为了解决腐蚀问题，建议给钢桶加低成本的聚乙烯袋衬里；某个木器生产商从经销商处获悉一个竞争对手的新项目，随即提出了改进新项目的建议。这两个建议都顺利得到实施。

A.4 供应商/销售商

大多数塑料家居用品制造商是小型企业，它们从大型塑料公司那里寻求建议。实际上，所有钢铁、铝制品、化学品、金属材料、纸张和玻璃行业的生产商都有技术客服部门，它们有一项职责即提出利用公司基本原料制造新产品的建议。

A.5 竞争对手

提出新产品创意的人往往对竞争对手的行为感兴趣，竞争对手的产品可能成为进行新产品改进或增加新产品的其他功能的间接来源。但是，除了将标杆方法作为战略的行业，竞争对手很少能够成为新产品创意的来源。第一批为特定的细分市场带来新产品的机构（如较小的城市银行）确实将具有创新精神的竞争对手看成创意的来源，但是这只有在细分市场处于相互隔离的情况时才有效。汽车和卡车制造商、叉车制造商和其他类似的制造公司定期购买竞争对手的产品并将其拆解以进行分析，有时，这被称为"逆向工程"。其将竞争产品拆解成数千个部分，对它们进行分类，并将其安装在面板上，以便其他人可以检查。在拆解后进行分析可以发现竞争对手使用的组件的成本，并提出潜在的改进建议。

A.6 发明产业

每个工业化国家都有一个以发明人为核心的产业。在这个产业中，公司和机构能够帮助发明人充分利用其发明。虽然面临被公司研究中心取代的趋势，但个体发明人的专利申请数仍几乎占总数的 1/4。辅助性或支持性网络包括：

风险投资公司	银行
发明人培训班	发明人讨论会
代理人	小型企业管理局
商标局和专利局	技术博览会
新业务顾问	专利展示
专利代理人等	发明人业务通信
发明人辅助公司	国家创业援助项目
个体发明人	大学创新中心

正在将发明人所需的金融、法律和管理方面的支持整合起来的企业被称为创意收购并进一步开发的创业投资企业，或称为联系老牌制造商的促进公司。同时，为了获取优质多样的创意，一些公司拥有一套被称为"发明人农场系统"的体系。诺迪克跑步机公司将发明人视为新产品创意的首要来源，为了培育发明人，该公司几乎投入了与培育客户一样多的营销力量。

A.7 其他

其他新产品创意的外部来源如下。

（1）咨询公司。大多数管理咨询公司从事与新产品相关的工作，其中一些公司，如麦肯锡咨询公司、里特管理咨询公司、美世咨询和PRTM公司专门从事这项工作。一些咨询公司专注于新产品工作，将创意生成作为服务内容之一。该行业有非自主发明综合征的说法，"局外人发明"是新产品领域的奇耻大辱。

（2）广告公司。这个新产品创意来源被极大地低估了。大多数广告公司拥有创造型人才和产品/市场经验，能够生成新产品概念。一些广告公司拥有成熟的新产品部门，还有一些公司将其概念带到市场，其中包括上市前测试。消费品广告商所做的新产品工作比工业广告商多。

（3）市场调研公司。市场调研公司通常在创意生成阶段协助客户进行需求评估。这些公司总是在积极寻找能够提供给客户的机会。一些大型调研公司还会扮演管理顾问的角色。

（4）退休的产品专家。行业内的新产品相关工作人员，特别是那些掌握技术的工作人员，从公司退休后会成为其他公司的兼职顾问。实际上，许多公司掌握行业内所有合格专家的退休动向。利益冲突随时会出现，泄露机密有违道德，但是在大多数情况下，人们顺利解决了这些问题。

（5）工业设计师。工业设计公司有时会成为新产品决策实施团队的一部分，许多工业设计师颇具创造力。工业设计公司和工业设计师越来越多地利用自身的有关新产品的实力。如第11章所述，工业设计师越来越成为新产品核心团队的一部分，这是因为除了了解美学知识，他们还了解人体工程学、材料和可持续性。大学里的工业设计系有时会接受政府部门或其他服务性组织委托的新产品开发工作。

（6）其他制造商。大多数公司拥有颇具潜在价值却因与公司战略抵触而不得不放弃的新产品创意。这些创意通常会被搁置下来。但正如第4章所说，许多公司开始转向进行外向型开放式创新，通过许可、合作、直接销售或其他机制将这些创意变现。

（7）大学。教授和学生，特别是理工类学院和商学院的学生有时也能提供新产品创意。此外，包含牙医、内科医生和药剂师等的技术团队在新产品开发中也发挥重大作用。公司有时会在领先的研究型大学附近建立R&D实验室，以鼓励与其合作和对话。

（8）研究实验室。现在，主要国家至少有一个大型研究实验室。这类实验室将按照与制造商签订的合同开展新产品开发工作，有时还会提出令人关注的新产品创意。著名的研究实验室如巴特尔纪念研究所（位于俄亥俄州哥伦布市）、伊利诺伊理工学院和斯坦福国际研究所。

（9）印刷品。无数科技期刊、行业期刊、业务通信和专著都可以成为新产品创意的来源。很多创意间接来自对新产品活动的报道。

（10）全球化。迷你唐卡公司的高管在德国超市闲逛时，想到了挤牙膏的创意。粉末状汰渍由辛辛那提科学家研发，液体汰渍使用的却是日本的表面活性剂配方和比利时的矿物盐拮抗剂。遗憾的是，很少有公司会设立从其他国家发现创意的系统性项目。一些公司成立海外分公司，以密切关注技术；一些公司请广告代理商的海外分公司收集创意；还有一些公司订阅一个或多个报道服务。

A.8 创意来源的管理

如果不专门投入精力，创意来源就不会发挥有效作用。例如，销售人员必须经过培训才能知道如何找到拥有高质量创意的用户以及如何获得这些创意。收集国际创意需要有受过培训的工作人员。必须系统性地研究竞争对手，才能捕捉到竞争产品的每次变化。每个特殊来源都是竞争的潜在来源，恰当地使用这些来源的公司将获得最佳创意。

附录 B

创意生成的其他方法

第 4~6 章介绍了创意生成的最好方法。最好的标准是，有最好的应用记录，以及有机会生成最有价值的新产品概念。除了已经介绍的这些方法，还有数以百计的方法可供使用，其中的一些是有所有权的（属于发明这个方法的咨询公司），在这里，我们列出了另外的一些方法，名称可能会不同。尝试将这些方法用在你的创意生成工作中。

B.1 问题分析的方法

1. 满足需求的综合清单

通过列出现有产品已经满足的需求，就可能联想到一些被忽略的需求。这是一个机械的过程，只有当这份清单将人们推到心理极限时才有效。

2. 市场细分分析

通过市场细分维度（变量）的叠加，可以找出一个非常小的细分市场。例如，对肥皂市场细分可以采用性别、年龄、清洁身体部位、民族、地理位置等变量。对这些变量的组合可能有成千上万种，如住在纽约市使用肥皂洗脸的老年女性，或者在汽车修理厂工作的需要彻底清洗手上油脂的机械师。每种组合都代表一个有独特需求但尚未被满足的群体。当前，基于心理的和行为的市场细分尤其有用。

3. 梦想

分析正在研究该问题的人所做的梦。梦公平地使每个人都参与到问题情景中，带来一个宽广的洞察视角，展示了梦本身的超自然一面。罗伯特·路易斯·史蒂文森（Robert Louis Stevenson）等著名人物将其创造力部分归因于梦想。第 4 章提到，科学家奥古斯特·凯库勒（August Kekule）梦见一条蛇咬自己的尾巴，于是想出了苯分子的环形结构。

B.2 情景分析的方法

有很多方法是用来发现那些有意义的萌芽趋势（即将扩大的趋势）的。我们在第 5 章讨论了一些，下面再列出 6 个。

1. 趋势人群

有种观点认为，某些人具有预言感知能力，这应该得到关注。《女装日报》使用的就是这种方法，关注那些为大众所熟知的人。这种方法有助于该出版物兑现承诺，以为读者带来"关于时尚的突发新闻"。

2. 趋势地区

在美国，生活与工作中的一些重大变革往往始于西海岸，随后逐渐向东扩散。尽管电视等大众传媒已缩短了这个时间差，但为了更接近那些正在发生的变革，一些公司在加利福尼亚州派驻工作人员。

3. 热销产品

汽车、电视、计算机和互联网极大地改变了人们的生活方式。Netflix 和类似的流媒体服务永远改变了人们获得家庭娱乐的方式。收集有意义的萌芽趋势的一种方法是研究这些产品及其影响。但是要小心，因为有些趋势可能昙花一现。

4. 技术路线图

其预测一种技术何时会替代另一种技术，并研究新老产品和新老系统替代的含义。其包括时间序列分析、图形分析和技术人员预测。我们最近在汽车行业看到了这一点，专家预测随着时间的推移，燃油汽车将被混合动力汽车取代，然后是电动汽车，对汽车服务（电动汽车维修、充电站、换电服务等）的需求将跟上。

5. 技术创新追踪

分析技术突破引发了对广泛的技术领域的应用，而不再局限于取得突破的直接技术领域。例如，分析太阳能供热领域的技术突破时涉及其给管道、服装、家具乃至娱乐方面带来的影响。

6. 交叉影响分析

先列出未来 20 年内某特定领域（如交通）可能发生的所有变化，然后把这些变化应用于其他领域，就像技术创新追踪工作所做的那样。区别在于，本方法不局限对于可预见性技术的突破。

B.3 群体创造力的方法

1. 菲利普斯 66 小组法

为提高参与度，J.唐纳德·菲利普斯博士（Dr. J. Donald Phillips）将奥斯本头脑风暴法的 12 人小组拆分成两个 6 人小组。要求每个小组的成员在各自房间内度过 6 分钟，之后重新编排小组，再要求两个新的小组的成员在各自房间内度过 6 分钟，如此反复。重新编排是菲利普斯 66 小组法的关键，目的是消除支配性或冲突性人格问题。

2. 头脑风暴圈

强制形成一个环形圈以让人按照次序对话。每个人对前一个人表达的创意进行补充或修改。头脑风暴圈更有秩序，以确保所有人平等参与。

3. 逆向头脑风暴法

聚焦产品的缺陷或问题，而不是解决方案或改进措施。例如，某个讨论尝试找出真空吸尘器的所有差评，之后再尝试消除与这些差评相关的缺陷或解决相关问题。

4. 清除（Tear-Down）

这种方法与头脑风暴中的延迟评判规则正好相反。要点是，不回避批评，并且呼唤批评。参与者必须找出前面创意中的问题，这样才能获得说话的机会。

5. 并且（And Also）

要求每位参与者对前面的创意进行延伸或扩大。不允许对创意进行横向平移，除非创意链条干枯了。该方法曾被称为"创意构建和修改"。

6. 戈登法

在开发共同研讨法（synectics）之前，戈登（W.J.J.Gordon）先生采用一种小组讨论法。小组参与者不被告知问题是什么，比如，如果讨论的目标是为录制音乐表演提出新创意，就鼓励这个小组讨论歌剧。最后，领导者将讨论引向目标问题，但依然不公布问题是什么。

7. 德尔菲法

尽管德尔菲法被当作创意生成方法，但其实是一种进行预测调查的组织方式。邀请一群专家，向每个专家发一份调查问卷，请其对某个特定活动进行预测（如医院或数据处理）；对调查问卷进行统计汇总，将汇总结果返给专家，专家对结果做出反应或进行修改；再进行新一轮汇总，然后将汇总结果返给专家。如此反复多次，直到专家达成一致意见或者出现明显的僵局。德尔菲法比较简单，在某些情况下会有效：新行业、无历史数据可用。这是该方法的可取之处。

8. 智库

智库是一种人的组织方式，不是激发创造力的机制。智库是进行密集科学研究的中心。环境是成功的关键，因为环境被认为是激发创造力的因素。如果智库里有人负责将古怪的创意转换为有用的上市产品，就会用臭鼬工厂来形容（参见第 12 章）。

B.4 属性分析的方法

1. 利益分析

列出客户或用户将从研发产品中获得的所有利益，希望从中找到未实现的利益或意外缺失的利益。

2. 使用分析

列出购买者使用给定产品的多种方式也具有启发性。一些公司花费大量金钱要求消费者告诉其新的用途。当强生公司发现其地板蜡被用于汽车时，它就进入了汽车抛光行业。当然，仅列出公司已知的用途并不够，必须主动联系用户。

3. 功能分析

在特性和用途之间有一种活动叫作"功能"。比如洗发水，我们不仅知道其化学成分和产品特性，也知道使用洗发水的全部原因，但是列出洗发水发挥作用的所有方式，如去屑、去油、滋润、挥发等，十分具有创造性。另外，我们可以列出洗发水的所有用途：清洁、调理、使头发易于打理、消除分叉或出油现象等。

4. 属性延伸

其也称参数分析，从近期发生变化的任一属性开始，分析能延伸出哪些变化？例如，自行车座椅变得越来越小。想象出一台根本没有座椅的自行车，这种自行车会是什么样？它的用途又是什么呢？

5. 品牌画像

品牌名称是灵活的或具有灵活性的，这意味着品牌名称能够延伸以覆盖不同的产品品类。人们能够接受美汁源果冻和美汁源果汁，但无法接受美汁源果肉。这个可以采用多种市场调研方法进行测度，任何对购买者有意义的延伸都是有潜力的。顺便说一句，这种方法适用于商品和服务或工业品和消费品行业。

6. 虚拟产品测试

通过使用心理学家所谓的"投射技术"，可以让消费者评估一个建议性产品，该产品实际上在当前市场上并不存在。消费者可能正好发现某个满足其需求的特性，这些被发现的特性将成为一个新产品的基础。

7. 分层设计

类似组织结构图设计，产品用途处于顶层，材料类型在下方展开。比如，除臭剂在第一层，第二层为滚搽容器、黏性物质和气溶胶；滚搽容器的下方列出了各个品牌；每个品牌下方列出包装尺寸或目标细分市场。再比如，轻质构造在第一层，木材、钢材和混凝土在下一层。木材下方是金属屋顶、沥青或木瓦屋顶等。这种方法方便分析人员看到一种情况的所有方面，这是属性分析的本质。

8. 找出弱点

列出产品或产品线的所有弱点（源于公司自身或竞争对手）。这种防御性方法可用于识别产品线延伸产品和品牌辅助产品，甚至新的改进产品。每个可解决的弱点都可能是一个新产品概念。

9. 致命弱点（阿喀琉斯之踵）

有的分析人员喜欢将弱点列表删减到只剩下一两个致命且可能会被竞争对手利用的弱点。

B.5 横向思维的方法

某个流派认为，所有"邻近性"的创造性活动只能创造出微不足道的产品线延伸产品或修改类的创意。这些人瞧不起矩阵分析、类比分析和属性分析，他们认为，在横向搜索中，思维必须打破已有边界。市场营销人员在提出新创意时通常采用纵向思维，想象一下，推出一款新口味汽水或提出一个新洗发水名字，能吸引新的消费者或带来利润吗？本书第5章提到TRIZ和价值曲线方法可用于进行横向搜索。下面再推荐一些激发横向思维的方法。

1. 自由联想

当创意者写下产品的某一个方面时，比如，产品属性、用途、用户，自由联想就开始了。诀窍是让思维漫游，同时记下每一个出现的想法。针对产品的其他方面重复进行这个过程。在创造力被激发的早期阶段，联想通常是很直接的；随着时间的推移，联想变得不相关，但更有价值。

2. 名人活动

一个人提问："＿＿＿＿＿＿＿＿会做什么？"空格内可以填入某个知名角色，也可以填入某个名人的名字，还可以反问："名人不会做什么？"据此，自行车制造商可能会问："参议员会骑什么类型的自行车？上面装有一个扩音器？可以装双向蹬踏板吗？可以向后蹬吗？"

3. 跨界思考

科学的学科边界已变得越来越模糊，人们研究出一种跨越各领域鸿沟的创造性方法。如果一个公司最初涉足的是化学领域，那么其产品设计师会系统地检索物理学或生物学方面的进展。该领域的科学家可能并不知道他们的一些创意已应用于化学领域了。

4. 关键词监测/追踪

监测媒体并将关键词出现的次数记录下来。一家企业曾使用这种方法找到使用次数多的星座，据此迅速上市了一系列以星座标志为特色的产品并取得了成功。这种方法与下面讨论的"大赢家"方法接近。

5. 异想天开

有的创意者为了表明其无所不能，故意强迫自己使用异想天开的方法。在一次讨论会上，与会人员被要求写出连接两根电线的最异想天开的方法。一个人写道"用牙咬住"，另一个人写道"用口香糖"。与会人员惊奇地发现，基于异想天开的想法，他们发明了新的鳄鱼夹，已开始认真研究口香糖，因为口香糖中的某些成分可能会作为接线材料！

6. 研究他人的失败

任何失败的产品都为下一位实验者提供解决同样问题的机会。新产品展示和学习中心（现在是新产品工作室的一部分，见第13章）展示了数千个失败产品。显然，失败的案例能够激发创造力。

7. 转移

有的人使用转移方法，以避免自己的思维被某个创意所支配而像过去那样。

- 持续地问："看待这个事情还有其他角度吗？"
- 持续地问："为什么？"
- 刻意将注意力转移到问题的其他阶段或方面，而不是问题的逻辑方面。
- 发现一个新的问题切入点，而不是惯用的那个切入点。
- 从各个分析角度列出针对问题的所有可能替代方案。
- 故意寻找问题的非标准概念，而不是问题的固有概念。尝试"反概念""非概念"，或者干脆放弃这个概念。
- 将概念及问题的其他方面拆解成几个部分。
- 将两个以上概念连接起来，形成新概念。

也有些人称这种方法为另类思维、之字形思维或发散思维。据说，这种方法（反方向拧紧灯泡）解决了波士顿地铁长期存在的灯泡失窃问题。

8. 激发创意

首先，指定一个创意主题——一个问题、一个产品等；其次，规定有形目标——期望的结果，或这个创意应该完成什么；最后，研究一长串单词、名字、短语，形成有形目标的创意。这种方法被证实能刺激创造力（原因未知）。下面列举一部分：

客串明星	慈善	家庭	摄影
字母表	教育	时效性	采访
真相	男男女女	视频	推荐书
外太空	时尚	世界	装饰
图表	国家	出生	表演技巧
仪表刻度	天气	民族	地板、墙壁
拉链	习惯、爱好	按钮	参与
幻想	交通	内行吸引力	音乐
民俗	象征	浪漫	直接邮件
潜意识	日历	滑稽模仿	季节

爱好	水钻	图形	草莓
假日	古玩	随笔	电话

9. 大赢家

许多体育界、政界、影视界等领域成功的公司、团队或个体的思维都与社会思维高度一致。研究这些大赢家会得出一些可以推广到新产品开发中的原则。你可以以最大的新电子小工具生产商、最炙手可热的名人、最近的冠军得主或最受欢迎的应用为起点。

10. 竞争分析

许多公司称，通过研究竞争对手的战略规划和行动，可以发现新的方法，尤其是防御性方法。为了达到目的，他们大量浏览竞争对手的公告、调查报告、财务报告，观察交易会展品，进行产品详细分析等。生命周期模型会帮助企业分析竞争对手会在何时将对其市场发起攻击，这可以刺激其生产新产品，通过进行销售应对竞争对手。

11. 技术地图

这是一种关联树预测，即每个竞争对手的竞争能力都是可预测的。它为企业推广或淡化某项技术的决策提供了基础。通过研究收购、兼并、抛售、专利申请、专利出售等情况，可以对竞争者的技术的未来变化进行直接预测。一个敏锐的分析师可以预测主要市场变动，并告知公司新产品机会（或缺乏机会）。